Wissenstransfer und Kulturimport in der Frühen Neuzeit
Die Niederlande und Schleswig-Holstein

# Wissenstransfer und Kulturimport in der Frühen Neuzeit

## Die Niederlande und Schleswig-Holstein

Herausgegeben von
Kirsten Baumann, Constanze Köster, Uta Kuhl

Tagungsband zur internationalen Tagung
„Wissenstransfer und Kulturimport in der Frühen Neuzeit.
Die Niederlande und Schleswig-Holstein",

Schloss Gottorf, Schleswig, 12. – 15. September 2018

MICHAEL IMHOF VERLAG

Die Drucklegung wurde gefördert von

## Impressum

**Abkürzungen**

| | |
|---|---|
| HAB Wolfenbüttel | Herzog August Bibliothek Wolfenbüttel |
| HZ Neuenstein | Hohenlohe-Zentralarchiv Neuenstein |
| LASH Schleswig | Landesarchiv Schleswig-Holstein Schleswig |
| LHA Schwerin | Landeshauptarchiv Schwerin |
| NLA Wolfenbüttel | Niedersächsisches Landesarchiv Standort Wolfenbüttel |
| RA Kopenhagen | Rigsarkivet Kopenhagen |
| SA Antwerpen | Stadsarchief Antwerpen – FelixArchief |
| SA Friedrichstadt | Stadtarchiv Friedrichstadt |
| SA Glückstadt | Stadtarchiv Glückstadt |
| SA Hamburg | Staatsarchiv Hamburg |
| SHLM Schloss Gottorf | Stiftung Schleswig-Holsteinische Landesmuseen Schloss Gottorf Schleswig |
| SLUB Dresden | Sächsische Landesbibliothek – Staats- und Universitätsbibliothek Dresden |
| Stabi Hamburg | Staats- und Universitätsbibliothek Carl von Ossietzky Hamburg |
| ULB Halle | Universitäts- und Landesbibliothek Sachsen-Anhalt Halle |

© 2020 Michael Imhof Verlag GmbH & Co. KG
Stettiner Str. 25 | D-36100 Petersberg
Tel. 0661/29 19 166 0 | Fax 0661/29 19 166 9
info@imhof-verlag.de | www.imhof-verlag.de

Redaktion und Lektorat: Constanze Köster, Uta Kuhl
Bildredaktion und Bibliografie: Constanze Köster
Gestaltung und Reproduktion: Anja Schneidenbach, Michael Imhof Verlag
Druck: mediaprint solutions GmbH, Paderborn

Printed in EU
ISBN 978-3-7319-0927-9

# Inhalt

Vorwort  8
*Kirsten Baumann*

Wissenstransfer und Kulturimport in der Frühen Neuzeit – Die Niederlande und Schleswig-Holstein  11
*Uta Kuhl, Constanze Köster*

Die Cimbrische Halbinsel – Barriere und Passage zwischen Nord- und Ostsee  25
*Olaf Mörke*

Die Niederlande und die „Ruhe im Norden" unter besonderer Berücksichtigung
des Friedens von Roskilde 1658  37
*Ann-Catherine Lichtblau, Joachim Krüger*

Migration und kulturelle Kontakte zwischen den Niederlanden, Schleswig,
Holstein und dem Ostseeraum  47
*Michael North*

Maritime Verbindungen zwischen den Niederlanden und den Herzogtümern Schleswig und Holstein  57
*Jann Markus Witt*

Märchenhafter Reichtum und massenhaftes Elend – Schleswig-Holsteiner in den Diensten
der niederländischen Übersee-Kompanien im 17. und 18. Jahrhundert  69
*Detlev Kraack*

Seefahrt und Handwerk – Deichbauer, Matrosen und Walfänger als Kulturvermittler  83
*Thomas Eisentraut*

Kulturtransfer im Schlepptau dynastischer Politik? – Schleswig-Holsteins Fürsten und die Niederlande  97
*Oliver Auge*

Migration und Kulturtransfer – Landesherrliche Siedlungs- und Kulturpolitik in Schleswig-Holstein  105
*Uta Kuhl*

Glückstadt als Rückzugsort – Die Jüdische Gemeinde in Glückstadt  121
*Christian Boldt*

Friedrichstadt – Die Holländerstadt  131
*Christiane Thomsen*

Die Rezeption niederländischer Architektur im Ostseeraum in der frühen Neuzeit  141
*Lars Olof Larsson*

„Suptill Welven und Muren zu machen, wijme im Nederlandt gebrouckelich ist." – Gillis Cardon,
ein Baumeister und Bildhauer aus Douai im Dienst Herzog Adolf I. von Schleswig-Holstein-Gottorf  155
*Aleksandra Lipińska*

Die Familie Rantzau als Auftraggeber von Skulpturen im 16. Jahrhundert  181
*Barbara Uppenkamp*

From Antwerp to Gottorf – New Archival Findings in relation to Jacob van Dort (c. 1575–1629)  203
*Elsabeth A. Dikkes*

„Eine ungemeine Kunst-Schule" – Ausbreitung und Nachwirkung der flämischen Malerei
des 17. Jahrhunderts  217
*Nils Büttner*

Minerva, Urania und Kamel – Gottorfer Inszenierung nach niederländischem Vorbild  231
*Constanze Köster*

Simon Peter Tilmann und Wolfgang Heimbach – Zwei norddeutsche Maler und die Niederlande  249
*Justus Lange*

„So ist aniezo occasion" – Wie ein norddeutscher Fürst seine Gemäldesammlung aufbaut  263
*Gero Seelig*

Persia in Gottorf – Towards a new Interpretation of Friedrich III's Pleasure House and Gardens  277
*Juliette Roding*

Relationen zu den Niederlanden in der Gottorfer Gartenkunst  287
*Karen Asmussen-Stratmann*

Four Parts of the World – The Gottorf *Kunstkammer* and the Paludanus Collection  299
*Marika Keblusek*

Die Komödianten kommen! – Niederländische Schauspielkunst in Gottorf und im Norden  309
*Dorothea Schröder*

Niederländische Sprache und Literatur in Daniel Georg Morhofs
*Unterricht Von Der Teutschen Sprache und Poesie*  319
*Kai Bremer*

Zur Rezeption niederländischer Emblembücher in Kirchen, Herrenhäusern
und auf Schränken in Schleswig-Holstein  327
*Ingrid Höpel*

Quellen- und Literaturverzeichnis  341
Bildnachweis  367

# VORWORT

Die Durchführung internationaler wissenschaftlicher Tagungen gehört heute nicht unbedingt zum Tagesgeschäft von Museen. Gerade die kunst- und kulturhistorischen Museen haben sich seit den 1980er-Jahren einem intensiven Ausstellungsprogramm verschrieben und auch ihre Personalstruktur in diese Richtung entwickelt. Langjährige wissenschaftliche Mitarbeiter, die „ihre" Sammlung gut kannten und noch erforschen konnten, sind im Ruhestand. Durch Umstrukturierungen und fehlende Nachbesetzungen ist in den letzten Jahren in vielen Museen kostbares Wissen verloren gegangen. Ausstellungs-Szenografie, Projektmanagement und selbst die beste Marketingstrategie können fachliche Expertise jedoch nicht ersetzen, hier braucht es auch weiterhin eine Kontinuität in der Sammlungserforschung. Gerade in der zunehmend digitalisierten Welt erhalten originale Objekte, die das Herz jedes Museums bilden, in ihrer Einzigartigkeit einen unverhofften Zuwachs an Aufmerksamkeit und Bedeutung. Ein Digitalisat kann die Reichweite und auch die Art und Weise der Rezeption erweitern und stellt eine enorm wichtige Bereicherung für Besucher und auch für Wissenschaftler dar. Die Besonderheit des Originals jedoch, die Informationen zu einzelnen Objekten und vor allem der fachliche Kontext ganzer Sammlungen erhalten genau dadurch wieder einen höheren Stellenwert. Forschung und Digitalisierung sind im Museum also keine Gegenspieler, im Gegenteil: sie können hier eine fruchtbare, sich ergänzende Verbindung eingehen und das Wissen auf neuen Wegen den Besuchern zugänglich machen.

Dazu dient auch die derzeitige Neukonzeption der Dauerausstellungen im Rahmen des *Masterplans Schloss Gottorf*. Unter anderem wird eine ganz neue Abteilung zur Kulturgeschichte des Landes Schleswig-Holstein entstehen. Hierfür wiederum ist es wichtig, die aktuellen Forschungen zu den entsprechenden Themen zu kennen und in die Ausstellung einfließen zu lassen. Umso erfreulicher ist es, dass es dem Museum für Kunst und Kulturgeschichte Schloss Gottorf erneut gelungen ist, eine internationale Konferenz auf die Beine zu stellen, um gemeinsam mit Kollegen von Universitäten und Museen den Stand der Dinge zu diskutieren.[1]

Die Tagung *Wissenstransfer und Kulturimport in der frühen Neuzeit. Die Niederlande und Schleswig-Holstein* fand vom 12. bis 15. September 2018 auf Schloss Gottorf statt. Anders als bei vielen anderen schleswig-holsteinischen Themen, bei denen der Ostseeraum die zentrale Rolle spielt, trat hier die Nordsee stärker in den Mittelpunkt – auch wenn der Einfluss der Niederlande keineswegs an der Ostsee haltmachte, im Gegenteil. *Ein Kulturraum – das Meer als Verbindung* hieß entsprechend die erste Sektion, die den hier stattfindenden Kulturtransfer genauer beleuchtete. Die personellen Verbindungen zwischen den Niederlanden und Schleswig-Holstein (und dem Ostseeraum) reichen bis ins frühe Mittelalter zurück, eine Migration fand über die Jahrhunderte stetig statt. Handwerker, Seeleute, Kaufleute, Künstler, allesamt oft Glaubensflüchtlinge – sie trugen zu einem Austausch von Wissen, Kultur und Waren bei, der vor allem unser Bundesland bis heute prägt. Die Sektion *Alltagskultur und Religion* vertiefte diesen Blick, vor allem auch auf die Toleranzstädte Glückstadt und Friedrichstadt. Mit Blick auf die *Kunst und Kultur – Architektur, Bildhauerei und Gartenkunst* wurde erneut deutlich, wie enorm groß der Einfluss der Niederlande auch in diesem Bereich auf das „Land zwischen den Meeren" war, so zum Beispiel auf den Gottorfer Garten und sein Architektur- und Skulpturenprogramm. Eine Sektion wurde eigens der Malerei gewidmet, denn in diesem Bereich war, unter anderem mit Jürgen Ovens, David Klöcker Ehrenstrahl oder Wolfgang Heimbach, die Einwirkung besonders groß. Eine Tagung zum Kulturtransfer zwischen den Niederlanden und Schleswig-Holstein ist nicht vollständig, ohne einen Blick auf das Sammeln und den Austausch von Wissen in der Frühen Neuzeit zu werfen. Besonders die Gottorfer Kunstkammer sowie der Riesenglobus sind nicht denkbar ohne den engen Kontakt beider Regionen. Erwähnung finden soll hier noch eine Besonderheit im Programm: Der Festvortrag über die Niederländische Schauspielkunst und das Leben der Komödianten hier auf Gottorf stellte ein besonderes Highlight dar.

Diese Tagung konnte nur durch die Unterstützung Vieler zustande kommen, denen ich an dieser Stelle herzlich danken möchte. Vor allem die generöse Förderung durch den Arbeitskreis selbständiger Kulturinstitute (AsKi) machte die Veranstaltung auf diesem hohen Niveau möglich, und ich sage im Besonderen Dr. Ulrike Horstenkamp Dank. Auch der Freundeskreis Schloss Gottorf e. V. mit seiner Vorsitzenden Gabi Wachholtz hat einmal mehr großzügig zum Gelingen der Tagung beigetragen. Großer Dank gilt allen Referenten der Veranstaltung, und wie 2015 konnten wir auch jetzt eine enorme Disziplin und eine freundschaftlich-konstruktive Atmosphäre konstatieren, bei der das gemeinsame Arbeiten wirklich Freude machte. Explizit bedanken möchte ich mich bei den Kollegen der Christian-Albrechts-Universität zu Kiel, die sich mit ganz besonderem Engagement eingebracht haben, ebenso wie meine Kollegen aus dem Museum für Kunst und Kulturgeschichte selbst. Besonderer Dank für die Konzeption und Organisation gilt meinen Kolleginnen Uta Kuhl und Constanze Köster, die auch als Mitherausgeberinnen dieses Bandes zeichnen, sowie Thekla Hansen und Günna Schneeweiß für die praktische Durchführung der Veranstaltung. Vor allem ohne die Expertise von Uta Kuhl, die auch für die künftige Dauerausstellung *Kulturgeschichte* verantwortlich zeichnet, wären wir nicht soweit, wie wir heute sind.

Schon jetzt steht fest, dass wir auch weiterhin wissenschaftliche Tagungen im Museum für Kunst und Kulturgeschichte Schloss Gottorf durchführen werden, verstärkt auch in Zusammenarbeit mit der CAU Kiel. Gerade der nationale und internationale Austausch mit Universitäten und Museen sowie der allgemeine Blick über den Tellerrand bleiben für uns wichtig, um unsere Objekte und Sammlungen weiter mit der erforderlichen Forschung und fachlichen Sorgfalt für unsere Besucher erschließen zu können.

*Dr. Kirsten Baumann*
*Direktorin des Museums für Kunst und Kulturgeschichte*
*Schloss Gottorf*

### Anmerkung

1   2015 fand auf Schloss Gottorf bereits die Tagung *Der Gottorfer Hofgelehrte Adam Olearius – Neugier als Methode?* statt, deren Ergebnisse ebenfalls in einem Tagungsband nachzulesen sind. Baumann/Köster/Kuhl 2017.

*Uta Kuhl, Constanze Köster*

# WISSENSTRANSFER UND KULTURIMPORT IN DER FRÜHEN NEUZEIT – DIE NIEDERLANDE UND SCHLESWIG-HOLSTEIN

Die Beziehungen zwischen Schleswig-Holstein und den Niederlanden reichen zurück bis in die Ur- und Frühgeschichte. Seit der Bronzezeit verlief eine zentrale Handelsroute von Nord nach Süd über Land, im Dänischen Heerweg (Hærvejen), auf Deutsch Ochsenweg genannt. Dänische und friesische Ochsen gelangten seit dem Hochmittelalter über diesen Weg nach Flandern, im 16. Jahrhundert war ihre Zahl auf 50.000 Tiere jährlich gestiegen.[1] Seit dem achten Jahrhundert hatten Friesen aus dem Gebiet der Nordseeküste zwischen Rheinmündung und Ems die nordfriesischen Inseln im Wattenmeer besiedelt. Ihr Einfluss reichte bis ins dänische Ribe, wo ein überregionaler Handelsplatz entstand. Im neunten Jahrhundert lässt sich ihr Einfluss auf die Entstehung des Handelszentrums von Haithabu an der inneren Schlei belegen.[2] Der Austausch der Regionen – in ihren im Laufe der Jahrhunderte ganz unterschiedlichen politischen und staatlichen Ordnungen – war auf den verschiedensten Gebieten wirksam. Seinen Höhepunkt erreichte er im 17. Jahrhundert: dem *Gouden Eeuw*[3] der Niederlande stand ein Aufblühen Schleswig-Holsteins gegenüber, die *Gottorfer Glanzzeit*.[4]

Zahlreiche Forschungsarbeiten und Publikationen wurden diesen Verbindungen schon gewidmet.[5] Vor allem die 2003 vom Landesarchiv Schleswig-Holstein gezeigte Ausstellung *Schleswig-Holstein und die Niederlande. Aspekte einer historischen Verbundenheit* behandelte eine ganze Reihe von Themen, angefangen bei Politik, Wirtschaft und Handel über sprachliche Beziehungen, rechtliche Einflüsse, Kunst und Kunsthandwerk bis hin zu Deichbau und Landgewinnung, Schifffahrt und Landwirtschaft.[6] In einigen Fällen sind die Früchte des Austauschs bis heute augenscheinlich, Friedrichstadt und Glückstadt seien hier als prominente Beispiele genannt. Parallel zur Entwicklung der Niederlande zur führenden Wirtschaftsmacht Europas intensivierten sich die Beziehungen mit Nordeuropa. Knowhow und Innovationen der Niederländer wurden zum Vorbild auf allen Gebieten, von der Mühle bis zur Teetasse. Ob beim Deichbau oder der Entwässerung,[7] beim Mühlenbau oder in der Landwirtschaft,[8] ohne die Kenntnisse niederländischer Einwanderer hätte sich Schleswig-Holstein anders entwickelt. Und auch andere Territorien in Nordeuropa und im Heiligen Römischen Reich profitierten „auf den Gebieten der Wirtschaft, der Technologie, der Infrastrukturentwicklung und der Kultur von Impulsen, die von dem kleinen Land im Nordwesten Kontinentaleuropas [hier: die Republik der Sieben Vereinigten Provinzen] ausgingen."[9]

Im 16. und vor allem im 17. Jahrhundert ist zudem der weitreichende Einfluss der prosperierenden Niederlande – sowohl der nördlichen wie der südlichen (Abb. 1) – in den Schönen Künsten im Norden Europas wirksam: Musik, Theater und Dichtung; Bildende Kunst, Architektur und Gartenkunst sind niederländisch geprägt. Besonders in Schleswig und Holstein ist dieser Einfluss deutlich zu fassen, waren doch durch die Sprache und räumliche Nähe, vor allem dank der verbindenden Nordsee, die Voraussetzungen ausnehmend günstig. Die Tagung *Wissenstransfer und Kulturimport in der Frühen*

Uta Kuhl, Constanze Köster

**Abb. 1** Frederik de Wit: Fœderatæ Belgicæ Tabvla. Karte der Sieben Vereinigten Provinzen, ca. 1665, kolorierte Radierung und Kupferstich auf Papier, 462 x 558 mm, Rijksmuseum Amsterdam, RP-P-AO-1-60

*Neuzeit. Die Niederlande und Schleswig-Holstein* widmete sich den zahlreichen Verbindungen, die für die Geschichte und Kulturgeschichte unseres Landes so essentiell sind, unter verschiedenen Blickpunkten und Fragestellungen. Die Teilnehmenden forschten nach den Grundlagen und der Bedeutung des vielfältigen Wissenstransfers und Kulturimports sowie nach den Richtungen von Handelswegen und Kulturströmungen, von Emigration und Immigration. Das gemeinsame Fazit all dieser Fragestellungen ist, dass mit dem Aufstieg der Niederlande zur wirtschaftlich, technologisch und kulturell führenden Macht in Europa diese zum Ausgangspunkt und Antrieb mannigfacher Entwicklungen werden, besonders in den Herzogtümern und den nordischen Königreichen.

Ausgehend von der These, dass die verbindende Kraft der Nordsee die Voraussetzung für einen einheitlichen Kulturraum von den Niederlanden über Schleswig-Holstein bis nach Skandinavien schuf, in dem sich Innovationen besonders guten entfalten konnten, widmen sich die ersten Beiträge den geopolitischen, wirtschaftlichen und dynastischen Grundlagen. Ein besonderes Merkmal der Jütischen oder Kimbrischen Halbinsel ist die geostrategische Lage und die

Funktion als Brücke zwischen Zentraleuropa und Skandinavien. Aus dieser Perspektive eines „Interaktionsraums" zwischen den „Geschwistermeeren" Nord- und Ostsee bildet sie für den Seefahrer aber zugleich eine Barriere, wie Olaf Mörke in seinem Beitrag über *Die Cimbrische Halbinsel – Barriere und Passage zwischen Nord- und Ostsee* darlegt.[10] Die Bedeutung der Kimbrischen Halbinsel als raumstrukturierendes Element stellt er in einen weitgespannten zeitlichen Kontext und zeigt auf, wie die Barriere des Festlandes durch Migration sowie durch wirtschaftlichen und kulturellen Transfer überwunden wird. Den „Passagecharakter der Halbinsel und namentlich der Herzogtümer" präzisiert er dahingehend, dass er ihre „Funktion als Relais, als Vermittler zwischen differenten Räumen"[11] hervorhebt. Die Kimbrische Halbinsel wurde zur „Kontaktarena" im Bereich zwischen den Nordseeküsten von Großbritannien und Dänemark-Norwegen über Schleswig-Holstein und entlang der deutschen, niederländischen und belgischen Küste. Die Gemeinsamkeiten dieses Raums, auf deren Grundlage die vielfältigen Transferprozesse stattfinden, fasst Mörke in Anlehnung an den niederländischen Historiker Lex Heerma van Voss unter dem Begriff der „Nordseekultur".

In die Zeit zwischen dem Beginn der Reformation 1517 und dem Westfälischen Frieden 1648 fällt die wichtigste Phase der niederländischen Einwanderung. Die Migranten, unter ihnen hochspezialisierte Experten, brachten neue Kenntnisse und Technologien mit, von denen die aufnehmenden Länder immens profitierten, wie Michael North in seinem Beitrag an einer ganzen Reihe von Beispielen verdeutlicht. Namhafte Experten wie die Deichbauer Johann Clausen Rollwagen (1563/64–1623/24) oder Jan Adriaanszoon Leeghwater (1575–1650) wurden gezielt von den Herzögen ins Land geholt und bildeten dort regionales Personal aus, wie Thomas Eisentraut aufzeigt. Innovationen in der Nautik wie auch im Schiffsbau breiteten sich von den Niederlanden ausgehend in Europa aus. So stammte die Mehrheit der in Nordeuropa verbreiteten Schiffstypen ursprünglich aus den Niederlanden, wie Jann Markus Witt in seinem Beitrag über die maritimen Verbindungen zwischen den Niederlanden und Schleswig-Holstein detailreich ausführt. Vor allem die berühmte Fleute stellte eine revolutionäre Neuentwicklung aus den Niederlanden dar, die viel zum Erfolg der niederländischen Handelsschifffahrt im 17. Jahrhundert beitrug; das Handelsschiff wurde bald in ganz Europa nachgebaut.

Den vielfältigen, teilweise wechselseitigen Beziehungen in der Seefahrt widmen sich auch Detlev Kraack und Thomas Eisentraut. Niederländische Reeder besaßen die größte Handelsflotte der Welt, nach der Sturmflut von 1634 heuerten viele nordfriesische Seeleute auf niederländischen Handels- und Walfangschiffen an. Ermöglichte die Handelsschifffahrt dem einen, zu „märchenhafte[m] Reichtum" zu gelangen, bedeutete sie für viele andere Tod oder „massenhaftes Elend"[12] in einem nach vormodernen Maßstäben globalisierten Arbeitsmarkt, wie Kraack in seiner materialreichen Dokumentation von Auswandererschicksalen in die niederländischen Kolonien darlegt.

Die große Bedeutung des Nordseehandels hatte für die Niederlande auch politische und militärische Konsequenzen, wie Joachim Krüger und Ann-Catherine Lichtblau analysieren: Im Interesse eines störungsfreien Seehandels engagierten sich die Vereinigten Niederlande als Vermittler oder sogar Kriegsteilnehmer in den Konflikten zwischen Dänemark-Norwegen, Schleswig-Holstein-Gottorf und Schweden und spielten damit eine zentrale Rolle bei der Herausbildung des Konzepts der *Balance of Power* als Voraussetzung für die „Ruhe im Norden".

Die Bedeutung dynastischer Beziehungen bei kulturellen Vermittlungsprozessen behandelt Oliver Auge in seinem Beitrag *Kulturtransfer im Schlepptau dynastischer Politik? – Schleswig-Holsteins Fürsten und die Niederlande*. Seine detailreiche Darstellung nimmt dabei nicht nur die Gottorfer Herzöge und ihre familiären Verbindungen in den Blick, sondern auch den dänischen König Christian II., der als einziger über direkte dynastische Beziehungen in die Niederlande verfügte, war doch seine Gemahlin Isabella von Österreich eine Tochter des Herzogs Philipp des Schönen von Burgund und in Brüssel geboren. Nach dem Sturz Christians II. 1523 floh sie mit ihrem Mann und ihren Kindern in die Niederlande.[13]

Bereits im 16., besonders aber im 17. Jahrhundert unterstützten Landesherren wie die Gottorfer Herzöge ebenso wie der König von Dänemark-Norwegen gezielt die Ansiedlung von Niederländern, die in ihrer Heimat aufgrund ihres Glaubens verfolgt wurden – in Friedrichstadt und Glückstadt, in Altona oder auf Nordstrand. König Christian IV. lockte bei der Gründung Glückstadts 1617 Niederländer und iberische Juden aus den Niederlanden, die Sepharden, an die Unterelbe. Herzog Friedrich III. von Schleswig-Holstein-Gottorf folgte diesem Beispiel, als er 1621 Friedrichstadt anlegen ließ und gezielt Remonstranten anwarb. Christian Boldt und Christiane Thomsen beleuchten die beiden wichtigen Toleranzstädte Glückstadt und Friedrichstadt, ihr religiöses Leben und ihre wirtschaftliche Bedeutung im 17. Jahrhundert.

Geografisch weiter gespannt ist der Fokus von Michael North, der in seinem thematisch breit aufgestellten Beitrag über Migration und kulturelle Kontakte an einer Fülle von Beispielen darlegt, wie wesentlich die Einwanderung aus den Niederlanden für beinahe alle kulturellen Bereiche war – basierend auf einer einzigartigen Wirtschaftsmacht, die schon die Zeitgenossen beeindruckte. Die Niederlande hatten zu dieser Zeit die weltweit höchste Urbanisierung, ein ausgebautes soziales Netz, einen hohen Grad an Alphabetisierung und gelten als die erste moderne Volkswirtschaft, da lediglich rund 30 Prozent der Bevölkerung in der Landwirtschaft tätig waren. Die Innovationen in der Landwirtschaft setzten eine Mehrheit der Bevölkerung für die Arbeit in den wachsenden Gewerbe- und Dienstleistungssektoren frei und ermöglichten so den weltumspannenden Ausbau des Handels sowie eine Fülle technischer Innovationen, die von den Niederlanden aus in Europa, vor allem im Ostseeraum Verbreitung fanden.[14]

Dieses Phänomen steht in der Architektur bis heute deutlich vor Augen: Seit etwa der Mitte des 16. Jahrhunderts war die Baukunst im gesamten Ostseeraum nach niederländischem Vorbild gestaltet. Vor allem „Norddeutschland und Dänemark waren in dieser Hinsicht Teile eines niederländisch geprägten Kulturraumes"[15], wie Lars Olof Larsson in seinem Beitrag ausführt. Als Beispiele führt er neben den Schlössern Herzog Adolfs I. von Schleswig-Holstein-Gottorf (1526–1586) einige Herrenhäuser, vor allem aber als „Paradebeispiele" die Bauten Christians IV. in Dänemark sowie das Grüne Tor und das Zeughaus in Danzig an. Zugleich relativiert Larsson den Begriff des (passiv empfangenen) Einflusses, indem er die „aktive Rezeption fremder Formen und Techniken"[16] hervorhebt.

Neue Entdeckungen zur Bautätigkeit Herzog Adolfs I. präsentiert Aleksandra Lipińska in ihrem Beitrag über den Baumeister Gillis Cardon aus Douai, ergänzt um eine Edition von Briefen und weiteren Quellen. Zwar ist die konkrete Zuordnung erhaltener Werke an den Künstler bisher nicht möglich, plausibel ist jedoch die Zuschreibung der verlorenen Alabasterreliefs aus der Kapelle des Kieler Schlosses an Cardon. Sein Beispiel liefert Einblicke in das Wirken bislang kaum bekannter niederländischer Künstler und Handwerker, die die Kunstlandschaft Norddeutschlands im 16. und 17. Jahrhundert geprägt haben. Der Lebensweg Gillis Cardons belegt zudem die enorme Bedeutung der Netzwerke niederländischer Emigranten.

Mit interessanten Archivfunden zu dem Maler und Goldschmid Jacob van Dort (van Doordt; 1575–1629) bereichert Elsabeth A. Dikkes die bisherige Kenntnis zu Herkunft und Werk dieses Künstlers, der unter anderem für die Gottorfer Herzöge Johann Adolf und Friedrich III. und die Herzöge von Wolfenbüttel sowie für König Christian IV. von Dänemark-Norwegen und König Gustav II. Adolf von Schweden tätig war. Neben Goldschmiedearbeiten schuf er Porträts unterschiedlicher Formate. Jacob van Dort entstammte einer Antwerpener Gold- und Silberschmiedfamilie, die in Hamburg und Altona nachweisbar ist, das dank der Toleranzpolitik Ernsts von Schaumburg als Graf von Holstein-Pinneberg viele Glaubensflüchtlinge anzog. Van Dorts Bruder Abraham war ebenfalls für die Gottorfer Herzöge tätig, bevor er nach Prag ging und später im Dienst des englischen Königs Charles I. stand.

Wie an vielen Höfen der Zeit auch lassen sich am Gottorfer Hof und seinem Umfeld zudem Beispiele für eine eigenständige Aufnahme und Fortentwicklung finden, für eine Verschmelzung niederländischer Innovationen mit Formen und Motiven anderer Herkunft. Ein Exempel für eine Fortentwicklung, in der sich unterschiedliche Einflüsse zu einer eigenständigen Neuschöpfung verbinden, ist die Stuckdecke des Frankfurter Kalkschneiders Philipp Weller im (heute sogenannten) *Blauen Saal* von Schloss Gottorf (Abb. 2).[17] In ihrem üppigen Dekor bildet das in den Niederlanden entwickelte Kwab-Ornament (Knorpelwerk, Ohrmuschelstil) in Verbindung mit dem älteren Rollwerk sowie Motiven aus der Natur wie Blattwerk und Tiere, Fabelwesen und Maskarons die Rahmung für ideale Stadtansichten in jeder der vier Gewölbekappen. Reiche Ornamentbänder säumen auch die zentralen ovalen Medaillons mit Bündeln exotischer Früchte, die unter anderem durch die niederländischen Handelskompanien in Europa bekannt geworden waren. In der heutigen Farbfassung im Stil des 18. Jahrhunderts ist das ursprüngliche Gestaltungskonzept jedoch geradezu konterkariert, treten doch die im Flachrelief modellierten Stadtansichten heute weitgehend zurück und wird das ornamentale Rahmenwerk durch die vereinheitlichende Fassung in Weiß in seiner motivischen Vielfalt nivelliert.[18] Im Gegensatz dazu war die reiche

**Abb. 2** Philipp Weller: Stuckdecke im sogenannten Blauen Saal, um 1630, SHLM Schloss Gottorf

Ornamentik ehemals mit Höhungen in Gold und Silber versehen.[19] Diese Farbigkeit würde das Kwab-Ornament der Decke ins rechte Licht rücken – der Stil wurde ursprünglich von Gold- und Silberschmieden erfunden. Er gilt heute als der originellste Beitrag der holländischen Kunst zur Ornamentik, der – in der Regel vermittelt über die Druckgrafik – in beinahe alle Bereiche der angewandten Künste Eingang fand.[20] Im 17. Jahrhundert ist das Knorpelwerk in weiten Teilen Norddeutschlands sogar weiter verbreitet als in den Niederlanden selbst, zum Beispiel im Werk des weiter unten besprochenen Bildschnitzers Hans Gudewerdt d. J. (um 1600–1671), dessen Werkstatt zu den führenden in den Herzogtümern zählte.[21]

Niederländische Maler brachten die neueste Porträtmode und Historienmalerei auf der Höhe der Zeit in den Norden (Abb. 3). Künstler wie die dänischen Hofmaler Pieter Isaacsz (1569–1625) und Karel van Mander III. (1609–1670), der in Kopenhagen und Stockholm tätige Abraham Wuchters (1608–1682) und viele weitere weniger bekannte Maler prägten die höfische Repräsentation nachhaltig und bedienten neue Ansprüche an die Inszenierung durch Malerei. Wie die Familie van Dort waren auch die van Manders eine wahre Künstlerdynastie: Cornelis, der Bildhauer des Gottorfer Herkules und weiterer Skulpturen in Gottorf (Abb. 4),[22] war der Bruder Karels III. Netzwerke wie dieses spielten eine wichtige Rolle und häufig sind es familiäre Beziehungen, die den Künstlern weiterhalfen. So schickte der Bildhauer Artus Quellinus (1609–1668) seinen Bruder Hubertus und seinen Schwager François de Saeger zur Installation der Fürstengruft im Dom zu Schleswig (Abb. 5).[23] Mit Thomas Quellinus (1661–1709) wirkte ein weiteres Mitglied der Bildhauer-Dynastie zwischen Lübeck und Kopenhagen, wie Uta Kuhl in

**Abb. 3**  Das *Rüllschauer Familienbild* zeigt den niederländischen Einfluss auf Alltagskultur sowie Malerei: Die harmonische lebensnahe Anordnung einer vielköpfigen Gruppe in einem gemeinsamen Gruppenporträt ist eine Errungenschaft niederländischer Malerei. Die Dargestellten tragen niederländisch beeinflusste Kleidung in Kombination mit regionalen Eigenheiten, beispielsweise die auffälligen „Tellerkragen" der Frauen.
Unbekannter Maler: Rüllschauer Familienbild. Gruppenporträt der Familie des Hofjunkers Hans von Gehlhorn Koltschen (?) aus St. Michaelis in Rüllschau, um 1620/30, Öl auf Leinwand, 121 x 250 cm, SHLM Schloss Gottorf, 1953/690

ihrem Beitrag beschreibt. Auch das Schaffen der im heutigen Norddeutschland geborenen und in den Niederlanden ausgebildeten Künstler Jürgen Ovens (1623–1678) und David Klöcker Ehrenstrahl (1628–1698) bedeutete jeweils einen deutlichen Wendepunkt in der Malerei am Gottorfer und Stockholmer Hof (Abb. 6).[24]

Ein unmittelbarer künstlerischer Austausch zwischen den Malern im Norden kann nur schwer nachvollzogen werden, wie Constanze Köster in ihrem Vortrag dargelegt hat, vielmehr sind Parallelen im Werdegang zu beobachten, wobei die enge Anbindung an die Niederlande sowie häufige Reisen bestimmend sind. Vor allem bei Klöcker Ehrenstrahl lässt sich eine Beeinflussung durch Ovens vermuten. Lisa Skogh konnte in ihrer Forschung über die schwedische Königin Hedwig Eleonora, eine Gottorfer Prinzessin, deutlich machen, welche prägende Rolle der elterliche Hof Friedrichs III. und Maria Elisabeths bei ihrer Patronage und ihren Aufträgen an Künstler spielte. Unter anderem schickte die Königin Künstler wie Klöcker Ehrenstrahl und David von Krafft (1655–1724) gezielt auf „Bildungsreise" an andere Höfe in Deutschland und in die großen europäischen Kunstzentren, auch in die Niederlande.[25]

Jürgen Ovens war der führende Maler Schleswig-Holsteins im 17. Jahrhundert und prägte die Gottorfer Blütezeit maßgeblich mit. Er brachte in der norddeutschen Malerei die „Wende zum Hochbarock", wie Köster darlegt.[26] Ihn kennzeichnet der stete Wechsel zwischen Holland und Schleswig-Holstein. Am Beispiel der für das Landesmuseum neu erworbenen

**Abb. 4** Cornelis van Mander (Werkstatt): Kamin im sogenannten Blauen Saal, um 1650, ca. 182 cm Höhe, SHLM Schloss Gottorf

**Abb. 5** Artus Quellinus der Ältere: Portal der Oberen Fürstengruft im Dom zu Schleswig, 1661–63, Marmor, Höhe ca. 685 cm (die Statuen des Herzogpaars Christian Albrecht und Friederike Amalie stammen von Jean Arnauld Villers, 1671)

Zeichnung aus Gottorfer Kontext, der *Verherrlichung Herzog Friedrichs III.*, stellt Köster die Rezeption niederländischer Vorbilder im Dienst Gottorfer Inszenierung dar, die Ovens entsprechend den Wünschen seiner Auftraggeber zu einer eigenen, komplexen Bildstrategie fortentwickelte.

Im 17. Jahrhundert entstehen in Dänemark, Schweden und Gottorf raumfüllende Bilderserien und aufwendige allegorische Überhöhungen von Fürsten nach niederländischem Vorbild.[27] In Schleswig-Holstein zeugen heute vor allem noch Einzelwerke in den Kirchen des Landes von dieser künstlerischen Blütezeit, während die umfangreiche Ausstattung Schloss Gottorfs und seiner Anlagen nach 1713 nach Skandinavien gelangt oder verloren ist. Ein herausragender Bestand von Skulptur und Malerei dieser Zeit befindet sich im Dom zu Schleswig (Abb. 7). Die Aufarbeitung der Bildhauerarbeiten steht noch aus, eine mit vielen Werken assoziierte Hamburger Schule bleibt trotz der hervorragenden Qualität weitgehend anonym.[28] Unzweifelhaft ist die niederländische Prägung dieser Bildhauer. Aber auch ohne einen aktiven Austausch mit den führenden Meistern der Zeit entstanden im Norden bemerkenswerte Höhepunkte der Kunst, erstaunlich ist so die elaborierte Formensprache des Bildschnitzers Hans Gudewerdt d. J. (Abb. 7, 8), der den Großteil seines Lebens in Eckernförde an der Ostsee verbrachte.[29] Gleichwohl muss er die Formensprache etwa eines Artus Quellinus gekannt haben. Die Bestimmungsorte der erhaltenen Meisterwerke des Gudewerdtschen Knorpelwerks mögen heute überraschend provinziell erscheinen,[30] allerdings war der Bildschnitzer auch für die Ausstattung Schloss Gottorfs zuständig und schuf darüber hinaus Prunkkutschen für die Hochzeiten der Prinzessinnen, diese Werke sind verloren.[31] Dies zeigt einmal mehr den Anspruch und Rang der Gottorfer Herzöge und ihrer Residenz. Den vielen anonymen Werken steht eine lange Reihe von Namen in den Gottorfer Rentekammerrechnungen gegenüber, denen oft keine Arbeiten zugeordnet werden können. Harry Schmidt ist die Aufarbeitung der Gottorfer Künstler und auch eine Sammlung der Niederländer in den Gottorfer Quellen zu verdanken.[32]

Auch wenn ihre Namen heute nicht mehr weithin bekannt sind, waren doch die norddeutschen Maler Simon Peter Tillmann (1601–1688) und Wolfgang Heimbach (um 1613 – um 1678) wichtige Akteure des real gelebten Kunsttransfers, wie Justus Lange darlegt. Er kennzeichnet sie „als hervorragende Vertreter einer großen Mobilität im 17. Jahrhundert und der damit verbundenen Anpassungsfähigkeit an vorhandene lokale Marktsituationen."[33] Lange korrigiert damit eine allein stilistisch-ästhetische Kunstbetrachtung und konzentriert sich auf die Wege und Strategien der niederländisch geschulten Maler. Mobilität – sowie die dadurch gewonnene Erfahrung und die so gebildeten Netzwerke – ist auch hier der Schlüssel zum Erfolg.

Während für die Residenz Gottorf nur teilweise bekannt ist, wie die herzogliche Gemäldesammlung zustande kam, kann Gero Seelig in seinem Beitrag auf Grundlage der erhaltenen Akten am Beispiel des mecklenburgischen Herzogs Christian Ludwig II. (1683–1756) nicht nur dessen Motivation darlegen, sondern auch deutlich machen, wie geschickt und zielgerichtet dieser norddeutsche Fürst vorging, um an einem Ort fernab von den großen Kunstzentren eine prestigeträchtige Kunstsammlung anzulegen.

Die Verbreitung der holländischen Malerei wurde mit Horst Gersons Untersuchung von 1942 und in dessen Nachfolge zwar intensiv erforscht, die Rezeption der flämischen Malerei und im Besonderen die breite Nachwirkung von Rubens ist bis heute jedoch nur ansatzweise untersucht; vor allem wenn man die unzähligen Werke in den Blick nimmt, „deren kulturhistorischer Wert den künstlerischen Anspruch bei Weitem übertrifft. In den flämisch inspirierten Bildwerken beispielsweise, mit denen zahlreiche deutsche Kirchen geschmückt sind, oder jenen schier unzählbaren Rubens-Kopien, die bis heute den Kunstmarkt überschwemmen"[34]. Diesem Desiderat wendet sich Nils Büttner zu, der derartige Werke als „Zeugnisse eines kulturellen Massenphänomens und der Rezeptionsgeschichte"[35] in den Blick nimmt. Im Besonderen verweist Büttner auf Beispiele, die zeigen, dass sich die Bilderfindungen von Rubens nicht nur in katholischen Kirchen ganz Europas sowie Mittel- und Südamerikas größter Beliebtheit erfreuten, sondern dass Kopien und Werke des katholischen Rubens auch im protestantischen Norden bis weit über dessen Tod hinaus begehrt waren. Als die Metropole des Kunsthandels schlecht-

**Abb. 6** David Klöcker Ehrenstrahl: Allegorie auf die Übernahme der Regierung durch Karl XI. von Schweden von seiner Mutter Hedwig Eleonora, 1692, Öl auf Leinwand, 353 × 220 cm, Nationalmuseum Stockholm, NMDrh 126

**Abb. 7** Jürgen Ovens (Malerei) und Hans Gudewerdt d. J. (Schnitzrahmen): Die heilige Familie mit dem Johannesknaben. Sogenannte „Blaue Madonna", 1669, Öl auf Leinwand, vergoldetes Lindenholz, 360 x 232 cm (Rahmen), Dom zu Schleswig

**Abb. 8** Hans Gudewerdt d. J.: Grufttür mit Todesgenius, von der Buchwaldtschen Gruft in der Kirche zu Dänischenhagen, um 1660–70, Eichenholz, 200 × 89 cm, SHLM Schloss Gottorf, 1901/112

hin wurde Amsterdam nach dem Tod des Künstlers zum zentralen Umschlagplatz seiner Werke und ungezählter Kopien.[36] Und nicht nur Rubens' Motive fanden international, in katholischen wie protestantischen Regionen Verbreitung, „sondern auch sein malerisches Idiom"[37], sein Kolorit und seine malerische Ausdruckskraft, wie Büttner am Beispiel des 1739 von dem dänischen Hofmarschall Graf Johan Ludvig von Holstein erbauten Schloss Ledreborg zeigt, das mit mehr als 600 Gemälden der „Rubens-Schule" ausgestattet wurde.

Juliette Rodings Beitrag zum Lushaus Friedrichs III. im Gottorfer Neuwerkgarten wirft ein weiteres Licht auf die Gottorfer Glanzzeit und die maßgebliche Rolle des Hofgelehrten Adam Olearius. Roding untersucht die persischen Einflüsse auf die Gestaltung des Lusthauses, das ab 1651 den Gottorfer Globus beherbergte, sowie auf den ab 1637 nördlich des Schlosses angelegten Neuwerkgarten[38] und setzt dies in Beziehung zu Ausstattungselementen im Schloss wie die Deckenmalereien im Nordflügel, die um 1650 datiert werden. Von den Anregungen ausgehend, die Adam Olearius von der *Persianischen Reise*[39] mitgebracht hat – etwa die persischen Gartentypen *chaharbagh* und *bagtakht* – sowie anhand zweier Philosophendarstellungen, die sie als Personifikationen östlicher und westlicher Weisheit deutet, postuliert Roding ein übergeordnetes ikonographisches Programm, in dem die sozioökonomischen, politischen und kulturellen Ambitionen von Herzog Friedrich III. zum Ausdruck kommen, der sich als neuer „protestantischer Salomon" präsentiert, an dessen Hof östliche und westliche Weisheit, das alte und das neue Weltbild eine fruchtbare Verbindung eingehen.[40]

Dem Wirken und den Netzwerken des Hofgelehrten Adam Olearius, der als Sekretär der Persianischen Gesandtschaft in den Dienst des Herzogs trat, ist später der Aufbau der berühmten *Gottorfischen Kunstkammer* zu verdanken, wie Marika Keblusek in ihrem Beitrag ausführt. Sie untersucht die inhärente Weltsicht der *Kunstkammer* sowie Tradition und Vorbilder der Veröffentlichung durch Olearius.[41]

Die Relationen zu den Niederlanden in der Gottorfer Gartenkunst behandelt der Beitrag von Karen Asmussen-Stratmann. Auch sie kann einmal mehr verdeutlichen, dass der vielfältige Wissens- und Kulturtransfer durch Wirtschaft und Handel, dynastische Verbindungen und Reisen von Adligen und Künstlern sowie der Austausch unter Gelehrten die Voraussetzung dafür bildete, dass Spezialwissen der Holländer in die Herzogtümer Schleswig und Holstein und nach Nordeuropa gelangte. Zugleich kann sie an einer Vielzahl von Beispielen den konkreten Handel mit Pflanzen und deren Wertschätzung seitens der Gottorfer Herzöge veranschaulichen.

Kulturtransfer und Migration folgt die Sprache; vom hohen Mittelalter bis in die frühe Neuzeit war das Niederdeutsche die *Lingua franca* des Nord- und Ostseeraums.[42] Im 17. Jahrhundert gewinnt das Niederländische als Literatursprache an Bedeutung, wie Kai Bremer in seinem Beitrag über Daniel Georg Morhof (1639–1691) darstellt. Dabei betont Bremer, dass die Rezeption der niederländischen, frühneuzeitlichen Literatur in der deutschen Literaturgeschichte nur sehr punktuell untersucht wurde, „obwohl es ein Topos der germanistischen Barockforschung seit dem 19. Jahrhundert ist, dass die deutsche Barockliteratur der niederländischen zahlreiche und wesentliche Impulse verdankt."[43] Unbestritten ist freilich, dass viele Literaturformen aus dem Niederländischen zumindest ins protestantische Deutschland importiert wurden. „Bevor Opitz etwa das *Buch von der Deutschen Poeterey* verfasste, reiste er in die Niederlande, setzte sich dort mit der niederländischen Lyrik und Lyriktheorie auseinander und übertrug wesentliche ihrer Strukturen und Formkonzepte ins Deutsche."[44] Eine interessante Wendung nimmt Morhof, wenn er das Niederländische als eine Variante des Deutschen interpretiert, die besonders ursprünglich – und damit besonders nobel – sei. Dieses „pan-germanische" Sprachmodell diente nicht nur „der Überbietung der alten und südeuropäischen Sprachen", sondern eröffnete „erst den Blick auf Literaturen, die bis Morhofs *Unterricht Von Der Teutschen Sprache und Poesie* noch gar nicht in den Fokus der Aufmerksamkeit gerückt waren."[45]

Einen Sonderfall der Literaturrezeption betrachtet Ingrid Höpel: Niederländische Emblembücher dienten als Vorlagen zahlreicher emblematischer Programme im Land – Höpel spricht hier von Emblemorten –, vom sakralen Kontext mit religiösem Schwerpunkt bis zu Liebesemblemata im privaten Bereich. Populäre Werke wie Roemer Visschers *Sinnepoppen* waren auch in Schleswig-Holstein wohlbekannt und wurden sich selbstverständlich angeeignet.

Neben diesem Blick in die Geschichte der Sprach- und Literaturwissenschaft untersucht Dorothea Schröder das Wirken niederländischer Komödiantentruppen in Norddeutschland, im Besonderen der reisenden Theatertruppe des Jan Baptist van Fornenbergh. Diese zählt zu den bedeutendsten Ensembles ihrer Zeit und trat anlässlich der Hochzeit von Prinzessin Sophie Auguste von Schleswig-Holstein-Gottorf mit Fürst Johann von Anhalt-Zerbst im September 1649 im Reithaus von Schloss Gottorf auf: „ein Meilenstein der deutschen Theatergeschichte, denn es [dieser Tag] markiert den ersten dokumentierten Auftritt einer niederländischen Schauspieltruppe in Deutschland."[46] Mit der jungen Adriana van den Bergh – die später Rembrandt Modell stand – gastierte auf Gottorf außerdem der erste weibliche Star der niederländischen Theatergeschichte.

Dieser Band versammelt facettenreiche Beispiele und neue Grundlagenforschung, die uns einen differenzierten Blick auf die grundlegende Bedeutung von Wissens- und Kulturtransfer ermöglichen. Im konkreten Fall des niederländischen Einflusses reichte dieser weit über Schleswig-Holstein hinaus und entfaltete seine Wirkung im gesamten Ostseeraum. Die Kimbrische Halbinsel war dabei wichtiges Bindeglied zwischen Nord und West, nicht nur was den geografischen Weg betrifft, sondern auch hinsichtlich des Transports von Ideen. Die Hochkultur profitierte enorm von diesem Austausch, aber genauso wirkte er sich auf die Lebensbedingungen der breiten Bevölkerung aus. Unter niederländischen Eindrücken entwickelte sich in den Herzogtümern ein kurz währender, jedoch herausragender kultureller Höhepunkt des 17. Jahrhunderts. Gleichzeitig machten sich Bauern die technischen Neuerungen in der Landwirtschaft zunutze, Deiche schützten vor Sturmfluten und die niederländische Seefahrt eröffnete auch einfachen Männern, zumindest theoretisch, neue Chancen.

Die versammelten Schlaglichter aus unterschiedlichen Disziplinen mögen zu einem lebendigen Bild dieser wichtigen Beziehungen der Regionen beitragen: Schleswig-Holstein und der Norden Europas haben in nahezu allen Lebensbereichen immensen Nutzen aus kulturellem Austausch, Migration und Offenheit für Neues und Fremdes gezogen. Bis heute lassen sich die Spuren von Wissenstransfer und Kulturimport dieser Epoche im Alltag erleben.

### Anmerkungen

1. U. Lange 2003a; J. Witt 2003, S. 132. Siehe dazu auch den Beitrag von Jann Markus Witt in diesem Band. Der Ochsenhandel war damit eine Ausnahme gegenüber dem weitaus bedeutenderen Seehandel, erst an der Elbe wurden die Ochsen auf Schiffe getrieben und in die Niederlande transportiert.
2. Unser Dank an Volker Hilberg, Museum für Archäologie, SHLM Schloss Gottorf, für diese Zusammenfassung des aktuellen Forschungsstands.
3. Zum Begriff des *Gouden Eeuw* (*Goldenes Zeitalter*) siehe zuletzt die Entscheidung des Amsterdam Museum, den Begriff fortan nicht mehr zu verwenden. Kurator Tom van der Molen begründet dies wie folgt: „The phrase ‚Golden Age' occupies an important place in Western historiography – one that is strongly linked to national pride. However positive aspects associated with the term like prosperity, peace, luxury and innocence reflect only part of the historical reality of this period. The term glosses over the many negative aspects of the 17$^{th}$ century, such as poverty, war, forced labour and human trafficking." Siehe die vollständige Erklärung des Amsterdam Museum: https://www.amsterdammuseum.nl/en/amsterdam-museum-stop-using-term-'golden-age'. Der Begriff und Äquivalente wie *Gottorfer Glanzzeit* werden in diesem Band im Kontext einer kulturhistorischen Betrachtung kultureller Höhepunkte verwendet.
4. Siehe fortführend Kat. Schleswig 1997a; Kat. Kiel 1965.
5. George 1923; Kellenbenz 1954.
6. Fürsen/R. Witt 2003.
7. H. Kunz/Pingel 2003 sowie Thomas Eisentraut, Michael North und Uta Kuhl in diesem Band.
8. Zum Agrarsektor vgl. U. Lange 2003a und ebenfalls Michael North in diesem Band.
9. Mörke 2003, S. 13.
10. Mörke 2015, S. 11f., 16 und passim sowie in seinem Beitrag im vorliegenden Band, unter Verweis auf Osterhammel 2009, S. 154–163.
11. Olaf Mörke in diesem Band, S. 30.
12. Detlev Kraack in diesem Band, S. 69.
13. Oliver Auge in diesem Band.
14. Michael North in diesem Band.
15. Lars Olof Larsson in diesem Band, S. 141.
16. Lars Olof Larsson in diesem Band, S. 141.
17. Zur Zuschreibung der Stuckdecke an Weller, im Gegensatz zu Rinn 1997, S. 154f., siehe Wiesinger 2015, S. 124f. Dass Rezeption immer eine mehr oder weniger eigenschöpferische Verbindung regionaler Traditionen mit Anregungen und Vorbildern anderer Herkunft ist, betont auch Lars Olof Larsson in diesem Band.
18. Zur originalen Farbigkeit Rinn 1997, S. 153; Schlepps 1954, S. 70ff.
19. Ging die Forschung bis vor einigen Jahren noch von einer reichen Buntfarbigkeit aus, hatte die Decke nach heutigem Stand wohl eine originale Farbfassung mit unterschiedlichen Graunuancen sowie Höhungen in Gold und Silber. Die Stadtlandschaften hatten eine ins Blaue gehende Hintergrundfarbe beziehungsweise waren teilweise bräunlich mit partiellen Versilberungen. Die Fruchtbündel waren in den plastischen Höhen silbern und vergoldet, das ornamentale Rahmenwerk in den plastischen Höhen vergoldet, ebenso die Vögel, die zum Teil rote Beine zu grau-blauen Flügeln hatten. Leider wurden alle Farbfassungen bei einer massiven Reinigung 1909 weitestgehend entfernt. Zu diesen Ergebnissen kommt Christian Leonhardt in seiner Untersuchung der Architekturoberflächen im Auftrag der SHLM Schloss Gottorf, begleitet vom Landesamt für Denkmalpflege 2002 (Akten des SHLM Schloss Gottorf).
20. Kat. Amsterdam 2018, S. 11 und S. 14–16. Zur Stuckdecke des *Blauen Saals* ebd., S. 242.
21. Kat. Amsterdam 2018, S. 229, 234–241.
22. Siehe auch Karen Asmussen-Stratmann und Juliette Roding in diesem Band.
23. Ha. Schmidt 1914, S. 227f.; Köster 2017a, S. 169f. mit weiterführender Literatur.
24. Zu David Klöcker Ehrenstrahl und seiner Patronin Hedwig Eleonora siehe Skogh 2013, S. 98ff. und passim.
25. Zudem gab Hedwig Eleonora eine Reihe von großen Skulpturen bei niederländischen Künstlern in Auftrag, zum Beispiel bei dem Antwerpener Bildhauer Nicolas Millich (1630–1699), der weitere Aufträge an die Bildhauer Jean Baptiste Dieussart und Abraham Caesar Lamoureux aus Frankreich vermittelte. Skogh 2013, S. 55f.
26. Köster 2017a, S. 56.
27. Zur Ausstattung Schloss Kronborgs siehe auch den Beitrag Justus Langes in diesem Band.
28. Beispielsweise ist „das bedeutendste Epitaph im Dom", das des Hofkanzlers Johann Adolph Kielmann von Kielmannseck und seiner Frau Margarethe von Hatten, bisher keinem Künstler zugeordnet; es kann nur eine Hamburger Werkstatt vermutet werden. Ellger 1966, S. 462f.

29 Zu Gudewerdt siehe zuletzt Kat. Amsterdam 2018, S. 234–241, grundlegend Behling 1990.
30 Kat. Amsterdam 2018, S. 234.
31 Behling 1990, S. 196–204 und passim.
32 Ha. Schmidt 1916; Ha. Schmidt 1917a; Ha. Schmidt 1917b.
33 Justus Lange in diesem Band, S. 260.
34 Nils Büttner in diesem Band, S. 217.
35 Nils Büttner in diesem Band, S. 218.
36 Siehe fortführend den in Arbeit befindlichen Œuvrekatalog von Rubens, dem Corpus Rubenianum Ludwig Burchard, der zunehmend auch Kopien dokumentiert und verzeichnet: www.rubenianum.be/nl/pagina/corpus-rubenianum-ludwig-burchard-online.
37 Nils Büttner in diesem Band, S. 227.
38 Siehe dazu auch Karen Asmussen-Stratmann in diesem Band. Grundlegend zum Gottorfer Globus und Globushaus Lühning 1997.
39 Olearius 1656.
40 Die bei Grabungen 1987 gefundene Statue von Cornelis van Mander aus dem Gottorfer Neuwerkgarten konnte Michael Paarmann auf der Grundlage des Inventars von 1708 als Philosoph identifizieren: LASH Schleswig Abt. 66 Nr. 2682, Inventar Schloss Gottorf, 1708, fol. 582ff. Paarmann 1988, S. 24–26.
41 Olearius 1666; Olearius 1674.
42 So spielte für das „Germaniakonzept" des in Hamburg, Rostock und Lübeck wirkenden Rechtsgelehrten und Theologen Albert Krantz schon um 1520 die Reichweite des niederdeutschen Sprachraums über die Reichsgrenzen nach Norden und Osten hinaus eine wichtige Rolle. Und für den Rostocker Historiograph David Chytraeus spielt die Geschichte der Sachsen seines *Chronicon Saxoniae* von 1585ff. in einem Raum, der sich von Flandern bis ins Baltikum erstreckt. Vgl. Mörke 2015, S. 105; siehe auch Menke 2003, besonders S. 25f.
43 Kai Bremer in diesem Band, S. 321.
44 Kai Bremer in diesem Band, S. 321.
45 Kai Bremer in diesem Band, S. 324.
46 Dorothea Schröder in diesem Band, S. 309.

*Olaf Mörke*

# DIE CIMBRISCHE HALBINSEL – BARRIERE UND PASSAGE ZWISCHEN NORD- UND OSTSEE

Das Tagungsthema fokussiert das Interesse auf die vielfältigen Aspekte der kulturellen Beziehungen zwischen den Niederlanden und Schleswig-Holstein. Der Blick auf die Landkarte zeigt das Offensichtliche: Beide sind durch die Nordsee miteinander verbunden. Dass die Niederlande in der Frühen Neuzeit ihren Reichtum ganz wesentlich dem Handel mit den Ostseeanrainern verdankten, ist bekannt. Der Öresund als die Nord- und Ostsee verbindende Schifffahrtsroute, deren Ost- und Westküste sich bis 1658 unter dänischer Herrschaft befand, ehe sich Schweden die Provinz Schonen einverleibte, wurde im 16. und im 17. Jahrhundert in wachsendem Maß von niederländischen Schiffen befahren und zeitweise dominiert.[1] Die Herzogtümer Schleswig und Holstein geraten erst ins Gesichtsfeld, wenn man das Interesse auf die kleinräumigeren Strukturen der maritimen Austauschwege der Niederländer nach Nord- und Nordosteuropa lenkt. Der erneute Blick auf die Landkarte, die diesmal den Raum von Nord- und Ostsee insgesamt umfasst, zeigt die sich über circa 450 Kilometer in Nord-Süd-Richtung erstreckende Halbinsel zwischen Skagerrak und Elbe, die beide Randmeere des Atlantik voneinander trennt. Es ist keine Marotte, wenn ich für diesen Landstrich anstelle von Schleswig-Holstein und Jütland den seit der Antike gebräuchlichen Begriff *Cimbrische Halbinsel* benutze. Sogar die deutsche Wikipedia bietet unter dem Stichwort „Kimbrische Halbinsel" einen eigenen Artikel (Abb. 1).

Dahinter steckt eine Idee, welche die kulturräumliche Einheit der Region zwischen Elbe und Skagerrak hervorhebt und dabei die epochenübergreifende Kontinuität der Vorstellungen von eben dieser Einheit betont.

**Abb. 1** Kimbrische Halbinsel – Abbildung aus dem gleichnamigen Wikipedia-Artikel

Der erste römische Kaiser Augustus berichtet gegen Ende seines Lebens in seiner Leistungsbilanz, den *Res Gestae Divi Augustae*, er habe Spanien, Gallien und „ebenso Germanien […] bis zur Mündung der Elbe befriedet." Im gleichen Abschnitt verkündet er nicht ohne Stolz, dass „seine Flotte vom Rhein über das Meer bis zum Land der Kimbern vorgestoßen" sei. Dessen Bewohner hätten durch Gesandte seine und die Freundschaft Roms erbeten.[2]

Auch der griechische Geograph Strabo, ein Zeitgenosse des Augustus, wies auf die Halbinsel als Heimat des Stammes der *Cimbri* hin.[3] Explizit gebrauchte die Bezeichnung Cimbrische Halbinsel, *Cimbricvs Chersonesvs*, der Universalgelehrte Klaudios Ptolemaios aus Alexandria ein gutes Jahrhundert später in seiner *Geographia*, einer Beschreibung der damals bekannten Welt.[4]

Der Begriff wird am Ende des 16. Jahrhunderts titelgebend für die große Landesbeschreibung Heinrich Rantzaus, des aus Holstein stammenden humanistischen Gelehrten und königlich-dänischen Statthalters in den Herzogtümern. Sich selbst bezeichnet er in der *Cimbricae Chersonesi descriptio nova*, so der Kurztitel seines 1597 erschienenen Werkes, als *Produx Cimbricus*, als Cimbrischer Statthalter.[5] Er charakterisiert die Halbinsel mit ihren Teilen Holstein, Schleswig und dem zum dänischen Königreich gehörenden Jütland als wirtschaftlich wie kulturell gleichermaßen blühende Region. Die Doppelorientierung der Kommunikationswege in Richtung Nord- und Ostsee besitzt für ihn offenbar besondere Bedeutung: „Günstige und geschützte Häfen liegen an beiden Meeren"[6].

Nicht nur Rantzau war diese Doppelorientierung besonderer Erwähnung wert. Der Husumer Bürgermeister Caspar Danckwerth würdigt sie ebenfalls in seinem 1652 erschienenen magistralen Werk *Newe Landesbeschreibung Der Zwey Hertzogthümer Schleswich vnd Holstein*: „Liegen demnach diese zwey Hertzogtuhmer zwischen zweyen Meeren, vnd hat zusampt Jüdland genommen diese Cimbrische halb Insul eine Lage schier wie Italien […]." Das Land sei über weite Strecken fruchtbar, „nur den Wein, Zucker, Oel, Gewürtz, Saltz […] Metall vnd etliche Medicamente" vermisse man.

> „Dahingegen hat die Güte des Herrn diese Länder mit herrliche[n] Meerhafen begabet, mittels deren vnd der Schiffart die Einwohner aus Teutschland, Preussen, Liefflandt, Schweden, Dennemarck, Norwegen, Engellandt, Niederlandt, Frankreich, Spanien, vnd weiter abgelegenen Landen, die ihnen ermangelende Wahren, mit geringen Kosten in das Landt hinein, vnd die ihrigen wieder hinausführen vnd andern davon mittheilen können."[7]

Rantzau und Danckwerth beschreiben beide mit ausgesprochenem Selbstbewusstsein die verkehrstechnische Gunstlage der Region im ökonomischen Austauschsystem Europas. Dass man hinsichtlich des wirtschaftlichen Potentials dieses Austauschsystems auch seitens des Hofes in Gottorf zu Lebzeiten Danckwerths bisweilen übertriebene Hoffnungen hegte, zeigen die 1647 von Adam Olearius so nachhaltig beschriebenen Reisen einer Wirtschaftsdelegation an die Höfe des Zaren in Moskau und des persischen Schah in Isfahan in den 1630er-Jahren, die geschäftlich aber enttäuschend verliefen.[8]

Gleichwohl ist das Reiseunterfangen bezeichnend für die Raumvorstellung der Planer. Für sie bot sich die Cimbrische Halbinsel als offenbar ideales Verbindungsglied im Handel zwischen Ost und West an. Das entsprach den jahrhundertealten Gegebenheiten. Gerade Caspar Danckwerth widmet seine Aufmerksamkeit nicht nur den räumlichen Voraussetzungen ökonomischer Prosperität, er zeigt auch ausgesprochenes Interesse an der Vergangenheit der Region. So rühmt er in der *Dedicatio* an König Friedrich III. von Dänemark und den Gottorfer Herzog Friedrich IV. die Cimbern nicht nur als erstes der Völker, welche die Halbinsel beherrscht haben sollen, sondern überdies als die, welche von dort zu ihren Eroberungszügen bis nach Rom aufgebrochen seien.[9] Dazu gesellt sich dann eine ausführliche Darstellung der Abstammungsgeschichte der Cimbern bis zu Noahs Sohn Japhet.[10] Die Positionierung der Cimbrischen Halbinsel in Raum und Zeit, wie sie von Danckwerth vorgenommen wird, steht auch für das Wissen um die seit alters thematisierte räumliche Anbindungs- und Einbettungsfähigkeit der Region.

Um dies zu konkretisieren, kehre ich zu Klaudios Ptolemaios und seiner *Geographia* zurück (Abb. 2), die nach langer Zeit des Vergessens ihre volle Wirkung im Rahmen der humanistischen Antikenrezeption im 15. und 16. Jahrhundert entfalten sollte.

Ptolemaios' kartographische Beschreibung, im 15. Jahrhundert wiederholt neu aufgelegt, präsentiert den Raum von Nord- und Ostsee im Gesamtspektrum der *oikumene*, der bewohnten Welt.[11] Von 26 Detailkarten beziehen sich zwölf auf Asien, vier auf Afrika und zehn auf Europa. Die Positionierung des östlich Großbritanniens gelegenen *Oceanus Germanicus*, des Germanische Ozeans, verdient unsere besondere Aufmerk-

Die Cimbrische Halbinsel – Barriere und Passage zwischen Nord- und Ostsee

**Abb. 2** Nicolaus Germanus: Germania magna nach Ptolemaios, Kopie des 15. Jahrhunderts, Biblioteca Nazionale di Napoli, Codex Neapolitanus Latinus VF 32

samkeit. Auf den ersten Blick scheint er nämlich mit der Nordsee identisch zu sein. Die vierte Europakarte aus dem Atlas des Ptolemaios belehrt uns freilich eines anderen. Sie zeigt „Groß-Germanien", die *Germania magna* in den lateinischen Kartenversionen des 15. Jahrhunderts.[12] Das Groß-Germanien des Ptolemaios findet seine westliche Grenze am Rhein, seine südliche an der Donau, seine östliche an der Weichsel. Im Norden gehört die gesamte Cimbrische Halbinsel dazu, deren Nordspitze auch den nördlichen Kartenrand markiert. Östlich der Cimbrischen Halbinsel liegen die drei kleinen „Scandiae"-Inseln, die wohl auf die dänische Inselwelt um Seeland verweisen.[13] Noch weiter östlich, auf dem Längengrad der Weichselmündung, platziert Ptolemaios die große Insel „Scandia". Mit ihr könnte die südschwedische Landschaft Schonen oder die Insel Gotland gemeint gewesen sein.[14]

Der in diesem Kartenzuschnitt markierte *Oceanus Germanicus* steht nicht nur für die Nordsee, sondern schließt auch die Ostsee bis zur Weichselmündung ein. Die Cimbrische Halbinsel, eingerahmt von eben diesem *Oceanus Germanicus*, wird offensichtlich nicht als Sperre zwischen zwei Räumen wahrgenommen. Ptolemaois trifft also für die Kartographie des nördlichen Europa eine wichtige Entscheidung. Mit dem *Oceanus Germanicus*, dem Germanischen Ozean von den östlichen Gestaden Britanniens bis zu einer imaginären Grenzlinie nördlich der Weichselmündung, von wo sich nach Osten der Sarmatische Ozean erstrecke, setzt er einen deutlichen räumlichen Markierungspunkt. Er hebt den engen Zusammenhang von Nordsee und westlicher Ostsee sowie die eher verbindende als trennende Funktion der Cimbrischen Halbinsel hervor.

Deutlich wird der Unterschied dieses Raumkonzeptes zu den heute gebräuchlichen Bezeichnungen Nord- und Ostsee im Deutschen, North Sea und Baltic im Englischen, beziehungsweise Vesterhavet und Østersøen im Dänischen. Sie suggerieren eher Trennendes als Verbindendes. Der Geograph aus dem Alexandria des 2. Jahrhunderts hingegen akzentuiert die Einheit des Raumes.

Für beide Versionen spricht einiges. Die Sicht auf die Cimbrische Halbinsel als raumstrukturierendes Element kann sowohl deren Barriere- als auch Passagecharakter zwischen Nord- und Ostsee betonen.

Für die Herzogtümer Schleswig und Holstein und für Jütland war und ist nun einmal das schon von Rantzau und Danckwerth thematisierte Faktum von Bedeutung, dass sie über West- und Ostküste verfügen, sich zugleich als Barriere zwischen und Passage zu den Anrainern jener atlantischen Randmeere anbieten, die wir heutzutage als Nord- und Ostsee bezeichnen. Den Doppelcharakter belegt eine andere Karte aus dem 16. Jahrhundert, die wie kaum eine andere illustriert, was der Historiker Karl Schlögel im Sinn gehabt haben mag, als er vor einigen Jahren schrieb, dass „das Kartenzeichnen die erste Form der Skizze, des

**Abb. 3** Olaus Magnus: Carta marina, 1539, Holzschnitt auf Papier, 125 x 170 cm, Uppsala Universitet, Universitetsbibliotek, 6964

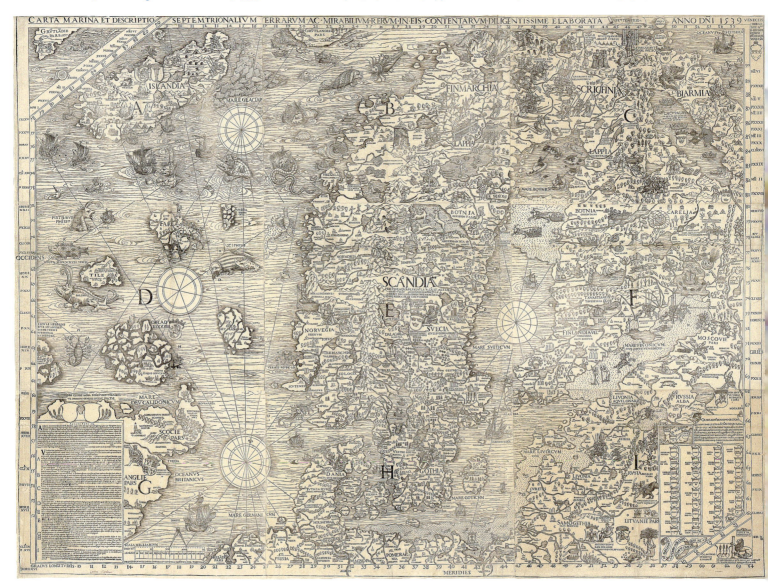

Manuskriptes" für die Erzählung verräumlichter Geschichte sei.[15]

Ein frühes Beispiel für solch verräumlicht dargestellte Geschichte ist die 1539 publizierte *Carta marina* des Olaus Magnus.[16] Der katholische Geistliche aus Schweden hatte wegen der Reformation sein Herkunftsland verlassen und zunächst im Danziger und dann im italienischen Exil gelebt. Er und sein Bruder Johannes, der ebenfalls exilierte letzte katholische Erzbischof von Uppsala, kehrten „gleichsam zurück in ihre Heimat, indem sie sich in deren Geschichte, deren Natur und Lebenswirklichkeit" versenkten.[17] Olaus verfasste eine *Historia de gentibus septemtrionalibus*, eine Geschichte der nördlichen Völker, und, als verbildlichende Vorarbeit dazu, die *Carta marina* (Abb. 3).[18]

Deren vollständiger Titel lautet: *Carta marina et descriptio septemtrionalium terrarum ac mirabilium rerum in eis contentarum*. Ich zitiere ihn absichtsvoll in der Langversion, zeigt er doch, worum es Olaus geht: Um eine umfassende Beschreibung der nördlichen Länder! Was zählt er zu den *Septemtrionales Terrae*, die für ihn ganz offenbar eine sinnvolle Raumeinheit bilden? Präsentiert wird eine Welt, deren Begrenzungen die Karte eindeutig markiert. Im Norden reicht sie bis Island, zur Südspitze Grönlands und zum Nordkap, im Süden zu den kontinentalen Küstenregionen von Ost- und Nordsee. Im Westen gehören England, Schottland, die Inselkette von den Orkneys über die Shetlands, die Färöer und das hier gar nicht sagenhafte Thule dazu. Im Osten erstreckt sie sich bis ans Weiße Meer und schließt den Nordwestrand des moskowitischen Reiches ein. Die zentrale Nord-Süd-Achse der *Carta Marina* wird von einem sehr wuchtigen *Scandia*, der Landmasse des heutigen Schweden und Norwegen, sowie der Cimbrischen Halbinsel gebildet. Diese Achse teilt die Karte fast mittig in eine östliche und westliche Sphäre, den Ostseeraum einerseits, den Raum von Nordsee und Nordatlantik andererseits.

Und mittendrin: die Cimbrische Halbinsel (Abb. 4). Das massive Scandia präsentiert sich in der Tat mehr als Barriere denn als Passage. In der Gesamtansicht mutet auch die Cimbrische Halbinsel zunächst eher barrierehaft an. Bei näherem Hinsehen jedoch modifiziert sich dieser Eindruck beträchtlich. Die dänische Inselandschaft mit dem Öresund, Kattegat und Skagerrak und eben die Cimbrische Halbinsel signalisieren vielfältige Durchlässigkeit auf dem in der damaligen Zeit probatesten Weg, dem zu Wasser. Ein mit dem Zusatz *Hollandi* (Holländer) markiertes Schiff am Westrand des Skagerrak,

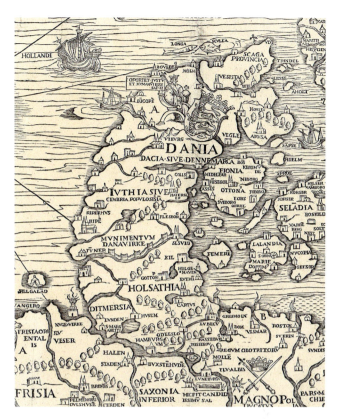

**Abb. 4** Ausschnitt der Carta marina mit der Cimbrischen Halbinsel

ein weiteres, diesmal unbekannter Nationalität, im Kattegat nördlich der Insel Seeland deuten auf die Fahrt durch den Öresund als dem Hauptschifffahrtsweg zwischen Nord- und Ostsee.

Auf der Cimbrischen Halbinsel selbst ist ein Wasserweg zwischen Lübeck und Hamburg zu erkennen, der an den Stecknitzkanal erinnert, auch wenn dessen Verlauf nicht präzise getroffen wird. Entlang des Danewerks, jener früh- und hochmittelalterlichen Befestigungsanlage der Dänen gegen die Sachsen und slawische Stämme, verläuft auf der Karte des Olaus Magnus ein durchgehendes Gewässer zwischen Schleswig im Osten und Tönning im Westen, das Ost- und Nordsee verbindet. Solch ein Wasserweg ohne jegliche Landunterbrechung existierte allerdings im 16. Jahrhundert nicht. Erst der Vorläufer des Nord-Ostsee-Kanals, der 1784 in Betrieb genommene Schleswig-Holsteinische oder Eiderkanal, sollte ihn installieren. Ob es sich bei der Verzeichnung jenes Wasserlaufs um einen Flüchtigkeitsfehler des Kartographen, um eine Verstärkung der in der Nähe verlaufenden Grenzlinie zwischen dem Heiligen Römischen Reich und Dänemark oder um die absichtsvolle Kennzeichnung einer wünschenswerten Verbindungslinie handelt, mag dahingestellt bleiben. Die Vermutung, dass sich hier der ausgeprägte Erzählcharakter der *Carta marina* niederschlägt, dass Passagefähigkeit augenfällig dokumentiert werden soll, liegt aber nahe. Der seit der Mitte des 11. Jahrhunderts sicher nachgewiesene bedeutende Ost-West-Handelsweg von Schleswig/Haithabu über Hollingstedt an der Treene bis zur Eidermündung, der ein kurzes Stück über Land ging, weitestgehend aber natürliche Wasserwege nutzte, könnte hier Modell gestanden haben.[19] Dies gilt auch für eine auf der Karte skizzierte Binnenwasserverbindung südlich der Nordspitze Jütlands. Sie bezieht sich wohl auf den Limfjord, der vielleicht als Schifffahrtsweg genutzt wurde, bis er an seinem Westende im Frühmittelalter verlandete.[20] Auch diese vermittelt den Eindruck von einfachen Kommunikationsmöglichkeiten zwischen Ost und West, West und Ost. Weniger Fantasie als die *Carta marina*, dafür mehr topographische Genauigkeit zeigt die Beschreibung der Lage der Stadt Schleswig in dem zwischen 1572 und 1618 in etlichen Bänden publizierten und europaweit verbreiteten Städteatlas von Braun und Hogenberg. Die Gunstlage Schleswigs an der Schlei, der kurze Landweg nach Hollingstedt an die schiffbare Treene und von dort bis zur Nordsee werden als herausragendes Merkmal der Stadt prominent gewürdigt.[21] Diese Beispiele stehen nicht nur für Kommunikationsmöglichkeiten zwischen West- und Ostküste der Cimbrischen Halbinsel, sondern auch für die Förderung des Austausches zwischen den Regionen der *Septemtrionales Terrae* im Sinn der *Carta marina* und in den Raumdimensionen, die Caspar Danckwerth ein Jahrhundert nach Olaus so großzügig skizzieren sollte.

Werfen wir zum Vergleich noch einen Blick auf ein anderes Kartenwerk. 1570 erschien in Antwerpen der erste moderne Weltatlas, das *Theatrum Orbis Terrarum* des Abraham Ortelius. Die schon 1571 publizierte erste niederländische Ausgabe enthält eine doppelseitige Karte mit der Bezeichnung *Septentrionalium Regionum Descriptio*, Beschreibung der nördlichen Gegenden. Wie bei Olaus, so wird auch hier der Raum um Ost- und Nordsee, nunmehr etwas weiter noch in den Nordatlantik und das Polarmeer ausgedehnt, explizit als Raum des Nordens klassifiziert.[22] Auch hier befindet sich wieder nahezu auf der Nord-Süd-Mittelachse die Cimbrische Halbinsel. Die detailliertere Karte des Königreichs Dänemarks zeigt, den natürlichen Gegebenheiten entsprechend, prominent den Öresund. Es fehlen freilich die auf der *Carta marina* verzeichneten Binnenwasserwege zwischen Nord- und Ostsee. Großen Wert legte der Kartograph jedoch auf die Verzeichnung selbst kleiner Hafen- und Küstenorte – ganz so, wie Rantzau und Danckwerth in ihren Landesbeschreibungen.[23] Geht man weiter ins Detail, so findet sich in der die Herzogtümer darstellenden Karte ein durchgehender Wasserweg zwischen Kappeln an der Schlei und Tönning an der Eider.[24] Das entspricht zwar nicht den natürlichen Gegebenheiten, markiert aber gleichwohl einen wichtigen Handelsweg, der schon seit der Zeit bestand, als Haithabu als Schnittstelle des Handels zwischen Nord- und Ostsee fungierte. Auch wenn die Ortelius'schen Karten längst nicht so bildreich erzählerisch sind wie die *Carta marina* und unserem Verständnis moderner Kartographie näher stehen, so zeigt sich doch hier die Absicht, die Passagefähigkeit der Cimbrischen Halbinsel abzubilden – sei es durch die Verzeichnung der vielen Hafenorte, sei es durch die Markierung von Binnenwasserstraßen.

Es besteht bei der Auswahl des Kartenmaterials kein Anspruch auf Vollständigkeit. Zu vielfältig ist die frühneuzeitliche Kartographie auch für den Raum der Cimbrischen Halbinsel.[25] Die gewählten Beispiele illustrieren die Aussagen der einschlägigen Landesbeschreibungen und machen den Passagecharakter der Region augenfällig. Die Karten markieren aber auch die Differenz zwischen Nord- und Ostsee. Eine Differenz, die es freilich zu überbrücken gilt, sollen die Häfen an beiden Küsten miteinander in Beziehung treten, sollen selbst weniger hochtrabende Pläne als die hinter der Persienmission der 1630er-Jahre stehenden in die Tat umgesetzt werden. In diesem Sinn kann man den Passagecharakter der Halbinsel und namentlich der Herzogtümer noch präzisieren, indem man ihre Funktion als Relais, als Vermittler zwischen differenten Räumen, betont.

Der Begriff Relais, der im ursprünglichen Wortsinn für Poststationen steht, an denen Postkutscher und Privatreisende die Pferde für die Weiterreise wechseln konnten, illustriert die Vermittlungsfunktion zwischen dem Ost- und dem Nordseeraum, die ich den Herzogtümern und der ganzen Halbinsel zueigne. Der Raum offenbart hier seine Qualität als „Kontaktarena", als „Interaktionsraum", wie Jürgen Osterhammel es benannt hat. „Interaktionsräume sind Sphären, in denen mehrere verschiedenartige Zivilisationen in dauerhaftem Kontakt miteinander stehen und in denen es trotz mancher Spannungen und Unverträglichkeiten immer wieder zu hybriden Neubildungen kommt."[26] Diese Definition des Globalhistorikers Osterhammel, von ihm auf das Mittelmeer,

Die Cimbrische Halbinsel – Barriere und Passage zwischen Nord- und Ostsee

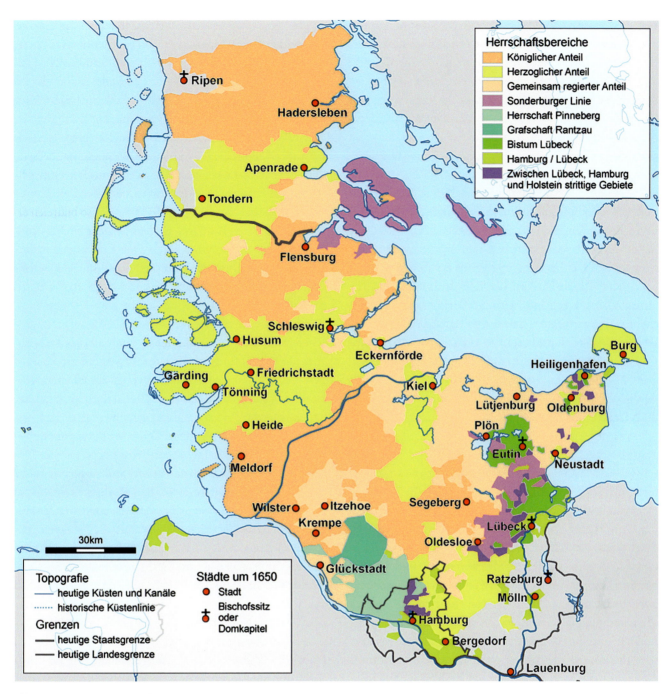

**Abb. 5** Schleswig und Holstein um 1650

den Indischen und Atlantischen sowie den Pazifischen Ozean bezogen, greift auch für die Region der Cimbrischen Halbinsel. Hier berühren sich Nord- und Ostseeraum, die hinsichtlich Sozial- und Wirtschaftsstruktur markante Eigentümlichkeiten aufweisen, in vielfältiger Weise und über diese Differenzen hinweg aber eine funktionale Einheit bilden.

Auf den Relaischarakter der Region im Bereich des europäischen und sogar, denkt man an die Ambitionen der erwähnten Persienexpedition, des Welthandels haben die einschlägigen Landesbeschreibungen Rantzaus und Danckwerths hingewiesen. Er schlägt sich selbst in der so komplexen Territorial- und Herrschaftsgeschichte der Herzogtümer nieder.

Seit dem Mittelalter zeichnete sich im Prozess der Herrschafts- und Staatsbildung die Absicht ab, Ost- und Westküste der Halbinsel politisch zusammenzuführen. Offenbar bestand und besteht ein machtpolitisches Interesse an der Verbindung beider Küsten und damit auch an der Verbindung beider Meere. Die Vermutung, dass das mit der Kontrolle von Kommunikationswegen zu tun hatte und hat, liegt auf der Hand und findet in der regionalgeschichtlichen Chronologie Nahrung.

Die Konflikte des Spätmittelalters um die Landesherrschaft in den Herzogtümern sind immer wieder auch Auseinandersetzungen um die herrschaftliche Durchdringung des Landes zwischen den Küsten und um die Verbindung von Nord- und Ostsee gewesen. Gegen Ende des 16. Jahrhunderts hatte sich die politische Situation trotz der mitunter verwirrenden Gemengelage herzoglich-gottorfischer und königlicher sowie gemeinsam regierter Anteile stabilisiert. Sie zeigt sowohl in den herzoglichen als auch in den königlichen Anteilen der Herzogtümer den erfolgreichen territorialen Brückenschlag zwischen Ost und West (Abb. 5).[27]

Bei alledem darf man indes die Differenzen zwischen West- und Ostküste der Cimbrischen Halbinsel nicht verwischen. Sie repräsentieren deutlich unterschiedliche Landschaftstypen. Marschen mit sich anschließendem Geestrücken, inselreiches Wattenmeer südlich des dänischen Blåvand, nördlich davon ein Dünengürtel prägen den Westen; eine kaum von den Gezeiten berührte, hügelige, durch Fjorde (Förden) gegliederte Moränenlandschaft den Osten. Die wenigen größeren Städte vom dänischen Ålborg und Århus über Flensburg und Kiel bis Lübeck wenden sich auf den ersten Blick nur der Ostsee zu. Auf den zweiten zeigt sich freilich die enge Verbindung nach Westen, zur Nordsee. So waren seit dem 15. Jahrhundert das an der Nordsee gelegene Husum und die in der frühen Neuzeit bedeutende Handelsstadt Flensburg, deren kommerzieller Austausch sich sowohl in den Nordseeraum, voran nach den Niederlanden, als auch nach Skandinavien und zu den südlichen Ostseeanrainern erstreckte, wirtschaftlich eng verflochten. „Husum war praktisch Westhafen für Flensburg, und umgekehrt fungierte dieses als Osthafen."[28] Auch das spricht, abhängig vom jeweiligen Untersuchungsinteresse, für die Kombination trennender und verbindender Elemente.

Sehr deutliche Unterschiede zwischen Ost- und Westküste bestanden seit dem Spätmittelalter bezüglich der bäuerlichen Besitzverhältnisse. „Die Rechtsstellung der freien oder dem Landesherrn untertänigen Bauern unterschied sich auffällig von der der Bauern der adligen und geistlichen Grundherrschaften in Südostschleswig und Ostholstein."[29] Aus zugegebenermaßen großer Flughöhe betrachtet, präsentierten sich im 18. Jahrhundert die Agrarwirtschaften in weiten Teilen Großbritanniens, der Niederlande und entlang der Nordsee bis an die Westküste der Herzogtümer Holstein und Schleswig – bei allen Unterschieden im Detail – als weitgehend frei von feudalen Rechtsstrukturen.[30] Ganz anders die von Gutswirtschaft und unfreien bäuerlichen Besitzformen bestimmten Regionen entlang der Südküste der Ostsee von Schleswig und Holstein bis in das Baltikum. Gemeinsam war beiden Großregionen jedoch die Entwicklung einer zunehmend marktorientierten Landwirtschaft. Es herrschte also nicht der Gegensatz hier moderne, weil marktorientierte, dort archaische, weil subsistenzorientierte Produktionsweise. Vielmehr manifestierte sich im Zeitalter der Aufklärung die Differenz zwischen Nord- und Ostseeregion im Verbreitungsgrad bäuerlicher Freiheit auf der einen, feudaler Abhängigkeitsrechte wie Leibeigenschaft und Schollenbindung auf der anderen Seite. Evident ist jedoch auch, dass fast überall dort, wo diese Abhängigkeiten bestanden, sie ab der Mitte des 18. Jahrhunderts in Debatten zur Disposition gestellt sowie Reformprojekte angedacht und zumindest punktuell umgesetzt wurden.[31]

Was hat die Beschäftigung mit Passage- und Barrierecharakter der Cimbrischen Halbinsel mit dem Tagungsinteresse am frühneuzeitlichen Wissens- und Kulturtransfer zwischen den Niederlanden und den Herzogtümern zu tun? Mit Kernaspekten dieses umfänglichen Themenfeldes beschäftigen sich die Beiträge der Tagung. Um ihnen nicht vorzugreifen, beschränke ich mich darauf, das Augenmerk auf ein meines Erachtens zu wenig beachtetes Konzept zu richten, das in den 1990ern von dem niederländischen Historiker Lex Heerma van Voss angedacht worden ist: die „Nordseekultur" (Abb. 6).[32]

Die Nordseekultur finde sich in der Region entlang der Nordseeküsten von Großbritannien, Norwegen und Schweden zwischen Bergen und Malmö, im gesamten Territorium des heutigen Dänemark, Schleswig-Holstein sowie entlang der deutschen, niederländischen und belgischen Nordseeküstenstreifen. Heerma van Voss konstatiert für diesen Raum auf vier zentralen Feldern der kulturellen Entwicklung in der Zeit zwischen 1500 und 1800 so starke Gemeinsamkeiten beziehungsweise so signifikante Unterschiede zu den umgebenden Regionen, dass man von einer gemeinsamen Kultur, eben der Nordseekultur, sprechen könne. Die Küstenregion

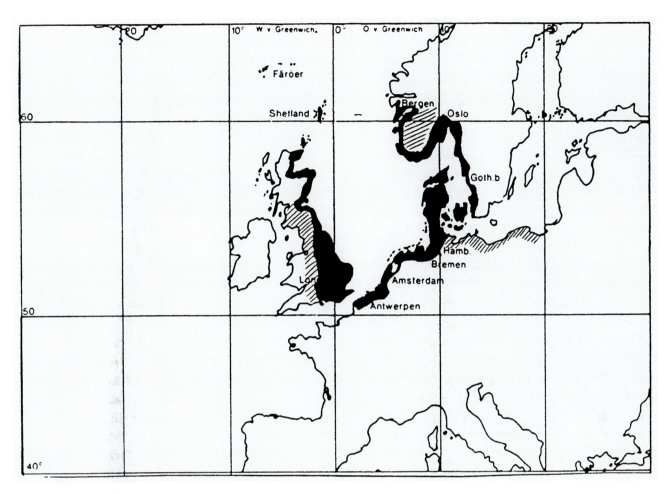

**Abb. 6** Raum der Nordseekultur, aus Heerma van Voss 1995

der Niederlande und die Cimbrische Halbinsel markieren gleichsam einen geographischen Kernraum dieser Nordseekultur! Ich kann auf das Nordseekultur-Modell hier nicht detailliert eingehen. Es besitzt durchaus Präzisionsmängel und Lücken, auf die Heerma van Voss selbst hinweist.[33] Gleichwohl bietet es eine Grundlage dafür, migrations-, wirtschafts- und kulturgeschichtliche Transferprozesse zu markieren, in denen die Cimbrische Halbinsel zur „Kontaktarena", zum Subjekt und Objekt jener Transferprozesse, wurde. Heerma van Vos interessiert sich vor allem für Familienformen und Besitzverhältnisse, für Urbanisierungs- und Alphabetisierungsmuster sowie für die Rechtsprechungskultur. Er kommt zu folgendem Fazit:

„Die Nordseekultur in der Frühen Neuzeit war eine Kultur *an sich*, die sich in Gemeinsamkeiten der Lebensgestaltung an der Nordseeküste äußerte. Die Kontaktmöglichkeiten über das Meer und die Abwesenheit konkurrierender Binnenlandkulturen können erklären, in welchem Gebiet diese Nordseekultur hauptsächlich zur Geltung kam. Phänomene der Frühen Neuzeit, in welcher der Einfluss des Nationalstaates noch begrenzt gewesen ist, müssen mit Hilfe geographischer Einheiten erklärt werden, die auf Kontakten basieren, die damals tatsächlich bestanden, und nicht mit Hilfe von noch wenig Einfluss ausübenden oder sich gar erst später bildenden politische Einheiten."[34]

Man kann hier den Eindruck gewinnen, als wäre das Vorhandensein des Meeres an sich bereits ein hinreichender Grund für Transferprozesse. Es trifft zwar zu, dass das Meer als Naturraum Kontakte ermöglicht oder zumindest erleichtert. Gleichwohl bedarf die Migration von Personen und mit ihr die Migration von Ideen im weitesten Sinn weiterer Push- und Pull-Faktoren, die über die bloß naturräumlich geschaffene Möglichkeit hinausgehen.[35] Kommunikation durch

Migration ist nun einmal eine der Transferbahnen von herausragender Bedeutung. Gewiss legen naturräumliche Gunstbedingungen Kontaktsuche und Kontaktfindung nahe. Die seit dem Hochmittelalter stattfindende Verbreitung niederländischer Sprachelemente in den Herzogtümern legt von dieser Kontaktfindung ein frühes Zeugnis ab.[36] Sprachähnlichkeiten gehören zu den Gunstfaktoren des Kulturtransfers – als Voraussetzung wie als Ergebnis gleichermaßen.

Gerade im Fall der Beziehung zwischen den Niederlanden und den Herzogtümern war Migration keine Einbahnstraße. Die Exulantenstädte Glückstadt, 1617 gegründet, und Friedrichstadt, mit dessen Bau 1621 begonnen wurde, stehen als – auf die Dauer freilich nicht sehr erfolgreiche – Beispiele für die gezielte Ansiedlung von Glaubensflüchtlingen vor allem aus den Niederlanden.[37] Dass die niederländische Republik ihrerseits als wirtschaftliche Großmacht des 17. Jahrhunderts eine Vielzahl ausländischer Arbeitskräfte anzog, ist ebenfalls hinlänglich bekannt. Auf der Grundlage akribischer Quellenarbeit kommt Erika Kuijpers in ihrer Arbeit zu Amsterdam als Migrantenstadt im 17. Jahrhundert zu der Aussage, dass um 1650 wohl jeder Nordfriese ein Familienmitglied oder Bekannte in Holland gehabt habe. Auf der anderen Seite seien in Nordfriesland ganze Landstriche von holländischen Einwanderern durchdrungen gewesen. Es sei heutzutage kaum vorstellbar, wie sehr beide Gebiete wirtschaftlich und kulturell verflochten gewesen seien.[38] Schleswig-Holsteiner fanden sich in der Frühen Neuzeit in allen Sparten der niederländischen Seefahrt, im Walfang des Nordmeeres ebenso wie an Bord der Schiffe der 1602 gegründeten *Vereenigde Oostindische Compagnie* (VOC). Die Küstenschifffahrt zwischen beiden Regionen lag überwiegend in den Händen nordfriesischer Schiffseigner.[39] Von 8790 Seeleuten, die zwischen 1700 und 1710 auf der Frachtflotte der Republik fuhren, stammten 503 von der schleswig-holsteinischen Nordseeküste. Sie stellten das größte Kontingent der 1599 nicht aus der Republik stammenden Besatzungsmitglieder.[40]

Mit Fug und Recht wird man solcherart Austausch der Nordseekultur zurechnen können. Zu kurz hingegen greift angesichts der ökonomischen Funktion der schleswig-holsteinischen Westküste im ökonomischen Verbundsystem zwischen West- und Nordeuropa die rein bilaterale Fixierung auf die Niederlande und die Herzogtümer. So ist von Rolf Hammel-Kiesow und Ortwin Pelc nicht nur auf den für die spätmittelalterliche und frühneuzeitliche Wirtschaftsgeschichte der Herzogtümer grundlegenden „lebhaften Transithandel" zwischen Ost und West hingewiesen worden, vielmehr heben sie auch hervor:

> „[...] im späten 15. und vor allem seit dem 16. Jahrhundert war Schleswig-Holstein ein bedeutender Getreide- und Viehexporteur; die dichtbesiedelten Städte- und Produktionslandschaften in den südlichen und nördlichen Niederlanden, aber auch in England wurden in erster Linie von Hamburg und Husum und von den dithmarsischen Häfen aus versorgt."[41]

Auch dies sind Anzeichen für sich rund um die nordwesteuropäischen Randmeere des Atlantiks formierende Kommunikationszusammenhänge, welche die gesamte Nordseeküste von Flandern bis Dänemark, Südnorwegen, die heutige schwedische Westküste sowie weite Teile Englands und Schottlands erfassten. Inwiefern und auf welche Weise dabei der Passagecharakter der Cimbrischen Halbinsel insgesamt eine Rolle spielt, mag auf den Spezialfall bezogen diskutiert werden. Die Indizien dafür, dass die Herzogtümer in ein multi- und nicht bloß bilaterales Austauschsystem eingebunden waren, sprechen dafür, die Transferprozesse zwischen den Niederlanden und den Herzogtümern in einen analytischen Rahmen einzubetten, der Passage- und Barrierecharakter der Cimbrischen Halbinsel gleichermaßen berücksichtigt.

### Anmerkungen

1. Israel 1989, S. 18–37, 48–32, 86–95, 140–149, 197–224.
2. Abschnitt 26 der *Res Gestae*: „Omnium provinciarum populi Romani, quibus finitimae fuerunt gentes quae non parerent imperio nostro, fines auxi. Gallias et Hispanias provincias, item Germaniam qua includit Oceanus a Gadibus ad ostium Albis fluminis pacavi. Alpes a regione ea, quae proxima est Hadriano mari, ad Tuscum pacari feci nulli genti bello per iniuriam inlato. Classis mea per Oceanum ab ostio Rheni ad solis orientis regionem usque ad fines Cimbrorum navigavit, quo neque terra neque mari quisquam Romanus ante id tempus adit, Cimbrique et Charydes et Semnones et eiusdem tractus alii Germanorum populi per legatos amicitiam meam et populi Romani petierunt. [...]" Onlineausgabe der Res Gestae: www.thelatinlibrary.com/aug.html (Zugriff 4.2.2019).
3. Mörke 2015, S. 26.
4. Mörke 2015, S. 29–31.
5. H. Rantzau 1999, S. 95.
6. H. Rantzau 1999, S. 201 (Originaltext: „Portus non desunt opportuni et tuti in utroque mari", S. 98).
7. Danckwerth 1652, S. 3.
8. Zu Olearius' Reisen mit weiteren Literaturhinweisen: Mörke 2015, S. 129–133; die Beiträge Lea Kõivs, Ivar Leimus', Pia Ehasalus, Ludwig Steindorffs, Martin Kriegers in: Baumann/Köster/Kuhl 2017, S. 57–106.
9. Danckwerth 1652, unpaginiert (S. 2 der Dedicatio), S. 38.
10. Danckwerth 1652, S. 28–32.
11. Maßgeblich ist für mich die moderne Edition: Ptolemaios 2006, hier Bd. 1, S. 9–30. Siehe auch zu Ptolemaios: Mörke 2015, S. 29–32.
12. Ptolemaios 2006, Bd. 2, S. 788f. Reproduktionen der Karten von spätmittelalterlichen Kartenversionen mit den lateinischen Bezeichnungen: Ptolemaios 1932. Zum Begriff der *Germania magna*: Beck/Steuer/Timpe 1998, S. 75–77.
13. Kleineberg u. a. 2010, S. 40.
14. Kleineberg u. a. 2010, S. 40f.
15. Schlögel 2003, S. 51.
16. Zur *Carta marina*: Mörke 2015, S. 14–19.
17. Olaus Magnus 2006, Zitat S. 24.
18. Zur *Historia*: Mörke 2009a, S. 485f.
19. Riis 2009, S. 86, auch S. 187–190. Hammel-Kiesow/Pelc 2003, S. 66f.
20. Riis 2009, S. 86.
21. Braun/Hogenberg 1572–1618, Bd. 3, Nr. 31 (1965, Bd. 2, Teil 4, Nr. 31).
22. Tebel 2008, S. 21–31. Karte, wie auch die folgenden aus der Ausgabe von 1571: https://commons.wikimedia.org/wiki/File:Atlas_Ortelius_KB_PPN369376781-083av-083br.jpg (Zugriff 7.2.2019).
23. Karte: https://commons.wikimedia.org/wiki/File:Atlas_Ortelius_KB_PPN369376781-039av-039br.jpg (Zugriff 7.2.2019); siehe S. 106 im vorliegenden Band.
24. Karte: https://commons.wikimedia.org/wiki/File:Atlas_Ortelius_KB_PPN369376781-047av-047br.jpg (Zugriff 7.2.2019).
25. Ausführlicher: R. Witt 1982, passim, bes. S. 39–64.
26. Osterhammel 2009, S. 154–163, Zitat S. 157.
27. Hammel-Kiesow/Pelc 2003, passim. Diesbezüglich informativ die Karte bei: U. Lange 2003b, S. 184.
28. U. Lange 2003b, S. 193.
29. Hammel-Kiesow/Pelc 2003, S. 94. Dazu auch differenziert: North 1990, passim, bes. S. 232–234.
30. Prägnant zu dieser Differenz: Blickle 2008, S. 172–176.
31. Mörke 2015, S. 185–189.
32. Heerma van Voss 1995, S. 25–55.
33. Heerma van Voss 1995, S. 46–48.
34. Heerma van Voss 1995, S. 48, Originalzitat: „De Noordzeecultuur in de vroegmoderne periode was een cultuur *an sich*, bestaande uit overeenkomsten in de vormgeving van het leven aan de Noordzeekusten. Met behulp van de bereikbaarheid over water en het al dan niet bestaan van concurrerende landculturen kan verklaard worden in welk gebied deze Noordzeecultuur zich vooral voordeed. Verschijnselen in de vroegmoderne periode, wanneer de invloed van de natiestaat nog beperkt is, dienen verklaard te worden med behulp van geografische eenheden gebaseerd op indertijd werkelijk bestaande contacten, niet met behulp van nog weinig invloed hebbende of zelfs pas later gevormde staatkundige eenheden." (deutsche Übersetzung O. Mörke).
35. Deutlich wird dies vor allem bei den im 16. und 17. Jahrhundert besonders ausgeprägten Migrationsbewegungen von Glaubensflüchtlingen, die auch für Schleswig und Holstein so bedeutend sind. Dazu: Mörke 2003, S. 20–22.
36. Menke 2009, S. 177–200.
37. U. Lange 2003b, S. 198–200; Kuijpers 2005, S. 44–48.
38. Kuijpers 2005, S. 37.
39. Bohn 2003, S. 109–117.
40. Heerma van Voss 1995, S. 28; siehe auch die Beiträge Jann M. Witts, Thomas Eisentrauts, Detlev Kraacks im vorliegenden Band.
41. Hammel-Kiesow/Pelc 2003, S. 121f.

*Ann-Catherine Lichtblau, Joachim Krüger*

# DIE NIEDERLANDE UND DIE „RUHE IM NORDEN" UNTER BESONDERER BERÜCKSICHTIGUNG DES FRIEDENS VON ROSKILDE 1658

**Einführung**

Anfang Juli des Jahres 1700, kurz nach Beginn des Großen Nordischen Krieges, lief die niederländisch-englische Flotte in den Öresund ein, um sich dort mit der schwedischen Flotte zu vereinigen. Die Instruktion, die Wilhelm III. von Oranien dem Oberbefehlshaber Sir George Rooke mitgab, beinhaltete vor allem einen Aspekt: „for preserving tranquility in the North"[1] auf der Basis des Vergleichs von Altona (1689). Anlass des niederländisch-englischen Aufmarschs war die Besetzung des Herzogtums Schleswig-Holstein-Gottorf durch den dänisch-norwegischen König Friedrich IV., ein Ereignis, das den Beginn des Großen Nordischen Krieges (1700–1721) im westlichen Ostseeraum markierte.[2] Die Verletzung der Souveränität des Gottorfer Herzogs in seinen Schleswiger Landesteilen, die im Vergleich von Altona bestätigt worden war, führte zu einer scharfen Reaktion der Garanten des Vertrags, darunter die Niederlande, England und Schweden.[3]

Der Begriff der „Ruhe im Norden" kam ab der Mitte des 17. Jahrhunderts in Gebrauch. Er umschreibt einen erwünschten Zustand an den Ostseezugängen, speziell die Bewahrung des Friedenszustandes zwischen den beiden skandinavischen Monarchien Schweden und Dänemark-Norwegen. Diese Sichtweise auf die Verhältnisse in Skandinavien orientierte sich vor allem an den Interessen der Seehandel treibenden Nationen, in erster Linie der Niederlande und zunehmend auch Englands.[4] Aber vor dem Hintergrund der zahlreichen Kriege auf dem europäischen Kontinent im 17. und frühen 18. Jahrhundert hatten auch Frankreich beziehungsweise der Kaiser ein gesteigertes Interesse an der Bewahrung des Friedens im Ostseeraum, da die skandinavischen Monarchien eine wichtige Rolle in den europäischen Bündnissystemen spielten und der Handel mit Gütern aus dem Ostseeraum von strategischer Bedeutung war.[5]

Die Auseinandersetzungen zwischen Schweden auf der einen und Dänemark-Norwegen auf der anderen Seite, die in den Zeitraum zwischen 1563 und 1721 fallen, werden allgemein in den Kontext des Kampfes um das *dominium maris baltici* eingeordnet.[6] Neben der Konkurrenz um die politische Vormachtstellung einer der beiden skandinavischen Kronen ging es um die Kontrolle und finanzielle Abschöpfung des westeuropäischen Ostseehandels.[7]

Ab dem Dreißigjährigen Krieg errang Schweden das militärische Übergewicht im Ostseeraum und expandierte unter anderem auf Kosten Dänemark-Norwegens. Eine besondere Zäsur stellte der Frieden von Brömsebro von 1645 dar, der den Torstenssonkrieg, einen der zahlreichen Teilkonflikte des Dreißigjährigen Krieges, beendete.[8]

Für Schweden wichtig war das Verhältnis zu den Herzögen von Schleswig-Holstein-Gottorf. Erstmalig wurde 1644 ein Neutralitäts- und Freundschaftsabkommen geschlossen, aus Sicht des dänisch-norwegischen Königs ein Verrat.[9] Schweden verfügte damit über einen Verbündeten im Rücken des dänischen Königreichs. Gleichzeitig kam dem Herzogtum eine Brücken- und Barrierefunktion zu den Stiften Bremen und Verden zu, die Schweden im Rahmen des Westfälischen Frie-

**Abb. 2** David Klöcker Ehrenstrahl (?): Karl X. Gustav von Schweden, vor 1660, Öl auf Leinwand, 136,5 x 110,5 cm, Stiftung Schloss Eutin, 28

**Abb. 1** David Klöcker Ehrenstrahl: Hedwig Eleonora von Schleswig-Holstein-Gottorf, vor 1660, Öl auf Leinwand, 146 x 120 cm, SHLM Schloss Gottorf, 1977/562

dens in Besitz nahm, auf die aber auch der dänisch-norwegische König Ansprüche geltend machte.[10] Die 1654 erfolgte Heirat Hedwig Eleonoras (Abb. 1), einer Tochter Herzog Friedrichs III. von Schleswig-Holstein-Gottorf, mit Karl X. Gustav von Schweden (Abb. 2) festigte die sich herausbildende Allianz zwischen Gottorf und Schweden. Gleichzeitig verstärkte sie das Gefühl einer feindlichen Umklammerung in Dänemark.

### Die Niederlande und der Öresund

Die politischen und wirtschaftlichen Interessen Dänemark-Norwegens und Schwedens schlossen sich gegenseitig aus. Die Folge war, dass das Gebiet der Ostseezugänge (Belte und Sund) zu einem ständigen Krisenherd wurde, was Auswirkungen auch auf eine andere wichtige Region zeitigte: die Elbmündung. Öresundregion und Elbmündung waren zentrale Plätze des nordeuropäischen Handels. Von der freien Passage in beiden Gebieten hing der wirtschaftliche Erfolg der Niederlande ab.[11]

Über die Bedeutung des freien Zugangs zur Ostsee für die Niederlande geben die Sundzollregister beredte Auskunft: So passierten im Jahre 1640 1.828 niederländische Fahrzeuge den Öresund, was der dänisch-norwegischen Monarchie Zolleinnahmen in Höhe von 307.845 Reichstalern einbrachte. Weit abgeschlagen folgen England mit 318 Schiffen, die wendische Städtegruppe (Lübeck, Rostock, Stralsund) mit zusammen 275 Schiffen und Danzig mit 100 Schiffen.[12]

Die Erhebung und Kontrolle des Öresundzolls gehörte zu den Grundpfeilern der dänischen Monarchie. Seit 1429 wurde er von den dänischen Königen erhoben, zunächst pro Schiff, später wurde er nach der transportierten Last berechnet.[13] Die wirtschaftliche Bedeutung des Zolls weckte Begehrlichkeiten vor allem in Schweden. Außerdem strebte Schweden die Befreiung der Fahrzeuge vom Sundzoll an, die von und nach schwedischen Gebieten im Kattegat und in der Ostsee segelten und dabei den Öresund passieren mussten, ein nicht zu unterschätzender handelspolitischer Vorteil gegenüber anderen seefahrenden Nationen. Die sich daraus ergebenen

Konflikte mussten zwangsläufig ein niederländisches Eingreifen provozieren.

Erstmalig griffen die Niederlande während des Torstenssonkrieges aktiv in den Konflikt am Öresund ein. Das Engagement wurde allerdings nicht durch schwedische Übergriffe, sondern durch die Zollpolitik des dänisch-norwegischen Königs Christian IV. provoziert, der, um die Folgen des missglückten Eingreifens Dänemarks in den Dreißigjährigen Krieg zu bewältigen, in den Dreißigerjahren des 17. Jahrhunderts die Zolltaxen drastisch erhöht hatte, worunter vor allem die niederländische Schifffahrt zu leiden hatte. Unter anderem auch deshalb schlossen die Niederlande 1640 ein Defensivabkommen mit Schweden. Durch den schwedischen Überraschungsangriff auf Dänemark im Dezember 1643 war der Bündnisfall nicht gegeben. Trotzdem tolerierten die Niederlande, dass Schweden über den Amsterdamer Kaufmann Louis de Geer Schiffe und Mannschaften anmieten konnte. Am 16. Mai 1644 konnte Christian IV. in der Seeschlacht im Lister Tief die niederländische Flotte zurückschlagen. Später gelang den Niederländern jedoch der Durchbruch, sodass sie sich mit der schwedischen Flotte vereinigen konnten. Die niederländische Flotte unter dem Admiral Maerten Thijssen nahm an der kriegsentscheidenden Seeschlacht auf der Kolberger Heide am 13. Oktober 1644 teil.[14]

Letztlich übten jedoch Frankreich und auch die Niederlande Druck auf die schwedische Regierung aus, mit Dänemark-Norwegen in Friedensverhandlungen zu treten, da die Anwesenheit schwedischer Armeen im Reich notwendiger erschien. Versuche des schwedischen Reichskanzlers Axel Oxenstierna, die Niederlande dazu zu bewegen, Dänemark endgültig zu zerschlagen, wurden abgewiesen. Die Niederlande hatten kein Interesse daran, die dänische Hegemonie am Öresund durch eine schwedische zu ersetzen. Eine Schwächung der Stellung Dänemarks an den Ostseezugängen reichte aus, und das wurde mit dem Frieden von Brömsebro vom 13. August 1645 erreicht.[15] Am selben Tag wurde auch der Vertrag von Kristianopel unterzeichnet, der den Niederlanden eine Reihe von handelspolitischen Vorteilen einräumte. So wurde der Sundzoll für niederländische Schiffe auf das Niveau von vor 1628 herabgesetzt. In der aktuellen Einschätzung dänischer Historiker verdankte Dänemark seinen Fortbestand nur den niederländischen Handelsinteressen und dem niederländischen Verhandlungsgeschick.[16] Damit waren die Niederlande zur dominierenden Macht aufgestiegen, welche die Verhältnisse im Ostseeraum kontrollierte und über die Machtbalance zwischen Schweden und Dänemark-Norwegen wachte.[17]

**Der Frieden von Roskilde**

Mit dem Jahr 1655 und dem Beginn des Schwedisch-Polnischen Krieges nahmen die Spannungen zwischen den Niederlanden und Schweden deutlich zu. Einen ersten Höhepunkt erreichten die Auseinandersetzungen, nachdem der schwedische König Karl X. Gustav im Jahr 1656 die Stadt Danzig, das *oculus maris Baltici*, bedrohte. Danzig zählte zu den wirtschaftlich stärksten Städten im Ostseeraum. Über 30 Prozent der den Öresund passierenden Güter kamen von beziehungsweise gingen nach Danzig.[18] Außerdem war die Beherrschung der Weichselmündung wegen der dort erhobenen Zölle wirtschaftlich interessant. Mit der Kontrolle der Stadt Danzig und der umliegenden Küstenabschnitte wäre die schwedische Handelsmacht enorm gestärkt worden. Dieser Gefahr begegneten die Generalstaaten durch die Entsendung einer niederländischen Flotte, die sich mit einem dänischen Geschwader vereinigte. Der Konflikt konnte durch den Vertrag von Elbing vom 1. September 1656 beigelegt werden, mit dem Danzig zu einer neutralen Stadt erklärt wurde. Darüber hinaus musste Karl X. Gustav der zeitweiligen Stationierung eines kleineren niederländischen Geschwaders in den Gewässern vor Danzig zustimmen.[19] Damit war den schwedischen Bemühungen, den Ostseehandel zu kontrollieren, zunächst ein Riegel vorgeschoben worden. In der Folgezeit versuchten die Niederländer, einzelne für sie unvorteilhafte Paragraphen abzuändern. Den finalen Verhandlungen und insbesondere der Ratifizierung des Vertragswerks kam allerdings der dänische Angriff auf die schwedischen Provinzen auf dem Gebiet des Heiligen Römischen Reiches zuvor.[20]

In Folge des sich für Schweden ungünstig entwickelnden Feldzugs in Polen-Litauen in den Jahren 1656/57 zeichnete sich für den dänisch-norwegischen König Friedrich III. (Abb. 3) die Möglichkeit ab, die ehemaligen Bistümer Bremen und Verden zu erobern, die im Westfälischen Frieden von 1648 an Schweden abgetreten worden waren.[21] Die dänische Kriegserklärung gab Karl X. Gustav die Möglichkeit, unter Wahrung seines Gesichts seine Truppen vom polnischen Kriegsschauplatz abzuziehen.

Mit dem Erhalt der dänischen Kriegserklärung im Juni 1657 konnte Karl X. Gustav nun einen Großteil seiner ermatteten und dezimierten Truppen nach Dänemark entsenden. Es folgte der schon von den Zeitgenossen bewunderte Zug über den Kleinen und Großen Belt, der König Friedrich III. zu Friedensverhandlungen zwang. Der am 26. Februar 1658 geschlossene Frieden von Roskilde setzte schließlich einen

Schlusspunkt unter die militärischen Konflikte der vergangenen Monate.²² Die Folgen für Dänemark waren desaströs. Mit dem Abkommen musste Friedrich III. rund ein Drittel seines dänischen Territoriums abtreten: Die Provinzen Halland, Blekinge, Bohuslän, Schonen, die Insel Bornholm sowie das norwegische Trondheimslän.²³ Damit befand sich Karl X. Gustav auf dem Höhepunkt seiner Macht. Das schwedische Reich erreichte seine größte geografische Ausdehnung. Auch der Öresundzoll war ein Aspekt der Friedensverhandlungen von Roskilde. Allerdings konnte sich die schwedische Seite nicht mit allen diesbezüglichen Forderungen durchsetzen, denn schwedische Schiffe wurden nicht vom Sundzoll befreit.²⁴

Die militärischen Auseinandersetzungen sowie auch die Friedensverhandlungen zwischen den beiden skandinavischen Königreichen wurden aufmerksam von England, Frankreich und natürlich auch von den Niederlanden beobachtet. Als besonders provokant wurde der 3. Artikel des Vertragswerks empfunden, der von Dänemark verlangte, den Öresund für „fremde feindliche Kriegsflotten" („någon främmande fijendtlig örlogsflotta"²⁵) zu sperren. Das dürfte sich vor allem gegen die niederländische Flottenhilfe für Danzig gerichtet haben, die schwedischen Interessen zuwiderlief. Für Karl X. Gustav war der Vertrag ein wichtiger Schritt auf dem Weg zur Erlangung eines schwedischen *dominium maris Baltici*.

Die Niederlande hatten aufgrund der schwierigen politischen Lage bis zu diesem Zeitpunkt noch nicht aktiv in den Konflikt eingegriffen. Die Provinzen befanden sich seit der Mitte des 17. Jahrhunderts in einem angespannten Verhältnis zu Frankreich und England, die beide bemüht waren, ihren Handel an der Republik vorbeizuführen. 1655 wurde zwischen Frankreich und England ein Friedens- und Handelsvertrag geschlossen, dem die Niederlande wenig später beitraten. Der Vertrag von Westminster war auch für Schweden von Interesse, das während der Regierungszeit Oliver Cromwells († 3. September 1658) gute Kontakte zu England pflegte.²⁶ Der englische Lord Protector war bemüht, ein Bündnis zwischen den protestantischen Mächten zu schmieden. Von besonderem Interesse war der Ostseeraum, den Cromwell durch eine drohende katholische Übermacht in andauernder Gefahr sah. Durch den Einfluss Englands und Frankreichs konnten die Generalstaaten vorerst zu einer passiven Haltung gegenüber den Vorgängen im Ostseeraum veranlasst werden. Außerdem befanden sich die Generalstaaten und England in einem offenen Konflikt mit den Habsburgern. Allerdings zeitigten die militärischen Auseinandersetzungen im Ostseeraum Auswirkungen unter anderem auf den niederländischen Handel, besonders auf den Transport von Weizen und Salz. Als Seefahrtnation waren die Niederlande vor allem auf Schiffbaumaterialien wie zum Beispiel Teer, Pech und Holz angewiesen.²⁷

Im Rahmen der Folgeverhandlungen nach dem Friedensschluss von Roskilde suchte Karl X. Gustav ein Bündnis mit Dänemark-Norwegen abzuschließen, dem sich Friedrich III. jedoch verweigerte. Dabei ging es vor allem um den Besitz von Nordnorwegen. Die schwedischen Forderungen schürten in den Generalstaaten die Sorge, Karl X. Gustav könne den für sie so wichtigen Holzhandel unter seine Kontrolle bringen. Möglich gewesen wäre das durch eine denkbare Konzentra-

**Abb. 3** Odoard Helmont von Lode nach Karel van Mander III.: Friedrich III. von Dänemark-Norwegen, 1756, Kupferstich auf Papier, 336 × 231 mm (Platte), SHLM Schloss Gottorf, 1976/164

**Abb. 4** Matthäus Merian d. Ä.: Hafniæ Metropolis et Portvs Celeberrimvs Daniæ. Coppenhagen, Ansicht von Kopenhagen, 1638, Kupferstich auf Papier, 201 x 340 mm (Platte), SHLM Schloss Gottorf, 1952/149

tion des Holzhandels in Trondheim und einen anschließenden Weitertransport in Richtung des Finnischen Meerbusens. Die Befürchtung, dass in Schweden entsprechende Pläne diskutiert wurden, war nicht ganz aus der Luft gegriffen. Wie der Historiker Stefan Troebst nachweisen konnte, war der schwedische König nicht nur an der Konzentration des Archangelskhandels, sondern auch an der Umverlegung des Russlandhandels interessiert.[28] Angestrebt wurde die Verbindung des Nordmeerhandels mit dem Ostseehandel. Für die niederländische Seefahrts- und Handelsnation war diese Vorstellung schlicht inakzeptabel.

Durch den dänischen Angriff wurde Karl X. Gustav die Möglichkeit eingeräumt, sich vom polnisch-litauischen Kriegsschauplatz, wo der schwedische Feldzug zum Stehen gekommen war, zurückzuziehen und sich auf Dänemark und Norwegen zu konzentrieren. Mit dem zweiten Angriff auf Dänemark beabsichtigte Karl X. Gustav, das Land endgültig zu zerschlagen und zu einer schwedischen Provinz zu machen.[29] Die schwedische Armee wurde bei Kiel gesammelt. Von dort aus erfolgte am 7. August 1658 bei Korsør der Angriff auf Dänemark. Das Ziel war erneut die dänische Residenz Kopenhagen (Abb. 4).[30] Damit überspannte Karl X. Gustav allerdings den Bogen.

Durch den gerade beendeten Krieg war Dänemark ökonomisch in eine äußerst missliche Lage geraten. Das Land war nicht imstande, eine wirksame Verteidigung aufzubauen. Der größte Teil der Armee war aufgelöst worden. Die aus dem Heer entlassenen Soldaten waren in ihre Dörfer und Städte zurückgekehrt. Nur wenige intakte Verbände waren über ganz Dänemark verteilt, um die ausgezehrten Landstriche nicht noch weiter zu belasten. Auch die Hauptstadt war keinesfalls in einem kriegsbereiten Zustand. In der knapp fünfmonatigen Friedenszeit konnten die Lebensmittelvorräte nur ungenügend aufgestockt werden.[31] So blieb nur die Hoffnung auf ausländische Unterstützung. Als erstes wandte sich der dänisch-norwegische König Friedrich III. an die Generalstaaten unter Berufung auf die 1649 geschlossene Defensivallianz von Den Haag.[32] Der dänische Hilferuf vom 15. August 1658 zeitigte auf niederländischer Seite baldige Reaktionen. Relativ rasch entschlossen sich die Generalstaaten, auf der

Basis der Defensivallianz Dänemark-Norwegen militärisch zu unterstützen.³³

Mit dazu bei trug die von Karl X. Gustav bereits im Vertrag von Roskilde angedeutete Sperrung des Öresunds für fremde Flotten. Die Eroberung der Sundfestung Kronborg am 7. September 1658 räumte ihm die militärischen Möglichkeiten ein. Damit wurde die Handelsschifffahrt massiv behindert, wovon auch der niederländische Verkehr betroffen war. Die schwedische Provokation trug mit zur raschen Reaktion der Generalstaaten bei. Bereits am 7. Oktober 1658 wurde eine niederländische Kriegsflotte unter dem Kommando von Admiral van Opdam in Richtung Öresund abgeschickt.³⁴

Die Flottensendung konnte erst durch die intensive Forderung der niederländischen Provinz Holland und vor allem der Stadt Amsterdam erfolgen. Sie sahen ihre Interessen bereits im Vertrag von Kristianopel nicht adäquat unterstützt und fürchteten weitere essentielle Einbußen und einen möglichen Kontrollverlust ihres Handels. Der Plan der Generalstaaten bestand in erster Linie in der Wiederherstellung der Handelspassage und damit verbunden in der Abwendung einer sich womöglich etablierenden schwedischen Vorherrschaft in diesem Gebiet. Sofern diese Absicht jedoch nicht glücken sollte, hielten sich die Generalstaaten die Möglichkeit der Verhandlung mit Karl X. Gustav offen. Der dänisch-norwegische König bot den Niederländern als Anreiz für eine gewinnbringende Hilfsaktion Helsingborg und die Hälfte des Öresundzolles an. Während das dänische Bestreben in erster Linie dem Erhalt der eigenen Souveränität galt, die zur Zeit der Öresund-Sperrung und der gleichzeitig erfolgten Blockade Kopenhagens stark gefährdet war, interessierten sich die Niederländer vornehmlich für die Wahrung des eigenen Ostseehandels.³⁵ Dieses Interesse teilten sie unbezweifelbar mit England.³⁶

In Folge der Intensivierung niederländischer Rüstungsbestrebungen – die Generalstaaten wollten neben der eiligst aufgestellten noch eine weitere Flotte aussenden – verstärkte Karl X. Gustav im Oktober die bestehenden Bündnisverhandlungen mit England. Um die Engländer zu einer Unterstützung der schwedischen Flotte anzureizen, stellte er anfangs gesteigerte Handelsmöglichkeiten in Aussicht. Mit dem wachsenden politischen Druck bot Karl X. Gustav schließlich die Zollfreiheit im Öresund und den Besitz Islands an. Der Gesandte Friesendorff wurde beauftragt, zuzüglich die Herzogtümer Bremen und Verden als Pfand für den Erhalt einer Geldsumme oder als Besitzung für ein militärisches Eingrei-

fen anzubieten. Es glückte ihm allerdings nicht, den Lord Protector zur Sendung einer Flotte wider die Generalstaaten zu bewegen.³⁷

Das Königreich Frankreich sollte nach Absprache mit England seinem Verbündeten Schweden im Falle eines brandenburgisch-österreichischen Angriffs militärische Hilfe schicken.³⁸ Frankreich hatte jedoch zu wenige freie Ressourcen, um seinem skandinavischen Verbündeten auf dem Kontinent militärische Hilfe zu schicken. Das Land war bis zum Pyrenäen-Frieden (28. Oktober 1659) in einen umfassenden Krieg mit den spanischen Habsburgern eingebunden. Zudem war Frankreich als Garantiemacht des Westfälischen Friedens von 1648 stark an der Erhaltung seines Prestiges vor den Reichsfürsten bemüht und versuchte sich auch deshalb möglichst aus dem skandinavischen Konflikt herauszuhalten. Dennoch war es gerade in dieser Funktion an einer weiterhin bestehenden Eindämmung der kaiserlichen Macht im Heiligen Römischen Reich interessiert. Diese war mit dem Westfälischen Frieden zu einem starken Grad beschnitten worden, gewann allerdings in den Jahren des Schwedisch-Polnischen Krieges (1655–1660/61) wieder an Gewicht. Auf dem Kontinent brauchte Frankreich besonders Schweden als einen starken Machtblock gegen die österreichischen Habsburger. Frankreich suchte entsprechend seinen Bündnispartner finanziell zu unterstützen und warb darüber hinaus in Den Haag bei den englischen Gesandten um Unterstützung.³⁹

Die politischen Verbindungen zwischen England und Frankreich waren größtenteils durch ihre eigenen Handelsinteressen gestützt. Es gelang den beiden Mächten, die Generalstaaten für ein gemeinsames Vorgehen zu gewinnen und die skandinavischen Kronen in einen Separatfrieden zu zwingen.⁴⁰ Das gemeinsame Interesse der Handelsmächte fand sich darin gebündelt, keiner der beiden skandinavischen Monarchien eine hegemoniale Stellung im Ostseeraum einzuräumen.⁴¹ Allerdings sollte auch der wachsende Einfluss der Niederlande zurückgedrängt werden. Die Generalstaaten setzten ihr eigenes Interesse erstmals nach dem dänischen Hilfegesuch in der Seeschlacht im Öresund, am 29. Oktober 1658, in die Tat um. Damit war die unmittelbare Gefahr für die Souveränität Dänemark-Norwegens abgewehrt. Danach nahm der Eifer der Generalstaaten jedoch vorerst ab. Die Gründe sind unter anderem in finanziellen Engpässen und in der Drohung Frankreichs und Englands, Schweden zu unterstützen, zu suchen. Der Ratspensionär der Generalstaaten, Jan de Witt, erklärte unter dem wachsenden außenpolitischen Druck die niederländische militärische Flottenaktion als Maßnahme zur Schaffung einer soliden Basis für eine gemeinsame Friedensstiftung. An diese Aussagen knüpften die französischen und englischen Gesandten dankbar an.[42]

England und Frankreich entschieden, dass die Kontrolle des Öresunds nicht in der Hand einer der beiden skandinavischen Monarchien konzentriert bleiben sollte. In Zusammenkünften im niederländischen Den Haag kam es zwischen Mai und Juli 1659 zur Aushandlung der drei sogenannten „Haager Konzerte", die eben dies bestätigten. Die „Konzerte" wurden Karl X. Gustav und Friedrich III. als Grundlage eines zukünftigen Friedensabkommens präsentiert, allerdings mehrfach durch beide abgelehnt. Die politische Kehrtwende brachten letztlich die militärischen und politischen Ereignisse des Jahres 1659. Noch im August desselben Jahres versuchten schwedische Gesandte, die Niederländer in Den Haag zu einem Eingreifen auf ihrer Seite zu bewegen. Für die angefragte Unterstützung der Einverleibung des dänisch-norwegischen Königreichs versprachen sie Zollfreiheit und Handelsfreiheit in Schweden. Mit ihrem Anliegen scheiterten die Gesandten jedoch. Erst nach dem Tod Karls X. Gustav (13. Februar 1660) konnten zwischen den beiden skandinavischen Königreichen Schweden und Dänemark die Friedensverhandlungen aufgenommen werden.[43] Mit dem Frieden von Kopenhagen vom 27. Mai 1660 endet schließlich der Zweite Nordische Krieg. Schweden, nunmehr unter der Vormundschaftsregierung für den minderjährigen Karl XI., musste das norwegische Trondheimslän und die Insel Bornholm an Dänemark zurückgeben. Die Seemächte hatten eine freie Handelsfahrt durch den Öresund erwirkt. Die schwedische Monarchie ging innen- und außenpolitisch geschwächt aus dem Krieg hervor. Schlussendlich lag eine ausgeglichene Machtbalance im Ostseeraum und besonders im Öresund vor, die vor allem den handeltreibenden Nationen entgegenkam.[44] Damit schien das Konzept der Ruhe im Norden aufgegangen zu sein.

## Ausblick – Die Niederlande und Gottorf

Die Friedensschlüsse von Roskilde und Kopenhagen waren für die Herzöge von Schleswig-Holstein-Gottorf von enormer Bedeutung. Karl X. Gustav setzte 1658 in Roskilde durch, dass sich Herzog Friedrich III. (Abb. 5) von nun an als souveräner Fürst in seinem Schleswiger Landesteil bezeichnen durfte.[45] Im Frieden von Kopenhagen 1660 wurden dem Nachfolger des 1659 verstorbenen Friedrich III., Herzog

**Abb. 5** Jürgen Ovens: Friedrich III. von Schleswig-Holstein-Gottorf vor dem Neuwerkgarten (Detail), zwischen 1655 und 1657, Öl auf Kupfer, 17 x 16 cm, SHLM Schloss Gottorf, 1988/1260

Christian Albrecht, die gleichen Rechte eingeräumt. Damit wurden die Mächte, welche die Friedensschlüsse von 1658 und 1660 vermittelt hatten, auch zu Garanten der Souveränität des Herzogtums.[46]

Die neue Stellung des Herzogs gegenüber seinem früheren Lehnsherrn zielte auf eine weitere Schwächung der dänisch-norwegischen Monarchie ab. Das Herzogtum Schleswig-Holstein-Gottorf stellte eine Barriere gegen eine südwärts gerichtete Expansion des dänisch-norwegischen Königreichs dar. Die Kehrseite der Medaille war die Schaffung eines dauerhaften Krisenherdes an den Ostseezugängen. Das Gottorfer Herzogtum war nur im Bündnis mit Schweden in der Lage, die Souveränität gegenüber Dänemark-Norwegen aufrecht zu erhalten. Das wiederum weckte in Kopenhagen Ängste, denn das Herzogtum wurde als schwedischer Klientelstaat im Rücken Dänemarks aufgefasst.[47]

Für den ab 1670 regierenden dänisch-norwegischen König Christian V. wurde die Lösung der Gottorfer Frage zu einem zentralen Feld seiner Außenpolitik. Allerdings war er dazu auf verlässliche Bündnispartner angewiesen. Die Zeit nach dem Friedensschluss von Kopenhagen war von Spannungen und wechselnden Bündnissystemen auf dem europäischen Parkett gekennzeichnet. Schweden schloss 1672 zunächst eine Allianz mit England und den Niederlanden, was den Schutzmachtstatus der Niederlande gegenüber dem Herzogtum untermauerte. Aufgrund ökonomischer Probleme und unter dem Einfluss seiner Berater wechselte der junge und noch unerfahrene schwedische König Karl XI. hinüber in das französische Lager, eine Wiederaufnahme der früheren schwedischen Außenpolitik.[48]

Für Dänemark-Norwegen ergab sich kurzzeitig die Möglichkeit eines Bündnisses mit den Niederlanden. Von 1674 bis 1675 wurde ein Allianzvertrag ausgehandelt, der allerdings nicht ratifiziert wurde.[49] Die Schwächung Schwedens im Schwedisch-Brandenburgisch-Dänischen Krieg (1674/75–1679) führte zur Besetzung des Herzogtums durch König Christian V. Diesmal war es der französische König Ludwig XIV., der 1679 den Frieden von Fontainebleau und die Restitution des Herzogtums erzwang.[50] Die Niederlande waren aufgrund der Folgen des Dritten Englisch-Niederländischen Krieges (1672–1674) nicht in der Lage, zugunsten einer der Parteien einzugreifen, zumal der Krieg unter französischer Beteiligung geführt wurde.[51]

Die Bevormundung Karls XI. durch Ludwig XIV. während der Friedensverhandlungen und die Besetzung der Stammlande des in Schweden regierenden Hauses Pfalz-Zweibrücken durch französische Truppen führten schließlich zu einer Neuausrichtung der schwedischen Bündnispolitik, die 1681 in eine Allianz mit den Niederlanden mündete.[52] Für Schleswig-Holstein-Gottorf war das insofern von Vorteil, als dass die Niederlande in den folgenden 30 Jahren als Garanten der Souveränität des Herzogtums auftraten; vor allem nach dem Altonaer Vergleich von 1689, in dem die Rechte des Gottorfer Herzogs ausdrücklich bestätigt wurden. Die Besetzung des Herzogtums im März 1700 durch den dänisch-norwegischen König Friedrich IV. (Abb. 6) führte dann zum bereits erwähnten militärischen Eingreifen der Niederlande im Bündnis mit England, Braunschweig-Lüneburg und Schweden im Juli desselben Jahres.[53]

Aufgrund des andauernden Engagements im Spanischen Erbfolgekrieg (1701–1713/14) waren die Niederlande allerdings nicht mehr in der Lage, nach dem Friedensschluss von Utrecht (1713) die angestrebte Rolle als Bewahrer der Ruhe im Norden aufrecht zu erhalten. Die Republik war auf Dauer zu klein, um die Rolle als See- und Landmacht erfolgreich spielen zu können. Die Niederlande mussten sich darauf beschränken, das Vorhandene zu bewahren. Eine strikte Neutralitätspolitik war das Gebot der Stunde.[54]

Das Ende des Herzogtums Schleswig-Holstein-Gottorf 1720/1721 als Folge einer verfehlten Bündnispolitik im Großen Nordischen Krieg erlebten die Niederlande nur noch als Beobachter, nicht aber mehr als Akteur mit. Die aus dänischer Sicht erfolgreiche Lösung der Gottorfer Frage mit der Eingliederung der Schleswiger Anteile des Herzogtums in den dänischen Staat führte dann allerdings tatsächlich zu einer Beruhigung der Lage am Öresund.[55]

**Abb. 6** Johann Salomon Wahl: Friedrich IV. von Dänemark-Norwegen, 1728, Öl auf Leinwand, 149,5 x 119,5 cm, SHLM Schloss Gottorf, 1969/1260

**Anmerkungen**

1. Hattendorf 2000, S. 62.
2. J. Krüger 2015b, S. 85–87.
3. J. Krüger 2015a, S. 110–113.
4. Lengeler 1998, S. 11f.
5. So versuchte Ludwig XIV. 1699–1700 die beiden skandinavischen Monarchien als Verbündete im bevorstehenden Spanischen Erbfolgekrieg zu gewinnen. Er wies seinen Gesandten in Kopenhagen, Francois Comte de Chamilly, an, unbedingt für eine Aufrechterhaltung der „Ruhe im Norden" zu sorgen. J. Krüger 2019, S. 90. Zum 1701 ausbrechenden Spanischen Erbfolgekrieg siehe Schnettger 2014, S. 6–8.
6. Olesen 2015, S. 16–29.
7. Lengeler 1998, S. 20.
8. Gullberg 2008, S. 142–155.
9. Fuhrmann 1990, S. 14.
10. Fiedler 1987, S. 36–38.
11. Der Import von Brotgetreide aus dem Ostseeraum war für die Niederlande von enormer Bedeutung. Dazu kamen für den Schiffbau nötige Materialien wie Holz, Pech und Teer. Der Ostseehandel ermöglichte es den Niederlanden überhaupt erst, in anderen Handelsregionen Fuß zu fassen. North 2008, S. 44–49.
12. Die Zahlen nach Degn 2010b, S. 287–290.
13. Olesen 2010, S. 27–40.
14. Frantzen/K. Jespersen 2010, S. 247–250.
15. Laursen 1905–49, Bd. 4, S. 418–432.
16. Frantzen/K. Jespersen 2010, S. 252–253.
17. K. Jespersen 2002, S. 43.
18. Degn 2010b, S. 289f.
19. Isacson 2004, S. 74f.
20. Troebst 2009, S. 394, 439; Tjaden, S. 79–82, S. 89–91.
21. Fiedler 1987, S. 19f.
22. Frantzen/K. Jespersen 2010, S. 275–280.
23. Jahnke 2017, S. 10–13.
24. Ellehøj 1964, S. 461, 481; Frost 2000, S. 179f.; L. Jespersen 2010, S. 312–316.
25. Laursen 1905–49, Bd. 5, S. 228–240.
26. Vertrag von Westminster vom 3.11.1655, siehe folgende URL: http://www.ieg-friedensvertraege.de/treaty/1655 XI 3 Friedens- und Handelsvertrag von Westminster/t-172-1-de.html?h=1. Beitritt der Generalstaaten zum Vertrag von Westminster, 23.11.1655, siehe folgende URL: http://www.ieg-friedensvertraege.de/treaty/1655 XI 23 Beitritt zum Frieden von 1655 XI 3/t-1397-1-de.html?h=1.
27. Tjaden 1994, S. 93–95; Gihl 1913, S. 74; Troebst 1997, S. 441f.
28. Troebst 1997, S. 441f.
29. Der Beschluss zur Fortsetzung des Krieges wurde während einer Ratsversammlung gefasst, die unter dem Vorsitz des schwedischen Königs Karls X. Gustav am 7. Juli 1658 auf Schloss Gottorf zusammentrat. Isacson 2004, S. 184.
30. Frantzen/K. Jespersen 2010, S. 280f.
31. Ellehøj 1964, S. 486–492, 523; Troebst 1997, S. 442f., 445–449.
32. Der Text ist ediert unter folgender URL: http://www.ieg-friedensvertraege.de/treaty/ 1649 X 9 Defensivallianz von Den Haag/t-1907-1-de.html?h=1.
33. Bjerg/Frantzen 2005, S. 114f.
34. Gihl 1913, S. 53, 64f.; Tjaden 1994, S. 82f., 89, 123; Frost 2000, S. 182.
35. Tjaden 1994, S. 91; Troebst 1997, S. 450; Gihl 1913, S. 80.
36. Lengeler 1998, S. 31.
37. Gihl 1913, S. 83f.
38. Isacson 2004, S. 187.
39. Gihl 1913, S. 88.
40. North 2008, S. 40f.
41. Lengeler 1998, S. 31f.
42. Tjaden 1994, S. 86, S. 93 und passim; Gihl 1913, S. 90, 99.
43. Isacson 2004, S. 264–270.
44. Frost 2000, S. 182; Troebst 1997, S. 450f.; Gihl 1913, S. 96; Tjaden 1994, S. 96–98; Ellehøj 1964, S. 518–525.
45. In den holsteinischen Teilen hatte der Herzog eine quasi-souveräne Stellung gegenüber Kaiser und Reich aufgrund der weitgehenden Rechte, die das Reich den Fürsten seit dem Westfälischen Frieden einräumte. Steinwascher 2011, S. 136f.
46. K. Jespersen 2002, S. 71f.
47. J. Krüger 2015a, S. 102.
48. Landberg 1952, S. 170–173; Rystad 2003, S. 42f.
49. Krüger 2019, S. 41.
50. Laursen 1905–49, Bd. 7, S. 286–294.
51. North 2008, S. 42.
52. J. Krüger 2015a, S. 106.
53. J. Krüger 2015a, S. 114.
54. North 2008, S. 66f.
55. Frantzen/K. Jespersen 2010, S. 372f.; J. Krüger 2015a, S. 113–116.

*Michael North*

# MIGRATION UND KULTURELLE KONTAKTE ZWISCHEN DEN NIEDERLANDEN, SCHLESWIG, HOLSTEIN UND DEM OSTSEERAUM

Die Niederlande waren im 17. Jahrhundert ein Land der Superlative: jährlich wurden 70.000 Bilder gemalt, 110.000 Stück Tuch produziert und 200 Millionen Gulden an Volkseinkommen erwirtschaftet. Hinter diesen nackten Zahlen verbirgt sich eine Gesellschaft, die im damaligen Europa ihresgleichen suchte. Die höchste Urbanisierung, die geringste Zahl an Analphabeten, der ungewöhnlich große Kunstbesitz, das ausgebaute soziale Netz und die religiöse Toleranz sind nur einige der Phänomene, die die Einzigartigkeit der Niederlande dieser Zeit ausmachten.[1]

Insbesondere die niederländische Wirtschaft erstaunte die Zeitgenossen und fasziniert die Historiker bis heute. Wie konnte ein solch kleines Land mit weniger als zwei Millionen Einwohnern und ohne natürliche Reichtümer im 17. Jahrhundert, einer allgemeinen Krisenzeit, zur führenden Wirtschaftsmacht aufsteigen? Inzwischen haben die Historiker aber eine Lösung für das Rätsel gefunden: Die Niederlande waren die erste moderne Volkswirtschaft, da hier nicht mehr als 30 Prozent der Bevölkerung in der Landwirtschaft tätig sein mussten.[2] Entsprechend setzte der Fortschritt in der Landwirtschaft die große Mehrheit der Bevölkerung für die Arbeit in den wachsenden Gewerbe- und Dienstleistungssektoren frei. Ohne die produktive Landwirtschaft mit ihrer vergleichsweise modernen Beschäftigungsstruktur wäre ein Wachstum des niederländischen Gewerbes und des Handels in diesem Ausmaß nicht möglich gewesen. Die Erfolge in Gewerbe, Handel, Schifffahrt und Finanzdienstleistungen basierten auf vielfältigen Innovationen. Mit den Migranten aus den Südlichen Niederlanden war die fortschrittliche Textilindustrie nach Leiden und Haarlem gekommen; sie sicherte dem niederländischen Tuchgewerbe für lange Zeit die Vorherrschaft auf dem Weltmarkt. Durch die Entwicklung zahlreicher neuer Schiffstypen hatten holländische Schiffszimmerleute die Niederlande im ausgehenden 16. Jahrhundert für anderthalb Jahrhunderte zur führenden europäischen Schiffbaunation gemacht. Einer der neuen, überaus erfolgreichen Schiffstypen war die *fluyt* (Fleute), die mehrere Vorteile brachte: Sie wurde aus leichtem Holz nach einheitlicher Konstruktion in großer Anzahl gebaut und war für die verschiedensten Handelsgebiete geeignet. Die Standardisierung dieses Bautyps senkte die Produktions- ebenso wie die Betriebskosten des Schiffes.[3]

Eine Spitzenstellung unter den Gewerben erreichten auch die keramischen Industrien, die die einheimischen Ton- und Kaolinvorkommen zur Herstellung von Exporterzeugnissen nutzten. In ganz Europa verbreitet waren die Goudaer Tonpfeifen sowie seit der zweiten Hälfte des 17. Jahrhunderts die Delfter Fayence.

Grundlage für die niederländische Beherrschung des Welthandels war neben der guten Kapitalversorgung die einmalige Kontrolle des Massen- und des Luxusgüterhandels. Vor diesem Hintergrund verwundert es nicht, dass die Niederlande nicht nur als Arbeitsmarkt attraktiv waren, sondern dass auch niederländische Produkte und Spezialisten im großen Stil in den Nachbarländern nachgefragt beziehungsweise rekrutiert wurden. Große Bedeutung kam dabei der Nordseeküste und dem Ostseeraum zu. Mit Recht sahen die Niederländer den Ostseehandel als „moedercommercie" („Mutterhandel" im Sinne von Hauptgeschäft) an. Das aus der Ostseeregion importierte Getreide ernährte einen großen Teil (circa ein Drittel) der niederländischen Bevölkerung und machte die niederländische Landwirtschaft für profitablere Produktionszweige frei. Das Holz wurde ebenso wie die Beiprodukte Pech, Teer und Asche für den Schiffbau und die gewerbliche Produktion genutzt. Denn diese preiswerte Versorgung mit Schiffbaumaterial, wozu noch Flachs und Hanf für Segel und Taue kamen, sicherte neben den Innovationen in der Bautechnik den Vorsprung der holländischen Werften und damit wiederum die niedrigen Frachtraten der holländischen Reeder. Daneben benötigte auch die Heringsverarbeitung in großen Mengen vorfabrizierte Faßdauben, das sogenannte Klappholz aus dem Ostseeraum, während andere Gewerbe, wie die Seifensieder, zu den Hauptabnehmern Danziger und Königsberger (Pott-)Asche gehörten. Schließlich ermöglichte der Ostseehandel den Niederländern auch in anderen Handelsgebieten Fuß zu fassen. So konnten die Holländer im ausgehenden 16. Jahrhundert, als Missernten West- und Südeuropa heimsuchten, ihr Getreidemonopol für Ostseegetreide ausspielen. Auf diese Weise kontrollierten die Holländer neben dem Getreide- und Holzexport bald auch den Import westlicher Fertigwaren und Luxusprodukte. Für die Hansestädte im Ostseeraum blieb aufgrund ihrer höheren Frachttarife und ihrer geringeren Transportkapazitäten nur noch ein kleiner Teil des Ost-West-Handels übrig.[4] Gleichzeitig wäre ohne die unbegrenzten Schiffbauressourcen des Ostseeraums die niederländische Schifffahrt auf den Weltmeeren nicht möglich gewesen.[5]

### Migration

Zentral für alle kulturellen Prägungen im Ostseeraum war die Einwanderung aus Westeuropa. Aus den veränderten sozialen und ökonomischen Strukturen entstanden neue kulturelle Bedingungen. So waren die niederländische Einwanderung und der niederländische Kultureinfluss im Ostseeraum von der zweiten Hälfte des 16. Jahrhunderts an allgegenwärtig. Grundsätzlich kann man bei der niederländischen Einwanderung in den Ostseeraum folgende vier Gruppen unterscheiden: Bauern, Handwerker, Kaufleute und Künstler.[6]

Bei der bäuerlichen Einwanderung handelte es sich im wesentlichen um friesische Mennoniten, die seit der Mitte des 16. Jahrhunderts sowohl in den Elbmarschen als auch in anderen Regionen, wie im Königlichen Preußen, siedelten. Aufgrund der niederländischen Technologie beim Trockenlegen waren sie überall sehr gefragt. So gelang es durch den Einsatz von Entwässerungsmühlen die unter dem Meeresspiegel liegende Wilstermarsch als Weideland zu nutzen. Der noch heute bekannte Wilstermarschkäse hat hier seinen Ursprung. Andere Gebiete waren Eiderstedt und auch Nordstrand, das vor allem im 17. Jahrhundert durch die große Sturmflut (1634) nicht nur einen erheblichen Teil seiner Bevölkerung, sondern auch das agrarische Nutzland verlor. Insbesondere in Nordstrand wurden niederländische Unternehmer angeworben und privilegiert, die die Region mit Deichen schützten und zur agrarischen Nutzung wiederbelebten. Religiöse Toleranz – interessanterweise war ein Teil der Nordstrander Unternehmer katholisch – spielte dabei eine Rolle. Das waren aber keine Einzelfälle. Im Königlichen Preußen warben die Domänen und Grundherren entlang der Weichsel mennonitische Siedler für ihre Ländereien an. Die Mennoniten schlossen langfristige Pachtverträge, genossen persönliche Freiheit und bildeten den Kern eines unabhängigen und selbstbewußten Großbauerntums, das in den anderen polnischen Regionen seinesgleichen suchte.[7] Auch in Schleswig-Holstein finden wir die Unterschiede zwischen den freien Bauern an der Westküste und den leibeigenen Bauern im Osten. Aber auch dort, im Osten, waren niederländische Innovationen verbreitet, beispielsweise die Holländermühlen, die die Bockwindmühlen ersetzten. Ein anderes Beispiel sind die auf den Gütern seit dem späten 17. und vor allem im 18. Jahrhundert neu eingerichteten Holländereien.[8] Die ursprünglich von eingewanderten Niederländern begründeten Holländereien waren auf die Butter- und Käseproduktion spezialisierte Pachtbetriebe, die zwar meistens räumlich auf das Gutsvorwerk ausgelagert waren, aber großen Einfluss auf die Entwicklung von der ungeregelten zur geregelten Feldgraswirtschaft, der *Holsteinischen Koppelwirtschaft* hatten: den gleich großen Hofkoppeln entsprach eine feste Zahl von Holländerkühen.[9] Der Holländer pachtete den Kuhbestand gewöhnlich von Mai bis Mai und konnte dafür Butter und Käse auf eigene Rechnung verkaufen. Die hohen Pachtsummen von 6–7½ Reichstalern je Kuh bewirkten zusammen mit dem stetig wachsenden Rindviehbestand, dass die Geldeinnahmen aus der Milchviehhaltung häufig an erster Stelle der Gutseinkünfte rangierten.[10]

Die zweite Immigrantengruppe waren die Handwerker. Calvinistische Tuchmacher emigrierten aufgrund der spanischen

Verfolgung aus den Südlichen Niederlanden nicht nur in den Norden, sondern auch in größerer Zahl in die Städte an der Nordseeküste sowie in den Ostseeraum. Hier trafen sie unter anderem auch auf mennonitische Handwerker, zum Beispiel im holsteinischen Altona oder in Glückstadt. In Altona entwickelten sich diese Handwerker zu Unternehmern mit einem breit angelegten Dienstleistungsangebot. So betätigte sich beispielsweise die Familie Roosen ebenso wie andere Glaubensgenossen als Reeder und Walfangunternehmer. Aus diesem mennonitischen Umfeld stammte auch der Maler Balthasar Denner (1685–1749), der in seiner Werkstatt verschiedene niederländische Sujets fertigte, seine Reputation aber Porträtaufträgen für die Höfe von Holstein-Gottorf, Dänemark, Braunschweig-Wolfenbüttel und Mecklenburg-Schwerin verdankte, von zeitweiligen Aktivitäten in Amsterdam und London ganz zu schweigen.

In Königsberg und in Danzig revolutionierten die Tuchmacher – ähnlich wie in Leiden – die Tuchherstellung, indem sie die Produktion leichter Wolltuche und die Tuchfärberei einführten. Außerdem erlebten die Seidenweberei und das Posamentiererhandwerk[11] durch niederländische Einwanderer – die Posamentierer waren meist Mennoniten – einen neuen Aufschwung.[12]

Die dritte wichtige niederländische Einwanderergruppe stellten Kaufleute, Faktoren und Bankiers dar. Sie ließen sich in den Hafenstädten dauerhaft oder zeitweilig nieder und erwarben zum Teil das Bürgerrecht. Die niederländischen Kaufleute waren natürlich in den Zentren des Handels in Hamburg, Kopenhagen, Stockholm und vor allem in Danzig konzentriert. Allein die Zahl niederländischer Faktoren, die im Auftrag Amsterdamer Firmen den Handel lenkten und Kredit- und Wechselgeschäfte tätigten, wuchs hier um die Mitte des 17. Jahrhunderts auf 40 bis 50 und später sogar auf 75 Personen.[13] Aber die kleineren Städte, wie Altona oder Glückstadt, waren für niederländische Kaufleute ebenfalls attraktiv. Die Gründung Glückstadts von 1617 in der eingedeichten Kremper Marsch auf Initiative Christians IV. von Dänemark ist hierfür ein gutes Beispiel. Glückstadt war als Konkurrenz zu Hamburg gedacht und sollte Kaufleute anderer Nationen anziehen. Zunächst kamen 1619 sephardische Juden aus Hamburg, die in Glückstadt privilegiert wurden, in den 1620er-Jahren folgten Remonstranten und Mennoniten aus den Niederlanden. Zwar erhielten die Bemühungen des Königs durch die Niederlage Christians IV. im Dreißigjährigen Krieg einen Rückschlag, aber nach dem Lübecker Frieden 1629 wurde die Situation wiederhergestellt. Interessant für die Niederländer war die Tatsache, dass Christian IV. mit Spanien einen Vertrag abschloss, der den Glückstädtern Seepässe für die Fahrt nach Spanien und Portugal gewährte. Dies war für niederländische Kaufleute und Schiffer, zum Beispiel in Hamburg, attraktiv, die aus Gründen des Handels zeitweilig nach Glückstadt umzogen. Auf dem Höhepunkt (1642) lebten 100 niederländische beziehungsweise friesische Familien in Glückstadt. Eine Zahl, die sich nach dem Abschluss des Westfälischen Friedens 1648 auf circa die Hälfte reduzieren sollte.[14]

Die letzte, uns besonders interessierende Einwanderergruppe waren die niederländischen Architekten, Künstler und Kunsthandwerker. Es kamen die Fayenciers, die die Keramikproduktion nach Delfter Vorbild ankurbelten; es kamen die Möbeltischler, deren Erzeugnisse die bürgerlichen und adligen Häuser schmückten; und es kamen die Weber von Tapisserien aus dem Süden der Niederlande. Vor allem aber ließen sich niederländische Architekten, Bildhauer und Maler an Nordsee und Ostsee nieder.

Ein Beispiel ist die Familie van Steenwinckel. Hans van Steenwinckel der Ältere (ca. 1545–1601) wurde in Antwerpen geboren. Im Zuge des niederländischen Aufstandes floh die Familie nach Emden, wo der Vater das Rathaus baute. 1578 heuerte Anthonis van Obbergen Hans van Steenwinckel als Assistenten für den Bau von Schloss Kronborg an. Danach erhielt er bei Tycho Brahe eine Ausbildung in Geometrie und Astronomie, sodass hier verschiedene stilistische Traditionen und Kenntnisse zusammenkamen. Diese nutzte er für seine weitere Tätigkeit als königlicher Architekt Christians IV., für den er existierende Festungen an der schwedischen und norwegischen Küste erneuerte und außerdem die neue Festungsstadt Christianopel (1599) errichtete. Er selbst war besonders stolz auf seine Arbeiten in Halmstad, wo in der Nikolaikirche sein Grabstein an ihn erinnert.[15]

Hans van Steenwinckel folgten seine Söhne Hans der Jüngere (1587–1639) und Lourens (ca. 1585–1619), die an nahezu allen Bauaktivitäten Christians IV. während des beginnenden 17. Jahrhunderts beteiligt waren. Ihr Anteil ist aber in den seltensten Fällen genau ersichtlich, denn der König wollte, wie zum Beispiel bei Schloss Frederiksborg, gerne selbst als Architekt erscheinen.

Ein weiterer Steenwickel, Wilhelm van Steenwickel (möglicherweise ein Neffe), gilt als Architekt des Schlosses und der Königlichen Residenz in Glückstadt. Auch andere Schlösser und zahlreiche Bürgerhäuser in den Städten sind das Ergebnis der niederländischen Architekturrezeption.[16] Hier wären das Schloss vor Husum ebenso zu nennen wie das aus Tönning, das nicht mehr existiert.

Die Ansicht Kopenhagens von Jan Dircksen (Abb. 1) zeigt viele neue Giebelhäuser im niederländischen Stil, von denen nur noch wenige erhalten sind. Auch öffentliche Bauten – wie das Waisenhaus, die Börse und Wohnhäuser für Seeleute und Tuchhandwerker – folgten dem „fortschrittlichen" niederländischen Stil. Dass das öffentliche Bauen der Niederlande auch im 18. Jahrhundert noch als vorbildlich galt, als Dänemark längst über eigene Architekten verfügte, zeigt die Karriere Philips de Langes (1756–1805) aus Rotterdam, der sich als Gefängnisbaumeister einen Namen machte.

In Schweden zog der kulturelle Aufbau der Monarchie während und nach dem Dreißigjährigen Krieg in großer Zahl künstlerische Talente aus den Niederlanden, aber ebenso aus Frankreich und dem Reich an. Unter den nach Schweden reisenden Malern hatte sich Sébastien Bourdon (1616–1671) bereits in Paris einen Namen gemacht, bevor er 1652 Hofmaler Königin Christinas wurde. Obwohl er nur rund ein Jahr in Stockholm blieb, brachte dies einen Karriereschub, den er mit der Berufung zum Direktor der Académie Royale in Frankreich krönte. David Beck (1621–1656) kam aus Delft und hatte zuvor für die Höfe in England, Frankreich und Dänemark gearbeitet, bevor er Porträts in Schweden malte. Der aus Schleswig-Holstein gebürtige Jürgen Ovens (1623–1678) war in den Niederlanden zum Maler ausgebildet worden, blieb aber nur kurze Zeit in Stockholm und porträtierte den Hof sowie später schwedische Adlige, die Amsterdam besuchten.[17]

Aus Hamburg stammte David Klöcker Ehrenstrahl (1629–1698), der ebenfalls in Amsterdam studiert hatte und von Carl Gustaf Wrangel, dem Generalgouverneur Schwedisch-Pommerns, an dessen Hof angestellt wurde. Wrangel nahm Ehrenstrahl mit nach Stockholm, wo ihn die Witwe Gustav II. Adolfs, Maria Eleonora von Brandenburg, protegierte und ihm einen siebenjährigen Studienaufenthalt in Rom und Venedig finanzierte. In Rom förderte ihn die dort lebende Königin Christina. 1661 kehrte er nach Stockholm zurück und wurde Hofmaler, arbeitete aber auch in Gottorf und Güstrow und unterhielt Kontakte nach Braunschweig-Wolfenbüttel, also für eng verwandte Fürstenhäuser. In seiner Atelierorganisation orientierte sich Ehrenstrahl an Peter Paul Rubens, konnte in Stockholm jedoch nicht auf ausreichend Fachkräfte zurückgreifen. Ende der 1670er-Jahre erhielt er die königliche Erlaubnis, eine „Academie" frei von zünftischen Zwängen zu betreiben, was eine Besonderheit darstellte.[18]

Unter den Gartenarchitekten ragt André Mollet (um 1600–1665) hervor, der zuvor an den Pariser Tuilerien gearbeitet hatte und mehrere Gärten in und um Stockholm gestaltete sowie dort einen theoretischen Traktat über den Lustgarten veröffentlichte.[19]

Bedeutender – bis heute sichtbar – sind die Spuren, die Architekten in Schweden hinterlassen haben. Simon de la Vallée (um 1600–1642), dessen Vater als Baumeister in Paris unter anderem am Palais de Luxembourg mitgearbeitet hatte, kam vom Hof des Statthalters Friedrich Heinrich von Oranien in

**Abb. 1** Johan (Jan) Dircksen van Campen nach Johan van Wijck: Hafnia Metropolis Et Portvs Celeberrimvs Daniæ, 1611, Kupferstich auf Papier, 360 x 950 mm, Det Kongelige Bibliotek Kopenhagen, BSS_00305

Den Haag nach Stockholm. Da er bereits 1642 ermordet wurde, konnte er den Abschluss der meisten seiner Projekte nicht mehr erleben. Das bedeutendste war das Riddarhus (Ständehaus), dessen äußere Gestaltung den Entwurf des Amsterdamer Architekten Justus Vingboons widerspiegelt, der 1653–56 in Stockholm wirkte. Wahrscheinlich beruht Simon de la Vallées Erfolg in erster Linie darin, dass er seinen Sohn und Nicodemus Tessin zu eigenständigen Architekten ausbildete, die maßgeblich für die Ausbreitung des niederländischen Klassizismus in Schweden sowie in anderen Regionen des Ostseeraums wurden.

Nicodemus Tessin der Ältere (1615–1681) entstammte einem Stralsunder Ratsgeschlecht und hatte während der Besetzung Stralsunds Kontakte zu den schwedischen Befehlshabern geknüpft. Von der Mitwirkung an der Stralsunder Festung führte sein Weg in das schwedische Mutterland, wo er in den 1630er-Jahren als Festungsingenieur sowohl für Königin Christina als auch für den Kanzler Axel Oxenstierna arbeitete. Anfang der 1650er-Jahre bildete sich Tessin auf einer Studienreise in den Niederlanden, Paris und Italien weiter. Zurück in Schweden plante er unter anderem für Graf Magnus Gabriel de la Gardie, einen schwedischen „Baulöwen", die Neugestaltung der Stadt Arensburg auf der Insel Ösel, welche dieser 1648 als Lehen erhalten hatte. Die geplanten Bauten kamen aber anscheinend nicht zur Ausführung. 1661 avancierte Tessin zum Stockholmer Stadtbaumeister und 1663 als Nachfolger de la Vallées zum königlichen Architekten. Der Dom von Kalmar (1660) sowie Paläste für Gustaf Bonde und Seved Bååt erbrachten weitere Aufträge. Dabei benutzte Tessin für jeden Auftrag einen besonderen Stilmix: Während er sich bei den Adelspalästen an französischen Vorbildern orientierte – möglicherweise an früheren Plänen von Jean Marot –, ging der Kalmarer Dom auf römische Eindrücke zurück. Dagegen hatte de la Vallée seine Katharinenkirche in Stockholm im niederländischen Stil gebaut. Tessins letztes Werk, die Stockholmer Bank, versetzte dann quasi einen römischen Palazzo direkt nach Stockholm. Venezianische Elemente des Palladianismus spiegelt Schloss Drottningholm wieder, das Tessin für die Königinwitwe Hedwig Eleonora errichtete.[20]

Neben den prominenten Architekten de la Vallée und Tessin war eine Vielzahl weiterer Architekten und Baumeister tätig, die im Mutterland und den schwedischen Ostseeprovinzen Hunderte von Städten neu planten und der schwedischen Herrschaft einen neuen kulturellen Stempel aufdrückten. Obwohl viele Stilelemente aus Frankreich, Italien und Deutschland hier einflossen, kam niederländischen Stadtplanungsideen und dem barocken Klassizismus niederländischer Ausprägung insbesondere in den Ostseeprovinzen ein großer Stellenwert zu. Hierbei spielten natürlich Niederländer selbst eine erhebliche Rolle. So ließ der niederländische Kaufmann und Unternehmer Louis de Geer bereits 1646, bevor de la Vallée und Tessin in Schweden tätig wurden, durch den Maurermeister Jürgen Gesewitz seine Stockholmer Stadtresidenz bauen, die eng an das Mauritshuis von Jacob van Campen in Den Haag angelehnt war und damit de Geers Anspruch auf Repräsentation deutlich machte. Es wundert daher nicht, dass de Geers Palast auch in der Kupferstichserie *Suecia Antiqua et Hodierna* von Erik Dahlberg zusammen mit anderen Adelspalästen dargestellt wurde. In der Nachbarschaft von de Geer ließen sich dann eine Reihe niederländischer Kaufleuten wie die van Eijck, Momma, Wesenberg, Simonsz, Insen, Mijtens und van der Noot nieder.[21] Zu ihren Palästen gehörten natürlich auch Gartenanlagen im niederländischen Stil, für deren Gestaltung niederländische Experten angeworben wurden.

De Geer und seinen Zeitgenossen (niederländische Kaufleute) beeindruckten auch schwedische Geschäftspartner. So ließ sich Joachim Pötter-Lillienhoff von dem aus Kulmbach stammenden Johan Tobias Albinus einen vergleichbaren Palast auf Södermalm bauen wie ihn der zugezogene Niederländer Jakob de Momma besaß.[22] Dass diese Paläste mit niederländischen und flämischen Gemälden ebenso wie mit zeitgenössischen Skulpturen ausgestattet wurden versteht sich von selbst. Dabei wirkten Diplomaten und Kaufleute wie Peter Spierinck und Michel le Blon als kulturelle Agenten zwischen niederländischen Künstlern einerseits sowie dem schwedischen Königshof und dem Hochadel andererseits. Carl Gustav Wrangel, der nicht nur als Feldherr sondern auch als General-Gouverneur Schwedisch-Pommerns Ruhm geerntet hatte, ließ sich von dem schwedischen Residenten Harald Appelboom in Den Haag beim Ausbau seiner Residenz in Skokloster beraten. Appelboom kaufte Gemälde und Kunstwerke auf niederländischen Auktionen und stattete die Wrangelschen Räume mit Tapisserien, vergoldeten Ledertapeten sowie Möbeln aus. Ein anderer Amsterdamer Agent, Peter Trotzig, lieferte Baumaterial und stellte Architekturbücher zur Verfügung.[23]

Niederländische Einflüsse spiegeln sich ebenfalls in der Rezeption von Künstlern und Bildern wider.[24] Niederländische Gemälde dominierten in den königlichen, adligen aber auch bürgerlichen Sammlungen, in die sie durch Maler und später Kunsthändler, wie Gerhard Morell, vermittelt wurden.[25]

## Auswanderung

Der kulturelle Austausch lief aber nicht allein einseitig in West-Ost-Richtung. Im Gegenteil, zahlreiche Bewohner der Herzogtümer wie des gesamten Nord- und Ostseeraums nahmen hieran aktiv teil. Hier wäre in erster Linie die Migration friesischer Kapitäne und Seeleute zu nennen, die saisonal im niederländischen Walfang tätig waren, aber auch auf den Schiffen der Ostindischen und/oder Westindischen Kompanien dienten beziehungsweise ihr Glück als Soldaten in niederländischen Diensten suchten. So dienten zum Beispiel in den 1770er-Jahren 1.100–1.200 Föhrer auf niederländischen

**Abb. 2** Grabstein Volkert Knuttens, nach 1770, St. Johannis, Nieblum Föhr

Walfängern. Sie kehrten in der Regel im Oktober auf die Inseln zurück. Im Alter eröffneten die Kapitäne dort nautische Schulen, in denen sie (mit Hilfe niederländischer Handbücher) Navigation und Astronomie unterrichteten und so den Aufstieg nordfriesischer Seeleute in die obersten Ränge der niederländischen, dänischen oder hamburgischen Flotten beförderten. Mit den Reisen war ein ständiger kultureller Austausch verbunden, der sich bis heute beispielsweise in den niederländisch gefliesten Friesenstuben widerspiegelt. Auch die Grabsteine auf Föhr und Amrum geben Aufschluss über die Fahrten friesische Kapitäne auf den Weltmeeren (Abb. 2).[26] Andere wie der Amalienburger Kapitän Peter Hansen[27] beteiligten sich ebenso wie der dänische Finanzminister Schimmelmann am internationalen Sklavenhandel. Soldaten aus den Herzogtümern dienten – wie bereits erwähnt – in den niederländischen Kompanien und berichteten wie der Flensburger Peter Hansen Hajstrup im Nachhinein über ihre Abenteuer in den Niederlanden und Brasilien.[28] Ebenfalls ein Medienecho erfuhren die von Adam Olearius veröffentlichten Reiseberichte der holsteinischen Mitglieder der Ostindienkompanie Andersen und Iversen (Abb. 3). Ihre Mitbringsel bereicherten schließlich die Gottorfer Kunstkammer.[29]

Andere ließen sich nach ihrem Dienst als Handwerker, aber auch als Bauern nieder, zum Beispiel am Kap der Guten Hoffnung (hier finden wir zahlreiche Rendsburger und Flensburger). Auch in Batavia (Jakarta) machten Seeleute aus den Herzogtümern Karriere. Hierzu gehörte der 1684 in Husum geborene Michael Westpalm (1684–1734). Westpalm fing 1710 seine Laufbahn an als Untersteuermann. 1712 wurde er zum Obersteuermann befördert. Vier Jahre später erreichte er den Rang eines Schiffers und wurde er als *Onderequipagemeester* angestellt. Im Jahr 1718 wurde er zum Kommandeur und *Equipagemeester* (verantwortlich für die Ausrüstung der Schiffe) ernannt. Das letztere Amt übte er bis 1726 aus. 1719 wurde er Regent des Hospitals. Im Jahr 1726 wurde er zum *Rat extra-ordinair* von Indien gewählt. 1729 erwarb er verschiedene andere Ämter: Kommissar des Bergbaus, Präsident der Waisenmeister, und Oberst der Stadtmiliz. 1730 erfolgte seine Wahl zum *Rat ordinair* von Indien und 1732 wurde er schließlich zum Generaldirektor ernannt. Er starb im August 1734.

Mindestens zweimal ließ er von Batavia aus große Summen in seine Geburtsstadt überweisen, vor allem zugunsten des Hospitals *Zum Ritter St. Jürgen*, eine der sozialen Einrichtungen für ältere Frauen und Männer, die es noch heute gibt. Seine El-

tern sollten, solange sie nicht im Hospital aufgenommen werden wollten, jährlich sechs Prozent dieses Betrages erhalten.
Johannes Thedens (geboren 1679 in Friedrichstadt) war zunächst im Dienst der VOC (Vereinigte Ostindische Kompanie). Nach seiner Ankunft in Batavia 1699 schied er aus, übernahm eine Position in der Verwaltung und arbeitete sich kontinuierlich empor. 1702 wurde er zum Assistent und 1719 zum Kaufmann ernannt. 1723 wurde er zum Oberkaufmann und Befehlshaber (*Opperhoofd*) in Deshima befördert. 1725 nahm er an der Reise zum Edo-Hof innerhalb von 93 Tagen teil. Im Winter 1725/26 hielt er sich kurz in Batavia auf. 1726 und 1727 wird er in den Quellen auch als Mitglied des Rats der Justiz erwähnt. Er war Oberkaufmann bis 1729, als er sich weigerte, an die Malabar-Küste zu gehen.

Im Jahr 1731 wurde Thedens als *Rat extra-ordinair* und 1736 als *Rat ordinair* von Indien angestellt. 1732 erwarb er das Amt des politischen Kommissars im Kirchenrat. Er war ein Jahr später Mitglied der Kommission, die verantwortlich für den Bau der neuen niederländischen Kirche war. 1735 nahm er die Pflichten des verstorbenen Generaldirektors wahr. 1736 wurde er als Präsident der Deichgeschworenen angestellt. Im November 1737 stand er zur Wahl für das Amt des Generaldirektors, wurde aber nicht gewählt. 1740 ernannten die *Heeren XVII*[30] ihn doch noch zum Ersten Rat und Generaldirektor. Im November 1741 wurde er schließlich zum provisorischen Gouverneur-General gewählt, weil der prädestinierte Gouverneur-General Gustaaf Willem Baron van Imhoff sich seinerzeit noch in den Niederlanden befand. Dieses Amt übte Thedens bis zum 28. Mai 1743 aus. Im gleichen Jahr wurde er auch als Generaldirektor entlassen, weil er nicht zurücktreten wollte. Er starb am 19. März 1748 in seinem Landhaus in Batavia und wurde vier Tage später bestattet.

Ein weiterer Holsteiner war Johan Theling aus Itzehoe. Er stand im Dienst der Kompanie von 1723 bis zu seinem Tod im Jahr 1747. Anfänglich war er Unterkaufmann bei der Kammer Amsterdam. 1736 wurde er zuerst zum zweiten Oberkaufmann, dann im gleichen Jahr zum ersten Oberkaufmann ernannt. 1737 sollte er der neue Gouverneur der Koromandelküste werden; er blieb jedoch in Batavia, weil er beschuldigt wurde, privaten Handel getrieben zu haben. 1741 während des chinesischen Aufstandes wurde er zum Adjunkt des Kommissars der Nordostküste Javas ernannt; zwei Jahre später folgte er dem Kommissar in seinem Amt nach. 1744 wurde er als Rat der Justiz und 1746 schließlich als *Rat extra-ordinair* von Indien angestellt.[31]

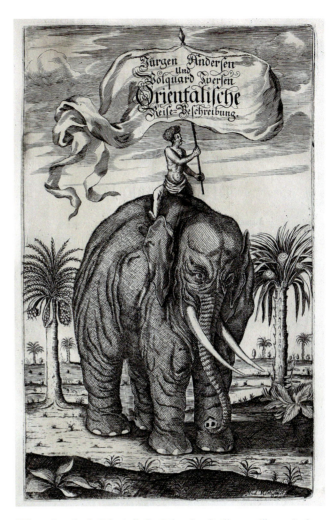

**Abb. 3** Frontispiz *Orientalische Reise-Beschreibunge Jürgen Andersen und Volquard Iversen*, Olearius 1669, ULB Halle, Ob 175, 2° (3)

Durch Korrespondenz blieb die Verbindung mit der Heimat – zwar zeitweise unterbrochen – intakt. Pastor Carl Ludwig Scheitz aus Steinberg in der Pfarrei Flensburg schrieb beispielsweise an seinen Bruder, der als Buchhalter der niederländischen Kompanie in Cochin arbeitete, und schickte ihm nicht nur – gleichsam als Fotos – Schattenrisse seiner Familie, sondern zeigte ihm auch Wege auf, wie er Geld überweisen könne:

„Du meldest mir, lieber Bruder! Dass du willens bist, Geld an mich zu überweisen […] Deinem Verlangen gemäß, habe ich auch zwei sichere Häuser in Amsterdam zu finden gesucht, an welche du Geld oder remissen übermachen kanst. Es sind selbige, der Herr Frans de Wilde Boekhouder bij het Osstindishe Compagnie tot Amsterdam, der es auch übernommen hat die Briefe an dich zu besorgen, und der andere heist: H*err* Erdwin Borgtede. Der H*err* Frans de Wilde must du als die Hauptperson ansehen und ihn in deiner Procura als Empfangnehmer oder Einheber des Geldes benennen. Durch diese benanten Män[n]er, wird das Geld sicher an mich übersendet werden. So befehle ich dich denn liebster Bruder! nebst deiner lieben Frau u*nd* Kindern, welche so wie du von unseren lieben Mutter, von meiner Frau u*nd* Kindern u*nd* von mir aufs zärtlichte gegrüßet und umarmest werden, Gottes Gnade u*nd* Segen. Leb wohl, recht sehr wohl und erinnere Dich offt deines dich herzlich liebenden Bruders"[32].

Leider kam der Brief nicht an – das Schiff mit dem Brief wurde von einem englischen Schiff aufgebracht, er befindet sich jetzt in den sogenannten *Prize Papers* im National Archive in London.

Auch die dauerhafte Auswanderung spielte eine Rolle. Während nach der großen Sturmflut 1634 niederländische Spezialisten zur Eindeichung und Trockenlegung an die Westküste geholt wurden, wanderten Familien von dort 1639 mit dem Schiff *Brand van Trogen* nach Neu Amsterdam an den Hudson aus.

### Wissens- und Technologietransfer

Die Häfen der Nord- und Ostsee waren aber nicht nur Einfallstore für Einflüsse der niederländischen Kunst und materiellen Kultur. Niederländische Fachleute wurden auch als Humankapital in den Bereichen Schiffbau, Schifffahrt und Handel von den Seemächten Dänemark, Schweden, Russland sowie von Brandenburg-Preußen angeworben. Darüber hinaus entwickelten sich die Niederlande zunehmend zu einem Zentrum des Wissens, welches durch verschiedene Medien verbreitet wurde.

Ein Beispiel für den Wissenstransfer ist die wachsende Buchproduktion zu allen Fachgebieten. Ebenso erwähnt werden muss der Technologiereichtum der Niederlande, der durch Zeitungen, Reiseschilderungen, konsularische Berichte und private Korrespondenz verbreitet und über diese Vermittlungsstränge auch angezapft wurde. Wichtig war außerdem der Export von Technologie, zum Beispiel in Gestalt von verbesserten Windmühlen, Schiffen und Webstühlen.[33]

Beginnen wir mit dem Wissenstransfer mit Hilfe der Buchproduktion: Dass in den Niederlanden im 17. Jahrhundert Bücher in allen Sprachen und zu allen Disziplinen gedruckt wurden, ist bekannt. So enthielt der Katalog des Verlegers Cornelis Claeszoon (1610) nicht nur teurere lateinische Bücher, sondern auch viel preiswertere zu Schifffahrt, Handel, Navigation, Mathematik und Geometrie. Von diesen Büchern wurde ein erheblicher Teil ins Ausland verbreitet und ist noch heute in den einschlägigen Bibliotheken aufzuspüren. Eine Aufnahme der historischen niederländischen Buchbestände in der Universitätsbibliothek Greifswald zeigt, dass auf den Gebieten Mathematik (Arithmetik/Geometrie), Astronomie und Jurisprudenz die Drucke aus Holland dominieren, während deren Autoren selbst international sind. Sie publizierten über Wissensgebiete, für welche die Leidener Universität auch den europäischen Hochschullehrernachwuchs ausbildete.[34] So hatte die Hälfte der Professoren der Universität Uppsala zwischen 1640 und 1660 ebenso in Leiden studiert wie ein großer Teil der an die 1640 gegründete neue Universität Åbo (finnisch Turku) im 17. Jahrhundert Berufenen. Von den Kieler Professoren hatte allein der Jurist Samuel Reyher in Leiden promoviert.

Neben den genannten Gebieten waren nautische Lehrbücher weit verbreitet. Zu erwähnen sind vor allem Claes Hendricksz. Giettermakers *Vergulde licht der Zee-Vaert, Ofte Konst der Stuerlieden*, Amsterdam 1660, und die *Schat-Kamer Ofte Konst der Stier-Lieden* von Klaas de Vries, Amsterdam 1702.[35] Gietermakers *Vergulde licht* wurde bis ins ausgehende 18. Jahrhundert in den Seemannsschulen der nordfriesischen Inseln benutzt, die während der langen Winterabende die friesischen Steuerleute in der Navigation unterrichteten. Noch länger, nämlich bis 1802, waren die genannten Standardwerke von Giettermaker und de Vries in Kopenhagen und Danzig in Gebrauch. Dabei wurde Navigation, wie übrigens auch auf dem Fischland und dem Darß, oftmals in niederländischer Sprache gelehrt; und es bedurfte erst erhöhter Anstrengungen eines merkantilistischen Staates wie Schweden, um 1777 ein erstes schwedisches Navigationshandbuch herauszubringen. Die niederländischen Handbücher hatten somit schließlich ihre Schuldigkeit getan und Norddeutschen, Dänen und Schweden zunächst den Weg in die arktischen Walfanggewässer und wenig später sogar in die Karibik und den Indischen Ozean gewiesen.[36]

Ein weiteres Beispiel für den Technologietransfer stellt die Ausbreitung der niederländischen Windmühlen dar, die sowohl durch die Einwanderung ausgebildeter Spezialisten als auch durch den Export vorfabrizierter Mühlen oder entsprechender Maschinenteile erfolgte. Der Export der Windmühlentechnologie begann im 16. Jahrhundert mit der Errichtung von Entwässerungsmühlen im Rahmen der holländischen Kolonisation im Königlichen und Herzoglichen Preußen und setzte sich an den norddeutschen, dänischen und schwedischen Küsten im 17. Jahrhundert fort. So beauftragte 1642 sogar der Große Kurfürst von Brandenburg den Ingenieur Georg Memhardt, sich in den Niederlanden über die Entwässerungstechnologie mit Hilfe von speziellen Windmühlen zu informieren. Die Holländermühle (*poldermolen*), wie sie in Deutschland hieß (*hollaender, holländare* in Skandinavien), trat fortan ihren Siegeszug im Norden und Nordosten an.

Neben den Entwässerungsmühlen kamen Ölmühlen und Papiermühlen in Skandinavien und im südlichen Ostseeraum in Gebrauch. Zentrale Bedeutung gewann aber vor allem die Einführung niederländischer Feinschnittsägemühlen, die in technischer Hinsicht entscheidend dazu beitrugen, dass Schweden, Finnland und das Neva-Gebiet Rohstofflieferanten für den Schiffbau Schwedens und Russlands wie für den Weltmarkt überhaupt werden konnten.[37] Denn von nun an konnten die im Schiffbau, Hausbau und Gewerbe benötigten vorgefertigten Planken, Masten, Dauben und Dielen an Ort und Stelle aus den Waldressourcen gefertigt werden, was zur Verlagerung des europäischen Waldwarenhandels führte.[38]

Während die Niederländer Riga, das als Lieferant von Flachs und Hanf sowie Holzprodukten Danzig überholte, zum Zentrum ihres Handels machten, stieg die Schiffbaunation England zum Hauptabnehmer der Waldwarenproduktion des 18. Jahrhunderts auf. Englische Kaufleute ließen sich in St. Petersburg nieder und verdrängten dort allmählich die niederländische Kolonie. Dennoch war die niederländische Kultur dort weiterhin, vor allem in den Sammlungen Katharinas der Großen, präsent.

## Anmerkungen

1. North 2001, S. 1.
2. J. Vries/Woude 1997; North 2013, S. 43–53.
3. Zur Fleute siehe den Beitrag Jann M. Witts in diesem Band.
4. Wieringa 1983; Heeres 1988; Lemmink/Koningsbrugge 1990; North 1996a; Israel 1989.
5. North 2011, S. 114–121; North 2018, S. 209–233.
6. Kizik 2004, S. 51–76.
7. Ciesielska 1958, S. 220ff.; Penner 1963; Kizik 1994.
8. J. Jessen 1922, hier S. 144ff.
9. Prange 1971, S. 593.
10. Kramer/Wilkens 1979, S. 195f.; J. Jessen 1922, S. 153.
11. Posamente sind aufwendig gearbeitete Zierstoffe, beispielsweise Spitzen oder Borten.
12. Bogucka 1956; Gause 1965, S. 310ff.
13. Bogucka 1983, S. 55f.; Bogucka 1990, S. 22ff.
14. Köhn 1992, S. 299–316.
15. Roding 1990, S. 343–353; Roding 1996, S. 95–106.
16. Siehe fortführend den Beitrag Lars Olof Larssons in diesem Band.
17. Köster 2017a, S. 79–81.
18. Neville 2009, S. 3–10.
19. Mollet 1651.
20. Neville 2009, S. 23–60.
21. Noldus 2004, S. 73–77, 84–92.
22. North 2011, S. 158f.; Neville 2019, S. 130–134.
23. Noldus 2004, S. 95–118.
24. Kreslins/Mansbach/Schweitzer 2003; S. Christensen/Noldus 2003; Krieger/North 2004.
25. North 2012; North 2003, S. 253–261; North 2002, S. 459–471.
26. Siehe auch S. 65 in diesem Band.
27. Hansen 1989.
28. Hansen Hajstrup 1995; zu Hansen Hajstrup siehe ausführlich Detlev Kraack in diesem Band.
29. Olearius 1669.
30. Hierbei handelte es sich um das siebzehnköpfige Führungsgremium der VOC, deren Mitglieder sich aus den Großinvestoren der sechs Kammern (Amsterdam, Delft, Rotterdam, Enkhuizen, Middelburg und Hoorn) zusammensetzten.
31. Coolhaas 1979–85; Goor 1988–2004; Schooneveld-Oosterling 1997.
32. Doe/Moree/Tang 2008, S. 75f.
33. K. Davids 1995, S. 338–366.
34. North 1999.
35. Giettermaker 1660; Vries 1702.
36. Koninckx 1990, S. 127–140; Krieger 1998.
37. K. Davids 1990, S. 33–52.
38. North 1996b; Åstrom 1988, S. 44–55.

*Jann Markus Witt*

# MARITIME VERBINDUNGEN ZWISCHEN DEN NIEDERLANDEN UND DEN HERZOGTÜMERN SCHLESWIG UND HOLSTEIN

Die Entwicklung von Handel und Seefahrt in Schleswig und Holstein im 16. Jahrhundert war eng mit den politischen und wirtschaftlichen Machtverschiebungen im Norden Europas verbunden. Gleichzeitig entwickelten sich viele direkte und indirekte maritime Verbindungen mit den Niederlanden.[1]

Im Laufe des 15. Jahrhunderts hatte der allmähliche ökonomische Bedeutungsverlust der Hanse zum verstärkten Eindringen neuer Konkurrenten, insbesondere niederländischer Kaufleute, in den hansischen Wirtschaftsraum geführt. Ihr Auftreten bot den skandinavischen Königreichen die willkommene Möglichkeit, sich von der bisherigen wirtschaftlichen Dominanz der Hanse zu befreien. Ebenso wurde der Ostseeraum seit dem beginnenden 16. Jahrhundert, durch die Verlagerung der europäischen Fernhandelsströme in die Küstenregionen des Atlantiks als Folge der Erschließung des Seewegs nach Indien und der Entdeckung Amerikas, wirtschaftlich mehr und mehr an die Peripherie gedrängt – während sich zur gleichen Zeit die im Zentrum der neuen Handelswege gelegenen nördlichen sieben Provinzen der Niederlande, die sich 1581 als *Republik der Vereinigten Niederlande* oder *Generalstaaten* von Spanien losgesagt hatten, anschickten, zur führenden Wirtschaftsmacht Europas aufzusteigen.[2]

Dabei traf die wachsende Nachfrage nach Agrargütern in den bereits damals stark urbanisierten und daher auf Lebensmittelimporte angewiesenen Niederlanden in idealer Weise mit der Intensivierung der Landwirtschaft durch die Entwicklung der adligen Gutswirtschaft in Schleswig, Holstein und Dänemark in den Jahrzehnten um 1500 zusammen, die vor allem auf der Arbeitsleistung leibeigener Bauern beruhte. Angesichts der steigenden Preise für Lebensmittel wurden viele adlige Grundherren zu regelrechten Agrarunternehmern, die einen erheblichen Teil der auf ihren Gütern erwirtschafteten Überschüsse in die Niederlande exportierten, von wo aus ein Teil der Lebensmittel über niederländische Zwischenhändler weiter nach Frankreich, Spanien und bis in den Mittelmeerraum verfrachtet wurde.[3]

Neben der Getreideausfuhr besaß vor allem der Massenexport von Ochsen aus Dänemark nach Nordwesteuropa große Bedeutung. Jahr für Jahr wurden riesige Ochsenherden über das uralte, in nord-südlicher Richtung über die jütische Halbinsel verlaufende Wegesystem des sogenannten „Heerwegs", nun bezeichnenderweise „Ochsenweg" genannt, von Dänemark bis nach Holstein getrieben. In Wedel, Husum oder Itzehoe wurden die Tiere verkauft und auf den eigenen vier Beinen oder per Schiff weiter in die Niederlande gebracht. Zum Transport der Ochsen über See dienten kleine Küstenschiffe, die bis zu sechzig Ochsen tragen und sowohl auf hoher See als auch in den flachen Tidengewässern der Westküste fahren konnten. In den Niederlanden wurden die Ochsen auf den Viehmärkten von Amsterdam, Antwerpen und den anderen großen Städten verkauft.[4]

Nicht nur wirtschaftlich, auch im Bereich der Seefahrt nahmen die Niederlande im Laufe des 16. Jahrhunderts mehr und mehr die Führungsrolle in Nordeuropa ein. Zu Beginn des 17. Jahrhunderts besaß die Republik der Niederlande die größte Handelsflotte der Welt, deren ungeheurer Personalbedarf auch ausländischen Seeleute gute Arbeits- sowie Aufstiegsmöglichkeiten bot. Der Anteil von Ausländern, vor allem aus Skandinavien, dem Bereich der Nordseeküste und dem Ostseeraum, an der Besatzung niederländischer Handelsschiffe schwankte zwischen 35 und 55 Prozent. Ein beachtlicher Teil dieser ausländischen Seeleute stammte aus den Herzogtümern Schleswig und Holstein. Allein zwischen 1700 und 1710 stammten 503 der 8.790 Seeleute der niederländischen Handelsflotte aus den Herzogtümern und bildeten damit die größte Gruppe von Nicht-Niederländern. Oft blieben die schleswig-holsteinischen Seeleute ihr ganzes Berufsleben hindurch in niederländischen Diensten.[5]

Gleichzeitig kamen wichtige maritime Impulse aus den Niederlanden, vor allem im Bereich der Navigation und im Schiffbau. Nicht zuletzt dank der niedrigen Frachtraten ihrer vor allem nach ökonomischen Gesichtspunkten konstruierten Handelsschiffe hatte sich die Republik der Niederlande als bedeutendste Seefahrtsnation Europas etabliert. Sie dominierte nicht nur den Seehandelsverkehr in der Nordsee, sondern besaß auch einen erheblichen Anteil am Ostseehandel, der dadurch in den über Amsterdam laufenden Welthandel integriert wurde. Während der Konflikte um die Vorherrschaft im Ostseeraum schlossen die Niederlande wechselnde Bündnisse mit Dänemark und Schweden mit dem Ziel, die Alleinherrschaft einer Macht im Ostseeraum zu verhindern und den freien Zugang ihrer Handelsflotte zur Ostsee sicherzustellen. Im 16. und 17. Jahrhundert fuhr ein Großteil der in der Ostseefahrt eingesetzten Schiffe unter niederländischer Flagge. So machten beispielsweise im Jahr 1618 Schiffe aus den Niederlanden 69 Prozent des gesamten Verkehrs durch den Öresund aus. Diese niederländische Dominanz in der Ostseefahrt blieb bis Ende des 17. Jahrhunderts bestehen. Allein im Jahr 1670 waren insgesamt 735 niederländische Schiffe mit zusammen 103.500 Last Tragfähigkeit in der Ostseefahrt eingesetzt. Entsprechend stellten die niederländischen Handelsschiffe während des 17. Jahrhunderts auch eine bedeutende Konkurrenz für die dänische und schleswig-holsteinische Handelsschifffahrt dar.[6]

Im Laufe des 16. Jahrhunderts waren auch in vielen schleswig-holsteinischen Städten, sowohl im königlichen, als auch im herzoglichen Anteil der Herzogtümer, bedeutende Handelsflotten entstanden. So waren um 1590 in Flensburg 200 Schiffe beheimatet, in Rendsburg 70, in Kiel und Krempe jeweils rund 20. Dagegen besaß Kopenhagen, die bedeutendste Handelsstadt des Königreichs Dänemark, im Jahr 1635 lediglich 85 Schiffe.[7]

Das Gros der in den schleswig-holsteinischen Städten beheimateten Handelsschiffe waren damals kleine Küstenfahrer, sehr häufig Einmaster mit nur ein bis drei Mann Besatzung. Ungeachtet ihrer geringen Größe spielten sie sowohl an der Ostküste als auch an der Westküste eine wichtige Rolle für den Warenaustausch und die Versorgung der Bevölkerung mit lebensnotwendigen Gütern. Transporte über Land waren schwierig und teuer, die Straßen und Wege meist in miserablem Zustand und bei schlechtem Wetter kaum passierbar, sodass der Seeweg die einfachste und billigste Möglichkeit zur Beförderung größerer Warenmengen darstellte. Die meisten bedeutenderen Orte in Schleswig-Holstein waren daher auf dem Wasserweg zu erreichen, wobei selbst kleinere und kleinste Flussläufe als Schifffahrtswege dienten.[8]

Doch während an der fast tidelosen Ostseeküste die weit in das Land ragenden Buchten mit ihrer großen Wassertiefe beste Voraussetzungen für die Entwicklung der Schifffahrt boten, waren die Bedingungen an der für die Handelsverbindungen in die Niederlande besonders wichtigen Nordseeküste mit Ausnahme der beiden großen Flüsse Elbe und Eider durch das flache Wattenmeer und einen Tidenhub von durchschnittlich drei Metern weit weniger günstig.[9]

Der bedeutendste Handelsort an der Westküste war Husum, das seinen Nordseezugang erst infolge der großen Sturmflut von 1362 erhalten hatte.[10] Wie Caspar Danckwerth in seiner Landesbeschreibung bemerkt, besaß „Husum um das Jahr 1500, 1510 und 1520 vierzig schöne, große Schiffe, ohne die kleinen, deren viel mehr gewesen."[11] 1527 wurden das Hafenbecken und die Schiffbrücke planmäßig angelegt. 1582 erhielt Husum das Marktmonopol für das Umland und 1603 das Stadtrecht, doch war der Höhepunkt seiner Bedeutung als Seehandelsstadt zu diesem Zeitpunkt bereits überschritten.[12]

Ein weiterer aufstrebender Hafen an der Westküste war Tönning. 1590 hatte der Gottorfer Herzog dem an der Mündung der Eider gelegenen Ort die Stadtrechte verliehen. 1613 wurde mit dem Bau des Tönninger Hafens begonnen, der vor allem dem Export landwirtschaftlicher Produkte aus Eiderstedt dienen sollte. Um diese leichter nach Tönning bringen zu können, wurden zwei Kanäle gegraben, die „Norderbootfahrt" und der Kanal nach Kating, der die Stadt mit der Gardinger „Süderbootfahrt" verband. Dem regen Handel ent-

**Abb. 1** Uelvesbüller Schiffswrack, sogenanntes „Zuckerschiff", um 1600, Schiffahrtsmuseum Nordfriesland Husum

sprach auch der Aufschwung der Tönninger Handelsflotte, die sich innerhalb von knapp 25 Jahren fast verdoppelte und von 29 Schiffen um 1600 auf 54 Schiffe im Jahr 1624 wuchs. Die Bemühungen des Gottorfer Herzogs, den Eigenhandel der Bauern aus Dithmarschen und Nordfriesland zugunsten Husums und Tönnings einzuschränken, blieben letztlich erfolglos.[13]

Die Stadt Tondern, die im Mittelalter einer der wenigen Hafenplätze der schleswigschen Westküste gewesen war, wovon bis heute das Schiff im Stadtwappen zeugt, büßte dagegen im Laufe des 16. Jahrhunderts durch die Verlandung der Zufahrt allmählich ihre Rolle als Hafenort ein. Durch den Ochsenhandel mit den Niederlanden konnte Tondern jedoch seine wirtschaftliche Stellung zunächst behaupten. Infolge der Landgewinnung an der Westküste verlor die Stadt schließlich ganz den Zugang zum Meer. Überdies hatten die zahlreichen Kriege des 17. Jahrhunderts neben den üblichen Plünderungen und anderen Kriegsfolgen auch den Niedergang des Ochsenhandels zur Folge, wodurch Tondern weiter an ökonomischer Bedeutung verlor, obgleich sich im 17. Jahrhundert das Spitzenklöppeln zu einem wichtigen Wirtschaftszweig entwickelt hatte.[14]

Durch den Agrarexport blühte an der Westküste auch der Seehandelsverkehr mit kleinen Küstenseglern auf. Zwei Schiffsfunde geben Aufschluss über die Küstenfahrt in der Nordsee im 16. und 17. Jahrhundert: Im Jahr 1994 wurde auf Eiderstedt bei Deicharbeiten am Uelvesbüller Koog das Wrack eines kleinen Küstenseglers niederländischer Bauart aus der Zeit um 1600 gefunden. Das Schiff war irgendwann zwischen 1613 und 1623 während eines Sturmes gegen den Deich geworfen worden und gesunken. Das einmastige, vermutlich mit einem Sprietsegel getakelte Schiff war etwa zwölf Meter lang und 3,70 Meter breit und besaß eine Tragfähigkeit von etwa zehn Lasten, das heißt etwa 20 Tonnen. Vermutlich hatte seine letzte Ladung aus Saathafer bestanden. Das Wrack hat große Ähnlichkeit mit dem niederländischen „Schmalschiff", auch wenn es im Gegensatz zu diesem anscheinend keine Seitenschwerter besaß. Der gehobene und mit Hilfe einer Zuckerlösung konservierte Küstensegler – wegen dieser Erhaltungsmethode auch scherzhaft das „Zuckerschiff von Uelvesbüll" genannt – kann heute im Schifffahrtsmuseum Nordfriesland in Husum besichtigt werden (Abb. 1).[15]

Bereits 1969 war im Dithmarscher Hedwigenkoog das Wrack eines Küstenseglers gefunden worden, der zwischen 1717 und 1723 während eines Sturmes durch einen Bruch im Deich in eine Wehle, einen durch Ausspülung entstandenen Teich, geworfen worden und dort versunken war. Das 14,5 Meter lange und 4,50 Meter breite Schiff konnte etwa zwölf Commerzlasten (CL) tragen und war um 1690 vermutlich in den Niederlanden gebaut worden. Es hatte zwei bis drei Mann Besatzung und fuhr an seinem einzigen Mast ein großes Spriet- oder Gaffelsegel. Damit erreichte das Schiff vermutlich eine Geschwindigkeit von fünf bis sechs Knoten, sodass es die Strecke von der niederländischen Insel Terschelling bis zur Eidermündung an einem Tag zurücklegen konnte. Reste des Schiffes können im Dithmarscher Landesmuseum besichtigt werden.[16]

Beide Schiffe waren typische Wattenmeerfahrer, wie sie damals zu Tausenden die Nordseeküste zwischen Schleswig-Holstein und den Niederlanden befuhren, wobei sie hauptsächlich Holz und Agrargüter transportierten. Mit ihrem flachen Boden und geringem Tiefgang waren sie diesem Fahrtgebiet perfekt angepasst.[17]

Wie die Wracks von Uelvesbüll und Hedwigenkoog belegen, stammten viele der damaligen Küstenschiffstypen ursprünglich aus den Niederlanden. Wegen ihrer Vorzüge verbreiteten sich die von den niederländischen Schiffbaumeistern entwickelten Konstruktionen rasch in ganz Nordeuropa. Ein im 16. Jahrhundert im Bereich der Nordsee besonders beliebter Schiffstyp niederländischen Ursprungs war der Bojer, ein rund gebauter Küstensegler mit fülligen Formen, flachem Boden, um ein Umkippen beim Trockenfallen im Watten-

**Abb. 2** Wenzel Hollar: Niederländische Fleute. Nauis Mercatoria Hollandica, vulgo Vliet, 1647, Radierung auf Papier, 145 × 233 mm (Blatt), Rijksmuseum Amsterdam, RP-P-OB-11.354

**Abb. 3** Unbekannter Stecher nach Reinier Nooms: Pinaßschiff und kleines Segelschiff, 1650–1738, Radierung auf Papier, 123 x 231 mm (Platte), Rijksmuseum Amsterdam, RP-P-1884-A-8099

meer bei Ebbe zu verhindern, und Seitenschwertern, welche die bei plattbodigen Schiffen besonders große Abdrift bei Amwind- und Halbwindkursen, verringern sollten. Zunächst besaßen die Bojer nur einen Mast mit einem Sprietsegel, später kam ein kleiner Besanmast hinzu, sie waren also als sogenannter „Anderthalbmaster" getakelt. Der Bojer war der Vorläufer von späteren Schiffstypen wie der Galiot, der Kuff oder der Schmack, die ein ähnliches Rigg besaßen, wobei die Spriet- aber häufig durch Gaffelsegel ersetzt wurden.[18]

Viele der größeren Schiffstypen waren ebenfalls in den Niederlanden entwickelt worden, darunter die berühmte Fleute (Abb. 2). Dieses revolutionäre neue Frachtschiff trug viel zum Erfolg der niederländischen Handelsschifffahrt im 17. Jahrhundert bei. Die Fleute war nach rein ökonomischen Gesichtspunkten allein dafür konstruiert, so viel Ladung wie möglich zu geringsten Kosten zu transportieren, und ließ sich auch mit einer kleinen Mannschaft leicht handhaben. Die Fleute besaß ein rundes Heck und stark eingezogene Seitenwände; im Gegensatz zu anderen Schiffstypen dieser Zeit fehlten aufwändige Verzierungen und hohe Aufbauten. Auch die Takelage der Fleute war einfach gehalten: ihre drei Masten trugen an Fock und Großmast je zwei Rahsegel, am Besanmast dagegen ein Lateinsegel. Schon bald wurden Fleuten in ganz Europa nachgebaut; bereits 1618 lief in Lübeck das erste Schiff dieses Typs vom Stapel. Eng verwandt mit der Fleute war das Pinaßschiff (Abb. 3), das sich vor allem durch einen schlankeren Rumpf und ein plattes Spiegelheck von dieser unterschied. Fleute und Pinaßschiff wurden zum Ausgangspunkt für die weitere Entwicklung der Handelsschiffe im 17. und 18. Jahrhundert.[19]

Auch im Bereich der Navigation kamen wichtige Impulse aus den Niederlanden. Lange war die Navigation weniger eine Wissenschaft als eine Kunst, die mehr auf Mutmaßungen als auf Wissen über die genaue Schiffsposition beruhte. Nur in Küstennähe war durch langjährige Erfahrung und genaue Ortskenntnis bei Zuhilfenahme traditioneller Methoden, wie der Standortbestimmung mit Hilfe von Landmarken und Seezeichen, oder dem Loten zum Messen der Wassertiefe und zur Überprüfung der Beschaffenheit des Meeresbodens, ein relativ sicheres Navigieren möglich. Ein weiteres wichtiges Navigationshilfsmittel war das der Geschwindigkeitsmessung dienende Log. Darüber hinaus war in der europäischen Seefahrt seit dem Mittelalter der Magnetkompass zur Bestimmung der Himmelsrichtung allgemein gebräuchlich.[20]

Während erfahrene Steuerleute und Kapitäne mit Hilfe dieser Methoden den Schiffsstandort in Küstennähe relativ zuverlässig bestimmen konnten, war die Navigation auf hoher See wesentlich schwieriger. Zwar nutzten die Navigatoren den Kompass zur Kursbestimmung und konnten auch bereits im 16. Jahrhundert durch astronomische Beobachtung den Breitengrad annähernd genau berechnen, doch da das Problem der Längengradbestimmung noch nicht gelöst war, erfolgte die Ortsbestimmung auf hoher See meist durch Koppeln, das heißt durch die Schätzung des Schiffsstandortes aufgrund des Kurses und der zurückgelegten Segelstrecke, wobei unzureichende Messmethoden, Abtrieb und Abdrift durch Strömungen oft zu erheblichen Fehlkalkulationen führten.[21]

Bereits um 1500 gab es schriftliche Segelanweisungen für die nordeuropäischen Gewässer. Um die Mitte des 16. Jahrhunderts wurden diese Anweisungen in gedruckten Büchern zusammengefasst und durch allerdings noch recht unpräzise Holzschnittkarten ergänzt. Wie in vielen Bereichen der Seefahrt waren auch hier zunächst die Niederländer führend. 1584 veröffentlichte der niederländische Kartograph Lucas Janszoon Waghenaer einen kompletten Seeatlas mit detaillierten Kupferstich-Karten der nord- und westeuropäischen Gewässer, der als *Spiegel der Seefahrt* bekannt wurde.[22] Auf 44 Karten waren Sandbänke, Landmarken, Ankerplätze und weitere Einzelheiten eingezeichnet, während Silhouetten die Küstenlinien wiedergaben. Ergänzt wurden die Karten durch Segelanweisungen sowie durch Gezeiten- und Sonnenstandtabellen. Waghenaer war zudem der erste Kartograph, der für navigatorische Angaben einheitliche Symbole, etwa für Seezeichen, verwendete.[23]

Ebenso gaben die Niederländer wichtige Anstöße im Bereich der Navigationsausbildung. Die Grundlagen der Navigation und das dafür notwendigen Hilfswissen wurde anhand von Lehrbüchern, den sogenannten „Schat-Kamern", gelehrt, von denen die frühesten bereits in der zweiten Hälfte des 16. Jahrhunderts veröffentlicht wurden. Die meisten dieser Lehrbücher stammten aus den Niederlanden; das bekannteste war das 1660 von dem niederländischen Navigationslehrer Claes Heijndricksz. Gietermaker veröffentlichte Werk *De vier boeken van't Vergulde Licht der Zee-Vaert Ofte Konst der Stuerlieden*. Dieses Buch, das später unter dem Titel *Schat-Kamer ofte Konst der Stuer-Lieden* neu herausgegeben wurde, erlebte bis 1774 vierzehn Auflagen und gab dieser Gattung von Unterrichtswerken den Namen.[24]

Um diese neuen navigatorischen Hilfsmittel wie Seehandbücher und Seekarten nutzen zu können, war allerdings ein Mindestmaß an Schulbildung erforderlich. Der eigentliche Navigationsunterricht beschränkte sich dagegen meist auf das Auswendiglernen einiger navigatorischer Faustregeln und das Durchrechnen von vorgegebenen Standardbeispielen.[25] Diese Form der Ausbildung beschrieb der Kommandant des hannoverschen Elbwachtschiffes, Christian Gottlieb Daniel Müller, im Jahre 1786 überaus anschaulich:

„Alles das wird ihm gewöhnlich nicht gelehrt, sondern er wird, wenn mir der Ausdruck erlaubt ist, dazu abgerichtet, bei diesem und jenem Worte eine Handlung vorzunehmen, z. B. eine Zahl aufzusuchen in einer Tafel, sie auszuschreiben etc. Mit vieler Mühe, doch gewöhnlich ohne sonderliches Kopfbrechen lernt er endlich was zum alltäglichen Gebrauch unumgänglich gehört: Nach einem Koppelbrett die Pinnen einer Wache auf einen Strich bringen, oder gar die Kurse eines ganzen Etmals koppeln; er weiß viel, wenn er es auf einem Koppelblat thun kan."[26]

Obwohl in Form und Inhalt durchaus beschränkt, reichte diese traditionelle Form der Navigationsausbildung bis in das 19. Jahrhundert aus, um die zumeist in der Küstenfahrt und der Fahrt in europäischen Gewässern tätigen Steuerleute und Kapitäne ausreichend zu qualifizieren.[27]

Mit dem Ausbruch des Dreißigjährigen Krieges begann sich die wirtschaftliche Situation in Dänemark und den Herzogtümern Schleswig und Holstein allmählich zu verschlechtern. Dies machte sich nicht zuletzt in dem bislang florierenden Agrarexport bemerkbar. So wurde durch die Störung des Überlandtransits infolge der Kriegswirren und die Aufhebung von Exportbeschränkungen im Jahre 1623 durch den dänischen König Christian IV. den Niederländern die Teilnahme an der Verschiffung der Ochsen ermöglicht, die bis dahin einheimischen Schiffern vorbehalten gewesen war. Der eigentliche Viehhandel blieb dagegen zunächst noch in den Händen dänischer Kaufleute. Protektionistische Maßnahmen sowie höhere Export- und Importzölle beschleunigten jedoch im ausgehenden 17. Jahrhundert den Niedergang des Ochsenhandels.[28]

Die zahlreichen Kriege des 17. und beginnenden 18. Jahrhunderts im Norden Europas zogen auch die dänische und schleswig-holsteinische Wirtschaft schwer in Mitleidenschaft. Die Kriegshandlungen ruinierten ganze Landstriche in Dänemark und den Herzogtümern und hatten zudem erhebliche

Bevölkerungsverluste zur Folge, die zum Teil erst im 18. Jahrhundert wieder ausgeglichen werden konnten.[29]

Zugleich begannen die Engländer in der zweiten Hälfte des 17. Jahrhunderts durch wirtschaftliche Restriktionen, wie die berühmte Navigationsakte von 1651, und drei erbittert geführte Seekriege allmählich, die Niederlande aus ihrer Stellung als führende europäische See- und Handelsnation zu verdrängen.[30] Dennoch blieb die niederländische Handelsflotte ein wichtiger Arbeitgeber für Seeleute aus den Herzogtümern Schleswig und Holstein.[31]

Auch die Häfen an der schleswig-holsteinischen Westküste konnten nach dem Ende des Dreißigjährigen Krieges nicht wieder an ihre Blütezeit im 16. und frühen 17. Jahrhundert anknüpfen. Der traditionelle Handel mit den Niederlanden war zwar nicht zum Erliegen gekommen, hatte aber erheblich an Bedeutung verloren. In Husum war der Hafen verschlickt und für größere Schiffe kaum zugänglich; die einstige Seehandelsstadt verwandelte sich nun in einen Viehhandelsort.[32]

Auf den nordfriesischen Inseln jedoch, die eine besondere Tradition als Seefahrtsregion besaßen, blieben die engen Verbindungen mit den Niederlanden nicht nur bis zum Ende des 18. Jahrhunderts bestehen.[33] Von der Mitte des 17. bis zur Mitte des 19. Jahrhunderts verdiente ein Großteil der männlichen Bevölkerung der nordfriesischen Inseln und Halligen seinen Lebensunterhalt mit der Seefahrt. Gleichwohl waren die Inselfriesen nicht immer Seeleute gewesen. Erst die verheerende Sturmflut von 1634, die Burchardiflut, die die Insel Strand zerriss und 9.000 Menschen das Leben kostete, hatte sie auf das Meer getrieben. Viele Menschen hatten durch die Flut ihr Land und ihre Habe verloren und suchten nun in der Seefahrt einen neuen Broterwerb. Vor allem in den Niederlanden mit ihrer florierenden Schifffahrt boten sich den Nordfriesen dafür ausgezeichnete Berufsaussichten. Als tüchtige, zuverlässige und hochqualifizierte Seeleute dienten Nordfriesen in allen Rängen, vom einfachen Matrosen bis zum Kapitän. Jedes Frühjahr reisten sie in großer Zahl auf kleinen Schiffen in die niederländischen Hafenstädte, um sich eine Heuer zu suchen, und kehrten erst im Spätherbst nach Hause zurück. Oft blieben die nordfriesischen Seeleute ihr ganzes Berufsleben hindurch in niederländischen Diensten und änderten sogar ihre Namen, um sie niederländisch klingen zu lassen. Insbesondere der Walfang bot den nordfriesischen Seeleuten beste Berufs- und Aufstiegsmöglichkeiten. Von der Mitte des 17. bis zum Ende des 18. Jahrhunderts war die sogenannte „Grönlandfahrt", der Walfang in den Gewässern zwischen Grönland und Spitzbergen, ein überaus lukratives Geschäft, wobei vor allem der Waltran als Leuchtmittel begehrt war. 1634 hatte der König von Frankreich den Basken, die damals als die besten Walfänger Europas galten, das Anheuern auf niederländischen Walfangschiffen verboten. An ihre Stelle traten die Seeleute von den nordfriesischen Inseln und Halligen. Innerhalb weniger Jahre wurden sie zu gesuchten Walfangexperten; viele von ihnen stiegen bis zum Kommandeur auf, wie die Kapitäne auf den Walfangschiffen damals genannt wurden.[34]

Die nordfriesischen Seeleute fuhren aber nicht nur auf niederländischen Grönlandfahrern, auch von Hamburg aus wurde Walfang betrieben. Bereits 1644 war das erste Fangschiff von Hamburg in Richtung Nordmeer ausgelaufen. In den folgenden Jahrzehnten war die Hamburger Walfangflotte rasch angewachsen und zählte 1675 bereits 83 Schiffe. Neben Nordfriesen hatten zunächst auch viele Niederländer auf Hamburger Walfangschiffen gedient, doch wurde ihnen von 1661 bis 1665 seitens der niederländischen Regierung das Anheuern auf Hamburger Grönlandfahrern verboten. Wie zuvor auf niederländischen Schiffen füllten die nordfriesischen Seeleute die entstandene Lücke aus.[35]

Dies belegen die folgenden beiden Beispiele: So ging der 1725 auf der Hallig Langeneß geborene Paul Frercksen mit 15 Jahren an Bord eines niederländischen Walfangschiffs auf seine erste Reise nach Grönland, wechselte später aber in die Handelsschifffahrt. Während der Winterpause 1743/44 nahm er auf eigene Kosten Unterricht bei einem privaten Navigationslehrer in Wyk auf Föhr. 1758 wurde er von zwei mit ihm bekannten niederländischen Reedern zum Kapitän befördert. Wegen seiner gesundheitlichen Probleme gab Frercksen im Alter von 45 Jahren die Seefahrt auf. Bis zu seinem Tod nach 1784 lebte er von seinem erworbenen bescheidenen Wohlstand.[36] Ähnlich verlief die Karriere von Jens Jacob Eschels, der 1757 auf der nordfriesischen Insel Föhr geboren wurde. Im Alter von elf Jahren ging auch er auf einem niederländischen Walfangschiff auf seine erste Reise. In den folgenden Jahren fuhr er als Schiffsjunge, Kochsmaat, Leichtmatrose und schließlich Vollmatrose in der Grönlandfahrt. Im Winter bildete er sich durch den Besuch des privaten Navigationsunterrichts auf Föhr beruflich weiter. 1778 wechselte Eschels von der Walfang- in die Handelsschifffahrt. Mit Ehrgeiz, Tüchtigkeit und Unternehmungsgeist gelang es ihm, vom einfachen Seemann erst zum

Kapitän in der Übersee- und europäischen Handelsfahrt und später zum Schiffsbesitzer und Fabrikanten in Altona aufzusteigen, wo er 1842 starb.[37]

Auch in den schleswig-holsteinischen Städten versuchten risikobereite Reeder und Kaufleute, sich an der lukrativen Grönlandfahrt zu beteiligen. So rüstete man in der zweiten Hälfte des 17. Jahrhunderts in Tönning, Friedrichstadt und Husum eigene Walfangschiffe aus und sandte sie ins Eismeer. Doch kaum einem dieser Unternehmungen war Erfolg beschieden; lediglich die Husumer Schiffe scheinen anfänglich Beute gemacht zu haben. Erfolgreicher waren dagegen die Bemühungen in Altona und Glückstadt. Im Jahr 1685 wurde die erste Altonaer Grönlandkompanie gegründet, nachdem es bereits zuvor Verbindungen zu Hamburger Walfangunternehmen gegeben hatte. Auch von Glückstadt aus wurde seit der zweiten Hälfte des 17. Jahrhunderts Walfang betrieben. Obgleich das erste Unternehmen dieser Art 1671 mit dem Verlust des Schiffes endete, schickten die Glückstädter Reeder weitere Grönlandfahrer ins Nordmeer, die anscheinend mit sehr wechselhaftem Erfolg auf Wal- und Robbenjagd gingen. Die Flensburger beteiligten sich ebenfalls seit Anfang des 17. Jahrhunderts an der Grönlandfahrt.[38]

Anders als in der Handelsschifffahrt erhielten die Seeleute auf den Walfangschiffen keine regelmäßige Heuer, sondern waren entsprechend ihrem Rang anteilsmäßig am Fangertrag beteiligt – aber auch am Risiko. Gab es keinen Fang, gab es auch kein Geld. Selbst eine Position als Kommandeur bedeutete daher keineswegs ein gesichertes Einkommen. Die Walfangreeder waren wenig geneigt, einem Kommandeur, dessen Fangerfolge zu wünschen übrig ließen, weiterhin ein Schiff anzuvertrauen. Nur wer sich über lange Jahre bewährt hatte, konnte es sich erlauben, eine Fangfahrt erfolglos zu beenden, ohne die Entlassung zu riskieren. War den Kommandeuren dagegen das Jagdglück hold, konnten sie zu mitunter beträchtlichem Wohlstand kommen. Auf den Inseln und Halligen bildeten sie die Oberschicht.[39]

Der erfolgreichste nordfriesische Walfänger war der 1632 in Oldsum auf Föhr geborene Matthias Petersen, genannt der „Glückliche Matthias". Bereits im Alter von 20 Jahren wurde er Kommandeur eines Walfangschiffes und fing in den folgenden 50 Jahren „durch unglaubliches Glück 373 Walfische" („Ubi Incredibili Successu 373 Balenas Cepit"), wie seine Grabinschrift verkündet (Abb. 4). Doch in seinen letzten Lebensjahren verließ ihn das Glück. 1701 wurde das von seinem ältestem Sohn Matz geführte Walfangschiff von einem französischen Kaperschiff aufgebracht und nach St. Malo gebracht, wo Matz Petersen verschollen ist. Auch Matthias Petersen selbst blieb nicht verschont. Auf seiner letzten Reise 1702 wurde sein Schiff ebenfalls von einem französischen Schiff gekapert und er musste sich und seine Mannschaft mit 8.000 Reichstalern freikaufen. Im gleichen Jahr fielen seine beiden Söhne Ock und John in einem Gefecht mit einem französischen Piratenschiff. Nach diesen Schicksalsschlägen gab Matthias Petersen die Seefahrt auf und setzte sich auf seiner Heimatinsel Föhr zur Ruhe, wo er 1706 starb. Bis heute erinnert sein Grabstein auf dem Friedhof von St. Laurentii an den „Glücklichen Matthias".[40]

Neben einer schlechten Fangsaison machten auch Unfälle, Schiffbrüche und die Gefahr, in den zahlreichen Kriegen durch Kaperschiffe aufgebracht zu werden, den Walfang zu einem riskanten Gewerbe. Viele Walfangschiffe wurden auch vom Packeis eingeschlossen und gingen verloren – oft genug mit der ganzen Mannschaft, sofern es dieser nicht gelang, sich auf ein anderes Schiff zu retten.[41] Auch Jens Jacob Eschels beschreibt in seinen Lebenserinnerungen, wie sein Schiff auf seiner ersten Reise vom Eis eingeschlossen und zerdrückt wurde:

> „Des Nachts von dem 5. auf den 6. Juli fing das Eis an zu drängen und um 2 Uhr den 6. Juli des Morgens, wurde ‚Ueberall!' gerufen, das heißt: alle Mann aufs Deck […] und […] fiel plötzlich unser Schiff fast ganz auf die Seite […] und weil unser Schiff auf die Steuerbordseite überfiel, so fiel ich natürlicher Weise nach der Steuerbordseite hin. […] Gott sey gedankt! ich wurde unbeschädigt aufs Eis gerettet. […] Keiner der Mannschaft […] bekam Verletzung und keiner verlor das Leben."[42]

Ein für die nordfriesischen Inseln besonders schicksalhaftes Jahr war 1777, als 14 Schiffe im Eis verloren gingen. 17 Föhrer Seeleute, 20 Seefahrer von der Insel Röm und 13 Männer von der Hallig Nordmarsch fanden dabei den Tod. Mehr Glück hatte die Mannschaft des Glückstädter Grönlandfahrers FRAU MARGARETHA. Das unter dem Befehl des von Amrum stammenden Kommandeures G. H. Siemonsen stehende Schiff schlug 1821 im Eis leck und musste aufgegeben werden. Mithilfe der Beiboote konnte sich die Besatzung der FRAU MARGARETHA nach Island retten und kehrte an Bord von anderen Schiffen im folgenden Jahr nach Hause zurück, wo man sie bereits für tot gehalten hatte.[43]

Doch nicht nur das Eis bedrohte das Leben der Seeleute. Im Jahr 1700 ertranken 54 Grönlandfahrer von der Insel Föhr

Maritime Verbindungen zwischen den Niederlanden und den Herzogtümern Schleswig und Holstein

**Abb. 4** Grabstein Matthias Petersens, 1706, St. Laurentii, Süderende Föhr

beim Untergang eines Schmackschiffes auf der Heimfahrt von Amsterdam und 1744 verloren 70 Seeleute ihr Leben, als ihre Schmack ebenfalls auf der Heimreise kurz vor den nordfriesischen Inseln im Sturm sank. Gleichwohl entwickelten sich dank des Walfangs die nordfriesischen Inseln und Halligen innerhalb weniger Jahrzehnte von einer Armutsregion zu einem relativen Wohlstandsgebiet.[44]

Die Blütezeit der Grönlandfahrt war das 18. Jahrhundert. Um das Jahr 1700 dienten bereits etwa 3.600 Nordfriesen in der Grönlandfahrt. Nach wie vor waren die Niederlande die dominierende Walfangnation, während Hamburg das Zentrum des deutschen Walfangs war. Um die Mitte des 18. Jahrhunderts war die Hamburger Grönlandfahrt fest in nordfriesischer Hand. Von 1669 bis 1756 fuhren insgesamt 512 in Hamburg beheimatete Walfangschiffe unter dem Kommando nordfriesischer Seeleute. Davon stammten 179 von Röm, 162 von Sylt, 125 von Föhr und 56 von Amrum. 1790 waren allein auf der Insel Sylt von 2.000 Bewohnern 100 Kapitäne.[45]

Durch Privilegien und Prämien des dänischen Staats gefördert, erlebte in der zweiten Hälfte des 18. Jahrhunderts auch der Walfang von den holsteinischen Häfen, wie Altona und Glückstadt, eine relative Blüte. Ebenso nahm Flensburg als einziger Ostseehafen 1759 wieder die Grönlandfahrt auf. Auch die 1774 gegründete, halbstaatliche Königlich Dänische Grönlandkompagnie bot den nordfriesischen Walfängern neue Beschäftigungsmöglichkeiten. Gegen Ende des 18. Jahrhunderts gingen allerdings die Fangerträge im grönländischen Walfang durch hemmungslose Überfischung erheblich zurück. Dadurch verringerten sich auch die Walfangflotten.

Dies hatte vor allem für die Föhrer Seeleute, die sich auf den Walfang spezialisiert hatten, negative Folgen. In der Handelsschifffahrt waren ihre Fachkenntnisse nicht gefragt, dennoch stellten sie sich nur zögerlich auf die neuen Gegebenheiten ein. Die Amrumer dagegen hatten sich bereits früh wieder aus der Walfangfahrt zurückgezogen und sich stattdessen der Küsten- und Handelsfahrt zugewandt.[46]

Als Dänemark 1807 an Napoleons Seite in den Krieg zwischen Großbritannien und Frankreich hineingezogen wurde, kam die Walfangfahrt endgültig zum Erliegen. Nach dem Kriegsende 1815 wurde die Grönlandfahrt wieder aufgenommen, doch angesichts der gesunkenen Walbestände bot nur noch der Robbenschlag Aussicht auf Erfolg. In den Niederlanden und Hamburg wurden kaum noch Walfänger ausgerüstet, nur Großbritannien betrieb nach den Napoleonischen Kriegen noch Grönlandfahrt in nennenswertem Umfang.[47]

Wie dieser Beitrag kurz skizziert, existierten im 16. und 17. Jahrhundert vielfältige ökonomische und maritime Verbindungen der Herzogtümer Schleswig und Holstein mit den Niederlanden. Zwar stellten die niederländischen Handelsschiffe im 16. und 17. Jahrhundert eine bedeutende Konkurrenz für die dänische und schleswig-holsteinische Handelsschifffahrt dar, doch waren die Niederlande zugleich ein wichtiger Exportmarkt für schleswig-holsteinische Agrargüter, die vor allem von Küstenschiffen transportiert wurden. Ebenso fuhren viele schleswig-holsteinische Seeleute in allen Rängen, vom einfachen Matrosen bis zum Kapitän, auf niederländischen Schiffen. Zugleich kamen zahlreiche Impulse in den Bereichen des Schiffbaus und der Navigation aus den Niederlanden.

## Anmerkungen

1. J. Witt 2012, S. 12. Siehe auch Bohn 2003, S. 119f.
2. J. Witt 2012, S. 14f.; Mörke 2009b, S. 338f.; North 2008, S. 43–53.
3. North 2008, S. 48f.; Mörke 2003, S. 17-19; Schütt 1971b, S. 22ff.; J. Witt, S. 132–135.; J. Witt 2012, S. 11f.
4. J. Witt 2003, S. 132–135; J. Witt 2012, S. 11; Mörke 2009b, S. 340; Schütt 1971b, S. 22 ff.
5. J. Witt 2001, S. 254; Brockstedt 1986, S. 157; Gelder 2004, S. 42ff. Siehe auch Menke 2003, S. 30f.; Mörke 2009b, S. 340; North 2008, S. 48f..
6. J. Witt 2012, S. 14f.; North 2008, S. 48f.; Mörke 2003, S. 17–19.
7. J. Witt 2012, S. 21.; J. Witt 2008, S. 71f.
8. J. Witt 2012, S. 21; Witt 2008, S. 72.
9. J. Witt 2012, S. 21.
10. B. Riewerts 1971, S. 253f.; J. Witt 2012, S. 19
11. Zitiert nach: J. Witt 2012, S. 19.
12. B. Riewerts 1971, S. 256–259; J. Witt 2008, S. 69.
13. Schütt 1971a, S. 241–246; J. Witt 2012, S. 19.
14. Schütt 1971a, S. 241–246; J. Witt 2012, S. 19f.
15. J. Witt 2012, S. 21; J. Witt 2008, S. 72.
16. J. Witt 2012, S. 22; J. Witt 2008, S. 72.
17. J. Witt 2012, S. 22; J. Witt 2008, S. 72.
18. North 2008, S. 47; J. Witt 2012, S. 22; Dudszus/Köpcke 1995, S. 60; Szymanski 1972, S. 81–84 und S. 127f.
19. Dudszus/Köpcke 1995, S. 103–105 und S. 200; J. Witt 2012, S. 52f.; North 2008, S. 47.
20. Freiesleben 1976, S. 27–44; Feddersen 2001, S. 71f; J. Witt 2001, S. 220f.; J. Witt 2012, S. 52f.
21. Freiesleben 1976, S. 13–16 und S. 68–84; J. Witt 2007, S. 640f.; Feddersen 2001, S. 72ff; J. Witt 2001, S. 220–228.; J. Witt 2012, S. 52f.
22. Waghenaer 1584.
23. R. Witt 1982, S. 66–72; Freiesleben 1976, S. 13-16; J. Witt 2007, S. 640f.; J. Witt 2012, S. 55f.
24. Giettermaker 1660; Freiesleben 1976, S. 13–16; Feddersen 2001, S. 74; J. Witt 2001, S. 226; J. Witt 2012, S. 57.
25. Mehl 1968, S. 378f.; Feddersen 2001, S. 83ff; J. Witt 2001, S. 226; J. Witt 2012, S. 57f.
26. C. Müller 1786, S. 14–18.
27. Mehl, S. 378f.; J. Witt 2001, S. 226f.; J. Witt 2012, S. 57ff.
28. Witt 2003, S. 135–136.
29. Rathjen 2010, S. 158f.; J. Witt 2012, S. 34–39.
30. North 2008, S. 40–43; J. Witt 2012, S. 15 und S. 77.
31. J. Witt 2012, S. 55.
32. J. Witt 2012, S. 36; B. Riewerts 1971, S. 258f.
33. J. Witt 2012, S. 42.
34. Münzing 1978, S. 33f.; Bohn 2003, S. 110–114; J. Witt 2012, S. 43f.; Roeloffs 1985, S. 19ff.
35. Münzing 1978, S. 34f.; J. Witt 2012, S. 43f.; Bohn 2003, S. 110–114; Brockstedt 1986, S. 157.
36. J. Witt 2012, S. 46. Siehe auch Paulsen 1973.
37. J. Witt 2012, S. 117. Siehe auch Eschels 1995.
38. J. Witt 2012, S. 44; Münzing 1978, S. 28-33.
39. J. Witt 2012, S. 46; Münzing 1978, S. 36f.
40. J. Witt 2012, S. 45; Roeloffs 1985, S. 19ff.
41. S. Lehmann 2004; J. Witt 2012, S. 46f.; Münzing 1978, S. 25f.; Roeloffs 1985, S. 27f.
42. Eschels 1995, S. 33f.
43. J. Witt 2012, S. 47; Roeloffs 1985, S. 28.
44. J. Witt 2012, S. 47; Münzing 1978, S. 34f.
45. J. Witt 2012, S. 47; Bohn 2003, S. 110–114
46. J. Witt 2012, S. 47; Bohn 2003, S. 110–114; Münzing 1978, S. 37; Roeloffs 1985, S. 25ff.
47. J. Witt 2012, S. 47.

# Anno 1662

hab ich dieses Buch zu schreiben
angefangen, Vnd darinnen
auß mein alte Jurenal
alles was mir wieder
fahren von anno
1643 biß
anno
1654.

Anno 1656 den 8 April ist
mein Sohn Hanß gebohren, ist auff
denselben tag Christo unserem erlöser
durch die heilige Tauffe einverleibet
worden, seine gefattern, Michel Jahn,
Schreiner Hansen der Junger, und
Margreta Jacob Porstendorfferen
der Klock 10 beh den 3 pass tag.

Anno 1657 den 22 Junÿ ist mein
Sohn Matthies gebohren, der Klock
9 Uhr beh im Montag, seine gefattern
Adßmuß Dorentz, Hans Ludwigen
Schlachter, Vnd Margreta Adßmuß
Eppoboden frauw, ist getauft beh
Johannÿ Baptistÿ tag.

Anno 1659 den 3 april beh
den heiligen Oster tag vor mittag
die Klock 11 ist mein Sohn
Hinrich gebohren, sein gefatter
Hinrich Klipper, König Ehren freidz
Peter Adßmußen, Vnd Maurer ...

Anno 1659 den 5 Januarÿ die Uhr
Klock Zweÿsch 11 vnd 12: ist mein Mutter
Sehl in dem Herrn entschlaffen, vnd de
9 dito auff den Sontag behe hulfreich
zu ihr Ruhkammerlein gebracht. Ihr
alters 66 Jahr, mit mein Vater in
standt gelebet 37 Jahr vnd 7 Kinder
Zeugt, worunter einen Zwilling de
beh der welt gekommen.

Anno 1661 den 10 April ist m
frauw durch Gottes gnade von e
jungen wolgestalten Söhn bese...
welcher todt beh der welt gekom
ist begraben den 2 Oster tag.

Anno 1662 den 20 April ist m
frauw durch Gottes gnade von
jungen wolgestalten tochterlein
ist todt beh der welt gekommen...

*Detlev Kraack*

# MÄRCHENHAFTER REICHTUM UND MASSENHAFTES ELEND – SCHLESWIG-HOLSTEINER IN DEN DIENSTEN DER NIEDERLÄNDISCHEN ÜBERSEE-KOMPANIEN IM 17. UND 18. JAHRHUNDERT

### Die Orgel der Kirche in Langenhorn von 1761 – niederländische und koloniale Bezüge

Die in ihren Ursprüngen auf die erste Hälfte des 13. Jahrhunderts zurückverweisende Kirche im nordfriesischen Langenhorn ist für ihre wohltönende Orgel weithin bekannt.[1] Das auf einer Empore an der nördlichen Kirchenwand angebrachte Instrument selbst ist ein Zeugnis der engen Verflechtungen zwischen den Niederlanden und den Herzogtümern Schleswig und Holstein. Nach Auskunft der beiden Inschriftentafeln am Rückpositiv des historischen Instruments wurde dieses im Jahre 1761 von Seneca Ingersen gestiftet, Baron von Geltingen und vormals „Oberhaupt" von Cheribon auf der Insel Java.

Ingersen war aus Langenhorn gebürtig und wollte mit der Stiftung der Orgel (Abb. 1) die Erinnerung an seine einige Jahre zuvor verstorbene erste Ehefrau Adriana van Loo wachhalten, die er 1742 im damals niederländischen Batavia (Jakarta) geheiratet hatte.[2] Die auf Holländisch verfassten Inschriftentafeln an der Orgel in Langenhorn zeugen bis heute vom Mäzenatentum eines der reichsten Männer der damaligen Zeit und von dem märchenhaften Aufstieg eines nordfriesischen Waisen in die höchsten Kreise der vormodernen europäischen Gesellschaft. Sie verweisen damit auf das persönliche Schicksal eines Mannes, dessen Leben durch die engen Verflechtungen zwischen den Niederlanden und Schleswig-Holstein geprägt war. Der Erlebnishorizont dieses Mannes, der im Dienst der Niederländischen Ostindien-Kompanie schier unermesslichen Reichtum erwarb, erstreckte sich von Langenhorn bis nach Südostasien und von Den Haag bis nach Gelting und Kopenhagen.

Im Hinblick auf seinen Wohlstand und die herausgehobene gesellschaftliche Position, die Ingersen aufgrund seiner geradezu atemberaubenden Karriere im niederländischen Kolonialdienst und seines in Südostasien erworbenen Reichtums innehatte, stellt dieser ganz zweifellos eine Ausnahmeerscheinung dar. Gleichwohl sei die Frage erlaubt, welche Faktoren seinen märchenhaften Aufstieg begünstigten und welche Lebensperspektiven sich umgekehrt anderen Menschen aus den Herzogtümern Schleswig und Holstein eröffneten, die sich im 17. und 18. Jahrhundert zum Dienst in den niederländischen Übersee-Kompanien anwerben ließen und denen eine entsprechende Karriere verwehrt blieb.

### Sönke Ingersens Jugend als Waise in Nordfriesland

Besagter Seneca Ingersen (Abb. 2) erblickte im Jahre 1715 als Sönke (Süncke) Ingwersen im nordfriesischen Langenhorn das Licht der Welt. Er war das zehnte von 13 Kindern des Langenhorner Pferdehändlers Paul Ingwersen und der Pastorentochter Lucia Brodersen. Seit seinem 14. Lebensjahr Vollwaise, wuchs Sönke bei Verwandten auf einer Bauernstelle

Detlev Kraack

**Abb. 1** Orgelprospekt der von Seneca Ingersen 1761 gestifteten Orgel in Langenhorn

**Inschrift der linken Tafel:**
O Seneca, der Ruhm von Ingwers Stamm,
diese Orgel der Kirche zu schenken kam,
und will reicher machen in seinem Leben
dasjenige, was ihm Gott hat gegeben.
Waisen und Witwen mitgeteilt,
sind hier in Tugenden abgebildet.
Baron von Geltingen, Anno 1761,
Alt-Oberhaupt von Cheribon
auf der Insel Java.

**Inschrift der rechten Tafel:**
Leichenklage über meine Gattin
Adriana van Loo.
Ihr sankt dahin in eurer Morgenstund',
O Edelstein von meinen Tagen,
die mir treu half tragen
Lasten von unser'm Eh'verbund.
O Adriana, O meiner Augen Lust,
zu früh – ach – mein Hoffen entflogen
steht in mein Herz geschrieben,
da sollt Ihr unsterblich leben.
Geboren zu Batavia am 10. Januar Anno 1726
Starb sie zu Cheribon am 24. März Anno 1755.
S. Ingersen Baron van Geltingen.

im Alten Christian-Albrechts-Koog auf. Bereits in jungen Jahren hatte er Lesen, Schreiben und Rechnen gelernt und erwarb im Folgenden als Lehrjunge eines Barbiers medizinische Grundkenntnisse, lernte etwa Knochenbrüche zu richten und Verrenkungen zu heilen. Zu diesem Zeitpunkt deutete indes noch nichts auf den Aufstieg Ingersens hin. Wir wissen nicht, wer letztlich den Anstoß dazu gab, dass der junge Mann seine nordfriesische Heimat verließ, doch sollte sich diese Entscheidung aus der Rückschau betrachtet als eine wichtige Weichenstellung für seinen späteren Lebensweg erweisen.

### Die niederländischen Übersee-Kompanien – VOC und WIC

Noch vor Vollendung seines 20. Lebensjahres zog es Ingersen, wie so viele seiner damaligen Landsleute aus Nordfriesland, in die Niederlande. Dort hatte sich der Raum um die Metropole Amsterdam seit der zweiten Hälfte des 16. Jahrhunderts zu einer der wirtschaftlich und kulturell führenden Regionen Nordwesteuropas entwickelt. Nach der Eroberung der Scheldestadt Antwerpen durch spanische Truppen im Jahre 1585 hatte Amsterdam in gewisser Weise deren Erbe angetreten. Vor allem die beiden nördlichen Provinzen Holland und Zeeland, die sich äußerst erfolgreich den habsburgisch-spanischen Begehrlichkeiten entgegenstemmten, entwickelten eine ungemein nachhaltige wirtschaftliche, gesellschaftliche und kulturelle Dynamik, die über die Nordsee bis an die schleswig-holsteinische Westküste und in den gesamten Ostseeraum ausstrahlte. Bis zum Aufstieg Englands, das die Niederlande im Laufe des 18. Jahrhunderts zunächst militärisch niederrang und im Folgenden auch als führende Wirtschafts- und Kolonialmacht beerbte, stellte das republikanisch verfasste Gemeinwesen der nördlichen Niederlande den kulturellen und wirtschaftlichen Taktgeber für den gesamten nord- und mitteleuropäischen Raum dar. Dies erklärt auch, warum sich während des 17. und 18. Jahrhunderts ein schier unerschöpflicher Strom von Arbeitsmigranten aus nah und fern in die Niederlande aufmachte. In Amsterdam bewegte man sich am Puls der Zeit, ein Großteil des Welthandels wurde auf niederländischen Schiffen abgewickelt. Und wer etwas auf sich hielt, studierte an der 1575 gegründeten, damals ungemein populären Universität in Leiden und bereiste die Niederlande, um sich von den gesellschaftlichen und wirtschaftlichen Wirkkräften des Gemeinwesens inspirieren zu lassen.[3]

**Abb. 2** Pierre Jeoffroy: Seneca Ingersen, 1768, Öl auf Leinwand, Gut Gelting

Die Schiffskapitäne und Seeleute, Harpunierer und Trankocher von den nordfriesischen Inseln, die unter niederländischer Flagge in die nordischen Meere zum Walfang aufbrachen, sind zum Sinnbild für die enge Verflechtung der durch die Nordsee verbundenen Regionen geworden. In welchem Maße Nordfriesland als auf das Meer bezogene Küstengesellschaft bis ins 18. Jahrhundert von dieser engen Verbindung profitierte, davon zeugen die auf Amrumer und Föhrer Grabmonumenten in Stein gemeißelten Lebensgeschichten von einer ganzen Reihe dieser Zeitgenossen (Abb. 3). Darüber hinaus sind in den Kirchen, aber auch in den Profanbauten der gesamten Region zahlreiche materielle Zeugnisse überliefert, die vom vormaligen Reichtum derjenigen zeugen, die diese aus der Ferne mitbrachten oder von dem in der Ferne verdienten Geld erwarben. Schließlich besitzen wir in den von den niederländischen Übersee-Kompanien geführten Soldbüchern und Heuerverzeichnissen interessante personengeschichtliche Quellen zur Arbeitsmigration von der nordfriesischen Küste in die Nieder-

**Abb. 3** Grabstein des Amrumer Kapitäns Nickels Nahmens († 1785) und seiner Ehefrau Matje († 1803)
„Durch viel Beschwerden zu grossen Ehren. | Allhier ruhet der wohledle seel. Capitain | Nickels Nahmens und dessen Ehegattin | Mattje Nickelsen aus Süddorff. In ehelicher | Verbindung traten sie A(nn)o 1744 d. 22. Jan. lebten | 41 Jahre in einer vergnügten Ehe und zeugeten 7 | Kinder. Er, der Ehemann hat in seinem Seeberufe | das seltene Glück gehabt, 4 Reisen als Capt. ein Schiff | von Amsterd. nach Batavia u. China in Ostin | dien zu führen, und die letzten 21 Jahre in Ruhe auf | sein Vaterland durchgelebet. Er starb unverhoft | A(nn)o 1785 d. 29. März auf dem Wege zwischen Ne | bel und Süddorff in einem Alter von 69 Jahre. | Sie, die Ehefrau lebte noch darauf 18 Jahre | im Witwenstande, starb A(nn)o 1803 d. 11. Decemb. | und ruhet hieselbst norden an der Seite von ihrem | Manne. Ihr Alter brachte sie auf 80 Jahre. | Der Herr ist unsre Stärke und Schild, | auf ihn hoffen wir. Psalm 28,7." (Text hier nach Rheinheimer 2016, S. 126).

lande, auch wenn die dort aufgeführten Namen sich bisweilen nur unter Schwierigkeiten mit den aus dem nordfriesischen Raum bekannten Akteuren identifizieren lassen. Diese passten sich den niederländischen Konventionen und sprachlichen Gewohnheiten an oder latinisierten ihre Namen bisweilen auch. Unabhängig davon färbte das niederländische Vorbild auch in nicht wenigen anderen Bereichen ab. Die von den nördlichen Provinzen der Niederlande ausstrahlende wirtschaftliche Dynamik und der auf dieser Grundlage erworbene Wohlstand haben deutliche Spuren in der materiellen Kultur, in der Sprache und wohl auch in der Mentalität der nordfriesischen Küstengesellschaft hinterlassen.

Neben Walfang und Nordmeerfahrt waren es die bedeutenden niederländischen Übersee-Kompanien, vor allem die 1602 durch Zusammenschluss verschiedener Handelskompanien gegründete Niederländische Ostindien-Kompanie (Vereenigde Oostindische Compagnie, kurz VOC) und die nach deren Vorbild für den Handel mit Westafrika und Amerika gegründete Niederländische Westindien-Kompanie (Geoctroyeerde West-Indische Compagnie, kurz WIC) von 1621, in denen zahlreiche Menschen aus den Regionen des nordelbischen Raumes, darunter insbesondere solche von der schleswig-holsteinischen Westküste, Lohn und Brot fanden.[4]

Angesichts von Not und Zerstörung, die verschiedene schwere Flutkatastrophen sowie die Kriege des 17. und frühen 18. Jahrhunderts dem Land zwischen den Meeren beschert hatten, boten sich an der auf dem Seeweg leicht zu erreichenden Gegenküste in niederländischen Diensten vermeintlich attraktive Arbeitsbedingungen. In der Tat stammten von den 5.000–8.000 Bediensteten der VOC, die sich während der knapp 200 Jahre ihres Bestehens jährlich von den Niederlanden aus nach Südostasien aufmachten, nur etwa 60 Prozent aus den Niederlanden selbst, die übrigen aus den Territorien des Reiches sowie aus den Regionen des Nord- und Ostseeraumes. Dass über ein Drittel von denen, die sich für den Solddienst in den niederländischen Überseebesitzungen anwerben ließen, nicht von diesem ost- beziehungsweise westindischen Abenteuer zurückkehrten, wurde beim Abschluss der Soldverträge tunlichst verschwiegen oder verdrängt. Als wie prekär sich die Lage der in großer Zahl aus der Fremde in die Niederlande strömenden jungen Männer in Amsterdam in der ersten Hälfte des 17. Jahrhunderts darstellte, wie hier Alkohol, Glücksspiel und Prostitution das Ihre dazu beitrugen, diese Männer in die Fänge der von den Kompanien gedungenen Werber zu treiben, wird in zeitgenössischen Schilderungen wie der aus der Feder von Pierre Moreau (1620–1660) nur allzu deutlich:

> „So gibt es Leute, die man in diesem Lande Christenjäger nennet, denn all ihr Tun ist nur mit jungen Ausländern zu verkehren, die sie bemerken; sie bereden diese, eine Reise nach den Indien einzugehen, tun ihnen schön und zeigen diese weitentfernten Länder wie ein irdisch Paradies, wo sie all ihres Wünschens Glück machen, beherbergen sie in ihren Häusern mit großer Güte und stellen ihnen alles an Ausschweifungen bis zur Abreise, ziehen dann die Gagen dieser Dummköpfe ein und berechnen das Vierfache vom Wert, so daß diese in zwei Monaten verzehrt, was sie in den nächsten zwei Jahren verdienen."[5]

## Peter Hansen Hajstrup – vom Söldner der WIC zum Schulmeister in Flensburg

In Berichten wie diesen spiegeln sich Glanz und Elend der niederländischen Metropole gleichermaßen wider. Auch der in gewisser Weise naive Bericht des Peter Hansen Hajstrup (1624–1672) aus dem heutigen Nordschleswig, den es während der Jahre 1643–54 als jungen Mann zunächst nach Kopenhagen und Amsterdam und im Anschluss daran für zehn Jahre nach Niederländisch-Brasilien verschlug, legt davon ein in seiner Authentizität erschütterndes Zeugnis ab.[6] Als das letzte Geld nach einem Besuch in einem Amsterdamer Vergnügungslokal ausgegeben war, hatte der mit der Situation sichtlich überforderte Hansen, der das Etablissement bei genauerem Hinsehen als „Hurhaus" charakterisierte, ganz offensichtlich keine andere Wahl, als sich von den Werbern der WIC für den Tropendienst in Niederländisch-Brasilien anwerben zu lassen.[7]

Die Dienstjahre in den niederländischen Übersee-Kompanien waren für die einfachen Söldner vielfach von Gewalt, Alkoholexzessen, Krankheiten und persönlichen Entbehrungen geprägt. Und dass Hansen am Ende nach zehn entbehrungsreichen Jahren 1654 vor dem Hintergrund der niederländischen Niederlage gegen die Portugiesen ebenso mittellos von dort zurückkehrte wie er 1644 nach dem damals noch niederländischen Pernambuco aufgebrochen war, stellt sicher keinen Einzelfall dar. In seinen Aufzeichnungen erfahren wir, dass sowohl er und seine Kameraden als auch die Angehörigen von im Solddienst der WIC verstorbenen Landsleuten sich vergeblich um etwa noch ausstehende Soldzahlungen oder Nachlässe bemühten.[8] Dies wirft ein Schlaglicht darauf, wie hier der einzelne Mensch gegenüber der Profitgier und Gewinnorientierung der Kompanien in den Hintergrund trat. Insofern verdeutlicht Hansens Bericht über seine Dienstzeit in Niederländisch-Brasilien und über seine vergeblichen Versuche, seine Ansprüche gegenüber der WIC im Jahre 1656 während eines erneuten Aufenthaltes in Amsterdam durchzusetzen, wie der Einzelne hier ins Getriebe einer Institution geriet, die durch die Rückschläge in Niederländisch-Brasilien zwar angeschlagen, aber vor Ort in Amsterdam noch immer schier übermächtig war; auch noch so gut begründete Interessen der unteren Dienstchargen wurden ganz offenkundig mit Füßen getreten: „[…] Wie ich aber uff daß Westindische Hauß damit kam, wird mir der Rechnung ins Buch gezogen, und sagten: wen der eine bezahlt könnte werden, so muste die andern auch bezahlt sein, und kriegte ich weder Rechnung noch Geldt."[9] Schnöder Kapitalismus, die Sorge um den Aktienkurs und das Streben nach Gewinnmaximierung entpuppten sich hier als die eigentlichen Antriebskräfte der vormodernen merkantilen Welt. Immerhin erfahren wir in Hansens Bericht, dass es auf dem Ostindischen Haus sehr wohl möglich war, entsprechende Forderungen gegenüber der VOC geltend zu machen: „Den 5. dito [das heißt am 5.3.1656] bin ich nach daß Ostindische Hauß gegangen und alda wegen Lorentz Kolundt sein Sohn, so in Ostindien gestorben, empfang 26 Rthl. 11 Stüber, vor welche Herr Lorentz Ketelßen mein Bürge war."[10] Besagter Lorentz Ketelßen war übrigens ein Sohn des Flensburger Handelsherrn Jürgen Ketelsen († 1624) und wirkte als Vorsteher und Ältermann der Lutherischen Kirche in Amsterdam. In dieser Funktion konnten Landsleute ihn gegenüber der lokalen Administration ganz offensichtlich als Bürgen in Nachlasssachen bemühen. Zumindest zeugt die Unaufgeregtheit, mit der Hansen von den Vorgängen berichtet, von einer gewissen Routine.

Ohne Aufzeichnungen wie die aus der Feder Hansens, der nach seiner Rückkehr aus Niederländisch-Brasilien im Jahre 1655 als „Sehfahrender aus Haystrup in Sluxharde" das Flensburger Bürgerrecht erwarb und am 23. April 1661 auf der Suche nach einer bürgerlichen Existenz zum Adjunkten, das heißt Gehilfen, des Schreib- und Rechenmeisters an der Flensburger Kirchspielschule von St. Marien wurde,[11] blieben uns entsprechende Einsichten indes verwehrt. Deshalb erweist sich dessen *Memorial und Jurenal* (Abb. 4) bei genauerem Hinsehen als umso wertvoller, je intensiver es sich den ansonsten unbeleuchteten Randzonen der vormodernen sozialen Wirklichkeit zuwendet. Bei Hansen wird getrunken und gehurt, gezittert, gehofft und gebetet, bisweilen recht unspek-

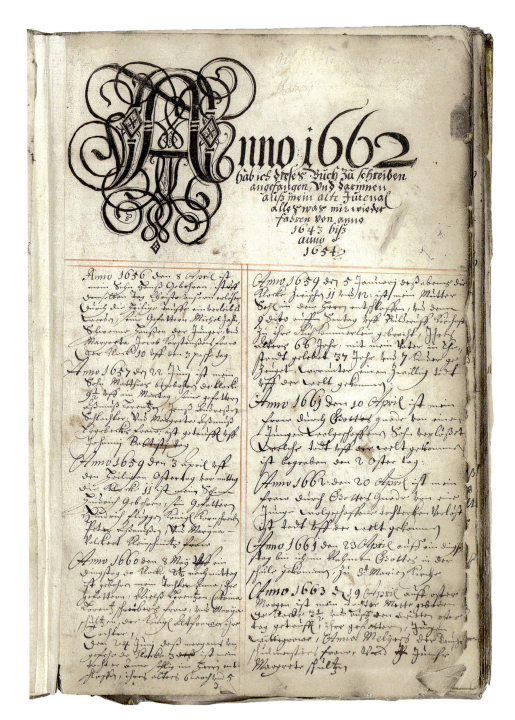

**Abb. 4** Titelblatt des von Peter Hansen Hajstrup verfassten *Memorial und Jurenal*, 1662–72, LASH Schleswig, Abt. 400.1 Ms. Nr. 343.

takulär an Fieber oder „rotem Lauf" (einer der Ruhr ähnlichen Erkrankung) gestorben, ohne Vorankündigung zugeschlagen und sogar getötet, ohne dass dabei Gefühle von Schuld oder Reue eine Rolle spielten – Söldneralltag in der schonungslosen Nahaufnahme, zwar unter tropischer Sonne, aber ohne jeden romantischen Kitsch. Wie anders erscheinen dagegen die mit wirkmächtigen Kupferstichen ausgestatteten Berichte von Jürgen Andersens und Volquart Iversens Aufenthalten in Südostasien[12] oder die in mehrere Sprachen übersetzte Beschreibung Brasiliens aus der Feder von Caspar Barleus aus der Mitte des 17. Jahrhunderts.[13] Wer durch diese großartigen Bilderwelten oder durch die von den Werbern der Kompanien verbreitete, exotische Sicht auf die überseeischen Kolonialbesitzungen inspiriert in die Dienste von VOC oder WIC eintrat, dürfte diesen Schritt vielfach wohl schon recht bald bereut haben, wenn ihn der Alltag eingeholt hatte.

Während nun der Flensburger Neubürger Peter Hansen Hajstrup und seine Angehörigen bis auf die Geburts-, Sterbe-, Tauf- und Hochzeitseinträge in der Flensburger Kirchenbuchüberlieferung sowie einen trockenen Nachweis auf Hansen als Bewohner und Besitzer des Hauses in der Norderstraße Nr. 62[14] keine Spuren in der archivalischen Überlieferung der Fördestadt hinterlassen haben, erhalten wir über sein *Memorial und Jurenal* seltene Einblicke in den Alltag, ja in das Hoffen und Bangen eines Menschen des 17. Jahrhunderts. Als Hilfslehrer einer Flensburger Kirchspielschule erreichte er den Höhepunkt seiner Karriere, nachdem er in den Jahrzehnten zuvor sozial und wirtschaftlich durchaus auch noch prekärere Verhältnisse zu ertragen gehabt hatte. Dass er in der ländlichen Sphäre auf der Schleswigschen Geest um Bylderup und Haystrup in jungen Jahren Lesen und Schreiben gelernt und seine Erlebnisse nach Art einer Lebensbeichte einem Tagebuch anvertraut hatte, eröffnet uns die Möglichkeit, die im Kontext von Flensburger Nachlassangelegenheiten des 17. Jahrhunderts gleichsam als Überlieferungssplitter auf uns gekommenen Nachrichten über vergleichbare Lebenswege, von denen im Folgenden noch ausführlicher die Rede sein wird, in einen Rahmen einzustellen und diesen durch Inter- und Extrapolation zumindest in Teilen weiter auszuleuchten.

## Seneca Ingersen – vom Waisen in Nordfriesland zum Baron von Geltingen

Doch zunächst zurück zu Sönke Ingersen (1715–1786), der sich etwa drei Generationen nach Hansen unter dem latinisierten Namen Seneca Ingersen für fünf Jahre als „Adelbost" (Kadett) von der VOC für den Dienst in Südostasien anwerben ließ. Ende März 1734 bestieg er in Rotterdam ein Schiff und langte sieben Monate später in Batavia an der Nordküste Javas im heutigen Indonesien an (Abb. 5, 6). Von dort aus fuhr er in der Folgezeit auf innerasiatischen Routen als Gehilfe eines Schiffschirurgen zwischen China, Indien und Ceylon (Sri Lanka) und kehrte nach Ablauf dieser ersten, auf fünf Jahre vereinbarten Dienstzeit 1739 wohlbehalten nach Europa zurück. Noch im selben Jahr erwarb er in den Niederlanden ein Chirurgenexamen und machte sich im Oktober 1739 umgehend wieder auf nach Südostasien. Wir können nur mutmaßen, dass er zuvor persönliche Kontakte zu zentralen Funktionsträgern im Netzwerk der kolonialen Oberschicht geknüpft hatte, sodass Examen und erneuter Aufbruch nach Südostasien sich im Nachhinein als eine gute Investition in eine erfolgreiche Zukunft darstellten. Denn kaum zurück in Batavia wurde Ingersen 1742 durch die Hohe Regierung der Kompanie zum Staatsapotheker ernannt und trug fortan die Verantwortung für die Arzneimittelversorgung und die Versorgung der über 1.000 Patienten im Krankenhaus zu Batavia. Damit hatte er auf der kolonialen Karriereleiter einen guten Satz nach oben gemacht, bezog etwa Quartier im wohlbefes-

**Abb. 5** Caspar van Baerle: Brasilia Sub Regimine Batavorum, Baerle 1659, John Carter Brown Library Providence, F659 B141b

**Abb. 6** Homannsche Erben Nürnberg: Plan und Ansicht von Jakarta (Batavia), 1733, Kupferstich auf Papier, 540 x 460 mm (Platte), SLUB Dresden, KS A2998

tigten Kastell der niederländischen Kolonialmetropole und war damit in gewisser Weise auf der Sonnenseite der kolonialen Wirklichkeit angekommen. Mit dem entbehrungsreichen Solddienst der überwiegenden Anzahl von Dienstleuten der VOC hatte diese Wirklichkeit nichts mehr gemeinsam. Noch im selben Jahr ehelichte Ingersen Adriana van Loo (1726–1755), die 16-jährige Tochter Henrik van Loos, der im Rang eines Staatsrates der Hohen Indischen Regierung der VOC stand. Auch darüber hinaus war die Familie der Braut gut in der kolonialen Oberschicht Südostasiens vernetzt, zumal Adrianas Cousin Jacob Messel in den Jahren 1738–43 als Gouverneur und Direktor der niederländischen Niederlassung an der indischen Koromandelküste wirkte.

Eine verwandtschaftliche Verbindung bestand auch zu dem aus Friedrichstadt stammenden Johannes Thedens (um 1680–1748), der 1741–43 Generalgouverneur der Niederländer in Batavia war und der den Lebensweg von Seneca Ingersen wohlwollend begleitet und den jungen Landsmann protegiert haben dürfte. Dies liegt insofern nahe, als Thedens in jungen Jahren seinerseits Unterstützung von seinem Onkel Jacob van Loo erfahren hatte, der als Oberhaupt und Resident der VOC-Niederlassung im vietnamesischen Tonquin (Hanoi) wirkte. Die Welt war klein, man kannte sich, und man behielt sich auch unter entfernteren Verwandten, Bekannten und Landsleuten gegenseitig im Auge. Über weitere Stationen und Privilegierungen in Diensten der VOC stieg Ingersen, der 1750 seinen Bruder Paul nach Batavia nachgeholt hatte, 1752 zum „Residenten" oder „Oberhaupt" der VOC zu Cheribon, einem reichen Sultanat an der Nordküste Javas, auf. Als solcher war er nun wirklich an der absoluten Spitze der kolonialen Gesellschaft angekommen, vermittelte aus einer relativ unabhängigen Stellung heraus den Handel zwischen den einheimischen Eliten und der VOC und wurde dafür in großem Maßstab an den Gewinnen der Kompanie beteiligt. Außerdem ließ er – in diesem Punkt tatkräftig durch seinen Bruder Paul unterstützt – auch Schiffe auf eigene Rechnung auf den südostasiatischen Routen fahren, betätigte sich im Kreditgeschäft und verfügte über ein äußerst lukratives Monopol im Opiumhandel zwischen Java und China. Auf diesem Weg erwarb Ingersen mit der Zeit ein gewaltiges Vermögen. Zweifellos begünstigt wurde der rasche Aufstieg des gebürtigen Langenhorners durch seine Heirat mit Adriana van Loo, die in den folgenden Jahren drei Töchter zur Welt brachte. Doch war dem jungen Glück keine lange Dauer beschert. Als Adriana, noch keine 30 Jahre alt, im Jahre 1755 in Cheribon auf Java verstarb, scheint Ingersen das nur schwer verkraftet zu haben. Nach 24 Jahren in Südostasien quittierte er den Dienst bei der VOC und kehrte im Herbst 1757 mit seinen drei Töchtern mit der niederländischen Retourflotte nach Europa zurück. Mit an Bord der *Walcheren* waren sein Bruder Paul und zwei einheimische Kinderfrauen, die sich der Betreuung der Töchter annahmen, außerdem Teile des schier unermesslichen Vermögens, die man fein säuberlich in großvolumigen Seekisten aus feinen tropischen Hölzern verstaut hatte (Abb. 7). Dass Ingersen allein für seine in Südostasien zurückgelassenen Vermögenswerte zwei Jahre nach seiner Rückkehr nach Europa durch die VOC noch einmal 410.953 Gulden überwiesen bekam, verdeutlicht die Dimensionen seines Reichtums. Und wenn er einige Zeit später an und für sich stolze 85.000 Reichstaler für das herrschaftliche Gut Gelting bezahlte, wo bis heute Ingersens Vermächtnis bewahrt wird, so nahm sich das gegenüber seinen finanziellen Möglichkeiten doch eher bescheiden aus. In dem nach Art eines niederländischen Stadtpalais überformten beziehungsweise größtenteils neu errichteten Herrenhaus Gelting (Abb. 8),[15] das in seiner heutigen Form auf die zweite Hälfte des 18. Jahrhunderts zurückgeht, kündet noch manches von den kolonialen Lebenswelten, in denen sich der weltgewandte Hausherr vormals bewegt hatte. Chinesisches Porzellan, diverse Erinnerungsstücke aus Südostasien, die beiden aus tropischen Hölzern gefertigten Seekisten und der in Gemälden ebenso wie in allegorischen Stuckaturen ins Bild gesetzte Ingersen selbst beeindrucken Besucher bis heute. Der als exotischer Diener im Hintergrund eines der Bilder dargestellte Privatsekretär des vom dänischen König geadelten und zum Baron

**Abb. 7** Schiffskiste Seneca Ingersens aus Tropenholz auf Gut Gelting

**Abb. 8** Ansicht der Gutsanlage von Gelting, 2018

gemachten Ingersen, der wenige Jahre später durch den Kaiser zusätzlich in den Reichsfreiherrenstand erhoben wurde, unterstreicht seine herausgehobene Stellung. Im Rahmen seiner Selbstdarstellung spielten die in Südostasien verbrachten Jahre und der Bezug zu den Niederlanden im Großen wie im Kleinen eine wichtige Rolle. Dagegen blieb Gelting, das er bereits 1760 an seinen Bruder Paul verpachtet hatte, allen Bemühungen König Friedrichs V. von Dänemark zum Trotz für ihn im Folgenden sein „Hof in Angeln". Obwohl der dänische Monarch den finanzkräftigen Ingersen an seinen Hof in Kopenhagen zu binden versuchte, ließ sich dieser nicht dazu bewegen, seinen Lebensmittelpunkt aus dem wirtschaftlich und kulturell sehr viel attraktiveren Raum um Den Haag an Förde, Belt und Sund zu verlagern und mehr als einige Wochen der Sommerfrische auf Gelting zu verbringen. Gleichwohl zeugen die Geltinger Gutsanlage und die von Ingersen gestiftete Orgel in Langenhorn bis heute von dessen enger Verbindung in die Niederlande und nach Südostasien.

### Flensburger Schiffer des 17. Jahrhunderts in den Diensten der VOC und der WIC

Eher auf die Lebenswelt, die uns im *Memorial und Jurenal* des Peter Hansen Hajstrup entgegentritt, verweisen Nachrichten über Fahrten von Menschen aus Flensburg und Umgebung in den Diensten von VOC und WIC, die im Flensburger Stadtarchiv zu Nachlassangelegenheiten des 17. Jahrhunderts überliefert sind. Diese gut 30 Fälle belegen gerade in der Summe einzelner, meist tragisch verlaufener Lebensschicksale die engen Verflechtungen der Fördestadt und ihrer Umgebung mit den Niederlanden und mit deren tropischen Besitzungen in Amerika und in Südostasien.[16]

Im Einzelnen sind in den städtischen Akten diesbezüglich folgende Informationen fassbar: So geht es etwa in einem Erbschaftsprotokoll von 1619 um den Nachlass des vier Jahre zuvor auf dem Schiff *Amsterdam* in Ostindien verstorbenen Flensburger Bürgers Jan Thomsen. Ein ähnliches Schicksal scheint den Flensburger Cornelius Diricksen ereilt zu haben.

Von ihm erfahren wir aus einer vergleichbaren Überlieferung aus dem Jahre 1623, in der es um ausstehende Heuerzahlungen und nachgelassene Vermögenswerte ging, dass er sich am 26. Dezember 1618 auf dem holländischen Schiff *Das Postpeerdt* von Amsterdam nach Ostindien aufgemacht hatte, dort aber ertrunken war. Ebenfalls um eine Nachlasssache ging es in einem Verfahren des Jahres 1623, in diesem Fall um Jacob Diricksen, der auf einem englischen Schiff angeheuert hatte. Nun wurde die *English Beer* vor der Küste Sumatras von Holländern gekapert, und an eben dieser Küste soll der genannte Diricksen das Zeitliche gesegnet haben. Entsprechendes argwöhnte man auch 1632 über das Schicksal eines gewissen Jens Karstensen, von dem man vermutete, dass er in Ostindien verstorben sei. Während wir in manchen Fällen lediglich das Ableben der betreffenden Person fassen, wird in den Akten eines Prozesses von 1636 für Gert Asmussen ausdrücklich festgehalten, er sei in Ostindien an der Pest gestorben. 1647 heißt es über Jacob Carstensen aus Fröslee, unweit nördlich von Flensburg, er sei fünf bis sechs Jahre zuvor als Bootsmann nach Ostindien gefahren und dort verstorben. 1670 erfahren wir von einem ebenfalls in Fröslee geborenen Jes Hansen, der ebenso in Ostindien verstarb. In einem Fall von 1649 fassen wir Jan Jacobsen, der 1642 mit dem Schiff *Middelburg* nach Ostindien segelte und dort verstarb. Meist erfahren wir in vergleichbaren Zusammenhängen kaum mehr als die Namen von Verstorbenen, bisweilen deren Sterbejahr, bisweilen die Schiffe, mit denen sie sich nach Ostasien oder Niederländisch-Brasilien aufmachten, viel mehr aber auch nicht. Es bleiben vereinzelte Informationssplitter, die sich aber in der Summe zu einem breit angelegten Panorama zusammenfügen lassen. Und einige Fälle liefern sogar Anhaltspunkte zu einer genaueren Rekonstruktion der jeweiligen Lebensschicksale.

So erfahren wir etwa im Rahmen einer Erbschaftsangelegenheit des Jahres 1651 über einen gewissen Clauß Jürgensen (Rüter), er sei zunächst nach Hoorn in der Provinz Holland ausgewandert und später in Ostindien verstorben. Hierin spiegelt sich ein in gewisser Weise gestaffelter Migrationsprozess wider. Vergleichbares wird 1669 für Schwenne Andersen fassbar, von dem es heißt, er sei 18 Jahre zuvor nach Holland gegangen, hätte dort zunächst das Schuster- und später das Böttcherhandwerk erlernt und sei ein gutes Jahrzehnt später in Ostindien verstorben. Im Fall von Jens Nissen (Mehrfeld) verweist eine Nachlasssache des Jahres 1670 ebenfalls zunächst nach Holland und dann nach Ostindien. 1661 ermächtigte die Ehefrau von Hans Rotgießer, der am 16. November 1655 mit der *Hercules* von Amsterdam nach Ostindien abgegangen war und von dem es weiter heißt, er erfreue sich dort bester Gesundheit, einen gewissen Peter N., den Sold Rotgießers zur Unterstützung von Frau und Kindern in Empfang zu nehmen. Manches spricht dafür, dass sich hier ein seiner Familie überdrüssiger Ehemann in die Anonymität der Kolonien geflüchtet hatte, um sich der sozialen Verantwortung in der Heimat zu entziehen. Entsprechend beanspruchte laut Überlieferung aus dem Jahre 1662 der Halbbruder des in Ostindien verstorbenen Hans Wiedemann, der sich ebenfalls nach Ostindien eingeschifft hatte, dessen Hinterlassenschaft. Explizit als Söldner, der sich für den Dienst in Ostindien habe anwerben lassen, wird 1669 der Schifferknecht Otto Petersen angesprochen. In einem Fall von 1670 begegnet uns Ditmar Börnsen, der 1661 mit dem Schiff *Westfriesland* nach Indien fuhr und dort verstarb. Zwei Jahre später war Arendt Meyer auf dem Schiff *Die Perle* von Amsterdam aus nach Ostindien unterwegs. Im Jahre 1670 verstarb ein gewisser Nis Bow in Ostindien, und in einem Fall von 1679 heißt es, ein gewisser Jacob Jürgensen sei 1671 wohl ebenfalls in Indien verstorben. Einige Jahre später erscheint ein Erasmus Jürgensen in den Akten, der sich für monatlich elf Gulden nach Ostindien hatte anwerben lassen. Etwa um diese Zeit dürfte nach Angaben in einer Erbschaftsangelegenheit von 1674 auch ein gewisser Dietrich Diedrichsen in Ostindien verstorben sein. 1679 fuhr ein gewisser Carsten Taisen, der aus Buschmoos (Boßmoß) in Rinkenis am Nordufer der Flensburger Förde stammte, nach Ostindien und verstarb dort nur ein Jahr später. Ob es sich bei seinem Namensvetter, der in einer Erbschaftsangelegenheit des Jahres 1687 mit Aufenthalt in Ostindien erwähnt wird, um ein und dieselbe Person handelte, muss an dieser Stelle offenbleiben. Um die Hinterlassenschaft von Ameling Wiedeman, einem Major Constabel, der in Batavia das Zeitliche gesegnet hatte, ging es in einem Fall von 1685. Etwa zur selben Zeit dürfte ein gewisser Christian Hansen von Amsterdam nach Westindien gefahren und dort verstorben sein, wie in einem Fall des Jahres 1688 verlautet. Ebenfalls 1688 wird ein Hans Hansen erwähnt, der 1683 als Matrose auf der *Cartagene* nach Ostindien gefahren und dort am 11. August 1685 verstorben war. Bereits 35 Jahre zuvor sei ein gewisser Nicolai Freese von Amsterdam aus nach Ostindien aufgebrochen und habe dort das Zeitliche gesegnet. Eine Hinterlassenschaft von immerhin 592 Gulden wartete im Ostindischen Haus in Amsterdam auf die Erben des Paul Sühling aus Treia, der am 14. Juni 1692 in Ostindien verstorben war. Schließlich werden in Nachlassangelegenheiten des Jahres 1699

Hans Jürgensen, Claus Hansen (Friesen) und Hans Thomsen erwähnt, die im März 1693 beziehungsweise zu einem nicht näher genannten Zeitpunkt nach Ostindien oder an die Guineaküste abgegangen und dort verstorben waren.

Ebenfalls beeindruckend hoch ist die Zahl der während dieser Zeit in die Niederlande ausgewanderten Flensburger.[17] Neben dem bereits als Bürge in der Nachlasssache von Lorentz Kolundt erwähnten Lorentz Ketelsen hatten sich etwa die Flensburger Kaufleute Hinrich Reimers und Christian Meincke sowie zahlreiche Handwerker und Seefahrer in der niederländischen Metropole Amsterdam sowie in Hoorn, Kampen, Schoonhoven und Middelburg niedergelassen. Der Tuchscherer Matthias Knutzen und der Posamentenmacher Heinrich Jacobs[18] sind nur einige von vielen, die wiederum andere nachzogen, aber bisweilen – wenn auch sehr viel seltener – Niederländer als Neubürger in die Fördestadt vermittelt zu haben scheinen.[19] Auf niederländischen Schiffen waren etwa auch der 1688 im kleinasiatischen Smyrna verstorbene Hans Hansen und der aus Harrislee stammende, nur wenig später in Irland verstorbene Seemann Hans Petersen unterwegs.[20]

Dies sind nur die in Erbschaftsangelegenheiten in den Akten des Flensburger Statdarchivs greifbaren Fälle. Die in Peter Hansen Hajstrups *Memorial und Jurenal* erwähnten Beispiele verdeutlichen, dass es durchaus mehr Fälle entsprechend überregionaler Mobilität gegeben haben dürfte. So empfing Hansen, der sich vergeblich um die Nachzahlung seines eigenen ausstehenden Soldes bemühte, im Jahre 1656 auf dem Ostindischen Haus den Nachlass des Sohnes von Lorentz Kollund, der in Ostindien verstorben war. Was aus dem Gefreiten Korporal Paul Müller „aus Schleswig" wurde, den Hansen im Zusammenhang mit seinen Erlebnissen in Brasilien erwähnte, muss an dieser Stelle offen bleiben. Wer mittellos und durch die Zeitläufte geschunden aus dem Dienst von VOC und WIC in die Heimat zurückkehrte, von dem erfahren wir in der zeitgenössischen Aktenüberlieferung nicht unbedingt etwas über seine Abenteuer in den niederländischen Übersee-Kompanien.

Wir wissen nicht, wie viele junge Männer insgesamt die Fördestadt in Richtung Amsterdam verließen, um sich für den Kompaniedienst anwerben zu lassen, weshalb man nach genauen Prozentzahlen in diesem Bereichen nicht ernsthaft fragen sollte. Sehr spärlich fließen auch die Nachrichten über diejenigen, die aus dem Kompaniedienst zurückkehrten. Während dies für Peter Hansen Hajstrup als Flensburger Neubürger („Sehfahrender aus Hajstrup in der Schluchsharde"[21]) aus der städtischen Überlieferung gar nicht greifbar wird, findet sich bei dem entsprechenden Eintrag zu dem Schiffer (Handelsmann) Peter Taysen aus Hönschnap (Kirchspiel Holebüll im heutigen Nordschleswig) ein diesbezüglicher Hinweis: „bisher Sehfahrender Man auf Westindien"[22]. Entsprechend wirkte der als Kornschreiber verzeichnete Neubürger Hans Maeß aus Tönning für die Jahre 1616–18 zunächst als Flensburger Stadtvogt, wurde dann aber 1618 als Gefangener – allerdings auf einem dänischen Schiff – nach Ostindien geschickt.[23]

Mit Blick auf die Summe dieser Nachrichten fällt auf, dass sich die vorausgehend dokumentierten Fälle über die gesamte Zeit vom frühen bis ins ausgehende 17. Jahrhundert erstrecken. Es steht zu vermuten, dass sich durch weitere Recherchen auch für die Zeit danach entsprechende Fälle dokumentieren ließen. Dies mag künftiger Forschung vorbehalten bleiben. Was an dieser Stelle zählt, ist die Feststellung des Phänomens in Dichte und Breite. Auch die frühneuzeitliche Handelsmetropole Flensburg und die sie umgebende Region an der Ostküste Schleswigs, in der sich über die Jahrhunderte eine Seefahrer- und Küstengesellschaft entwickelt hatte, waren im betreffenden Zeitraum eng mit den Niederlanden verbunden. Über diese erstreckte sich der Erfahrungs- und Wahrnehmungsraum der Seefahrenden aus Flensburg und Umgebung bis nach Pernambuco und Batavia.

### Amrumer Schiffer des 18. Jahrhunderts in den Diensten der VOC

In seiner neuen Gesellschaftsgeschichte der Insel Amrum führt Martin Rheinheimer in einer tabellarischen Zusammenstellung 24 Personen auf, die in den Jahren zwischen 1725 und 1777 in Diensten der VOC insgesamt 44 Reisen nach Südostasien unternahmen.[24] Die Zusammenstellung beruht auf der Auswertung von Schiffssoldbüchern der VOC und ist mit den Angaben in den Amrumer Geschlechterreihen abgeglichen. Neben diesen sicher identifizierten Personen finden sich 35 weitere, die entsprechend 39 weitere Reisen unternahmen. Für diese legen die Angaben in den Soldbüchern der VOC eine Herkunft von Amrum nahe, was sich aber über die Geschlechterreihen nicht verifizieren lässt. Allein anhand der sicher identifizierten Personen vermag Rheinheimer eine Sterblichkeit von annähernd 60 Prozent während des Kompaniedienstes zu rekonstruieren. Da sich in den Soldbüchern über die Namen und Herkunftsorte hinaus auch Angaben zu Dienstgrad und Tätigkeit finden, lassen sich über diese Quelle zudem Karriereverläufe und soziale Aufstiegsprozesse rekonstruieren. Der Weg führte hier vom Leichtmatrosen (*hooploper, jongmatroos*) und Matrosen (*matroos*) zum Unter- und Obersteuermann (*onder-/oppersturman*), dann – die entsprechende Qualifikation vorausgesetzt – weiter über den Kanonier (*bosschieter*) bis zum Kapitän (*schipper*). Außerdem fassen wir jenseits der im engeren Sinne seemännischen Tätigkeiten Quartiermeister (*kwartiermeester*), (Unter-)Schiffszimmermann (*onder-/scheepstimmerman*) und (Ober-)Böttcher (*opper-/kuiper*).

Über die von Rheinheimer dokumentierten Fälle lassen sich sowohl Traditionen innerhalb einzelner Familien als auch regelrechte Familiennetzwerke rekonstruieren. Insbesondere solche Amrumer, die es im Laufe ihrer Karriere in Diensten der VOC zum Kapitän und Schiffsführer brachten, zogen jüngere Verwandte nach, wie etwa auch am Beispiel Seneca Ingersens und seines jüngeren Bruders Paul gezeigt wurde.

Was für Amrum anhand des dokumentierten Materials ins Auge fällt, dürfte sich im Falle der Seeleute vom benachbarten Föhr kaum anders verhalten haben. Ein Beispiel für einen am Ende wenig erfolgreichen Schiffer, der sich aus lauter Verzweiflung von der VOC anwerben ließ und in deren Diensten das Zeitliche segnete, bietet etwa der Vater des bekannten Föhrer Kapitäns Jens Jacob Eschels (1757–1842). Und wenn dieser in seiner Lebensbeschreibung einleitend darauf verweist, sein jüngster Sohn Fritz, der seit 1833 zur See fuhr, sei zur Abfassungszeit des Vorwortes zu dem Bericht 1834 auf einem Ostindienfahrer nach Batavia unterwegs gewesen, unterstreicht dies nur die über Generationen bis ins 19. Jahrhundert fortwirkende ökonomische Sogwirkung der Niederlande und ihres europäischen wie kolonialen Arbeitsmarktes.[25]

## Zusammenfassung und Ausblick

Die vorausgehend vorgestellten Materialien legen den Schluss nahe, dass Seneca Ingersen als Baron von Geltingen vor dem Hintergrund seiner Zeit als eine Ausnahmeerscheinung betrachtet werden sollte. Er steht für den im Titel des vorliegenden Aufsatzes erwähnten „märchenhaften Reichtum" und spiegelt den bemerkenswerten Aufstieg eines Waisenjungen in die höchsten Kreise der damaligen Gesellschaft wider. Ein solcher Lebensweg war im 18. Jahrhundert zwar alles andere als wahrscheinlich, aber möglich, wobei der in der Fremde erworbene Reichtum als Schmiermittel auf dem Weg nach oben wirkte. Indes sollte man in diesem Zusammenhang nicht ganz außer Acht lassen, dass der offensichtlich begabte Seneca Ingersen in der nordfriesischen Küstengesellschaft bereits in jungen Jahren das Lesen, Schreiben und Rechnen erlernte und darüber hinaus auch eine praktische Ausbildung erhielt, die ihn zu Höherem qualifizierte. Darüber hinaus dürfte die Förderung durch einflussreiche Landsleute wie den aus Friedrichstadt stammenden Johannes Thedens und überhaupt die Einbindung in weit gespannte familiäre und landsmannschaftliche Netzwerke seine Karriere begünstigt haben. Hierbei dürften sich eine Reihe von positiven Faktoren gegenseitig verstärkt und einige glückliche Entscheidungen den Weg geebnet haben: Das Überleben an Bord der Kompanieschiffe angesichts einer Letalitätsrate von 60 Prozent, die strategische Entscheidung zu einer Zusatzqualifikation als examinierter Chirurg und die Heirat mit der Tochter des einflussreichen Kompaniefunktionärs waren jeweils Ausgangspunkt für weitere Schritte auf einer steilen Karriereleiter.

Verglichen mit der Lebenswirklichkeit des gebürtigen Langenhorners nach seinem bemerkenswerten Aufstieg in die koloniale Elite tauchten die meisten anderen Menschen, die sich zum Dienst in den niederländischen Übersee-Kompanien anwerben ließen, in eine Sphäre ein, in der eine hohe Sterberate zum grausamen Alltag gehörte; ein Alltag der sich angesichts von Gewalt, Alkoholmissbrauch und „massenhaftem Elend" auch darüber hinaus als nicht sehr angenehme Lebenssphäre darstellte.

Unabhängig davon wird gerade aus der Summe der von zwei exemplarischen Orten, einem an der Ost- und einem an der Westküste Schleswig-Holsteins, beigebrachten Beispielen deutlich, dass der Wahrnehmungsraum und die Lebenswirklichkeit der Menschen im historischen Herzogtum Schleswig in vielen Bereichen durch die engen Bezüge zu den Niederlanden geprägt waren. Das galt keineswegs nur für Friedrichstadt und die nach der Sturmflutkatastrophe von 1634 vornehmlich durch Niederländer neu besiedelte Insel Nordstrand, es galt auch für die anderen nordfriesischen Inseln und für die Halligen, für Eiderstedt, für Husum und für die umliegenden Marschen. Aber es galt eben auch für die Stadt Flensburg, die als überregional bedeutendes Zentrum für Wirtschaft und Handel auf die Schleswigsche Geest sowie in die Gebiete nördlich und südlich der Flensburger Förde ausstrahlte. Über entsprechende Orte regionaler Zentralität waren diese Gebiete mehr oder weniger direkt an die wirtschaftlich und gesellschaftlich sehr viel fortschrittlicheren Niederlande mit ihrer Metropole Amsterdam angebunden. Über den Dienst in den niederländischen Übersee-Kompanien öffnete sich für viele Menschen der damaligen Zeit überdies das Tor zu den kolonialen Wirklichkeiten Südostasiens, Westafrikas und Amerikas. Was wir in den vorausgehend dokumentierten Materialien fassen, ist mithin nicht mehr, aber eben auch nicht weniger als das Wirken von Push- und Pull-Faktoren im Zusammenhang eines nach vormodernen Maßstäben globalisierten Arbeitsmarktes. Durch die engen Beziehungen zu den Niederlanden waren die Regionen an Nord- und Ostsee und die in ihnen beheimateten Küstengesellschaften schon sehr früh Teil dieser pulsierenden Welt im Spannungsfeld von exotischer Idealisierung und gelebter Wirklichkeit.

### Anmerkungen

1 Nicht von ungefähr zieht es jedes Jahr Musikfreunde aus nah und fern zu den vom rührigen lokalen Orgelbauverein beziehungsweise seit 2017 vom Verein zur Förderung der Kirchenmusik organisierten Sommerkonzerten in den kleinen Ort zwischen Bredstedt und Niebüll. Sönksen 2005.
2 Zu Seneca Ingersen vgl. Silberhorn 2004, Silberhorn 2006 sowie D. Kraack 2018a.
3 Vgl. Fürsen/R. Witt 2003 und Mörke 2003.
4 Vgl. Bohn 2003; Gelder 2004.
5 Hansen Hajstrup 1995, S. 25, dort zitiert nach Moreau 1651, S. 191.
6 D. Kraack 2010.
7 Hansen Hajstrup 1995, S. 65–66; Seggern 2014.
8 Hansen Hajstrup 1995, S. 43f.; D. Kraack 2018b, S. 101.
9 Hansen Hajstrup 1995, S. 126.
10 Hansen Hajstrup 1995, S. 126.
11 G. Kraack 1999, Bd. 1 (1558–1786), S. 265, Nr. 2815 (1655 in St. Marien); Hansen Hajstrup 1995, S. 47.
12 Olearius 1669; Olearius 1980. Für die Abbildung des Frontispiz siehe in diesem Band S. 53.
13 Baerle 1647.
14 Das Haus übernahm Hansen von seinem Schwiegervater, dem Flensburger Schiffer Hans Jürgensen. G. Kraack 2013, Bd. 1, S. 376f. (Nr. 266): „Peter Schulmeisters Haus" [5].
15 Lafrenz 2015, S. 178–180.
16 G. Kraack 1977, S. 46f. (Flensburger in Übersee) und S. 191 mit Anm. 164f. (mit Einzelnachweisen zu den Flensburgern in Diensten der VOC Geburtsbriefe Nr. 250, 302, 303, 380, 412, 473, 511, 531, 537, 554, 555, 556, 562, 566, 568, 569, 619, 646, 654, 665, 675, 695 und 714, zu denen aus der Umgebung der Fördestadt Geburtsbriefe Nr. 456, 462, 564, 653, 666, 697 und 712, zu Flensburgern in Diensten der WIC Geburtsbriefe Nr. 674 und 713).
17 G. Kraack 1977, S. 45f. (Flensburger in West- und Südeuropa) und S. 191 mit Anm. 160 (mit Einzelnachweisen zu den Flensburgern in Holland, Geburtsbriefe Nr. 125, 177, 185, 215, 435, 462, 473, 490, 660, 661, 667, 676, 681).
18 G. Kraack 1977, S. 84 Nr. 125 und S. 93 Nr. 185 (Nachlasssachen der Jahre 1605 bzw. 1611).
19 Vgl. Angaben bei G. Kraack 1999, Bd. 3, S. 121-187 (Ortsregister), u. a. in Bd. 1, S. 56 Nr. 62 Gert Slewert (Schlewart) aus Kampen (1561), S. 86 Nr. 446 Dirick van Deventer (1580), S. 136 Nr. 1103 Johan van Gröeningen (1598 in St. Marien), S. 142 Nr. 1190 Hans von Utrecht (1601 St. Nikolai), S. 154 Nr. 1342 Posamentenmacher Gert Willems aus Amersfoort (1607/08 in St. Marien), S. 166 Lorentz von Breda (1610 in St. Nikolai), S. 171 Nr. 1610 Henrich Jansen aus Westfriesland (1612/13 in St. Nikolai), S. 221 Krautkramer Conradt (Cort) Dietrichsen aus Amsterdam (1635 in St. Marien - vgl. zu ihm und seinem in Ostindien verstorbenen Sohn Dietrich D. auch weiter oben), S. 359 Nr. 3812 Gärtner/Saathändler Johan Dietrich Werner aus Amelo (1709 in St. Marien), S. 420 Nr. 4536 Kaufmann Christian August Neumann aus Amsterdam (1734 in St. Nikolai, „hat sich im Jahr zuvor vom Juden- zum Christentum bekannt"), S. 584 Schiffer Jacob Petersen Lapp aus Ameland (1785 in St. Marien) und S. 585 Nr. 6176 schiffer Peter Vismann aus Vlieland bei Amsterdam (1785 in St. Marien) und Nr. 6178 Schiffer Simon Scharr aus Amsterdam (1785 in St. Marien).
20 G. Kraack 1977, S. 160 Nr. 676 und S. 161 Nr. 681 (Nachlasssachen der Jahre 1688 bzw. 1691).
21 G. Kraack 1999, Bd. 1, S. 2815 (1655 in St. Marien).
22 G. Kraack 1999 Bd. 1, S. 351 Nr. 3724. Unter welcher Fahne Taysen „auf Westindien" unterwegs war, geht aus dem Eintrag nicht hervor.
23 G. Kraack 1977, S. 47 und S. 58, und G. Kraack 1999, Bd. 1, S. 160 Nr. 1444.
24 Rheinheimer 2016, S. 124–128, mit Tabelle 3.6 auf S. 125.
25 Rheinheimer 2016, S. 128, nach Eschels 1995, S. 60f. (entsprechend Eschels 1835, S. 50f.).

*Thomas Eisentraut*

# SEEFAHRT UND HANDWERK – DEICHBAUER, MATROSEN UND WALFÄNGER ALS KULTURVERMITTLER

### Schleswig-Holstein – Mehr als nur ein Land zwischen den Meeren

Das heutige Bundesland Schleswig-Holstein ist nicht nur ein Land zwischen zwei Meeren. Das Land selbst unterscheidet sich durch drei geologisch unterschiedliche Regionen: Im Westen liegen die Marschen, fruchtbares Acker- und Weideland, im mittleren Gebiet die Geest, höher gelegenes Sandland, und im Osten das von Seen und Förden durchzogene Hügelland. Alle drei Regionen wurden durch Menschenhand geprägt und werden auch als Kulturlandschaften bezeichnet. Insbesondere die westlichen Gebiete entlang der Nordseeküste verfügen jedoch über eine sehr wechselvolle Geschichte. Die Küstenlinie wurde während der letzten Jahrhunderte besonders stark verändert. Einerseits erfolgte hier die durch Niederländer vorangetriebene Landgewinnung durch Bedeichung,[1] andererseits zerstörten immer wieder Naturgewalten in Form von Sturmfluten ganze Teile der Küstenregion.

Vorgelagerte Inseln und eine karge Infrastruktur im Hinterland begünstigten die Schifffahrt, welche das Leben sowohl im Nordsee- als auch Ostseeraum nachhaltig prägt. Schleswig-Holstein profitierte von seiner geografischen Position als einer Schnittstelle zwischen größeren Handelsräumen. Bereits seit Jahrhunderten erfolgte der Transport von Waren und Personen über die Meere. Damit verbunden war der gegenseitige Austausch von Wissen und Erfahrungen, der langfristige Veränderungen zur Folge hatte. Insbesondere seit dem Mittelalter kam es zum gegenseitigen Kontakt zwischen den Regionen der heutigen Niederlande, Schleswig-Holstein und dem skandinavischen Raum.[2] Der Austausch war dabei nie einseitig, sondern lässt sich in zwei Phasen temporär unterschiedlich ausgerichteter Migrationsströme einteilen. Während es vor allem ab dem 16. Jahrhundert Niederländer waren, die in östliche Richtung entlang der Nordseeküste über Niedersachsen und Hamburg in die schleswig-holsteinischen Territorien zogen, erfolgte spätestens seit 1634 die entgegengesetzte Wanderungsbewegung von Schleswig-Holsteinern[3] aus den Gebieten an der Nordseeküste[4] in westliche Richtung.[5] Hier war es vor allem Amsterdam, das als eine der bedeutendsten europäischen Städte Menschen aus den verschiedensten Regionen anzog. Während des „Goldenen Zeitalters" lockten die niederländischen Arbeitgeber mit höheren Löhnen, besseren Aufstiegschancen für das Personal und boten auch unausgebildeten Menschen vielfältige berufliche Möglichkeiten.[6] Sehr schnell führte dies jedoch auch zu einem Überangebot verfügbarer Arbeitskräfte, wie eine Quelle aus dem Jahr 1623 belegt, in der es heißt: „Wherever there is a penny to be earned, ten hands are at once extended to get it."[7]

Dass die Meere dabei stets mehr als nur Brücke und Grenze waren, zeigt die Übernahme von neuen Konsum- und Kulturgütern, die durch den maritimen Transport möglich wurde. Exemplarisch sei hier auf zwei Beispiele verwiesen: Erstens die Einfuhr und Verbreitung von Tee als neuartigem Heißgetränk im frühen 17. Jahrhundert und zweitens die steigende Nachfrage nach Delfter Fliesen. Die Einfuhr von Tee aus China und später Nordindien erfolgte ab etwa 1610 nach Amsterdam, von wo aus der Tee weitergehandelt wurde.[8] Eine der Regionen, in der er nachweislich gut aufgenommen wurde, waren die friesischen Gebiete. Bis heute gibt die ostfriesische Teekultur Zeugnis davon. Doch auch die Friesenstube mit ihren maritim geprägten Fliesen ist heute ein unverzichtbarer Teil der friesischen Tradition. Die Fliesen galten als ein beliebtes Mitbringsel der schleswig-holsteinischen Seefahrer, die im Anschluss an ihren holländischen Dienst in die Heimat zurückkehrten (Abb. 1).[9]

Ohne Wissen, technisches Knowhow und fortlaufenden Austausch waren Innovationen im Deichbau, der Schifffahrt oder auch beim Walfang undenkbar. Dieser Beitrag widmet sich daher drei ganz unterschiedlichen Gruppen „maritimer Handwerker", welche sich in der Frühen Neuzeit besonders beim gegenseitigen Austausch zwischen den Niederlanden und Schleswig-Holstein verdient gemacht haben: Deichbauer, Matrosen und Walfänger sorgten für eine starke Beeinflussung des regionalen Alltagslebens, die in Teilen bis heute anhält und eine tiefere Betrachtung verdient.

### Landgewinnung durch die niederländischen Deichbauern

Als erstes Beispiel sollen die Deichbauern und die Methoden der niederländischen Landgewinnung vorgestellt werden, die die Nordseeküste Schleswig-Holsteins geografisch geprägt haben. Spätestens im 8. Jahrhundert erfolgte die Einwanderung von Friesen, die ursprünglich westlich der Weser ansässig waren und die in die Region der Westküste Schleswig-Holsteins zogen. Sie führten erste frühe Versuche der Entwässerung und des Deichbaues durch, die jedoch regional begrenzt stattfanden. Die Landgewinnung brachte auch den Ausbau der Flächen zur Salzgewinnung aus Torf mit sich, was eine zusätzliche finanzielle Einnahme darstellte.

**Abb. 1** Fliesen mit Schiffs- und Küstenmotiven, Niederlande, Mitte 18. Jahrhundert, Döns aus Borsfleth in der Kremper Marsch, SHLM Schloss Gottorf, 1910/264

Der Einfluss der niederländischen Deichbaukunst lässt sich spätestens seit dem 12. Jahrhundert belegen.[10] Migranten aus den Niederlanden brachten das Wissen über das Entwässern und Bedeichen mit sich, welches zeitlich früher bereits eine zentrale Rolle in den Niederlanden gespielt hatte. Sie begannen systematisch in den Elbmarschen Land zu gewinnen. Frühe Bedeichungen sind unter anderem aus der Haseldorfer Marsch, den Wilster- und Seestermüher Marschen bekannt. Diese Einwanderer brachten nicht nur die Techniken und das Know-how mit sich, sondern auch niederländisch klingende Namen für die neu geschaffenen Orte und Städte: Hollerdam, Hollerwiesch oder Orte mit der Endung -siel, die niederländische Bezeichnung für Entwässerungsdurchlässe in Deichen, sind Zeugen dieser Phase.[11]

Neues Land, welches dem Meer abgewonnen wurde, benötigte eine rechtliche Absicherung, um auch langfristig nutzbar zu sein. Ein entsprechendes Recht, das als Spatenrecht tituliert wurde, muss zeitnah entwickelt worden sein. Das älteste Spatenrecht für die deutsche Region stammt aus dem Jahr 1424 und ist Teil des Stedinger Deichrechts. Für Schleswig-Holstein ist das früheste sogenannte Spadelandrecht aus dem Jahr 1557 überliefert.[12] In dem Spatenrecht sind rechtliche Legitimität mit symbolischer Handlung kombiniert, die im Pierers Universallexikon von 1863 wie folgt beschrieben werden:

> „**Spatenrecht**, eine symbolische Handlung, mittelst welcher der Besitzer eines zur Deichlast verpflichteten Grundstücks, wenn er seiner Verpflichtung nicht nachkommt, des pflichtigen Grundstücks nach dem Satze: wer nicht will deichen, muß weichen, für verlustig u. das Grundstück selbst für herrenlos erklärt wird. Sie besteht in der Einsenkung eines Spatens in den Deich durch das Deichgericht; auch der Eigenthümer selbst kann sie vornehmen zum Zeichen, daß er das Eigenthum an dem betreffenden Grundstück aufgeben will; […]. Wer den Spaten auszieht, erwirbt das Eigenthum des Grundstücks, muß indessen dafür auch die noch rückständigen Leistungen übernehmen."[13]

Eines der Zeugnisse und zugleich die verkürzte Zusammenfassung des Spatenrechts ist der plattdeutsche Spruch „Keen nich will dieken, de mutt wieken" (Wer nicht will deichen, der muss weichen). Er fasst auf einfache Weise zusammen, dass mit den Deichen gewisse Rechte und Pflichten verbunden waren. Aus der Definition ergibt sich, dass ein jeder Besitzer eines Grundstücks hinter einem Deich dienstpflichtig war und mit für die Instandhaltung der Deiche sorgen musste.

**Abb. 2** Wappen der Gemeinde Elisabeth-Sophien-Koog im Kreis Nordfriesland, 2012

Kam eine Person diesen Pflichten nicht nach, konnte ihr von der Allgemeinheit das Grundstück entzogen werden. Andererseits war die Person auch in der Lage, aus freien Stücken dem Grundstück zu entsagen und somit von den damit verbundenen Pflichten befreit zu werden.[14] In beiden Fällen kommt dem Arbeitswerkzeug, dem Spaten, eine symbolische Funktion zu. Bis heute gilt der Spaten, dessen Spatenblatt mit Eisen beschlagen war, als wichtiges Werkzeug beim Deichbau. In Nordfriesland werden solche Spaten auch als „Buscher" bezeichnet. Der Spaten selbst wurde häufig zum Wappensymbol erwählt, zuletzt 2012 von der Gemeinde Elisabeth-Sophien-Koog (Abb. 2).[15]

Was die Niederländer mitbrachten, waren fortschrittliche Techniken bei der Entwässerung von Land. Der Stackdeich war eine dieser Innovationen. Mittels Holzpfählen, die zur Seeseite hin in den Boden gerammt wurden, ließ sich ein Deich leichter errichten. Ein weiterer Vorteil lag darin, dass weniger Aushub, das heißt Erde, herangeschafft werden musste. Die Deiche ließen sich fortan günstiger und schneller bauen. Mit den Jahren wurden die Deiche dabei immer weiter vergrößert und erhöht, was zahlreichen Sturmfluten geschuldet war. Zudem zeigte sich bald, dass eine zu steile Außenböschung des Deichs zur Seeseite hin weniger Druck als eine vergleichbar sanft ansteigende Böschung auffangen konnte (Abb. 3).[16]

Zunächst kamen die erfahrenen Deichbauern ausschließlich aus den Niederlanden. Dort hatten sie teilweise bereits über mehrere Generationen hinweg weitreichende Erfahrungen sammeln können, die ihnen von Nutzen waren. Namhafte Persönlichkeiten wie Johann Clausen Rollwagen (1563/64–1623/24) oder Jan Adriaanszoon Leeghwater (1575–1650) nahmen profitable Aufträge zur Eindeichung an und bildeten zugleich regionales Personal aus. Der in Amsterdam gebo-

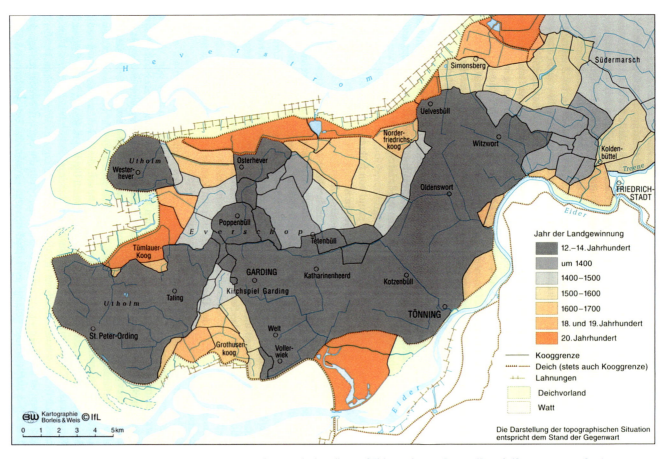

**Abb. 3**  Albert Panten nach H. Kunz/Panten 1997: Entstehungszeit der Köge auf Eiderstedt, aus Panten/Porada/Steensen 2013, S. 16

rene Rollwagen begann seine Deichbautätigkeit zunächst in Ostfriesland um 1603/04 und war 1607 maßgeblich an dem Bau des Sieversflether Kooges beteiligt. Zwischen 1608/09 und 1616 arbeitete er im Auftrag Herzog Adolfs von Schleswig-Holstein-Gottorf. Dieser ernannte ihn zum Generaldeichgrafen und übertrug ihm als Wohnsitz das nach niederländischem Vorbild erbaute Schloss Tönning, wo dieser auch zwischen 1609 und 1613 wohnte.[17] Rollwagen führte wegweisend den kommerziellen Deichbau[18] in Schleswig-Holstein ein. Erstmals wurden Tagelöhner angestellt, um die Deiche zu bauen und dauerhaft instand zu halten, sodass die Bauern ihre Arbeitskraft vollständig für die Landwirtschaft nutzen konnten. Zudem schlug Rollwagen die Nutzung der Schubkarre und damit die Ablösung der von Pferden gezogenen Sturzkarren vor. Der Vorteil lag darin, dass nur noch schmale Holzbohlen auf den matschigen Untergrund gelegt werden mussten, auf denen sich die Schubkarren bewegen ließen und die zugleich ein Versinken verhinderten.

Die niederländischen Experten verfügten häufig über Wissen und Expertise in mehreren Bereichen, waren demnach also universell ausgebildet, was in der Frühen Neuzeit nicht ungewöhnlich war. Deichbaumeister kannten sich im Entwässern und bei der Konstruktion von Schutzdämmen jeglicher Art aus.[19] Neben vertieften Kenntnissen zu Pumpenanlagen besaßen sie auch elementare Kenntnisse zum Bau von Windmühlen. Sofern sie nicht selbst genügend Kenntnisse besaßen, folgten ihnen in vielen Fällen Kollegen, die über das notwendige Fachwissen verfügten. Die Entwässerung mittels künstlicher Kanäle, Pumpanlagen oder gar durch Wasserkraft angetriebene Mühlenlösungen gingen Hand in Hand. Als Erfinder der drehbaren Mühlenkappe, die den Erfolg der Holländermühlen erst möglich machte, gilt der zuvor genannte Niederländer Jan Adriaanszoon Leeghwater, der ebenfalls als Deichbaumeister tätig war (Abb. 4).[20]

Der große Nutzen, den die Bedeichung mit sich brachte, war die Landgewinnung und gleichzeitig die Entwässerung. Neben der Vergrößerung der Anbaugebiete bot sich nunmehr die Möglichkeit, Viehwirtschaft, unter anderem Ochsenzucht, zu betreiben und Milchprodukte herzustellen.[21] Die Gründung von Molkereien nach niederländischem Vorbild machte große finanzielle Einnahmen möglich. Die Milchbetriebe wurden in Schleswig-Holstein kurz nach ihrer Einführung als „Holländereien" bezeichnet. Neben der Ernährung der einheimischen Bevölkerung war zudem ein Export von überschüssigen Produkten, beispielsweise von Käse und Butter, möglich, der vorrangig in die Niederlande erfolgte. Dort galt es, die bevölkerungsreiche Stadt Amsterdam zu ernähren. Doch der Landgewinn durch Eindeichung gelang nicht kontinuierlich und war auch von einigen Misserfolgen geprägt. Eine Zäsur fand in der Nacht vom 11./12. Oktober 1634 statt. Die als „de grote Mandränke" (umgangssprachlich „großes Ertrinken") oder auch als Burchardiflut bezeichnete Sturmflut zerstörte weite Teile des bereits zuvor erschlossenen Landes, vorrangig in Nordfriesland.[22] Die von Joan Blaeu (1596–1673) veröffentlichten Landkarten zeigen das Ausmaß der Zerstörung anschaulich (Abb. 5).

Die Karten in Verbindung mit einem überlieferten Augenzeugenbericht von Peter Sax (1597–1662) vermitteln einen ungefähren Eindruck von der unerwarteten Wucht der Sturmflut:

> „[…] um sechs Uhr am abend fing Gott der Herr aus dem Osten mit Wind und Regen zu wettern, um sieben wendete er den Wind nach dem Südwesten und ließ ihn so stark wehen, daß fast kein Menschen gehen oder stehen konnte, um acht und neun waren alle Deiche schon zerschlagen […] Gott der Herr ließ donnern, regnen, hageln, blitzen und den Wind so kräftig wehen, daß die Grundfeste der Erde sich bewegten […] um zehn Uhr war alles geschehen."[23]

**Abb. 4** Jan Hulswit: Landschaft mit Windmühlen, vor 1822, Tinte, Wasserfarbe und Kreide auf Papier, 221 x 319 mm, Rijksmuseum Amsterdam, RP-T-1884-A-350

Nach der Sturmflut unternahmen die Herzöge von Schleswig-Holstein-Gottorf Bemühungen, um das ans Meer verlorene Land zurückzugewinnen. Da zeitgleich der Dreißigjährige Krieg (1618–1648) in den deutschen Landen tobte, war es schwierig, dauerhaft die Finanzierung sicherzustellen und Personal anzuwerben. Erst nach dem Friedensschluss gelang es Herzog Friedrich III. (1597–1659) mittels eines Freibriefes Niederländer wie Quirinius Christian Indervelden (1625–1666) mit der erneuten Bedeichung zu beauftragen.[24] Da die Finanzierung trotzdem unsicher war, schloss der Herzog den Vertrag in Form eines Oktroys (abgeleitet von lateinisch *auctoritas*, „Einfluss, Ansehen") ab.[25] Die Köge, die im Rahmen der Eindeichung gewonnen wurden, nannte man fortan oktroyierte Köge. Sie befanden sich vorwiegend in den nordfriesischen Gebieten. Die Besonderheit dieser Verträge war, dass den Niederländern die Durchführung der Eindeichung auf eigene Kosten erlaubt wurde, wofür ihnen im Gegenzug zahlreiche Privilegien zugestanden wurden, die unter anderem das Polizeirecht, Abgabefreiheit, Handelsvorteile und die Religionsfreiheit umfassten. Herzog Friedrich III. konnte auf diese Weise in den 1650er-Jahren die Erweiterung der Halbinsel Nordstrand erreichen, seinem Nachfolger, Herzog Christian Albrecht (1641–1695), gelangen in den 1680er-Jahren weitere erfolgreiche Landgewinnungen in der Dagebüller Bucht.[26] Welchen Landesherren das neu eingedeichte Land zu verdanken war, ließ sich in einigen Fällen am Namen erkennen, so existiert auf den Landkarten seit 1682 der Christian-Albrecht-Koog.

Die Bedeichung stellte trotz einiger Rückschläge für alle Beteiligten einen Gewinn dar. Während die Niederländer teilweise aus religiösen Gründen gezwungen waren, ihre Heimat zu verlassen, fanden sie im politisch toleranten Schleswig-

**Abb. 5** Johannes Mejer: Nordfriesland in den Jahren 1651 und 1240, um 1651, aus Joan Blaeu: Geographia Blaviana, Amsterdam 1659, Biblioteca de la Universidad de Sevilla, A 215/135

Holstein Städte und Küstenregionen vor, in denen sie sich dauerhaft niederlassen konnten und willkommen waren. Ihre zuvor erworbenen Fähigkeiten waren wiederum von Vorteil für die einheimische Bevölkerung, nicht zuletzt für die Herzöge von Schleswig-Holstein-Gottorf, die das Land und ihre Macht dadurch erweitern konnten.

Die Niederländer hatten ebenfalls großen architektonischen Einfluss in der schleswig-holsteinischen Region. So wurden die Bauernhäuser in ihrer Form verändert und passten sich niederländischen Vorbildern an. Das in den Niederlanden weitverbreitete Gulfhaus fand sein Pendant in zahlreichen Ausformungen entlang der Nordseeküste Schleswig-Holsteins. Dort trug es jedoch die Bezeichnung Haubarg. Die äußerlich eindrucksvollen und funktionalen Gebäude dienten zur gemeinsamen Unterbringung von Menschen, Tieren und Getreide. Noch heute ist eines dieser Gebäude, der Rote Haubarg, überregional bekannt.[27] Die niederländische Baukunst hatte ferner Einfluss auf repräsentative Herrenhäuser und Schlösser wie Tönning, Tondern, Glückstadt und Husum. Das zwischen 1580 und 1583 durch den niederländischen Baumeister Herkules von Oberberg (um 1517–1602) erbaute Schloss von Tönning hat die Wirren des Großen Nordischen Krieges (1700–1718/21) nicht überstanden, und seine Ruinen wurden bis 1735 abgetragen.

### Schleswig-Holsteinische Matrosen und die niederländische Schifffahrt

Ein weiterer Kulturaustausch maritimer Art fand durch die Seefahrer, vorwiegend durch die einfachen Matrosen, statt. Insbesondere Amsterdam, mit seiner Strahlkraft als maritimes Zentrum der Niederlande, nahm dabei eine wegweisende Funktion ein. Die Niederlande waren im 17. Jahrhundert führend im Schiffbau und der Seefahrt. Fast die gesamte Wirtschaft des Landes war auf den Seehandel ausgelegt. Nautische Innovationen, wie die Entwicklung und der Bau eines neuartigen Schiffes, der Fleute, hatten in niederländischen Werften ihren Ursprung. Der Anteil niederländischer Handelsschiffe auf den Meeren stieg rasant. Die Gründung von Handelskompanien wie der Niederländischen Ostindien-Kompagnie (*Vereenigde Oostindische Compagnie*) waren Folge dieser Entwicklung und kurbelten die Wirtschaft und den kulturellen Austausch, auch nach Übersee, erheblich an (Abb. 6). Nicht nur die Durchführung des Transportes und dessen Organisation, sondern auch die Erschließung neuer Absatzmärkte lag im Interesse der Kompagnie.

Wie bedeutsam der Seehandel zwischen Nord- und Ostsee war, zeigen die zwischen 1429 und 1857 angefertigten Sundzollregister, die sich heute im dänischen Reichsarchiv in Kopenhagen befinden.[28] Sie dokumentieren die Entwicklung der jährlichen Anteile am Seehandel aller Nationen, die durch den Öresund fuhren, um Handel zu treiben. Spätestens im 17. Jahrhundert betrug der Anteil der niederländischen Schiffspassagen durch den Öresund kontinuierlich mehr als 50 Prozent, was de facto eine Ablösung des hanseatischen Handelsanteiles bedeutete. Demnach fuhr jedes zweite Schiff, welches Waren zwischen dem Nord- und Ostseeraum transportierte, unter niederländischer Flagge.[29]

Diese fortschrittlichen Innovationen und die damit verbundenen Handelsvorteile und Gewinne konnten die anderen Länder nicht langfristig ignorieren. Zum Ende des 17. Jahrhunderts zog es daher sogar hochrangige Persönlichkeiten wie den russischen Zaren Peter I. (1672–1725) nach Amsterdam. Von 1697 bis 1698 erlernte er dort den Schiffbau in Theorie und Praxis (Abb. 7). Die erfolgreiche Beendigung seiner Lehre als Schiffszimmermann ist mit einem eigens ausgestellten Lehrzeugnis vom 16. Januar 1698 dokumentiert. In diesem bescheinigt sein Meister, der niederländische Schiffbaumeister Gerrit Claesz Pool (1651–1710), den offiziellen Abschluss der Ausbildung.[30]

Doch nicht nur fremde Herrscher zog es in die Niederlande, sondern auch zahlreiche Menschen aus den Gebieten Norddeutschlands, vorrangig aus Schleswig-Holstein. Die Phase einer westwärts gerichteten Migration von Schleswig-Holsteinern fällt in die Zeit nach 1634 und ist als eine Folge der großen Sturmflut zu sehen. Durch die Zerstörung und den Verlust von Ackerland mangelte es an Arbeit, und die Ernährung der Einwohner war langfristig nicht sichergestellt. Die Bewohner von der schleswig-holsteinischen Westküste brachten Erfahrungen als Fischer und Seefahrer mit, die in den Niederlanden willkommen waren. Bereits seit Jahrzehnten waren Schleswig-Holsteiner in Heringsfischfang und regionalem Küstenhandel tätig und verfügten somit über Vorteile gegenüber Konkurrenten aus dem küstenfernen Binnenland. Traditionell bestanden zudem enge und gute Handelsbeziehungen zwischen den Häfen entlang der Westküste Schleswig-Holsteins und Dänemarks sowie den Niederlanden. Doch auch kriegsbedingt benötigten die Niederlande fortlaufend Personal für die Handels- und Kriegsschiffe. Als eine Folge der Englisch-Niederländischen Seekriege mangelte es an seemännischem Personal.³¹ Zahlen für die gesamte niederländische Flotte belegen, dass in der Zeit um 1700 der größte Anteil an ausländischen Seefahrern auf niederländischen Schiffen aus den Regionen Schleswig-Holsteins kam.³² Ein hoher Anteil von schleswig-holsteinischen Seefahrern und Kapitänen in Diensten der Niederländer rekrutierte sich dabei aus Nordfriesen: Nach Rheinheimer verdingten sich allein zwischen 1760 und 1827 insgesamt 9.641 Nordfriesen in niederländischen Diensten; sie kamen von den Inseln Sylt, Amrum und Föhr sowie den Halligen Hooge, Oland, Langeneß, Nordmarsch, Gröde und Habel. Von diesen befehligten 1.150 als Kapitäne niederländische Schiffe.³³

Ein förderlicher Faktor war, dass die enge sprachliche Verwandtschaft zwischen dem Niederländischen und Niederdeutschen die Kommunikation zusätzlich erleichterte und dazu führte, dass sich Niederländer und Schleswig-Holsteiner schnell untereinander verständigen konnten, was vorteilhaft für den kulturellen Austausch war. Ein großes Problem wiederum ergibt sich bei der auf Namen gestützten Identifizierung des Anteils schleswig-holsteinischer Matrosen in niederländischen Diensten. Viele der norddeutschen Matrosen nahmen mehr oder weniger freiwillig niederländisch klingende Namen an, die sich in den Mannschaftslisten der Schiffe wiederfinden. Diesen heute als „Hollandisierung" bezeichneten sprachwissenschaftlichen Vorgang thematisierte der im späten 18. Jahrhundert

**Abb. 6** Jan Brandes: Deckansicht eines niederländischen Ostindienfahrers (VOC-Schiff), 1778–87, Bleistift und Pinsel auf Papier, 155 x 195 mm, Rijksmuseum Amsterdam, NG-1985-7-1-144

**Abb. 7** Joseph Mulder: Ansicht des Admiralitätsmagazins und der Admiralitätswerft zu Amsterdam, 1693/1726, Radierung auf Papier, 267 x 345 mm, Rijksmuseum Amsterdam, RP-P-1905-566

zur See fahrende Föhrer Kapitän Jens Jacob Eschels (1757–1842) in seinen autobiografischen Erinnerungen wie folgt:

> „Da ich aber an's Seefahren, von Holland aus, kam, mußte ich auch, so wie alle Föhringer derzeit, einen holländischen Namen haben, denn unsere Föhringer Namen klangen den Holländern nicht gut und sie spotteten darüber, also hieß ich auch auf Holländisch Jan (Jens heißt auf Holländisch Jan) Jacobs, und habe mich dieses Namens von 1769 bis 1782 beim Seefahren bedient."[34]

Eschels selbst begann als elfjähriger Schiffsjunge seine Seefahrerzeit an Bord eines Amsterdamer Walfängers, bevor er später Fuß in der Handelsschifffahrt fasste und schließlich bis 1798 als Kapitän die Weltmeere befuhr.

### Walfänger und die „Grönlandfahrt"

Seit dem beginnenden 17. Jahrhundert etablierte sich parallel zur Handelsschifffahrt der Walfang, der zunehmend lukrativ wurde. Angeführt durch britische und niederländische Walfänger wurden die natürlichen Jagdgebiete systematisch nach Norden hin ausgeweitet. Als das zuverlässigste und zugleich robusteste Schiff galt die in den Niederlanden entwickelte Fleute, deren Rumpf man für die Fahrt im Eismeer verstärkte und die zusätzlich mit mehreren Beibooten für die Waljagd ausgerüstet wurde.[35] Die ursprünglichen Fanggründe lagen anfangs zwischen Spitzbergen und der Insel Jan Mayen. Die leicht irritierende Bezeichnung des Walfangs als „Grönlandfahrt" ging auf eine Anekdote aus dem Jahr 1596 zurück. Der

**Abb. 8** Abraham Storck: Walfang im Nordmeer, vor 1708, Öl auf Leinwand, 50,5 x 66,5 cm, Rijksmuseum Amsterdam, SK-A-4102

niederländische Seefahrer und Entdecker Willem Barents (um 1550–1597) hatte die norwegische Inselgruppe Spitzbergen während seiner Suche nach einer Nordostpassage gesichtet und irrtümlich für Ostgrönland gehalten.[36] Mit der Ausweitung der Jagdgründe verschoben sich die Fanggebiete nach Westen und erreichten bald die tatsächliche Ostküste Grönlands, bevor um 1720 sogar in der Davisstraße, westlich von Grönland, Walfang durch die Europäer betrieben wurde (Abb. 8).[37]

Der Walfang lieferte verschiedene Produkte für private Haushalte und die industrielle Weiterverarbeitung. Neben dem Tran als universeller Brennstoff, unter anderem für Lampen, war auch das Fischbein, die faserigen Hornplatten der Bartenwale, für unterschiedliche Wirtschaftszweige von Interesse. Als flexible Streifen zur Verstärkung von Korsetts, als Haltestreben von Regenschirmen oder gar als klappbare Zollstöcke ließ sich Fischbein vielfältig weiterverarbeiten. Selbst Walknochen galten als begehrtes Baumaterial im Küstengebiet. Neben dem Walfang wurde auch Robben- und Eisbärenjagd betrieben, die keineswegs unerwähnt bleiben darf und die auch nach 1814 noch einmal zu Bedeutung kam.[38]

Die Mannschaften der Walfangflotten setzten sich international zusammen. Neben Niederländern und Skandinaviern fuhren vor allem Schleswig-Holsteiner auf den Schiffen mit, wobei eine größere Gruppe von nordfriesischen Walfängern Ende des 17. Jahrhunderts überdurchschnittlich vertreten war.[39] Ab dem 18. Jahrhundert stieg die Bedeutung Hamburgs und dessen Umlandes für die Seefahrt und es begann zeitgleich die wirtschaftliche Stellung Amsterdams abzulösen.[40] Sowohl Handels- als auch Walfangschiffe liefen dabei immer auch von Hamburg, Altona oder Elmshorn aus.[41] Mit an Bord waren vorwiegend erfahrene Schleswig-Holsteiner, die zuvor in Diensten der Niederländer gefahren waren.[42] Die Gründe für den Rückgang des niederländischen Walfangs lagen primär in den Seekriegen, die die Niederlande mit England führten und die den Walfang unrentabel machten. Das Ende des niederländischen Walfangs erfolgte abrupt. 1798 konfiszierte die britische Flotte auf einen Schlag fast die vollständige niederländische Walfangflotte, was das Ende einer der zentralen Erwerbsquellen von Schleswig-Holsteinern in den Niederlanden bedeutete.

### Ein gegenseitiger Austausch stärkt – Zusammenfassung

Beziehungen zwischen den Niederlanden und Schleswig-Holstein lassen sich vom Mittelalter bis in die unmittelbare Gegenwart aufspüren und sichtbar machen. Alle Elemente eines gegenseitigen Austausches, des Miteinanders und der Aneignung und Übernahme von Wissen und Kultur schlagen sich anschaulich im heutigen Wappen des Kreises Nordfriesland nieder (Abb. 9). Das Wappen baut in seiner Grundform auf dem Eiderstedter Wappen von 1613 auf. Der Hintergrund des Wappenschildes ist in blauer Farbe gestaltet und repräsentiert das Meer, naheliegenderweise die Nordsee. Dargestellt sind drei standardisierte Segelschiffe – Koggen – mit jeweils verschiedenen Symbolen in den Großsegeln. Die Fahrtrichtung der Schiffe ist nach links ausgerichtet und erweckt den Eindruck, dass diese in westliche Richtung segeln, möglicherweise in Richtung der Niederlande? Die Schiffe symbolisieren die Seefahrt und den Handel über das Meer, während die drei Symbole in den Großsegeln für jeweils ganz unterschiedliche Erwerbszweige stehen, die maßgeblich durch die niederländischen Einflüsse in der Frühen Neuzeit geprägt wurden: Der Pflug im Großsegel des links oben dargestellten Schiffes steht für den Ackerbau und die Landwirtschaft. Deren Ausweitung wurde entscheidend durch die Landeserweiterung, aufbauend auf der Eindeichung, ermöglicht und profitierte teilweise auch in der kon-

**Abb. 9** Wappen des Kreises Nordfriesland, 1972

kreten Umsetzung auf niederländischen Kenntnissen. Der Fisch – ein Sylter Hering – im Schiff oben rechts visualisiert den Fischfang, von dem die Schleswig-Holsteiner lebten und zum Teil bis heute noch leben. Die Fischerei war einer der natürlichen Erwerbszweige und der Hering galt zugleich als wertvolles Handelsgut. Das letzte Symbol, der Stierkopf im Segel des unteren Schiffes, steht für die Weidewirtschaft, die ebenfalls erst durch die Eindeichung optimiert werden konnte. Viehhaltung und Milchproduktion waren damit direkt verbunden. Sie wurden nach niederländischem Vorbild entlang der schleswig-holsteinischen Westküste landläufig und ermöglichten die Steigerung der Einkünfte gleichermaßen von Bauern und Adel.

Zusammenfassend wird deutlich, dass der gegenseitige Kulturaustausch zwischen den Niederlanden und Schleswig-Holstein beiden Regionen große Vorteile erbrachte und Jahrhunderte überdauerte. Die Sturmflut des Jahres 1634, die als eine Zäsur gilt, veränderte die Migrationsrichtung und hatte große Auswirkungen auf den Austausch. Während die niederländischen Migranten den Landesausbau und die wirtschaftlichen Erträge in Schleswig-Holstein steigern konnten, verstärkten schleswig-holsteinische Seefahrer als Matrosen und Kapitäne die Flotten der Niederländer.

### Anmerkungen

1. Die Begriffe „Bedeichung" und „Eindeichung" werden in diesem Beitrag synonym verwendet. Zur sprachwissenschaftlichen, kritischen Terminologie siehe Adelung 1793, S. 778, 1692.
2. Mörke 2015, S. 141f. Dass dieser Austausch nicht immer friedfertig war, belegen die historischen Überlieferungen anschaulich. Wirtschaftliche Zentren im 9.–10. Jahrhundert waren beispielsweise Birka im heutigen Schweden, Nowgorod im heutigen Russland und Haithabu im heutigen Schleswig-Holstein, vgl. Froese 2008, S. 73–78.
3. In diesem Beitrag wird die Bezeichnung „Schleswig-Holsteiner" stellvertretend für die Bewohner des heutigen Bundeslandes Schleswig-Holstein verwendet. Die Landschaften Dithmarschen, Nordfriesland und Fehmarn konnten sich in der Frühen Neuzeit relativ lange einen hohen Grad an politischer Eigenständigkeit bewahren, vgl. Hammel-Kiesow/Pelc 2003, S. 74–76, 86–94; U. Lange 2003a, S. 161f. Die Entwicklung eines nationalen Bewusstseins und Zusammengehörigkeitsgefühls der „Schleswig-Holsteiner" entstand erst im Laufe des 19. Jahrhunderts und wurde maßgeblich durch Uwe Jens Lornsen (1793–1838), der der Sohn eines friesischen Seefahrers war, angestoßen. Lornsen 1830; vgl. Schultz Hansen 2003, S. 427–433; vgl. Froese 2008, S. 195–199.
4. Vorrangig die Bewohner aus den westlichen Regionen Schleswig-Holsteins waren in der Lage, ihren Wohnsitz frei zu bestimmen. Ein wesentlicher Grund dafür war, dass die feudalen Strukturen in den westlichen Landschaften weniger ausgeprägt waren als es in den mittleren und östlichen Territorien der Fall war.
5. Die Auswanderung war dabei in vielen Fällen nur saisonal bedingt. In die Niederlande zog es vorwiegend junge Männer im erwerbstätigen Alter, die an Bord niederländischer Schiffe anheuerten und nach der Ausfahrt wieder in ihre Herkunftsgebiete zurückzogen.
6. Mörke 2015, S. 122f.
7. Zitiert nach Boxer 1990, S. 65.
8. Kat. Fürstenberg/Hannover 2010, S. 13, 29, 57.
9. Rheinheimer 2016, S. 113.
10. Quedenbaum 2000, S. 14. Für eine allgemeine und sehr gut nachvollziehbare Einführung zum Deichbau in Schleswig-Holstein siehe Kühn 1992.
11. Quedenbaum 2000, S. 144.
12. Eiderstedt erhielt 1582 ein überarbeitetes Deichrecht, vgl. Panten/Porada/Steensen 2013, S. 15, 73. Im Dithmarscher Landrecht ist das Deichrecht als Unterpunkt aufgeführt, siehe Kramer 1987, S. 47. Viel früher, bereits im Jahr 1477, ist für die Landesgemeinde Neuenlande an der Unterweser ein Spatenrecht überliefert, siehe Ehrhardt 2015, S. 49. Zur rechtlichen Legitimität von Deichen und den Pflichten der Anwohner siehe Quedenbaum 2000, S. 15.
13. Zitiert nach Pierer 1863, S. 507; vgl. Quedenbaum 2000, S. 16. Zusätzlich existierte eine außerordentliche Deichpflicht, die als eine Form der Nothilfe zu charakterisieren ist, siehe Ehrhardt 2015, S. 43; vgl. Panten/Porada/Steensen 2013, S. 15.
14. Die Deichverbände regelten darüber hinaus die Wartungs- und Instandhaltungsarbeiten der Deiche, waren demnach hauptverantwortlich für den regionalen Küstenschutz und nahmen eine wichtige Rolle zur Absicherung für das Binnenland wahr, vgl. Kramer 1987, S. 59, 82.
15. Kommunale Wappenrolle Schleswig-Holstein, Nr. 1053.
16. Der wissenschaftliche Nachweis erfolgte erst in der zweiten Hälfte des 18. Jahrhunderts, vgl. Quedenbaum 2000, S. 143.
17. Lohmeier 1997b, S. 35–38. Auf Eiderstedt wurde das dauerhafte Amt eines Deichgrafen im Jahr 1625 eingeführt, vgl. Panten/Porada/Steensen 2013, S. 108–109.
18. Die erste wissenschaftliche Publikation zum Deichbau veröffentlichte Albert Brahms (1692–1758). Sein zweibändiges Werk mit dem Titel *Anfangsgründe der Deich und Wasserbaukunst* erschien 1754/57 in Aurich.
19. Eng verbunden mit der Deichbaukunst war das Wissen über das Fortifikationswesen. In der Frühen Neuzeit wurde mit Aufschüttungen von Wällen experimentiert, um die Wirkung von Belagerungsgeschützen zu reduzieren. Deichbau und Festungswesen waren demnach eng miteinander verbunden.
20. Roever 1944.
21. Zur Bedeutung des schleswig-holsteinischen und dänischen Ochsenhandels siehe Mörke 2015, S. 129.
22. Riecken 1991, S. 11–64.
23. Zitiert nach Riecken 1991, S. 35.
24. Lohmeier 1997b, S. 35.
25. H. Jessen 1933. Die Vergabe von Oktroys war im Herzogtum Schleswig-Holstein-Gottorf erst seit 1612 möglich geworden, nachdem Herzog Johann Adolf (1575–1616) eine entsprechende Erlaubnis erteilt hatte. Diesem Gesetz entsprechend wurde das nach 1612 dazugewonnene Land automatisch der Obrigkeit zugesprochen und befand sich nicht mehr im Besitz der Gemeinden, vgl. Allemeyer 2006, S. 137–153, hier S. 139.
26. Lohmeier 1997b, S. 36.

27 Kuschert 1990.
28 Seit 2009 werden die Sundzollregister durch die Universität Groningen digitalisiert und stehen online zur Verfügung. www.soundtoll.nl [Zugriff: 14.2.2018]. Archivmaterial ist aus der Zeit von 1497 bis 1857 überliefert, vgl. Kat. Berlin 2018, S. 224.
29 Degn 2010a. Die niederländischen Kaufleute agierten somit zunächst als Konkurrent der Hanse, lösten diese schließlich ab und übernahmen im Laufe des 17. Jahrhunderts den Ostseehandel. Vgl. Bohn 2011, S. 75–77.
30 Kat. Berlin 2018, S. 262; vgl. Raptschinsky 1925/26, S. 117–131.
31 Insbesondere nach dem ersten Englisch-Niederländischen Seekrieg (1652–1654) war dies der Fall.
32 Mörke 2015, S. 123.
33 Vgl. Rheinheimer 2016, S. 124–129, 213–218.
34 Zitiert nach Eschels 1835, S. 2.
35 Kat. Hamburg 1987, S. 29; vgl. S. Lehmann 2001, S. 166–167.
36 Veer 1598, S. 49; vgl. Kat. Oldenburg 2006, S. 5, 18.
37 S. Lehmann 2001, S. 169–174.
38 Dijkstra 1986, S. 199–216; vgl. Oesau 1937.
39 S. Lehmann 2000, S. 163–202; S. Lehmann 2001, S. 157–186; vgl. auch Dekker 1978.
40 Mörke 2015, S. 137–139; vgl. Rheinheimer 2016, S. 113–118.
41 Zum schleswig-holsteinischen Walfang, ausgehend von der Stadt Elmshorn, siehe Bai 1968; vgl. Kat. Oldenburg 2006, S. 23–34.
42 Rheinheimer 2016, S. 113–118.

*Oliver Auge*

# KULTURTRANSFER IM SCHLEPPTAU DYNASTISCHER POLITIK? – SCHLESWIG-HOLSTEINS FÜRSTEN UND DIE NIEDERLANDE

„Die Niederlande und Schleswig-Holstein" sind kein unbedingt neues, aber gleichwohl ein ungemein vielseitiges und ergiebiges Forschungsgebiet. So hat Ernst George bereits 1923 einen umfänglichen Aufsatz zu den zahlreichen wirtschaftlichen und kulturellen Beziehungen der schleswig-holsteinischen Westküste zu den Niederlanden in der ersten Ausgabe der Zeitschrift Nordelbingen publiziert.[1] Hermann Kellenbenz stellte 1954 überzeugend die politischen und wirtschaftlichen Verbindungen Spaniens und der nördlichen Niederlande zur skandinavisch-baltischen Welt, zu der Schleswig-Holstein im weitesten Sinne zu rechnen ist, für die Zeit um 1600 vor.[2] Die Spuren der Niederländer in Norddeutschland verfolgte sodann ein im Jahr 2001 veröffentlichter touristischer, darum aber nicht weniger verdienstvoller Wegweiser.[3] Schließlich befasste sich 2003 eine vom Schleswig-Holsteinischen Landesarchiv in Schleswig organisierte Ausstellung samt wissenschaftlichem Begleitband intensiv und tiefschürfend mit dem Verhältnis Schleswig-Holsteins zu den Niederlanden, wobei insbesondere Politik, Ökonomie und Handel, Sprache, Migration, Rechtswesen, Kunst und Kunsthandwerk, Landwirtschaft, Schifffahrts- und Agrarwesen sowie der Deichbau inklusive der damit verbundenen Landgewinnung als „Aspekte einer historischen Verbundenheit", so der Untertitel des Begleitbandes, zur Sprache kamen.[4] Im Unterschied zu diesen vielen, ganz verschiedenen thematischen Ansätzen wurde zu dem Sujet der folgenden Untersuchung, nämlich den Kontakten der Fürsten und speziell Herzog Adolfs I. von Schleswig und Holstein zu den Niederlanden, bisher nicht unmittelbar geforscht. Hier und da finden sich natürlich bereits vereinzelt interessante Hinweise in der Literatur. Aber eine eigentliche Zusammenführung relevanter Befunde existiert bislang nicht, sodass es durchaus Sinn macht, im Rahmen dieses Sammelbandes zu „[den] Niederlande[n] und Schleswig-Holstein" einmal gezielt den Blick genau auf solche dynastischen Kontakte zu richten. Fragt man nach dem Grund, warum dieser Blick bis jetzt unterblieb, so mag er womöglich in dem Sachverhalt zu suchen sein, dass für einen einzelnen Fürsten diesbezüglich gar nicht unbedingt viel zu berichten ist. Im Gegensatz dazu liefert allerdings das Gesamtpanorama der schleswig-holsteinischen Fürsten durchaus ein aussagekräftiges Bild, dessen nähere Betrachtung sich meines Erachtens als lohnend erweist, vor allem wenn man nicht nur von den Fürsten als solchen sprechen möchte, sondern von deren dynastischer Politik. Bekanntlich hatte nahezu jede Maßnahme des mittelalterlichen und frühneuzeitlichen Adels im politischen, ökonomischen oder im weitesten Sinne kulturellen Bereich immer auch eine dynastische Seite, wie umgekehrt fast jeder dynastischen Handlung irgendwie stets zugleich politische, wirtschaftlich-finanzielle oder kulturelle Aspekte innewohnten.[5] Wenn es im Folgenden nunmehr um Kulturtransfer im Schlepptau dynastischer Politik gehen soll, ist das Spektrum zu betrachtender Gesichtspunkte somit denkbar weit. Die Bedeutung von Kulturtransfers aus den Niederlanden als solchen steht indes für die Dynastie- und die mit ihr eng verzahnte Hof- und Residenzforschung ganz allgemein außer Frage und bedarf an sich keiner näheren Erläuterung.

Es sei darum nur kurz darauf verwiesen, dass Fürstenhöfe generell „Austragungs- und Aushandlungsorte kultureller Austauschprozesse" waren, wobei sie sich seit dem späten Mittelalter insbesondere an den kulturellen Standards orientierten, die in Italien, Frankreich oder eben den burgundischen Niederlanden entwickelt worden waren.[6]

Wenn man sich mit den Verbindungen der schleswig-holsteinischen Fürsten zu den Niederlanden unter dem Blickwinkel des Kulturtransfers befasst, muss man sich dabei erst einmal vergegenwärtigen, dass allein schon das konkrete Bild, das wir uns von diesen Fürsten aufgrund vorhandener Porträts machen, durch eine sozusagen niederländische Brille gesehen wird, weil die entsprechende Porträtmalerei niederländisch war oder zumindest niederländisch beeinflusst worden ist. Zu denken ist hierbei natürlich zuvorderst an die zahlreichen Porträts, die der Gottorfer „Hofmaler" oder besser: höfische Maler Jürgen Ovens von verschiedenen Vertretern des Hauses angefertigt hat. Seine Ausbildung erhielt Ovens in Amsterdam in den Niederlanden, vielleicht in der Schule Rembrandts, aber auch der von Rubens und van Dycks.[7] Constanze Köster hat Ovens' Oeuvre erst jüngst einer beeindruckenden Sichtung unterzogen.[8] Ihre dankenswerterweise reich bebilderte Gesamtschau macht deutlich, wie viele Porträts der Gottorfer in Öl man diesem fleißigen wie gewandten Maler verdankt (Abb. 1). Sie können im Rahmen dieses Beitrags unmöglich alle adäquat gewürdigt werden. Stellvertretend seien hier lediglich drei bedeutende Beispiele erwähnt: Die Allegorie auf die Gottorfer Erbfolge von 1646 zeigt die Herzogin Maria Elisabeth in Gestalt der Caritas mit blaurotem Mariengewand und mit Attributen der Fruchtbarkeit zusammen mit ihren Söhnen, unter anderem Christian Albrecht zu ihren Füßen und August Friedrich auf ihrem Schoß.[9] Mit 314 x 477 cm ist die Darstellung Herzog Friedrichs III. und seiner Familie in einer Allegorie auf den Frieden von 1652 wirklich monumental.[10] Schließlich nimmt das ganzfigurige Bildnis der Herzogstochter Hedwig Eleonora in einer Tugend-Allegorie bei ihrer Krönung durch Minerva 1654 ihre Krönung zur schwedischen Königin vorweg.[11] Aber auch an die zahlreichen Bildnisse Herzog Christian Albrechts und seiner Familie ist zu denken und nicht zuletzt an den bekannten Zyklus mit Darstellungen zur Herkunft und Geschichte des Hauses Gottorf.[12] Doch nicht nur als gewissermaßen quicklebendige Zeitgenossen begegnen uns die Gottorfer Fürsten und ihre Familien regelmäßig in vom niederländischen Stil beeinflussten Porträts, sondern auch in der genau genommen nicht weniger Lebendigkeit ausstrahlenden Grabkunst. So gilt das mehrfach umgesetzte, vom flämischen Baumeister und Bildhauer Cornelis Floris in der ersten Hälfte der 1550er-Jahre angefertigte Grabmal Friedrichs I. im Schleswiger Dom seiner Formensprache und seiner kostbaren Materialien wegen als „Glanzleistung der niederländischen Renaissancekunst in Nordeuropa"[13]. Zu sehen ist überlebensgroß der im rankenverzierten Prunkharnisch auf einem antikisierenden Ruhebett liegende König beim Gebet zwischen zwei Wappenschildhalterinnen in antiker Gewandung.[14] Unweit des heutigen Standorts des Gisants, der von sechs Frauenfiguren in ebenfalls antikisierender Aufmachung getragen wird, befindet sich der hochbarock gestaltete Eingang zur sogenannten Oberen Fürstengruft, deren Bau und Ausgestaltung zwischen 1661 und 1663 nach den Plänen von Artus Quellinus d. Ä. aus Amsterdam erfolgte. Die hierzu verwendeten Marmorteile kamen aus Holland und erreichten Friedrichstadt Ende 1662 auf dem Seeweg.[15] Im Innern der Gruft sind die von Quellinus wohl schon vor 1659 angefertigten lebensechten Bildnisbüsten Herzog Friedrichs III. und seiner Gemahlin Maria Elisabeth zu sehen.[16] Plastisch in Büsten- oder Gisantform oder aber bildhaft vermittelt durch zahlrei-

**Abb. 1** Jürgen Ovens: Maria Elisabeth von Sachsen, Herzogin von Schleswig-Holstein-Gottorf, Mitte 1650er, Öl auf Kupfer, 19 x 14 cm, Statens Museum for Kunst Kopenhagen, KMS 3074

che Ölporträts treten uns also die Fürsten Schleswig-Holsteins selbst als „Produkte" des Kulturtransfers aus den Niederlanden entgegen.

Dieser Kulturtransfer fand nicht nur, aber eben auch und zu einem gewiss nicht unwesentlichen Teil im Schlepptau dynastischer Politik statt, so die Kernthese dieses Beitrags. Im Mittelpunkt jedweder dynastischen Politik aber stand das fürstliche Konnubium, also die Gesamtheit der von einem Fürstenhaus geschlossenen Ehen oder geplanter, jedoch aus verschiedenen Gründen dann doch nicht realisierter Heiratsprojekte.[17] Schaut man nun allein auf direkte Heiratsverbindungen der schleswig-holsteinischen Dynasten in den niederländischen Raum, wird man zumindest zahlenmäßig doch enttäuscht, weil sich eigentlich nur zwei Fälle konkret benennen lassen, wovon einer im Prinzip nur halbgültig ist. Gemeint ist Jobst I., Graf von Holstein und Schaumburg, der wohl am 17. Februar 1506 Maria, eine Tochter Graf Johanns V. von Nassau-Dillenburg, heiratete.[18] Neben der Stammgrafschaft Schaumburg und der Herrschaft Gemen herrschte er nördlich der Elbe über die kleine Grafschaft Holstein-Pinneberg – dies allerdings nach dem Tode seines Vaters Johann IV. 1527 lediglich vier Jahre lang, da er selbst bereits 1531 verstarb.[19] Es klingt sicher reichlich sarkastisch, trifft aber den Kern, wenn man behauptet, der beim alten Glauben verharrende Jobst machte sich um seine Dynastie im Wesentlichen durch seine zahlreichen Nachkommen verdient, insgesamt zwölf an der Zahl,[20] von denen es wiederum zwei, nämlich Adolf III. und Anton, bis auf den Kölner Erzbischofsstuhl schafften. Markante Beobachtungen im Hinblick auf tiefergehende Kontakte zu den Niederlanden, etwa gar mit Konsequenzen für seinen nordelbischen Herrschaftsbereich Pinneberg, sind indes nicht auszumachen.

Ganz anders verhält es sich demgegenüber mit dem Oldenburger Christian II., König von Dänemark, der als Herzog von Schleswig und Holstein zugleich auch über den sogenannten Segeberger Teil der Lande herrschte.[21] Ihn verband über seine Gemahlin Isabella von Österreich und seine Geliebte Dyveke Sigbritsdatter sowie deren Mutter Sigbrit Villoms gleich eine zweifache persönliche Beziehung mit den Niederlanden.[22] Die um 1490 geborene, anscheinend wunderschöne Dyveke, mittelniederländisch für Täubchen, stammte aus einer Amsterdamer Kaufmannsfamilie. Christian hatte sie wohl 1507 oder 1509 in seiner damaligen Funktion als Vizekönig von Norwegen auf den Hinweis seines Kanzlers Erik Valkendorf hin in Bergen kennengelernt. 1513, als er König von Dänemark geworden war, hatte er sie zusammen mit ihrer Mutter Sigbrit mit nach Dänemark genommen, wo er den beiden Frauen erst das Schloss Hvidøre nördlich von Kopenhagen überließ und dann 1516 einen Hof in Kopenhagen in unmittelbarer Nähe zu seinem eigenen Palast kaufte.[23] Er behielt die Beziehung zu Dyveke auch nach seiner Hochzeit mit Isabella von Österreich 1514/15 bei, was Christian den Unwillen einheimischer Würdenträger und ausländischer Gesandter einbrachte. Selbst Kaiser Maximilian I. intervenierte zugunsten seiner Enkelin Isabella und verlangte unter unverhohlener Gewaltandrohung ein Ende von Christians Verhältnis zu Dyveke. Als sie 1517 dann plötzlich aus dem Leben schied, wurde dafür sogleich ein Giftanschlag verantwortlich gemacht, hinter dem ihre Mutter den ehemaligen Kanzler und nunmehrigen Erzbischof von Nidaros/Trondheim Erik Valkendorf, Christian aber seinen Lehnsmann Torben Oxe als Drahtzieher vermuteten. Christian ließ Oxe trotz eines Freispruchs durch den Reichsrat von einem Bauerngericht zum Tode verurteilen und enthaupten, was Dyvekes Tod vollends zum Politikum machte und zur weiteren Entfremdung zwischen König und Reichsrat führte. Auch nach Dyvekes Tod hielt ihre Mutter Sigbrit den engen Kontakt zum König aufrecht und übte als dessen Beraterin und Finanzexpertin mit eigenen Sekretären und der Aufsicht über das gesamte Zollwesen im Königreich weiterhin großen Einfluss aus. Das brachte ihr, auch aufgrund ihrer fehlenden hohen Abkunft, viele Feindschaften ein. 1523 ging sie gemeinsam mit Christian und seiner Frau in die Niederlande ins Exil, wo sie schließlich 1532 in Vilvorde bei Brüssel eingekerkert und vermutlich als Hexe hingerichtet wurde.

Christians Gemahlin Isabella von Österreich hingegen war das dritte Kind des Herzogs von Burgund, Philipps des Schönen, und seiner Gattin Johanna der Wahnsinnigen.[24] Sie erblickte in Brüssel im Jahr 1501 das Licht der Welt und wuchs unter der Vormundschaft ihrer Tante, der Statthalterin Margarete, in den Niederlanden auf. Das kultivierte und gebildete, unter anderem vom späteren Papst Hadrian VI. unterrichtete Mädchen wurde schon als Dreizehnjährige am 11. Juni 1514 im Rahmen einer Stellvertreterhochzeit mit dem 20 Jahre älteren dänischen König Christian II. verheiratet, nachdem dieser erst vergeblich um ihre ältere Schwester Eleonore geworben hatte. Christian versprach sich von der Heirat mit der Habsburgprinzessin, die immerhin Enkelin Kaiser Maximilians war, natürlich politische Vorteile und Rückendeckung für seine eigene ambitionierte Politik im Norden. Am 10. August 1515 erreichte Isabella dann nach stürmischer Überfahrt Kopenhagen, wo sie zwei Tage später mit Christian in Person vermählt wurde. Er machte seine Geliebte Dyveke zur Gesellschafterin seiner Ehefrau, und nach ihrem bereits erwähnten plötzlichen Tod vertraute er seinen 1518 geborenen Sohn Johann der erzieherischen Obhut von Dyvekes Mutter Sigbrit an. Offenbar seiner Ehefrau zuliebe gestattete Christian II. 1521 auf der Insel Amager, damals vor den Toren und heute ein Teil Kopenhagens, die Ansiedlung niederländischer Kolonisten mit weitreichenden Privilegien. Die Siedler boten der Königin die willkommene Möglichkeit zur Unterhaltung in ihrer Muttersprache und belieferten den königlichen Hof obendrein mit „holländischem" Gemüse. Isabella selbst soll dem Kopenhagener Königshof daneben kulturelle Impulse im Hinblick auf die zeitgenössische Mode und höfische Prachtentfaltung vermittelt haben. Nach dem Sturz ihres Mannes im Januar 1523 begleitete sie ihn zusammen mit ihren drei noch lebenden Kindern und der Mutter seiner ehemaligen Mätresse mit einer 20 Schiffe umfassenden Flotte in die Niederlande, wiewohl der dänische Reichsadel sie weiterhin als legitime Herrscherin betrachtete und ihr die Möglichkeit einer Regentschaft für ihren noch unmündigen Sohn Johann offeriert hatte. Das aus Dänemark geflohene Königspaar ließ sich nun zunächst in Mechelen nieder und später in der Stadt Lier, die ihm die Statthalterin Margarete als Aufenthaltsort zugewiesen hatte und die bald als Hof von Dänemark bezeichnet wurde. Im Exil unterstützte Isabella anscheinend vorbehaltlos den Wunsch ihres Mannes nach einer Rückkehr auf den dänischen Thron, weswegen sie mit ihm auch zahlreiche diplomatische Reisen unternahm. 1524 trug man ihr von dänischer Seite nochmals die Option einer Rückkehr an, was sie aber ablehnte. Vielmehr zog sie mit ihrem Mann wieder nach Flandern zurück, wo die 24-jährige am 19. Januar 1526 nach schwerer Krankheit in der Nähe von Gent verstarb.

Mit den Ehen Jobsts I. und Christians II. greift man bereits alle unmittelbar bestehenden Heiratsbeziehungen der Fürsten Schleswig-Holsteins zu den Niederlanden. Allerdings sollte man, um die tatsächliche Reichweite eines fürstlichen Konnubiums zu bestimmen, stets wie ein Billardspieler über die Bande spielen und deswegen auch auf mittelbare dynastische Kontakte achten. Und tatsächlich wird man auf diese Weise noch weiter fündig. Der Große Kurfürst von Brandenburg Friedrich Wilhelm war in erster Ehe ab 1646 mit (Luise) Henriette, der Schwester des mit der britischen Prinzessin Mary verehelichten Wilhelm II. von Oranien, verheiratet. Nach Henriettes Tod 1667 vermählte er sich nur ein Jahr später mit der Witwe Dorothea von Braunschweig und Lüneburg. Bei ihr handelte es sich um eine geborene Prinzessin von Schleswig-Holstein-Sonderburg-Glücksburg.[25] Über ihre Eheschließung wird Dorothea geradezu zwangsläufig mit den seinerzeit starken niederländischen Einflüssen in Brandenburg in Berührung gekommen sein, auf die bekanntlich unter anderem die Anfänge von Schloss und Stadt Oranienburg bei Berlin zurückzuführen sind.[26] Nach speziellen Rückwirkungen auf die Verhältnisse im Glücksburger Herzogtum wurde bisher nicht gefragt.

Zumindest entfernte dynastische Bande zwischen den Gottorfern und dem Haus Oranien bestanden sodann durch die Ehe, welche die Tochter Wilhelms I. von Oranien namens Luise Juliane 1593 mit dem Pfälzer Kurfürsten Friedrich IV. einging.[27] Friedrichs Mutter war Elisabeth von Hessen, eine Tochter Landgraf Philipps I. des Großmütigen und damit auch eine Schwester der Landgrafentochter Christine. Christine von Hessen wiederum war seit 1564 die Gemahlin Herzog Adolfs I. (Abb. 2).[28] Christine und Elisabeth hatten indes noch eine weitere Schwester namens Agnes, die 1541 mit Kurfürst Moritz von Sachsen verheiratet wurde. Aus dieser Ehe ging eine Tochter mit Namen Anna hervor, die 1561 zur zweiten Frau des 1558 verwitweten Wilhelms I. von Oranien wurde.[29] Ohne dass sich nun aus diesem Beziehungsgeflecht gleich unmittelbare Kulturtransfers dingfest machen ließen, wird so zumindest deutlich, dass die Gottorfer über die hessische Heirat Adolfs I. zum wenigstens randständigen Teil eines weitgespannten dynastischen Netzwerks um und mit den sogenannten Erbstatthaltern der Niederlande aus dem Hause Oranien wurden.

Die relative Randständigkeit dürfte sich dadurch wenigstens mit erklären, dass Adolf I. an der Seite des Herzogs von Alba 1572 gegen die Aufständischen, an deren Spitze Wilhelm von Oranien stand, in den Krieg um die Wiederherstellung der Habsburgerherrschaft über die Niederlande gezogen war und dazu nach dem Bericht Heinrich Rantzaus selbst 2.000 Reiter bereitgestellt hatte.[30] Schon seit Ende der 1540er-Jahre hatte sich Adolf aus finanziellen Interessen mit mehreren holsteinischen Adeligen, darunter genannter Heinrich Rantzau, für längere Dauer am Hof Karls V. in Brüssel aufgehalten und in diesem Zusammenhang zum Beispiel den spanischen Thronfolger Philipp (II.) bei dessen Huldigungsfahrt durch die niederländischen Provinzen begleitet. Während seines Aufenthalts genoss Adolf anscheinend auch die besondere Gunst der kaiserlichen Schwester und Statthalterin der Niederlande Maria von Ungarn. Anlässlich des Fürstenaufstands von 1552 warb er erfolgreich Truppen für das kaiserliche Heer am Niederrhein an. Nach der Abdankung Karls V. wurde Adolf dann durch Philipp II. zum Rat von Haus aus mit einem Jahrgeld in Höhe von 6.000 Gulden bestallt. Das in habsburgischen Hof- und Kriegsdiensten in den Niederlanden erworbene Geld – Rantzau spricht in seinen Relationen von einem für den Herzog „gute[n] Krieg", was auf das damit verbundene gute Einkommen abzielte – ermöglichte Adolf zumindest anteilig den Bau der Schlösser von Reinbek und Husum. Nicht von ungefähr wurden dieselben mit einer für die Herzogtümer „völlig neuartige[n] Bauidee", wie Antje Wendt schreibt, nach niederländischem Vorbild und mithilfe von Handwerkern aus den Niederlanden errichtet.[31] Der Bau des Reinbeker Schlosses erfolgte noch unmittelbar während beziehungsweise im direkten zeitlichen Anschluss an den Feldzug in den Niederlanden zu Anfang der 1570er-Jahre; die Bauzeit des Schlosses vor Husum fällt auf die Jahre 1577 bis 1582. Selten ist der Kulturtransfer aus den Niederlanden im Gefolge dynastischer Politik hierzulande so handfest greifbar wie bei diesen beiden Schlossbauten, die bekanntlich jeweils aus rot gekalktem Backsteinmauerwerk bestehen, das von breiten Sandsteinbänken durchzogen wird. Auch nach der Errichtung der Schlösser hielt Adolf im Übrigen Kontakte zu den Niederlanden aufrecht, wie allein schon die Anstellung eines niederländischen Kochs zu Husum im Jahr 1586 bezeugt.[32]

Adolfs älterer Bruder Christian III. ist selbst nicht in die Niederlande gekommen. Doch standen die Niederlande mit seinem Herrschaftsantritt 1533 in einem gewissen Kausalzusammenhang. Denn der seinerzeit am dänischen Königshof und in Schleswig-Holstein maßgebliche Melchior Rantzau suchte die Niederlande im April 1533, als Friedrich I. im Sterben lag, auf, um dort offenbar ganz eigenmächtig mit Kaiser Karl V. wegen einer Anerkennung Christians als legitimer Thronfolger zu verhandeln.[33] Tatsächlich erreichte er diese zuungunsten des kaiserlichen Schwagers Christian II. und erlangte gleichzeitig den Abschluss eines Bündnisses mit dem Kaiser am 10. Mai 1533, das Christian III. den Weg zum dänischen Königsthron ebnete. Drei Jahre später freilich schloss Rantzau in Christians Auftrag ein gegen den Kaiser und die Spanischen Niederlande gerichtetes Bündnis mit Karl von Egmond, dem Herzog von Geldern. Der folgende Kriegszug scheiterte allerdings, sodass Melchior 1537 in Brüssel einen Friedensvertrag mit den Niederländern aushandeln musste, um unter anderem seinen Bruder Breide und andere dänische Adlige aus deren Gefangenschaft zu befreien.[34]

**Abb. 2** Unbekannter Maler: Adolf I. von Schleswig-Holstein-Gottorf, 1586, Öl auf Leinwand, 214 x 108 cm, Nationalmuseum Stockholm, Statens Porträttsamling Gripsholms Slott, NMGrh 1309

Militärische Kontakte unterhielten rund 150 Jahre später auch die Gottorfer Herzöge Christian Albrecht und Friedrich IV. zu den Vereinigten Niederlanden, indem sie denselben im Rahmen eines Subsidienvertrages Truppenkontingente für ihren Kampf gegen Frankreich in Aussicht stellten und tatsächlich auch in den Jahren 1693 bis 1695 beziehungsweise

1696/97 Hilfstruppen dorthin entsandten.[35] Frankreich wurde so von der Notwendigkeit von Verhandlungen überzeugt und auf den strategischen Wert eines Bündnisses mit Gottorf aufmerksam, und allem Anschein nach wollte der französische König dem Herzog in den im April 1696 eröffneten Verhandlungen deswegen möglichst weit entgegenkommen.[36]

Wesentlich friedlicher und im Hinblick auf das Beitragsthema gewiss zielführender nahmen sich da die Bildungsreisen aus, die Friedrich III. 1616[37] und sein Sohn Christian Albrecht 1662[38] unter anderem durch Belgien und die Niederlande führten. Sie brachten die beiden gegenüber den Wissenschaften und schönen Künsten alles andere als abgeneigten Herzöge mit der niederländischen Hochkultur, die sie bereits durch die erwähnte Schlossarchitektur Reinbeks oder Husums und wohl mehr noch durch das Gottorfer Schlossinventar mittelbar kannten – zu denken wäre etwa an den zur Zeit Johann Adolfs angefertigten niederländischen Gemäldezyklus in der Gottorfer Schlosskapelle[39] (Abb. 3); von 1595 bis 1597 war im Übrigen der Niederländer Gorries de Vreese als Gottorfer Hofarchitekt angestellt[40] –, nun in einen persönlichen, unmittelbaren Kontakt und sie werden damit auf ihre Weise, ohne dass sich das im Einzelnen konkret nachvollziehen ließe, den Weg für die enge Einbeziehung von Niederländern in die sich zu ihrem Höhepunkt entfaltende Gottorfer Hofkultur geebnet haben. Erinnert sei hierbei prominent zum Beispiel an den durch Adam Olearius vermittelten Ankauf der Sammlung des Niederländers Bernhardus Paludanus durch Friedrich III. im Jahr 1651, was den Grundstock für die bald berühmte Gottorfer Naturaliensammlung schuf[41], an den niederländischen Philologen Isaac Vossius, der mit Adam Olearius enge Verbindungen unterhielt und 1652 auch Gottorf besuchte,[42] an den niederländischen Gärtner Peter Mulier, der ab 1623 mit der Anlage des herzoglichen Parks beauftragt wurde, wozu man sich eigens Pflanzen aus Holland besorgte,[43] an die Einrichtung einer bis heute erhaltenen Küche aus blauen Delfter Fliesen in Schloss Eutin,[44] oder an den bereits erwähnten Maler Jürgen Ovens, der seine künstlerische Ausbildung in Amsterdam erhielt und erst in den Diensten Friedrichs III. und dann seines Sohnes Christian Albrecht stand und zu dem höfischen Maler im Auftrag der Gottorfer Herzöge schlechthin wurde. Im weiteren Sinne ist aber auch die Berufung der zwei Professoren Samuel Reyher und Caeso Gramm von der Universität in Leiden an die 1665 gegründete Kieler Alma mater dazu zu rechnen.[45] Otto Brandt betont in seiner Geschichte Schleswig-Holsteins nicht von ungefähr den besonderen Beitrag, den niederländische Künstler dazu leisteten, „daß der Gottorfer Hof zum Hort eines weit ausstrahlenden kulturellen Lebens wurde".[46] Die zwischen 1614 und 1655 erfolgte Bestallung von sieben Räten von Haus aus beziehungsweise Agenten oder Korrespondenten in den Niederlanden unterstreicht deren vielfache Bedeutung für den Gottorfer Hof und Staat auf ihre Weise.[47]

Betrachtet man also die Verbindungen der Fürsten Schleswigs und Holsteins zu den Niederlanden und deren Konsequenzen, so ergibt sich das Bild eines vielfältigen Kulturtransfers aus den Niederlanden zu den betreffenden Höfen, der sich von der Porträtmalerei und Grabkunst über die Architektur und das Interieur der Schlösser sowie der Anlage der zugehörigen

**Abb. 3** Marten van Achten: Taufe und Versuchung Christi aus dem Gemäldezyklus der Gottorfer Schlosskapelle, 1590–91, Öl auf Eichenholz, 62 × 114 cm (einzelne Tafel), SHLM Schloss Gottorf

Gärten bis zum Grundstock der Gottorfer Naturalienkammer erstreckt. Die Beziehungen ergaben sich mit der Ausnahme Christians II. von Dänemark weniger und allenfalls indirekt durch die sonst üblichen dynastischen Kontakte. Vielmehr entwickelten sie sich mittelbar über die Netzwerke der mit den Fürsten in enger Verbindung stehenden Hofgelehrten, Künstler und natürlich auch – worauf hier aber nicht gesondert eingegangen wurde – Verwaltungsexperten sowie unmittelbar und aus eigener Anschauung durch mehr oder weniger lange Aufenthalte der Fürsten in den Niederlanden.

### Anmerkungen

1. George 1923.
2. Kellenbenz 1954.
3. I. Kunz 2001.
4. Fürsen/R. Witt 2003.
5. Vgl. dazu etwa Auge 2015a, S. 15 mit zusätzlichem Verweis zum Beispiel auf Kägler 2014, Knöfel 2009 oder Schönpflug 2013. Für das Spätmittelalter vgl. nach wie vor grundlegend Spieß 2015, bes. S. 8f.
6. M. Müller/Spieß/Friedrich 2013, Einleitung, S. 7f. (dort auch das Zitat).
7. Vgl. zu ihm Drees 1997b.
8. Köster 2017a.
9. Abb. siehe S. 233 in diesem Band. Köster 2017a, S. 46; siehe dazu auch Drees 2003, S. 273.
10. Abb. siehe S. 234 in diesem Band. Köster 2017a, S. 63; Drees 1997b, S. 247f.
11. Abb. siehe S. 235 in diesem Band. Köster 2017a, S. 75; Drees 1997b, S. 249f.
12. Köster 2017a, S. 179–211; Drees 1997b, S. 256.
13. I. Kunz 2001, S. 67.
14. Vgl. dazu insgesamt Brand 1997.
15. Albrecht 1997, S. 387.
16. Albrecht 1997, S. 388f.
17. Zum Konnubium der schleswig-holsteinischen Herzöge bzw. Grafen siehe etwa Auge 2015a; Ders. 2015b; Ders. 2015c; Ders. 2017; Ders. 2019b.
18. H. Wieden 1966, S. 120f. mit Anm. 1015. Dort wird auf den Heiratsvertrag verwiesen: Landesarchiv Nordrhein-Westfalen Abteilung Westfalen, Abt. Gemen, Urk. Nr. 378 bzw. Koninklijk Huisarchief Den Haag, Inv. II Nr. 544.
19. H. Wieden 2008, S. 395; Ders. 1966, S. 120f.
20. Vgl. dazu auch Husmeier 2002, S. 56f.
21. Zur Landesteilung von 1490 und den daraus hervorgehenden Segeberger und Gottorfer Teilen vgl. kurz gefasst U. Lange 2003b, S. 164.
22. Zur Biografie Christians II. siehe Bagge 1934.
23. Dazu und zum Folgenden Bagge 1934, S. 94f.; Lauring 1999, S. 257–261.
24. Zu ihr vgl. Thomas 1988, S. 166f.; Vahrenberg 1878; Wurzbach 1860, S. 167–169. Siehe auch die Informationen unter der URL: https://de.wikipedia.org/wiki/Isabella_von_Österreich (zuletzt abgerufen am 9.10.2018).
25. Auge 2019b, S. 80f. – Siehe speziell den Ehevertrag unter Geheimes Staatsarchiv Preußischer Kulturbesitz, Königliches Hausarchiv, R. 548.A RP XXXV, N. II.1.
26. Zur Geschichte Oranienburgs siehe Boeck 1938.
27. Schwennicke 1980, Tafel 115.
28. LASH Schleswig Abt. 7 Nr. 2, Urkundenabt. 7, Nr. 12.
29. Schwennicke 1980, Tafel 115.
30. Kellenbenz 1953, S. 86; Ders. 1982, S. 22; H. Rantzau 1999, S. 299. Siehe dazu auch L. Andresen/Stephan 1928, Bd. 1, S. 263. Auch zum Folgenden.
31. Wendt 1997, S. 133, 135; Dies. 1994, S. 30f.
32. L. Andresen/Stephan 1928, Bd. 2, S. 13.
33. Lohmeier 2000a, S. 11.
34. Venge 1985, S. 177f.
35. Fuhrmann 1997, S. 49f.; Knüppel 1972, S. 51.
36. Félicité 2017, S. 68.
37. Buttgereit 1997, S. 79.
38. Auge 2016, S. 59, 85; Hille 1876, S. 189.
39. Siehe dazu Bieber 1997, S. 159 und 170.
40. George 1923, S. 272.
41. Gundestrup 2017, S. 190f.; Lohmeier 1997b, S. 87.
42. Lohmeier 1997a, S. 350.
43. Asmussen-Stratmann 1997, S. 224.
44. Schulze 1991, S. 84.
45. Auge 2016, S. 103f.
46. Brandt 1981, S. 184.
47. L. Andresen/Stephan 1928, Bd. 2, S. 394f.

*Uta Kuhl*

# MIGRATION UND KULTURTRANSFER – LANDESHERRLICHE SIEDLUNGS- UND KULTURPOLITIK IN SCHLESWIG-HOLSTEIN

Wenn es ein Charakteristikum der Jütischen oder auch Cimbrischen Halbinsel gibt, das über die Zeiten in besonderem Maße prägend ist, dann ist es die geostrategische Lage als Land zwischen zwei Meeren und die Funktion als Brücke zwischen dem europäischen Zentralkontinent und Skandinavien (Abb. 1). Diese Brücke passierten Menschen und Tiere, Handelswaren, Ideen und Technologien. Das begünstigte nicht nur die wirtschaftliche Entwicklung über Jahrhunderte, sondern bildete auch die Grundlage für einen Kulturtransfer, der für die Geschichte des Landes von kaum zu überschätzender Bedeutung ist.

Als Landbrücke und zugleich „Interaktionszone" zwischen Nord- und Ostsee bildet die Halbinsel einerseits ein Verbindungsglied zwischen diesen „Geschwistermeeren", andererseits stellte sie für den Seefahrer eine Barriere dar.[1] Die Kehrseite dieser Perspektive ist die herausgehobene strategische Funktion der rund 450 km langen Jütischen Halbinsel, besonders an ihren schmaleren Stellen auf dem Gebiet des Herzogtums Schleswig und dem jüngeren Herzogtum Holstein. Deshalb wurde die Region spätestens seit dem Mittelalter zu einem umkämpften Gebiet. Davon zeugen unter anderem schriftliche Quellen wie die *Annales Ryenses*, die im Jahr 1288 die Region und speziell Schloss Gottorf bei Schleswig als „Schlüssel und Riegel" zum gesamten Dänemark bezeichnen – „quasi clavis et custodia totius Daciae"[2] – und damit beide Funktionen, Brücke wie Barriere, in den Blick nehmen. Hier, an der Schleswiger Landenge zwischen Schlei und den Niederungen von Treene und Rheider Au, wurde schon im frühen Mittelalter das Danewerk errichtet, ein Befestigungswerk aus Wällen und einem Seesperrwerk in der Schlei, das seit 2018 zusammen mit der Wikingerstadt Haithabu UNESCO-Welterbe ist. Auch bei der Bewerbung wurde diese Doppelrolle betont, denn einerseits diente das Danewerk als „Riegel" gegenüber Angriffen aus dem Süden, andererseits waren Haithabu und später Schleswig der zentrale Knotenpunkt des Handels und des kulturellen Austauschs zwischen Nord und Süd, West und Ost.

### Siedlungspolitik

Der Kampf um die Vorherrschaft auf der Jütischen Halbinsel ist deshalb ein treibender Faktor der Landesgeschichte, wobei dieser Kampf nicht allein mit militärischen Mitteln ausgefochten wurde. Zu den zentralen Mitteln des Ausbaus und der Festigung von Herrschaft im Mittelalter zählt Siedlungspolitik, die schon früh planmäßig betrieben wurde. Allerdings lassen sich Unterschiede zwischen Westküste und Ostseeküste feststellen: Während im Westen ab dem 8. Jahrhundert in größerer Zahl Friesen aus dem Gebiet der Niederlande einwandern und an der nur wenig besiedelten Nordseeküste und auf den nordfriesischen Inseln bis nach Sylt sesshaft werden, sind die östlichen Gebiete Wagrien und Polaben von Slawen besiedelt. Das ändert sich im 12. Jahrhundert unter Lothar von Supplinburg, der zunächst als Herzog von Sachsen und ab 1125 als König beziehungsweise ab 1133 als Kaiser des römisch-deutschen Reiches den Ausbau seiner Herrschaft auf dem Gebiet der Jütischen Halbinsel und in den Ostsee-

**Abb. 1** Abraham Ortelius: Daniae Regni Typus. Karte Dänemarks, aus Theatrum Orbis Terrarum, Amsterdam 1571, Koninklijke Bibliotheek Den Haag, KW 1046 B 17

raum auch mittels Siedlungspolitik betrieb, unterstützt durch die Schauenburger und im Besonderen durch Graf Adolf II. von Schauenburg. Im Zuge der sogenannten Ostsiedlung des deutschen Mittelalters wurden auch holländische Siedler nach Ostholstein geholt. Graf Adolf II. von Schauenburg betrieb die Erschließung von Ostholstein „planmäßig" und sandte „im Jahr 1143 Boten nach Friesland, Westfalen, Holland, Utrecht und Flandern und rief Siedler auf, in das Land zu kommen."[3] Diese Siedler brachten Knowhow und Techniken mit. Im Eutiner Raum kamen den Einwanderern aus Holland vermutlich ihre Kenntnisse im Wasserbau zugute.[4]

Bedeutsamer noch war die Einwanderung an der zuvor nur dünn besiedelten Westküste, wo sich Siedler aus den Niederlanden ab dem 12. Jahrhundert durch Eindeichung die Elbmarschen erschlossen und sicherten. Grundlage dafür waren ihre Erfahrungen bei der Entwässerung und Kultivierung des Bodens, sodass hier, anders als in Ostholstein, durch die niederländische Besiedlung die ursprüngliche Bevölkerung nicht verdrängt wurde. Ab dem 13. Jahrhundert besiedelten niederländische Siedler auch die Kremper Marsch, wo ab 1293 bis 1470 ihr eigenes, das „Hollische" Recht nachweisbar ist; seit 1342 galt es auch in der Wilstermarsch.[5] In diesen frühen Phasen der Einwanderung von Siedlern aus den Niederlanden überwogen die sogenannten Pull-Faktoren, waren jene doch wegen ihrer Kenntnisse in Deichbau und Entwässerung sowie ihrer innovativen Agrartechnik gesuchte Experten, die oftmals gezielt angeworben wurden.

Als Landesherren unterstützen die Gottorfer Herzöge und Könige von Dänemark seit dem 15. Jahrhundert zudem den Fernhandel niederländischer Kaufleute. Schon Christian I., in Personalunion König und Herzog, förderte den Handel niederländischer Kaufleute über Husum und machte Flensburg zum zentralen Umschlagplatz für den Fernhandel des Landes.[6] Niederländische Immigranten führten auch die Milchwirtschaft und die Produktion von Käse ein, was den Marschen einen enormen Reichtum bescherte. Von der Halbinsel Eiderstedt exportierte man über die Häfen Tönning und Garding zu Beginn des 17. Jahrhunderts bis zu drei Millionen Pfund Käse.[7] Ein guter Teil davon ging per Küstenschiff in die Niederlande. Anders als heute spielte Tönning eine wichtige Rolle als Nordseehafen. Dazu kam Husum, dessen Hafen Herzog Adolf I. von Schleswig-Holstein-Gottorf (1526–1586) 1561 erweitern ließ, sodass er sich zum bedeutendsten Hafen der Westküste entwickelte.[8] Ein reger Handelsverkehr herrschte entlang der Nordseeküste, Verbindungen bestanden zum Beispiel mit Amsterdam, Rotterdam, Hoorn, Enkhuizen und Harlingen.[9]

Die wichtigste Phase der niederländischen Einwanderung in das heutige Schleswig-Holstein und weitere Regionen in Skandinavien und im Reich fällt in die Zeit zwischen dem Beginn der Reformation und dem Westfälischen Frieden. Religiöse Verfolgung und der Achtzigjährige Krieg mit Spanien wurden nun zu Push-Faktoren, die sich für die neue Heimat der Zuwanderer meist als segensreich herausstellten, kamen die Flüchtlinge doch in großer Zahl – Menke spricht von einem Massenexodus oberschichtiger Bevölkerungsgruppen – aus Regionen, die durch „fortschrittliche gewerblich-technische Strukturen, eine moderne Gewerbeverfassung und entwickelte Urbanisierungsgrade gekennzeichnet"[10] waren. Die Migranten brachten Kenntnisse und Technologien mit, mit denen sie das besondere Interesse der jeweiligen Landesherren weckten. Ab 1570 und besonders unter Graf Ernst von Schauenburg erlebte Altona einen starken Zuzug niederländischer Handwerker und Kaufleute, die als Glaubensflüchtlinge kamen: Hier wurde Reformierten und Mennoniten, später auch Katholiken und sephardischen Juden Religionsfreiheit gewährt.[11] Ebenfalls seit dem 16. Jahrhundert, besonders aber im 17. Jahrhundert unterstützen die Gottorfer Herzöge ebenso wie der König von Dänemark-Norwegen gezielt die Ansiedlung von Niederländern, die in ihrer Heimat wegen ihres Glaubens verfolgt wurden. So siedelten auf Eiderstedt schon in der zweiten Hälfte des 16. Jahrhunderts Mennoniten. König Christian IV. (1577–1648) lockte bei der Gründung Glückstadts 1617 Reformierte, Remonstranten, Mennoniten und iberische Juden aus den Niederlanden an die Unterelbe. Und der Gottorfer Herzog Friedrich III. (1597–1659) verfolgte eine planmäßige Anwerbungspolitik, als er 1621 Friedrichstadt anlegen ließ. Die religiöse Toleranz der lutherischen Landesherren gründete dabei weniger auf humanistischen Gedanken als vielmehr auf wirtschaftlichen Interessen, denn oftmals waren die neuen Siedler wohlhabende Kaufleute mit guten Handelsverbindungen. In der Hoffnung auf Gewinne räumten die Landesherren religiösen Minderheiten weitreichende Privilegien ein und stellten den „wirtschaftspolitischen Nutzen über die Rechtgläubigkeit"[12]. Das für Friedrichstadt von Herzog Friedrich III. erlassene Stadtrecht, das niederländisches und heimisches Recht verbindet, wurde 1635 in niederländischer Sprache in Amsterdam gedruckt.[13]

Neben Kaufleuten waren Niederländer vor allem als Deichbauer und Wasserbauingenieure gesuchte Experten, die seit dem 16. Jahrhundert ins Land geholt wurden. So warb der Gottorfer Herzog Adolf I., der kurz nach seinem Regierungsantritt 1544 selbst für mehrere Jahre in den Niederlanden gewesen war, gezielt Fachleute an, beispielsweise den Holländer Arent Cornelis, der 1553/54 den Bau der ersten Wiedau-Schleuse vor Tondern leitete.[14] Einige Jahrzehnte später führte der Deichbauer Johann Clausen Rollwagen aus Amsterdam wichtige Neuerungen wie das flachere Profil beim Deichbau ein. Von 1608 bis 1609 und erneut 1616 war Rollwagen im Auftrag Herzog Johann Adolfs von Schleswig-Holstein-Gottorf (1575–1616) tätig und bewirkte auch organisatorische Innovationen: Vom Herzog zum Generaldeichgrafen ernannt führte er den „kapitalistischen" Deichbau in Schleswig-Holstein ein, bildete aber auch regionales Personal aus.[15]

Einige dieser Experten waren sogar auf mehreren Gebieten aktiv: Der berühmte Wasserbauingenieur Jan Adriaanszoon Leeghwater erfand auch eine Art Tauchglocke, konstruierte Rathäuser, Türme, Brücken, Uhrwerke und Glockenspiele. 1604 baute er die erste Ölwindmühle mit drehbarer Kappe, die nicht nur den späteren Erfolg der Holländermühlen ermöglichte, durch das System dieser neuen Windmühlen wurde auch die Pumpleistung bei der Landgewinnung durch Trockenlegung und Eindeichung erheblich gesteigert. Unter Leeghwaters Leitung wurde ab 1602 mit Mühlen der 70 km² große Beemster-Polder in Holland trockengelegt, der seit 1999 Weltkulturerbe ist. 1626 trat Leeghwater erstmals in den Dienst des Gottorfer Herzogs Friedrich III. für die Trockenlegung des Megger- und des Börmersees in Stapelholm. Ein weitaus größeres Projekt war die Eindeichung und Trockenlegung der Dagebüller Bucht, für die Herzog Friedrich III. im Jahr 1631 niederländischen „Partizipanten" einen Oktroi erteilte.[16] Darin wurden diesen Unternehmern umfangreiche Rechte und vor allem die freie Religionsausübung zugesichert. Als leitender Ingenieur wurde wiederum Leeghwater beauftragt. Im April 1632 wurde mit dem gigantischen Projekt begonnen, unter Einsatz von 5.500 Arbeitern und einer Unmenge Wagen und Schiffen. Die Materialien hatten die Bewohner der angrenzenden Gebiete zu stellen. Die große Sturmflut 1634 zerstörte das Werk jedoch, Leeghwater entkam zusammen mit seinem Sohn nur mit knapper Not. Da die Einheimischen aufgebracht waren gegen die Niederländer, floh Leeghwater nach Husum und Gottorf, bevor er in seine Heimat zurückkehren konnte.[17]

Eine furchtbare Katastrophe war die Sturmflut von 1634 für die Insel Alt-Nordstrand, die die Insel in ihrer ursprünglichen Form zerstörte, mehr als zwei Drittel der Bevölkerung ertranken. Während das daraus hervorgegangene Pellworm durch die Initiative des Nordholländers Cornelius Jansen Allers mithilfe Einheimischer gesichert werden konnte, bemühte sich Herzog Friedrich III. über zwei Jahrzehnte, mit Unterstützung niederländischer Deichbauer und Investoren den Rest der Insel zu sichern – allerdings mit grausamen Konsequenzen für die einheimische Bevölkerung, die aufgrund des Deichgesetzes 1652 enteignet wurde. Ihr Land wurde an Investoren aus den Niederlanden vergeben, Katholiken aus dem Bistum Utrecht, die das Kapital für die Eindeichung der Köge aufbrachten. Diese „Heeren" hatten fortan weitgehende Vollmachten auf der neuen Insel Nordstrand, auch sie genossen religiöse Toleranz.[18] Auf der anderen Seite zeigen die genannten Beispiele, dass die Maßnahmen den Unmut der einheimischen Bevölkerung auf sich zogen beziehungsweise diese darunter auch zu leiden hatte.

### Kultur als Mittel der Politik

Mit dem Ende des Dreißigjährigen Krieges endete die Glaubensverfolgung, im Westfälischen Frieden von 1648 wurde die Republik der Sieben Vereinigten Provinzen – längst eine Weltmacht und führende Handelsnation in Europa – völkerrechtlich anerkannt. „Das ökonomische und politische Zentrum der modernen Welt verlagerte sich endgültig an Nordsee und Atlantik"[19], die Niederlande wurden zum „Kraftzentrum der westeuropäischen Wirtschaft"[20]. Die wirtschaftliche Blüte schuf die Voraussetzungen für die enorme kulturelle Strahlkraft der jungen Republik und ließ einen Kunstmarkt von bis dahin nicht gekanntem Ausmaß entstehen, wie Michael North in seiner Schrift *Kunst und Kommerz* aufzeigt.[21]

Neben der Malerei des *Goldenen Zeitalters* wird dies besonders deutlich an der Architektur, die im gesamten Ostseeraum seit etwa der Mitte des 16. bis weit ins 17. Jahrhundert unter niederländischem Einfluss stand. Vorreiter bei solchen kulturellen Vermittlungsprozessen waren in der Regel die Landesherren oder auch führende Adelige wie in Schleswig-Holstein die Familie Rantzau, die nicht nur den königlichen Statthalter stellte, sondern deren Mitglieder auch als Reeder und Unternehmer erfolgreich waren. So ist der Einfluss der Niederlande bei den königlichen Schlössern in Dänemark oder den Schlossbauten Herzog Adolfs I., aber auch bei manchem Adelshof und adeligen Stadtpalais und sogar bei vielen bürgerlichen Gebäuden sichtbar.[22] Die Rezeption international als modern und innovativ angesehener Formen, Techniken und Baumaterialien lässt sich in besonderem Maße bei herrschaftlicher Architektur beobachten, der immer auch eine repräsentative Bedeutung als Ausdruck fürstlichen Macht-

**Abb. 2** Renaissance-Fassade des Neuen Hauses zum Innenhof von Schloss Gottorf, 1530–1540

anspruchs zukommt. So profitierten die Könige von Dänemark-Norwegen, allen voran Christian IV., oder die Herzöge von Schleswig-Holstein-Gottorf auch als Bauherren von dem Exodus niederländischer Künstler, Bauleute und Handwerker, die als Glaubensflüchtlinge ins Land kamen. „Mit den Emigranten breiteten sich niederländische Formen und Techniken rasch aus, und die persönlichen Beziehungen der Immigranten sorgten oft nachhaltig für Verbindungen zu den Herkunftsorten."[23] Die Beschäftigung ausländischer Baumeister steigerte nicht nur das Prestige der Bauherren, sondern erwuchs zum Teil auch aus dem Mangel an einheimischen Fachkräften. Und wenn sich die fürstlichen Bauherren persönlich um die Anwerbung von Baumeistern und Künstlern bemühten, nutzten sie ihre familiären Verbindungen, wie Larsson und Lipińska in diesem Band beispielhaft zeigen.[24]

In der Architektur von Schloss Gottorf manifestiert sich der Einfluss der Niederlande schon vor der Zeit von Herzog Adolf I., der als Begründer der Gottorfer Dynastie gilt: Der heutige Westflügel, das *Neue Haus* mit seiner prachtvollen, an Skulpturenschmuck und Fenstern reichen Fassade zum Schlossinnenhof, das König Friedrich I. ab 1530 errichten ließ, zeigt dies trotz späterer Substanzverluste immer noch deutlich (Abb. 2). Dem modernen Palastbau nach niederländischem Vorbild, der bis heute (mit partiellen Rekonstruktionen) erhalten ist,[25] ging ein Neubau voraus, den Friedrich noch als Herzog von Schleswig und Holstein hatte errichten lassen. Dieser Neubau des frühen 16. Jahrhunderts ist jedoch bis auf die im heutigen Südflügel erhaltene *Gotische Halle* aus der Zeit um 1500 verloren. Doch schon hier belegen die Quellen, dass Friedrich sowohl Baumaterialien als auch Handwerker aus den Niederlanden kommen ließ.[26] Auch als Friedrich 1523 in Personalunion König von Dänemark und 1524 auch von Norwegen wurde, blieb Gottorf seine Hauptresidenz, was der dänische Adelige und Historiker Arild Huitfeldt mit den Worten kritisierte, er habe auf Gottorf gesessen „wie ein altes Huhn, das nur ungern sein Nest verließ"[27]. Friedrichs Entscheidung, weiterhin auf Gottorf zu residieren und das Schloss zu einer modernen Residenz auszubauen, mag dabei durch die nicht nur strategisch herausragende Lage begünstigt worden sein, war Gottorf doch ein zentraler Knotenpunkt zwischen Nord und Süd, Ost und West.[28] Die 1530 begonnenen Baumaßnahmen auf Gottorf mit dem Neubau des Westflügels, dem ersten Renaissancebau nördlich der Elbe, und dessen prachtvoller Schaufassade zu einer repräsentativen und einem König angemessenen Residenz zeigen den An-

**Abb. 3** Cornelis Floris de Vriendt: Kenotaph König Friedrichs I. von Dänemark, 1549–1553, Marmor und Alabaster, Gisant in Lebensgröße, Dom zu Schleswig

spruch des Königs von Dänemark und Norwegen, seiner Würde und Macht auch architektonisch Ausdruck zu verleihen.[29]

König Friedrich I. ist auch in Schleswig begraben: Im St. Petri-Dom befindet sich noch heute sein Kenotaph, das im Auftrag seines Sohnes Christian III. von dem Antwerpener Bildhauer Cornelis Floris de Vriendt (1514–1575) zwischen 1549 und 1553 geschaffen wurde (Abb. 3). Ursprünglich wohl mitten im Chor platziert, steht das Grabmal heute nach mehreren Umsetzungen im nördlichen Chorschiff. Das prachtvolle, aufwendig gestaltete Freigrabmal entspricht den „modernsten Standards der niederländischen Sepulkralplastik der Renaissance"[30]. Es gehört zu den frühen Werken der Floris-Werkstatt im Ostseeraum und ist ein prominentes Beispiel für die Ausbreitung des *Floris-Stils* in Nordeuropa. Der innovative niederländische Typus des Grabmals trug nicht nur der herrschaftlichen Repräsentation Rechnung, sondern demonstriert auch die „Weltläufigkeit seine Auftraggebers, der sich durch den künstlerisch-qualitativen Rang des Werkes mühelos in die Reihe der hochrangigsten Auftraggeber an den europäischen Höfen stellt"[31], wie Andrea Baresel-Brand hervorhebt.

Das letzte Grabmal von Cornelis Floris ist das Grabdenkmal für den Sohn Friedrichs, König Christian III. (1503–1559), von 1573, das dessen Sohn König Friedrich II. für Roskilde in Auftrag gab. Friedrich II. etablierte damit den Dom von Roskilde nach mittelalterlichem Vorbild erneut (und bis in die Gegenwart) als Grabstätte der dänischen Könige.[32] Mit der Wahl der Antwerpener Werkstatt des Cornelis Floris stellte er sich in die Tradition seines Vaters und seines Großvaters Friedrich I., der bereits den Anschluss an die kulturell tonangebenden Niederlande gesucht hatte. Auch dies ein Beleg für den von Oliver Auge beobachteten „Kulturtransfer im Schlepptau dynastischer Politik", zumal vor dem Hintergrund, dass „jede Maßnahme des mittelalterlichen und frühneuzeitlichen Adels im politischen, ökonomischen oder im weitesten Sinne kulturellen Bereich immer auch eine dynastische Seite"[33] aufweist.

Während König Friedrich I. zwar niederländische Künstler und Handwerker ins Land holte, selbst aber offenbar nicht in den Niederlanden war, konnte sein jüngster Sohn, der Gottorfer Herzog Adolf I. (Abb. 4). durch seinen Aufenthalt in den Niederlanden auf persönlichen Erfahrungen aufbauen, als er gezielt die Einwanderung von Niederländern mit dem Ziel des Landesausbaus förderte. Auch die Schlossbauten, mit denen Herzog Adolf I. nach seiner Rückkehr seinen Herrschaftsanspruch sinnfällig untermauerte, orientieren sich am Vorbild der Niederlande. Von keinem seiner Nachfolger wurde Adolf als Bauherr übertroffen, in allen größeren Teilgebieten seiner Herrschaft ließ er repräsentative Schlossbauten errichten, beginnend mit der großzügigen Erweiterung des Kieler Schlosses. Darauf folgte der Neubau der Schlösser Reinbek (1573–77), Husum (1577–82) und Tönning (1580–84). Mit dem Reinbeker Schloss „wurde eine in den Herzogtümern völlig neuartige Bauidee verwirklicht, die der Herzog beziehungsweise von ihm in Dienst genommene Handwerker aus den Niederlanden einführten."[34] Niederländischen Vorbildern folgt auch das Schloss vor Husum, das als symmetrische Dreiflügelanlage aus Backstein mit Sandsteinbändern errichtet wurde. Dem Husumer Schloss ähnlich war das von Heinrich Rantzau ab 1578 erbaute Schloss zu Redingsdorf.[35] Das leider bereits 1733 abgerissene Schloss

**Abb. 4** Barthel Bruyn d. Ä. (oder Jakob Binck?): Herzog Adolf I. von Schleswig-Holstein-Gottorf, um 1550, Öl auf Holz, 55 x 37 cm, SHLM Schloss Gottorf, 1963/884

von Tönning vereinte Bauformen aus den Niederlanden – Backsteinmauerwerk mit Sandsteinlagen – sowie Anregungen aus Frankreich und Italien, die über Architekturtraktate wie die Bücher Serlios oder du Cerceaus vermittelt wurden.[36] Über mehrere Jahrzehnte erstreckte sich der Umbau der Residenz Schloss Gottorf. Hier wurde nach einem Brand in der Silvesternacht 1564 der Ostflügel neu errichtet und in den 1580er-Jahren der Nordflügel umfassend erweitert. Beim Ausbau des Nordflügels ist durch die Rentekammerrechnungen ab spätestens 1590 die Tätigkeit des Baumeisters Herkules (von) Oberberg (1517–1602) nachzuweisen, der zuvor an den Schlossbauten in Kopenhagen und Sonderburg mitwirkte und in Haderslev tätig war;[37] 1598 beauftragte ihn König Christian IV. mit dem Umbau von Koldinghus. Auch Oberberg war niederländischer Herkunft.

Während die heute stark veränderten Fassaden von Ost- und Nordflügel den niederländischen Einfluss auf Schloss Gottorf kaum mehr erkennen lassen, ist die Schlosskapelle im Nordflügel, deren Bau noch unter Herzog Adolf I. begonnen und unter seinem Nachfolger Herzog Philipp (1570–1590) vollendet wurde, bis heute ein sichtbares Zeugnis für den mannigfaltigen Kulturimport aus den Niederlanden: Neben den Anregungen durch das schon erwähnte Architekturtraktat von Sebastiano Serlio fanden bei der reichen Ornamentik der von dem Flensburger Schnitzer Kreienberg geschaffenen Empore Stichvorlagen niederländischer Künstler wie Hans Vredeman de Vries' Verwendung.[38] Der Gemäldezyklus der Emporenbrüstung, ein Herzstück der Kapelle, stammt von dem Maler Marten van Achten, dessen Tätigkeit in den Herzogtümern seit 1588 nachweisbar ist. Er kam ursprünglich aus den Niederlanden, vermutlich Antwerpen, und ließ sich in Tönning nieder. Zwischen 1588 und 1613 war er vor allem auf Eiderstedt tätig. Als sein Hauptwerk gilt besagter Gemäldezyklus mit Szenen aus dem Leben Christi in der Gottorfer Schlosskapelle, den Auftrag erhielt er 1590 auf Empfehlung des Gottorfer Ratsherrn Caspar von Hoyer.[39] Wie in der Zeit üblich, griff auch van Achten bei seinen Kompositionen auf unterschiedliche Stichvorlagen größtenteils niederländischer Herkunft zurück, vor allem auf Drucke des Haarlemer Stechers und Verlegers Hendrick Goltzius sowie der flämischen Stecherfamilie Sadeler. Diese vermittelten Bilderfindungen von weithin anerkannten Malern wie Hans van Aachen, Marten de Vos, Frans Floris, Federico Zuccaro und anderen und ermöglichten dadurch einen internationalen Transfer künstlerischer Innovationen.[40]

**Abb. 5** Johann van Groningen: Orgelgehäuse in der Gottorfer Schlosskapelle, 1567, Eiche. Ursprünglich für die alte Kapelle im Nordflügel geschnitzt, um 1595 in die neu erbaute Kapelle überführt.

Das Orgelgehäuse, das 1567 noch für die alte Gottorfer Schlosskapelle geschaffen wurde und beim Neubau der heutigen Kapelle auf die Südempore versetzt wurde (Abb. 5), stammt von dem Holzschnitzer Johann van Groningen, der seit 1565 bis zu seinem Tod 1606 in Schleswig-Holstein tätig war. Er war ebenfalls niederländischer Herkunft und bis zu seinem Tod für Herzog Adolf I. von Schleswig-Holstein-Gottorf tätig, unter anderem beim Bau des Schlosses vor Husum. Neben Marten van Achten wird in den erhaltenen Quellen auch ein Govert van Achten erwähnt, in dem Schlee einen Bruder Martens vermutet. Ebenso aus den Niederlanden stammt Jacob van Voordt, dessen Tätigkeit für das Husumer Schloss ab 1581 nachweisbar ist und der 1598 als „Contrafeyer und Kunstmaler" bestallt wird.[41] Ihm wird ein Porträt Herzog Philipps von Schleswig-Holstein-Gottorf aus dem Jahr 1587 zugeschrieben (Abb. 6).[42] Ein frühes Porträt von Herzog Adolf I. kann nach Cynthia Osiecki möglicherweise Jakob Binck zugeschrieben werden, der sich in den Niederlanden aufhielt, bevor er ab etwa 1534 Hofmaler König Christians III. von Dänemark wurde und „Gottorf wenigstens berührt hat"[43] (Abb. 4). Aus den Niederlanden stammten ferner die (sicherlich verwandten) Maler Lorens und Abraham de Keister, die zu Beginn des 17. Jahrhunderts für den Gottorfer Hof arbeiteten; Lorens de Keister lebte viele Jahre in Tönning und war höchstwahrscheinlich mit Jürgen Ovens bekannt.[44]

Die hier namentlich Genannten, deren Tätigkeit in den Quellen überliefert ist, sind nur einige von vielen Glaubensflüchtlingen, die unter Herzog Adolf ins Land kamen. Generell waren eine ganze Reihe niederländischer Einwanderer in herzoglichen Diensten, wie Harry Schmidt in seiner systematischen Untersuchung 1917 nachweist.[45] Sie stehen beispielhaft für einen vielfältigen Kulturtransfer, auf ebenso unterschiedlichen Wegen. Zum einen bringen die eingewanderten Handwerker und Künstler ihre Ausbildung und Kenntnisse der Kunst ihres Heimatlandes mit, zum anderen wird an diesen Beispielen deutlich, wie wichtig persönliche Netzwerke oder verwandtschaftliche Beziehungen für die Immigranten waren.

Netzwerke spielten häufig auch eine Rolle, wenn Künstler den umgekehrten Weg gingen, wie Jürgen Ovens, der seine entscheidende Ausbildung und Prägung ab 1640 in der Werkstatt Rembrandts in Amsterdam erhielt und sich auch nach seiner Rückkehr in die Herzogtümer wiederholt in Amsterdam aufhielt. Er war für den Gottorfer Hof nicht nur als Maler von größter Bedeutung, sondern auch als Händler und Vermittler niederländischer Kunst tätig, wie Constanze Köster herausgearbeitet hat.[46] Jürgen Ovens vermittelte etwa den Kontakt zu Artus Quellinus d. Ä. (1609–1668), dem seinerzeit berühmtesten Bildhauer Nordeuropas, der im Auftrag von Herzog Christian Albrecht die obere Fürstengruft im Schleswiger Dom ausgestaltete. Nach Quellinus' Plänen wurde die ehemalige Chorsakristei 1661–63 umgestaltet, er schuf die Porträtbüsten von Herzog Friedrich III. (Abb. 7) und seiner Gemahlin Maria Elisabeth.[47] Artus Quellinus reiste freilich nicht selbst nach Schleswig, vielmehr waren vor Ort sein Bruder Hubertus Quellinus sowie ihr Schwager, der Amsterdamer Bildhauer François de Saeger, mit den Arbeiten betraut. Koordinator des Projekts war Jürgen Ovens, der sich in dieser Zeit in Amsterdam aufhielt.[48]

Artus Quellinus d. Ä. beziehungsweise seiner Werkstatt, möglicherweise seinem zeitweiligen Mitarbeiter Bartholomäus Eggers (um 1637–1692), wird auch die Figur eines *Trauernden Putto* zugeschrieben, die sich heute in der Sammlung des Museums für Kunst und Kulturgeschichte befindet (Abb. 8).[49] Die höchst qualitätvolle Marmorskulptur stammt ursprünglich aus einem sepulkralen Kontext im Herrenhaus Rantzau bei Plön, wahrscheinlich von einem Epitaph oder Gruftportal.

**Abb. 6** Jacob van Voordt: Herzog Philipp von Schleswig-Holstein-Gottorf, 1587, Tempera auf Holz, 50,5 × 36,8 cm, SHLM Schloss Gottorf, 1966/375

**Abb. 7** Artus Quellinus d. Ä.: Friedrich III. von Schleswig-Holstein-Gottorf, 1661–63, Marmor, Höhe 110 cm, Dom zu Schleswig, Obere Fürstengruft

**Abb. 8** Bartholomäus Eggers oder Artus Quellinus d. Ä. (Werkstatt): Trauernder Putto aus dem Herrenhaus Rantzau, um 1685/90, Marmor, Höhe 81 cm, SHLM Schloss Gottorf, 1965/345

Die ikonographische Darstellung eines weiblichen Putto in der Rolle der Minerva als Tugendallegorie geht auf Artus Quellinus d. Ä. zurück, für den Bartholomäus Eggers ab 1650 tätig war. Eggers wirkte an der prachtvollen skulpturalen Ausgestaltung des Amsterdamer Rathauses, dem heutigen *Paleis op de Dam* mit, die ab 1648 nach den Entwürfen und unter Leitung von Artus Quellinus d. Ä. ausgeführt wurde. Hier tauchen kleinformatige plastische Darstellungen von Putti in der Rolle des Herkules und der Minerva erstmals auf. Später war Eggers unter anderem für Kurfürst Friedrich Wilhelm von Brandenburg tätig und schuf für das Berliner Stadtschloss fünfzehn überlebensgroße Marmorstandbilder, die sich heute überwiegend in Schloss Sanssouci befinden. Der *Trauernde Putto* aus dem Herrenhaus Rantzau belegt, dass nicht nur die Herzöge, sondern auch führende Adelsfamilien wie die Rantzaus bestrebt waren, die bedeutendsten Künstler der Zeit zu gewinnen, vor allem bei repräsentativen Aufträgen wie der Grabdenkmalgestaltung.[50]

Doch schon ein halbes Jahrhundert vor der Ausstattung der Fürstengruft unter Herzog Christian Albrecht werden im Schleswiger St.-Petri-Dom Epitaphien und Grabmäler errichtet, die auf Grund des Materials, ihrer Qualität und Motivik den Einfluss aus den Niederlanden verraten. Diese überwiegend aus Stein skulptierten Werke treten an die Seite der bis dahin im Lande vorherrschenden Holzschnitzerei und sind teilweise von außerordentlicher Qualität, ohne dass man bislang ihre Schöpfer namentlich kennen würde. Beispiele dafür sind das Epitaph für Anna Junge, geborene Broders und Ehefrau des Gottorfer Kanzlers Nicolaus Junge, das einem Bildhauer des Floris-Kreises zugeschrieben wird (um 1605/06); und beeindruckender noch das Epitaph Dorothea Canarius von 1608, aus schwarz gestrichenem sowie rot marmoriertem Sandstein für die architektonischen Elemente und Marmor für den aufwendigen Figurenschmuck. In der Gestaltung des Hauptgeschosses mit zwei lebensgroßen Frauenfiguren gilt es als „hierzulande gänzlich neuartig und, soweit noch erkennbar, alleinstehend", gleichwohl einflussreich auf andere Epitaphien; auch hier wird der Bildhauer aus dem Umkreis von Floris vermutet, zumal die Familie Canarius ursprünglich aus Gent stammte.[51] Ebenfalls unter niederländischem Einfluss steht das Epitaph des Gottorfer Hofgelehrten Adam Olearius (1599–1671). Es wird bislang einem namentlich nicht bekannten Hamburger Künstler zugeschrieben, der vermutlich im Umkreis von Quellinus d. Ä. und Rombout Verhulst ausgebildet wurde.[52] Dies zeigt – wie schon bei den älteren Epitaphien – den Anspruch der Auftraggeber, repräsentative Aufträge an die künstlerische Avantgarde zu vergeben.

In engem Bezug zum niederländischem Hochbarock stand auch der Bildhauer des Epitaphs Kielmann von Kielmannseck (1673), das schon allein durch seine Größe und den Materialaufwand, aber auch durch seinen Standort an der Nordwand des Querschiffs den hohen Anspruch des Auftraggebers verrät und sich als bedeutendstes Epitaph im Schleswiger Dom behauptet. Demselben namentlich nicht bekannten Hamburger Bildhauer, der unter anderem nach dem Vorbild von Verhulst arbeitete, wird auch das Epitaph Schacht (ebenfalls 1673) zugeschrieben.[53]

Ein Großcousin von Artus Quellinus d. Ä. ist Thomas Quellinus (1661–1709), der in Antwerpen als Sohn Artus Quellinus d. J. geboren und von seinem Vater ausgebildet wurde, dann aber hauptsächlich in Kopenhagen tätig war. Er kam dort 1689 hin, um die Ausführung des von seinem Vater geschaffenen Grabmals für den Feldmarschall Hans von Schack in der Trinitatis Kirke zu überwachen, und gründete dann eine eigene Werkstatt in Kopenhagen. In der Folge war Thomas Quellinus wegen seiner Grabmalgestaltungen in ganz Nordeuropa gefragt, eine Reihe seiner aufwendigen Grabmäler und Epitaphien sind noch heute in Kirchen in Dänemark, Schleswig-Holstein und Mecklenburg erhalten, so die Marselis-Kapelle im Dom zu Aarhus, das größte erhaltene barocke Grabmal in Dänemark. Sein bedeutendstes Werk ist der Fredenhagen-Altar in der Lübecker Marienkirche; im Lübecker Dom schuf er unter anderem das Wandgrab für August Friedrich von Schleswig-Holstein-Gottorf (1699/1700).[54] Auch Thomas Quellinus steht, wie zuvor schon Cornelis Floris de Vriendt, sein Vater Artus Quellinus d. J. und Artus Quellinus d. Ä., beispielhaft für einen transnationalen Kulturtransfer und die Ausbreitung von Bildhauerkunst flämischer Prägung in Nordeuropa.

Dieser Kulturtransfer wurde angetrieben durch den Aufschwung und Reichtum der Nördlichen Niederlande und im Besonderen Amsterdams, der in der zweiten Hälfte des 17. Jahrhunderts eine „kontinuierliche Arbeitsimmigration" in allen Bereichen und Schichten zur Folge hatte, hier wurden europaweit die höchsten Löhne gezahlt.[55] Daraus entstand ein enormer Markt für Handwerker und Künstler, und die einzigartige kulturelle Blüte des *Gouden Eeuw*, des *Goldenen Jahrhunderts*, bewirkte nicht nur einen bis dahin unerreichten Export niederländischer Produkte wie Fliesen und Möbel, Stiche und Gemälde, sondern lockte auch eine große Zahl Maler und Bildhauer aus Norddeutschland und Skandinavien in die Niederlande. Von dort aus zogen sie später zum Teil wieder in ihre alte Heimat oder auch in andere Länder weiter.[56]

Neben den wandernden Künstlern selbst spielt der Ex- beziehungsweise Import von Handelswaren für den Kulturtransfer eine kaum zu unterschätzende Rolle. Wie durch die Gottorfer Rentekammerrechnungen belegt, wurden auch für den Gottorfer Hof exklusive Waren aus den Niederlanden erworben.[57] Dies reicht von der Ausstattung der herzoglichen Schlösser, angefangen von Ledertapeten oder Fliesen aus den Niederlanden, über die Herzoglichen Gärten und geht bis zu Erwerbungen für die privaten Sammlungen der Herzöge, die Bibliothek und die Gottorfische Kunstkammer, deren Kern die berühmte Sammlung Paludanus aus Enkhuizen bildete.[58] Für Herzog Friedrich III. lässt sich nachweisen, dass er, auch mit Hilfe von Kunsthändlern, Erwerbungen von „raritäten, kunstsachen und antiquiteten", Büchern, Münzen und Waffen aus ganz Europa tätigen ließ.[59]

Die Gottorfer Gemäldesammlung umfasste in seiner Regierungszeit schätzungsweise circa 500 Gemälde,[60] darunter waren den Inventaren zufolge Werke bekannter niederländischer Künstler wie Bartholomeus van Bassen, Salomon Koninck oder Adriaen Pietersz van de Venne. Heute ist diese Sammlung zerstreut, ein beträchtlicher Teil befindet sich im Statens Museum for Kunst in Kopenhagen,[61] weiteres im Nationalhistorischen Museum Schloss Frederiksborg, im Nationalmuseum Stockholm beziehungsweise auf Schloss Gripsholm,[62] einige Werke sind heute in der Kunstsammlung der Universität Göttingen, einige im Schloss vor Husum (Museumsverband Nordfriesland).[63] Ein Bestand von Gottorfer

**Abb. 9** Gillis Peeters: Landschaft mit Ruine, um 1620/30, Öl auf Leinwand, 40 x 53 cm, SHLM Schloss Gottorf, 1991/1121

Werken von Jürgen Ovens befindet sich heute auf Schloss Gavnø; das Gemälde der *Schlacht zwischen Konstantin und Maxentius* von Pieter Lastmann von 1613 befindet sich heute in der Kunsthalle Bremen.[64] 1655, unter Herzog Friedrich III. und vermutlich vermittelt durch Jürgen Ovens, hatte Gerrit Uylenburgh dem Gottorfer Hof „Schildereyen" für die nicht unerhebliche Summe von 250 Reichstaler verkauft, wie Constanze Köster anhand der Rentekammerrechnungen nachweisen konnte.[65]

Die heutige Gottorfer Sammlung niederländischer Gemälde ist eine Reminiszenz an die herzogliche Sammlung: Sie zeigt Werke von Künstlern wie Ferdinand Bol über Josse de Momper und Thomas de Keyser bis zu Allaert von Everdingen oder Jacob Salomonsz van Ruysdael. In seltenen Fällen gelang es sogar Werke aus der alten herzoglichen Sammlung zurück zu kaufen, wie die Gillis Peeters zugeschriebene *Landschaft mit Ruine* (Abb. 9), die 1991 auf einer Auktion in Amsterdam erworben werden konnte.[66] Auch einige Gemälde von Jürgen Ovens wie das Rollenporträt von Herzogin Maria Elisabeth mit ihren Söhnen, ein Porträt von Maria Ovens und ein *Bacchanal* konnten für das Museum zurück erworben werden.[67] Das 1992 erworbene und Salomon Koninck zugeschriebene *Bildnis eines alten Mannes* (Abb. 10) ist eine von mehreren bekannten Fassungen eines Gemäldes der alten Gottorfer Sammlung, das sich heute in den Kunstsammlungen der Universität Göttingen befindet.[68]

Nicht allein bildende Künstler, auch Schriftsteller und Gelehrte kamen in die Niederlande, vor allem an die Universität Leiden, um frei publizieren und lehren zu können. Ebenso zog es Musiker zur Ausbildung dorthin. So hatte – um ein

**Abb. 10** Salomon Koninck: Bildnis eines alten Mannes, Mitte 17. Jahrhundert, Öl auf Leinwand, 74 x 62 cm, SHLM Schloss Gottorf, 1993/4

Beispiel zu nennen – der Amsterdamer Organist Jan Pieterszoon Sweelinck (1562–1621) maßgeblichen Einfluss auf die Norddeutsche Orgelschule und gilt als der „hamburgische Organistenmacher"[69]. Zu seinen Schülern gehörten unter anderem Samuel Scheidt, Jacob Praetorius d. J. und der Danziger Organist Paul Siefert,[70] der aus Holstein stammende, später in Hamburg tätige Heinrich Scheidemann oder auch der aus Leipzig stammende Andreas Düben, der 1624 Hoforganist in Stockholm wurde und dort geradezu eine Dynastie an Hoforganisten begründete.[71] Diese Komponisten stehen ebenso wie die genannten Maler und Stecher, Bildhauer und Architekten beispielhaft für einen vielfältigen internationalen Kulturtransfer von den Niederlanden nach Norddeutschland und Skandinavien bis ins Baltikum und zeigen, wie eng Nord- und Ostseeraum zu einem Kulturraum verbunden waren.

### Anmerkungen

1. Mörke 2015, S. 11f., 16 und passim sowie in seinem Beitrag im vorliegenden Band, unter Verweis auf Osterhammel 2009, S. 154–163.
2. Lappenberg 1859, S. 410.
3. Hammel-Kiesow/Pelc 2003, S. 68, Karte S. 63.
4. Hammel-Kiesow/Pelc 2003, S. 69. Die Zahl der eingewanderten Holländer wird auf ca. 600 bis 2.000 Personen geschätzt. Sie mussten an den Grafen zwar eine besondere Abgabe zahlen, den „Holländergravenschat", aber konnten bis in die Mitte des 15. Jahrhunderts ihr eigenes Recht ausüben (ebd.).
5. Steensen o. J.; Hammel-Kiesow/Pelc 2003, S. 72.
6. U. Lange 2003b, S. 192f. In späterer Zeit wurde für die Handelsstädte die Konkurrenz zwischen Herzögen und königlicher Regierung spürbar.
7. U. Lange 2003b, S. 193.
8. Herzog Adolf ließ auch eigene Schiffe zum Beispiel nach Island fahren, vgl. U. Lange 2003b, S. 191–193.
9. Steensen 2008, S. 18.
10. Menke 2003, S. 25.
11. U. Lange 2003b, S. 198. Vgl. auch den Beitrag von Elsabeth A. Dikkes in diesem Band.
12. Lohmeier 1997b, S. 36. Vgl. auch die Beiträge von Christian Boldt zu Glückstadt und Christiane Thomsen zu Friedrichstadt in diesem Band.
13. Lohmeier 1997b, S. 41.
14. Steensen 2008, S. 19.
15. Steensen 2008, S. 19; Allemeyer 2006, S. 141f., S. 148ff.; vgl. auch Thomas Eisentraut in diesem Band.
16. Steensen 2008, S. 19f., Zit. S. 20.
17. Allemeyer 2006, S. 287f.; Steensen 2008, S. 20f. Leeghwater hat über diese Erlebnisse eine *Kleine Chronik* verfasst (Leeghwater 1649).
18. Lohmeier 1997b, S. 36; Steensen 2008, S. 21. Hier liegt der Ursprung der noch heute existierenden altkatholischen Gemeinde auf Nordstrand. Zu den Konflikten vgl. Allemeyer 2006, S. 271ff.
19. North 2008, S. 28ff., Zitat S. 37.
20. Steensen 2008, S. 17.
21. North 1992; North 2001. Zum deutschen Kunsthandel des 15. und 16. Jahrhunderts und der durchgreifenden Kommerzialisierung siehe auch B. Wagner 2014.
22. Allgemein Lars Olof Larsson in diesem Band sowie D. Kraack 2012, S. 111.
23. Lars Olof Larsson in diesem Band, S. 141.

24 Siehe auch Wiesinger 2015, S. 79ff.

25 Habich 1997; Schulze 1997b; Wiesinger 2015, S. 52–77.

26 Wiesinger 2015, S. 42.

27 Zitat nach Rasmussen 2008b, S. 84.

28 Wie eingangs ausgeführt. Friedrichs Interesse an weitreichenden Beziehungen und Kontakten zum Reich belegen nicht zuletzt seine Heiraten: In erster Ehe war er mit Anna von Brandenburg, in zweiter Ehe mit Sophia von Pommern verheiratet, einer Enkelin des polnischen Königs Kasimir IV. Vgl. Mörke 2015, S. 68.

29 Wiesinger 2015, S. 77; Habich 1997, S. 151.

30 Baresel-Brand 2007, S. 98ff.; Zit. S. 98; vgl. auch Albrecht 1997, S. 383f.

31 Baresel-Brand 2007, S. 101; dort wie auch bei Albrecht 1997 der Hinweis auf die weitreichende Rezeption des Floris-Stils.

32 Baresel-Brand 2007, S. 114–117.

33 Vgl. den Beitrag von Oliver Auge in diesem Band, Zitat S. 97.

34 Wendt 1997, S. 133. Zu der baulichen Präsenz in all seinen Herrschaftsgebieten Wendt 1997, S. 137 und Hill 1997, S. 23.

35 Wendt 1997, S. 133; Steinmetz 1991, S. 159ff.

36 Wendt 1997, 135–137. Zu Reinbek Wendt 1994; zu Tönning Lafrenz 2011; zu den Baumaßnahmen auf Gottorf zuletzt Wiesinger 2015, S. 78ff.

37 Wiesinger 2015, S. 100f.

38 Bieber 1997, S. 168f. mit Hinweisen auf weitere Literatur.

39 Er führte die Arbeit mit zwei Gesellen bis 1591 aus, siehe Moraht-Fromm 1991, S. 18 mit Quellenangaben. Siehe ferner Forssmann 1956; Schlee 1965c, S. 352f.; Pause 1979; Bieber 1981/83 und Bieber 1997.

40 Zu den Vorlagen erstmals ausführlich T. Riewerts 1932.

41 Schlee 1965c, S. 353f.

42 Laut Schlee 1965c, S. 354 wurde van Voordt 1628 in Schleswig begraben. Er stammt vermutlich aus dem heutigen Grubbenvorst in der niederländischen Provinz Limburg, laut RKD ist seine Tätigkeit bis 1607 nachweisbar. https://rkd.nl/nl/explore/artists/453272. Der Aufschrift zufolge zeigt das Gemälde Herzog Philipp im Alter von 16 Jahren. Noch im November 1587 folgte Philipp seinem Bruder Friedrich II. als Herzog, doch starb auch er schon nach kurzer Zeit 1590.

43 Schlee 1965c, S. 351. Aktuell ist das Gemälde Bartholomäus Bruyn d. Ä. zugeschrieben; die mögliche Zuschreibung des Porträts an Binck stellte Cynthia Osiecki in einem Gespräch anlässlich der Tagung zur Debatte. Ihr Beitrag wurde hier nicht publiziert, da er Teil ihrer Dissertation ist, die in Kürze erscheinen soll.

44 Ha. Schmidt 1922, S. 109.

45 Ha. Schmidt 1917b; siehe auch Ha. Schmidt 1916 und Ha. Schmidt 1917a.

46 Köster 2017a sowie ihr Beitrag in diesem Band.

47 Für die Büste Maria Elisabeths siehe S. 245 in diesem Band.

48 Ha. Schmidt 1914, S. 29f.; Köster 2017a, S. 169f.; Ellger 1966, S 519–533.

49 Für diesen Hinweis bezüglich der möglichen Zuschreibung gilt mein Dank Frits Scholten. Zu Quellinus d. Ä. siehe Scholten 2010.

50 Vgl. dazu auch Barbara Uppenkamp in diesem Band. In zweiter Ehe heiratete Herzog Friedrich Wilhelm von Brandenburg 1668 die verwitwete Herzogin Dorothea von Braunschweig und Lüneburg, geborene Prinzessin von Schleswig-Holstein-Sonderburg-Glücksburg.

51 Ellger 1966, S.428–431, Zitat S. 430f.; zum Epitaph Junge ebd. S. 425–428.

52 Ellger 1966, S. 458ff.; Kuhl 2017, S. 11ff. Den niederländischen Einfluss betont auch Frits Scholten, der einen in den Niederlanden geschulten norddeutschen Bildhauer vermutet oder möglicherweise Pieter Rijckx ins Spiel bringt, einen Nachfolger von Quellinus und Verhulst (in einer Mail an die Verfasserin vom 13.9.2017).

53 Ellger 1966, S. 460–467.

54 Thorlacius-Ussing 1926. Thomas Quellinus wird die Erfindung des „Staffage"-Epitaphs zugeschrieben, siehe Ketelsen-Volkhardt 1989.

55 North 2001, S. 49f., S. 53ff. und S. 60ff. (mit Beispielen für den enormen gesellschaftlichen Aufstieg von Künstlern und den Einfluss einer wohlhabenden Mittelschicht).

56 Wie etwa Jürgen Ovens; zwei weitere Beispiele, Tilmann und Heimbach, behandelt Justus Lange in diesem Band.

57 So nennt Schlee unter den Ankäufen für die Gottorfer Kunstkammer auch Erwerbungen bei einem Peter Thomsen aus Holland, aber auch „Engländer und Franzosen boten ‚rare Sachen' der verschiedensten Art an", daneben wurden Waren aus den Reichsstädten Nürnberg oder Augsburg sowie aus Frankreich und Italien erworben. Siehe Schlee 1965b, S. 290. Die Korallenschnitzereien der Gottorfer Kunstkammer stammen aus Sizilien, vermutlich Trapani, und wurden unter anderem von dem herzoglichen Agenten in Hamburg, Andreas de Castro, beschafft (ebd. S. 293).

58 So ließ beispielsweise Herzogin Augusta 1633 ihr neues Badehaus im Garten von Schloss Reinbek mit holländischen Fliesen auskleiden; siehe Wendt 1994, S. 87. Im Hinblick auf die Gottorfer

Gärten vgl. den Beitrag von Karen Asmussen-Stratmann und zur Kunstkammer den von Marika Keblusek in diesem Band.
59  Vgl. Buttgereit 1999, Zitat S. 68.
60  Schlee 1965c, S. 350ff. und Kat. 362–382; Spielmann 1997, S. 26. Die Sammlung gelangte zu großen Teilen wie auch der Großteil der Ausstattung des Schlosses in Folge des Großen Nordischen Krieges im 18. Jahrhundert nach Kopenhagen. Niederländische Gemälde gehörten auch zur Ausstattung der anderen herzoglichen Schlösser. So sind für Reinbek für das Rechnungsjahr 1632/33 „holländische Schilderein" belegt, siehe Wendt 1994, S. 55.
61  Ihre Identifizierung anhand der Inventare der Gottorfer Kunstkammer ist den dänischen Kollegen Mogens Bencard, Jørgen Hein und Bente Gundestrup zu verdanken, vgl. Kat. Schleswig 1997b; teilweise auch schon von Schlee in Kat. Kiel 1965 publiziert (S. 145ff., Kat. 363–365, 372–374).
62  Köster 2017a, Kat. G55–G63, G142, G144–G147. Ovens' Zyklus zur Geschichte der Gottorfer befindet sich als Leihgabe des Nationalhistorischen Museums Schloss Frederiksborg überwiegend auf Schloss Christiansborg. Vgl. dazu auch Constanze Kösters Beitrag in diesem Band.
63  Kat. Kiel 1965, S. 145ff., Kat. 368–370 in Göttingen sowie Kat. 362, 375, 380–382 in Husum.
64  Kat. Kiel 1965, S. 148, Kat. 377; Köster 2017a, S. 39. Zu den Werken von Ovens auf Schloss Gavnø siehe Köster 2017a, S. 33 und Kat. G2, G54, G71, G105, G106, G162. Das *Bacchanal* von Ovens war ebenfalls auf Schloss Gavnø, konnte aber wieder für die Landesmuseen erworben werden (ebd. G34); s. u.
65  Köster 2017a, S. 25, 153 und 332, Quelle II.B.1.1655.
66  Das Gemälde trägt auf der Rückseite das Siegel der alten Gottorfer Sammlung, die zum Großteil ab 1713 an die königlich-dänischen Sammlungen überführt wurde. Der letzte, nicht nach Kopenhagen verbrachte Bestand an Gemälden, der im Schloss zu Repräsentationszwecken für den königlich-dänischen Stadthalter verblieben war, wurde 1853 verauktioniert – nach dem ersten Schleswig-Holsteinischen Krieg 1848–1851, in dessen Folge Schloss Gottorf zur Kaserne degradiert wurde. Vgl. Drees 1992, S. 112f.
67  Köster 2017a, G128 (für dieses Porträt Maria Elisabeths mit ihren Söhnen siehe S. 233 in diesem Band), G41, G34.
68  Kat. Kiel 1965, S. 148, Kat. 370; Unverfehrt 1987, S. 173, Kat. 112; Drees 1994, S. 74f.
69  Mattheson 1910: „so, daß man unsern Schweling nur den hamburgischen Organistenmacher hieß".
70  Siefert war nach seinem Aufenthalt in Amsterdam zunächst Organist in Königsberg und an der Warschauer Hofkapelle König Sigismunds III. von Polen, bevor er wieder nach Danzig zog. M. Schneider 2012. Eine wissenschaftliche Edition von Sieferts Werken für Tasteninstrumente durch Matthias Schneider und Michael Belotti ist in Vorbereitung.
71  Auf seinen Sohn Gustav Düben geht eine der wichtigsten Notensammlungen des 17. Jahrhunderts zurück, die Sammlung Düben der Universität Uppsala (https://www2.musik.uu.se/duben/Duben.php).

*Christian Boldt*

# GLÜCKSTADT ALS RÜCKZUGSORT – DIE JÜDISCHE GEMEINDE IN GLÜCKSTADT

Die Geschichte der Juden auf der iberischen Halbinsel reicht bis in die Zeit des Römischen Reichs zurück. Sie hatten sich jahrhundertelang mit ihren arabischen Herren arrangiert. Erst als diese durch die christliche Reconquista endgültig vertrieben wurden, gerieten auch die Sepharden in Not.[1] Das Vertreibungsedikt von 1492 vertrieb viele oder zwang sie zum Christentum überzutreten.[2] Über eine halbe Million spanischer Sepharden floh zu ihren Glaubensbrüdern nach Portugal. Als auch dort 1536 die Inquisition wie in Spanien eingeführt wurde, setzte ein erneuter Exodus ein. Den Verfolgten standen mehrere Migrationsrouten offen: Die meisten flüchteten in den Mittelmeerraum, in die neuen überseeischen Kolonien oder in die Nordseehäfen. Vor allem die protestantischen Handelsstädte waren für die Vertriebenen interessant, da hier eine, wenn auch teilweise eingeschränkte, Ausübung der jüdischen Religion gestattet war. Die Beteiligung der Immigranten am Kolonial- und am Iberien-Handel war sowohl für die Immigranten selbst als auch für die Obrigkeiten der protestantischen Handelsstädte von Interesse. So gelangten Ende des 16. Jahrhunderts die ersten Sepharden über Antwerpen nach Amsterdam und Hamburg. Amsterdam in den Vereinigten Niederlanden war durch den internationalen Handel,[3] aber auch durch die Weiterverarbeitung unter anderem von Rohdiamanten und Seide,[4] die wirtschaftlich erfolgreichste Stadt. Hier entstand die größte und wirtschaftlich potenteste jüdische Gemeinde in Westeuropa.[5] Ab dem Ende des 16. Jahrhunderts öffnete die Stadt vertriebenen Sepharden ihre Tore, bald auch den osteuropäischen Aschkenasim.[6] Die rechtliche Grundlage für das Leben der Immigranten bildete die 1616 promulgierte Judenordnung, die vergleichsweise umfangreiche Freiheiten in der ökonomischen Betätigung,[7] den politischen Rechten und der religiösen Autonomie gewährte. Die calvinistischen Stadtherren mischten sich nicht in die Belange der jüdischen Gemeinde ein und garantierten die Möglichkeit der Rückkehr zum Glauben[8] sowie die Ausübung der jüdischen Tradition.

In der Hansestadt Hamburg stellte sich die Situation anders dar. Hier gab es zwischen der Stadt und den Bürgern heftige Auseinandersetzungen um die Duldung und die wirtschaftliche Betätigung der sephardischen Einwanderer.[9] Sie hatten, anders als in Amsterdam, ein sogenanntes „Schoßgeld" zu entrichten, um ihr Bleiberecht zu behalten.[10] Im Jahr 1610 verfügte die Stadt die Duldung der portugiesischen Kaufleute, worunter die sephardischen Juden verstanden wurden, und die Sonderabgabe entfiel. Interessant dabei ist, dass ihre Religionszugehörigkeit dabei ausgeblendet wurde, und sie entsprechend ihrem Berufsstand und der territorialen Herkunft wahrgenommen wurden, das heißt als portugiesische Reeder und Fernkaufleute.[11] Entscheidend für die rechtliche Legitimierung ihres dauerhaften Aufenthalts in der Hansestadt war der Niederlassungskontrakt zwischen der Stadt und den besagten „portugiesischen Kaufleuten" von 1612, mit den Novellen von 1617 und 1650.[12] Der Vertrag enthält im Wesentlichen Verhaltensmaßregeln und Verbote. Die Portugiesen sollten sich vor allem unauffällig verhalten und weder öffentlich noch privat die jüdische Religion ausüben. Letzteres wurde jedoch nicht streng überwacht, was den Bürgern häufig Anlass zur Klage gab. Dieser Vertrag ist das Ergebnis jahrelanger Debatten und Verhandlungen zwischen Bürgerschaft, Rat und den Juden, deren Bleiberecht in Hamburg lange stark bedroht war. Juristisch wurden die Einwanderer nicht als Juden eingestuft, sie waren vielmehr eine ausländische Berufsgruppe, die mit der Stadt ein Vertragsverhältnis einging, das beide Parteien gleichermaßen verpflichtete. Sie blieben Fremde, aber sie genossen über die gesamte Geltungsdauer des Kontraktes den Schutz des Rates.[13] Erlaubt war ihnen „[…] aufrichtige, redliche Kaufmannshandtierung, unseren Bürgern und anderen Einwohnern gleich"[14]. Der Vertrag machte deutlich, was der Hamburger Magistrat von den Immigranten erwartete; nämlich die Erschließung und Förderung der Wirtschaftsinteressen im internationalen Kolonialhandel und besonders die Vermittlung des Zugangs zum begehrten iberischen Markt.[15] In Bezug auf die Religionsausübung erwies man sich weniger tolerant, was vor allem durch den Widerstand der Bürgerschaft zu erklären ist. Der jüdische Gottesdienst war in Hamburg selbst untersagt, durfte aber im benachbarten und nicht zur Hansestadt gehörenden, sondern bis 1864 dänisch verwalteten Altona praktiziert werden. Die Synagoge in Altona kann insofern als ein Modus Vivendi angesehen werden, der das Leben in Hamburg für die Sepharden möglich machte, gleichzeitig aber den Vorbehalten von christlicher Seite und den politisch-rechtlichen Bedingungen Rechnung trug. In den Novellen[16] des Kontrakts wurde die Gottesdienstfreiheit etwas stärker berücksichtigt, schuf aber keine mit den Amsterdamer Verhältnissen gleichzusetzende Situation.

Diese für die Sepharden unglückliche und vor allem unberechenbare Judenpolitik in Hamburg machte sich der dänische und norwegische König Christian IV. (1577–1648) zunutze. Mit dem 1621 durch den Gottorfer Herzog Friedrich III. (1597–1659) angelegten Friedrichstadt wurde Glückstadt zur „Toleranzstadt". Im Gegensatz zu Friedrich gelang es Christian IV., neben Reformierten, Mennoniten und Remonstranten auch die als wirtschaftlich potent geltenden „portugiesischen Juden" als Siedler anzuwerben. Die neugegründete Stadt an der Elbe avancierte zum Rückzugsort[17] für die sephardischen Juden und sollte dies auch für über hundert Jahre bleiben. Im Protokollbuch der Portugiesisch-Jüdischen Gemeinde in Hamburg heißt es mit Bezug auf Glückstadt: „Damit jene Gemeinde stets aufrecht erhalten bleibe, um, falls Umstände eintreten sollten, die Gott verhüten möge, als Zufluchtsstätte dienen zu können"[18].

Über die genauen Motive Christians IV. zur Gründung Glückstadts schweigen die Quellen. Es gibt jedoch eine ganze Reihe von denkbaren Zielsetzungen, die sich zum einen als wirtschaftliche und zum anderen als machtpolitisch-militärische Absichten klassifizieren lassen. Was die wirtschaftlichen Absichten betrifft, habe sich Glückstadt zu einem mächtigen Gewerbe- und Handelszentrum entwickeln sollen.[19] Ein derartiges Vorhaben erschien umso wichtiger, hatten sich doch die Handelsströme von der Ostsee immer mehr zur Nordsee und den überseeischen Gebieten hin verlagert. Um den Anschluss nicht zu verpassen, benötigte der dänische König Häfen mit einem Zugang zur Nordsee, denn die Häfen von Husum und Tönning gehörten zum Anteil der Gottorfer und der königliche Anteil der Herzogtümer Schleswig und Holstein besaß keinen geeigneten Hafen für Großschifffahrt.[20] Versuche an anderer Stelle einen Hafen zu errichten, wie in Krempe und Itzehoe, scheiterten.[21] So kam es zur Gründung und zum Ausbau Glückstadts. Als offizielles Gründungsdatum gilt der 22. März 1617, als Glückstadt das Stadtrecht verliehen bekam.[22] Zeug-, Proviant und Gießhäuser wurden für die Garnison und den Flottenstützpunkt gebaut. Die Lage Glückstadts war durchaus als gesicherter Elbübergang für die Ambitionen Christians im Niedersächsischen Kreis geeignet wie auch als Rückzugpunkt im Falle militärischer Rückschläge.[23] Für die Präsenz des Monarchen wurde mit der Anlage eines repräsentativen Wohn- und Regierungssitzes, dem Schloss „Glücksburg" (1629–31), gesorgt. Um die neugegründete Stadt zu bevölkern, die planvoll nach Art der Renaissance mit zwölf radial vom Marktplatz ausgehenden Straßen hoch ambitioniert angelegt war, erhielt sie weitreichende Privilegien, wie etwa das der freien Religionsausübung ihrer Einwohner.

Schon im Dezember 1618 nahmen portugiesische Juden Verbindung mit dem dänischen Statthalter in Schleswig-Holstein, Gerhard Rantzau, auf. Am 17. Dezember schrieb Graf Rantzau an Christian IV., dass ein portugiesischer Kaufmann bei ihm gewesen sei und ihm zu verstehen gegeben habe, dass viele in Hamburg wohnhafte „Portugiesen", die über Lissabon Handel mit Zucker, brasilianischem Holz und anderen Gütern treiben, willens seien, sich in Glückstadt oder Krempe niederzulassen und den Handel an diese Orte zu bringen, wenn ihre königliche Majestät Christian IV. erlauben, dass sie eine Synagoge dort bauen dürften. Ferner hatte der portugiesische Kaufmann dem Statthalter ein Projekt zur Errichtung einer Münze vorgetragen. Wenn der König sie privilegieren würde, wollten die Portugiesen aus spanischem Silber, das sie durch ihre Geschäfte mit Spanien in großen Mengen erhielten, „Dünniche" schlagen und diese nach Polen und Danzig verkaufen. Sie waren bereit, jährlich 2.000 Reichstaler an die königliche Kasse zu zahlen und einen vom König eingesetzten Münzprüfer zu besolden.²⁴ Dieser portugiesische Kaufmann ist mit Sicherheit Álvaro Dinis (Dionis) gewesen. Dinis oder Samuel Jachia, wie er sich mit seinem jüdischen Namen in der Gemeinde nannte, nahm unter den Glückstädter Portugiesen eine herausragende Stellung ein und kann als der Initiator der dortigen jüdischen Gemeinde bezeichnet werden. Zuvor hatte er sich bereits in Hamburg einen Namen gemacht, wo er sich spätestens 1605 als Kaufmann niederließ. In der Hansestadt betrieb er erfolgreich Getreide-, Zucker- und Salzhandel mit Spanien, Portugal und Brasilien und knüpfte als einer der ersten Juden Handelsbeziehungen mit Lübeck und dem Baltikum an. 1611 war er einer der drei Unterzeichner des Kaufvertrages des Portugiesen-Friedhofs an der Altonaer Königstraße.²⁵ Als Hamburg 1617 die Privilegien für die Portugiesen nicht erneuern wollte, gehörte Dinis zu denen, die sich aktiv um einen Fortzug aus der Stadt bemühten. Seit 1616 war der umtriebige Kaufmann im Zusammenhang mit umstrittenen Münzgeschäften für Fürsten und andere Adlige sowie für die Schauenburgische Münze in Altona tätig. In das Kipper- und Wipperverfahren verwickelt,²⁶ wurde ihm von der Stadt Hamburg sein Silber beschlagnahmt und er 1619 aus der Stadt gewiesen.²⁷ Sein Weg führte ihn zunächst nach Altona und noch im selben Jahr übersiedelte er dann nach Glückstadt. Hier war er der erste Jude der sich in der neugegründeten Stadt an der Elbe niederließ.²⁸ Von Christian IV. zum Münzmeister ernannt, errichtete er an der Ecke Marktplatz/Münzerstraße eine Münzstätte. Das Gebäude der Münze kaufte Anfang 1621 sein Schwager und Geschäftspartner Paul Dierichsen. Dieser, Dinis und andere Portugiesen ließen sich von 1620 bis 1623 mehrere Bauplätze neben der Münze am Markt/Fleth, in der Münzerstraße und in der Parallelstraße zur Münzerstraße, der späteren Portugiesenstraße (heute Königstraße), zuteilen (Abb. 1).

1620 wohnten bereits 13 Portugiesen in Glückstadt. Sie hatten sich, wie Dinis 1621 schrieb, auf seinen „rath und anregen alhir heuslich niedergelassen", […] „mehrenteils heuser gekauft oder auch gebawet" und waren „[…] durch ihren gewerb und handel diesem städtlein nützliche leut"²⁹. Ein Brief, der sich leider nur in einer Abschrift im Stadtarchiv Glückstadt befindet, gibt gerade über die schweren Anfangsjahre ein beredtes Zeugnis ab, aber auch über die großen Hoffnungen, die die Sepharden in Glückstadt setzten. Er stammt aus der Feder der Ehefrau von Dinis und der Adressat war ihr Sohn.

**Abb. 1** Münze aus dem Jahr 1623, geprägt von A. Dinis, Detlefsen-Museum Glückstadt

„[…] Somit wurde im Jahr 1619³⁰ mit der dänischen Krone eine Vereinbarung unterschrieben, die uns Privilegien gibt, die außer in Amsterdam, in anderen Städten unvergleichlich sind, einschließlich der Rechte, Land zu kaufen und Häuser zu bauen. Diese Vereinbarung wurde publiziert in allen Ländern, in denen es portugiesische Ansiedlungen gibt. Es wies darauf hin, dass Juden wie auch Holländer und friesische, verfolgte Calvinisten absolute religiöse Freiheit und dänische Staatsbürgerschaft angeboten werden würden, wenn sie diese neue Stadt Glückstadt bevölkern würden. […] Im Jahr 1621 kaufte mein Bruder Paolo ein vorhandenes Haus, das bestimmt ist, für das Installieren der Münzstätte verwendet zu werden. Er nennt sich hier Paul Dirichsen, was viel mehr nordisch klingt. Aber auf Hebräisch bleibt sein Name Moshe Abensur, wie in Hamburg. Unser Haus und die Münzstätte wurden in den vergangenen Jahren das Zentrum für Leute unseres Glaubens, welche stetig in einem dünnen Strom kamen, um sich hier anzusiedeln. Unter ihnen, um es uns gleich zu tun, Leute aus Amsterdam. Einer der Letzteren erhielt eine Lizenz, eine jüdische Druckmaschine zu betreiben, wie in der von deinem Vater gegengezeichneten Übereinstimmung vorgesehen. Seine Initiative ist hervorragend, und er ist ziemlich stolz darauf. Aber er findet es überhaupt viel wichtiger, dass wir unsere Religion und ihre Grundsätze reichlich ohne jede Einschränkung praktizieren dürfen. Zusätzlich zu unserer Münzstätte richteten andere portugiesische Juden eine Zuckerraffinerie ein, die den braunen Brasilianischen Zucker in weißen umwandelt. […]"[31]

Das äußerst attraktive Privileg vom 3. August 1619, mit dem Christian IV. die sephardischen Kaufleute mit ihren weitreichenden Handelsverbindungen nach Glückstadt holen will, garantiert den „Portugiesen" unter anderem freie Religionsausübung in ihren Häusern, Rechtsautonomie bei Streitigkeiten untereinander, Eheschließungen nach jüdischem Ritus und Befreiung von Abgaben.[32]

Amsterdamer und Hamburger Portugiesen betrieben um 1620 in Glückstadt bereits nachweislich Zuckerraffinerien,[33] betätigten sich als Reeder im Überseehandel, handelten mit Textilien[34] und Tabak (und bauten ihn in Glückstadt an) und betrieben auch Seifensiedereien und Ölmühlen. Trotz der großen wirtschaftlichen Aktivität der Portugiesen in Glückstadt war ihre Gesamtzahl relativ klein. Im Jahre 1623 stellten sie mit 29 Familien 8,1 Prozent aller Haushalte in Glückstadt. Ihr Anteil sank 1625 auf 4,5 Prozent und 19 Familien. Diese eineinhalb Dutzend Familien besaßen aber zusammen 40 Häuser, das heißt 8,9 Prozent des Gesamthausbestandes.[35]

Während der Belagerung Glückstadts im Dreißigjährigen Krieg[36] und nach Protesten der Stände und des Hamburger Valvationstags, der den Wert fremder Münzen bestimmte, prägte Dinis ab 1625 keine weiteren Münzen. Viele Sepharden verließen Glückstadt in den folgenden Jahren, wobei einige sich auch nur kurzfristig in Glückstadt aufhielten, wegen der im Hamburg herrschenden Pest.[37] Nach dem Lübecker Frieden am 22. Mai 1629 verfasste Dinis eine Denkschrift für Christian IV., um den Neuaufbau der zerstörten Stadt zu fördern – Glückstadt wurde zuvor im Rahmen des Dreißigjährigen Krieges zwar erfolglos belagert, dabei aber teilweise zerstört.[38] Er vermittelte dem dänischen König ein realistisches Bild der städtischen Verhältnisse und erreichte für die portugiesischen Juden neue und noch weitergehende Privilegien, die Christian IV. am 19. Juni 1630 unterzeichnete. Mit diesen erweiterten Freiheiten und Privilegien versuchte Christian IV. die portugiesischen Juden zur Rückkehr in seine junge Stadt zu bewegen. Durch sie erhielt die „Portugiesische Nation Hebräischer Religion" vorteilhafte Lebensbedingungen wie nur an wenigen Orten der damaligen Welt. In der Einleitung der 33 Artikel umfassenden Privilegien erklärt der König ausdrücklich, dass er sich darüber mit seinem „lieben Getreuen Albert Dinis"[39] beraten hat. So konnten Mitglieder der „Portugiesischen Nation" überall in der Stadt Häuser bauen und Grundstücke erwerben. Wie alle anderen Bürger in den Fürstentümern, Dänemark und Norwegen konnten sie frei Handel und Gewerbe treiben. Sie durften in der Stadt eine Synagoge errichten, um darin ihre Religion auszuüben. Die Synagoge der Glückstädter Gemeinde befand sich in der Königstraße Nr. 6 (Abb. 2). Dieser Teil der Königstraße hieß bis ins 19. Jahrhundert Juden- oder Portugiesenstraße. Erbaut wurde dieses erste Gotteshaus in den 1640er-Jahren, in der zweiten Aufbauphase der jungen Stadt nach den Zerstörungen der Belagerung. Es war das einzige Gebäude in der Straße, das circa fünf Meter hinter der Häuserflucht seinen Standort auf dem Grundstück hatte und sich so von den anderen Häusern, die direkt an den Bürgersteig gebaut worden waren, hervorhob. Noch heute steht das Wohnhaus, das 1901 auf dem Fundament der 1895 abgerissenen Synagoge errichtet wurde, hinter der Häuserflucht und lässt den der Bedeutung entsprechenden Standort der ehemaligen Synagoge erkennen (Abb. 3).

Außerhalb der Festungsanlage erhielt die Jüdische Gemeinde für 50 Reichstaler ein etwa zwei Morgen[40] großes Grundstück zur Anlage eines Begräbnisplatzes.[41] Die Portugiesen durften eine Druckerei mit hebräischen Lettern errichten und sie sollten nicht wegen ihrer Religion belästigt werden und vor der Verfolgung als Scheinchristen sicher sein. Glückstädter Hausbesitzer mussten in Friedens- sowie in Kriegszeiten Sol-

**Abb. 2** Asta Rassiga nach Ferdinand Oesau: Die 1768 erneuerte Glückstädter Synagoge in der Königstraße

**Abb. 3** Das Wohnhaus wurde 1901 auf dem Fundament der 1895 abgerissenen Synagoge errichtet.

daten Quartier geben. Von dieser lästigen Pflicht befreite der König die Neubürger. Im 16. Artikel wird ihnen zugesichert, dass niemand zur Taufe oder zum christlichen Glauben gezwungen werden darf. Wenn ein Portugiese zum Christentum übertreten möchte, so muss er älter als 15 Jahre sein und eine vierzigtägige Bedenkzeit einhalten. Der 18. Artikel erlaubte den Portugiesen, andere Glaubensgenossen aus der Levante, Italien, Afrika „oder sonsten woher kommen" bei sich in Glückstadt aufzunehmen. Ausgenommen davon waren jedoch ausdrücklich deutsche Juden, die Aschkenasim. Diese Privilegien wurden im 17. Jahrhundert mehrmals verlängert.

So wurde das erste Jahrhundert der Jüdischen Gemeinde in Glückstadt (Abb. 4) durch die Sephardim – die portugiesische Nation – geprägt, die enge Kontakte und Handelsbeziehungen zu den Zentren der damaligen Alten und Neuen Welt pflegten und sich als Kaufleute und Unternehmer im Überseehandel betätigten sowie zeitweilig auch am lukrativen Dreieckshandel.[42] Auch Dänemark beteiligte sich einige Jahre mit der Glückstädter Afrikanischen Kolonie am Dreieckshandel und besaß an der Guineischen Küste die Festung Christiansborg in Osu (heute Accra, die Hauptstadt Ghanas).[43] Hierbei waren Glückstädter Portugiesen und eingewanderte Holländer als Mittelsmänner und Wegbereiter tätig. Am 16. Mai 1651 erhielt Glückstadt königliche Privilegien zum Afrika-Handel. Der Holländer Hendrick Carlof segelte 1657 mit dem Schiff *Glückstadt* für den dänischen König nach Afrika, wo er ein schwedisches Fort eroberte und 1658 heimkehrte. So wurde die Stadt an der Elbe Ausgangspunkt für diese Schifffahrt.

Die beteiligten Glückstädter Schiffe löschten ihre Handelswaren jedoch nicht im Heimathafen, sondern in der Handelsmetropole Hamburg. Dort gab es eine deutlich bessere Infrastruktur und einen größeren Absatzmarkt. Bereits 1671 endete diese Kapitel Glückstädter Geschichte, denn die Kompagnie wurde aufgelöst und nach Kopenhagen verlegt.[44] Schon in der zweiten Hälfte des 17. Jahrhunderts verlor Glückstadt unter anderem deswegen immer mehr den Charakter einer Handelsstadt und wandelte sich zu einer reinen Festungsstadt und zum Verwaltungszentrum[45] des Herzogtums (Abb. 5). Der Plan Christians IV., mit Glückstadt der Handelsmetropole Hamburg Konkurrenz zu machen, war gescheitert. Viele portugiesische Familien verließen die Stadt in Richtung Hamburg, Amsterdam, Antwerpen, London oder Kopenhagen. Die jüdische Gemeinde in Glückstadt geriet in große finanzielle Schwierigkeiten und damit auch zusehends in die Abhängigkeit zur Hamburger Gemeinde. Wiederholt baten die Glückstädter die Nachbargemeinde um Hilfe, denn sie konnten weder den Chasan noch den Schächter und Schlachter bezahlen.[46] Die Hamburger wandten sich daraufhin an die jüdische Gemeinde in Amsterdam, doch ohne Erfolg, denn die Amsterdamer Portugiesen befanden sich „[…] infolge der Kriege und der geringen Einnahme der Gemeinde zur Zeit selber in beschränkter Lage"[47]. Obwohl erfolglos, zeigt das Ansinnen der Hamburger die Amsterdamer um finanzielle Unterstützung zu bitten doch, dass Glückstadt als

**Abb. 4** Siegel des Rabbinats der Jüdischen Gemeinde zu Glückstadt, Detlefsen-Museum Glückstadt, 4515

Rückzugsort bei politischen Schwierigkeiten erhalten werden sollte. Jedoch hatte sich die Lage bereits seit 1648 in den Niederlanden entspannt. Spanien und die Niederlande hatten Frieden geschlossen, und holländische Handelsschiffe nahmen wieder ganz legal Kurs auf die Iberische Halbinsel. Dies war wirtschaftlich gesehen von hoher Bedeutung, denn die sephardischen Kaufleute besaßen ein Monopol auf die Überseeprodukte aus Amerika, der Karibik und dem Mittelmeerraum, wo portugiesische Händler nicht selten Verwandte und Freunde hatten, die zugleich Geschäftspartner waren. Glückstadt war vorerst seiner Bedeutung beraubt.

1668 schien die Glückstädter Gemeinde faktisch aufgehört zu haben zu bestehen,

> „[…] was aus der Synagoge, den Papieren und Privileg-Urkunden von Glückstadt geworden war, nachdem Abraham und Isaac Gomes sowie sonstige Mitglieder hierher gezogen, aus welchem Grunde eine Verwaltung dort nicht mehr bestand, auch kein Gottesdienst mehr abgehalten wurde."[48]

Die Glückstädter Gemeinde war gezwungen, alle Wertsachen den Hamburgern zu übereignen und ihnen den Friedhof und die Synagoge zu überschreiben.[49] Die Abwanderung der portugiesischen Juden scheint immer weiter zugenommen zu haben, denn kurz darauf heißt es im Protokollbuch: „Da die Anzahl der Bewohner von unserer Nation in Glückstadt mit jedem Tage geringer wird, so daß es den Anschein hat, als ob nicht ein einziger, der sich Portugiese nennt, dort übrig bleiben wird […]."[50] Die Synagoge in Glückstadt sollte aber weiterhin behalten und unterhalten werden, um die Privilegien nicht zu verlieren.[51] 1682 schreibt die Gemeinde wegen ihrer baufälligen Synagoge einen Bittbrief an die Londoner Portugiesen-Gemeinde und erhält daraufhin 100 Mark zur Unterhaltung des Gebäudes.[52] 1686 bestätigt König Christian V. das Privileg von 1630 und bekräftigt, dass er

**Abb. 5** Stadtplan von Glückstadt aus dem Jahr 1756 (Detail) mit dem Standort der Synagoge (blau) und dem Friedhof (rot), SA Glückstadt

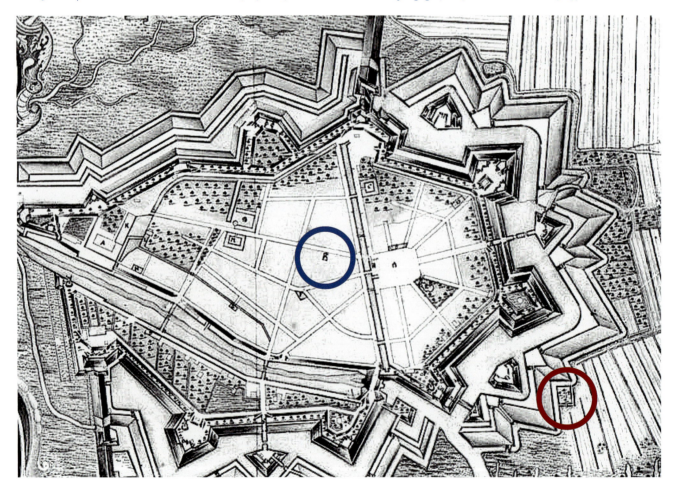

**Abb. 6** Ein Teil des restaurierten jüdischen Friedhofes in Glückstadt

weiterhin daran interessiert sei, den Handel der Portugiesen zu fördern.[53]

Parallel zu dieser Entwicklung ließen sich mit Genehmigung des Glückstädter Magistrats immer mehr deutsche und polnische Juden (Aschkenasim) in Glückstadt nieder. Es durfte mit Genehmigung der Vorsteher der jüdischen Gemeinde jetzt auch nach „teutscher Manier" gebetet werden und Juden der „Hochdeutschen Nation" durften als Mitglieder aufgenommen werden, um die Zahl der Gemeindemitglieder aufzustocken.[54] So bestand die Gemeinde um das Jahr 1700 größtenteils aus deutschen Juden, denen aber nicht die vollständigen Rechte der Portugiesen eingeräumt wurden. Innerhalb der Jüdischen Gemeinde gab es wiederholt Streitigkeiten, denn der aschkenasischen Mehrheit war der sephardische Ritus fremd. Der Streit um die Durchführung des Gottesdienstes wird 1719 vom Rabbiner Moses Meyer Cohn dahin gehend entschieden, dass bis auf das Aus- und Einheben der Tora der deutsch-polnische Ritus gelten solle. In jenen Jahren lebten zeitweise nur noch ein bis zwei portugiesische Familien in Glückstadt, aber um weiterhin die Privilegien genießen zu können, wurde darauf geachtet, dass der Status der Gemeinde als „Portugiesisch-Hebräisch" bestehen blieb. Allerdings gab es immer mehr Zweifel von Seiten des dänischen Königs, dass dies noch so sei. Als die Hamburger Portugiesen-Gemeinde als Besitzerin des Glückstädter Friedhofs 1711–12 dem dänischen König vertragswidrig jährlich 100 Reichstaler Steuern zahlen sollte, wanden sich die Hamburger an die Amsterdamer Portugiesen-Gemeinde mit der Bitte, beim dänischen König zu intervenieren.[55] Letztendlich erfolglos, denn 1732 wird die Verlängerung der Privilegien verweigert, mit der Begründung, dass keine der alten portugiesischen Familien mehr in Glückstadt ansässig sei.

Als bei einer Faulfieberepidemie im Jahr 1783 fast ein Drittel der Gemeinde umkommt, verlassen die letzten Portugiesen die Stadt. Gut hundert Jahre später, im Jahr 1895, wurde die Synagoge von der Gemeinde „auf Abbruch" an die Stadt Glückstadt verkauft. Heute gibt nur noch eine Skizze von

Ferdinand Oesau Auskunft über das äußere Erscheinungsbild des Gotteshauses (vgl. Abb. 2).

1907 waren der Schuhwarenfabrikant Semmy Levy und der Kaufmann Hermann Mendel die beiden einzigen männlichen Mitglieder der israelitischen Gemeinde in Glückstadt. Beide unterzeichneten am 21. Mai 1907 einen Vertrag mit der Stadt. Dieser Vertrag beinhaltete den Übergang des Gemeindevermögens an die Stadt Glückstadt, falls keine Gemeindemitglieder mehr vorhanden seien. Im Gegenzug verpflichtete sich die Stadt zur Unterhaltung des Friedhofes.

Semmy Levy ist am 15. Mai 1914 auf dem Jüdischen Friedhof bestattet worden. Sieben Monate nach dem Tod zog seine Witwe Jenny Levy nach Hamburg und übergab die Vermögensverwaltung sowie noch vorhandene Register und Protokolle der Gemeinde an den Magistrat. Handschriftlich vermerkte Bürgermeister Brandes am 22. Januar 1915: „Laut Vertrag ist die jüdische Gemeinde erloschen. Die Verwaltung des Vermögens ist auf uns übergegangen". Die 99 heute noch erhaltenen Grabsteine und der Rest-Friedhof sind 2013 in das Denkmalbuch des Landes Schleswig-Holstein eingetragen worden (Abb. 6).

Die Grabsteine befinden sich an sekundären Standorten und teilen sich auf in 63 sephardische und 36 aschkenasische Grabmale.[56] Der nun 400 Jahre bestehende Jüdische Friedhof in Glückstadt ist der älteste und der einzige mit überwiegend sephardischer Grabkunst in Schleswig-Holstein. Das letzte bauliche Zeugnis des jüdischen Lebens in der Stadt wird heute durch das Land Schleswig-Holstein geschützt und damit auch seiner Bedeutung als einzigartiges Kulturdenkmal für Stadt und Land gerecht.

### Anmerkungen

1 Fall Granadas 1492.
2 Alhambra-Edikt von 1492.
3 Vgl. Israel 1990, S. 357. Über die Vernetzung im internationalen Handel berichtet Voolen 1994, S. 216.
4 Zur Spezialisierung der Amsterdamer Sephardcn auf Luxusgüter vgl. Wallenborn 2003, S. 54f.; Israel 1999, S. 425.
5 Vgl. Wallenborn 2003, S. 420.
6 Vgl. Israel 1999, S. 425; Voolen 1994, S. 215f.
7 Amsterdams Juden waren nicht nur im Kolonialhandel aktiv, sondern auch im Kreditwesen, dem Immobiliengeschäft und dem Manufakturwesen, vgl. Wallenborn 2003, S. 375f., 398–406.
8 Viele lebten seit der Vertreibung aus Spanien 1492 und aus Portugal 1536 als Christen und übten nur hinter verschlossenen Türen ihren Glauben aus.
9 Braden 2001, S. 357, drückt das Problem folgendermaßen aus: „Staatlicher Utilitarismus auf der einen und die damals geläufigen religiös motivierten antijüdischen Ressentiments auf der anderen Seite waren die wesentlichen Bedingungsfaktoren, die auf das Leben der Juden in Hamburg in politischer, wirtschaftlicher und sozialer Hinsicht in dem fraglichen Zeitraum einwirkten."
10 Diese Abgabe hängt mit der Einstufung der Gemeinde als Kaufmannskolonie zusammen, vgl. Wallenborn 2003, S. 272, 355.
11 Vgl. Braden 2001, S. 86.
12 Die Modifikation von 1617 regelte neu das Schächten, allerdings durch restriktive Bestimmungen, vgl. Braden 2001, S. 149–157. Die Fassung von 1650 war in erster Linie eine Bestätigung des Status quo, gewährte aber Gottesdienstfreiheit, vgl. ebd., S. 250f., 372f.
13 Vgl. Wallenborn 2003, S. 271.
14 Vgl. Braden 2001, S. 105.
15 Vgl. Weber 2010, S. 141f.
16 Vgl. Wallenborn 2003, S. 275ff.
17 Vgl. auch Studemund-Halévy 1997b, S. 394 (Glückstadt als Rückzugsort); vgl. Ornan Pinkus 1994, S. 24.

18 Aus dem Protokollbuch der Hamburger Portugiesengemeinde von Isaac Cassuto, in: Jahrbuch der Jüdisch-Literarischen Gesellschaft 6 (1909), S.25.

19 Vgl. Kellenbenz 1958, S. 62 (hier Gründung Glückstadts als wirtschaftlicher Gegenpol zu Hamburg) und vgl. Lorenzen-Schmidt 2000, S. 64f.

20 Vgl. Lorenzen-Schmidt 2000, S. 65.

21 In Itzehoe war 1612 ein 110 Lasten großes Schiff gebaut worden. Auf der Jungfernfahrt kenterte es auf der windungsreichen Stör und konnte erst nach zwei Jahren wiederaufgerichtet werden. Detlefsen 1976, S. 177f.

22 LASH Schleswig, Urkundenabteilung B, Nr. 286.

23 Köhn 1992, S. 299f.

24 RA Kopenhagen, TKIA, Perioden indtil 1670 Nr. 78, Brief Gert Rantzaus an Christian IV. vom 17.12.1618. Das Dokument aus dem RA Kopenhagen befindet sich auch als Kopie im Detlefsen-Museum Glückstadt.

25 Studemund-Halévy o. J.; vgl. auch Studemund-Halévy/Zürn 2010, S. 15.

26 Von 1618 bis 1623 war die Zeit der Kipper und Wipper. Das waren – oft von den Landesherren eingesetzte – Münzkäufer, die hochwertige Geldstücke wogen („wippen") und aussortierten („kippen"), um mehr Münzen mit einem geringeren Silbergehalt daraus herzustellen. Schweres Silbergeld wurde so zugunsten weniger silberhaltigen Geldes vom Markt genommen. Die Differenz behielten die Landesherren ein. Auf diese Weise kam immer mehr Geld in Umlauf, zudem arbeiteten einige Münzmeister auf eigene Rechnung. Dies bescherte dem Heiligen Römischen Reich Deutscher Nation die größte Inflation seiner Geschichte. Vgl. dazu K. Schneider 1981.

27 Kruse 1992, S. 106.

28 Vgl. Kellenbenz 1958, S. 62.

29 Zit. nach Köhn 1974, S. 133.

30 RA Kopenhagen, TKIA, Perioden indtil 1670 Nr. 93 Bd. 11, Dinis an Christian IV. am 9.10.1619.

31 Kleine Schriften IX/6, Stadtarchiv Glückstadt.

32 *Der Portugysen in der Glückstadt Privilegium* vom 3. August 1619 (LASH Schleswig, Abt. 103, AR. 1622/23 Beilage 40, Abschrift). Das Privileg ist auch abgedruckt bei Köhn 1974, S. 165, Anlage 3.

33 *Der Zucker Refinirer Privilegium in der Glückstadt* vom 10. August 1620 (LASH Schleswig, Abt. 103, AR. 1622/23 Beilage 39), abgedruckt in Köhn 1974, S. 167, Anlage 4.

34 Siehe auch: *Der Portugysen in der Glückstadt Privilegium* vom 3. August 1619 (LASH Schleswig, Abt. 103, AR. 1622/23 Beilage 40). Das Privileg ist auch abgedruckt bei Köhn 1974, S. 165, Anlage 3.

35 Vgl. Köhn 1974, S. 152 (Tabelle).

36 Glückstadt wurde 1627/28 belagert.

37 A. Cassuto 1930, S. 292.

38 50 Prozent des Hausbestandes wurden zerstört. Krieg, Flucht und die Pest dezimierten die Einwohnerschaft auf 200 Familien, vgl. Köhn 1992, S. 304.

39 Privileg von 1630 im Detlefsen-Museum Glückstadt.

40 Das entspricht heute einer Größe von 4.000 Quadratmetern.

41 Siehe zum Jüdischen Friedhof in Glückstadt: Jacobs 2017, S. 87–105.

42 Im sogenannten Dreieckshandel fuhren Schiffe mit Waren an die Küste Westafrikas, um sie dort gegen Menschen einzutauschen. Diese wurden versklavt, nach Amerika gebracht und dort verkauft. Von dort aus fuhren Schiffe zurück nach Europa, beladen mit Produkten wie Zucker, Kaffee oder Baumwolle, die durch Sklavenarbeit geerntet oder hergestellt worden waren.

43 Einige der Glückstädter Sepharden beschäftigten in ihren Haushalten Sklaven, „Mohren" und „Mulatten". Vgl. dazu Studemund-Halevy 1997a, S.12f.

44 Barfod 2002, S. 39.

45 Die Regierungskanzlei (Obergericht) wurde als oberste Justiz- und Verwaltungsbehörde für den königlichen Anteil von Schleswig und Holstein 1648 in Flensburg errichtet und 1649 nach Glückstadt verlegt.

46 Vgl. Studemund-Halevy 1997b, S. 399f.

47 Protokollbuch der Hamburger Portugiesengemeinde vom 5. Av 5426 [6. August 1666], nach I. Cassuto 1909–20, Bd. 6, S. 25.

48 Protokollbuch der Hamburger Portugiesengemeinde, nach I. Cassuto 1909–20, Bd. 11, S. 50.

49 A. Cassuto, S. 294.

50 Protokollbuch der Hamburger Portugiesengemeinde, nach I. Cassuto 1909–20, Bd. 11, S. 56.

51 Protokollbuch der Hamburger Portugiesengemeinde, nach I. Cassuto 1909–20, Bd. 11, S. 56.

52 Studemund-Halevy 1997b, S. 401.

53 Studemund-Halevy 1997b, S. 401.

54 Jacobsen 1926, S. 238.

55 A. Cassuto 1930, S. 295.

56 Es konnten 2017 noch fünf weitere Grabsteine ausfindig gemacht werden. Sie sollen in Kürze dem Friedhof beigefügt werden.

*Christiane Thomsen*

# FRIEDRICHSTADT – DIE HOLLÄNDERSTADT

Mit dem Slogan „Friedrichstadt – die Holländerstadt" wirbt die örtliche Touristinformation für den Besuch in der Kleinstadt zwischen Eider und Treene (Abb. 1). Aber wie viel Holland steckt tatsächlich in Friedrichstadt? Es waren niederländische Glaubensflüchtlinge, die Remonstranten, die 1621 auf Einladung des Gottorfer Herzogs Friedrich III. die Stadt zwischen Eider und Treene erbauten. Der Herzog wollte die teuren Zoll- und Importkosten seiner Hofhaltung durch eigene Einfuhr von Luxusgütern reduzieren und zudem in seiner neuen Stadt Steuergelder einnehmen.[1] Niederländer galten zu seiner Zeit als kapitalkräftig, kenntnisreich und gut vernetzt, zudem waren ihre Erfolge als Deichbauer, Landwirte und international agierende Kaufleute allgemein anerkannt. Da war es nur folgerichtig, dass er sie in seinem Herzogtum ansiedeln wollte. Die Zugeständnisse, die er ihnen mit dem Angebot von Religionsfreiheit, eigenem Stadtrecht und anderen Privilegien machte, waren für einen Herrscher seiner Zeit jedoch sehr weitreichend.

> „Wenn auch die Pläne des Gottorfers […] scheiterten, mit Hilfe der niederländischen Exulanten [seine] schleswig-holsteinischen Besitzungen zu Partizipanten am großen Welthandel zu machen, so schlug sich der niederländische Einfluss aber doch dauerhaft und erfolgreich in der infrastrukturellen Durchdringung des platten Landes nieder."[2]

Doch wie machte sich diese infrastrukturelle Durchdringung in Friedrichstadt bemerkbar?

## Sprache

Besucht man heute einen Gottesdienst der Remonstranten, so ist dies die einzige Gelegenheit, in Friedrichstadt als „offizielle" Sprache Niederländisch zu hören. Auch wenn die Predigt heute auf Deutsch gehalten wird und die Gemeinde deutsche Lieder singt, so spricht der Pastor Segen und Vaterunser stets auf Niederländisch. Bis ins 19. Jahrhundert wurde in dieser Gemeinde, die bis heute Pastoren aus den Niederlanden beschäftigt, holländisch gepredigt. Noch 1879 wurde in der Zeitung annonciert, wenn in der Remonstrantenkirche (Abb. 2) ein Gottesdienst auf Deutsch stattfand, wie es regelmäßig am „Stillfreitag" und „Neujahrsabend" der Fall war.[3] Auch die Schriftsprache der Mennonitengemeinde war lange Niederländisch. Ein Pastorenwechsel im Jahr 1827 brachte auch einen Wechsel der Sprache mit sich. Fortan wurde das Protokoll auf Deutsch geführt.[4] Anders hingegen die Kirchenbücher der Lutheraner, die 1639 begonnen und sogleich auf Deutsch verfasst wurden.[5]

In Friedrichstadt war Niederländisch zunächst die allgemein gebräuchliche Amtssprache. Auch die herzoglichen Privilegien und das Stadtrecht waren in dieser Sprache formuliert. Menke

**Abb. 1** Das Logo, das für das 400. Stadtjubiläum von Fabian Wippert überabeitet wurde. Es zeigt ein Treppengiebelhaus, den Turm der Remonstrantenkirche und die Steinbrücke über den Mittelburggraben.

weist nach, „dass in Friedrichstadt über einen Zeitraum von sicher eineinhalb Jahrhunderten das Niederländische als formelle Amtssprache mit hohem Prestigewert eine herausragende Stellung einnahm."[6] Mit dem Verlust des politischen und gesellschaftlichen Einflusses der aus den Niederlanden stammenden Familien ging auch der Verlust ihrer Muttersprache als offizielle Amtssprache einher. Im 19. Jahrhundert musste den Kindern der Remonstranten und Mennoniten das Niederländische in der Schule vermittelt werden, damit sie zumindest den Gottesdiensten noch folgen konnten. Bis 1876 stammten die Lehrer der Remonstrantenschule, die auch von mennonitischen Kindern besucht wurde, stets aus den Niederlanden.[7]

Auch aus dem Niederländischen stammende Orts- und Berufsbezeichnungen, wie etwa „Schout" für Polizist, das sich am längsten in der umgangssprachlichen Bezeichnung „Schoutstraße" für Kirchenstraße[8] erhalten hat, sind heute in Vergessenheit geraten.

Vier Jahrhunderte nach der Stadtgründung finden sich in Friedrichstadt keine sprachlichen Relikte mehr, die noch auf die Nationalität der Stadtgründer hinweisen.

### Religion

Herzog Friedrich III. von Schleswig-Holstein-Gottorf (1597–1659) plante, Mitglieder der in den Niederlanden verfolgten protestantischen Glaubensgemeinschaft der Remonstranten in seinem Herzogtum anzusiedeln und ihnen das Vorrecht zu erteilen, in einer neuen Stadt ihre Religion frei ausüben zu können. Dafür bediente er sich zweier Mittelsmänner: Joan de Haen, ehemaliger Ratspensionarius von Haarlem, der als verfolgter Remonstrant schon 1619 in Tönning Zuflucht gesucht hatte, und der umtriebige Kaufmann Willem van den Hove, der als Verhandlungsführer zwischen dem Herzog und den führenden Männern der Remonstranten auftrat. Die Glaubensgemeinschaft der Remonstranten war aus einem Streit um die Prädestinationslehre entstanden. Auf der Synode von Dordrecht 1619 wurde ihre Glaubensauffassung verboten und etliche ihrer Mitglieder gingen ins Exil. In einem Octroi,[9] das mit Hilfe van den Hoves verfasst worden war, sicherte der Herzog den Niederländern Religionsfreiheit, ein eigenes Stadtrecht und weitere Privilegien zu. Es gelang auch tatsächlich, einige remonstrantische Familien zum Aufbau der neuen Stadt zu bewegen. Am 24. September 1621 wurde der Grundstein für das erste Haus gelegt und 1624 konnte sogar mit dem Bau einer remonstrantischen Kirche begonnen werden. Allerdings kamen nicht so viele Remonstranten, wie ursprünglich erhofft. Daher öffnete der Herzog seine Stadt auch für Mennoniten und erteilte ihnen 1623 ein Privileg. Mitglieder dieser protestantischen Glaubensgemeinschaft, die vom Niederländer Menno Simons gegründet worden war, waren schon länger auf Eiderstedt ansässig. Lutheranern war von vornherein der Zuzug nach Friedrichstadt erlaubt.[10] Sie bildeten auch bald die Mehrheit der Be-

**Abb. 2** Remonstrantenkirche Friedrichstadt, um 2015. Der ursprünglich an diesem Ort stehende Kirchenbau wurde 1850 bei der Beschießung durch schleswig-holsteinische Truppen zerstört. Es handelte sich um eine dreischiffige Kirche mit quadratischem Turm mit zwiebelförmiger Haube. 1854 wurde die Kirche am gleichen Standort neu errichtet.

völkerung, hatten aber an der Regierung der Stadt zunächst keinen Anteil.

1625 gestattete der Herzog den Katholiken, Gottesdienste in Friedrichstadt zu feiern und sich hier niederzulassen. Das war für diese Zeit außergewöhnlich und nicht risikolos, waren doch die Ausübung des katholischen Gottesdienstes sowie die Ansiedlung katholischer Geistlicher in den nordischen Ländern verboten. Der dänische König Christian IV., dessen Herrschaftsgebiet nicht nur an das Herzogtum angrenzte, sondern mit dem der Herzog einige Gebiete gemeinschaftlich regierte, war ein Gegner der Katholiken,[11] sie durften sich bis 1630 auch nicht in seiner 1617 neu gegründeten Stadt Glückstadt niederlassen.[12] Herzog Friedrich musste Konsequenzen befürchten, wenn er ihnen Religionsfreiheit zusicherte. Dennoch überwogen die wirtschaftlichen Vorteile, die er sich von der Erteilung des Privilegs versprach.

Juden hingegen war der Zuzug nach Friedrichstadt verboten, auch das aus wirtschaftlichen Gründen, hatten doch die Spanier sich in einem Handelsvertrag ausbedungen, dass keine Juden in Friedrichstadt leben dürften. Erst um 1675 ließen sich die ersten Juden in Friedrichstadt nieder.[13]

War die Toleranz des Herzogs ökonomisch begründet, so galt dies nicht für die Toleranz der Remonstranten. Sie setzten sich immer wieder dafür ein, dass andernorts wegen ihres Glaubens verfolgte Menschen in Friedrichstadt Zuflucht erhielten, wie etwa in den 1660er-Jahren die Sozinianer, die sich ohne Erlaubnis aus Gottorf hier ansiedelten,[14] oder die Quäker, die sogar trotz der Gegnerschaft des Herzogs in der Stadt bleiben durften, da sich der remonstrantisch dominierte Rat der Stadt für sie einsetzte.[15]

### Stadtrecht

Das Friedrichstädter Stadtrecht wurde 1635 in Amsterdam auf Niederländisch gedruckt. Verfasst wurde es von Markus Gualtherus, der in Weinheim an der Bergstraße geboren wurde, sich aber seit 1604 in den Niederlanden aufhielt und als bekennender Remonstrant diese 1622 verlassen musste. Gualtherus bekleidete in Friedrichstadt den Posten eines Stadtschreibers, war zugleich Rektor der Lateinschule und Postmeister. Er starb 1642.[16]

> „Da den holländischen Siedlern […] zugesichert worden war, in der neuen Stadt nach vertrautem Recht leben zu können, war es vor allem Aufgabe des Stadtsekretärs, weitgehend das den Siedlern vertraute holländische Recht zu verwenden, gleichzeitig aber auch einheimi-

sches Recht zu verarbeiten, da der Entwurf der Gottorfer Staatskanzlei zur Genehmigung einzureichen war."[17]

Im Oktober 1631 hatte Gualtherus seinen Entwurf eines Friedrichstädter Stadtrechts in Gottorf vorgelegt, gut anderthalb Jahre später wurde es genehmigt. Dass es auf Niederländisch publiziert wurde, ist der Verwaltungsstruktur von Friedrichstadt geschuldet, das ja zunächst nur von Niederländern regiert wurde. Das Friedrichstädter Stadtrecht ist in drei Teile aufgegliedert: zunächst wird die Verwaltung der Stadt geregelt, der zweite Teil behandelt das Zivilrecht, der dritte das Strafrecht. Gualtherus verwandte für sein Werk zahlreiche Quellen und nutzte bereits vorhandene Rechtswerke wie das Eiderstedter Landrecht, das Husumer Stadtrecht und die Stadtrechte von Leiden und Amsterdam und schuf daraus ein neues Regelwerk für Friedrichstadt.[18] Das Stadtrecht war, bis auf einige zeitgemäße Anpassungen, bis ins 19. Jahrhundert gültig.

### Handel

In einer von Karl Michelson anhand verschiedener Quellen zusammengestellten Liste der ersten Einwohner der Stadt[19] sind überdurchschnittlich viele Schiffer zu finden. Das passt zu der Intention Herzog Friedrichs III., sich am lukrativen Spanienhandel zu beteiligen, der landwirtschaftliche Güter auf die Iberische Halbinsel exportierte, und Waren für seinen eigenen Bedarf zu importieren. Die politische Auseinandersetzung der nördlichen Niederlande mit Spanien machte seine diesbezüglichen Pläne jedoch zunichte. Die spanischen Behörden untersagten den Niederländern den Handel mit Spanien und verhängten drakonische Strafen bei Zuwiderhandlungen. Friedrich III. hoffte, die in seiner Stadt lebenden Niederländer würden fortan als seine Untertanen dieses Verbot umgehen können. Die Seefahrt der Friedrichstädter Schiffer wurde jedoch trotz gegenteiliger Zusagen der Spanier behindert; die hier ansässigen Kapitäne als Niederländer behandelt, ihre Schiffe zum Teil konfisziert, die Schiffer verhaftet und angeklagt. Auch erschwerte das Aufkommen nordafrikanischer Kaperfahrer, die christliche Seefahrer als Sklaven gefangen nahmen, den Handel.[20]

Trotz der Zusage des Herzogs, in Friedrichstadt den Katholiken Religionsfreiheit im Gegenzug zu einem Freihandel seiner Schiffer mit Spanien zu gewähren, gab es immer wieder Probleme mit den Spaniern.[21] Sie forderten den Einsatz eines spanischen Vertreters in der Stadt, der die Einhaltung des 1627 abgeschlossenen Handelsvertrages überprüfen sollte, zudem wurden portugiesische Juden von der Niederlassung in Friedrichstadt ausgeschlossen, ein Weiterverkauf spanischer Waren nach Holland oder England verboten und der Import niederländischer oder englischer Waren nach Spanien über Friedrichstadt untersagt.[22]

Das stellte die Friedrichstädter Händler vor Probleme, denn wie sollten sie nachweisen, dass die von ihnen verkauften Milcherzeugnisse, die sich in Aussehen und Geschmack nicht von den dortigen unterschieden, nicht aus den Niederlanden stammten? Auch der Einsatz des spanischen Kommissars behinderte den Handel der Friedrichstädter, da er stets die Interessen seiner spanischen Auftraggeber im Blick hatte und deren Einhaltung streng überwachte.[23]

Nachdem Versuche des Herzogs, Verbesserungen bei den Handelsverträgen zu erreichen, immer wieder verzögert wurden und durch die Loslösung Portugals von Spanien die niederländische Schifffahrt zur Iberischen Halbinsel wieder aufgenommen werden konnte, war eine Ansiedlung niederländischer Reeder und Schiffer im großen Stil, wie sie dem Herzog vorgeschwebt hatte, gescheitert.[24]

### Bauwesen

Nicht nur die Bauweise der Friedrichstädter Häuser war niederländisch, auch an der Errichtung und Sicherung von Wasserschutzanlagen waren Niederländer maßgeblich beteiligt. Durch ein ausgeklügeltes System von Schleusen, Deichen und Sielen hatte Herzog Adolf von Schleswig-Holstein-Gottorf (1526–1586) die Treene 1570 abdämmen und in die Eider

**Abb. 3** Christoph Weigel nach G. I. E. Coch: ICHNOGRAPHIA FRIEDERICOPOLEOS, Karte und Prospekt von Friedrichstadt, Nürnberg 1735, Kupferstich, 33,2 x 39,5 cm (Platte), SA Friedrichstadt

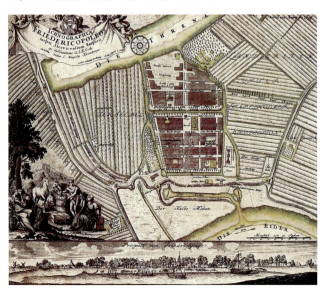

**Abb. 4** Diese Ansicht zweier Häuser am nördlichen Mittelburgwall entstand um 1890. Sie zeigt links das Neber-Haus und rechts ein Haus aus der Gründungszeit der Stadt, das 1903 einem Neubau weichen musste. SA Friedrichstadt

leiten lassen, um so einen Hochwasserschutz für die anliegenden Ländereien und Dörfer zu erreichen. Doch diese für die damalige Zeit überragenden technischen Bauwerke wurden immer wieder durch Sturmfluten beschädigt und so in ihrer Funktion beeinträchtigt. Als nach 1621 genau an diesem Ort Friedrichstadt errichtet wurde, sorgte Herzog Friedrich III. dafür, dass die niederländischen Einwohner seiner Stadt bei der Errichtung einer neuen Schleuse und eines Hafens an der Bauleitung beteiligt wurden.[25]

Die Anlage der neuen Stadt zwischen Eider und Treene und den beiden Sielzügen, die die beiden Flüsse verbanden, geschah planmäßig. Das Grundstück wurde vermessen, in verschieden große Bauplätze eingeteilt und die Straßen im rechten Winkel mit einem großen Marktplatz in der Mitte angelegt. Zusätzlich ließen die Niederländer drei innerstädtische Kanäle, so genannte Burggräben ausheben, die neben der Versorgung mit Trinkwasser auch erlaubten, mit kleineren Schiffen bis in die Stadt zu fahren (Abb. 3).

„Bis zum Jahre 1850 bot Friedrichstadt in allen Einzelheiten das Bild einer rein holländischen Stadt"[26], schreibt Werner Rehder in seiner 1923 erschienenen Dissertation und er fährt fort: „Aber auch jetzt noch, nachdem die Beschießung von 1850 so viele Lücken gerissen hat, ist das Gepräge der Stadt durchaus holländisch geblieben, und gerade hierin offenbart sich die Städtebaukunst der Stadtgründer."[27] Leider hat das Wirtschaftswunder der jungen Bundesrepublik in den 1950er- und 1960er-Jahren weitere Lücken in den ursprünglichen Baubestand gerissen. 2017 wurde der historische Stadtkern Friedrichstadts zum Denkmalbereich erklärt und unter Schutz gestellt. Einige Gebäude spiegeln noch heute die Bauweise der holländischen Siedler wider, darunter das Haus Laman Trip in der Prinzeßstraße 26, das Doppelgiebelhaus in der Prinzenstraße 23 und das Neber-Haus, Am Mittelburgwall 24 (Abb. 4). „Das Friedrichstädter Bürgerhaus folgt von der Zeit der Stadtgründung an bis weit ins 17. Jahrhundert hinein dem Typ des gleichzeitigen nordholländischen [...] Bürgerhauses"[28], selbst die Baumaterialien wurden zunächst von dort importiert. Grundrisse, Raumaufbauten, Giebel und sogar Dachstühle wurden nach niederländischem Vorbild errichtet (Abb. 5).[29]

Auch die Innenausstattung der Häuser mit niederländischen Fayencefliesen,[30] der figürliche Schmuck der Giebel mit Sandsteinfiguren,[31] darunter Kinder- und Löwenköpfe, sowie die sogenannten Hausmarken verweisen auf die niederländische Bautradition. Letztere besteht übrigens bis heute fort. Viele restaurierte Häuser erhalten eine Hausmarke nach dem Geschmack des Hausbesitzers. Sogar in den Neubaugebieten weit außerhalb des historischen Stadtkerns werden die Gebäude mit diesen Wahrzeichen geschmückt.[32]

Die sogenannte *Alte Münze*, Am Mittelburgwall 23, gilt als „das bei weitem hervorragenste [sic!] unter den holländischen Gebäuden Friedrichstadts"[33]. Die Hausmarke über dem Eingangstor weist auf Erbauer und Entstehungszeit des Gebäudes hin. 1626 wurde es für den vom Herzog eingesetzten Statthalter Adolf van Wael, Heer van Moersbergen errichtet. Der Name „Münze" ist irreführend, denn das Münzrecht wurde in Friedrichstadt nie ausgeübt. Der ursprüngliche Zweck des Gebäudes ist unklar, es wurde jedoch lange als Lagerhaus genutzt. In den 1930er-Jahren fand der umfangreichste Umbau im Innern statt: um es als Stadtbücherei nutzen zu können, wurde eine Treppe aus einem Tön-

**Abb. 5** Paul Jacob du Ferrang: Marktplatz Friedrichstadt, um 1847, kolorierte Lithografie, 200 x 300 mm (Bildmaß), SA Friedrichstadt. Der Marktplatz vor der Zerstörung 1850. Über den Baumkronen ist die Turmhaube der Remonstrantenkirche zu sehen, in der Mitte das Rathaus mit dem Doppelgiebel.

ninger Bürgerhaus eingebaut. Heute beherbergt es das städtische Museum.

Zu Beginn des 20. Jahrhunderts erlebte die niederländische Baukultur (oder was man damals dafür hielt) eine Renaissance. Zahlreiche Gebäude wurden neu errichtet und mit Treppengiebeln versehen, darunter zwei Arbeitersiedlungen, die aus Reihenhäusern bestanden (Inselweg und Treenefeld), die Volksschule, das Rathaus, zwei Wohnhäuser in der Herzog-Friedrich-Straße sowie das neue Gemeindehaus der Remonstranten. Hier immerhin arbeitete man mit einem niederländischen Architekten zusammen, dem aus Rotterdam stammenden Johannes Dirk Verheul.[34] Bauplanung und -leitung übernahmen jedoch einheimische Handwerker. Das 1909 eingeweihte Remonstrantenhaus ist somit der letzte Neubau, der in gewisser Weise auf eine niederländische Bautradition zurückgeht (Abb. 7).

Ein niederländischer Architekt war auch maßgeblich an der Restaurierung des Hauses Prinzeßstraße 26 beteiligt, das von einem niederländischen Ehepaar gekauft und von 1978 bis 1981 saniert wurde. Dabei wurde versucht, möglichst viel von der ursprünglichen Bausubstanz zu erhalten oder wiederherzustellen, was den Eheleuten am ehesten mit Hilfe eines Architekten möglich erschien, dem die niederländische Bauweise vertraut war (Abb. 8).[35]

Nur wenige Häuser aus der Gründungszeit der Stadt sind heute noch überliefert. Viele wurden im Krieg 1850 zerstört, später abgerissen oder zur Unkenntlichkeit „modernisiert". Das besterhaltene Beispiel der niederländischen Architektur der Stadtgründer bietet heute das Museum *Alte Münze*" (Abb. 9), ein Gebäude, das wohl deswegen dem Abriss oder Umbau entging, weil es nicht als Wohnhaus, sondern lediglich als Speichergebäude diente und so nicht den steigenden Komfortbedürfnissen angepasst werden musste.

### Sitten und Gebräuche

Eine umfassende volkskundliche Untersuchung der in Friedrichstadt existenten Sitten und Gebräuche auf ihre niederländische Herkunft steht noch aus. Ein Brauch, der sich bis ins 20.

**Abb. 6** Paul Jacob du Ferrang: Ansicht vom grünen Markt aus, 1848, kolorierte Lithografie, 215 x 370 mm (Bildmaß), SA Friedrichstadt. Die Nordseite des Mittelburggrabens zeigt die typisch niederländischen Hausformen.

Friedrichstadt – Die Holländerstadt

**Abb. 7** Johannes Dirk Verheul: Architektenzeichnung des Remonstrantenhauses, 1909, Bleistift und Tusche auf Papier, 235 x 230 mm, SA Friedrichstadt

**Abb. 8** Haus Laman Trip, Prinzeßstraße 26, um 2010. Das Haus war eines der ersten in Friedrichstadt, das fachgerecht restauriert wurde. Es befindet sich heute im Besitz einer Stiftung.

**Abb. 9** Die so genannte *Alte Münze* gilt als das besterhaltene Beispiel der niederländischen Baukunst der Gründungsjahre Friedrichstadts. Heute ist hier das städtische Museum untergebracht.

137

Jahrhundert erhalten hat, ist das Fest des Nikolausabends: Wohl auf das traditionelle Sinterklaas-Fest in den Niederlanden zurückgehend, wurde in Friedrichstadt der Nikolausabend auf eine besondere Weise gefeiert. Eine ausführliche Beschreibung dieses Festes findet sich in der in Friedrichstadt erscheinenden Zeitung des Jahres 1850. Zu diesem Zeitpunkt lag die Stadt in Trümmern, bombardiert von schleswig-holsteinischen Truppen im September/Oktober des Jahres. Zahlreiche Häuser waren zerstört oder beschädigt, viele der Einwohner noch nicht aus ihren Zufluchtsorten zurückgekehrt. Friedrichstadt war in der Auseinandersetzung zwischen Dänemark und Schleswig-Holstein als strategisch wichtiger Ort an der Eider von dänischen Soldaten im Sommer 1850 besetzt worden. Vom 29. September bis zum 4. Oktober versuchten schleswig-holsteinische Truppen, die Stadt zu erobern und beschossen den Ort mit Artillerie. Zahlreiche Gebäude wurden durch Kanoneneinschläge zerstört oder brannten nieder.[36] In diesem Kontext beschreibt der unbekannte Autor in schwärmerischer Weise die Pracht und Herrlichkeit vergangener Nikolausfeste. Am 6. Dezember und dem davor und danach liegenden Sonnabend wurde das Fest dergestalt begangen, dass die Bäckereien, Galanteriewaren-, Spielwaren-, Glas- und Drechslerwarenhandlungen festlich geschmückt und beleuchtet ihre Erzeugnisse auf großen Tischen ausstellten. In jedem Geschäft fand eine Art Glücksspiel um diese Dinge statt. Für einen festgelegten Einsatz durfte man an einem Glücksrad drehen, auf das Zahlen zwischen null und eintausend aufgemalt waren. Wer auf diesem Rad die höchste Zahl „erdrehte", erhielt einen Gutschein, für den er sich etwas aus dem Warenangebot aussuchen durfte. Die Bäckereien boten besonderes Gebäck an, das wohl niederländischen Ursprungs war, wie „Difcaters", „Prentjes" und „Kankok".[37] Weder das Nikolausdrehen noch die niederländischen Gebäckspezialitäten sind heute noch in Friedrichstadt zu finden.

### Fazit

Friedrichstadt war im 17. Jahrhundert tatsächlich eine niederländische Stadt. Viele der Einwohner stammten von dort, die Amts- und Kirchensprache war Niederländisch, niederländisch die Architektur und die Anlage der Stadt, niederländisch geprägt die Verwaltung und bis ins 19. Jahrhundert gab es sogar niederländische Gebräuche und Speisen.

**Abb. 10**  Der Marktplatz im Jahr 2018 mit den stadtbildprägenden Treppengiebelhäusern.

Heute sind nur noch wenige Gebäude aus der niederländischen Vergangenheit in Friedrichstadt vorhanden. Durch die sinnlose Beschießung der Stadt im Jahr 1850 gingen zahlreiche Häuser aus der Gründungszeit verloren, darunter das Rathaus und die Remonstrantenkirche. Doch auch die Modernisierungen des 19. und 20. Jahrhunderts haben das Gesicht der Stadt verändert.

Die Anlage der Stadt jedoch, mit ihrem rechtwinkligen Straßennetz, dem großen Marktplatz und vor allem den Burggräben (heute touristisch griffiger „Grachten" genannt) geht noch auf die holländischen Stadtgründer zurück und wurde im Laufe der Jahrhunderte nicht wesentlich verändert, sieht man einmal von der Zuschüttung des so genannten „Norderburggrabens" um 1700 ab (Abb. 10).

Sprachlich, kulinarisch und gesellschaftlich sind keine niederländischen Einflüsse mehr vorhanden, Sitten und Gebräuche aus dem Land der Stadtgründer sind schon lange verschwunden.

Die religiöse Vielfalt, die Herzog Friedrich III. mit seinen Religionsprivilegien begründete, und die die Remonstranten durch ihre Toleranz verfestigten, ist jedoch heute noch präsent. Fünf verschiedene Glaubensgemeinschaften – Remonstranten, Lutheraner, Mennoniten, Katholiken und dänische Lutheraner – feiern regelmäßig in der 2.500 Einwohner zählenden Stadt ihre Gottesdienste.

Und hier findet man auch die größte Verbundenheit mit den Niederlanden: die Remonstrantengemeinde beschäftigt bis heute Pastoren von dort und verwendet die niederländische Sprache in ihrem Gottesdienst. Sie ist die einzige Gemeinde dieser Glaubensgemeinschaft außerhalb der Niederlande und hat in Friedrichstadt circa 170 Mitglieder.

Wenn Friedrichstadt sich anschickt, im Jahr 2021 das 400-jährige Bestehen des Ortes zu feiern, dann wird sicherlich auch die niederländische Vergangenheit im Fokus stehen – und das zu Recht.

### Anmerkungen

1   Norden 2008, S. 38f.
2   Mörke 2003, S. 22.
3   Vgl. Eiderstedter und Stapelholmer Wochenblatt 1879, Ausgaben Nr. 28 und 101.
4   Protokollbuch der Mennoniten 1731–1832, SA Friedrichstadt, Abt. 9, Nr. 399.
5   Vgl. Lutherisches Taufprotokoll 1639–1708, Archiv der Kirchengemeinde Friedrichstadt, SA Friedrichstadt, Nr. 380.
6   Menke 1992b, S. 288.
7   Norden 2007, S. 174.
8   Vgl. Eiderstedter und Stapelholmer Wochenblatt 1879, Ausgabe Nr. 21
9   LASH Schleswig, Abt. 7, Nr. 5499, fol. 1–10.
10  Vgl. zur Stadtgründung Sutter 2012, S.47ff.
11  Vgl. Jockenhövel 1989, S. 75.
12  Zum Vergleich Friedrichstadt-Glückstadt siehe Vesely 2013.
13  Zur Geschichte der Friedrichstädter Juden vgl. Parak 2010 und Goldberg 2011.
14  Sutter 2012, S.121ff.
15  Sutter 2012, S. 133ff.
16  Zu Markus Gualtherus vgl. Lohmeier 1978c.
17  Schnoor 1980. S. 117.
18  U. Petersen 2003, S. 50.
19  Michelson 2011, S. 234f.
20  Zur herzoglichen Handelspolitik vergleiche Kiecksee 1952.
21  Zu den Verhandlungen zwischen dem Gesandten des Herzogs, Nicolaus Janssenius, und der spanischen Infantin vgl. Jockenhövel 1989, S. 51ff.
22  Jockenhövel 1989, S. 98.
23  Kiecksee 1952, S. 36.
24  Kiecksee 1952, S. 40ff.
25  Zur Geschichte der Treeneabdämmung siehe F. Müller/Fischer 1958, S. 42ff.
26  Rehder 1923, S. 40.
27  Rehder 1923, S. 40.
28  Ellger/Teuchert 1957, S. 241.
29  Ellger/Teuchert 1957, S. 242.
30  Rehder 1923, S. 82.
31  Rehder 1923, S. 85f.
32  Zilch/Thomsen 2009, S. 51.
33  Rehder 1923, S. 42.
34  Michelson 2010, S. 16.
35  Vgl. Heinemann 1998.
36  Vgl. zu der Beschießung Friedrichstadts ausführlich Stolz 2000.
37  Ditmarser und Eiderstedter Bote 1850, Nr. 48 und 49.

*Lars Olof Larsson*

# DIE REZEPTION NIEDERLÄNDISCHER ARCHITEKTUR IM OSTSEERAUM IN DER FRÜHEN NEUZEIT

Das Bauen im südlichen Ostseeraum stand seit etwa Mitte des 16. Jahrhunderts und für über hundert Jahre unter starkem niederländischem Einfluss.[1] Norddeutschland und Dänemark waren in dieser Hinsicht Teile eines niederländisch geprägten Kulturraumes. Hohe, mit Beschlagwerkornamenten und Voluten in hellem Stein geschmückte Giebel, sandsteingebänderte Ziegelmauern und Rollwerkkartuschen sind die sichtbarsten Kennzeichen dafür. Als Beispiele können die Schlösser Herzog Adolfs I. von Schleswig-Holstein Gottorf, viele Herrenhäuser und ungezählte bürgerliche Gebäude genannt werden. Paradebeispiele sind die Bauten Christians IV. in Dänemark und, im fernen Danzig, das Grüne Tor und das Zeughaus. Diese Gebäude sind in den Jahrzehnten um 1600 entstanden. Damals war der Einfluss der Niederlande in Kultur und Wirtschaft besonders stark. Es ist daher zu einseitig, die Aufmerksamkeit nur auf bestimmte Stilmerkmale der Architektur zu richten. Niederländer waren in allen Bereichen des Bauens tätig, niederländische Techniken wurden übernommen, und es wurden sogar Ziegeln aus Holland eingeführt.[2] Nicht immer lässt sich das an Bau- und Schmuckformen festmachen, den sichtbaren Ausdruck für die niederländische Orientierung finden wir aber natürlich in der Formensprache der Architektur, von den Planmustern der Stadtgründungen bis zu den Ornamenten an Fassaden und Ausstattungen. Von „Einfluss" zu sprechen weckt dabei falsche Vorstellungen. Es handelt sich bei denen, die „beeinflusst" werden, um eine aktive Rezeption fremder Formen und Techniken und nicht um ein passives Empfangen. Wer „beeinflusst" wird, sucht und findet etwas, was seinen Bedürfnissen entgegenkommt. „Niederländischer Einfluss" muss daher differenziert verstanden werden. Die niederländischen Formen und Motive verbanden sich immer mit regionalen Traditionen und mit Anregungen und Vorbildern anderer Herkunft; zusammen ergab das ein formensprachliches Idiom, mit dem Künstler und Baumeister mehr oder weniger eigenschöpferisch arbeiteten.

Die beherrschende Stellung der Niederlande hatte ihren Grund in ihrer wirtschaftlichen Stärke. Antwerpen und später Amsterdam waren die wirtschaftlichen Zentren nördlich der Alpen, hier liefen die Ströme des Welthandels zusammen und hier hatten sich schon im Mittelalter Gewerbezweige entwickelt, die sich ganz Europa als Markt erschlossen. In unserem Zusammenhang ist dabei nicht zuletzt das Verlagswesen wichtig. Wenn Hieronymus Cock seine Offizin in Antwerpen „Aux quattre vents" nannte, war das keine leere Angabe; seine Drucke, zu denen auch die in der Baukunst und im Kunsthandwerk weit ins 17. Jahrhundert ungemein einflussreichen Werke von Jan Vredeman de Vries gehören, waren prägende Elemente der europäischen Kultur.[3] Die Ablösung Antwerpens als führendes Wirtschaftszentrum durch Amsterdam war eine Folge der konfessionellen Konflikte und des Achtzigjährigen Krieges. Die religiöse Intoleranz verursachte eine massenhafte Auswanderung. Viele Künstler und Handwerker schreckten nicht einmal davor zurück, ins ferne Schweden oder ins Baltikum zu gehen. Mit den Emigranten breiteten sich niederländische Formen und Techniken rasch aus, und die persönlichen Beziehungen der Immigranten sorgten oft nachhaltig für Verbindungen zu den Herkunftsorten. Nicht unterschätzen sollte man schließlich die Ausstrahlung, die noch im 17. Jahrhundert vom Hof in Brüssel ausging oder die wichtige Rolle, die der Hof des Statthalters in Den Haag als Umschlagplatz von Ideen und Menschen spielte.[4]

Hohes Ansehen genossen die Niederländer als Befestigungsingenieure. Solche waren um 1600 im ganzen Ostseeraum sehr gefragt. Die moderne Artillerie machte die Anlage moderner Befestigungen zu einer dringenden Aufgabe. Es wurden neue Systeme mit Bastionen, Erdwällen und Wassergräben entwickelt. Die theoretischen Grundlagen kamen aus Italien, die Weiterentwicklung erfolgte vor allem in den Niederlanden. In Verbindung mit ihrer Erfahrung im Wasserbau galten die niederländischen Festungsbauer als führend in Europa und entsprechend gefragt waren sie auch als Stadtplaner.[5] Stadtplanung und Befestigungslehre gehörten damals eng zusammen. Die Jahrzehnte nach 1600 war die Zeit zahlreicher Stadtgründungen und Stadterweiterungen vor allem in Dänemark, aber auch in Schweden.[6] Dazu gehörte meist auch der Bau von Befestigungen und in vielen Fällen auch von Kanal- und Hafenanlagen. Es gab ferner wiederholt Versuche, Neugründungen mit Holländern zu besiedeln. Ein Beispiel dafür ist Friedrichstadt. Die Hoffnung war, auf diese Weise holländisches Know-how und Kapital ins Land zu holen. Mit der Anlage von Göteborg gelang in Schweden eine solche Gründung. Die Stadt wurde nach holländischem Muster angelegt, mit einem Hafenkanal, der ins Zentrum führt, und mit kreuzenden Kanälen als Hauptverkehrsadern. Die führende Bevölkerungsschicht war holländisch, ebenso die Amtssprache. Von der ursprünglichen Architektur ist nach Stadtbränden leider nichts erhalten geblieben. Obwohl sogar Ziegeln aus Holland für den Bau eingeführt wurden, scheinen die Häuser überwiegend aus Holz und recht einfach gewesen zu sein.[7] Die Stadt entwickelte sich zwar gut, ein schwedisches Amsterdam wurde Göteborg aber erst einmal nicht.

In Dänemark wie auch in Schweden waren die Jahrzehnte um 1600 auch eine Zeit intensiver Schlossbautätigkeit. Das war Ausdruck der Bestrebung, die Macht der Krone zu stärken und ihr einen repräsentativen Rahmen zu geben. Beispiele dafür sind Kronborg und Frederiksborg in Dänemark sowie Kalmar, Vadstena und Stockholm in Schweden. An diesen Projekten waren überwiegend Ausländer als Baumeister, Künstler und auch als reine Handwerker beteiligt. Die Berufung von Ausländern hatte verschiedene Gründe: Vielleicht erhöhte es das Prestige der Bauherren, ausländische Baumeister und Künstler zu beteiligen, anstatt sich mit einheimischen Kräften zu begnügen. Ausschlaggebend war das aber kaum.

Es waren nie bereits berühmte Baumeister, die berufen wurden; manche arbeiteten schon als einfache Handwerker vor Ort, ehe sie in verantwortungsvollere Stellungen emporstiegen. Die große Zahl der Ausländer zeigt wohl vor allem, dass der Mangel an Fachkräften groß war. In Schweden lässt sich das mit dem Vorherrschen des Holzbaus erklären. Braun und Hogenbergs Ansichten von Stockholm zeigen, dass die Häuser auch in der Hauptstadt noch Ende des 16. Jahrhunderts überwiegend aus Holz gebaut waren. Erlasse, in der Stadt ausschließlich Steinhäuser zu bauen, wiederholten sich noch weit ins 17. Jahrhundert, vermutlich ohne großen Erfolg.[8] In den meisten Städten blieben Steinhäuser bis ins 19. Jahrhundert die Ausnahme. Für anspruchsvollere Bauaufgaben in Stein fehlte es also vermutlich an einheimischen Fachkräften. In Dänemark herrschte zwar nicht der Holzbau vor, und dort war die Urbanisierung wesentlich weiter entwickelt als in Schweden, für die vielen anspruchsvollen Bauaufgaben, die unter Frederik II. und Christian IV. in kurzer Zeit in Angriff genommen wurden, fehlten offensichtlich aber auch hier einheimische Fachkräfte in ausreichender Zahl.

Wenn die Fürsten sich persönlich um die Anwerbung von Baumeistern und Künstlern bemühten und sich nicht auf die spontane Einwanderung verließen, nutzten sie ihre familiären und politischen Beziehungen. So wandte sich zum Beispiel Gustav Vasa 1558 an den Kanzler von Ostfriesland mit der Frage, ob es in Emden Künstler gäbe, die gewillt seien, nach Schweden zu kommen. Gerade über Emden kamen viele niederländische Künstler und Handwerker in den Norden, am wichtigsten wohl Hans van Steenwinckel d. Ä., eine Schlüsselfigur der dänischen Baukunst unter Christian IV. Von Schweden aus gesehen gab es auch näherliegende Alternativen. Nach dem Tod seines deutschen Baumeisters Jakob Richter 1571 wandte sich Johan III. von Schweden an den Herzog von Mecklenburg-Schwerin mit der Bitte um die Empfehlung eines Künstlers. Seinem Ruf folgte der am Schlossbau in Güstrow tätige, italienischstämmige Giovanni Baptista Pahr.[9] Eine seiner ersten Aufgaben war es, in Deutschland weitere Handwerker für den Schlossbau in Kalmar anzuwerben. Pahr kehrte mit seinen Brüdern Dominicus und Franciscus zurück, die in den folgenden Jahrzehnten das Bauen in Schweden maßgeblich mitprägen sollten. Die Pahr-Brüder sind ein Beispiel für den großen Anteil der Deutschen in der schwedischen Kunst und Architektur in der Frühen Neuzeit. An der Allgegenwärtigkeit niederländischer Ornamentstiche und Traktate änderte das freilich nichts.

Die Rezeption niederländischer Architektur im Ostseeraum in der frühen Neuzeit

## Die schwedischen Schlösser

In Vadstena leitete seit 1559 der Niederländer Arendt de Roy die Bauarbeiten. Neben ihm war Pierre de la Roche, auch er ein Niederländer, als Steinbildhauer tätig.[10] Wie Arendt de Roy nach Schweden kam und welche seine ursprünglichen Qualifikationen waren, ist nicht bekannt. In den Quellen wird er anfänglich „Tischler" („Aron snickare") genannt.[11] Eine solche Vielseitigkeit war unter den Künstlern, mit denen wir es hier zu tun haben, nichts Ungewöhnliches. Auch der in Kalmar tätige Jakob Richter war ursprünglich Tischler. Nach Arendt de Roys Tod übernahm der Niederländer Hans Fleming die Bauleitung. Er war an verschiedenen Orten auch als Festungsbauer tätig. Ursprünglich war er Steinbildhauer. Als solcher arbeitete er an der Lübecker Rathausloggia, bevor er nach Schweden ging. In Vadstena, wie auch in Kalmar, fällt die klassische Form der Portale auf (Abb. 1). Sie sind treu nach Vorlagen gestaltet, die sich bei Vitruv und Serlio finden. Auf Serlio gehen auch Motive wie Kamine, Fensterformen und das Diamantquadermuster der Fassaden zurück.[12] Es ist eine Architektur, die von gedruckten Vorlagen bestimmt wurde. Für anspruchsvolle Tischler und Steinbildhauer war die Kenntnis der antiken Säulenordnungen und der klassischen Ornamentik selbstverständlich. Von Hans Fleming wissen wir, dass er die französische Vitruvausgabe von 1547 besaß.[13] Wir müssen außerdem damit rechnen, dass die Bauherren

**Abb. 1** Schloss von Kalmar, Hofansicht

persönlich in die Planungs- und Entwurfsarbeit eingriffen und auf der Befolgung solcher Vorlagen bestanden haben. Erik XIV. von Schweden und Johan III. waren beide an Baukunst sehr interessiert. Erik besaß nachweislich eine Vitruvausgabe, und der noch baukundigere Johan kannte mit Sicherheit die gängige Traktatenliteratur.[14] Neben den klassischen, der Antike entlehnten Formen der Portale und anderer Architekturelemente sind typisch niederländische Ornamentmotive, wie Roll- und Beschlagwerk, in den Steinarbeiten in Vadstena und Kalmar kaum vorhanden. Das überrascht in Vadstena besonders, hatte doch Hans Fleming an der mit

**Abb. 2** Schloss von Kalmar, „Altes Königsgemach"

Rollwerkkartuschen reich geschmückten Loggia des Lübecker Rathauses mitgearbeitet. In der Innenausstattung war es anders, das zeigen vor allem einige Räume mit künstlerisch anspruchsvollen Holztäfelungen und Stuckarbeiten in Kalmar (Abb. 2). Die Intarsien lassen die Kenntnis einer Vielzahl von Ornamentvorlagen erkennen, unter anderem Rollwerkkartuschen und Grotesken in der Art von Cornelis Floris, und der Deckenstuck im „Alten Königsgemach" ist ein prachtvolles Beispiel für Beschlagwerk.

So reine klassische Elemente wie in Vadstena und Kalmar scheint es am Stockholmer Schloss nicht gegeben zu haben. Hier leitete ab 1575 Willem Boy die Bauarbeiten.[15] Er hat sich offensichtlich eng an niederländische Vorbilder gehalten. Mit dem Prachtgiebel an der Südseite des neuen Thronsaales (Rikssalen) von 1591 führte er ein Hauptmotiv der niederländischen Renaissancearchitektur in Schweden ein. Der Giebel erinnert in seiner Komposition entfernt an den Frontgiebel des Antwerpener Rathauses. Vom Stockholmer Schlossgiebel unmittelbar angeregt dürften Hans Flemings Giebel am Schloss von Vadstena von 1606 und 1620 sein.[16]

## Kronborg

Prachtvoller und besser erhalten als die schwedischen Schlösser ist das dänische Kronborg, gebaut von Frederik II. in den Jahren 1574–85 in der Art eines „Palazzo in fortezza" (Abb. 3).[17] Von hier wurde der Schiffsverkehr durch den Sund überwacht, hier wurde der Sundzoll eingetrieben. Zunächst wird es dem König darum gegangen sein, die wichtige Festung auf den neuesten Stand zu bringen. Die weitere Entwicklung macht aber auch die herausragende Bedeutung deutlich, die Festung und Schloss als Symbole der dänischen Krone hatten.

Kronborg ist eine Vierflügelanlage, die einen quadratischen Hof umschließt. Hohe Türme und ein Prachtgiebel vor der Ostwand der Schlosskirche bestimmen den Eindruck von außen. Der Bau erfolgte in zwei Phasen. In seiner ersten Fassung dürfte das Schloss einen recht uneinheitlichen Eindruck gemacht haben: Die Flügel waren von ungleicher Höhe, die Mauern überwiegend aus rotem Backstein, zum Teil aber auch aus Sandstein. Das gilt auch für die Fensterrahmungen, Gesimse und Portale. Schon der Materialwechsel gab dem Gebäude eine niederländische Note, und auch die Formen-

**Abb. 3** Schloss Kronborg, Gesamtansicht

**Abb. 4** Schloss Kronborg, Portal im Hof

sprache der Sandsteinelemente ist niederländisch geprägt. Vorherrschende Motive sind Rollwerkkartuschen und Beschlagwerk. Auch hier rahmen Säulen und Pilaster die Portale, diese sind jedoch reicher gestaltet als bei den schwedischen Schlössern und lassen die Kenntnis der Drucke von Vredeman de Vries erkennen (Abb. 4). Die Baumeister und Steinbildhauer waren in ihrer Mehrzahl Niederländer. Bauleiter war Hans van Paeschen (Hans Paaske), der dem König schon mehrere Jahre als Festungsbaumeister gedient hatte, bevor die Arbeiten an Kronborg begannen. Bezeichnend für die Mobilität solcher Baumeister ist es, dass Paeschen, bevor er nach Dänemark kam, dem schwedischen König, also dem Feind, als Festungsbauer gedient hatte.[18]

Kaum waren die Arbeiten beendet, wurde ein radikaler Umbau in Angriff genommen. Bauleiter war jetzt Anthonis van Obbergen, auch er ein Niederländer, der unter Paeschen am Schloss als Maurer gearbeitet hatte.[19] Auch die neu dazugekommenen Bildhauer waren Niederländer. Jetzt wurden die Flügel des Schlosses auf eine Höhe gebracht und die Fassaden mit Sandstein verkleidet; aus dem „roten Schloss" wurde das „weiße". In der Formensprache änderte sich aber nichts, sie blieb dem Stil von Floris und Vredeman de Vries treu. Die kostspielige Einkleidung des Schlosses hatte rein repräsentative Gründe. Naturstein stand in der Hierarchie der Baustoffe über dem Backstein und weiß war europaweit die bevorzugte Farbe von Schlossbauten. In Schweden verlangte Johan III. ausdrücklich, dass die Schlösser weiß verputzt wurden; rote Ziegeldächer sollten die Wirkung steigern. Kronborg wurde mit dem teureren Kupfer eingedeckt. Ein ganzes Schloss mit Naturstein einzukleiden lag außerhalb der Möglichkeiten der schwedischen Könige. In ganz Nordeuropa einzigartig war auch der Kronborger Springbrunnen mit fast lebensgroßen Figuren aus Bronze, die aus Nürnberg bezogen und 1583 im Hof aufgestellt wurden.[20] Die Ausstattung der Gemächer stand dem Anspruch des Äußeren in Nichts nach. Mit Kronborg fand Frederik den Anschluss an die Spitze fürstlicher Repräsentation im Norden Europas. Die Pracht war aber von kurzer Dauer: Schon 1629 ging das Schloss in Flammen auf. Trotz der prekären wirtschaftlichen Lage, in der sich das Land gerade befand, wurde der Wiederaufbau schnell in Angriff genommen. Das beweist den hohen symbolischen Wert des Schlosses. Interessant ist es auch zu sehen, wie pietätvoll der Wiederaufbau geschah; das zerstörte Schloss wurde so getreu wiederhergestellt, dass nur bei genauem Hinsehen zu erkennen ist, was am Außenbau neu ist.

### Danzig

In Danzig waren die Verhältnisse andere als in den beiden Königreichen. Der Aufschwung, den die schon zuvor bedeutende Stadt seit Mitte des 16. Jahrhunderts erlebte, machte sie in kurzer Zeit zur wirtschaftlich stärksten und bevölkerungsreichsten Metropole des gesamten Ostseeraums. Das hing eng zusammen mit dem rasanten Wachstum Amsterdams und anderer westeuropäischer Städte. Für ihre wachsende Bevölkerung mussten dort Lebensmittel eingeführt werden, und der wirtschaftlich wichtige Schiffsbau war auf den Import von Holz, Teer und Hanf angewiesen. Polen wurde zur Kornkammer Westeuropas und von dort ebenso wie aus dem Baltikum kamen auch viele für den Schiffsbau benötigte Produkte. Davon profitierten die preußischen und baltischen Hafenstädte, allen voran Danzig, das zum wichtigsten Ausfuhrhafen für polnisches Getreide wurde. Der Handel wurde überwiegend auf holländischen Schiffen abgewickelt, entsprechend eng war die Danziger Wirtschaft mit der holländischen verflochten.[21] So überrascht nicht, dass dies auch in dem Bauboom, der die Stadt um 1600 erfasste, deutlich sichtbar wird. Im Unterschied zu Dänemark und Schweden, wo König und Adel die wichtigsten Bauherren waren, bauten in Danzig Rat und reiche Bürger. Wie die Amsterdamer Architektur ist die Danziger eine bürgerliche. In einem Punkt aber deckten sich die Ambitionen von Stadt und Königreichen: dem Festungsbau. Seit Ende des 16. Jahrhunderts baute Danzig einen Befestigungsring, der die Stadt zu einer der am stärksten befestigten in Europa machte. Die Leitung dieses Projektes hatte seit 1592 der Niederländer Anthonis van Obbergen, der uns bereits als Baumeister am Schloss Kronborg begegnet ist. Es waren auch viele andere Niederländer in Danzig tätig, zum Beispiel Willem und Abraham van de Blocke, die dort als Bildhauer und Baumeister bedeutende Werke hinterlassen haben.[22] Auch Vredeman de Vries war vorübergehend in der Stadt tätig, allerdings nur als Maler. Er scheint an keinem Bauprojekt beteiligt gewesen zu sein.[23]

Ein Schlüsselbeispiel für den niederländischen Einfluss in Danzig ist das Grüne Tor (Abb. 5). Es wurde in den Jahren 1565–68 gebaut und verbindet den Hafen mit dem Zentrum der Stadt. Die entscheidende Rolle bei der Ausführung hatte vermutlich der sonst nicht weiter bekannte Regnier van Amsterdam. Neu war die Gliederung der Fassade durch Pilaster in Superposition, der reiche Reliefschmuck und die Volutengiebel. Die Schmuckelemente und die Form der Giebel gehen auf Vredeman de Vries zurück, dessen Traktat von 1565 also gleich nach dem Erscheinen in Danzig bekannt gewesen sein muss. Dass seine Entwürfe drei Jahrzehnte später immer noch aktuell waren, zeigt das Zeughaus (Abb. 6).[24] Dennoch unterscheiden sich die beiden Gebäude in stilistischer Hinsicht. Die Schmuckformen am Zeughaus erscheinen dichter gedrängt und der plastische Dekor tritt stärker hervor als am Grünen Tor. Damit folgt das Zeughaus der Entwicklung in Holland, ungeachtet der Treue zu Vredeman de Vries. Vredemans Einfluss ist auch an den Fassaden zahlreicher Bürgerhäuser zu erkennen, die in den Jahrzehnten um 1600 gebaut wurden und Danzig einen stärkeren niederländischen Charakter geben als jeder anderen Stadt im Ostseeraum.[25]

### Die Bauten Christians IV.

Kein dänischer König hat so nachhaltige Spuren in der Architekturgeschichte des Landes hinterlassen wie Christian IV. Auf ihn gehen Stadtgründungen wie Kristianstad und Glückstadt zurück. Sein Schloss Frederiksborg, die Kirche von Kristianstad und die Börse in Kopenhagen gehören zu den Glanzleistungen der nordeuropäischen Architektur der

Die Rezeption niederländischer Architektur im Ostseeraum in der frühen Neuzeit

**Abb. 5** Danzig, Grünes Tor, Ansicht von der Hafenseite

**Abb. 6** Danzig, Zeughaus, Ansicht von der Stadt

Epoche. Mit all diesen Bauprojekten verbindet sich auch der Name Steenwinckel.²⁶

Hans van Steenwinckel d. Ä. trat schon 1578 in den Dienst von Frederik II. Er kam aus Emden, wo sein Vater Laurens das neue Rathaus gebaut hatte. Die Familie stammte aus Antwerpen. Hans scheint vor allem als Festungsbauer tätig gewesen zu sein, er war aber auch am Bau von Tycho Brahes Uraniborg auf der Insel Hven beteiligt. Durch seine Söhne gründete er eine Künstler- und Baumeisterdynastie, die über zwei Generationen die Architektur und Kunst in Dänemark prägte. Die Brüder Lorens und Hans d. J. waren als Bildhauer und Baumeister an allen wichtigen Bauprojekten Christians IV. beteiligt. Nach dem Tod des Vaters sind sie für kurze Zeit nach Amsterdam gegangen, um sich fortzubilden; ihre grundlegende Ausbildung haben sie aber wohl in Dänemark erhalten, wo sie auch geboren worden waren. Wie die dekorativ gestalteten Giebel und andere Motive zeigen, lehnten sie sich an die Formensprache von Vredeman de Vries an, verarbeiteten daneben aber auch andere Anregungen, zum Beispiel von Wendel Dietterlin. Der Hinweis auf Vorbilder reicht aber nicht, um ihren Leistungen gerecht zu werden. Aus den übernommenen Formen haben sie etwas Eigenes geschaffen, das wesentlich zum Charakter der dänischen Architektur unter Christian IV. beiträgt.

Weder Lorens noch Hans van Steenwinckel und auch nicht Jørgen von Friborg, der für die Maurerarbeiten an Frederiksborg verantwortlich war, waren Architekten in unserem Sinne. Es ist wenig wahrscheinlich, dass von ihnen die Idee der achsial ausgerichteten Komposition der Schlossanlage von Frederiksborg stammte (Abb. 7). Diese Idee kam eher vom Bauherrn selbst, der die Anregung von französischen Schlossbauten bekommen haben dürfte. Christian IV. war zwar nie in Frankreich gewesen, ihm waren aber die Publikationen von Jacques Androuet du Cerceau bekannt. Über den Einfluss des Königs auf seine Bauprojekte ist viel diskutiert worden. Ohne in ihm einen Architekten in engerem Sinne sehen zu wollen, ist anzunehmen, dass er sich persönlich mit konkreten Vorstellungen beim Planungs- und Entwurfsprozess engagierte und sich daher mit einem gewissen Recht als der Schöpfer seiner Bauten betrachten konnte.²⁷

Fast alle Bauten Christians IV. haben Mauern aus Sichtbackstein mit Gliederungselementen in Sandstein. Wie wenig selbstverständlich das bei einem so anspruchsvollen Projekt wie Frederiksborg war, zeigt der Vergleich mit Kronborg. Wir wissen nicht, warum der König auf die noblere Werksteinverkleidung verzichtete. Vielleicht tat er es als Abgrenzung gegenüber dem Schloss des Vaters, vielleicht war es einfach eine ästhetisch bedingte Entscheidung zugunsten der malerischen Ziegelarchitektur. Dass Kostengründe eine wesentliche Rolle gespielt haben, ist nicht wahrscheinlich. Der König sparte jedenfalls nicht, wenn es darum ging, die Gemächer des Schlosses oder die Kirche zu schmücken, und mit dem großen Neptunbrunnen von Adrian de Vries im Vorhof und der Marmorgalerie mit Skulpturen von Hendrik de Keyser im Innenhof bereicherte er das Ensemble mit zwei Prunkstücken, die ihresgleichen im Schlossbau der Zeit suchen.²⁸

### Bauten unter Gustav II. Adolf von Schweden

Verglichen mit Dänemark oder Danzig sind in Schweden die ersten Jahrzehnte des 17. Jahrhunderts, was die Baukunst betrifft, eher arm. Gustav II. Adolf hatte zwar große Ambitionen auch auf diesem Gebiet, es blieb aber meist bei Ansätzen. Wie er in der Kriegskunst Moritz van Oranien als seinen Lehrmeister ansah, orientierte er sich auch in der Architektur an Holland. Mit der Ernennung von Kasper Panten zum Leiter aller königlichen Bauvorhaben 1620 wurde zum ersten Mal das gesamte schwedische Bauwesen einer Person unterstellt.²⁹ Etwa zur selben Zeit war in Dänemark die Ernennung Hans van Steenwinckels d. J. zum königlichen Generalbaumeister erfolgt. In diesen Ernennungen zeichnet sich eine neue Auffassung von der Rolle des Baumeisters ab. Ihm wurde eine übergeordnete Position zugestanden, die mehr war, als die Leitung eines konkreten Bauvorhabens und an die Aufgaben eines modernen Architekten erinnert. 1624 wurde Panten nach Holland gesandt, um für eine geplante Erweiterung des Stockholmer Schlosses Handwerker anzuwerben und Werkzeug zu kaufen. An dem Bedarf an ausländischen Fachkräften und ausländischer Technik hatte sich also nichts geändert. Pantens vertraglich festgeschriebene Verpflichtung, einheimische Kräfte auszubilden, bezeugt aber die Ambition, diesen Zustand zu beheben.

Panten kam aus Amsterdam, wo er sich offenbar als Ingenieur einen Namen gemacht hatte. Er starb schon 1630 und von seinen Werken ist praktisch nichts erhalten geblieben. Am besten dokumentiert ist Vibyholm.³⁰ Das kleine Schloss wurde 1622–30 für Königin Kristina d. Ä., die Mutter Gustav Adolfs, gebaut (Abb. 8). Es war vermutlich das einzige zeitgenössische Bauwerk in Schweden, das sich in baukünstlerischer Hinsicht mit den Bauten Christians IV. messen konnte. Wie diese war

**Abb. 7** Schloss Frederiksborg, Ansicht vom Vorhof mit Neptunbrunnen

es ein Ziegelbau mit Gliederungselementen aus hellem Stein. Stilistisch knüpfte Panten an die aktuelle holländische Architektur an; nicht Vredeman de Vries, sondern Bauten von Lieven de Key und Hendrick de Keyser dürften ihn angeregt haben. Für den Grundriss griff er allerdings auf Palladio zurück.

Als um 1640 die Pläne für ein Haus der schwedischen Ritterschaft in Stockholm aktuell wurden, ging der Auftrag an den Franzosen Simon de la Vallée. Er war 1639 zum „Kongl. Maj: ts architecteur" ernannt und mit ähnlichen Vollmachten ausgestattet worden, wie vor ihm Kasper Panten.[31] Bevor er dem Ruf nach Schweden folgte, arbeitete er für den Hof des Statthalters in Den Haag. Seine Berufung setzte also die Praxis fort, Fachkräfte aus Holland zu holen und bedeutete nur scheinbar eine Neuorientierung in Richtung Frankreich. Mit de la Vallée gelangten aber natürlich moderne französische Ideen und Motive nach Schweden. Das wird an seinem Projekt für das Ritterhaus von 1642 deutlich, das große Ähnlichkeit mit dem Palais de Luxembourg in Paris aufweist. Simon de la Vallée starb kurz nachdem die Bauarbeiten begonnen hatten, und als das Gebäude mehr als fünfzig Jahre später fertig gestellt war, war das ursprüngliche Projekt wesentlich verkleinert und stilistisch radikal verändert worden. Das Gebäude präsentierte sich jetzt mit seiner großen Pilasterordnung als Beispiel des holländischen Palladianismus und unterstrich damit die Kontinuität der Abhängigkeit von den Niederlanden; in stilistischer Hinsicht markiert es ein neues Kapitel dieser Geschichte (Abb. 9). Die Fassade wurde von Justus Vingboons entworfen.[32] Vermutlich hat man versucht, den berühmteren Philips Vingboons für den Auftrag zu gewinnen. Dieser leitete damals das erfolgreichste Architekturbureau von Amsterdam und war durch die Publikation

**Abb. 8** Jean Marot: Schloss Vibyholm, 1669, aus Erik Dahlberg: Sueica antiqua et hodierna

**Abb. 9** Stockholm, Haus der Ritterschaft, Ansicht von Norden

seiner Entwürfe international bekannt.³³ Er dürfte seinen jüngeren Bruder und Mitarbeiter Justus für den Auftrag empfohlen haben, der 1653 für drei Jahre nach Stockholm übersiedelte. Das Ritterhaus war allerdings nicht das erste Beispiel des holländischen Palladianismus in Stockholm. Schon 1650 war das Stadtpalais des Industriellen Louis de Geer fertiggestellt, ein sichtbarer Beweis der holländischen Vormachtstellung in der schwedischen Wirtschaft. Bald sollten viele Stadtpaläste in diesem Stil folgen.³⁴

Die Publikationen von Vingboons Projekten haben dazu beigetragen, den holländischen Palladianismus beziehungsweise Klassizismus im gesamten Ostseeraum schnell zu verbreiten. Davon zeugen unzählige Herrenhäuser und Stadtpaläste. Für die schmalen Grachtenhäuser hatte er mit den sogenannten „Halsgeveln" eine elegante Lösung gefunden, die auch in den Ostseestädten dankbar aufgegriffen wurde; gerade Danzig ist reich an Beispielen (Abb. 10). Am neu angelegten, prestigeträchtigen Kongens Nytorv in Kopenhagen vertreten das Palais Charlottenborg, die Stadtresidenz Ulrik Frederik Gyldenløves und der Palast des Admirals Niels Juel verschiedene Varianten des neuen Stils. Dieser bedeutete eine radikale ästhetische Wende mit Folgen auch für die grundsätzliche Auffassung von Architektur. Er lässt wenig Platz für den reichen bildhauerischen Schmuck der Giebel und Portale, der die Gebäude der letzten hundert Jahre geprägt hatte, und bevorzugt klare Volumina und Maßverhältnisse. Mit dem neuen Stil verbunden war der Aufstieg eines neuen Typus von Baumeister: der Architekt, nicht der Bildhauer, spielte jetzt die entscheidende Rolle.

Die Anwerbung niederländischer und anderer ausländischer Baumeister und die Rückgriffe auf Vorlageblätter und Traktate dienten dem Bestreben, Anschluss an die neue Baukunst zu finden, wie man sie in West- und Mitteleuropa kennenlernen konnte. Die „neue Baukunst" war aber nicht eigentlich niederländisch, deutsch oder französisch, sie verstand sich in erster Linie als eine Architektur nach Vorbild der Antike, das heißt nach den Lehren Vitruvs. Von Vitruvs *Zehn Büchern über die Architektur* wurden im 16. Jahrhundert illustrierte Ausgaben veröffentlicht, die große Verbreitung fanden. Noch einflussreicher waren moderne Bearbeitungen, vor allem Sebastiano Serlios *Regole generali* von 1537.³⁵ Serlio gliederte seinen Stoff nach den antiken Säulenordnungen und sein Traktat enthält eine Tafel mit Abbildungen der antiken Säulen in der kanonischen Abfolge: toskanisch, dorisch, ionisch, korinthisch und komposit. Eine solche Tafel sollte in keinem

**Abb. 10** Michael Carl Gregorovius: Danzig, Rathaus und Teil vom Langen Markt, 1832, Öl auf Leinwand, 102 × 74 cm, Nationalmuseum Danzig, MNG/SD/305/M

späteren Traktat fehlen. Die Säulenordnungen wurden zum übergreifenden Ordnungsprinzip moderner Architektur. Dem Beispiel Serlios folgten in den Niederlanden Hans Vredeman de Vries, in Deutschland Wendel Dietterlin und in Frankreich Jacques Androuet du Cerceau, die alle großen Einfluss auf die Architektur in Nordeuropa ausüben sollten. Die größte Verbreitung fanden die Publikationen von Vredeman de Vries. Wenn in Bezug auf Kunstgewerbe und Architektur die Rede von niederländischem Einfluss ist, handelt es sich sehr oft um Rückgriffe auf seine Musterblätter oder um Schöpfungen in ihrem Stil.

Die Titel von Vredemans ersten Publikationen 1565 geben das Gliederungsprinzip an: *Den eersten boek gemaekt op de twee Columnen Dorica en Ionica* und *Das ander Buch, Gemacht auf die zway Colonnen, Corinthia und Composita*. Das Gleiche gilt für das Karyatidenbuch, das er im selben Jahr publizierte.³⁶ Vredemans Entwürfe wirken in unseren Augen ausgesprochen unklassisch, er bezieht sich aber explizit auf Vitruv. Auf den Titelblättern der Säulenbücher gibt er an, der Stoff sei „gezogen auss dem berumpten Architecten Vitruvio" und seinem 1577 publizierten Architekturtraktat gab er den Titel: *Architectura oder Bavvng der Antiquen aus dem Vitruvius*.[37] Für ihn, wie wohl für die meisten Zeitgenossen, war das vitruvianische System offen für Variationen und selbständige Erfindungen. Die Säulenordnungen gaben Themen vor; an seiner Fähigkeit diese zu variieren und mit neuen Motiven zu bereichern wurde der Künstler gemessen. Vredeman betrachtete die Säulen als dekorative Motive, die ebenso gut auf Hausfassaden wie auf Möbel angewandt werden konnten. Seine Bücher wandten sich an Künstler und Handwerker jeglicher Art und an „allen Constbeminders". Es fällt auf, dass von Baumeistern nicht die Rede ist. Nach Verständnis der Zeit waren es die Bildhauer, die für den Bauschmuck zuständig waren, und dazu zählten auch Säulen und Pilaster. Dass die Publikationen auch in deutscher und französischer Sprache erschienen zeigt, dass Vredeman an ihre Verbreitung im Ausland dachte. Die Hefte wurden auf der Messe in Frankfurt angeboten und an zahlreichen Gebäuden erkennt man, dass sie bald nach ihrem Erscheinen weit verbreitet waren.

Vorlageblätter und Traktate haben mit dem Siegeszug des holländischen Klassizismus nach 1650 ihre Bedeutung als Inspirationsquellen nicht verloren. Zwar kamen Vredeman de Vries und Dietterlin aus der Mode, die Italiener Serlio, Vignola und Palladio hatten aber nichts an Aktualität verloren und Philips Vingboons übte mit den Publikationen seiner Entwürfe bis ins 18. Jahrhundert im ganzen Ostseeraum einen nachhaltigen und noch nicht genügend erforschten Einfluss aus.

### Anmerkungen

1. Aus der umfassenden Literatur zum Thema seien nur genannt Białostocki 1976 und Roding 1996.
2. Arntz 1947.
3. Veldman 2002.
4. K. Jonge 2011; Frijhoff 1997; Mörke 1997.
5. Roding 1982.
6. Lorenzen 1937; Eimer 1961.
7. Eimer 1961, S. 161–168.
8. Råberg 1987, S. 22–25.
9. Olsson 1961, S. 218ff.; Larsson 1998d, S. 38–41.
10. Unnerbäck 1996.
11. Unnerbäck 1996, S. 221; Als Tischler wurde auch Jakob Richter bezeichnet, der gleichzeitig in Kalmar als Bauleiter tätig war. Larsson 1998d, S. 39.
12. Olsson 1961, S. 193ff.
13. Unnerbäck 1996, S. 226f. und 229. Das Buch befindet sich in der Königlichen Bibliothek in Stockholm.
14. Forssman 1959, S. 16.
15. Olsson/Nordberg 1940, S. 135ff.
16. Unnerbäck 1996, S. 228.
17. C. Christensen 1950; Grinder-Hansen 2018.
18. C. Christensen 1950, S. 151f. Paeschen hatte seine Werkstatt in Aarhus, siedelte aber nach Helsingør über, als die Aufgaben dort sehr umfangreich wurden.
19. Gasiorowski 1976, S. 74–78.
20. Larsson 1998b, S. 118–30.
21. Israel 1995; Bogucka 2003.
22. Gasiorowski 1976, S. 79–87; Roding 1995.
23. Gronowicz 2002; Kat. Lemgo/Antwerpen 2002, S. 320–336.
24. Bartetzky 2000.
25. Eine Dokumentation der Danziger Bürgerhäuser vor ihrer Zerstörung im Zweiten Weltkkrieg in O. Rollenhagen/Barylewska-Szymánska 2008.
26. Roding 1991.
27. Steenberg 1950, S. 21–33; Neumann 2011. In der königlichen Bibliothek befanden sich 1663 unter anderem die *Architectura* von Vredemann de Vries von 1601, vier verschiedene Bände von Ducerceau, die *Regole* von Serlio und die *Architectura moderna* von Hendrik de Keyser. Es ist anzunehmen, dass diese Bücher schon zum Besitz Christians IV. gehörten.
28. Larsson 1998c; Ottenheym 2011.
29. Nordberg 1931; Olsson/Nordberg 1940, S. 232–41.
30. Nordberg 1931, S. 114ff.; Larsson 1998d, S. 43f.
31. Nordberg 1970; Larsson 1998d, S. 47f.
32. Ottenheym 1989, S. 132–35.
33. Ottenheym 1989, S. 185–270.
34. Larsson 1998d, S. 48–51.
35. Sebastiano Serlio: *Regole generali di architettura sopra le cinque maniere degli edifici*. Der Traktat war auf sieben Bände konzipiert, als erster erschien Band IV 1537. Kruft 1985, S. 72–87.
36. Kat. Lemgo/Antwerpen 2002, S. 185–200 (Katalog) und Veldman 2002; Zimmermann 2002; Forssman 1956, S. 83–95.
37. Zimmermann 2001.

Ansicht vom Hängwerk, welches mit den Verzierungen nach aussen vorgekleidet wird.

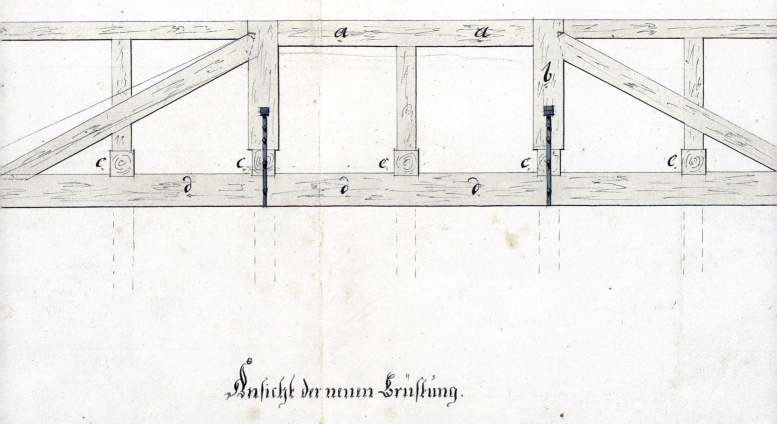

Ansicht der neuen Brüstung.

*Aleksandra Lipińska*

# „SUPTILL WELVEN UND MUREN ZU MACHEN, WIJME IM NEDERLANDT GEBROUCKELICH IST." – GILLIS CARDON, EIN BAUMEISTER UND BILDHAUER AUS DOUAI IM DIENST HERZOG ADOLFS I. VON SCHLESWIG-HOLSTEIN-GOTTORF

### Herzog Adolf als Bauherr

Die rege Bautätigkeit Herzog Adolfs I. von Schleswig-Holstein-Gottorf (1526–1586), die seiner Position als Begründer der Gottorfer Linie und seinen hohen politischen Ansprüchen einen entsprechend repräsentativen Rahmen geben sollte, ist zwar beeindruckend, aber archivalisch nur unzulänglich dokumentiert.[1] Nur wenige Baumeister- und Künstlernamen lassen sich deswegen mit den von ihm umgebauten oder neu errichteten Schlössern in Kiel (1558–67), Gottorf (1564–68), Reinbek (1572–76), Husum (1577–82) und Tönning (1581–84) in Verbindung bringen.[2] Auch die nur fragmentarisch vorhandene Bausubstanz (insbesondere im Fall der zerstörten Schlösser Kiel und Tönning) stellt nur Indizienmaterial für Zuschreibungsversuche dar.[3]

Trotz dieser schwierigen Quellenlage wurden in der Vergangenheit verschiedene Zuschreibungsvorschläge formuliert. So wurde das Konzept des Kieler Schlosses aufgrund der stilistischen Analogien und dynastischen Verbindungen zum mecklenburgischen Hof bekanntlich mit Johann Baptist Pahr in Verbindung gebracht, der auch im Zusammenhang mit den Schlossbauten in Tondern und Gottorf als Architekt vorgeschlagen wurde.[4] Bei dem Bau des Schlosses Gottorf sollen sich die sonst unbekannten Baumeister Antonius Puppe und Thomas de Orea beteiligt haben,[5] deren früher angenommene italienische Herkunft umstritten ist: Wenigstens im Fall von Antonius Puppe kann eine niederländische Herkunft in Erwägung gezogen werden. Die spätere Umbauphase des Gottorfer Schlosses sowie die Gestaltung der Schlösser Reinbek und Tönning soll durch die Persönlichkeit des vermutlich aus den Niederlanden stammenden Herkules Oberberg entscheidend geprägt sein.[6]

Unabhängig von der Diskussion über die Herkunft der Architekten und Baumeister (letztendlich ist die kritische Frage berechtigt, ob ein Künstler sich unbedingt der charakteristischen Formen der Kunst seines Herkunftslandes bedienen muss?), herrscht Konsens darüber, dass die Bauprojekte Herzog Adolfs eine deutliche Präferenz für die Architektur niederländischer Prägung offenbaren. Seine ästhetischen Orientierung an den Niederlanden konnte spätestens während des mehrjährigen Aufenthalts Adolfs am kaiserlichen Hof (1548–53, unter anderem in Brüssel) geweckt werden.[7] Gefestigt wurden seine Kenntnisse durch den Austausch mit den verwandten und verschwägerten Höfen in Kopenhagen, Königsberg, Güstrow, Dresden, Kassel und Braunschweig, die eine Vorliebe für die Kunst der Spätrenaissance niederländischer Prägung – wenn auch mit unterschiedlicher Intensität – gemeinsam hatten. Dies lässt sich vortrefflich am Beispiel der herrschaftlichen Grabdenkmäler der Verwandten Adolfs beobachten. Das Grabmal Friedrichs I. von Dänemark im Schleswiger Dom (Abb. 1) wurde von Adolf zusammen mit seinen Brüdern, König Christian III. und Herzog Johann von Hadersleben, bei dem bedeutendsten Antwerpener Bildhauer seiner Zeit, Cornelis Floris, 1551 in Auftrag gegeben.[8] Es steht in einer Reihe von Monumenten seiner Verwandten und Alliierten, die ausnahmslos von niederländischen Bildhauern gefertigt worden waren.[9]

Auch wenn die Angaben zu den einzelnen Bauunternehmen Herzog Adolfs lückenhaft sind, können sie in einem breiteren Kontext besser verstanden werden. Diesen Kontext bietet die Tätigkeit der niederländischen Baumeister und Bildhauer im deutschen Reich des 16. und 17. Jahrhunderts in Mittel- und Nordeuropa.[10] Insbesondere die Untersuchung der Mobilität und der Netzwerke dieser künstlerischen Einwanderer, kombiniert mit der Analyse der Netzwerke ihrer Auftraggeber, kann in Zukunft Antworten auf viele Fragen bezüglich der Kunstunternehmen zahlreicher deutscher Fürstenhäuser geben. In diesem Beitrag wird eine bisher wenig bekannte Künstlerpersönlichkeit vorgestellt und an ihrem Beispiel die Rolle der zwischenhöfischen und künstlerischen Netzwerke in den Kunstentwicklungen in Nord- und Mitteldeutschland im späten 16. Jahrhundert präsentiert. Dabei werden sowohl bereits bekannte Quellen neu ausgewertet als auch neue Quellenfunde präsentiert.

## Wolfenbütteler Spur

Die Reise durch die deutschen Höfe des 16. Jahrhunderts, an denen niederländische Baumeister tätig waren, führt uns zuerst nach Wolfenbüttel. Dort unternahm Herzog Julius von Braunschweig-Lüneburg (1528–1589) in den Jahren 1572 bis 1586 eine große Werbekampagne für die in seinem Land vorkommenden künstlerisch verwendbaren Gesteine. Der merkantilistisch orientierte Herrscher richtete einige Dutzend Briefe an die Räte der Hansestädte Lübeck, Bremen, Danzig sowie an mittel- und osteuropäische Fürsten und Fürstinnen (Sophia Jagiellonica, Elisabeth zu Sachsen, Wilhelm IV. von Hessen-Kassel, Anton I. von Oldenburg-Delmenhorst, Heinrich XI. von Liegnitz, Albrecht Friedrich von Preußen, Adolf I. von Schleswig-Holstein-Gottorf). In dieser Korrespondenz lobte er die Bodenschätze seines Landes und ihre möglichen Anwendungen. Überdies beschenkte er einige seiner Empfänger mit Materialproben sowie fertigen Produkten und stellte seine in Materialbearbeitung erfahrenen Hofkünstler zur Verfügung. So schenkte beispielsweise Herzog Julius dem Stadtrat von Bremen 1577 ein Alabasterportal, das in der oberen Rathaushalle von seinem Hersteller, dem niederländischen Hofbildhauer von Herzog Julius, Adam Lecuir (Liquier), aufgestellt wurde (Abb. 2).[11]

Unter den Adressaten Julius' befand sich auch Herzog Adolf I. von Schleswig-Holstein-Gottorf, der in Wolfenbüttel große Mengen von Alabaster bestellte. Adolf gratulierte Julius am 4. Januar 1572, dass er von Gott mit solchen Bodenschätzen beschenkt worden sei und teilte ihm mit, dass er Alabaster für Brustbilder, die sein Schloss in Kiel schmücken sollten, bestellen möchte:

> „[…] Wir haben auch gantz gerne und mit erfreuerten gemuete von unsern gesandten vornommen, das der Almechtig etzliche besondere gaben in erfindung des

**Abb. 1** Cornelis Floris de Vriendt: Kenotaph König Friedrichs I. von Dänemark, 1551–1553, Marmor und Alabaster, 265 cm Höhe, Dom zu Schleswig

**Abb. 2** Adam Lecuir: „Braunschweiger" Portal, 1577, Obere Rathaushalle, Bremer Rathaus

Marmels und Albasters des schmeltzes und Salzes uff dem hartz E. L. geoffenbaret, dafur seiner almechtigkeit billig zu danken und als es nun ahn deme, das wir zu etzlichen brustbildern ahn unserm gebeude alhier zum Kile [Hervorhebung A. L.] dergleichen stein bedurfftigk wehre unser freuntliche bitte E. L. So wiell sie entraten konten unss umb die geburnuss wolten zukomen lassen, so wolten wir vorordenung thuen, dass derselbige empfangen und einher gefuhrt wurde […]."[12]

Über den weiteren Verlauf dieser Bestellung erfahren wir aus dem Protokoll eines Gesprächs, das Herzog Julius einige Monate später (am 13. Juli 1572) mit einem Steinmetz führte. Dort war die Rede von der Alabasterbestellungen Herzog Adolfs I. und Graf Antons I. von Oldenburg-Delmenhorst (1505–1573):

„[…] Stein:[metz] hette von herzog Adolffen 24 bilderstucke in die Kirchen zu machen angenommen werden

Htg [Herzog] ob auch ein Altar in herzog Adolffs Kirchen wurde gebawet

Stein:[metz] weise nie das ein Altar gemacht wurde […]."[13]

Der Steinmetz informierte also Julius darüber, dass er von Herzog Adolf einen Auftrag für 24 Bildstücke für eine Kirche bekommen hatte. Ob in der Kirche auch ein Altar errichtet werden solle, sei ihm allerdings nicht bekannt.

Die Quellen berichten demzufolge über den Plan Adolfs, das Schloss in Kiel mit Alabasterbrustbildern und eine Kirche (vermutlich die Kieler Schlosskapelle) mit 24 Alabasterbildern zu schmücken. Von diesen Kunstwerken ist keines erhalten geblieben, weil das Kieler Schloss samt der Schlosskapelle bekanntlich im Laufe der folgenden Jahrhunderte mehrmals umgebaut, beschädigt und dann im Zweiten Weltkrieg völlig zerstört worden ist.[14] Dennoch lassen sich mithilfe schriftlicher und bildlicher Quellen einige der Alabasterwerke aus der Regierungszeit Adolfs I. näher nachvollziehen.

### Alabasterwerke im Kieler Schloss

Anhand der alten Beschreibungen des Schlosses liegt die Vermutung nahe, dass es sich bei den in dem Brief Herzog Adolfs und dem im oben zitierten Protokoll erwähnten 24 Bildstücken höchstwahrscheinlich um die genau 24 (!) Alabasterreliefs mit biblischen Szenen handelte, die bis zum Brand 1838 des Kieler Schlosses die Empore der Schlosskapelle schmückten. In dem Schlossinventar von 1706 werden sie wie folgt beschrieben:

„Allhie ist in der Höhe, längst der einen Seite und am Ende nach Nordwesten, eine Galerie nach Gotischer Structur von Gottländischen Steinen in der Mauer befestiget. […] Selbige Galerie ist nach den darunter stehenden Seülen, in 24 Fächer abgetheilet, zwischen jedes Fach ist eine kleine Corinthische Seüle und jede Füllung dazwischen mit einer Biblischen Historia, in Alabaster gehauen, ausgezieret, welche Arbeit Zier vergüldet ist, aber hin und wieder abgestoßen. Oben derselben her ist die Gallerie mit ein starkes Corniche versehen, so mit Eisen Klammers an ein ander befestiget, und unter den Biblischen Figuren in dem Friese die Sprüche mit vergüldeten Buchstaben eingehauen."¹⁵

Die Empore wurde zwar 1838 bei dem Schlossbrand vollständig zerstört, wir verfügen dennoch über weitere Schrift- und Bildquellen, die ihr Aussehen dokumentieren. 1829 erstellte der dänische Kunsthistoriker Niels Laurits Høyen (1798–1870) im Auftrag König Friedrichs VI. ein Verzeichnis der Bilder, die sich in den Königlichen Schlössern befanden. Dort beschrieb er auch ziemlich genau die Kieler Empore:

„Galerie in der Schlosskapelle.

an den zwei Seiten, das einzige zurückgebliebene des ältesten Zustandes. […] solche 23 Basreliefs, Quader von Marmor, dekorieren die Galerie, sie tragen Spuren der Vergoldung und Malerei, sind schlecht gemacht und stellen vor eine Geschichte des Neuen Testament mit Parallelen aus dem Alten. Zum Beispiel Adam, Eva, Abraham, Moses, Jonas, etc. Jede Platte ist eine Elle breit und eine Elle 3,1 hoch. Das Architektonische ist viel besser ausgeführt in einem Sandstein, welcher demjenigen ähnelt, welcher auf dem Kronborg und Frederiksbg. verwendet wurde. Achtzehn Säulen auf der langen und sieben auf der kurzen Seite. Die Dekoration ist ebenso wie in Frederiksbg., aber nicht vergoldet."¹⁶

Aus der Beschreibung kann man schussfolgern, dass 1829 eines von den ursprünglichen 24 Reliefs nicht mehr vorhanden war (wenn es sich nicht um einen Zählfehler handelt). Wir erfahren auch, dass das Bildprogramm der Empore – typisch für lutherische Schlosskapellen jener Zeit – ein bibli-

**Abb. 3** Friedrich Christian Heylmann: Empore der Schlosskapelle in Kiel, 1816, Lavierte Federzeichnung auf Papier, 460 x 345 mm, LASH Schleswig, Abt. 66, Nr. 4866

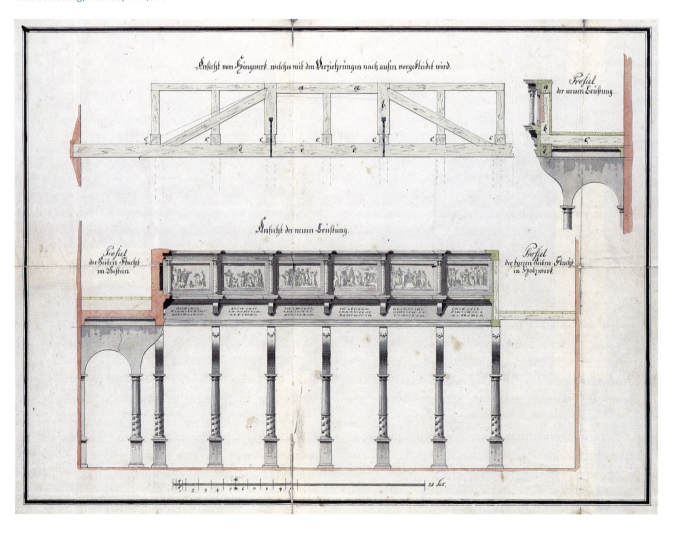

sches typologisches Programm präsentierte.¹⁷ Interessant ist die Anmerkung Høyens, dass die Reliefs schwache Qualität aufwiesen. Dieses subjektive Urteil ist freilich nur schwer einzuschätzen. Zu der negativen Bewertung dürfte sehr wahrscheinlich auch die Vergoldung und Fassung der Reliefs beigetragen haben, die Høyens noch gesehen haben muss. Die Farbigkeit der Skulptur wurde, dem Zeitgeschmack gemäß, bekanntlich nicht akzeptiert. Schließlich ist anzumerken, dass Høyens von „Quadern von Marmor" berichtet, was jedoch keineswegs dagegen spricht, dass es sich um Alabasterreliefs handelte. Zunächst, weil die beiden Steinnamen bis ins 19. Jahrhundert synonym verwendet wurden,¹⁸ und darüber hinaus, weil es bis heute oft nicht einfach ist, aus einer gewissen Entfernung, insbesondere wenn die Oberfläche verschmutzt ist, Alabaster von Marmor zu unterscheiden.

Neben der Beschreibung von Høyens ist auch eine Zeichnung überliefert, die das Aussehen der Empore vor ihrer Zerstörung dokumentiert (Abb. 3). Sie wurde im Zusammenhang mit den nötigen Renovierungsmaßnahmen an der Empore vom Architekten Friedrich Christian Heylmann 1816 gezeichnet. Heylmann berichtete besorgt am 28. Februar 1815 in einem Brief an den Kieler Amtsbezirk, dass „[…] in der Schloßkirche die so kostbar schöne Marmor Gallerie an einer Seitenlänge" von dem Niedersturz bedroht ist.¹⁹

Die Zeichnung Heylmanns zeigt den westlichen Abschnitt der U-förmigen Empore, die den Kapellenraum auch im Norden und Süden umlief (Abb. 4). Da die Zeichnung dem Ziel diente, den Entwurf einer neuen Emporenbrüstung zu präsentieren, sind die einzelnen Reliefszenen sehr flüchtig skizziert und lassen sich daher nicht eindeutig identifizieren. Auch die unter den Emporenbildern angebrachten Inschriften helfen nicht weiter bei der Identifizierung der Ikonografie, weil sie in der Zeichnung nur als Platzhalter markiert wurden und unlesbar sind.

Die kursorischen Darstellungen erlauben eine hypothetische Präzisierung der Feststellung Høyens bezüglich des Bildprogramms der Kapelle: So lässt sich in den dargestellten Szenen wiederholt das Motiv einer thronenden Figur und ihr huldigender Menschen erkennen, was suggerieren könnte, dass es sich um Szenen mit den Taten alttestamentarischer Könige als Rollenmodelle für den Herzog handelte. Im Hinblick darauf, dass es sich beim Kieler Schloss um einen Witwensitz handelt, wäre allerdings auch ein Programm denkbar, in dessen Fokus im Rahmen des allgemein neu- und alttestamentarischen typologisch zusammengestellten Zyklus tugendhafte

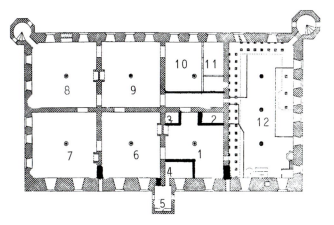

**Abb. 4** Grundriss des 1. Obergeschosses des Herzog-Adolf-Baues, Kieler Schloss, Nr. 12 die Schlosskapelle mit der markierten Empore, aus B. Lange 1996, S. 65

**Legende:**
Rekonstruktion der Räume im 1. Obergeschoss des Herzog-Adolf-Baues, Schloss Kiel nach dem Nachlassinventar von Friederike Amalie (LASH Schleswig Abt.7, Nr 145): 1. Schlafgemach der Herzoginwitwe Friederike Amalie, 2. Schlafgemach der Marschallin, 3. Garderobe, 4. Großes Cabinet, 5. Bibliothek, 6. Audienzgemach, 7. Speisezimmer, 8. Antichambre, 9. Antichambre der Tochter wie auch Billiard- und Kartenzimmer, 10. Audienzgemach der Tochter, 11. Schlafgemach der Tochter, 12. Schlosskapelle

biblische Heldinnen stehen. In diesem Fall könnte eventuell die zweite Szene von rechts die Begegnung von David und Abigail darstellen. Im Allgemeinen war also das biblische Emporenprogramm der Kieler Schlosskapelle typisch für die lutherischen Kirchengalerien des 16. Jahrhunderts, die meistens die Szenen aus der Heilsgeschichte aufweisen, wobei eine funktionsspezifische Akzentuierung innerhalb dieses Programms wahrscheinlich ist.

In der Schlosskapelle befand sich auch ein Altaraufsatz, der „aus sechs großen und sechs kleinen Tafeln aus Alabaster" bestanden haben soll.²⁰ Seebach meint, dass die Reliefs der Galerie und der Altar Werke des Steinhauers Henni Heidtrider wären, der für seine beeindruckenden Alabasterkamine im Schloss vor Husum bekannt ist.²¹ Sollte diese Zuschreibung stimmen, wären diese Elemente der Kapellenausstattung erst zur Regierungszeit Herzog Johann Adolfs (reg. 1590–1616) entstanden. Im Licht der oben zitierten Wolfenbütteler Quellen erscheint es dennoch wahrscheinlich, dass der Altar und die Empore bereits zur Zeit Adolfs I. errichtet wurden. Ob der in den Quellen erwähnte Steinhauer auch Hersteller dieser Alabasterwerke war, wird im Weiteren versucht zu beantworten.

Aleksandra Lipińska

## Alabasterausstattung des Kieler Schlosses im Kontext

Zunächst soll aber Herzog Adolfs Wahl einer Kapellenausstattung, in der Alabasterskulptur offensichtlich eine wichtige Rolle spielte, im breiteren Kontext erklärt werden. Erstens, fragt man nach Gründen für die Materialauswahl, so stellte Alabaster in der zweiten Hälfte des 16. Jahrhunderts in den nordalpinen Ländern die populärste Alternative für den nobilitierenden, aber nur schwer und kostspielig importierbaren weißen Marmor dar.[22] Während seines Aufenthalts am kaiserlichen Hof (1548–53) könnte Adolf zahlreiche aktuelle Werke in diesem Material gesehen haben, insbesondere in den Niederlanden, wo das Material gerade den Höhepunkt seiner Popularität, auch in den Aufträgen des kaiserlichen Hofes, erlebte.[23] Vielleicht hatte Adolf den Altar der Schlosskapelle im kaiserlichen Schloss am Coudenberg in Brüssel bewundert, der 1541 vom kaiserlichen Hofbildhauer Jan Mone geliefert und um 1553 endgültig aufgestellt wurde (Abb. 5).[24] Ferner ist schon in der Einführung darauf aufmerksam gemacht worden, dass alle bedeutenden Grabmalstiftungen

**Abb. 5** Jan Mone: Passionsretabel aus der Kapelle des Schlosses Coudenberg in Brüssel, 1534–41, Alabaster, 356 cm Höhe, Kathedrale St. Michael und St. Gudula Brüssel

**Abb. 7** Willem van den Broecke: Kreuzigung, um 1563, Alabaster, 63 x 52 cm, Schlosskirche Schwerin

im Umfeld Herzog Adolfs an niederländische Künstler in Auftrag gegeben wurden. Sie wurden auch ausnahmslos in einer, besonders durch die Niederländer verbreiteten, modischen Materialzusammensetzung gefertigt, die aus Alabaster (für figurale und ornamentale Elemente) in der Kombination mit schwarzem und manchmal auch rotem belgischen Marmor bestand.[25]

Schließlich darf die Verwendung des Mediums Alabasterrelief als Zeichen der Konkurrenz beziehungsweise der demonstrierten Ranggleichheit mit den oben erwähnten Höfen, mit denen Adolf I. in engen freundschaftlichen oder verwandtschaftlichen Beziehungen stand, verstanden werden. Im Schloss von Adolfs Schwiegervater, Landgraf Philipp von Hessen, in Kassel (wo der spätere Herzog als Jüngling vier Jahre verbrachte) wurde 1557–59 das berühmte Alabastergemach eingerichtet, das mit biblischen Szenen durch die

Gillis Cardon, ein Baumeister und Bildhauer aus Douai im Dienst Herzog Adolfs I. von Schleswig-Holstein-Gottorf

**Abb. 6** Elias Godefroy Dupré und Adam Lecuir: Gleichnis vom reichen Mann und dem armen Lazarus, Gnadenstuhl, Relief aus dem Alabastergemach im Schloss zu Kassel, 1558–59, Alabaster, Maße 121 x 295 cm (gesamter Fries), Hessisches Landesmuseum Kassel, KP B I.6 (A I. c 384a)

niederländischen Bildhauer Elias Godefroy Dupré und Adam Lecuir verkleidet wurde (Abb. 6).[26] Auch der Schweriner Hof, mit dem Adolf in engem Kontakt stand, schloss sich der Alabastermode an. Herzog Johann Albrecht von Mecklenburg (dessen Sohn Johann VII. die Tochter Adolfs, Sofia, heiratete) ließ um 1563 aus der Werkstatt des führenden Antwerpener Bildhauers Willem van den Broecke sechs Alabasterreliefs mit neutestamentarischen Szenen importieren, die zunächst die Schlossgemächer und seit 1624 die Schlosskapelle schmückten (Abb. 7). Diese Werkgruppe wurde durch weitere Alabasterwerke der am Hof Johann Albrechts tätigen Niederländer Conrad Floris und Philipp Brandin ergänzt.[27]

Nicht nur die Ausschmückung der Schlossinnenräume mit Alabasterreliefs, sondern auch die Errichtung der Altäre aus diesem Material war im dritten Viertel des 16. Jahrhunderts in Nord- und Mitteldeutschland verbreitet. Ein Alabasteraltar, ebenso ein Importstück aus Antwerpen, wurde 1556 in der Schlosskapelle in Dresden auf die Initiative des Kurfürsten August von Sachsen, Adolfs Vetter (Adolfs Nichte, Anna von Dänemark, war mit August vermählt), aufgestellt.[28] In der Schlosskapelle Schwerin bediente man sich dagegen eines aus Torgau eingeführten Alabasterwerks von Georg Schröter (1562).[29] Adolfs Entscheidung für die Ausstattung der Kapelle des Kieler Schlosses mit einem Alabasteraltar und einer mit Alabasterreliefs geschmückten Galerie darf also als Ausdruck des aktuellen Kunstsinns und der Zugehörigkeit zu einer Geschmacksgemeinschaft interpretiert werden.

### Gillis Cardon

Um diesen Ansprüchen gewachsen zu sein, brauchte Adolf geschickte Künstler, was uns zurück zu der Frage nach dem Schöpfer der Alabasterwerke in der Kieler Schlosskapelle führt. In dem oben zitierten Gesprächsprotokoll wurde der Name des von Herzog Julius befragten Bildhauers nicht erwähnt. Ein Hinweis dazu findet sich jedoch in einem Brief von Graf Anton I. von Oldenburg-Delmenhorst (1505–1573) an Herzog Julius vom 6. Juli 1572, also geschrieben etwa eine Woche vor dem Besuch des Bildhauers in Wolfenbüttel. Darin schreibt der Graf, dass er nach Wolfenbüttel einen Bildhauer namens „Gilles Gurdon" schickt und Julius darum bittet, diesem eine Auswahl von geeigneten Alabastersteinen zu ermöglichen:

> „[…] als sich E. F. G. gegen uns unlangst genediglich erbotten so viel marmor und alabaster Stein aus E. F. G. marmor und alabaster gruben brechen zu lassen, […] das wir unseren hern Vatter und Frau Mutter auch unser wolgeliebten Gemahl, alle christmilden zeligen gedechtnus, ein Epitaphium und zeliche gedechtnus zu setzen […] haben muchten. Thunn wir uns derowegen ganz dienstlich bedanken […] wan wir aber zu der behuff einen Steinmesscher ein nhamen Gilles Gurdon zeigen dies (deme wir auch vormith gothlicher hulff solchen arbei[d] vordingen werden) abgefengen. Als bitten wir dinstlich E. F. G. wollen die gnedige vorsehung ihnen lassen, das wir an einen guten art vorweisen, und zu solchen arbeid tugliche Stein mugen erlang sein […]."[30]

Aufgrund des Briefes darf vermutet werden, dass sich die beiden norddeutschen Herrscher, Anton I. von Oldenburg-Delmenhorst und Adolf I. von Schleswig-Holstein-Gottorf, zusammengetan haben, um für ihre bildhauerischen Aufträge Stein bei Herzog Julius zu beschaffen. Während im Fall Herzog Adolfs das Steinmaterial für die erwähnte Kapellen- und Schlossausstattung dienen sollte, beabsichtigte der Oldenburger Graf, seinen Eltern und seiner Gattin ein Epitaph zu errichten. Dieser Plan wurde jedoch nie verwirklicht, weil der alte Graf im folgenden Jahr starb. Dies führte überdies zu einer Auseinandersetzung zwischen Julius und dem Nachfolger Antons, Graf Johann VII., der die Schulden seines Vaters nicht bezahlen wollte und suggerierte, dass es sich bei dem Alabaster um ein Geschenk gehandelt hatte.[31]

Herzog Adolf I. erwies sich dagegen als ein ehrlicher Kunde, da für die Kieler Schlosskapelle tatsächlich, höchstwahrscheinlich aus dem Wolfenbütteler Alabaster, biblische Reliefs ausgeführt wurden, wie die oben besprochenen Schrift- und Bildquellen vermuten lassen. Die Frage, ob sie von dem in dem Brief erwähnten Bildhauer „Gilles Gurdon" geschaffen wurden, muss nun weiter erörtert werden.

Die Suche nach einem Bildhauer dieses Namens in allgemeinen Künstlerlexika erwies sich als erfolglos. Ein Hinweis fand sich endlich in den Beiträgen von Max H. von Freeden und Leo de Ren, die im Rahmen ihrer Recherchen zur niederländischen Bildhauer- und Baumeisterfamilie Robijn-Osten und ihrer Tätigkeit in Deutschland auf eine interessante Quellengruppe in dem Hohenlohe-Zentralarchiv Neuenstein stießen.[32] Es handelt sich dabei um einen Briefwechsel zwischen Wolfgang II. Graf von Hohenlohe (1546–1610) und einem Baumeister und Bildhauer aus Douai, Gillis Cardon.[33] Die leicht abweichende Namensform (Cardon statt Gurdon; Egidius oder Gilles statt Gillis) spricht nicht dagegen, dass es sich um dieselbe Person handelt, da auch die anderen in den Quellen vorkommenden Schreibformen (Gard, Charden) Ausdruck der für die Zeit üblichen Beliebigkeit in der Schreibweise sein können. In den eigenhändigen Briefen nennt sich der Künstler selbst Gillis Cardon. Zwischen Oktober 1589 und Juli 1590 wechselte er mit Graf Wolfgang II. zwanzig Briefe, die detailliert den Verlauf der Bewerbung des flämischen Künstlers um eine Stelle als Baumeister des Grafen von Hohenlohe verfolgen lassen und dabei über das Schicksal eines Künstler-Migranten sehr aufschlussreich erzählen; sie werden hier im Anhang vollständig zitiert.

Die Geschichte Cardons bietet einen Beweis für die nicht zu überschätzende Bedeutung der zwischenhöfischen Netzwerke. Denn empfohlen wurde der flämische Meister Graf Wolfgang II. von seinem Verwandten Graf Johann Georg von Solms-Laubach (1546–1600).[34] Anlass dazu war der Plan Wolfgangs, die Burg in Weikersheim zu einer Renaissanceresidenz umzubauen.[35] Da die Stelle des Baumeisters 1589 nicht besetzt war, bewarb sich Cardon darum mit einer Reihe von Bewerbungs- und Verhandlungsbriefen, die uns einen guten Einblick in seinen Lebensweg und seine künstlerische Tätigkeit geben: In der Korrespondenz stellt sich Cardon als „van Douaij in Flandern gebeurdi[g]" vor (Abb. 8).[36] Die erst seit 1667 zu Frankreich gehörende Stadt Douai gehörte historisch zur Grafschaft Flandern und damit im 16. Jahrhundert zu den Spanischen Niederlanden.[37] Im frühen 16. Jahrhundert, unter der Herrschaft Graf Charles' I. von Lalaing (1466–1525), wurde es zu einem florierenden Zentrum der Frührenaissance. 1562 wurde dort eine Universität gestiftet. Direkt aus der Stadt oder den benachbarten Regionen Picardie und Hennegau stammten bedeutende Bildhauer wie Giambologna (Jean Boulogne aus Douai), sein Lehrer Jacques Doubroeuq (aus Saint-Omer) oder Pierre Franqueville (aus Cambrai). In

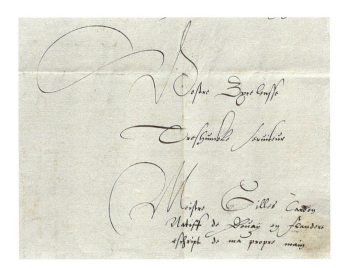

**Abb. 8** Unterschrift Gillis Cardons in seinem Brief vom 13. März 1590 an Graf Wolfgang von Hohenlohe, Anhang II.11

der Stadt und der Region gab es also wahrscheinlich ein Milieu, in dem Cardon seine ersten Schritte als Bildhauerlehrling gehen konnte.

Cardon führte als seinen Lehrer Georg (Joris) Robijn (Rubin) (um 1522–92) aus dem ebenso nicht weit entfernt gelegenen Ypern auf („ick kende wol meijnne Meister Gorgen Rubin"[38]). Robijn war ein erfolgreicher flämischer Architekt, der ab 1574 in Deutschland tätig war, zuerst im Dienst der Erzbischöfe in Mainz (1575–92, Bischöfe Daniel Brendel von Homburg und Wolfgang von Dalberg) und dann des Bischofs Julius Echter von Mespelbrunn in Würzburg, in dessen Dienst er unter anderem die beeindruckende Universitätskirche in Würzburg errichtete.[39] Am Alter Cardons orientiert (vermutlich geboren um 1540),[40] behauptete De Ren, dass er noch in den Niederlanden bei Robijn in die Lehre ging.[41]

Seinem eigenen Zeugnis zufolge befand sich Cardon 1562 in Emden, einem der wichtigsten Zentren der niederländischen Diaspora reformierter Glaubensflüchtlinge.[42] Dort heiratete er Johanna (Jennet) Gilbert, die Tochter eines anderen Emigranten, des Käsehändlers Johann Gilbert de Oude aus Mons (Bergen).[43] Obwohl er zum Zeitpunkt der Bewerbung bei Graf Wolfgang II. (1589) in Frankfurt am Main wohnhaft war,[44] stand Cardon anscheinend in ständigem Kontakt mit Emden, wo er 1588 – nach seinen eigenen Worten – ein Haus für den Grafen von Ostfriesland (Edzard II.) in Esens und etliche Bürgerhäuser baute.[45] Dass es Nachfrage nach Cardons Baumeisterfertigkeiten in Emden gab, erklärt sich gut im Kontext des Baubooms, den die ostfriesische Stadt im Zusammenhang mit der niederländischen Zuwanderung seit den 1550er-Jahren erlebte.[46] Stellvertretend für die Blütezeit der Emdener Architektur niederländischer Prägung, an der sich Gillis Cardon möglicherweise beteiligte, kann das Gebäude des dortigen Rathauses herangezogen werden, das 1574–76 von dem Baumeister Laurens van Steenwinckel nach dem Beispiel des Antwerpener Rathauses errichtet wurde.[47] Obwohl es keine weiteren Hinweise darauf gibt, welche Häuser genau von Cardon in Emden gebaut wurden, lässt sich vermuten, dass die sogenannten Pelzerhäuser (Abb. 9), die um die Zeit 1570–80 im Stil der niederländischen Renaissance errichtet wurden, den von Cardon errichteten Bauten ähnelten.[48]

In Frankfurt, der Mainmetropole, die seit 1552 ebenfalls eines der wichtigsten Ziele der niederländischen Einwanderung war,[49] war Cardon dagegen weniger erfolgreich. Er wurde zwar am 15. Juni 1589 in das Bürgerbuch eingetragen,[50] konnte aber dort keine Zulassung zum Bauen erhalten, worüber

**Abb. 9** Pelzerhäuser in Emden, um 1570–80

er selbst berichtete: „nu ich hir zu Franckfort boeurgen bein ich en mach meijnner Konst alhir nicht brouchenn de gilden oder de hantwerckers Luden en weilt mij nicht dulde."[51] Auch in Hamburg war Cardon vorübergehend wohnhaft und tätig,[52] woraus sich ein Muster ergibt, denn alle diese erwähnten Orte waren wichtige Zentren der niederländischen Diaspora.[53]

Was erfahren wir ferner aus dem Briefaustausch über das künstlerische Profil und die künstlerische Stellung Cardons? Geben wir das Wort dem Künstler selbst, der sich seinem erwünschten künftigen Auftraggeber, Graf Wolfgang II. von Hohenlohe, als Experte im Festungsbau sowie im Errichten anderer Bauten vorstellte. Ferner betonte er, dass er Stein nach dem antiken Vorbild sowie Bildwerke kunstreich hauen könne:

> „[…] begerde sine gnade een Bauwemeister, ich weille sinner gnade wol dienne, In wat gebauwe datet mach sin; ist vaan Forteresse zu Fonderen oder ander Ediffitie de sine genade begerde zu bauwe zu Muren welven; unde stein zu haauwe na der Antiquitete unde beildwerck so selicht unde so kostelich wij siner genade belivede zu hebbe;"[54]

Er unterstrich auch, dass er – im Gegenteil zu dem früheren Baumeister des Grafen – ein echter Bauexperte sei und entsprechend seiner hohen Qualifikationen entlohnt werden müsse, was der Graf als Kunstkenner verstehen solle. Dabei berief er sich auf das Beispiel seines Meisters Georg Robijn:

> „E. G. Godtsaliger Bauwe meister, de was een gaer Sleicht verstondiger meister, dat hij en Was gein goude Architecht, umme een arbeith zu machen na de Recht Antiquitet: […]"[55]

> „E. G. en wert kenne konsthener umme so een geringes nicht becko[m]men sonder Ethlich Slecht Tulpes [?], de der Architrecture noch prospecti[ve] nicht en versteit, Sonder de alle Inde Weilde Arbeit[en] und versteit sich nicht auff der masse zu holden unde volgen, Wat dem Brandemborger sine ~~is sine~~ konst is is mij onbeckant, noch de van Wurttembergisch der Bauwemeister, Doch ick kende wol meijnne Meister Gorgen Rubin, unde sine Sonne, Dat sint op Rechter Bauwemeisters, de en seull och so Ringe besoldinge nicht nemen, een goude Meister Heurde Wat zu verdinne vor sine konst, und dar ist och E. G. veill an gelegen umme een goude oprecht Meister zu habben, de kan sine besolding wol verdine doblet."[56]

Um seine Kompetenzen zu beweisen, berichtete er dem Grafen, dass er einen lavierten perspektivischen Entwurf einer Festung auf viereckigem Grundriss gezeichnet habe, der besser als der frühere Entwurf für das Schloss Weikersheim sei:

> „Gnediger Herr ich hadde zu Franckfort noch vor E. G. ein Apreissen oder een Patronne gemacket eerstheliche een platte gront nach der konst der Architrecture, dem virckant Slosse, und bouten ummerher een vestunge mith 4 Duingers mith hoeur Casematte Schitloches und anderen Secrete Forteresse der amonittion und verburgenn vutgangen: Noch darbij de selben Platforme, hebbe ichs och nach dem grondt dat gantz Slosse nicht der walle oft forteresse de op stant van bouten an zu siende, nach der konst der Prospective auff getzogen, und dat selben geJlumijnert, dat E. G. dar koumme oder platze dartzu genouch hadde, dat soll E. G. wol deinsthelich sin, altzeit dem virckant Slosse hadde E G wol tho passe geckomme bejer dan dem anderen Modelle de dar gemacket is"[57].

Das erwähnte frühere Modell war höchstwahrscheinlich jenes, das dem Grafen 1589 vom herzoglichen Württembergischen Baumeister Georg Stegle (ca. 1548–1598) vorgelegt wurde.[58] Da der Schlosskomplex schließlich einen dreieckigen Grundriss erhielt, wird offensichtlich, dass Cardons Vorschlag nicht berücksichtigt wurde.[59]

Dieser Festungsentwurf Cardons ist leider nicht erhalten, im Gegensatz zu einem anderen Entwurf, der eine komplizierte Konstruktion eines Weinfasses präsentiert und erklärt (Abb. 10). Dass Cardon als Architekt und Baumeister auch Kompetenzen in der Küferkunst aufweisen konnte, ist nicht außerordentlich, da viele Künstler dieser Zeit diverse Domänen beherrschten. Der zuvor erwähnte Bildhauer Adam Lecuir, der im Dienst von Julius von Braunschweig-Lüneburg seit 1572 als Bildhauer angestellt war, zeichnete für das berühmte *Instrumentenbuch* (1575) seines Gönners verschiedene Werkzeuge und Maschinen für den Bergbau.[60]

Neben dem Wunsch Cardons, dem künftigen Auftraggeber seine Vielseitigkeit vor Augen zu führen, gibt es vermutlich noch einen Kontext, in dem die Idee der Konstruktion eines Weinfasses ausgedeutet werden kann. Die Küferkunst florierte in Deutschland im 16. Jahrhundert. Um ihre Wirtschaftlichkeit zu beweisen, strebten deutsche Fürsten danach, Vorratsweinfässer mit immer größerer Literkapazität zu bauen. Schon um 1500 wurde im Hambacher Schloss Kästenburg (Pfalz) ein Fass mit einem Fassungsvermögen von 108.000 Litern konstruiert. Das berühmte Riesenfass im Heidelberger Schloss

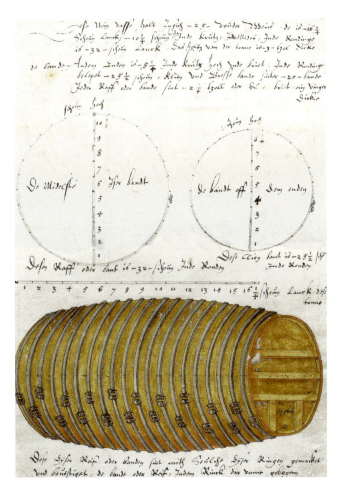

**Abb. 10** Gillis Cardon: Entwurf eines Weinfasses, aus dem Brief Cardons vom 17. Juli 1590 an Graf Wolfgang II. von Hohenlohe, Anhang II.18

(das sogenannte *Casimir-Fass*) konnte circa 130.000 Liter aufnehmen.⁶¹ Im Vergleich dazu war Cardons Fass klein, da es nur das Volumen von 25 Fudern hatte, das heißt von circa 25.000 Litern.

Vorrichtungen aufzubauen, die die Bewahrung der Vorräte für schlechte Zeiten sicherstellte, zählte zu den Aufgaben jedes guten Herrschers, wobei das Ideal eines „ökonomischen Fürsten" im 16. Jahrhundert als Folge des Bedeutungsverlustes des ritterlichen Ideals an Einfluss gewann. Davon, dass eine vorsorgliche Wirtschaft, zum Beispiel durch den Bau eines Vorratsfasses, als Ausdruck des reformierten Ethos verstanden werden kann, zeugt ein *Vas Heidelbergense* betitelter Druck. Verfasst wurde die Schrift vom reformierten Pfarrer Anton Praetorius, unter dem Eindruck seiner Reise nach Heidelberg im Jahr 1594, wo er das *Casimir-Fass* bewundern konnte. Gewidmet ist die Beschreibung des Fasses und seine calvinistisch geprägte Auslegung Pfalzgraf Johann Casimir, als Retter des Calvinismus und Verkörperung eines reformierten Idealfürsten.⁶²

Im Kontext des oben Gesagten scheint es wahrscheinlich, dass Gillis Cardon mit dem Geschenk eines Weinfassentwurfes Graf Wolfgang II. als seinen Glaubensgenossen ansprechen wollte. Denn, obwohl lutherisch erzogen, tendierte Graf von Hohenlohe unter dem Einfluss seines Aufenthalts in Frankreich und seines Schwagers Wilhelm von Oranien (Wolfgang war mit dessen Schwester Margareta von Nassau-Katzenelnbogen verheiratet) zum Calvinismus, was sich in den späteren Änderungen seiner 1576 eingeführten Kirchenordnung widerspiegelt.⁶³ Ob Cardon reformiert war, lässt sich nicht endgültig beweisen, dennoch ist es im Fall eines niederländischen Exulanten, der gut in Emden vernetzt war, mehr als wahrscheinlich. Als eine Anspielung an eine Glaubensgemeinschaft mit dem Grafen darf eventuell folgende Formulierung in einem seiner Briefe interpretiert werden: „[…] ich habbe och ein Sunderlichen lusten, an E. G. zu dine, des weil E. G. ein Christlicher undt warner [wahrer] erckentnus hoch erluchtet, […]."⁶⁴ Darüber hinaus berichtet Cardon dem Herrscher in einem anderen Brief vom 28. März 1590 sehr ausführlich über die aktuelle politische Lage in Frankreich und in den Niederlanden, darunter detailliert über die Schlacht bei Ivry (14. März 1590), in der Heinrich IV. von Navarra die Heilige Liga besiegte.⁶⁵ In dem Brief präsentiert sich Cardon seinem künftigen Auftraggeber demzufolge auch als ein gut informierter Weltbürger. Seine hohen intellektuellen und künstlerischen Ansprüche kommuniziert er ferner an anderer Stelle der Korrespondenz. Er beklagt, dass er bisher keine Gelegenheit hatte, ein bedeutendes Bauwerk zu errichten, das seine hohen Kompetenzen und sein gelehrtes Wissen zur *Architectura* beweisen könne und das für seinen Nachruhm sorgen würde:

> „Auch E. G. vorhabender bauwe in solches werck nach der konst der Antiquitete, zu ververdigen, meijnne begerde ist lange gewest, das ich In desem Landen mocht sulche Stuck Werckes anvange, umme meijnne kunste zu gebrouchenn umme mich und meijnne kinderen een gedechtenesse nach las, […]."⁶⁶

Cardon war dennoch nicht nur um seinen Nachruhm bemüht. Ebenso wichtig war ihm die Versorgung seiner Familie, weswegen er mit Graf Wolfgang II. eine lange, sich durch mehrere Briefe hindurch ziehende Verhandlung über die Höhe seiner Besoldung führte. Er strebte eine höhere Entlohnung in Geld und Naturalien an und berief sich dabei auf das Beispiel seines ehemaligen Meisters Georg Robijn, der 300 Gulden jährlich bezog:

> „Meister Georgen Rubin hefft van sine Curfurstlichen Gnad, Drije hondert gulden, und anderthalven voudernn Weins, und vrije Wonnung und ander dinge mier: und och sint de Meisters, sint so ungelick wij de dach unde Nacht van verstandenn, Gnediger herr, ich hebbe mij bedacht, so Euwer gnade mij weille geven anderthalven honder Rickz dallder unde de vrije W[o]nnung samt de hoff Cliedinge unde sosse va dem holtz, so weillich, de gantz debitate mithem wein over geven: Oder belivede E. G. mij tzu geve een hondert dallder, mith de debitate, sonder wein, wut genomen dem wien, ich weill mij mithem bier behelffen, ich en kan och nicht Ringer doun umme meijne gesinne tho underhol[den]."[67]

Der Graf stimmte endlich den Bedingungen zu, dennoch trat Cardon die Position des Hofbaumeisters wahrscheinlich nie an. Nach dem Brief von Juli 1590 bricht der Briefaustausch ab. Mit dem Bau des Schlosses Weikersheim wurde erst 1595 tatsächlich begonnen,[68] während Cardon schon im Jahr 1591, wahrscheinlich unerwartet, in Frankfurt starb.[69]

### Cardon im Dienst Herzog Adolfs

Wie verlief die Laufbahn Cardons zwischen diesen zwei in den Quellen erwähnten Eckdaten: 1562 und 1589? In einem Empfehlungsbrief für Gillis Cardon vom 13. Oktober 1589 informierte Johann Georg I. von Solms-Laubach Wolfgang II. von Hohenlohe, dass Cardon achtzehn Jahre lang im Dienst Herzog Adolfs I. von Schleswig-Holstein-Gottorf tätig gewesen war:

> „[…] man hort er hertzog Adolff von holstein loblicher gedechtnuß bis in achtzehen iar vor ein steinmetzen bildthauer und bawmeister gdint wie er mir dann deshalben seine paswort mit gezeiget".[70]

Da der Herzog 1586 starb, darf vermutet werden, dass Cardon spätestens um 1568 in seinen Dienst eintrat. In diese Zeit fallen beinahe alle herzoglichen Baukampagnen. An welchen jener Projekte konnte sich Gillis Cardon also beteiligt haben? Anhand der Korrespondenz zwischen Gillis Cardon und Graf Wolfgang II. von Hohenlohe lässt sich das künstlerischere Profil des Niederländers deutlicher zeichnen, was bestimmte Vermutungen in Bezug auf seine Zeit im Dienst Herzog Adolfs erlaubt. Er war ein ausgebildeter Baumeister und Steinmetz, in der Kunst *all'antica* kundig, der dennoch nie die Gelegenheit hatte, ein großes Bauunternehmen zu realisieren. Dem kann man entnehmen, dass Cardon im Dienst von Herzog Adolf nicht als Hauptarchitekt tätig war, sondern vielmehr als Mitglied einer Bauwerkstatt, wahrscheinlich hauptsächlich als Steinmetz. Im Rahmen der Recherchen zu diesem Aufsatz ist es gelungen, eine neue Quelle zu Cardon ausfindig zu machen, die seine Tätigkeit im Dienst Herzog Adolfs zweifellos bestätigt und uns mehr zu seiner Position verrät. Es ist eine Kammerrechnung der Rentenkammer zu Kiel aus dem Jahr 1584, wo Cardon wie folgt vemerkt ist:

„300 [Mark lübch], Gillis Cardon, wegen seiner pension, abermals auf rechnung geben".[71]

Mit einer „pension" von 300 Lübischen Mark nahm Cardon eine gute mittlere Stellung unter den von Herzog Adolf beschäftigten Künstlern und Kunsthandwerkern ein. Der „Contrafeier" (Bildnismaler) Jacob von Forh (von Voordt) erhielt eine vergleichbare Summe: 423 Mark, 4 Schilling für sich und seine Gesellen.[72] Der Baumeister Johann Baptista Pahr, zu diesem Zeitpunkt wahrscheinlich Hauptarchitekt des Gottorfer Schlosses, erhielt dagegen nach Herzog Adolfs Gottorfer Besoldungsordnung vom Jahr 1586 (oder 1584) 500 Mark jährlich, das heißt ein deutlich höheres Gehalt.[73] Dabei ist auffällig, dass in Bezug auf Cardon für die Vergütung eine besondere Formulierung verwendet wurde: „pension" statt Besoldung wie bei anderen Künstlern und Kunsthandwerkern, die in der Quelle erwähnt werden. Dies kann auf eine andere Art der Beschäftigung hinweisen, wobei die Formulierung „abermals" wiederum dafür spricht, dass es sich um eine wiederholte Entlohnung handelte, anders als beispielsweise beim „Schnitker Johan von Groning zu Husum", der für eine konkrete Arbeit mit 101 Lübischen Mark und 7 Schilling belohnt wurde.[74]

Gillis Cardons Tätigkeit für Herzog Adolf wurde darüber hinaus in den Rechnungen der Hardesvogtei Husum, den Korn- und Butterrechnungen (ab 1578) sowie dem Küchenregister (1582) vermerkt. Er taucht unter den am Bau der herzoglichen Nebenresidenz in Husum tätigen Handwerkern mehrmals als „Meister Gillius Steinhauer" auf.[75] In diesen Quellen erscheint er begleitet von weiteren Handwerkernamen, deren niederländische Herkunft sehr wahrscheinlich ist. Auf den Listen der Naturalentlohnung nimmt Meister Gillis manchmal den zweiten und manchmal den vierten Platz ein, nach dem vermutlichen Meister in leitender Funktion, namens Gorgius, der wahrscheinlich mit dem in Gottorf und Reinbek tätigen Architekten Gorries de Vreeße identisch ist (Abb. 11).[76] Da-

**Abb. 11** Gorries de Vreeße (Baumeister), Gillis Cardon (Steinmetz): Schloss zu Reinbek

rüber hinaus wird Meister Gillis als Leiter einer Mannschaft genannt, zu denen Michel Franzose, Wyllem van Minden, Arendt van Bremen, Lammerdt van Bentow und Johann van Oldenburg gehörten.[77] Die Tatsache, dass die in Husum erwähnten Handwerker auch auf den anderen Baustellen Adolfs auftauchen (zum Beispiel der in Husum erwähnte Jacob Maler dürfte der in Gottorf nachweisbare Jacob von Voordt sein), lässt vermuten, dass über mehrere Jahre hinweg ein Team von Niederländern im Dienst Adolfs tätig war, in dem Cardon wahrscheinlich ein Mitglied höheren Rangs war.[78]

Können im Licht der gerade besprochenen Quellen Gillis Cardon irgendwelche vorhandenen Werke zugeschrieben werden? Dies wird schwierig: In Husum (1577–82) sind keine Elemente des Steindekors mehr vorhanden, etwa die Giebelverzierungen, die noch auf der Darstellung im *Dänischen Vitruvius* sichtbar sind (Abb. 12).[79] Die bildhauerische Ausstattung dieser Residenz, unter anderem die beeindruckenden Werke von Henni Heidtrider, entstand im Wesentlichen nach 1620. In Reinbek, wo wahrscheinlich dasselbe Team arbeitete, sind ebenso Portale und Giebelverzierung verschwunden.[80] Im Rahmen der Ausgrabungen in Kiel wurden einige Sandsteinskulpturen, unter anderem Brunnenelemente, gefunden, die jedoch später zu datieren sind.[81] Ob Cardon schließlich als Hersteller der Reliefs der Galerie in der Kieler Schlosskapelle betrachtet werden kann? Vieles spricht dafür: erstens die Tatsache, dass er geschickt wurde, um das benötigte Material in Wolfenbüttel auszuwählen; zweitens würde die Tatsache, dass er der leitende Steinbildhauer in Husum war, ebenso für seine Autorschaft sprechen. Da wir dennoch weder über Quellen, die ihn eindeutig als Künstler dieser Werke nennen, noch über die Werke selbst verfügen, muss dies eine Hypothese bleiben.

Auch wenn die von jedem Kunsthistoriker erwünschte Konfrontierung der Quellen mit den vorhandenen Kunstwerken in diesem Fall (zunächst) ausbleibt, liefert der Fall Cardons doch einen interessanten Einblick in die Aktivität der niederländischen Künstler und Handwerker, die so stark die Kunstlandschaft Norddeutschlands im 16. und 17. Jahrhundert prägen. Der Lebensweg des Meisters Gillis zeugt von einer entscheidenden Bedeutung der Netzwerke der niederländischen Emigranten. Die intensiv gepflegten Kontakte zu anderen Exulanten bestimmten meistens die Auswahl der

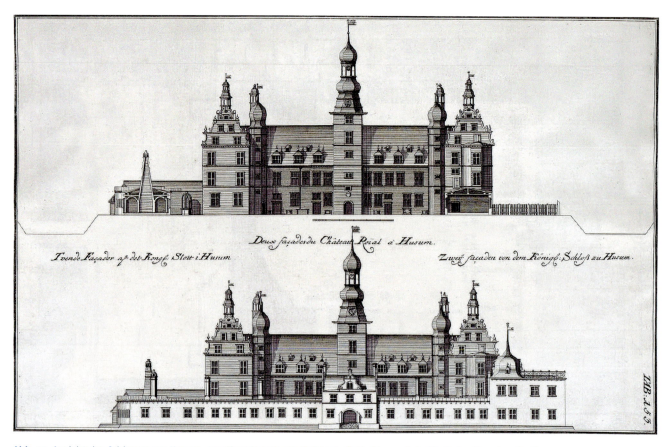

**Abb. 12** Ansicht des Schlosses vor Husum, aus Thurah 1746–49, Tafel 153, Getty Research Institute Los Angeles, 87-B12034

Zielorte ihrer Wanderung (im Fall Cardons waren es die Hauptzentren der niederländischen Diaspora: Emden, Frankfurt und Hamburg). Die noch in der Heimat oder während der Emigration geknüpften beruflichen Kontakte, wie etwa die Beziehung Cardons zu seinem ehemaligen Meister Robijn, waren wesentlich für den Aufbau der Karriere im Ausland. Vom Zusammenhalt der Emigranten zeugt Cardons Vorschlag an Graf von Hohenlohe, nach seiner Einstellung weitere erfahrene Bauleute, seine ehemaligen Mitarbeiter aus Emden, Hamburg und Lübeck, darunter seine Söhne, nach Weikersheim zu holen.[82] Diese Solidarität mit den Landsleuten war wichtig, insbesondere weil die Einwanderer sich dem Widerstand lokaler Meister stellen mussten. Wie erwähnt, wurde Cardon in Frankfurt von der lokalen Zunft gehindert, dort als Baumeister tätig zu werden. Er bekam dagegen einen Auftrag in Emden, einer Hochburg der niederländischen Immigranten.

Im Gegenteil zu Städten, in denen Zünfte manchmal die Niederlassung niederländischer Fachleute verhinderten, wurden gerade die deutschen Herrscher mit ihrer großen Baulust zu den Hauptauftraggebern der Niederländer. Die verwandtschaftlichen Kontakte (wie die hier erwähnte Verbindung zwischen Schleswig, Schwerin und Kassel), religionspolitische Allianzen und schließlich die zwischenhöfischen Konkurrenzen wurden zum entscheidenden Faktor der Mobilität der niederländischen Kunstwanderer und damit der Verbreitung der Kunst *op nederlandse manier*.

Die hier exemplarisch präsentierte Geschichte Gillis Cardons hatte für den Künstler kein gutes Ende. Nach seiner langen Beschäftigung bei Herzog Adolf bekam er trotz seiner Bemühungen keine langfristige Anstellung und starb wie erwähnt in Frankfurt im Jahr 1591, womöglich kurz vor der Chance, doch noch als Baumeister tätig zu werden. Der um seinen Nachruhm so bemühte Künstler hat nach dem „Schatzungsregister" in Frankfurt seinen Kindern „nichts hinterlassen"[83]. Das kulturelle Erbe der niederländischen Kunstmigranten prägte die Kulturlandschaft Norddeutschlands dagegen maßgeblich.

## Anhang

I. Erwähnung von Kunsthandwerkern und Künstlern unter „Ausgaben" in einer Kammerrechnung (beziehungsweise Vorarbeit für eine solche), Kieler Schloss, LASH Schleswig, Abt. 7 Nr. 2237, 5 fol. (Auszug)
[fol. 7r.] 101 [Mark lübsch], 7 [Schilling] dem Schnitker Johan von Groning zu Husum von wegen seiner arbeit de A. [15]83, bezaht
[fol. 7 v.] 300 [Mark lübsch], Gillis Cardon, wegen seiner pension, abermals auf rechnung geben
423 [Mark lübsch], 4 [Schilling], dem Contrafeier M: Jacob von Forh, für sich und seines gesellen besoldung

II. Auswahl aus dem Briefwechsel zwischen dem Baumeister und Steinhauer Gillis Cardon aus Douai und Graf Wolfgang II. von Hohenlohe, sowie zwischen dem Letztgenannten und Graf Johann Georg I. von Solms-Laubach. Der komplette Briefwechselbestand im HZ Neuenstein (Locatur A X 2, 12; Signatur We 50 D 6 g) umfasst 20 Briefe, die zwischen dem 13. Oktober 1589 und dem 7. Juli 1590 geschrieben wurden. Vollständig zitiert werden 18 für den Beitrag relevante Briefe.[84]
Transkription: Giulia Simonini; Edition: Aleksandra Lipińska.

II. 1. Frankfurt am Main, 13. Oktober 1589, Brief Gillis Cardons an Graf Johann Georg von Solms Laubach betreffend die Empfehlung des Grafen für Cardon im Zusammenhang mit seiner Bewerbung um die Stelle des Baumeisters Graf Wolfgangs II. von Hohelohe

Wollgeborner Graff, gnediger Herr, E. G. nehest erbietunge Pflichtschuldigen gehorsamen underthenigen dienste Jeder zuvor, Gnedigen Herr Euwer gnade bringe ich hir mijne Name Schriftliche, op dat. E. G. mocht mijch so zu beser vinden; belivede E. G. bij dese Jegewordige bode, vor mij zu Schriben, an Dem Wolgeborner Graff und Herr van Hollach; ich hebbe Intlich verstaen dat Dem Herrenn sint gnaade, is des sinnes Intlich zu bauwe; is dat so – unde begerde sine gnade een Bauwemeister, ich weille sinner gnade wol dienne, In wat gebauwe datet mach sin; ist vaan Forteresse zu Fonderen oder ander Ediffitie de sine genade begerde zu bauwe zu Muren welven; unde stein zu haauwe na der Antiquitete unde beildwerck so selicht unde so kostelich wij siner genade belivede te hebbe; unde ich weilse Eersthlich aprisse nach des Architecture unde prospective; wij sich das gebeurth op dat sine Gnade mach sije und alles verstaen zu Recht So ist meijnnne Underthenige bedde an Euwer Gnade dat E. G. wolde mij darinne dine, Solches umme E. G. wederomme zu diene Etzie bij dage eder bij nacht unde thue hirmit E. G. In dem gnedige schutz des Alderhogesten getrouwelich bevelen,
Datum Franckfort dem 13 October Anno Domminij 1589
E. G. gantz underthenniger undt weilliger dienner Altz[e]it Meist[er] Gilles Cardon van Douaij In Flanderen gebeurdi[g] Wonaftich binne Franckfort op dem Kroudt Marckett […].

II. 2. Rödelheim, 13. Oktober 1589, Empfehlungsbrief Graf Johann Georgs I. von Solms-Laubach für Gillis Cardon an Graf Wolfgang II. von Hohenlohe

Mein freundlich willige dienst wil vermögen aller guden zuvor Wolgeborner freundlicher lieber vetter bruder und gevetter Ich hab mit unter leßen kennen E[uer] L[iebe] mit desem schreiben zuversichern und hab E[uer] L[iebe] fernst der ewigen gesundtheit mit freuder vernommen E[uer] L[iebe] soll mein weib und mich auch noch Wolfahende wißen […] der almechtig verleich ferner auffallen teilen wer er selig erkene: kan E[uer] L[iebe] int verhalten das gesteieges lages einer zo mir kommen als ich in gerten gehen wollen welcher angezeigt er hab vernommen E[uer] L[iebe] ein stedtlichen baw vorherenn man hort er hertzog Adolff von holstein loblicher gedechtnuß bis in achtzehen iar vor ein steinmetzen bildthauer und bawmeister gedint wie er mir dann deshalben seine passwort mit gezeiget und derhalben geboten d[a]t E[uer] L[iebe] einer solchen bedorfften in vor einem andern darzu zugebrauchen es were mit festung oder sonsten zubawen wolt sich unverleißlich halten wiewol nur midt der man vil bekant aber doch ein fein erbar ansehens auch meiner vorschrifft zugenießen hofft hab ich ein solche seine bitt vil abschlagen mögen da nun E[uer] L[iebe] eines solchen meisters begerten konten sie er meinem kaller alhie zuschriben soll er es am gen franckfur zulaeßen thun. Bitt E[uer] L[iebe] woll mir das ich darselben ein unbe-kanten commendire vil vor übel halten Er heist meiner behalts Cornelius Gardt: thu himit E[uer] L[iebe] sonst den ewigen gottlicher almacht neulich bevhelen und bin E[uer] L[iebe] nach vermögen zudreue willig Er lest mein hochliber weib E[uer] L[iebe] sonst derselben gamahl ir ein ahren gebundt dinst und grus vermelden hett selbst geschrieben d[a]t hat sie von diser botschafft ein gawdt und sindt eben uffgewesen wider nach Landsach zuzehen. E[uer] L[iebe] woll der selben gamahl der welsche Lurthen wein in ehren gebuerdt und mittteilingen dinst vermeldt dat in eil Redelheim der 13 8br A[nn]o [15]89
E[uer] L[iebe] dinstwilliger und treuer vetter bruder und gevetter Hans Georg grave Solmes
[Rückseite]
Cornelius Charden, N° 9 p[raese]nt[e] W.[eikersheim] 16.10. A[nn]o [15]89 Dem wolgebornen Wolfgangen graven von hohenloe und herren zu Langenbergk etc. Meinem freundtlichen lieben vettern bruder und gevedttern Grave Hanß Georg vonn solms com[m]endirt ein Niderlendischen Bawmeister, Corneli Chardon genant, wonet zur Frankfurt uf dem Kroutmarckt.

II. 3. Weikersheim, 7. November 1589, Brief Graf Wolfgangs II. von Hohenlohe an Gillis Cardon betreffend die Einladung des Künstlers zum Vorstellungsgespräch

Wolfgang etc.
Lieber Besonder Demnach der wolgeborne her unser freundlich lieber vetter Bruder und Gevetter Hans Georg Grave zu Solms etc. uns freundlichen berichtet, welcher maßen Ihr Euch zu unsern vorhabenden gebeüen gern geprauchen, und S.[ensu]

L.[ato] Euch auch gern befürdert sehen wolten; Wir aber nicht wißens gehaben könden, ob Ihr Euch alhier inder zuthun vorhabens oder waß sonsten eur gelegenheit sein möge Alßwolt[en] wir Euch nicht allein gern zuvor in der Person sehen, sonder auch desweg[en] w[a]z Ewer gelgenheit sein möcht, mit euch uns underede[en] Da Ihr dan Euch bei uns in dienerschafft einzulaßen nochmals gedacht, könden Ihr Euch alhero verfügen die gelegenheit abseh[en] und mit uns selbsten abhandeln Wolten wir euch nicht Pregen, und sindt Euch zu Gnaden gewog[en] dat[um] W:[eikersheim] 7 9bris a[nn]o [15]89.
An Baumeister zu Franckfurtt
[Rückseite]
Baumeister zu Franckfurt Elias Cardon wurdt alhero beschrib. den 7 9bris A[nn]o [15]89
[Beilage]
Auch besonder leiber: Demnach wir nicht allezeit zur hauß anzureffen sein alß wöllet Ihr unns uf zukhunfftiger Post […] sendigen, uf wellche zeit Ihr bej unnß alh[ero] anzuekommen bedacht, darnach wir unn[ß] zuegerichten W[eikersheim] in [Novem]b[r]is.

II. 4. Frankfurt, 13. November 1589, Antwort Gillis Cardons auf die Einladung Graf Wolfgangs II. von Hohenlohe zum Vorstellungsgespräch

Wollgeborner Graff gnediger Herr Euwer Gnade sin meijnne Underthenige dienst mit hohestenn vermeugen Jederzit tzuvor; Gnediger Herr E. G. verschriunge hebbe ich In alle underthenickeit ontfangen, und E. G. meinung wol verstaen E. G. Schrieft mij ich Solde E. G. dem dach schriven wannier ich bij E. G. wolde komme, alsdan, so wolde E. G. op der tzit sich vinde laeten, went E. G. mij bij E. G. vinde laette, als E. G. best zu pas komt; ich hebbe wol 14 dage alhir etwas zu dounde oder 3. woche doch ist dat E. G. belivede das ich dar eer komme, so weillich dit blive lassen: E. G. wolde mij man de dach zu schriven, unde op wat platze das ich E. G. vinde sall alsdan, so weillich Strach op sin, unde zu E. G. komme; und brigen Etlich abreissen; das ich vor meijnne Godtsaliger gnediger Furst und Herr – habbe gemacket; und och meijnne Pasport und abscheit, van sine F.[ürstliche] G., thue hirmit Euwer Gnade In dem gnedigen Schutz des allerhogesten getrulich befhelen, Datum Franckfort Dem - 13 - Novemberber Anno Domminij 1589
E. G. undertheniger Meister Gillis Cardon
[Rückseite]
Dem Wolgebornen Herrn, Herrn, Wolfgang Grave vonn Hohenlach und Herr zue Langenburg etc. meijnne gnedigen herrenn
Weirkhersheim Baumeister zu franckfurt beydt ein tag zu wissen zu e[uerem] g[naden] h[erren] zukhomen 13.11, 1589; p[raese]nt[ieret] W[eikersheim] 18em 9b[ri]s A[nn]o [15]89

II. 5. Weikersheim, 20. November 1589, Brief Graf Wolfgangs II. von Hohenlohe an Gillis Cardon bezüglich des Termins für das Vorstellungsgespräch

Wolfgang etc.
Lieber Besonder, Wir haben dein unterm datu den 13. gb n[ovember] an unß abgang Widerantwortlich schreiben empfangen und dein entschuldigung weg[en] Jtzig[er] unvhend[en] hebend[en] berichtung, auch ferner besche[iden] erbiet dereuß [..]stirnd[en] Geben die drauf hir wider gnedig zuvornhemen, d[a]z mit solch[en] deinem erscheinen kein Eilerde[en] ist sonder wan die In 4 woch[en] alzu keinen wollteste an zur dan die weil die dich hie bevor durch den Wolgebornen unser f[reundliche] lieber Vettern, Brudern und Gevetter G.[raven] Hanß Georgen von Solms bey unß ahngeh[en] lassen soviel wir damals wie auch noch gnedig zufried[en] gewesen d[a]z deser dich uf […] zu deiner gelegenheit und haben zu deiner wilkuhr zu uns gesezt ob die es weg[en] alho begeh[en] die geleg[en]heit bestehtig[en] zu dich ob die d[urch] dienst gefellig,
[Rückseite]
und versuch thun, ob die dich mit unß vergleichen mögest derwegen und wofern die einstliches nochmals also geleg[enheit], mogest[en] dich Inner 4 d[…] woch[en], wen 4 uf lucie de 13. nechst es dir am gefellichst zur kufftigt monet Xbr[i]s unß alho verfug[en] und dich weil wir sonst nicht ey unß angeh[en]. Wöllen wir alneg[en] anzutreff[en] sind unß mit dir und[er]red[en]. Woln wir dir gnedig[lich] wlk[…]s damit wir dir wollgemog[en] gnedig nicht breg[en] dat[um] W[eikersheim] 20° 9bri A[nn]o [15]89
Baumeister zu Frankfurt Elias Cardon wirdt freygestellt al er den 13. XII alho [..] 20° 9b[r]i A[nn]o [15]89

II. 6. [Weikersheim?], 15. Dezember 1589, Brief Gillis Cardons an Graf Wolfgang II. von Hohenlohe betreffend die Vergütung Cardons

Wolgebornen Grave Gnediger Herr: ich hebbe van Euwer gnade, diner verstaen, dat E. G. wolde wetten wat ich op de Naust, begerde tho verdine: vor meijne besoldinge, so ist gnediger Herr ich hebbe van E. G. begert, Jedem So E. G. belivede een temelich debitate S[…] und dartzu Anderthalbe hondert Riches Taller. Der Debit[te] […] vrije Wonninge, und Hoff Cliedinge vrij veuring[…] […]een ocx tut Suin, noch tzualbe Sack Roge […]e, noch ume bier tho Brouwe och tzualbe […]rste Korne, unde een voudre Wins: So […]nade mij belivede dese Somme tzu geve, […]sdan so weillich meijnne underthenig dienst, bij [ver]rplichten unde trouwelich bedine das E. G. […] geen mangell vinden sal, Sonder alle vleit bij […] gebouwe bewisen, dat mij E. G. bedancken sall[…]nd so .E. G. ist dat E. G. wolde mij een Clien verierung geve latte tho meijnn tering tzu batt[…]: und so E. G. Herr Brouder hir mith tzu vr[…] is, dat E. G. mij, tzu Schrieft alß an so W[…]nij in alle underthenicheit vinden laeten, doun[…] .E. G. dem Almechtige Godt bevelen
Datum W[…]ein dem 15 dach december [15]89
Vostre Excelensse treshumble serviteur Meistre Gilles Cardon natiff de Douaij en Flander bourgois de Franckfort au main […]

II. 7. Frankfurt, 1. Januar 1590, Brief Gillis Cardons an Graf Wolfgang II. von Hohenlohe betreffend den Umzug Cardons nach

Dillenburg zum Hof Graf Johanns VI. von Nassau-Dillenburg

Wolgeborner Grave gnediger Herr: E. G. seindt meijnne underthenige dienst Jederzeit zuvoren, gnediger herr, E. G. Kan ich In aller underthenickeit nicht verhalten, wij das E. G. Cammer Secretarius Achilius Conradtus, von wegen Eewer Gnade een abscheit, in der gestalt, das E. G. wolde sich beraeden mith sinne Hertzelieben frauwe mouderenn und herr broudernn, darnach so wolde E. G. mij bij dem Post zu weisen doun, was ven geredten sich beslossen, Euwer gnade schecke ick hir ein brieff van dem Wolgeborner Grave und herr, herr Johann Graven zu Nassauw Catzenelenbogen, Vianden und Dietzs, Herr zu Beilstein: etc. der altter, E. G. fruntlich[..] liebenn Bruedern, Eein frundthlichen Schrieben an dem Erbarn Meister Georgen Rubein Meintzischem Curfurst[lichen] Bauwemeister lange tzeit gewessende zu hoegst, den seine Gnade begertt ein bauwemeister an zu weissen dat seinner gnade mocht darmith verwart sin, So hat mij de bauwmeister zu hoegst unboden, umme sinner gnade diener an zu Sprechen Godtzfrieden Hatzvelt, und habbe mich sinner gnade dienst an gepresentert, so ich sinner gnade wolde diene, vor ein Bauwe meister, So en hebbe ich zu Dillenborg nidt weille hen tzien, eer ich E. G. hebben zu weissen doun: deweille ich an Ewer gnade hebbe eerst underthenichlich deinst an gesocht, und E. G. tzu gesocht oder verheisen, tzu dine, op der Condition so meijnne Herr E. G. mij die vorgeschlagene besoldung believede mij verlienne unde geven lassen, wij ich E. G. Secretario hebbe In Schrieft zu gestelt, ist dat E. G. Inthlich gesinet is dem lofflich gebauwe begerde an zu vangen, E. G. mout sich wol vor sien umme een gude Bauw meister zu beckonneren, an dem gebauwe ist veill an zu dunde, umme alles Int werke tzu Sellnn [Rückseite]
Gnediger Herr: Meister Georgen Rubin hadt mij gesecht. E. G. Godtsaliger Bauwe meister, de was eein gaer Sleicht verstondiger meister, dat hij en Was gein goude Architecht, umme an arbeith zu machen na de Recht Antiquitet: Gnediger Herr meijnne underthenige beidde und begere an E. G. is, dat E. G. wolde sich gnedichlich Erckleire off diese zuckhunftiger Post Schrieftlich bericht doun, op dat ich mij mach dar nach zuriecht hebbe, ist dat E. G. nidt en belivende mith dem selve lofflich gebauw vort zu varen ounne an tzu vange, so mouth ich mij nicht versume, und ich mout mij nach Dem Wolgeborner Grave und Herrenn zu Dellenborgk begeven: mithem alder Eersten, so hebbe ich siner Gnade diener Godtfreide zu gesecht und verheisen bedde E. G. werde mij hir nicht midt verlette. Bedde och E. G. wolde mij desen brief van dem wolgeborner Grave und herr van Nassau, mij wederomme tzu schecke ich moustese och mith nemen nach Dellenborg Gnediger Herr ich Schecke Euwer gnade ein apreissen van ein wein vassen, de zu Ridlhum is gross, van - 25 - vouder Weins mith Iser Reiff oder bande sint - 20 - Reif und hebbese na de Franckfort voutzmasse, und na de Klein voutz aff gedielt, als dese papir wort. E. G. wol tzu Recht weijsen, E. G. Secretario heftet van mij Solches begert, und heft mij och - 3 - konninck Philipus dalders, gegeven, dat mij E. G. heft mij verert, umme meijnne Reizsgelt zum besten, E. G. doun ich hir midt gantz hochlich underthenichlich bedancken unde weille hirmith E. G. Dem Almechtigen Godt getrouwelich Bevelen, Datum Franckfort dem Eersten dach Januarius Anno Dominij 1590 E. G. gantz underthenigger [Maister Gilles Cardon …]

[Beilage]
Cerdeis ferdung [Cardons Förderung]
1. 150 reichs Thaler fur d[a]z deputat
2. freije bewhonung
3. freij brandt, alt is Cloffter
4. Ein Ochsen,
5. zveij Schwein,
6. Zehn Sechen mith Korn,
7. Zehn Sechen gerst[en]
8. Ein fursten Wein,
9. Ein hof kleidung

[Rückseite] vgl. Abb. 10
Dar is noch een Clien vasse, van tein vouder Weins de ist 10 - schoun Lanck, unde - 8 - schoun hoch Inde Meidell an dem Enden Roume - 6 - schoun hoch, mit 12 - banden oder Eijsen Raiff, das holtz van der tonne is - 2 1/2 tzoll dicke also dick sint der Eijsen Raiff oder Eijsen banden
[2 fol. Vorderseite]
Dese Wein vasse halt Insich - 25 vouder [Fuder] Weins, de is - 16 1/4 Schoun lanck, - 10 1/4 schoun hoch, Inde Krutz, Inde Midel, Inde Rondinge is - 32 - schoun, lanck, das holtz van der tonne is - 3 - tzol dicke de bande - Andem Enden is - 8 1/4 Inde Krutz hoch unde briet, Inde Rondinge belopet - 25 1/2 schoun: klïen und Grosse bande sinter - 20 - bande Jeden Raff oder bande sint - 2 1/4 tzoll oder du[..]e briet, ein vinger dicke
[Rückseite]
Dem Wolgebornen Herrn Herrn Wolffgang Graven und Herrn van Hohenlach, und Herr zue Langenborgk: etc. meynne gnediger Herre gantz undert[enig]
Wolgebörgk: etc. meijnne gnediger herre gantz undert[henig]
Baumeister schriben d[a]z Ine G[rafen] Johan von Nassau wolle annhemen, begert die resolution Vbersendet abrieß d[er] feß mit eisen raif gebund[en] p[raese]nt[e] W.[eikersheim] 6° Jenery A[nn]o [15]90

II. 8. Weikersheim, 8. Januar 1590, Brief Graf Wolfgangs II. von Hohenlohe an Gillis Cardon betreffend die Erlaubnis des Grafen an Baumeister Cardon, sich in den Dienst seines Schwagers, Graf Johanns IV. von Nassau, zu begeben

Wolfgang etc.
Lieber besonder, Wir haben dein schreiben, sambt dem abrieß deß mit aisen reiffen beschlagenen faßes, bey nechst Post empfangen, thun unß deiner wilfeherung gnediglichen bedankh[en], zu gned[igen] hie wid[er] zuerkennen. Waß den deine begerte bestallung belangt, geb[en] wir den gnedig zuvernhemen, d[a]z wir bißhero die stuhen bey den Wolgebornen unßer f[ürstliche] lieben freu mutter und Brudern derumb mich anbring[en] <anh auch Tähtig mach[en]> kond[ten], weil unser und G.[eorg] Friedrich mich zum best uf gereiste, auch die fürstag Taag[e] Wolgedachte besere freundliche liebe frau mutter, In abmesen unsers land[es], [Bruders] Philipp

sich ein Zulasse bedenkhnus haben werde. Bevorab, weil
[Rückseite]
deine beschehene forderung ganz hoch und d[…]noess angestalt, d[a]z dengleichen bestallung wed[er] d[en] Brandenburgisch noch Wuntzburgisch Wurttenbergisch J[..]g Baumesiter nicht hab[en]. <dahe[r] zur S.[ensu] L.[ato] desto beschwerlich> die in diesen land[en] beij Fursten mich gebreuchig, Außzugeb[en], d[a]z auch unß sambtlich beij Inen zu verweiß gelog[en] würde. Dieweil <wir den auß deinen unß um an jtzo auch sich> verfallen d[en] untigeg[..] wir zu volkommerlich fortsetzung unsers vorhabenden baus nicht ditz Jar abgehalt weg[en] ud schreiben unhemen, d[a]z der Wolgeborne Unser f[ürstliche] liebr Schwag[er] und brud[er] G.[raf] Johan Zue Nassou deine zum dienen beg[ehre]t. <Uf welcher C. schneil die heimit> wider Zuempfoh[len] hast. destu den durch ein ungewieß davon nicht abgehelt od[er] verkürzet. Seij d[en] wie gnediglichen zesoied[en], destu dich beij S.[ensu] L.[ato] (dene wir euch so wol all unß sollest gönnen!) In dienst begebest. Und wöllen wir verhoffen vie wir unßen Bau alhier anfang etc. d[ass] S.[ensu] L.[ato] die uflessen ersuch[en] zur uns erlauben werd[en], damit die us sovil die vistang bij davon gerath[et] sei mogest. Wolt wir die uf die schneil gnedigs wollen dein wir die und gemog euch.
[2. fol. Rückseite]
Baumesiter zue Frankfurt wurd geschrieb[en] d[a]z er sich beij G.[rafen] Johan zue Nassau in dienst begeb[en] möge.
8° Jenery A[nn]o [15]90

II. 9. Frankfurt am Main, 21. Januar 1590, Brief Gillis Cardons an Graf Wolfgang II. von Hohenlohe betreffend die Zusage von Cardon, dass er in Dillenburg bei Graf Johann IV. von Nassau war, weil der dortige Baumeister kurz zuvor starb, Erklärung bezüglich der Besoldung von Meister Gills Cardon am Beispiel der Besoldung des Baumeisters Georg Rubin

Wollgeborner Grave gnediger Herr, E. G. seindt meijne underthenige dienste Jedertzeit tzuvorenn. Gnediger Herr: E. G. kan ich in aller underthenickeit nicht veronthalden, wij das ich hebbe bij dem Wollgebornernn Grave und Herr Herr Johann, Graven zu Nassauw etc. zu Dillemborgk gewesenn, seiner Gnade en heft nicht Sunderlich zu Bauwe, siner gnade Bauwemeister ist in kortze dage gestorven, und Hadt einne springe borne an gevange zu Welven dat Welft is neder gevallen; und dem ander arbeith is gar plonpe gemacket. Meister Jorgen Rubin was sin[e] menung das sinner gnade hadde veille zu bauwen verhanden, doch sinner gnade wolde mij geven, Lasse vor een besoldinge wij sine vorige bauwemeister hadd voftzich gulden In gelde, noch 4 vouder hauwe vrije Wonunng, und holtz - 2 - hoffcliedinge - 4 - Massen Kornne, und och bier etzlich tonne, unde vor meijnne Personne een vrije diesche, zu hoven, dar van en kan ich meinne huus gesinne nicht underhalden, und sine Gnade en hadde nicht sunderlich zu bauwe verhanden: dar en hebbe ick geen Lust darzu, Gnediger Herr: ich hebbe. E. G. brieff ontfangen in alle underthenicheit, und dar vut verstaen dat E. G. en weille diet Jaer nicht anvange zu bauwe: umme Ethlichen Replichen orsacken, E. G. moutte altzit een Jaer zuvor steen Quadrenn Lassen hauwen; unde vinster posten, mith Ethlichen pillers unde Listen, een me beginne zu Muren
[Rückseite]
Gnediger herr, […] vor meijnne besoldinge, ich en weites nicht was hir gebrouclich ist zu geven: Meister Georgen Rubin hefft van sine Curfurstlichen Gnad, Drije hondert gulden, und anderthalben vouderrn Weins, und vrije Wonnung und ander dinge mier: und och sint de Meisters, sint so vngelick wij de dach unde Nacht van verstandenn, Gnediger herr, ich hebbe mij bedacht, so Euwer gnade mij weille geven anderthalben honder Rickz dalder unde de vrije W[o]nnung samt de hoff Cliedinge unde sosse va dem holtz, so weillich, de gantz debitate mithem wein over geven: Oder belivede E. G. mij tzu geve een hondert dallder, mith de debitate, sonder wein, wut genomen dem wien, ich weill mij mithem bier behelffen, ich en kan och nicht Ringer doun umme meijne gesinne tho underhol[den] So wolde ich E. G. quader steen Laeten hauwen op een ander weisen als hir gebrouckelich is mith sine Krus verbant, under melck an de verbounden, och de kut Krutz vinster: In vorraet verdich macken und och de doeure gericht eder portallen, de an dem gebauwe moute komme, und se moute alle Riede sin, eer me beginne tzu Muren, und Etlichen Liesten. Gnediger Herr ist dat. E. G. hir mith zu vreden is E. G. Dem Alderhogeste troulich bevelen Amen,
Datum Frankfort Dem 21 Januarij An[n]o 1590
vostre Excelensse tres humble serviteur Meister Gilles Cardon
[2. fol. Vorderseite]
Gnediger Herr, een Roude Mures, ist zu Franckfort 12 1/2 schoun Jut virkant 2 - schoun dick, fatcet in alles - 313 - schoun hir und zu hoegst dem Murmeister Kiget vor arbeitzlonn - 3 - gulden dar zu mout dem Meister kalcke selegers und andre plegesluden selvest beckostigen, tzu hoegst heft dem Murmeister so veill beckomme, vor dat, gantz huus zu Muren, Meister Gorgen Rubin der Bameis Bauwmeister hat mir gesacht, vor de wareit, Der Nurenberger Roude zu 16 schoun, na de Franckfort massen belopet de 16 schoun - 17 1/2 schoun een schoun dick fatcet 3[0?]6 schoun

[2. fol. Rückseite]
Dem Wollgebornen Herrn, Herrn, Wolffgang Graven und Herrn van Holenlach, und Herr zue Langenburgk: etc. meijnne gnediger Herrenn Baumeister zur Frankforth Beut sein diest ferner an, sanbt erclerung d[er] besoldung
p[raese]nt[e] W.[eikersheim] 9.a Febr[uari] a[nn]o [15]90

II. 10. Weikersheim, 4. März 1590, Brief von Graf Wolfgang II. von Hohenlohe an Gillis Cardon, worin er den Baumeister informiert, dass die Bauarbeiten des Schlosses erst in einem Jahr beginnen werden und der Wunsch, dass Meister Cardon sein Baumeister wird

Wolfgang etc.
Lieber besonder, wostu unß unlangsten in unserm abwesen alhier zugeschrieben,

d[a]z ist unß seidhenn durch die unsterich[en] uberantworten und auß was unsich[er] du gehn Delcberg nicht lust habest, auch dich geg[en] uns erbieten thust, darauß ufen worden verste[hen] Geben dir drauf hir wid[er] gnedig[e] zuvernehmen, d[a]z wir vor einem Jar umbst deßwillen nicht bauen, noch den grund l[..]erb[en] lass[en] könd[en], die weil wir der wassergraben, welch[en] noch nicht fischig, ditz iar nicht ablass[en] abschlagen konten, noch auch an werltstubhen od[er] Mauersteinen einich[en] bevrach hab[en]. Sondern bedacht seindt ditz Jar völlig mit solchen baue in zesteh[en], und in mitteß an allerhandt materielien, all stein Kalch und sont herbey schaffen zu lass[en] <auch uf kufftige herbst den grund graben>, uf d[a]z wir durch Gottes hulff uf kunfftigen fruehlich[en] diso eher fort khommen, und die Bau leut befurden mögen.
[Rückseite]
Ob nun dein gelegenheit sein wurd nach solche zeitlang uber derauff zuwartten, auch wen wir volgends solchen bau anfing[en], doch mitt [...]lich[en] besoldung mit uns zuvergleichen bedacht; dessen erwartten wir an dir, weil sich andrer beij unß auch anbitt deiner schrifftlichen resolution, und wolt dir ein solches gnedigs willens, damit wir dir getrag[en] nicht berg[en].
Dat[um] W.[eikersheim] 4°Martij A[nn]o [15]90
An Gilles Cardon Baumeist[er] zu Franckhfurt. Baumester zur Frankfurt, wurdt. m.[einer] g.[nedigen] gelegenheit dat Baues halt zurgeschrieb[en]
4° Martij A[nn]o [15]90

II. 11. Frankfurt am Main, 13. März 1590, Brief Gillis Cardons an Graf Wolfgang II. von Hohenlohe betreffend die Annahme des Angebotes von Wolfgang II. und Bestellung der ersten Materialien für das Bauprojekt des Schlosses

[Laus Deo Semper]
Wolgeborner Grave gnediger herr E. G. schriben hebe ich in alle Underthenigkeit woll entfangen, undt darauß verstandten, das E. G. wolde zu kunfftigen, herbst dem grundt graben zu lassen, umme de loblich bauw an zu vangen mith Godtlicher hilf, und ich sold E. G. meijnne Resoluttion schriftlich zu weisen doun, oft ich so lange kund darauf wartten, als E. G. gabauwe anvange soll worden, zu kunftigenn frulinck, das ist een Jaer, als dan solde meijnne Herr E. G. mich een liedenlich und beliche besoldunge gnedichlich verlienne, Gnediger Herr ich ben mith E. G. wol zuvreden, meynne Herr E. G. werde meijnne Schade nichtes begerenn wen ich E. G. Trauwelich mith alle vliett diene nach E. G. wolgevalle, und ich habbe och ein Sunderlichen lusten, an E. G. zu dine, des weil E. G. ein Christlicher undt warner erckentnus hoch erluchtet, undt zu allen doeugentenn gefliessener Herr ist. Auch E. G. vorhabender bauwe in solches werck nach der konst der Antiquitete, zu ververdigen, meijnne begerde ist lange gewest, das ich In desem Landen mocht sulche Stuck Werckes anvange, umme meijnne kunste zu gebrouchenn umme mich und meijnne kinderen een gedechtenesse nach lassen Darommme das meijnne Frunden sint hir zu Franckfort wonaftich over de 35 Jaer, und ich war Intlandt zu Holstein marcke de grove Holsteinschen, als E. G. mach darvon woll van weisen zu Sagenn, ich was dar meude zu wonnede, ich hadde groet Luste bij meijnne Frunde tho sien, nu ich hir zu Franckfort boeurgen bein ich en mach meijnner Konst alhir nicht brouchenn de gilden oder de hantwerckers Luden en weilt mij nicht dulde noch Lieden, das ich Ethliche gebauwe annemen, und ben darzu geduwunge, van Nottz halben, van hir zu verreisen, so ich van dem Erbaren Raedt mith Suplication nicht verwarven kan ich en hebbet an Dem Erbar Raedt noch nicht versocht mith Suplication, ich habbe verstaen dat sij habben grosse previlegie ich habbe alhir ville apriessen gemacket vor de borgers geordonnert und ich solde veille zu dunde habbe mocht ich de previliegie bekommen
[Rückseite]
Gnediger Herr, So ist och Indem das ich wolde E. G. underthenichlich zu weisen doun, so meijnne herr E. G. meunge Intlich beslossen ist, Inde Herbst, zu graben lassen, so ist woll neudich vor alles, de stein Lassen brechen In de Koulle oder aus dem bergen <verscheckenn> vor de vinster posten nach de massen lassen Hauwen, und ververtigen, noch Ethliche Doeurgerichte unde portallen, och de Windelstein, und anderenn gebrochen trappenn nach hoeur lengende und hoeugende, wij de patronne und modelle oder versierung mith bringet, und vermeldet, och noch der pillers zu der Gallerije auff dem platze und och Schorstein oder Kommin, noch ville quaderen steen & och na de massen und schecken wij sich gehoeurt, nach de suetten der ertten dar sij Comme zu staen, und ich wolde E. G. och een patronne darvan machen unde E. G. underichtung darvan geben zu verstande, mith Sunderlich verbandt de me in dessen Lande geen gebrouch en is mith een enckosten: och noch Ethlich Liesten oder gesiemes, de In dem gebauwe komme moute, alle dess steen de moute verdich, gehouwe sin, eer me beginne oder anvange sall zu Murenn, anders moustemenn dar nach wartten, So E. G. belivede, desen Stein zu Hauwe lassen, unde micht Int werck zu stellen: und so meijnne Herr E. G. believede, ich wolde nach meijnne Alden kenechtenn Schriben, de sint zu Embden In Ostfreijselandt, midt noch een van meijnne Sonne, Ethelich sint och zu Bremmen und zu Hamborgh Lubeck, Wan sij versten das ic een herrenn dienste beckommen habben, so seulse genne bij mij Comme zu arbeidenn, sij kunne Muren und Suptiel gewelven macken, unde och stein Hauwen so kosthelich und Sleicht wijse dem herrenn begert, als nicht tzu hauwen is, so murenn sij, dar nach als dem Arbeit oder de tzeit erveurdert, doch is dat E. G. mith dessen Landes <werckes> Luede, begerde dar bij zu bliven, ich ben och dar mith wol zu vreden: ich Schriebet .E. G. Daromme oft E. G. dar een gevalle dar an hedde, an der Fremde Nation wercke Lueden, ich konse wol beckommen: de gaer vlitich sin
[fol. 2, Vorderseite]
Gnediger Herr, Was den nue E. G. gesinne daß konne E. G. mir In zu een gelegenheit gnedich zu wiessen doun, undt biette Godt Dem Almechtig[en], das er E. G. zu langer glucksaligen Reigierung gnedich und vatterlich Erheltt wolden, und thue mich hirmidth E. G. In allenn Deinst willig[en] ge-

horsame sin befollen, Datum Franckfort Dem - 13 - dach Martij Anno 1590 Vostre Excelensse Treshumble serviteur Meisre Gilles Cardon Natiff de Douaij en Flandere eschript de ma propre main
[fol. 2, Rückseite]
Dem Wolgebornen Herren Herrn Wolffgang Graven und Herrn van Hohenloerch, unnd Herrn zue Langenborgk etc. meijnne gnedigen Herrenn
Baumeister zu Franck furt, von weg[en] Kufftig baues,
P[re]sent[e]: W.[eikersheim] 22a Martij. A[nn]o [15]90.

II. 12. Frankfurt am Main, 28. März 1590, Brief Gillis Cardons an Graf Wolfgang II. von Hohenlohe, aktuelle Ereignisse in den Niederlanden und Frankreich (unter anderem die Schlacht bei Ivry) betreffend, die Cardon aus der Post aus Antwerpen bekannt sind

Laus Deo Semper
Wolgeborner Grave gnediger Herr E. G. nehest Erbietunge meijnne gehorsamen underthenigen dienst Jederzeit bevohrenn gnediger Herr, Euwer Gnaden, Soll ich hirmidt In alle underthenickeit nicht verhalten, Wo dat Wij alhir zu Franckfort Waraftich tidung van Franckerich habbe beckomme: over - 8 - dagen, unde nu vergange mitwoch dorch dem Post van Nuremborgk de is van Antwerff geckomme und heft onse briven gebrocht, van Antwerff, unde van Risselle und van Atricht, unde van Vallensienne, unde an deren veille stede mier, Wo dat Godt Almechtigen heft Dem Kunninck van Franckerich een grosse victorie gegebenn unde sine vianden over gewonnen, Wij hebben och alhir Jeen Coppie beckomme van baselle, dat Dem Konninck Magistat Selbeste geschreben, hat an Dem hochgeborner Fursten unde Herr de Longeville, Dem Ko[niglicher] M[ajestät] sine vetterenn, Wo dat Dem Ko[niglicher] M[ajestät] schrift an sine f.[ürstlichen] g.[naden] dat sine .f.[ürstlichen] g.[naden] Monseur de Longeville, sol sich, bij sine Conncklich .M[ajestät] verveuge Am Dem Strome de La Cenne und schrieff och sine Ko[niglicher] M[ajestät] alle de gelegenheit, wo dat de Slachtinge geschien is, wo dat Godt Dem Herre heft sine Ko[niglicher] M[ajestät] mith groette Miracle gehoffen mith een geringe houff volckes, heft een groesse houffe over Wonnen und gesselagen, und de victorije behaldenn: Eersthlich Ister gebleven de graven van Egmont mith sine benden van ordonnaisse, aus Nederlandt unde noch ville anderenn grosse Herrenn, de is mij vergessen Somme, de konninckes briven vermeldet van 1500 Pferden sint gebleben - sonder das vont volck, men sacht van 8000 Ethlich sagenn 15000 - der Ko[niglicher] M[ajestät] Schrieff das de blancht bende de Franche, ist aff geslagen, und dat de fransoische und fremden, habben sich bij dem Konninck.[licher] M.[ajestät] begebenn und de Duck Dommall, ist verlauff mith - 5 - Pferden und dem Kon.[iglicher] M[ajestät] vervolgede hem mith alle sine machtenn.
[Rückseite]
Noch nach de Slachtunge geschien sinter Ethlich: am Dem Kon.[iglicher] M.[ajestät] over gegeven als Sarters der anderen ist mir vergessen, de Selacht ist geschien zu Dreu Dem 14 dach Martij nach de neije Stiell, der Straet Dreu ist mith Stormerhandt over gewonne, een dach vor de Slacht geschij, zu Brusell ist een Legatte van Dem Kon.[ig] van Ispannie, van Paris ontloffen, und heft alle sine Rieschoff, zu Paris bliben lassen Over - 8 - dage, und heviden, sinter briven geckommen van Bremmen och aus Nederlant, wo dat der staedt Dunckercke habben dem Spaingnarden dar aus geslagen, und habbe de dem Statten sich over gegeven, auch Ister, 2 mach dessenn wochen und de ander wochen, wo dat grave Carle van Mansvelt ist vor de Staedt Brieda geschossen und ist zu Hertzenboschen begraven, sij Schriben das der stadt Brieda ist wol Ravitailliert na heur Lust unde wol gevalle, och dat sij gertruberge seulle In kortz dage bekommen, och hebbe wij verscriven, dat de Spaingners habben zu Bergen op Somme auff den Walle gewessenn de sin wederomme aff geslagen, och dater sint ettelich geverendielt. Noch habbe wij Schriet beckomme wo dat dem Stadthalter van Gruninge Fordu genandt, de heft de bauwer op geiacht, und wolde de staedt van dem Dann, midt een vestonge und walle dar an machenn, de borgeren van Gronninge, habben de bauwer bij verlust leibben und gout verbottenn auch datter noch Schrieft geckommen ist, datter Ethlich Spainschen Scheff de auss Indie kuam, sint In der Staedt Londen In Engelandt geveurt midt groesse Richdum, und och Ethlich zu Rocelle In Franckerich Solche Warafftige tidinge sint hir geckomme van veille ortlandes, ich en habbe midt E. G. kunne bergen E. G. mach mier dit zu besten halden dadt ich mijr so drieste Jegen meijnne Herr E. G. haulden: ich en weissen nicht oft E. G. desen tidinge heft, ich heurde de sint zu Heidelberge In drucken, ich en habbes nichtes gesin
[Fol. 2. Vorderseite]
Gnediger Herr vergangen Mondach ist noch een van meijnne Sonne zu Franckefort an geckommen van Hamborch und van Embden, de hadde gehort das ich een herre, hadde zu Diene, so is hir geckomme umme zu vernemen oft ich hem zu donde hadde: de is och een oprecht gout Arbeider, zu steen zu hauwe, auch Suptill Welven und Muren zu machen, wijme Im Nederlandt gebrouckelich ist: Darume genediger Herr ic en habbe E. G. nicht kunne lasse zu weissen donn, oft E. G. des siens wer, de steen lassen hauwe, wij ich E. G. habbe over - 18 - dagen oder mier gescrebenn de heurde verdich zu sien eer me beginne sal zu muren eder zu bauwen, so ben ich nu selve dreude: belivede E. G. mier van unsse alden kenecht, de seulle hir wol kommen, oder ich weill mij mith desen landes luden mith behefften als E. G. belivede, und ist dat E. G. nu nicht kan darzu komme, und ich kein Previlegie alhir zu Franckfort beckomme kan, so mout ich nicht van hir begeven: beidde E. G. wold[e] sich hirauff beraden, und mich een gnedige antwort zu komme lassen, Doun hir midth E. G. In dem Schudtz des Alderhogeste getrouwelich bevelenn Amen
Datum Franckfort Dem 28 Martij An[n]o Domijnij 1590
E. G. undertheniger Meister Gilles Cardon gnediger Herr ich habbe een apreissen oder een patronne gemacht gelicke E. G. lofflich gebauwe sin soll, In platte gronde och den opstant In prospective unde Eluminert mith

een virckant vestunge mit sine duingers unde Casematten: ich wettes dattet solde E. G. wol behagen, so E. G.
[Fol. 2. Rückseite]
Dem Wolgebornen Herrn, Herrn Wolfgang Graven und Herrn van Hohenloch, und Herrn zu Langenbuerg, Meijnne gnedigen herrenn
Baumeister schreibt neue Zeittungen, R[ecipe] seines, die als halt[en]
P.[r]esent[e]: W.[eikersheim] 31a Martij A[nn]o [15]90

II. 13. Frankfurt am Main?, 29. März 1590?, Brief Gillis Cardons an Graf Wolfgang II. von Hohenlohe betreffend das Schreiben von Meister Cardon, in dem er sagt, dass es italienische Geldgeber in Antwerpen und Köln gibt; er berichtet auch, dass der König von Frankreich und seine Armee bei Pontois sind

Gnediger Herr dar sint Ethliche pagadore Italianner hebben zu Antwerff und zu Cullen gelt unt gedan dat dem konninck doet gebleve was, und ist hir och geschreven, over 8 dagen noch desse woche, dese dach ist noch verschriven mith den post van Keulle, habbe briven ontfange van Brusselle unde van Antwerff und andere Nederlande Steden, sij schriven das Dem Konninck Magistat, liecht mith alle siner macht vor der staedt van Pontoisse, gescreven dem 29 [...]

II. 14. Weikersheim, 24. April 1590, Brief von Graf Wolfgang II. von Hohenlohe an Gillis Cardon betreffend die Verhandlungen über die Besoldung von Meister Cardon

Wolffgang. etc.
Lieber Besonder: wasu unß ohnlangsten zu deiner erclerung zugeschrieben, d[a]z ist uns dieser tagen zu unser anheims kunfft woll geliefert wordenn: Hierauff geben wir dir hinwieder gnedig zuvernehmen, d[a]z unß deine forderung etw[a] zuviell hoch bedunckhet, dan du keinen hern, wie wir dir hiebevor auch zugeschrieben, Inn diesen Landen finden würdest, der einem Baumeister dergleichen besoldung reichenthue: Wie aber diesen allein damit du zusehen und pfuren, d[a]z wie dir hierin zu gnaden und bestem bemühet zu sein geieldt seijen: Wofern du nun In deiner Cost, fur alles und alles zu Jerlichen besoldung nehmen woltest, Ein hund[er]t gulden an geldt, Sechs m[a]l[te]r Lautter korn, vier m[a]l[te]r dunkel Ohringer meß, unnd acht Aimer wein Ohringer auch und Sechs Clafter Prenholtz, wollten wir sehen, unnd dahin trachten, dastu villeicht zu unser Graveschafft gemeinem Baumeister ufgenommen werden möchtest, W[a]z nun also den gelegenheit hiemi[t] sein will, d[a]z kanstu unß be[ij]nechster Post hinwider verstendigenn welches wir d[i]r zur wid[er]anwortt hinwider gnedigs willens, damit wir die geneigt, nicht wollen beeg. dat[um] W[eikersheim]: 24 Ap[ril]l[i]s A[nn]o [15]90.
[Rückseite]
M.[eine] g.[nade] schlacht den Baumais[ter] ein besoldung fur deruf mochte gehendlen w[or]d[en]
24a Ap[ril]l[i]s A[nn]o [15]90

II. 15. Weikersheim, 27. Mai 1590, Brief von Graf Wolfgang II. von Hohenlohe an Gillis Cardon betreffend die endgültige Entscheidung des Baumeisters über seine Besoldung

Wolffgangs
Lieber besond[er]: Wir mach[en] unns kheinen Zweivel, du werdest nunmehr unser schreiben unnd erclerung deinnes dienstshalb[en] ann dich abgangen endffang[en] unnd verlesen haben. Weil unns aber biss dato vonn da kheine Anthwort zukhommen, unnd unns ann Jetzo desshalben gleichwol sonnsten guette geleg[en]heit vorfellet, So haben wir doch nicht umbgehn khönden deßwegen bej dir gnedige anmahnung Zuethun. Wurdest unns also zur unnser nachrichtung ahm verzug deine Resolution Zuezueschreiben wissen, Unnd wir sinndt dir damit zue D[ank] geneigt, datum da. den 27 Maij A[nn]o [15]90.

[Rückseite]
An Baumeis[ter] zu Frankfurth seines dienst halb[en]
27a Maij A[nn]o [15]90.

II. 16. Frankfurt am Main, 16. 31. Mai 1590, Brief von Jennet, Ehefrau Gillis Cardons (im Auftrag) an Graf Wolfgang II. von Hohenlohe betreffend die postalische Erreichbarkeit von Cardon über seinen Wirt in Hamburg

Wolgeborner Grave, E. G. seijen mein In ehren ganz gehorsam Willig und schuldige dienst zuvor Gnediger Herr, E. G[nädigli]ch[es] schreijbenn an meinen Haußwurth abgangen schrijbenn hab ich empfang[e]n unnd verlesen lassenn, soll demnach E. g[nädiglicher] underthenig mit verhaltenn, dieweil dieselben Ihrer L[iebe] g[nädigliche] arbeit biß auf dem herbst ein zu stellen vor gut erachtet, Alls ist daruf mein haußwurth naher hamburgk mitlerzeit zuverrichtenn, Ich will aber E. G[nädigli]ch[es] schreijbenn mit der post Ime zuschickenn, würdt sonder zweiffel E. G. mein haußwurth von Hamburg aus wiederumb beantwortenn, welches alß E. L[iebe] G. ich in undertheiligkeit mit verhabtenn wollen Dat[um] In Franckfurt den 3.1. Maij Anno [15]90. Alten Calender
E. G. underthenige gehorsame, Jennet Gilles Cardoen ehelige hausf[rau]
[Rückseite]
Dem Wolgebornen herrn, hern Wolffgang[e]n Graven von Hohenloe, hern zu Langenburg meinem gnedigen herren Baumeister zu Franckfurt beruf d[a]z Ir haußwird zue Hamburg
p[re]sent[e] W.[eikersheim] 5a Maij A[nn]o [15]90

II. 17. Emden, 1. Juli 1590, Brief Gillis Cardons an Graf Wolfgang II. von Hohenlohe betreffend den Umzug Cardons mit seinen Söhnen nach Emden sowie seine jährliche Besoldung für das Bauprojekt des Schlosses zu Weikersheim

Wollgeborener Grave gnediger Herr, Euwer Gnade nehest Erbietunge meijnnes underthenigen dienst, gnediger Herr, E. G. brieff an mij geschreven, heft meijnne huusfrouwe dem 27 dach Aprillis ontfangen zu Franckfort und was geschreben dem 24 und dem 18 dach pasthe Avent ben ich mith meij beide sonnes van Franckfort getzogen nach Embden In Oostfreijslandt mith viell Kauffluden de Inder Meisse sint gewesen, und habbe mich brieven gebracht, und och van Hamborch, van goude beckand[e] so ich zu Franckfort nichtes zu dounde hedde zu bauwe, ich Sol mij mithem Eersten nach Embden oder Hamborch begeven, ich solde genouch zu dounde beckommen, dar wer Ethlich de na mich gevrageth hade, de weille ich van meijnne g.[nedigen] h.[erren] E. G. geen bescheit beckomme konde In Sosse wochen und 4 dagen so habbe ich gedacht, E. G. wolde des bauwe oder stein zu hauwe In vorat und in Provvigien diest Jaer bliven lassen ich Screven an meijnne herr E. G. dem 13 dach Martij Antworth oder meijnne Resoluttion, op den brieff de meijnne Herr E. G. mij zu geschecket hadde geschreven dem 4 Martij und schreve och an E. G. auff der tzeit der tzigunge aus Franquereich van dem Slachtung gedaen mith dem douck de mein, Noch Schreve ich an E. G. een brieff dem 27 Martij, und ich en krege kein Andtwort, So ben ich zu Embden wederomme geckomme sampt meijnne huusgesinne mith Groedt onckost deweille ich zu Franckfort nicht mocht bauwe, und meijnne konste brouchen Im steen zu Hautt ick ben zu Embden wol beckent, Ano 1562 ben ich aldar mith meijnne Huusfrouwe getrouwet und ben boerger lange Jaer alhir gewest, und hebbe Dem Wolgeborner Grave und Herr zu oostfrislant zu Esens een huus gebauwet Anno 88, und noch Ethlich ander gemeinne boerger huusen, Daromme ben ich alhir weder kommen Und bauwe alhir noch vor de gemeinne boergerenn .

[Rückseite]

Gnediger Herr E. G. schrieft mij E. G. wolde mij geven lasse vor meijnne besoldinge in alles Hondert Gulden In geldenn unde Sosse m[a]l[te]r lauter korn, vier m[a]l[te]r weitehel, und Acht Amer Wein, und seichs Clafter Pernholtz: dar en is gein vrij behusinge noch kein Hoff Kliedung, noch kein ockzer, noch suin, mith sulchen besoldunge en konde ich meijnne huusgesine nicht underholden, solde de konste nicht weinnen, wat soll ich meijnne kinderen nach lassen; E. G. en wert kenne konsthener umme so een geringes nicht becko[m]men sonder Ethlich Slecht Tulpes, de der Architrecture noch prospecti[ve] nicht en versteit, Sonder de alle Inde Weilde Arbeit[en] und versteit sich nicht auff der masse zu holden unde volgen, Wat dem Brandemborger sine is sine konst is is mij onbeckant, noch de van Wurttembergisch der Bauwemeister, Doch ick kende wol meijnne Meister Gorgen Rubin, unde sine Sonne, Dat sint op Rechter Bauwemeisters, de en seull och so Ringe besoldinge nicht nemen, een goude Meister Heurde Wat zu verdinne vor sine konst, und dar ist och E. G. veill an gelegen umme een goude oprecht Meister zu habben, de kan sine besolding wol verdine doblet: Goris Rubin meijne Alden Meister heft mij vertelt, dat sine Curfursthlichenn gnaden, geft hem Jarlich besoldinge drie hondert gulden und andert Dreude halben vouder Wein vrije behusung und vrij holt, wan ich man nicht mier verdinne solde als een Sliecht kommerlich dachlonn, so woldt ich hir liver bliven, ick kan altith meinne dach lonn alhir wol verdine, hadde ich mocht zu Franckfort Arbeit, ich en wolde mij nicht Ricker gewenscket habb 8 dage, dat ich vut Franckfort was, der Post meister bracht mij noch een ander breff van een ander Grave und Heer sosse vielle van Franckfort, meijnne frouwe heft de namen vergessen, meijnne Sovager heft den breiff de Postmeister gelassen, de weill ich vertzogen war auss Franckfort, meijnne huusfrouwe is zu Embden an kommen [...] gesin[n]en den 3 dach Junijus

[Fol. 2 Vorderseite]

Gnediger Herr ich hadde zu Franckfort noch vor E. G. ein Apreissen oder een Patronne gemacket eersthelich een platte gront nach der konst der Architrecture, dem virckant Slosse, und bouten ummerher een vestunge mith 4 Duingers mith hoeur Casematte Schitloches und anderen Secrete Forteresse der amonittion und verburgenn vutgangen: Noch darbij de selben Platforme, hebbe ichs och nach dem grondt dat gantz Slosse nicht der walle oft forteresse de op stant van bouten an zu siende, nach der konst der Prospective auff getzogen, und dat selben geJlumijnert, dat E. G. dar koumme oder platze dartzu genouch hadde, dat soll .E. G. wol deinsthelich sin, altzeit dem virckant Slosse hadde E G wol tho passe geckomme bejer dan dem anderen Modelle de dar gemacket is, E. G. mocht sich dar in beraden hebben, Gnediger Herr ist dat E. G. noch mith mir belivede an zu vangen, ich Weille noch bij E. G. Reyse unde Terung, och mij geven een Hondert golt gulden een vrije wonninge, de Hoff kliedinge, und zu der kuchen, een Ochze, tue suin, sechs m[a]l[te]r Luter korn, vier m[a]l[te]r weithel, dar bije Sechs amer Wein, unde negen amer goudt bier als meijnne Herr E. G. off dem Slosse lassen brouwen: so E. G. mij desse Jarliche besoldinge belivede mij tho geven so weillich mij bij E. G. verveuge, doch E. G. werde mijnne Reijse unde tering, tzu Helpe komme zu betzallen zo meijnne herr E. G. belivede mij wederomme zu schrieben E. G. mocht, de briven bestellen, an meijnne Sovager Jehan Guilbert van Bergen In hinnegeu, Koffman van Doucke oder Ingelsche Lacken, unde wollen wonaftich bij meijnne huus op dem Krautmarket beij der Gross Kirche zu Franckfort burgernn; oder bij de Lange breuge Inde vare gasse In Colle Aus Hange[n]de, Kopman van Ingelsche Lacken, und allerleije kramerije zu kauffen, das ist auch meijnne Sovagern, und heiset Frederich Kapoun burgen In Franckfort, de scheulle mij de briven woll bestelle auff Embden Inde Frauwe van Goeuns Huus beij dem breuge op dem valderen dar won ich

[Fol 2. Rückseite]

[...] kan, hir mith E. G. willich Idem Schutz des Alderhogest Godt getruwelich bevellen, Datum Embden Dem Eersten dach Julius An[n]o 1590

E. G. gantz undertheniger diner was ich kan und mach Meister Gilles Cardon von Douaij In Flanderen Itzonts woanaftich binne der Staedt Embden auff dem valder Inde <Frauwe van Goeuns er huus an dem breuge>

Dem Wolgebornen Herrn, Herrn, Wolfgang Graven und Herrn van Holenloerch, unnd Herr zu Langenburg, meijnner gnediger Herrenn Meijster Gilles Caron von Dovay, Niderländischen baumeijsters schreiben.

p[re]sent[e] W.[eikersheim] d[en] 27. Julij A[nn]o [15]90 Julij

II. 18. Emden, 7. Juli 1590, Brief Gillis Cardons an Graf Wolfgang II. von Hohenlohe betreffend die Maße eines Weinfasses

Gnediger herr E. G.[nädiglicher] brieff habbe ich entfangen dem 6 Iulius geschreben dem 27 Maij, meijnne Herr wolde gerne antwordt beckomme, ich en Konde geen antwort schriben de weill ich nicht zu Frankfort war, und ich habbe In dese veurige brieff meijne Recht miennung, und Resolution an Meijnnem Herr E. G. gestellet, So meijnne Herr E. G. belivede mich de besoldung mith der Debittate verlienne, und weille E. G. mij zu Embden de bestellung schrieftlich E. G. underschriben hantsiecke unde versegelle, mith Ethlich geldes meijnne tzerung zu batten, alsdan zo weillich mich auff machen und mich bij, E. G. verveuge, mithe[...] alder Eersten, und Weille meijnne beide sonnes alhir latten meijnne Arbeit vorvertigen, sije sint so gout als Meisters, und weille dar komme, umme alle de steenne ordenthlich bestelle tzu hauwe, de tho dem gebauwen heurt nach sine masse, Kornisse Architabe, Friese, Philles, Finster Posten, Doeugericht, und portallenn, Windeltrappen, und anderen gebrocken trappen, och noch Was Dem Loblich gebauwe, zu geheurt, das mous verdich sein uf sine siecher massen gehauwe sin, Eer dem gebauwe anvange sol zu bauwe, anders mousme dar noch sumen E. G. mient dat veill is een baumeister so veille besoldinge zu geve, der bauwe meister heft grosse meuije und Arbeit: mith Ien Jeder man, der bauw meister mouten dem steen Metzeller unde Meurlueden nicht allein Rigeren, sonder Auch den tzimmerluden Arbeit apreissen hcur verbant der Tzimmeration, auch dem gelichen de grobe scmit, auch dem klienne scmith Slosser, und was am dem gebauwe kompt, ten geschut nicht sonder grosse besvernusse, Meijnne her E. G. anach sich dar Wol in bedincken, Desse Condition en habbe ich E. G. nicht kunne verhalten, Datum Embden - 7 - Julius
Par letont vostre Excellensse et seingnourij treshumble serviteur
Meister Gilles Cardon, Natiff de Dovaij en Flandren

## Anmerkungen

1. Zu Herzog Adolfs I. Biografie und Bautätigkeit allgemein siehe: Kellenbenz 1953, S. 88; Lafrenz 1987, S. 21–23; Hill 1997; Wiesinger 2015, S. 78–100.
2. Zu den Schlossbauten Herzogs Adolf siehe Hirschfeld 1980, 28–66; Landt 1986; Wendt 1997.
3. Vgl. Seebach 1965a; Seebach 1965b; Hirschfeld 1980, S. 58f.
4. Seebach 1965b, S. 28f.; Landt 1986, S. 114; Lafrenz 1987, S. 27.
5. Albrecht 1991, S. 18; Wiesinger 2015, S. 79.
6. Hirschfeld 1980, 59; C. Davids 1975, S. 11; Landt 1986, S. 77, 114; Wiesinger 2015, S. 79, 100–103.
7. Kellenbenz 1953, S. 88.
8. Hedicke 1913, S. 41, 59; Huysmans u. a. 1996, S. 81–83; Neville 2017, S. 311, 317–319.
9. Voraus geht ihm das Epitaph seiner Schwester Dorothea von Preußen im Dom zu Königsberg (Cornelis Floris, 1548–49). Später entstanden in derselben Werkstatt die Grabmäler von Adolfs Schwager Albrecht von Brandenburg (1568–70) und seiner zweiten Frau Herzogin Anna Maria (um 1570) sowie das Mausoleum seines Bruders Christian III. im Dom zu Roskilde (1573–75). Hedicke 1913, S. 41, 52, 55f., 59f.; Huysmans u. a. 1996, S. 43, 58–60, 81–83, 89–96; Neville 2017, S. 316–321.
10. Dazu siehe zum Beispiel: Kat. München 2005; Büttner/E. Meier 2011; Ottenheym/K. Jonge 2013; Scholten/Woodall/Meyers 2014; Lipińska 2017b; Neville 2017; Neville 2018.

11 Zu Lecuir siehe Kramm 1936, hier S. 351–358; Boehn 1952; Thöne 1963, S. 240f.; Lipińska 2014a, S. 5–10.

12 4. Jan 15[72?], Herzog Adolf I. von Schleswig-Holstein-Gottorf an Herzog Julius von Braunschweig-Lüneburg, NLA Wolfenbüttel, Sign. 2 Alt Nr. 5216, vol. 47–48. Der Brief vollständig publiziert in Lipińska 2014a, S. 15, Anm. 37.

13 13. Juli 1572, Protokoll eines Gesprächs zwischen Herzog Julius zu Branschweig-Lüneburg und einem Steinmetz über die Alabasterbestellungen von Graf Anton I. von Oldenburg-Delmenhorst und Herzog Adolf I. von Schleswig-Holstein-Gottorf, NLA Wolfenbüttel, Sign. 2 Alt Nr. 5216, v. 21.

14 Allgemein zum Kieler Schloss und seiner Geschichte siehe: Seebach 1965b; Lafrenz 1987.

15 Lafrenz 1987, S. 38–42; vgl. Seebach 1965b, S. 31.

16 Seebach 1965b, S. 325.

17 Vgl. beispielsweise die Brüstung der Empore der Hofkapelle von Schloss Gottorf (1590), die 28 Bilder aus dem Leben Jesu zeigt und ein Werk des niederländischen Malers Marten van Achten ist, dazu siehe Kuhl 2016. In der Schlosskapelle in Celle wird dagegen durch die Szenen des Alten und Neuen Testaments die Geschichte des Bundes zwischen Gott und den Menschen verbildlicht, Steiger 2016, Bd. 1, S. 113–116. Allgemein zu den Kirchenemporen in Deutschland im 16. Jahrhundert siehe Großmann 1994.

18 Dazu siehe Lipińska 2012, S. 100–104.

19 LASH Schleswig, Abt. 66 Nr. 4866, o. P.

20 Seebach 1965b, S. 31.

21 Seebach 1965b, S. 31; Lafrenz 1986, S. 42. Zum Schloss vor Husum und Heidtrider siehe: Grunsky 1990, S. 41–58.

22 Lipińska 2012; Lipińska 2015, S. 17–43.

23 Lipińska 2015, S. 44–92.

24 Lipińska 2015, S. 83, 96, 105–111.

25 Vgl. z. B. Neville 2017, S. 315.

26 Lipińska 2015, S. 271–272, dort frühere Literatur.

27 Kat. Schwerin 1990, Kat. 31, Abb. 29; Lipińska 2015, S. 272–275,

28 Lipińska 2015, S. 143–152; Kiesewetter 2017.

29 Kat. Schwerin 1990, Kat. 30, Abb. auf S. 13.

30 6. Juli 1572, Graf Anton I. von Oldenburg-Delmenhorst an Herzog Julius von Braunschweig-Lüneburg, NLA Wolfenbüttel, Sign. 2 Alt Nr. 5216, Bl. 19. Der Brief vollständig publiziert in Lipińska 2014a, S. 15, Anm. 40.

31 Siehe dazu Lipińska 2014a, S. 5.

32 Freeden 1944, S. 39f.; Ren 1988.

33 HZ Neuenstein, Archiv Weikersheim, Sign. We 50 Bü 3265 (alte Sign. A X 2, 12), 18 von 20 dieser Briefe werden im Anhang zum Beitrag vollständig zitiert.

34 Anhang II. 1. und II. 2. Im Hinblick auf die Bedeutung der zwischenhöfischen Netzwerke für die Mobilität der Künstler soll hier auch darauf aufmerksam gemacht werden, dass, während sich Cardon um die Stelle des Baumeisters bei Wolfgang II. von Hohenlohe bewarb, er auch einen anderen potentiellen Auftraggeber besuchte, nämlich Johann VI. von Nassau-Dillenburg, der Schwager Graf Wolfgangs, siehe Anhang II. 7.

35 Zum Schloss Weikersheim siehe: Fleck 1954; Merten 2000, S. 2.

36 Anhang Nr. II. 1.

37 Obwohl keine direkten Verweise auf die in der Stadt lebende Verwandtschaft Cardons gefunden werden konnte, kommt der Name dort im 16. Jahrhundert tatsächlich vor. De Ren vermutet, dass Gillis Cardon mit dem zwei Generationen jüngeren und bekannteren flämischen Barockbildhauer Forci Cardon (vor 1580 – nach 1640) verwandt gewesen sein könnte, dies lässt sich jedoch nicht beweisen. Ren 1988, S. 279. In den Douai-Hochzeitsakten des 16. Jahrhunderts werden drei Männer mit dem Nachnamen Cardon erwähnt (Cornille, verh. 1565 und 1570; Pontien verh. 1588; Robert verh. 1594), die vielleicht Verwandte von Gillis waren. Lamendin 2007, S. 64, 90f., 186, 259.

38 Anhang II. 17.

39 Zu Georg Robijn siehe Freeden 1944; Ren 1982, S. 25–94.

40 Ein Hinweis gibt Cardons Heirat im Jahr 1562 über die er selbst informiert: „ick ben zu Embden wol beckent, Ano 1562 ben ich aldar mith meijnne Huusfrouwe getrouwet", siehe Anhang Nr. II. 17.

41 Ren 1988, S. 297.

42 Vgl. Anm. 40. Zu der niederländischen Diaspora in Emden, siehe: H. Schilling 1972, S. 65–76; Pettegree 1992; He. Schmidt 1994, S. 203–206.

43 Zülch 1967, S. 396. Darüber hinaus erwähnt Cardon in seinem Brief vom 1. Juli 1590 an Wolfgang II. Graf von Hohenlohe seinen Schwager, Kaufmann Johan Guilbert aus Bergen: „E. G. mocht de briven bestellen, an meijnne Sovager Jehan Guilbert van Bergen In hinnegeu, Koffman van Doucke oder Ingelsche Lacken", vgl. Anhang II. 17.

44 Siehe Anm. 50.

45 „[…] und hebbe Dem Wolgeborner Grave und Herr zu oostfrislant zu Esens een huus gebauwet Anno 88, und noch Ethlich ander gemeinne boeurger huusen.", Anhang II. 17.

46 He. Schmidt 1994, S. 205–206.

47 Siebern 1927, S. 101–137; He. Schmidt 1994, S. 252; Schmid-Engbrodt 2010, S. 144–149.
48 Siebern 1927, S. 203–229.
49 Zu niederländischen Einwanderern in Frankfurt siehe H. Schilling 1972, S. 52–58, 125–134; Kirch/Münch/Stewart 2019.
50 Zülch 1967, S. 395. Cardon nennt sich selbst in den Briefen Bürger von Frankfurt, zum Beispiel „Meistre Gilles Cardon natiff de Douaij en Flander bourgois de Franckfort au Main.", siehe Anhang II. 6.
51 Siehe Anhang II. 11.
52 „[…] ich Sol mij mithem Eersten nach Embden oder Hamborch begeven, ich solde genouch zu dounde beckommen.", vgl. Anhang II. 17.
53 Allgemein zu den niederländischen Exulanten in Hamburg siehe H. Schilling 1972, S. 120–124, 155–157. Zur Diaspora niederländischer Künstler in Hamburg siehe Walczak 2011.
54 Anhang II. 1.
55 Anhang II. 7.
56 Anhang II. 17.
57 Anhang II. 17.
58 Fleck 1952, S. 47.
59 Aktuell wird die Architektur des Schlosses Weikersheim durch Frieder Leipold und Jan Lutteroth in dem Forschungsprojekt *Virtuelle Rekonstruktion: Kulturliegenschaften gestern und heute* im Rahmen des Maßnahmenpakets Kulturliegenschaften 4.0 untersucht, siehe: https://www.vr-ssg.hs-mainz.de/home (12.11.2019).
60 Siehe Online-Ausgabe: http://kulturerbe.niedersachsen.de/viewer/piresolver?id=isil_DE-1811-HA_STAWO_2_Alt_Nr_5228, (15.8.2018).
61 Hegeler/Wiltschko 2007, S. 72. Für den Hinweis auf die Bedeutung des Weinfasses und die betreffende Literatur bedanke ich mich bei Herrn Frieder Leipold.
62 Hegeler/Wiltschko 2007, S. 58.
63 Futter 1960, S. 63–65.
64 Anhang Nr. II. 11.
65 Anhang Nr. II. 12.
66 Anhang II. 11.
67 Anhang II. 9.
68 Fleck 1952, S. 49.
69 Im Steuerregister von Frankfurt wurde 1591 der Tod von Cardon vermerkt. Zülch 1967, S. 396. Einer von Cardons Söhnen, der auch Steinhauer war (vgl. Anhang II. 12), Friedrich Cardon, siedelte nach Rotterdam über. 1615 wurde für ihn in Frankfurt eine Bescheinigung ausgestellt, dass seine beiden Eltern Gillis und Johanna Gilbert tot sind, siehe Zülch 1967, S. 396. In der Sammlung des Museums Rotterdam befindet sich ein Stein mit der Inschrift „Gillis Cardon 1598", siehe https://museumrotterdam.nl/collectie/item/10073 (19.8.2019). Ob es sich dabei um eine Art des Andenkens an Gillis Cardon durch seinen Sohn oder um ein anderes Mitglied der Familie Cardon handelt, konnte leider aktuell nicht geklärt werden.
70 Siehe Anhang II. 2.
71 Anhang I.
72 Vgl. Anhang I. Zu Jacob von Forth (Voordt); vgl. Ha. Schmidt 1916, S. 207–211.
73 „Johann Baptista Pahr" wird in der Besoldungsordnung zwei Mal erwähnt: einmal erhält er 400 Mark und einmal 500 Mark. Der Maler Johann von Telchten erhielt 300 Mark, siehe L. Andresen/Stephan 1928, S. 12, 16.
74 Anhang I. Johann van Groning war Husumer Bildhauer, dessen Werke, zum Beispiel das Epitaph des Pastors Petrus Bokelmann († 1576), in der Kirche St. Marien in Husum erhalten sind. Darüber hinaus hat van Groningen auch das Gehäuse der Orgel für die (alte) Gottorfer Schlosskapelle (nach dem Wiederaufbau nach dem Brand 1564/65) geschaffen, das datiert 1567 ist, und bis heute in der (neuen) Schlosskapelle vorhanden ist. Für den Hinweis bedanke ich mich bei Frau Uta Kuhl.
75 Grunsky/Fohrbeck 1990, S. 33–36.
76 Wiesinger 2015, S. 79, Anm. 309.
77 Grunsky/Fohrbeck 1990, S. 33.
78 Grunsky/Fohrbeck 1990, S. 25–104.
79 Landt 1986, S. 61 meint, dass die Bauornamentik in Husum niederländisch geprägt sei. Vgl. Thurah 1746–49, Bd. 2, Taf. 153.
80 Wendt 1994, S. 30.
81 Seebach 1965b, S. 33, Abb. 98–110.
82 Vgl. Anm. 69.
83 Zülch 1967, S. 396.
84 Transkriptionsregeln: Die Transkription folgt grundsätzlich der Schreibung des Originals. Änderungen erfolgen zur besseren Lesbarkeit. Um charakteristische Merkmale des Quellentextes wiederzugeben werden folgende Symbole verwendet: <> Randanmerkungen im Originaltext, [?] unsichere Lesung, […] unleserliches oder fehlendes Fragment, [!] Bestätigung eines Fehlers in der Textgrundlage. Ergänzter Text wird in eckigen Klammern [] angegeben. Die Buchstaben „u", „v" sowie „i" und „j" werden entsprechend ihrem phonetischen Wert wiedergegeben. Die Buchstaben ij/ÿ werden im Text als ij wiedergegeben.

*Barbara Uppenkamp*

# DIE FAMILIE RANTZAU ALS AUFTRAGGEBER VON SKULPTUREN IM 16. JAHRHUNDERT

Heinrich Rantzau (1526–1598), der humanistisch gebildete Statthalter des dänischen Königs in den Herzogtümern Schleswig und Holstein, war ein bedeutender Auftraggeber für Architektur, Goldschmiedearbeiten, Druckgraphik und Skulptur.[1] Er beschäftigte niederländische Künstler direkt oder indirekt vor allem für die Anfertigung druckgraphischer Werke. Frans Hogenberg stach für die *Res Gestae Friedrichs II.*[2] und für den Städteatlas *Civitates Orbis Terrarum*[3] im Auftrag Heinrich Rantzaus die Illustrationen. Hendrick Goltzius schuf 1587 auf der Basis eines 1574 datierten Porträts Heinrich Rantzaus von Jakob Mores einen Nachstich, der den Dargestellten jünger und hübscher aussehen lässt.[4] Er hielt sich 1590 für kurze Zeit in Hamburg auf, wo er wahrscheinlich in direkten Kontakt zu Heinrich Rantzau trat.[5] Mit Hans Vredeman de Vries konnte Heinrich Rantzau zusammentreffen, als dieser Ende des 16. Jahrhunderts in Hamburg lebte.[6] Zu den vielfältigen Beziehungen, die Heinrich Rantzau in die Niederlande pflegte, gehören ebenfalls seine Korrespondenzen mit niederländischen Humanisten wie zum Beispiel Justus Lipsius.[7] Auch ließ Rantzau einige Bücher in Antwerpen bei Christoph Plantin verlegen.[8] Dem Magistrat der Stadt Antwerpen lieh er Geld,[9] ebenso wie sein Schwiegervater Franz von Halle (1509–1553). Dieser hatte der Stadt ein hohes Darlehen gewährt, um dessen Rückzahlung sich Heinrich Rantzau bis an sein Lebensende vergeblich bemühte.[10]

Franz von Halle starb in Antwerpen, wo ihm Heinrich Rantzau im Dom ein Epitaph setzen ließ, das der Beschreibung Peter Lindebergs zufolge eine Büste mit einer Schrifttafel vereinte.[11] Das Monument wurde jedoch bereits bald zerstört.[12]

Die Kombination einer Büste mit einer Schrifttafel lässt unmittelbar an das von Cornelis Floris entworfene Epitaph für Dorothea von Dänemark, die Schwester König Christians III. denken, das ihr Gatte Herzog Albrecht von Preußen im Königsberger Dom setzen ließ.[13] Dieses Denkmal gilt als der erste große Auftrag für ein Epitaph aus der Werkstatt des Cornelis Floris, das internationale Strahlkraft entfaltete. Es bestand aus einer Schrifttafel im Hauptfeld, die mit einer Büste der Memorierten in der Ädikula und begleitenden Tugendfiguren als Karyatiden kombiniert war.[14] Das Epitaph wurde 1547 in Auftrag gegeben und traf 1552 in Königsberg ein. Als Agent fungierte Jakob Binck.[15] Es ist sicher, dass Heinrich Rantzau Antwerpen besuchte, als er sich zwischen 1548 und 1553 im Gefolge Adolfs I. von Schleswig-Holstein-Gottorf am Hof Kaiser Karls V. in Brüssel aufhielt. Möglicherweise hatte er Kenntnis von diesem Auftrag, da seine Familie dem dänischen Königshaus eng verbunden war. So könnte ihn das Epitaph für Dorothea von Dänemark dazu angeregt haben, seinem Schwiegervater ein ähnliches Denkmal zu setzen. Epitaphien mit Büsten und Schrifttafeln, deren Text sich retrospektiv auf das Leben und die Verdienste der Memorierten bezieht und sie glorifiziert, kommen in der Grabplastik des 16. Jahrhunderts relativ selten vor.[16] Sie gehen auf römische Vorbilder zurück, die zuerst von italienischen Humanisten um 1450 und nördlich der Alpen um 1500 wieder aufgenommen wurden.[17] Vor diesem Hintergrund erscheint das von Heinrich Rantzau für seinen Schwiegervater gestiftete Epitaph als das Monument eines humanistisch gebildeten, sich an der Antike und an fürstlichen Vorbildern orientierenden Mannes, der mit der Denkmalsetzung nicht nur den Verstorbenen, sondern auch sich selbst und seine Familie repräsentieren wollte.

Das hohe Anspruchsdenken und die Orientierung an dem antikisierenden Stil der sogenannten Floris-Schule zeigen sich in Schleswig-Holstein erstmals an dem Epitaph, das Heinrich Rantzau 1562 in der Marienkirche zu Segeberg auf Wunsch seiner Mutter Anna Walstorp († 1582) für ihren bereits 1500 verstorbenen Vater Gerhard Walstorp setzen ließ (Abb. 1).[18] Das Wandepitaph zeigt den Ritter Gerhard Walstorp in voller Rüstung, nach links gewandt in Anbetung des Kruzifixes, unter einem Renaissancebogen kniend. Die Rahmenarchitektur wird von zwei Karyatidhermen gestützt. Sie tragen ionische Kapitelle, unter denen geknotete Kopftücher hervorschauen. Die Figur eines in voller Rüstung vor einem Kruzifix knienden Ritters erscheint auf einem Blatt aus Cornelis Floris' Stichserie *Veelderleij niewe inventien van antijcksche sepultueren,* die 1557 bei Hieronymus Cock in Antwerpen verlegt wurde (Abb. 2).[19] Allerdings wendet sich auf diesem Blatt der Ritter nach rechts und wird von einem drapierten Vorhang hinterfangen. Das Epitaph für Gerhard Walstorp weist mehrere Inschriften auf.[20] Die Hauptinschrift nennt zunächst Heinrich Rantzau als Stifter des Monuments. Sodann verweist sie auf seinen Vater Johann Rantzau (1492–1565) und dessen Titel *eques auratus,* den er trug, seit er 1517 in Jerusalem zum Ritter vom güldenen Sporn geschlagen wurde, sowie auf seine Funktion als Statthalter des Königs mit Amtssitz im Segeberger Schloss. Erst in der letzten Zeile wird der fromme Wunsch der Mutter Heinrich Rant-

**Abb. 1** Unbekannter Künstler: Epitaph für Gerhard Walstorp, 1562, gotländischer Kalkstein, 249 x 144 cm, Marienkirche Bad Segeberg

**Abb. 3** Unbekannter Künstler: Epitaph für Johann Rantzau, Kalkstein, 177 x 76 cm, SHLM Schloss Gottorf, 1911/109, aus dem ehemaligen Heilig-Geist-Spital in Kiel

**Abb. 2** Johannes oder Lucas van Doetechum nach Cornelis Floris: Zwei Epitaph-Entwürfe, links ein Ritter in voller Rüstung vor einem Kruzifix kniend, Radierung auf Papier, 304 x 208 mm (Platte), aus Floris 1557, Rijksmuseum Amsterdam, RP-P-OB-6109

zaus erwähnt, dem Großvater ein Denkmal zu setzen. Die von den Wappenschilden herabhängenden Fruchtbündel, die von Spangen umgürteten Leiber und die geknoteten Kopftücher sind bescheidene Anklänge an die Ornamentik der niederländischen Groteske, die in Kombination mit klassischen Architekturformen erstmals bei den Triumphbögen zum feierlichen Einzug Kaiser Karls V. und Philipps II. in Antwerpen 1549 zur Anwendung kam.[21] Wahrscheinlich wohnte Heinrich Rantzau diesem Ereignis bei, als er zwischen 1548 und 1553 im Gefolge Adolfs I. von Schleswig-Holstein-Gottorf am Hof Karls V. weilte, denn dieser nahm an der Huldigungsreise durch die Spanischen Niederlande teil.[22] Wie oben ausgeführt, dürfte Heinrich Rantzau bereits avancierte Beispiele antikisierender Monumente aus der Floris-Werkstatt in Antwerpen gekannt haben, jedoch schien das Talent für die Umsetzung eines solchen Entwurfs in den Herzogtümern noch nicht zur Verfügung zu stehen. Heinrich Rantzau maß dem Denkmal für Gerhard Walstorp hohe Bedeutung zu, denn er lieferte für den Städteatlas *Civitates Orbis terrarum* eine ausführliche Beschreibung, in der auch die Hauptinschrift zitiert wird.[23] Zusammen mit dem verlorenen Epitaph für Franz von Halle steht das Epitaph für Gerhard Walstorp am Anfang einer Reihe von Denkmalstiftungen der Familie Rantzau, die eng an niederländische Vorbilder anknüpfen.

Dem Epitaph für Gerhard Walstorp ähnlich, jedoch in der Anwendung des niederländisch geprägten Formenvokabulars wesentlich sicherer sowie in der Ausführung feiner, ist der vermutlich kurz nach 1565 gestiftete Gedenkstein für Johann Rantzau aus der ehemaligen Kapelle des Heiligen-Geist-Spitals in Kiel (Abb. 3).[24] Er greift auf denselben Stich von Cornelis Floris (Abb. 2) zurück und zeigt den Ritter in voller Rüstung nach rechts gewandt auf einem Rasenstück vor einem Kruzifix kniend. Die Szene wird von einer Bogenarchitektur mit kannelierten dorischen Pilastern eingefasst. In den Bogenzwickeln befinden sich stark mutilierte Fruchtbündel. Der untere Teil des Epitaphs wird von einer Rollwerkkartusche eingenommen, die in vereinfachter Form Vorlagen von Hans Vredeman de Vries' Kartuschen mit Grotesken aufnimmt (Abb. 4).[25] Die querrechteckige Grundform der Kartusche wird von Rollwerk hinterfangen, von dessen Rahmengerüst an Ringen befestigte Fruchtbündel herabhängen. Am unteren Rand ist eine groteske Satyrmaske angebracht. In merkwürdigem Kontrast zu dieser niederländisch-antikisch anmutenden ornamentalen Ausgestaltung steht die niederdeutsche Inschrift in gotischen Lettern.[26]

Als Hofmeister Christians III. besaß Johann Rantzau einen Adelshof in Kiel.[27] Auch Heinrich Rantzau kaufte 1562 ein Haus in der Kieler Faulstraße, das er bis 1575 durch Grundstückszukäufe erweiterte und großzügig ausstatten ließ. Zu

**Abb. 4** Frans Huys nach Hans Vredeman de Vries: Rollwerkkartusche mit Groteske, Radierung auf Papier, 171 x 130 mm (Platte), Vredeman de Vries 1555, Rijksmuseum Amsterdam, RP-P-1888-A-12633

den Erweiterungen gehörte die Wohnung der Kirchengemeinde des Heiligen Geistes.[28] Da das Epitaph keine lateinische Inschrift aufweist und keine Erwähnung in der *Hypotyposis* Peter Lindebergs findet, die alle Stiftungen Heinrich Rantzaus auflistet, ist ein anderer Stifter in Betracht zu ziehen.[29] Aus dem engsten Familienkreis kommen Johann Rantzaus Ehefrau Anna Walstorp, sein zweiter Sohn Paul (1527–1579) oder seine Tochter Salome (1531–1586) infrage. Die Tochter Magdalene (1528–1557) war zur Zeit der Denkmalsetzung bereits verstorben und eine weitere Tochter Margarethe (1530–1531) hat das Erwachsenenalter nicht erreicht.

Für ihre Eltern stifteten die Brüder Heinrich und Paul Rantzau in der Laurentiuskirche zu Itzehoe ein aufwendiges Grabmal, das im Dreißigjährigen Krieg vollständig verwüstet wurde.[30] Die einzigen erhaltenen Reste sind die Büsten der Gisants, die sich heute auf Schloss Breitenburg befinden.[31] Das Monument wurde von Heinrich Rantzau kurz nach dem Tod seines Vaters am 12. Dezember 1565 in Auftrag gegeben. Es ist durch einen Kupferstich von Jakob Mores überliefert (Abb. 5).[32] Das Grabmal bestand aus einer freistehenden Tumba, auf der die lebensgroßen Gisants des Ehepaares Johann Rantzau und Anna Walstorp ruhten. Johann war in voller Rüstung dargestellt, sein Helm und seine Handschuhe lagen zu seinen Füßen. Anna war in ein langes Gewand gekleidet und trug eine tief in die Stirn reichende Witwenhaube mit langen, schalartigen Bändern. Zu ihren Füßen lag ein Schoßhündchen. Ihre Köpfe ruhten auf gemusterten Kissen mit Quasten und ihre Hände waren vor der Brust gefaltet. Die Wandfelder der Tumba mit den Wappen der Familien Rantzau, Rathlow, Bockwoldt und Hummelbüttel waren durch ionische Karyatidhermen eingefasst. Die Tumba war von einem hohen Gitter umgeben, das mit Blumen und Kugeln geschmückt war. Zu dem Grabmal gehörte auch ein großes Epitaph, das eine ausführliche Inschrift trug.[33]

Die Grundform des Grabmals als freistehende Tumba mit lebensgroßen Gisants folgte einer bereits lange bestehenden Tradition für die Grabmäler hochgestellter Personen.[34] Als unmittelbare Vergleichsbeispiele für das Itzehoer Monument können die königlichen Grabmale für Friedrich I. von Schleswig-Holstein-Gottorf, den späteren König Friedrich I. von Dänemark und seine erste Gemahlin Anna von Brandenburg im ehemaligen Augustiner-Chorherrenstift zu Bordesholm sowie das Grabmal für Friedrich I. im Dom zu Schleswig herangezogen werden. Das Bordesholmer Grabmal wurde von

Friedrich selbst nach dem Tod seiner Frau in Auftrag gegeben. Es ist ein großes, freistehendes Bronzegrabmal, auf dessen Tumba die Gisants Friedrichs und Annas ruhen.³⁵ Ihre Köpfe sind auf gemusterte Kissen gebettet. Ihre Augen sind geöffnet und sie haben die Hände vor der Brust zusammengelegt. Friedrich ist in voller Rüstung mit dem Schwert an seiner Seite dargestellt und Anna trägt ein prachtvolles, langes Gewand, das brokatartig ziseliert ist. Zu ihren Füßen liegt ein winziger Hund. An den Wandungen der Tumba befinden sich Reliefs mit den herzoglichen Wappen und eine Darstellung der Verkündigung sowie an den Längsseiten Nischen mit den Figuren der zwölf Apostel als Hochreliefs. An den vier Ecken stehen vollplastische Engel mit Fackeln. Die architektonischen Elemente des Grabmals sind spätgotisch, die umlaufende niederdeutsche Inschrift in gotischer Minuskel nennt Namen, Titel und Todesdatum der Königin sowie einen Segenswunsch.

Eine ganz andere Formensprache spricht das bei Cornelis Floris in Antwerpen in Auftrag gegebene Kenotaph für Friedrich I. im Schleswiger Dom.³⁶ Das heute in den nördlichen Nebenchor versetzte Kenotaph stand ursprünglich im Chor des Domes.³⁷ Es besteht aus einer sarkophagartigen Tumba mit einer Platte. Darauf liegt der Gisant des Königs auf einer flachen Kline, deren Kopfende von zwei Sphingen gestützt wird. Friedrich I. ist in voller Rüstung und mit Krone dargestellt. Sein Gesicht ist seinem Porträt ähnlich, die Augen sind geöffnet und seine Hände sind vor der Brust gefaltet. Die Tumba wird von vier geflügelten Genien mit gesenkten Fackeln und Totenköpfen zu ihren Füßen gestützt. Die Platte wird von sechs Karyatiden getragen, welche die drei theologischen Tugenden Fides, Caritas und Spes sowie die drei Kardinaltugenden Fortitudo, Prudentia und Justitia darstellen. Am Kopf- und Fußende des Lagers halten weibliche Figuren ein Schild mit dem königlichen Wappen und eine Schrifttafel, die den Namen und die Titel des Verstorbenen nennt, eine Würdigung seiner Person vornimmt und mit seinem Sterbedatum schließt.³⁸ Die architektonischen Elemente des Kenotaphs sind aus schwarzem, der Sarkophag und der Sockelfries aus grünbuntem und rotgeädertem Marmor. Die Figuren sind aus englischem Alabaster mit sparsamen Vergoldungen an Haaren, Schmuckteilen und Gewändern. Die Krone des Königs und die Ziselierung seiner Rüstung sind ebenfalls mit Gold gefasst. So innovativ wie die Form und die Materialien des Kenotaphs war auch die Inschrift, die das Gewicht auf die Biografie des Verstorbenen legt. Das Kenotaph wurde

**Abb. 5** Jakob Mores: Grabmal für Johann Rantzau und Anna Walstorp, 1589, Kupferstich auf Papier, 352 × 250 mm, aus Henninges 1590, fol. 25v, Stabi Hamburg, Scrin C/233

**Abb. 6** Johannes oder Lucas van Doetechum nach Cornelis Floris: Tumba mit Gisant, Radierung auf Papier, 298 × 202 mm (Platte), aus Floris 1557, Rijksmuseum Amsterdam, RP-P-OB-6107

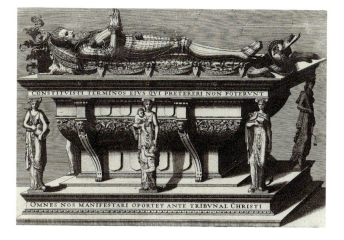

von den Söhnen Friedrichs I., Christian III. und seinen Halbbrüdern Adolf und Johann bei Cornelis Floris in Antwerpen in Auftrag gegeben. Es war bereits 1552 zur Verschiffung fertig, wurde aber erst 1555 in der Domkirche aufgestellt. Als Agent fungierte wiederum Jakob Binck, der kurz zuvor auch das Epitaph für Dorothea von Dänemark vermittelt hatte. Das Kenotaph könnte Heinrich Rantzau ebenfalls bereits vor der Aufstellung im Schleswiger Dom in Antwerpen gesehen haben. Spätestens seit seiner Aufstellung muss es als Richtschnur für Grabdenkmäler der Familie Rantzau gewirkt haben. Darüber hinaus erreichte Cornelis Floris einen größeren Rezipientenkreis für seinen Entwurf, als er ihn 1557 in der Stichserie *Veelderleij niewe Inventien van antijcksche sepultueren* publizierte (Abb. 6).[39]

Dem Kenotaph Friedrichs I. im Dom zu Schleswig kommt eine Schlüsselstellung für das Grabmal von Johann Rantzau und Anna Walstorp zu, denn es verbindet die tradierte Form der freistehenden Tumba mit der Formensprache der niederländischen Groteske und klassischen Elementen, wie zum Beispiel Karyatiden, sowie mit einer Inschrift, die auf die Biographie des Memorierten eingeht. Obwohl Heinrich Rantzau sich offensichtlich beim Grabmal für seine Eltern an dem königlichen Beispiel orientierte, nahm er nicht die Werkstatt des Cornelis Floris in Anspruch. Stattdessen wandte er sich an den Agenten Joachim Hincke, der ihm den Bremer Bildhauer Karsten Hausmann vermittelte. Hincke war Domdechant in Bremen und als Jurist Berater Herzog Julius' von Braunschweig-Wolfenbüttel und Herzog Adolfs I. von Schleswig-Holstein-Gottorf. Während des Dreikronenkriegs fungierte er zeitweilig als Unterhändler Friedrichs II. von Dänemark.[40] Heinrich Rantzau hatte gleich nach dem Tod seines Vaters an Joachim Hincke geschrieben und seinem Brief eine Zeichnung mit dem Entwurf des geplanten Monuments beigelegt. Diesen Entwurf lehnte der Bildhauer Karsten Hausmann allerdings ab und legte einen eigenen Entwurf vor, den Hincke an Heinrich Rantzau zurückschickte (Abb. 7).[41] Am 24. Dezember 1565, nur 12 Tage nach dem Tod Johann Rantzaus, schrieb Joachim Hincke an Heinrich Rantzau:

> „Szovile die Grabsteine angehet, [...] habe Ich einen meiner diener mit einem wagen gehen Bremen den folgenden tag gefertigt und den Meister anhero holten laßen. Derselbige berichtet mich, daß an dem abgerißen Muster, so Ihr mich zugeschicket, gebürenden ordnung nach etwas mangelß sei. Darumb habe Ich Ihm bey mich biß heute behalten, und ein ander durch Ine fertigen laßen. Dabey hatt Er vorzeichnet die hohe, breite und lenngen. Wo euch nun dasselbige alß gevellich, so Ist er willig, euch darnach eine begrebnus von Buckeberger steyne zu hauen."[42]

Hincke äußerte in diesem Brief auch Bedenken über die lange und ausführliche Inschrift, die Heinrich Rantzau für das Epitaph vorsah, da man dafür eine sehr große Tafel benötige. Die Buchstaben ließen sich nicht kleiner machen, da der Text noch aus einigem Abstand lesbar sein sollte. Hincke regte daher an, den Text kürzer zu fassen. Zum Material des Grabmals äußerte er sich ebenfalls:

> „Wollet Ihr es von Marmor oder Messing gemacht haben, das konnet Ihr am fuglichsten zu Antorff bestellen. Es ist aber beiderlej nicht so leßlich, als wanner

**Abb. 7** Karsten Hausmann (?): Entwurf eines Grabmals für Johann Rantzau und Anna Walstorp, um 1566 Federzeichnung auf Papier, 351 × 247 mm, Stadtbibliothek Augsburg, Sammelband 2° Gs 112 E

die Buchstaben in Tutschstein werden gehawen und mit golde geferbt, denn das golt sich gegen der schwartzen ferbe scheinbarlicher herfur thuet. Es ist aber dieser steine sehr thewr und konnte an deßselbigen state des Lantgrawen oder Hertzog Erichs weichen steine, dan man auch Alabaster bastardo nennet gebraucht und mit schwarzer Oliyfarbe angestrichen und die buchstaben darein geschnitten und mit golde ausgestrichen und die zween stehende Pfeiler von Pierre du Rentz, wellicher zu Antorp zubekommen und sehr schone vone roten und weiß wolcken ist. Aber das ubrige, alß besament, pustato capitellen und frontispiren von gemelt Braunschweigischem Alabaster, welchen Ich auch darzu gerne will zu wegk bringen, gemacht werden."[43]

Hincke empfahl also, den Marmor ebenso wie das Messing für einige Teile des Monuments aus Antwerpen zu beschaffen. Für die Schrifttafel sei Tutschstein, der oft als schwarzer Marmor bezeichnete belgische Kalkstein, am besten geeignet, da sich die goldgefassten Lettern der Inschriften besonders gut davon abhöben. Da er aber sehr teuer sei, könne man auf Braunschweigischen Alabaster ausweichen und ihn schwarz färben, um Tutschstein zu imitieren.[44] Für die Säulen empfahl er den rot-weiß geäderten Pierre du Rance aus dem Hennegau. Ausgeführt wurde das Grabmal schließlich jedoch aus Bückeburger Sandstein.[45] Am Schluss des Briefes bat Hincke um die Zusendung von Wappen und Porträts, damit die Skulpturen den Verstorbenen ähnlich ausgeführt werden könnten. Die Zeichnung entspricht im Bereich der Tumba dem Stich des Jakob Mores, weicht beim Epitaph, das die Inschrift aufnehmen sollte, jedoch deutlich davon ab, da sie eine querrechteckige Tafel mit Rollwerkrahmen und Unterhang zeigt. Hingegen zeigt das Epitaph auf dem Stich des Jakob Mores eine Tafel, die von zwei korinthischen, kannelierten Säulen flankiert wird. Sie tragen ein klassisches Gebälk mit Zahnschnitt und einem Dreiecksgiebel als Abschluss, der von drei Ziervasen bekrönt wird.[46]

Vorbilder für die Kombination einer freistehenden Grabtumba mit einem Wandepitaph finden sich in einer Serie mit Mustern für Epitaphien und Grabmäler von Hans Vredeman de Vries, die 1563 bei Hieronymus Cock in Antwerpen erschien.[47] Blatt 17 der Folge zeigt eine solche Kombination bei einem Monument für ein nobles Ehepaar (Abb. 8).[48] In seinen Entwürfen schloss Hans Vredeman de Vries deutlich an Cornelis Floris' 1557 verlegte Serie mit Grab-

**Abb. 8** Johannes oder Lucas van Doetechum nach Hans Vredeman de Vries: Grabtumba mit liegendem Paar und Wandepitaph, Radierung auf Papier, 167 x 209 mm (Druck), Vredeman de Vries 1563, Rijksmuseum Amsterdam, BI-1897-969-12

monumenten an. In der Anzahl seiner Beispiele ging er jedoch weit darüber hinaus. Mit einer lateinischen Einführung auf dem Titelblatt wandte er sich gezielt an hochstehende und gebildete Auftraggeber, denen er konkrete Vorschläge für die Monumente ihrer verstorbenen Familienmitglieder unterbreitete.

Es lassen sich also mehrere Inspirationsquellen benennen, aus denen Heinrich Rantzau für den Entwurf des aufwendigen Monumentes für seine Eltern schöpfte: die direkten Vorbilder der königlichen Monumente in Bordesholm und Schleswig und die druckgraphischen Vorlagen von Cornelis Floris und Hans Vredeman de Vries. Der Vorgang der Auftragsvergabe ist interessant, da Dokumente von allen Beteiligten vorliegen. Demnach hatte Heinrich Rantzau bereits eine konkrete Vorstellung des Grabmals in einer Skizze zu Papier gebracht, die er dem Agenten Joachim Hincke zukommen ließ. Dieser stellte den Kontakt zu Karsten Hausmann her, der als Bildhauer in der Lage war, den Entwurf umzusetzen, jedoch auch die Freiheit besaß, Korrekturen daran vorzunehmen. Joachim Hincke brachte ebenfalls eigene Vorschläge ein. Das Grabmal wurde in Bremen gefertigt. Karsten Hausmann erhielt dafür 350 Joachimstaler einschließlich der Beschaffung des Steins. Der Transport der fertigen Teile bis zur Weser ging auf Kosten des Bildhauers, ab der Verschiffung zu Lasten des Auftraggebers. Die Aufstellung in Itzehoe geschah unter der Aufsicht Karsten Hausmanns.[49] Erst nachdem das Monument voll-

Barbara Uppenkamp

**Abb. 9** Unbekannter Künstler: Grabmal für Daniel Rantzau, 1569, Bückeburger Sandstein, 511 x 253 x 80 cm, Catharinenkirche Westensee

ständig aufgestellt war, fand am 28. Februar 1567 die Bestattung Johann Rantzaus statt.⁵⁰

Ein ähnlich aufwendiges Grabmonument wie dasjenige für Johann Rantzau und Anna Walstorp in Itzehoe war das wenige Jahre später errichtete Denkmal für Daniel Rantzau (1529–1569) in der Catharinenkirche zu Westensee (Abb. 9).⁵¹ Genau wie jenes bestand das Grabmal für Daniel Rantzau aus der Kombination eines Gisants auf einer Tumba mit einem großen Wandepitaph mit Inschriften. Darüber hinaus war es von einem Baldachin aus Eichenholz bekrönt.⁵² Das Vorbild für eine solche Kombination bietet wiederum ein Entwurf von Hans Vredeman de Vries (Abb. 10).⁵³

Daniel war ein entfernter Vetter von Heinrich Rantzau.⁵⁴ Beide hatten gemeinsam in Wittenberg studiert und waren zusammen im Gefolge Adolfs I. von Holstein am Hof Kaiser Karls V. gewesen. Anders als Heinrich wandte sich Daniel jedoch ganz dem Kriegsdienst zu. Er nahm an den Italienfeldzügen Karls V. teil und war ab 1563 königlich-dänischer Feldherr im Dienste Friedrichs II. Er fand während des Dreikronenkriegs bei der Belagerung der Festung Varberg in Schweden am 11. November 1569 den Tod, als er von einer Kanonenkugel am Kopf getroffen wurde. Sein Leichnam wurde in einem bleiernen Sarg von Schweden nach Westensee transportiert.⁵⁵ Das Grabmal wurde von Daniels Brüdern Tönnies (1533–1594) und Peter (1535–1602) gestiftet. Im Dreißigjährigen Krieg wurde es 1645 durch schwedische Truppen stark beschädigt.⁵⁶ Auf Veranlassung des Pfarrers Franz Leonhard Kramer wurde das Grabmal zwischen 1770 und 1772 abgebaut, weil es die Sicht vom Kirchenschiff auf den Altar behinderte und die Ausübung des Gottesdienstes störte:⁵⁷

> „Im Jahre 1771 ward es hinweggeräumt. Der Überbau ward verbrannt, auch den guten Bremer Sandstein des Sarkophags machten sich die Herren des Kirchspiels zu Nutze und stritten sich darum, welcher von ihnen sich daraus Treppenstufen machen lassen möchte. Am Orte blieben nur die herrlichen Wandtafeln, die nach wie vor von dem Heldengrabe meldeten, und mancherlei Erinnerungen blieben wach. Im Grabkeller, dessen Rücken an der Kirche erkennbar blieb, lag, so meldete die Überlieferung, die marmorne Gestalt, die von der Zerstörung verschont geblieben war, weil sie zu nichts Nützlichem verwendbar erschien, und da hatten sie auch manche gesehen, als die Gruft noch zugänglich war."⁵⁸

**Abb. 10** Johannes oder Lucas van Doetechum nach Hans Vredeman de Vries: Grabtumba mit liegender Ritterfigur und Baldachin, Radierung auf Papier, 167 x 210 mm (Druck), Vredeman de Vries 1563, Rijksmuseum Amsterdam, BI-1897-969-10

Im Jahr 1918 ließ der Landeskonservator Richard Haupt die Rantzau-Gruft in Westensee öffnen. Zum Vorschein kamen der Bleisarg, in dem Daniel Rantzau von Schweden nach Hause transportiert worden war, einige Sarkophage aus dem siebzehnten Jahrhundert und der Gisant Daniel Rantzaus sowie die Skulptur seines Helms. Die Beine des Gisants waren auf Kniehöhe abgeschlagen, ebenso wie seine Nase und die Hände. Zu Recht schätzte Richard Haupt die Figur als ein bedeutendes Werk der Bildhauerkunst ein. Entgegen seiner Erwartung war sie jedoch nicht aus Marmor oder Alabaster, sondern aus Bückeburger Sandstein gefertigt und „durch einen Überzug glänzend und glatt, dem Alabaster fast gleich gemacht und durch reiche Vergoldung veredelt."⁵⁹ Von der ehemaligen Alabastrierung des Gisants, dessen Harnisch ähnlich wie die Ziselierungen am Harnisch von Friedrich I. offensichtlich mit Gold gehöht waren, ist nichts mehr vorhanden. Der heutige Anstrich der Figur wirkt stumpf und blättert an vielen Stellen ab.

Die erhaltenen Reste des Grabmals sind vor der südlichen Scheidewand aufgebaut, die das Kirchenschiff vom Chor trennt. An dieser Wand befindet sich auch das von der Zerstörung weitgehend verschonte große Epitaph, das auf zwei Schrifttafeln den heroischen Lebenswandel Daniel Rantzaus beschreibt.⁶⁰ Es gliedert sich in eine Sockelzone, eine Hauptzone und die Bekrönung. Die Sockelzone wird von drei Konsolen getragen, darüber folgt ein Gebälk mit zwei Feldern, deren Rollwerkkartuschen heute keine Inschriften mehr aufweisen. Die Hauptzone wird von zwei Schrifttafeln beherrscht, die von drei ionischen Karyatidhermen eingefasst sind. Sie stehen auf Sockeln mit grotesken Masken nach Stichvorlagen von Cornelis Floris. Ihre Schäfte sind mit Beschlagwerk nach Art des Hans Vredeman de Vries verziert. Die Karyatidhermen tragen ein klassisches Gebälk. In der bekrönenden Zone stehen die Kardinaltugenden Fortitudo, Prudentia und Justitia. Zwischen den Tugendfiguren befinden sich oberhalb der Schrifttafeln zwei von Rollwerkspangen eingefasste, mit Halbrosetten bekrönte Wappen der Familie Rantzau.

Die linke Tafel enthält eine lateinische,[61] die rechte eine stark verwitterte deutsche Inschrift[62] in lateinischer Kapitalis. Die beiden Texte unterscheiden sich erheblich in den Akzentsetzungen. Der deutsche Text legt das Gewicht vor allem auf Daniels Kriegshandlungen während des Dreikronenkriegs und auf seine Treue zu Familie, König und Vaterland. Neben der Betonung seiner Herkunft und seines hohen Ranges im dänischen Heer findet auch die Tatsache Erwähnung, dass seine beiden Brüder das Grabmal stifteten. Der lateinische Text erwähnt neben seinem Kriegsgeschick auch seine Bildung und seine nicht eingelöste Verlobung. Er endet mit einer Bezugnahme auf die Tugend selbst und die antiken Götter der Weisheit, des Festmahls und der Hochzeit, Pallas, Cypris und Hymen, welche den Tod des Helden ebenso betrauern wie die Brüder, die zurückgebliebene Verlobte und sogar die Feinde des Verstorbenen. Die Texte, die ein Idealbild von Daniel Rantzau als humanistisch gebildeter Edelmann und als Feldherr entwerfen, wurden vermutlich von Heinrich Rantzau verfasst. Möglicherweise hat er auch den Auftrag für das Monument vermittelt, denn ebenso wie nach dem Tod seines Vaters informierte Heinrich Rantzau kurz nach Daniels Tod den Bremer Agenten Joachim Hincke und fügte seinem Brief einen vorläufigen Text für das Epitaph bei.[63] Heinrich Rantzau nannte das Monument für Daniel „wahrhaft königlich."[64]

Die Familie Rantzau war sich des außerordentlich hohen Anspruchs, der mit einem solchen Grabmal verbunden war, sehr bewusst. Der Typus des Baldachingrabmals greift auf die königlichen Grabmäler in der Kathedrale zu St. Denis zurück.[65] An diesen Vorbildern orientierte sich auch Friedrich II. von Dänemark, als er 1569 das Grabmal für seinen Vater Christian III. bei Cornelis Floris in Auftrag gab. Das Grabmal besteht aus einer Tumba mit dem gerüsteten Gisant Christians III. auf einer geflochtenen Matte. Die Tumba wird von einer Bogenarchitektur umgeben und von einer Platte überdacht, die von sechs korinthischen Säulen getragen wird. Auf dieser Platte ist Christian III. als Priant an einem Betpult vor einem Kruzifix dargestellt. Er trägt seine Rüstung, seine Krone und den königlichen Schultermantel. Sein Helm und seine Handschuhe sind neben ihm abgelegt. Vier antikische Krieger mit Lanzen umgeben das Grabmal. An den Ecken der oberen Platte sitzen vier Genien mit gesenkten Fackeln. Die Figuren bestehen aus Alabaster, die architektonischen Elemente aus schwarzem und rotem Marmor. Das Grabmal wurde 1575 wenige Monate vor dem Tod des Künstlers fertig. Da aber spanische Truppen es 1576 in Antwerpen konfiszierten, konnte es erst 1578 ausgeliefert und in der Dreikönigskapelle im Dom zu Roskilde aufgestellt werden.[66]

Das Datum der Auftragsvergabe lässt aufmerken, denn es ist dasselbe Jahr, als auch der Auftrag für das „wahrhaft königliche" Monument in Westensee erfolgte. Für derartige freistehende Baldachingrabmäler sind neben den französischen Königsgräbern nur wenige Vorgänger bekannt. Das ist zum einen das heute stark beschädigte Monument für Enno II. Cirksena in der Kirche St. Cosmas und Damian in Emden, das von seiner Witwe Anna von Oldenburg in Auftrag gegeben wurde und wahrscheinlich 1553 fertiggestellt war.[67] Zum anderen ist das von einem oktogonalen, hölzernen Baldachin überwölbte Grabmal für Edo Wiemken zu nennen, das seine Tochter Maria zwischen 1560 und 1565 in der Stadtkirche zu Jever setzen ließ.[68] Ein drittes, interessantes Beispiel ist das von Jacques Colyn De Nole geschaffene Doppelgrab für Reinoud III. van Brederode, den Kammerherrn Karls V., und seine Frau Philippote van der Marck in der Grote Kerk zu Vianen, das um 1556/57 datiert werden kann.[69] Dieses Grabmal ist von einer Balustrade umgeben und von einem rechteckigen hölzernen, teilweise farbig gefassten Baldachin mit Dreiecksgiebel überdacht, der von ionischen Pilastern und Säulen getragen wird. Möglicherweise war der hölzerne Baldachin in Westensee ähnlich konzipiert und wie derjenige in Vianen farbig gefasst und teilweise vergoldet.[70]

Die bemerkenswerte Kombination einer freistehenden Tumba mit einem großen Schriftepitaph kommt bei verschiedenen Grabmälern der Floris-Werkstatt vor. Als Vergleichsbeispiel eignet sich besonders das Grabmal für Herluf Trolle und Brigitte Gøye in Herlufsholm.[71] Herluf Trolle hatte wie Heinrich und Daniel Rantzau in Wittenberg studiert und nahm wie Daniel am Dreikronenkrieg teil. Ab 1563 war er Oberbefehlshaber und Admiral der dänischen Flotte. Er starb am 25. Juni 1565 an einer Kriegsverletzung, die er während einer Seeschlacht erlitten hatte. Das Grabmal wurde noch von ihm selbst im Jahr seines Todes bei Cornelis Floris in Antwerpen in Auftrag gegeben. Es wurde unter der Aufsicht seiner Witwe am 12. Juni 1568 in der Kirche des ehemaligen Benediktinerklosters Herlufsholm aufgestellt. Es besteht aus einer Tumba mit den Gisants des Ehepaares, umgeben von den Sitzfiguren der vier Evangelisten. Die Figuren sind aus Alabaster und die architektonischen Teile aus schwarzem und rotem Marmor gefertigt. An der Wand hinter dem Grabmal ist ein großes Epitaph mit einer schwarzen Texttafel in einem aufwendig verzierten Rahmen angebracht. Der in goldenen Lettern hervorgehobene Text rühmt die Taten Herluf Trolles als Kriegsheld gegen die Schweden. Eine etwas bescheidenere Variante dieses Monuments ist das vermutlich ebenfalls von der Floris-Werkstatt ausgeführte Grabmal für Niels Lange und Abel Skeel in der Kirche zu Hunderup.[72] Gemeinsam ist den Auftraggebern, dass sie ebenso wie Johann, Heinrich und Daniel Rantzau dem dänischen Königshaus eng verbunden und Träger des Elefantenordens waren. Die zunehmende Vorliebe des dänischen Adels für Freigrabmäler führte schließlich dazu, dass König Friedrich II. am 2. April 1576 eine Order erließ, um dies zu untersagen.[73] Der konkrete Anlass war das Vorhaben Pernille Oxes, für sich und ihren Mann, Admiral Otte Knudsen Rud, der unter Herluf Trolle eine Flotte befehligt hatte und 1565 in schwedischer Gefangenschaft gestorben war, in der Kopenhagener Domkirche Unserer Lieben Frau ein ebensolches „wahrhaft königliches" Denkmal errichten zu lassen. Die von Friedrich II. erlassene Order verhinderte dies und das bereits begonnene Monument musste rückgebaut und in ein Wandgrab umgewandelt werden. In Zukunft durften die Adeligen keine freistehenden Grabmale mehr errichten. Ebenso wenig durften die Grabmäler aus Alabaster gefertigt sein oder im Chorbereich der Kirchen aufgestellt werden, da dies allein den Königen vorbehalten sei. Die Order betraf also sowohl die Form als auch den Aufstellungsort und das Material der Monumente.

Möglicherweise verzichtete Heinrich Rantzau aus diesem Grund auf ein aufwendiges Grabmonument für sich selbst und beschränkte sich auf ein großes Familienepitaph, das in der Laurentius-Kirche zu Itzehoe angebracht wurde, wo sich die Familiengruft befand (Abb. 11).[74] Wie aus dem Text im Unterhang hervorgeht, gab er das Epitaph 1578 in Auftrag. Das heute verlorene Denkmal zeigt im Mittelfeld ein Relief

**Abb. 11** Unbekannter Künstler: Epitaph der Familie Heinrich Rantzaus, vor 1590, Kupferstich auf Papier, 271 x 209 mm, aus Henniges 1590, fol. 76r, Stabi Hamburg, Scrin C/233

mit Christus am Kreuz. Unterhalb des Kreuzes heben zwei Engel den Deckel eines Sarkophags an, unter dem der Tod als Skelett mit einer Weltkugel hervorlugt. Im Hintergrund ist Segeberg mit dem Schloss auf dem Kalkfelsen zu erkennen.[75] Das zentrale Feld wird von zwei korinthischen, kannelierten Säulen flankiert, die ein verkröpftes Gebälk und einen Ädikulaaufbau mit Dreiecksgiebel tragen. Im Giebelfeld ist in einer strahlenden Sonne der hebräische Schriftzug „JHWE" angebracht. Der breite Sockelaufbau trägt auf der männlichen Seite die Figuren von Heinrich Rantzau und seinen sieben Söhnen, die sich als gerüstete Ritter in kniender Anbetung dem Kruzifix zuwenden. Die bereits verstorbenen Söhne sind mit Kreuzen gekennzeichnet. Auf der weiblichen Seite knien in langen Gewändern Christina von Halle und ihre fünf Töchter, von denen eine als verstorben gekennzeichnet ist. Die seitlichen Wandfelder sind mit den Wappen der Familie bestückt. Im Unterhang halten zwei Hippokampen Festons, deren Enden an den Ringen eines Rollwerkschilds befestigt sind. Die zentralen Schrifttafeln der Sockelzone und des Rollwerkschildes bilden einen zusammenhängenden Text, der zunächst die irdischen Güter Heinrich Rantzaus auflistet und dann auf die Trinität und auf das ewige Leben verweist.

Das Epitaph hat einen unmittelbaren Nachfolger in dem Epitaph für den königlich-holsteinischen Rat und Amtmann von Steinburg Benedict von Ahlefeld (1546–1606) und seine Frau Oelgard Rantzau (1565–1619), die dritte Tochter Heinrich Rantzaus, in der St.-Nicolai-Kirche zu Eckernförde.[76] Das architektonische Grundgerüst dieses Epitaphs ist aus schwarz gefärbtem Sandstein angefertigt, um belgischen schwarzen Marmor zu imitieren. Die Inschriften und Details der Ornamente sind golden gehöht. Das Hauptgesims, das den Ädikulaaufbau und die beiden Adoranten trägt, ist rot marmoriert. Die Figuren, das Relief im Hauptfeld, die korinthischen Säulen, die Wappen und der Unterhang sind aus Alabaster gefertigt und sparsam vergoldet. Das Relief im Hauptfeld zeigt Christus am Kreuz vor dem Hintergrund von Segeberg. Zu beiden Seiten des Kruzifixes halten zwei Engel die Mosaischen Gesetzestafeln und vermutlich einen Kelch (heute nicht mehr vorhanden). Unterhalb des Kreuzes lüften zwei Engel den Deckel eines Sarkophags, unter dem der Tod als Skelett, eine Weltkugel und der Teufel sichtbar sind. Oberhalb des Hauptfeldes steht Christus als Salvator Mundi in einer Rundbogennische, die von zwei Karyathermen eingefasst ist. An den Seiten befinden sich die Wappen Ahlefeld und Rantzau in runden Rollwerkkartuschen. Der Unterhang folgt eng dem Vorbild des Epitaphs für Heinrich Rantzau und seine Familie, indem es die Hippokampen, die Festons, die knaufartigen Blumenkörbe und die abschließende Maske wiederholt. Bei diesen Elementen handelt es sich um Übernahmen aus dem Formenrepertoire von Cornelis Floris. Mit der Wahl der Materialien suchten die Auftraggeber Anschluss an den hohen Standard, der durch die königlichen Monumente in Schleswig und Kopenhagen gesetzt worden war. Dabei folgten sie dem Verfahren, das Joachim Hincke bereits 1566 für das Grabmal Johann Rantzaus empfohlen hatte, indem sie den verwendeten Sandstein färbten. So lassen sich vom Ahlefeld-Epitaph auch Rückschlüsse auf die Material-

**Abb. 12**  Unbekannter Künstler: Schrifttafel, 1594, Bückeburger Sandstein, Maße nicht ermittelt, Schlosskirche Ahrensburg

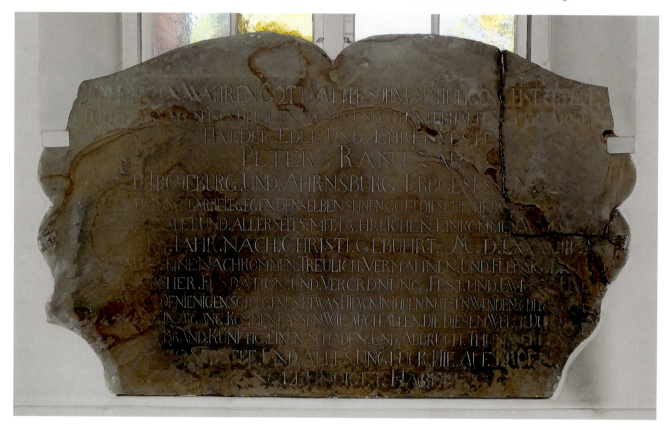

wahl des Epitaphs für Heinrich Rantzau und seine Familie ziehen.

Ganz anders als Heinrich Rantzau, der von einem prunkvollen Grabmonument für sich selbst absah, verhielt sich Peter Rantzau, der gemeinsam mit seinem Bruder Tönnies das aufwendige Grabmal für Daniel Rantzau gestiftet hatte. Er erbte von Daniel das Dorf Woldenhorn mit der Burg Arnesvelde und heiratete dessen nachgelassene Verlobte Katharina von Damme (1547–1577). Das Paar hatte einen Sohn, Daniel (1572–1590), der als Student in Padua der Pest erlag.[77] In einer zweiten, kinderlos gebliebenen Ehe war Peter mit Margrethe Rantzau († 1629) verheiratet.[78] Die südlich des Dorfes Woldenhorn gelegene Burg Arnesvelde ließ Peter ab 1590 zu einem Schloss ausbauen, das den Namen Ahrensburg erhielt.[79] Es ist eine bemerkenswerte Anlage auf regelmäßigem, quadratischem Grundriss mit vier schlanken Ecktürmen, umgeben von einem breiten Wassergraben. Heinrich Rantzau schrieb, dass dieses Schloss mit unglaublichen Kosten errichtet und im Inneren mit Gold und Silber prächtig ausgestattet worden sei.[80] Er zitiert auch eine Bauinschrift aus dem Jahr 1595:

> „Burg bin ich, berge in mir den Ruhm noch künftiger Zeiten; | AHRENSBURG heiß ich; mit Stolz eign' ich den Namen mir zu. | Einsam lag ich und wüst, zerborsten in Trümmer und Brocken: | Schöner steh ich nun hier als an der einstigen Statt. | PETER war's, der mich schuf, GOSCHs Sohn und löblicher Erbe, | RANTZAU auch er, den sein Blut bindet an uralten Stamm. | Wohl hat den Bau er bedacht: Dem Geschlecht der Rantzau zu Ehre | rag' ich, dem Könige auch, rage der Heimat zur Zier."[81]

Die Inschrift hebt hervor, dass das Schloss nicht allein seinem Erbauer, sondern vor allem der Familie Rantzau, dem König und dem Vaterland zur Ehre gereiche.[82] Gleichzeitig mit dem Schloss ließ Peter Rantzau die nahegelegene Schlosskirche erbauen, die als Grablege für ihn und seine Familie diente.[83] Die Gruft befand sich im Chorbereich unter dem Altar. Vermutlich war das Grabmal, das Heinrich Rantzau als ein prächtiges Werk aus Alabaster beschreibt, inmitten der Kirche vor dem Altar aufgestellt. Es ist fraglich, ob es sich bei dem Material wirklich um Alabaster handelte oder ob das Monument ähnlich wie das für Peters Bruder Daniel in Westensee aus Sandstein gefertigt war und einen Anstrich aufwies, der Alabaster vortäuschte. Jedoch ist nichts davon erhalten, denn Detlev Rantzau († 1746) ließ die Kirche ab 1716 umbauen und eine neue Gruft errichten.

**Abb. 13** Johannes oder Lucas van Doetechum nach Hans Vredeman de Vries: Rollwerkkartusche, Radierung auf Papier, 216 x 285 mm (Platte), aus Perret 1569, Rijksmuseum Amsterdam, RP-P-1977-144

Dennoch lassen zwei Bauinschriften aus dem 16. Jahrhundert die einstige Pracht und den Stil der Ausstattung noch heute erahnen. In der Gruftkapelle befindet sich unterhalb des nach Westen weisenden Fensters eine im zwanzigsten Jahrhundert hierher versetzte, stark beschädigte Kartusche mit einer Bauinschrift von 1594 (Abb. 12).[84] Die verwitterte deutsche Inschrift in lateinischen Buchstaben verweist auf Peter Rantzau als den Stifter der Kirche.[85] Sie ermahnt die Nachkommen zum Erhalt des Bauwerks und der damit verbundenen Stiftung der sogenannten Gottesbuden, zwei Armenhäusern, die zu beiden Seiten der Kirche errichtet wurden.[86] Die Inschrift verwünscht alle, die in Zukunft diesem Werk möglichen Schaden zufügen. Die Schrifttafel befand sich wahrscheinlich über dem westlichen Eingang der Kirche.[87] Ihre geschwungene Form lässt vermuten, dass sie nach dem Muster einer Vorlage für Kalligraphie von Hans Vredeman de Vries angefertigt wurde und ursprünglich eine aufwendige ornamentale Rahmung hatte (Abb. 13).[88]

Oberhalb der zum Chor führenden Tür im Osten der Kirche befindet sich außen eine ebenfalls 1594 datierte Schrifttafel (Abb. 14).[89] Der epitaphartige Aufbau zeigt im zentralen Feld das Rantzau-Wappen in einem rustizierten Bogen, der von Roll- und Schweifwerk mit Cherub, ewigen Flammen und gezaddelten Tüchern umrahmt ist. Die Inschrift befindet sich in einem querrechteckigen Feld unterhalb des Wappens. Der lateinische Text in eleganten kursiven Kapitalien verweist auf die Gründung des Kirchenbaus und die Stiftung der zu beiden

**Abb. 14** Unbekannter Künstler: Schrifttafel, 1594, Bückeburger Sandstein, Maße nicht ermittelt, Schlosskirche Ahrensburg

Seiten der Kirche angelegten Armenhäuser durch Peter Rantzau.[90] Der ornamentale Unterhang mit Rollwerk hat im Zentrum eine kleine Rundbogennische, die einen geflügelten Totenkopf und eine Sanduhr aufnimmt, zwei Symbole, die auf den Zweck der Kirche als Grabstätte verweisen. Ein ganz ähnliches, emblematisches Memento Mori hatte sich Heinrich Rantzau von Nicolaus Reusner erstellen lassen, dessen Illustration möglicherweise Hendrick Goltzius zuzuschreiben ist (Abb. 15).[91] Der Text dieses Blattes stellt den Tod als den Beginn des ewigen Lebens dar, welches den Frommen und Tugendsamen in der Zukunft erwartet.[92]

Abschließend lässt sich zusammenfassen, dass die prominenten Mitglieder der Familie Rantzau im 16. Jahrhundert für ihre verstorbenen Familienmitglieder und für sich selbst stattliche Grabmonumente setzen ließen, die sich an den in der Antwerpener Werkstatt des Cornelis Floris entstandenen Monumenten für die dänische Königsfamilie orientierten. Die Ausgestaltung im Einzelnen erfolgte dabei nach verschiedenen druckgraphischen Vorlagen und die Ausführung wurde in Norddeutschland tätigen Meistern überlassen. Dabei bediente sich Heinrich Rantzau für den Auftrag des Grabmals seiner Eltern des Agenten Joachim Hincke in Bremen. Der einzige identifizierbare Meister der hier behandelten Werke ist der Bremer Bildhauer Karsten Hausmann. Die Familie Rantzau wählte für die Grabmonumente Materialien, die zumindest den Anschein erwecken sollten, denen der dänischen Königsgräber zu gleichen. Jedoch wurde hier anstelle von Alabaster, schwarzem und buntem Marmor eher auf Bückeburger Sandstein zurückgegriffen, der durch Bemalung dem Aussehen von Marmor oder Alabaster angeglichen wurde. Wie aus der Empfehlung des Bremer Agenten Joachim Hincke an Heinrich Rantzau hervorgeht, war dies ein übliches Verfahren, um Materialkosten zu sparen. Allerdings wurde es dem Adel mit der Order Friedrichs II. von 1576 verboten, sich dieser Materialien zu bedienen, da sie dem König vorbehalten bleiben sollten. Man kann davon ausgehen, dass zumindest Heinrich Rantzau durch die Vermittlung von Agenten Kontakt zu niederländischen Künstlern hatte, doch mit Ausnahme von Goldschmieden und Grafikern lassen sich keine direkten Aufträge an niederländische Künstler nachweisen. Es ist jedoch anzunehmen, dass Heinrich Rantzau den Auftrag für das Epitaph seines Schwiegervaters im Dom zu Antwerpen an einen mit der Floris-Werkstatt verbundenen Bildhauer vergab. Nur in wenigen großen Städten wie Bremen, Hamburg und Lübeck gab es Steinbildhauerzünfte. Es ist anzunehmen, dass in diesen Städten, die als Umschlagorte für importierte Steine dienten, nicht zunftgebundene, aus den Niederlanden ausgewanderte Meister zeitweilig oder dauerhaft tätig waren. Sie waren vermutlich untereinander gut vernetzt und wurden von ihren jeweiligen Auftraggebern an Familienmitglieder weiterempfohlen.[93] Die Verbindungen der Künstler untereinander, mit Agenten und mit ihren Auftraggebern in Hamburg und Schleswig-Holstein bedarf noch weiterer Erforschung.

**Abb. 15** Unbekannter Künstler (Hendrick Goltzius?): Memento Mori für Heinrich Rantzau, 1590, Kupferstich auf Papier, 325 x 209 mm, aus Henninges 1590, fol. 77r, Stabi Hamburg, Scrin C/233

**Anmerkungen**

1. Haupt 1927; Lohmeier 1978b; Steinmetz 1991; Lohmeier 2000b.
2. Hogenberg/Novellanus 1589; Lauterbach 1592. Vgl. Steinmetz 1991, Bd. 2, S. 614–626, Kat. 51–66.
3. Braun/Hogenberg 1572–1618, Bde. 4 und 5.
4. Hendrick Goltzius: Brustbild von Heinrich Rantzau im Harnisch mit Elefantenorden, flankiert von zwei Pfeilern mit den Wappen der Familie, vor 1587, Kupferstich, ca. 181 x 137 mm, sign. HG F, in Reineccius 1587, fol. 37, wieder aufgenommen in Henninges 1590. Vgl. Steinmetz 1991, Bd. 1, S. 237–240; Bd. 2, S. 585f., Kat. 20; Lohmeier 2000b, S. 45; Wandrey 2018, S. 80f. Der zugrundeliegende Kupferstich ist Jakob Mores: Brustbild von Heinrich Rantzau im Harnisch mit später hinzugefügtem Elefantenorden, dat. 1574, sign. IM, Kupferstich, ca. 285 x 215 mm, in Henninges 1590, fol. 54v. Vgl. Stettiner 1916, S. 52; Posselt 1917, S. 276–278; Haupt 1927, S. 64; Steinmetz 1991, Bd. 2, S. 566, Kat. 1. Zu Heinrich Rantzau und Jakob Mores vgl. Winkler 1890; Olsen 1903; Schliemann 1985, Bd. 1, S. 94–103, Bd. 2, S. 52–55.
5. Walczak 2011, S. 77.
6. Hans Vredeman de Vries hielt sich mit Unterbrechungen mehrmals in Hamburg auf, zuerst 1587 im Auftrag Herzogs Julius von Braunschweig-Wolfenbüttel. Nach dessen Tod 1589 begab er sich nach Braunschweig und von dort 1591 nach Hamburg, von wo er 1592 nach Danzig verzog. 1596 war Hans Vredeman de Vries zurück in Hamburg. 1597 hielt er sich in Prag auf und von 1598 bis 1599 wieder in Hamburg. 1599 begab er sich nach Amsterdam, kehrte aber nach 1605 nach Hamburg zurück und blieb dort bis zu seinem Tod 1609. Vgl. Thöne 1963, S. 232f.; Borggrefe 2002, S. 23–30; Uppenkamp/Klemm 2005; Walczak 2011, S. 76.
7. Die Korrespondenz mit Justus Lipsius befasste sich vor allem mit Fragen der Astronomie und Astrologie. Vgl. Oestmann 2004 S. 154–156.
8. H. Rantzau 1580a; H. Rantzau 1580b; H. Rantzau/Conradinus 1581.
9. C. Rantzau 1866, S. 71f.
10. Lammert 1952.
11. Lindeberg 1591, fol. 109. Heinrich Rantzau stiftete noch weitere Epitaphien für Angehörige seiner Frau Christine von Halle. Vgl. Lammert 1952; Steinmetz 1991, Bd. 1, S. 260, Anm. 5.
12. Die Setzung des Epitaphs erfolgte nach der Heirat Heinrich Rantzaus mit Christine von Halle 1554 und nach seiner Ernennung zum Statthalter des dänischen Königs 1555. Das Epitaph wurde wahrscheinlich während der Spanischen Furie 1576 zerstört, da Lindeberg ausdrücklich von dem zweiten kriegerischen Aufruhr in der Stadt spricht. Es kann sich bei diesem Aufruhr also nicht um den Bildersturm von 1566 gehandelt haben.
13. Hedicke 1913, S. 28; Chipps Smith 1994, S. 192–195; Huysmans u. a. 1996, S. 96; Jolly 1999b, S. 18; Meganck 2005, S. 172; Meys 2009, S. 146–149, 537f.; Ottenheym 2013a, S. 104f.; Osiecki 2013b; Neville 2017, S. 316f.
14. Zur Verwendung von Tugenden und biographischen Inschriften an Grabmonumenten vgl. Panofsky/Janson 1992, S. 74–76.
15. Zur Rolle von Agenten allgemein und zu Jakob Binck vgl. Ottenheym 2013b, S. 66–70; Osiecki 2017.
16. Nachfolger fand das Epitaph für Dorothea von Dänemark in dem um 1586/88 von Wilhelm van den Blocke geschaffenen Epitaph für Johann Brandes in der Danziger Marienkirche und in dem zwischen 1619 und 1625 von Andreas Bremer geschaffenen Epitaph der Familie Kampian in der Kathedrale zu Lviv. Vgl. Kavaler 2013, S. 100f.; Skibiński 2014, S. 122; Lipińska 2014b, S. 158.
17. Panofsky/Janson 1992, S. 31, 69f. und Abb. 91, 281–285.
18. Unbekannter Künstler: Epitaph Walstorp, 1562, gotländischer Kalkstein, 249 x 144 cm, Marienkirche Bad Segeberg. Vgl. Haupt 1887–89, Bd. 2, S. 381; Haupt 1927, S. 46; Kamphausen 1960, S. 198; Beseler 1974, S. 748f.; Ketelsen-Volkhardt 1989, S. 26; Steinmetz 1991, Bd. 1, S. 260, Anm. 5, 261, Bd. 2, S. 687f, Kat. 141; K. Krüger 1999, S. 154f., S. 1129f. SGMA1; Neville 2017, S. 325f. Der Begriff der Floris-Schule geht auf Hedicke 1913 zurück. Zur Kritik dieses Begriffs vgl. Vijver/K. Jonge 2013; Neville 2017; Osiecki 2017.
19. Cornelis Floris: Zwei Epitaph-Entwürfe, links ein Ritter in voller Rüstung vor einem Kruzifix kniend, im Unterhang beschr. „SIc DEus […] aeternam", Radierung, 202 x 298 mm, aus: Floris 1557. Vgl. Huysmans u. a. 1996, S. 157, Abb. 183.
20. Im Fries steht in gotischen Minuskeln: „hir licht gerdt walstorp." Der Sockel, der als Ablage für den Helm des Ritters dient, trägt in lateinischen Buchstaben die Datierung: „ANNO 1562." Die Hauptinschrift lautet: „HENRICVS RANZAVIVS, D | IOHANNIS RANZAVII | EQVITIS AVRATI FILIVS | HVIVS ARCIS PRAEFECTVS | AVO SVO MATERNO GER= | HARDO WALSTORPIO, | EX PIA MATRIS SVAE POS= | TVLATIONE POSVIT." Vgl. Steinmetz, Bd. 2, 1991, S. 687: „Heinrich Rantzau, Sohn des ausgezeichneten Ritters Herrn

Johann Rantzau, der Amtmann der Burg, errichtete seinem Großvater mütterlicherseits, Gerhard Walstorp, aufgrund eines Wunsches seiner Mutter dieses."

21 Vgl. hierzu Kuyper 1994. Die Wappen ergeben keine Ahnenprobe des Memorierten. Es handelt sich entsprechend der männlichen Seite rechts um die Wappen der Familien Walstorp und Rantzau. Auf der weiblichen Seite links befindet sich zweimal das Wappen der Familie Sehestedt. Gerhard Walstorps Vater Hennecke († um 1490) war in zweiter Ehe mit Ide Sehestedt verheiratet, seine Schwester Mette († um 1500) mit Otto Benedikt Sehestedt († um 1480). Zur Zeit der Denkmalsetzung 1562 war noch keines der genealogischen Werke zur Familie Rantzau fertiggestellt. Die *Genealogia Ranzoviana* des Reiner Reineccius erschien erst 1587 und die *Genealogiae aliquot familiarum in Saxonia* des Hieronymus Henninges 1590.

22 Lohmeier 2000b, S. 33.

23 Braun/Hogenberg 1572–1618, Bd. 4, fol. 32: „In eadem ista Ecclesia multi etiam nobiles humati quiescunt, praesertim Walstorpij, quorum insignia ibidem appensa conspicientur, inter hos Gerhardus Walstorpius, cui Henricus Ranzovius in columna templi monumentum ex marmore Godlandico fieri curauit, in quo ipsius effigies, habitu armati equitis, ac ante signum crucis decumbentis cernitur, cum hac inscriptione. Henricus Ranzouius Domini Ioannis Ranzouij equitis aurati filius, huius arcis praefectus, auo suo materno Gerhardo Walstorpio, ex pia matris suae postulatione, posuit. Anno Christi 1562."

24 Unbekannter Künstler: Epitaph für Johann Rantzau, Kalkstein, 177 x 76 cm, SHLM Schloss Gottorf, Inv. 1911-109, aus dem ehemaligen Heilig-Geist-Spital in Kiel. Haupt 1887–89, Bd. 1, S. 564 vermerkt für die Kieler Heiliggeistkirche ein „Denkmal für Johann Rantzau, nach 1569, gleich dem in St. Nicolai." Steinmetz 1991, Bd. 2, S. 704f., Kat. 161: „Die Grabstele stammt aus der Holstenstraße 17 in Kiel." Vgl. auch Rumohr 1960, S. 198.

25 Hans Vredeman de Vries: Rollwerkkartusche mit Grotesken, ca. 178 x 137 mm, Vredeman de Vries 1555. Vgl. Fuhring/Luijten 1997, Bd. 1, S. 38, 41, Nr. 16; Kat. Lemgo/Antwerpen 2002, S. 237f., Kat. 62.

26 „Ano 1565, Is Her Joh | an Ranzow ges | torven Tom Breidenb | arge Hat Gelebet 73 | Jar Im Estandt 43 | Jar Ist Bi Sinen vor | varen begrave to Itzehoe."

27 Im SHLM Schloss Gottorf befindet sich ein 1556 datiertes Portal aus dem Adelshof von Johann Rantzau in Kiel, Inv. 1899-516.

28 Steinmetz 1991, Bd. 1, S. 224–228, Bd. 2, S. 394–401, Quelle Nr. 1.17–1.24.

29 Lindeberg 1591, fol. 103–163.

30 Steinmetz 1991, Bd. 1, S. 263; Bd. 2, S. 490f. (Quelle Nr. 1.34).

31 Karsten Hausmann: Büsten des Johann Rantzau und der Anna Walstorp, vom ehemaligen Grab in der St.- Laurentius-Kirche in Itzehoe, Sandstein, ca. 560 x 650 cm, Schloss Breitenburg. Vgl. Steinmetz 1991, Bd. 2, S. 692, Kat. 146.

32 Jakob Mores: Das Grabmal von Johann Rantzau und Anna Walstorp, Kupferstich, 1589, 352 x 250 mm, in: Henninges 1590, fol. 25v. Vgl. Haupt 1927, S. 58; Steinmetz 1991, Bd. 2, S. 691, Kat. 145; Neville 2017, S. 322–324.

33 „MDLXVI. IIOHANNI RANZOVIO NOBILI HOLSATO, QVI | post susceptum balthei militaris decus et perlustratas remotißimarum gentium | provincias quantum pacis bellique artibus omnibusque corporis atque animi exi= |mijs bonis enitipotuit, id omne secundum pietatem in Deum, uni patriae, eiusque/ laudatißimis principibus FRIDERICO I. CHRISTIANO III. et FRIDERICO II. Danorum ex ordine regibus, huiusque patruis IOHANNI et ADOLPHO Holsatiae ducibus impendit, | felicißimo euentu, ut pote summus cum iusto imp[…]io dux, exortis subinde bellis | destinatus, semper victor qui praeter copias, deditasque urbes atque arces, profligatos | eiectosque procul Cimbricis et Holsaticis firlibus hostes rebellium Dithmarsorum con= |tusam et fractam armis contumaciam, octies patentibus in campis diuersis prae= |coegerit impetrare, illustri et fidei erga patriam, eiusque principes et clementiae erga | victos gloria, quam ad fatalem maturae senectutis horam, sine fortunae ludibrio per= |duxit, sicque domi suae aetatis veniam nactus, omnibus animi sensibus integris, in | a quo acceperat, firma in Christum fide et ceta resurrectionis spe confirmatus | reddidit, HENRICVS et PAVLVS fily, parenti charissimo moerentes posuere. | Objit Anno Christi 1565. 12 Decemb. cum vixisset annos 72 et | Mensem unum |TeMpore, qVo Vere sVbIIt sVa fata Iohannes | RanzoVIVs VersVs Denotat eXIgVVs. | Uxor eius Anna Walstorpia vixit annos 72, reliquit nepotes ac pronepotes, | numero 48. mortua A.D. 1582. 29. die Decembris. | DEFVNCTA LOQVITVR. Ultima Ualstorpum proles hic Anna quiesco | functa viro, gnate, filiolaeque senex. | DIES MORTIS, AETERNAE VITAE NATALIS EST. | Des zeitlichen lebens ausgang: Ist des ewigen ein anfang." Zitat nach Henninges 1590, fol. 25v.

34 Panofsky/Janson 1992, S. 71–74; Hamann-MacLean 1978; Meys 2009, S. 87–91.

35 Unbekannter Künstler: Grabmal für Herzog Friedrich I. und Anna von Brandenburg, nach 1514, Bronze, 289 x 175 x 98 cm,

Bordesholm, ehemaliges Augustiner-Chorherrenstift. Vgl. Haupt 1887–89, Bd. 1, S. 527f; Beseler 1974, S. 620; K. Krüger 1999, S. 336–338, BHKL5; Meys 2009, S. 694.

36 Abb. siehe S. 109 und S. 156 in diesem Band, dort auch die Werkdaten. Vgl. R. Schmidt 1887; Haupt 1887–89, Bd. 2, S. 307–309; Hedicke 1913, S. 38–42; Roggen/Withof 1942, S. 105–107; Ellger 1966, S. 533–542; Beseler 1974, S. 700; Hamann-MacLean 1978, S. 95; Chipps Smith 1994, S. 176; Huysmans u. a. 1996, S. 81–83; Brand 1997; K. Krüger 1999, S. 1113–1115, SLDO22; Baresel-Brand 2007, S. 98–117; Meys 2009, S. 685–693; Neville 2017, S. 317; Albrecht 2019, S. 83f.

37 Schnittger 1901.

38 „FRIDERICO INCLYTO REGI DANIAE. | QVI PIVS ETS QVONDAM MERITO COGNOMINE DICTVS. | DANORVM HIC TEGITVR REX FRIDERICVS HVMO. | MORIBVS EGERGIIS NON DEGENERAVIT AVORVM, | CHRISTIERNO PRIMO DE GENITORE SATVS. | MORTEM POST PATRIS CVM FRATRE IOANNE RELICTVS, | REGIA CVI VIVO LECTIO PATRE DATA EST, | SLESVICI HOLSATIAE DVCATVS QVVM AMBO TENERENT, | INTER SE IN PARTES DISTRIBVERE DVAS. | MOX VBI CHRISTIERNVS, DEFVNCTO PATRE IOANNE, | VNANIMI ELECTVS VOCE SECVNDVS ERAT; | DANOS, HOLSATOS ADEO ACRITER INCITAT IN SE, | CEDERET VT TANDEM QVOS PREMIT ANTE IVGO. | QVO FACTO DANI FRIDERICVM IN REGNA VOCANTES, | IN DOMINVM REGEM CONSTITVERE SVVM. | PRINCEPS PACIGICVS QVI MODERATVR HABENAS, | HOSTIBVS EXTERNIS DANIA TVTA FVIT. | SYNCERA HEROVM NVLLI PIETATE SECVNDVS, | NEC HIS INSIGNI LARGITIONE MINOR. | REGNO PRAEFECTVS RERVM DVO LVSTRA POTITVR, | INVIDA QVVM VITAE STAMINA PARCA SECAT. | OBIIT ANNO M.D.XXXIII DIE APRILIS X." Zitat nach K. Krüger 1999, S. 114.

39 Cornelis Floris: Tumba mit Gisant, Radierung, 203 x 300 mm, in Floris 1557, fol. 6. Vgl. Panofsky/Janson 1992, S. 76 und Abb. 332; Huysmans u. a. 1996, S. 158, Nr. 185.

40 Steinmetz 1991, Bd. 1, S. 264.

41 Karsten Hausmann (?): Entwurf für das Grabmal für Johann Rantzau und Anna Walstorp, um 1566, Federzeichnung, 351 x 247 mm, Stadtbibliothek Augsburg, Sammelband 2° Gs 112 E, fol. 169. Vgl. Haupt 1927, S. 58; Steinmetz 1991, Bd. 2, S. 690, Kat. 144.

42 Breitenburger Archiv B 28 II. Zitat nach Steinmetz 1991, Bd. 2, S. 379, Quelle Nr. 1.6.

43 Breitenburger Archiv B 28 II. Zitat nach Steinmetz 1991, Bd. 2, S. 380, Quelle Nr. 1.6.

44 Die Alabastervorkommen im Herzogtum Braunschweig-Calenberg waren erst kurz zuvor entdeckt worden. Nach dem Tod Herzog Erichs von Braunschweig-Calenberg fielen die Steinbrüche an Herzog Julius von Braunschweig-Wolfenbüttel, der die systematische Erschließung und kommerzielle Verwertung der Rohstoffe in seinem Land entschieden vorantrieb. Vgl. Kraschewski 1978, S. 126–138; Lipińska 2017b.

45 Steinmetz 1991, Bd. 1, S. 265f.; Bd. 2, S. 382, Quelle Nr. 1.8: Vertrag zwischen Heinrich Rantzau und Karsten Hausmann das Grabmal von Johann Rantzau betreffend vom 22. Januar 1566, Breitenburger Archiv B 28 IV.

46 Eine Vorzeichnung zu dem Wandepitaph befindet sich im Breitenburger Schlossarchiv: Unbekannter Künstler (Karsten Hausmann?): Entwurf für ein Epitaph, um 1566, Rötel auf Papier, 302 x 211 mm. Vgl. Haupt 1927, S. 45, Taf. 18; Steinmetz 1991, Bd. 2, S. 689, Kat. 142.

47 Vredeman de Vries 1563; vgl. Fuhring/Luijten 1997, Bd. 1, S. 129–150, Nr. 137–163; Kat. Lemgo/Antwerpen. 2002, S. 261f., Nr. 96.

48 Hans Vredeman de Vries: Grabtumba mit liegendem Paar und Wandepitaph, Radierung, 166 x 209 mm, Vredeman de Vries 1563, fol. 17. Vgl. Fuhring/Luijten 1997, Bd. 1, S. 132, 144, Nr. 153.

49 Steinmetz 1991, Bd. 1, S. 266.

50 Steinmetz 1991, Bd. 1, S. 268–270; Bd. 2, S. 387–393, Quelle Nr. 1.14.

51 Unbekannter Künstler: Grabmal für Daniel Rantzau, 1569, Bückeburger Sandstein, 511 x 253 x 80 cm. Vgl. Henninges 1590, fol. 20v; Lindeberg 1591, fol. 152; Lübke/Haupt 1914, S. 304; Haupt 1887–89, Bd. 2, S. 222; Haupt 1918a; Haupt 1918b; Kamphausen 1960, S. 198; Beseler 1974, S. 656; Steinmetz 1991, Bd. 1, S. 267f.; K. Krüger 1999, S. 204, 1168–1170, WEKA3; Berking 2011.

52 Der hölzerne Baldachin wird bereits von Lübke/Haupt 1914 erwähnt, der sich auf Hörensagen stützte. Richard Haupt konnte 1918 im Bogen, der das Hauptschiff der Kirche vom Chor trennt, den Ansatz des Baldachins ausfindig machen. Der endgültige Nachweis für die Existenz des Baldachins gelang Christina Berking durch die Auswertung eines Briefes des Pfarrers Franz Leonhard Kramer vom 22. September 1769. Vgl. Berking 2011, S. 42f.

53 Hans Vredeman de Vries: Grabtumba mit liegender Ritterfigur und Baldachin, Radierung, 167 x 209 mm, Vredeman de Vries

1563, fol. 10. Vgl. Fuhring/Luijten 1997, Bd. 1, S. 131, 140, Nr. 146. – Die Kombination eines Kenotaphs mit liegender Ritterfigur und einem Epitaph ebd., fol. 12. Vgl. Fuhring/Luijten 1997, Bd. 1, S. 131, 141, Nr. 148.

54  Die Ur-Urgroßväter von Heinrich und Daniel, Gottschalk I. und Caius, waren Brüder. Vgl. Reineccius 1587, s. p.

55  Haupt 1918a, S. 259. Heinrich Rantzau ließ eine Denkschrift auf den Tod Daniel Rantzaus verfassen. Vgl. Lindeberg 1591.

56  Haupt 1918a; Haupt 1918b; Ha. Schmidt 1993, S. 15–17; Berking 2011, S. 12f.

57  Berking 2011, S. 13.

58  Haupt 1918a, S. 260.

59  Haupt 1918a, S. 261.

60  Unbekannter Künstler: Epitaph für Daniel Rantzau, 1569, Bückeburger Sandstein, 350 x 234 cm. Vgl. K. Krüger 1999, S. 1168–1170, WEKA3; Berking 2011, S. 29–32.

61  „EPITAPHIVM | DANIELIS. RANTSOVY. HEROIS. ET | NOBILITATE. SCIENTIA. LITERARVM. ET | MILITARIS. FORTITUDINE. ET. A | CLARISSIMI | CONSILIO DEXTRAQU POTENS ET GLORIA MARTIS | HOC SITUS EST DANIEL MARMORE RANTSOVIVS | CIMBRICA GENS PATRIAM PRAECLARV GOSCIVS ORTV | PRAEBVIT ANTIQVA NOBILITATE PARENS | LEVCORIS INGENIVM EXCOLVIT GENS ITALA MORS | ET LINGVAM FORTES ITALA TERRA MANVS | OMNIA QVAE PATRIAE REDIENS CONVERTIT IN VSVM | DVM CAPVT EST BELLI REX FRIDERICE TVI | DVM SPONSAE ET VITAE PATRIAE PRAEPONIT AMORE | ET RVIT INTREPIDA SPONSVS IN ARMA MANV | PRO PATRIA NVNC ILLE JACET NON ENSE PEREMPTVS | MACHINA MURALIS TALIA DAMNA DEDIT | DEFVNCTVM LVGET VIRTVS REX PATRIA FRATRES | SPONSA FIDES BONITAS CYPRIA PALLAS HYMEN | HOSTIS ET IPSE DOLET RAPVIT LVX VNA SED ILLE | POST MODO VIX SIMILEM SECVLA LONGA DABVNT | ALIVD | SVECORVM JACET HIC DOMITOR TERRORQU PAVORQU | SPES CHARITVM GENERIS GLORIA MARTIS HONOR | INGENIVM PIETAS GRAVITAS FACVNDI CANDOR | CVNCTA SVB HOC DVRO MARMORE CLAVSA JACENT." Zitat nach Berking 2011, S. 106, Appendix, Text 1. Übersetzung Barbara Uppenkamp: „Epitaph des Helden Daniel Rantzau, berühmt als Edelmann, für seine Kenntnis der Wissenschaften und für sein Kriegsgeschick, machtvoll bei der Verteidigung, treu und glorreich im Kampf. Hier unter diesem Marmor liegt Daniel Rantzau. Aus dem Geschlecht der Zimbern, von nobler Abkunft durch seinen Vater, Gosche. Wittenberg kultivierte seinen Verstand, das italienische Volk seine Manieren und Sprache, der italienische Boden seine starken Hände. Zurückgekehrt in seine Heimat setzte er diese Vorzüge zum Wohle der Familie ein und als oberster Befehlshaber in deiner Schlacht, König Friedrich, zu einer Zeit, als er die Liebe zum Vaterland über die Liebe zu seiner Verlobten und die Liebe zum eigenen Leben stellte, und trotz seiner Verlobung eilig und standhaft dem Ruf zu den Waffen folgte. Hier liegt er, vom Tod ereilt, nicht durch das Schwert eines anderen, sondern durch eine Maschine. Er, der gestorben und von uns gegangen ist, wird von der Tugend betrauert, vom König, vom Vaterland, von seinen Brüdern, von seiner Verlobten, von der Treue und der Wahrheit, von der Güte, von Cypris, von Pallas, von Hymen, sogar vom Feind. Ein einziger Tag trug ihn davon. Sicher wird es für Hunderte von Jahren keinen wie diesen geben. Ein anderes: Hier liegt der Bezwinger Schwedens, seine Furcht und sein Schrecken, die Hoffnung derer, die ihn liebten, die Herrlichkeit einer Dynastie, die Ehre des Kampfes, das Talent, die Frömmigkeit, die Strenge und die Beredsamkeit. All das liegt verborgen unter diesem harten Marmor."

62  „[…] ERBGE […] | […] TROIBVRCK VND | DEM DVRCHLEVCHTIGSTEN GROS | MECHTIGEN FVRSTEN VND HER. HERN FRIDRICHEN | DEN ANDERN ZV DENNEMARCKEN NORWEGEN | KONIGE VND DERSELBEN KONNIGREICHE VOR EINEN | FELDTOBRISTEN KEGEN SCHWEDEN VND DESSELBEN | KONIGE FAST IN DAS SIEBEND JHAR GEDIENET VND | IN DERSELBIGEN ZEIT MIT DENN FEIENDEN VIELE SCHARMUTZELL | VND SCHLACHTVNG GEHALTEN DARVNTHER | DIE FVRNEMBSTE UFF AXSTORFF HEIDE GEWESEN DA | EHR MITT 4000 MAN 26000 AVS DEM FELDE GESCHLAGEN | VND IN SCHWEDEN BIS ANHERO VNER | FARENE WEGE EROFFENET VND IN DEM HARTEN WINTER | VNGEACHTET DER FEIENDE GEWALTIGE VORHINDERVNGE | VND TEGLICHE PROVIANDT ABSTRICKVNGE | GEZOGEN DREI FELDTOBRISTEN MIT SEINEM HAVFFE | GEFANGEN VND ES SO WEITH GEBRACHT DAS KONIG | ERICH IN GEFENCKNVS GERATHEN, KONNIG HANS | VMB FRIEDTSHANDLVNGE GESONNEN VND DAS HAVS | WARDBVRGK BELAGERT DAFVR EHR DVRCH DEN KOPF | ERSCHOSSEN, WELCHES HAVS SICH HERNACHER ERGEBEN | MVSSEN. VND SONST ALLEZEIT SICH TREW | LICH EHRLICH MANLICH VND RITTERLICH INN SEINEM | DIENSTE KEGEN SEINEN KONNIG VND HERN DEM | REICHE

DENNEMARCKEN VND SEINEM VATER | LANDE ZV GVTTEM VORHALTEN DAFVR AVCH SEIN | BLVTH VND GVDT VERGOSSEN VND GESPILDET, SOHABEN | TONNIES VND PETER RANTZOW IHREM FRVNT | LICHEN VIELGELIBTEN BRVDERN ZVM EWIGEN GE | DECHNVSSE DIS GRAB LASSEN SETZEN VND AVRICHTEN | VND IST ERSCHOSSEN WORDEN IM JHARE NACH | CHRISTI GEBVRT M D L X I X AHM EILFSTEN TAGE DES | MONATS NOVEMBRIS ZWISSCHEN ZEHENN ELFE VHR." Zitat nach Berking 2011, S. 108f., Appendix, Text 2.

63  Brief Heinrich Rantzaus an Joachim Hincke vom 27. November 1569, in H. Rantzau 1593, S. 44–46. Vgl. Berking 2011, S. 21.

64  H. Rantzau 1739, Sp. 119: „[…] sepultus in pago Westensehe & monumento plane regio a fratre Petro Ranzovio decoratus […]". Vgl. Haupt 1918a, S. 259; Kat. Schleswig 1999, S. 160; Berking 2011, S. 8.

65  Zu den französischen Königsgrabmälern vgl. Panofsky/Janson 1992, S. 75–80; Baresel-Brand 2007, S. 47–61, mit weiterführender Literatur. Zur Rezeption in den Niederlanden vgl. Bass 2017.

66  Génard 1879; Hedicke 1913, S. 55f., 62; Roggen/Withof 1942, S. 115; Jensen 1951, S. 1836–1843; Honnens de Lichtenberg 1981; Huysmans 1987; Ruyven-Zeman 1992, S. 194f.; Huysmans u. a. 1996, S. 89–92, 137–141; Baresel-Brand 2007, S. 113–117; Johannsen 2010; Lipińska 2014b, S. 161f.; Neville 2017, S. 316–321; Albrecht 2019, S. 88f.

67  A. Ahmels 1924; Baresel-Brand 2007, S. 64-80; Meys 2009, S. 409–416.

68  C. Ahmels 1917; Chipps Smith 1994, S. 197; Baresel-Brand 2007, S. 80–95; Meys 2009, S. 511–518; Lipińska 2014b, S. 161f.; Albrecht 2019, S. 84f.

69  Kuyper 1994, Bd. 1, S. 139; Meyere 2010; Roding/Hijman 2013; Bass 2017, S. 176–181.

70  Pfarrer Kramer beschreibt in seinem Brief vom 22. September 1769, dass der Baldachin geschnitzte und vergoldete Füllungen hatte. Vgl. Berking 2011, S. 47.

71  Hedicke 1913, S. 44–46; Roggen/Withof 1942, S. 110; Huysmans u. a. 1996, S. 87f.; Johannsen 2010, S. 146; Ottenheym 2013a, S. 108.

72  Das Grabmal wurde 1822 schwer beschädigt und ist heute nur noch in Resten erhalten. Vgl. Huysmans u. a. 1996, S. 88.

73  Jensen 1953, S. 10f., 138; Ellger 1966, S. 36; Chipps Smith 1994, S. 176; Baresel-Brand 2007, S. 114, 117.

74  Unbekannter Künstler: Epitaph der Familie Heinrich Rantzaus, vor 1590, Kupferstich, 271 x 209 mm, Henniges 1590, fol. 76r; Lindeberg 1591, fol. 161; Haupt 1887–89, Bd. 2, S. 488f.; Ketelsen-Volkhardt 1989, S. 131f.; Steinmetz 1991, Bd. 2, S. 693, Kat. 147.

75  Die Darstellung entspricht der Darstellung Segebergs in Braun/Hogenberg 1572–1618, Bd. 4.

76  Unbekannter Künstler: Epitaph für Benedict von Ahlefeld und Oelgard Rantzau, um 1600, Sandstein und Alabaster, Maße nicht ermittelt, Eckernförde, St.-Nicolai-Kirche. Vgl. Ketelsen-Volkhardt 1989, S. 131f., 287. Einen vergleichbaren Aufbau und eine ähnliche Materialkombination hat auch das Rantzau-Epitaph aus Neustadt im SHLM Schloss Gottorf. Vgl. Ketelsen 1984.

77  H. Rantzau/Lindeberg 1590.

78  Margrethe war eine Tochter von Paul Rantzau, Amtmann auf Fehmarn († 1565) und seiner zweiten Frau Catharina Sehestedt.

79  Hirschfeld 1959, S. 73f.

80  „Arnsburgum olim Oldenhorna. Oldenhorna olim, nunc Arnsburgum dicta arx est quadrata forma constructa et admodum munita fossa profunda aggereque excelso. Arcis singuli anguli singulas turres impositas habent. Pons est e lapide vivo siliceo, qualis his in oris nunquam antehac fuit visus; aedificium Italico architecturae artificio constructum est conclavibus intus partim aureo, partim argenteo colore abductis incredibili sumtu Petri Ranzovii, qui etiam non procul arce templum condidit mira venustate exornatum, xenodochio et habitationibus pro ecclesiaste et caeteris personis, quibus templi cura commissa est, undequaque cinctum. Sepulturam ipse suam in templo vivus sibi nec non uxori et filio praemortuis e lapide alabastrino construi fecit. De hac arte sequens exstat epigramma." H. Rantzau 1739, Sp. 16f., Zitat nach Kat. Schleswig 1999, S. 110f. Für die deutsche Übersetzung vgl. Kat. Schleswig 1999, S. 217.

81  H. Rantzau 1739, Sp. 16f.: „Arx ego temporibus fama victura futuris | ARNSBURGUM proprio nomine dicta vocor. | Desolata situ, laceris et diruta saxis | cultior antiquo sito reparata loco. | Praestitit hoc PETRUS, GOSCHII laudata propago | Ranzovius, priscis quem genus addit avis. | Non temere id factum. Celebri seg gentis honori | et REGI et PATRIAE sum bene structa meae." Zitat nach Kat. Schleswig 1999, S. 110f. Für die deutsche Übersetzung vgl. ebd., S. 217.

82  Hirschfeld 1959, S. 71–73; Beseler 1974, S. 839–841. Die Inschrift war noch bis in das letzte Viertel des achtzehnten Jahrhunderts sichtbar und wurde offensichtlich von der Familie Schimmelmann, die das Schloss 1759 erwarb, im Zuge von Umbauten entfernt. Vgl. Hirschfeld 1959, S. 73.

83 Hirschfeld 1959, S. 73; Beseler 1974, S. 837–839.

84 Unbekannter Künstler: Schrifttafel, 1594, Bückeburger Sandstein, Maße nicht ermittelt, Schosskirche Ahrensburg.

85 „[DEM]. [EINZIGEN]. WAHREN. GOTT. VATTER. SOHN. UND. HEILIGEN [GEIST] […] | […] SEINES. HEILIGEN. WORTS. UND. ZU. UNTERHALTE […] […] […] | HAT. DER. EDLE. UND. EHRENVESTE. | PETER RANTZAU | [HERR] ZU. TROYEBURG. UND. AHRNSBURG. ERBGESESSEN | […] DANCKBARKEIT. GEGEN. DENSELBEN. SEINEN. GOTT. DIESE. KIRCHE. PA[UEN] | […] […] UND. ALLERSEITS. MIT. IÆHRLICHEN. EINKOMMEN. […] | [IM.] JAHR. NACH. CHRISTI. GEBUHRT. M. D. LXXXXIIII | […] [ALLE] SEINE. NACHKOMMEN. TREULICH. VERMAHNEN. UND. FLEISSIG […] | […] [SOLCHER.] FUNDATION. UND. VERORDNUNG. FEST. UND. EWIG […] | […] | […] DENIEGIGEN. SO. FOLGENDS. ETWAS. HIEVON. IN. IHREN. NUTZEN. WENDEN. ODER | […] NIDERGANG. KOMMEN. LASSEN. WIE. AUCH. ALLEIN. DIE. DIESEM. WERK. […] DU […] | […] BRAND. KÜNFTIG. EINEN. SCHADEN. UND. ABBRUCH. THUN […] | [GOTTES] STRAFE. UND. ALLES. UNGLÜCK. HIE. AUF. [ERDEN] | […] […] HABE."

86 Zu den Gottesbuden vgl. Hirschfeld 1959, S. 73; Beseler 1974, S. 837–839.

87 Über dem heutigen Eingang im Westturm der Kirche, der aus der Umbauphase des achtzehnten Jahrhunderts stammt, befindet sich eine rezente Kopie der Schrifttafel.

88 Hans Vredeman de Vries: Rollwerkkartusche, Radierung, ca. 220 x 225 mm, aus Perret 1569. Vgl. Fuhring/Luijten 1997, Bd. 1, S. 256–282, Nr. 289–323; Kat. Lemgo/Antwerpen 2002, S. 247, Kat. 78.

89 Unbekannter Künstler: Schrifttafel, 1594, Bückeburger Sandstein, Maße nicht ermittelt, Schlosskirche Ahrensburg.

90 „PETRVS RANTZOVIVS GOSGY FILIVS DOMIN; | IN TROIBVRGK ET ARNSBVRGK HOC TEMPLVM | ET NOSOCOMION VICINVM CVM CAETERIS | AD HAEC PERTINENTIBVS FVNDAVIT ANNO | CHRISTI M.D.XCIIII."

91 Unbekannter Stecher (Hendrick Goltzius?): Memento Mori für Heinrich Rantzau, 1590, Kupferstich, 325 x 209 mm, aus: Henninges 1590, fol. 77r. Vgl. Stettiner 1916, S. 7; Steinmetz 1991, Bd. 2, S. 609, Kat. 45; Harms 1989.

92 Steinmetz 1991, Bd. 2, S. 609: „Was bedeutet diese Gestalt des neuen Cranio (Schädels)? Was bedeutet die Stunde? Was bedeutet die oberhalb des Cranius neu entstandene Saat? Natürlich ist es der Tag des Todes, beständig entsteht der Ursprung des Lebens. Wer an der Welt stirbt, der entsteht durch Gott. Offenbar gefällt Dir das, Heinrich, als Symbol, Du berühmter Held. Das rät Dir Deine Frömmigkeit selbst. Aber, daß Dir dennoch ein später Todestag zufalle, wünsche ich, damit Deine Tugend eine lange Zeit währe. Und in welcher Stunde auch immer Gott Dich aus eigenem Willen beschenkt hat, sie sei Geburtstag ewigen Lebens. Nicolaus Reusner."

93 Jolly 1999a; Meganck 2005; Walczak 2011; Osiecki 2013a; Ottenheym 2013a; Ottenheym 2013b; Kavaler 2013; Skibiński 2014.

Register der lidtmaeten deser kercken
die met getuychnussen angekommen, ofte
door bekentnuss haeres geloofs an=
genomen syn van
iahr 1603 af.

### door Bekentenisse

Adriane de Kater ionge dochter
Maycken Ryckart Gouarts huysfraw
Tameken Jacob Ons huysfraw
Willem de Bruin
Albert Nolden
Hans Tornol
De huysfraw van Francoys van Axel
Francoys van Axel
Frederic van Roi iongman
Pierre Martin iongman
Jeanne Gadou ionge dochter

### Ledematen der Kercke
door bekentenisse ange=
nomen aō 1603 den
6 Novemb. ten tyden Joā Arc. fil.

Jan die meyer
Magdalene van den Oudenuelte
  ionge dochter
Neel dircx die huysvrouwe
  van Arien teunis
Dirck willems, met sijn huysvrouwe
Maycke Colliers wedewe
Trijn Bose
Nartie Coerten die huysvrouwe
  van Coert Leuerts

### Met getuychnisse

Ama Diricksen met getuych
  van ~~Middelburch~~ Enchuysen
Dauid Decobee met getuychn.
  van Middelburch
Gouart van de Cappen ende
  huysfraw van Staden met
  getuychniss Doctoris Bolij ver.
Baycken Peters wedewe met
  tuychniss van Amsterdam
Betcken vander Straten met
  tuychniss van Jacobo Regio
  Gent vant iahr 1584 te vor
  op plaetsen gewoont hebbend
  daer geen gemeente en was.
Wouter Woutersen met getuy
  van Mr Gilles Burs van Middelbu.

### Met getuych.

Lijsken verhult iō.
  dochter
Hendrick La Rue en
  Bara sijn huysvrouwe
Willem Coenraedts en
  Lena Dombre sijne h.
  vrouwe
Louwijs iōden homme
  de George Cole
Cornelis de Croock
Jacob van Daedt

*Elsabeth A. Dikkes*

# FROM ANTWERP TO GOTTORF – NEW ARCHIVAL FINDINGS IN RELATION TO JACOB VAN DORT (C. 1575–1629)

## Introduction

In the first quarter of the seventeenth century, a magnificent portrait was created of the German Count Ernst von Schaumburg (1569–1622) (fig. 1). The portrait, which was acquired by the Schaumburg-Lippe family a little over a decade ago, now hangs in Bückeburg Castle in Schaumburg in Lower Saxony.[1] The portrait of Ernst von Schaumburg forms an important addition to the castle's historical collection and testifies to the family's political and artistic achievements during the early seventeenth century. In 1601, Ernst von Schaumburg inherited two separate counties: Schaumburg to the west of Hannover and the smaller territory of Pinneberg in Holstein, Northern Germany.

After his accession to the shared government of these counties, Ernst von Schaumburg employed artists and architects of high international status, making him one of the most important patrons in the history of Schaumburg and Pinneberg. Many of these artists originally came from the Netherlands and spent a significant part of their lives in the German territories.[2]

In 2008, the art historians Heiner Borggrefe and Thomas Fusenig attributed the portrait to Jacob van Dort (c. 1575–1629),[3] a presumably Netherlandish artist who worked for a large number of patrons in Northern Germany, Denmark and Sweden. Based in Hamburg in the early 1600s, Jacob van Dort was a royal portraitist who used a wide range of different materials and sizes for his works: wax, oil, gold, silver and watercolour paint were applied to make busts, large paintings and miniature portraits for commissioners from various German and Scandinavian courts. Archival sources and paintings, both signed and attributed, connect the artist to courts as far apart as London, Gottorf, Wolfenbüttel, Brandenburg, Mecklenburg, Copenhagen and Stockholm.

Despite his success in obtaining positions at various European courts, the life of Jacob van Dort has not been extensively researched. To date, there exists no monography on the artist and his biography is based on fragmentary evidence from Northern Germany, Denmark and Sweden. His name is primarily associated with that of the Danish King Christian IV (1577–1648), who was an important patron of the artist between 1610 and 1626.[4]

It is the goal of this article to present a number of important manuscripts, previously unpublished, which add new knowledge to the currently known biography of the master. These are specifically important in situating the artist's descent, education and his family. Until now, these matters have merely been the subject of speculation. Using the Gottorf archives as a starting point, this study will add to this knowledge by introducing a more unknown episode of the artist's life.

## Gottorf

At first, Borggrefe and Fusenig considered the portrait of Ernst von Schaumburg to be made by the painter Pieter Isaacsz (1569–1625),[5] who traveled through Northern Germany and Italy, but who is not known to have worked for Ernst von Schaumburg. On the basis of stylistic evidence, they finally

Elsabeth A. Dikkes

**Fig. 1** Jacob van Dort (attributed): Count Ernst von Schaumburg, c. 1620, oil on canvas, 110 x 100 cm, Schloss Bückeburg, 1546

attributed the work to Jacob van Dort, who is known for his more soft anatomical qualities which are also found in his miniature portraits.[6] More evidence which would confirm the relationship between the portrait of Ernst von Schaumburg and Jacob van Dort, for example in the form of a contract or payment accounts, has never been presented. The payment

# From Antwerp to Gottorf – New Archival Findings in relation to Jacob van Dort (c. 1575–1629)

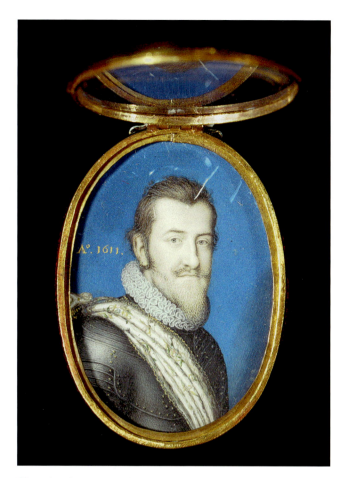

**Fig. 2** Jacob van Dort: King Christian IV of Denmark, 1611, gouache on parchment, in oval gold locket, 4,5 x 3,3 cm, The Danish Royal Collection, Rosenborg Castle Copenhagen, 3.84

**Fig. 3** Jacob van Dort: Anna Katharina von Brandenburg, 1612, gouache on parchment, standing oval, 6 x 4,5 cm, The Danish Royal Collection, Rosenborg Castle Copenhagen, 3.85

accounts from the court of Gottorf form one of the most elaborate sources for tracing the artist's first presence in Northern Germany, shortly before and during the early seventeenth century. In 1596, Abraham van Dort (c. 1575–1640),[7] a presumed brother of Jacob van Dort, was mentioned in these accounts. He was paid three times by Duke Johann Adolf von Schleswig-Holstein-Gottorf (1575–1616) for wax sculptures and paintings.[8]

In the same year, a third possible brother with the name of Isaac van Dort was mentioned in Rostock. He produced similar objects for Christian IV, who was coronated in 1596. He probably belonged to a large group of artists who travelled to Northern Germany to prepare the Prince's festive entries in several cities. At the same time, Isaac's presumed brothers Abraham and Jacob worked for Johann Adolf, who, through his marriage to a sister of Christian, Princess Augusta (1580–1639), became a brother-in-law of the King.[9]

Two years later, an employment contract between Jacob van Dort and Duke Johann Adolf was drafted.[10] The appointment contract describes Jacob van Dort as a "kunstmahler"[11], a term which could refer to a wide range of artistic activities. Like Abraham, Jacob van Dort was a typical court artist who created royal portraits and used the same materials as his brother. The records inform us that Jacob produced a great number of diverse works ranging from portraits both small and large, sculpted in wax and painted. In addition, he was paid for an assistant, gold and silver paint and a writing table with a small booklet inlaid with crystals and diamonds, which was probably used for painting miniatures. No other artists are known to have practiced this artform in Scandinavia before him.[12]

205

None of the works described in these accounts seem to have survived. Most of the artist's works which are still preserved today are owned by the Danish Royal Collection, housed at Rosenborg Castle in Copenhagen.[13] They include portraits of King Christian IV and his relatives, his first and second wife Anna Katharina von Brandenburg (1575–1612), Kirsten Munk (1598–1658) and his sister Elizabeth of Denmark (1573–1625)[14] (figs. 2–3).

The payments from Gottorf inform us that the artist was present at the court in 1621, 1622, 1626, 1627 and 1628. In between his activities at the court, he travelled back to his home base in Hamburg.[15] He continued to live there when Johann Adolf was succeeded by Frederik III (1597-1659) as the Duke of Gottorf. During these years, Van Dort found employment with the Dukes of Wolfenbüttel and with the Danish and Swedish Kings successively.[16] A letter of recommendation by Christian IV to King James I of England (1566–1626) from 1625 also connects him to the courts of London in his later years, although it is unknown if he really visited there.[17] It was in the same city where his brother Abraham would serve as the first Surveyor of the King's Pictures under Charles I (1600–1649) after a return from Prague in 1616.[18]

Jacob van Dort continued to deliver work for the Northern German and Danish courts with some interruptions from the earliest known year of his German entry until 1626, shortly after which he ended up in Stockholm. In the Swedish capital he worked for King Gustav II Adolf (1594–1632) and his wife Queen Maria Eleanora of Brandenburg (1599–1655) until 1629. He died in Stockholm in the same year.

### Hamburg and Altona

Three documents from the Hamburg State Archives can be added to the small number of existing archives in which Jacob van Dort is mentioned and upon which most of his current biography is based. These contain important information about Jacob van Dort's time in Northern Germany and a possible point of access to Count Ernst von Schaumburg.

The manuscript documents beg for a quick historic background. After Ernst von Schaumburg had taken up his new residency in Stadthagen in 1601, he initiated a large series of building activities in Schaumburg and Pinneberg. Not only did he expand the former building projects of his father Otto IV (1517–1576),[19] he also acted as a building contractor for many new projects which supported the illiterate and the poor.[20] In contrast to Otto IV, who became involved in the Spanish King Philip's II (1527–1598) military campaigns against the Netherlands, Ernst von Schaumburg became known as a clever financial investor who spent large revenues on his domains.

His role as a pious sponsor of the arts in Pinneberg particularly becomes clear from his involvement in Altona. Altona was a growing, economically competitive town located at the Elbe river to the west of Hamburg. Ernst's half-brother Adolf XIV (1547–1601), who was the previous ruler of Pinneberg, had already allowed Walloon and Flemish refugees of the Reformed religion to settle in Altona for economic reasons.[21] The Count continued the policies of his half-brother and attracted many Netherlandish settlers from Hamburg to Pinneberg. This mainly concerned craftsmen and traders with great talent and economic capital. He offered them to live in his domain under good and economically attractive conditions.

In Hamburg, there existed no Reformed churches and most of the Netherlanders only lived in the city for their profession or trade. With only Lutheran churches nearby, they had no alternative but to either travel the far way to the village of Stade, where another Reformed community and church had been established since 1588, or remain inside the city walls to practice their religion at the risk of prosecution.[22]

It was not until the accession of Ernst von Schaumburg and the arrival of his brother-in-law Landgrave Moritz von Hessen-Kassel (1572–1632) in Pinneberg when the Netherlanders of Hamburg started to enjoy more religious freedom. In July 1601, not long after Ernst's accession as the Count of Holstein-Pinneberg, Moritz von Hessen-Kassel travelled to Holstein with his wife Agnes von Solms-Laubach (1578–1602). The Netherlandish community in Altona seized the occasion to ask the Landgrave to mediate between the community and his brother-in-law. Moritz was familiar with the cultural background of the Netherlanders. Not only was he married to a Calvinist woman, but his Landgraviate of Hessen-Kassel had also long served as a refuge for Protestants.[23] The mediation by Moritz was successful and in 1602 Ernst readily made his land in Altona available for the construction of a church and a preaching house. One year later, their constructions were complete and the Reformed inhabitants of Pinneberg were now permitted to follow church sermons in German, Flemish and French. The church was named after the privilege, the

*Freyheit*, granted by the Count to craftsmen to freely exercise their profession.[24]

Upon the creation of the *Freyheit* in 1603, a register was made which listed the names of those who were newly accepted into the church of Altona (fig. 4). This register survives in a manuscript of seven pages in different handwritings and is titled: "Register der lidtmaeten deser kercken die met getuijchniisen angekommen, ofte door bekentniiss haeres geloofs angenommen sijn vant iahr 1603 af"[25] (Register of members of this church who have been accepted through their testimony or confession of their faith from the year of 1603). The first members were listed on November 17, 1603, not long after the completion of the church.

On the first page, we find "Iacob van Dordt" listed as one of the first new members of the church in 1603. He became a member of the Netherlandish church through a confession of his Protestant faith. In addition to many Netherlandish names, we also find names in French, suggesting that many members came from the Southern Netherlands. Jacob van Dort, whose origins were thus far mostly unclear, is therefore likely to have come from a Southern Netherlandish family who migrated to Northern Germany during the last quarter of the sixteenth century. This pushes back the date of the artist's first known presence in Hamburg to 1603,[26] which is about seven years before he was first mentioned in Wolfenbüttel near Braunschweig and Copenhagen.[27]

The manuscript furthermore shows that two years after the Count's accession to the shared government of Schaumburg and Holstein-Pinneberg, the artist already visited a city in the Count's lands. Like many other Netherlandish settlers, Van Dort commuted from Hamburg to Altona frequently to join the church sermons in his own language. This can be confirmed on the basis of a second manuscript page from a small book which also belonged to the Netherlandish community of Altona. This important book again lists the names of the Netherlandish church members, but this volume also includes their living addresses and sometimes even mentions their profession. Seven days after Jacob van Dort had travelled to the *Freyheit* to become a member, he was recorded as a "sone van Cornelis van Dort, woont by den vader op monkendam"[28] (son of Cornelis van Dort, living with his father on the Mönkedamm) on November 25, 1603 (fig. 5).

In the late sixteenth century, the Mönkedamm was a street in Hamburg along the Mönkedammfleet, a canal connected

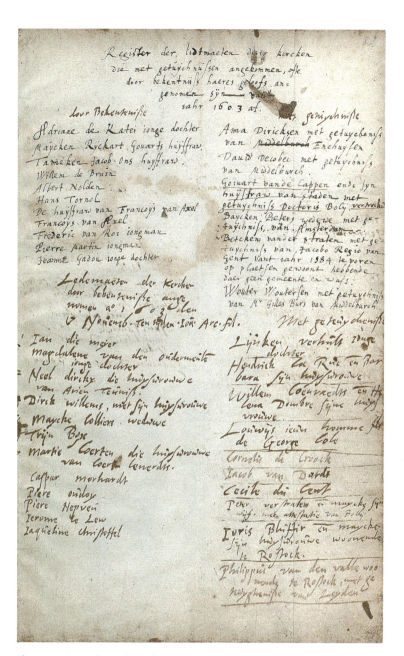

**Fig. 4** Register of members of the *Freyheit* church in Altona, November 14, 1603, SA Hamburg, 521-4_I G 2a

to the Elbe. This street was located on the right-hand side of the northwestern city gate, which allowed residents to pass easily over a nearby bridge into the territories of Ernst von Schaumburg. A map of the cartographers Georg Braun (1541–1622) and Frans Hogenberg (1535–1590) shows the situation from around 1590 (fig. 6). Many Netherlanders lived near the harbor in the southwestern part of Hamburg, but it was also not unusual for them to settle in the suburbs of the city.

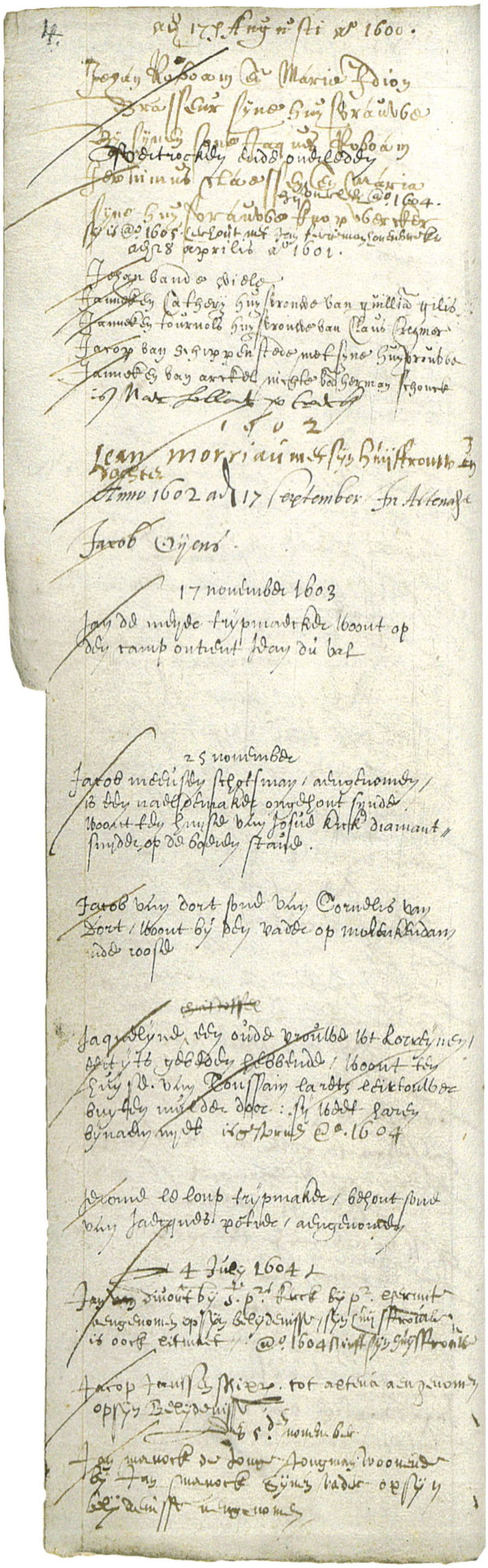

More than twenty years before Jacob van Dort and his father moved to Hamburg, a large number of Netherlandish refugees were already living in the same street.[29]

That there existed possibly not only a relationship between Ernst von Schaumburg and Jacob van Dort, but also between Moritz von Hessen-Kassel and the Van Dort family becomes clear from a yet unpublished letter written by the Landgrave to the English King James I. This letter recommended Jacob's brother Abraham van Dort (c. 1575–1640) to the English King.[30]

Aside from the portrait of Ernst von Schaumburg himself, no artworks are presently known that demonstrate a clear connection between the Count and the Van Dort family. The church manuscript and the small book from the Netherlandish community, however, indicate that Jacob van Dort may have actually become connected to Ernst von Schaumburg and his court in Pinneberg long before the Bückeburg portrait was painted, in or shortly after 1619,[31] and when the artist was first mentioned in Denmark in 1610. The church community of Altona could have formed an important point of access to his patron.

That the artist was still residing in Hamburg more than twenty years later after he had become a member of the church becomes clear from the payment accounts from Gottorf, which describe him as a "Contrafeiter zu Hamburg"[32]. In addition, a third manuscript page from Altona describes how Jacob van Dort was also still a member of the *Freyheit* in these years and that his family was also included in the church community. On November 1st, 1621, Jacob van Dort baptized a daughter, Elizabeth, in the presence of several witnesses: "Jacob van Dort heeft sijn kindt laten doopen getuygen sijn Jan Martijn, Elisabeth van Langhe, Elisabeth, gedoopt Elisabeth"[33] (Jacob van Dort had his child baptized, witnesses are Jan Martijn, Elisabeth van Langhe, Elisabeth, baptized Elisabeth) (fig. 7).

Jacob van Dort's wife may have also been present during the baptism, but her name is unknown. On the basis of a payment account from Lauenburg from 1625, she is known to have been involved in her husband's business in his absence by accepting payments from King Christian IV.[34] In any case, the Netherlandish names in this record indicate that the family had connections in the Southern Netherlands.

**Fig. 5** Jacob van Dort and Cornelis van Dort live on the Mönkedamm, November 25, 1603, SA Hamburg, 521-4_I G Ia

From Antwerp to Gottorf – New Archival Findings in relation to Jacob van Dort (c. 1575–1629)

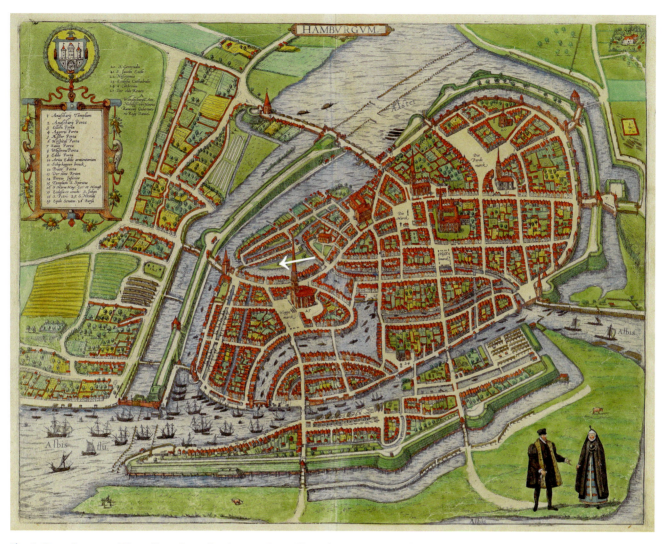

**Fig. 6** Georg Braun und Frans Hogenberg: Hambvrgvm, Braun/Hogenberg 1572–1618, vol. 4, the arrow points to the Mönkedamm, c. 1590, coloured engraving on paper, 380 x 480 mm, Stabi Hamburg, Kt H 185

## Antwerp

Interestingly enough, the name of Cornelis van Dort, who was mentioned as Jacob's father in the second Altona manuscript, does not correspond with previous publications about Jacob's possible family. They have suggested the name of Paul van Dort, an engraver from Antwerp who worked in Hamburg at the end of the sixteenth century, as the possible father of the artist.[35] Their connection was only assumed on the basis of their last names, however, and no archival evidence has ever been presented to support this claim.

A look at the Antwerp City Archives clarifies the connection between Jacob van Dort and Cornelis. Although they do not directly lead to Jacob van Dort, they do reveal important information about Jacob's brother and his parents. The four following documents should be taken into consideration in future accounts of the artist: The baptismal records of the Antwerp City Archives include a manuscript that mentions the name of Abraham van Dort. On January 1st, 1575, twenty-one years before the artist's name first appeared in the Gottorf accounts, Abraham was baptized in the Cathedral of Our Lady in Antwerp in the presence of his parents and two witnesses: "Cornelis van Dort, Catharina, Abraham Leewaerts, Jeronimus van Halle"[36] (fig. 8). It is very interesting that both, the Altona manuscript and the baptismal record from Antwerp, mention Cornelis van Dort as the father of Abraham and Jacob respectively. If they also had the same

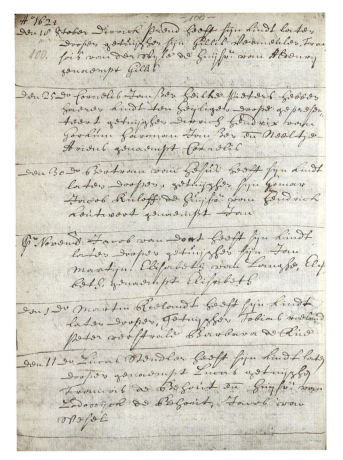

**Fig. 7** Baptismal record of Elizabeth, Jacob van Dort's daughter, November 1, 1621, SA Hamburg, 521-4_VBb1a

**Fig. 8** (left) Baptismal record of Abraham van Dort, January 1, 1575, from the Cathedral of Our Lady, SA Antwerpen, PR#7, baptismal records 1570–1576

**Fig. 9** (right) Marriage record of Cornelis van Dort and Catharina Beys, January 18, 1572, from the Church of St. Andrew's, SA Antwerpen, PR#8, baptismal records 1567–1589

mother, this would confirm the family relationship of Abraham and Jacob as brothers, which was previously only assumed.

The marriage record of Abraham's parents, Cornelis and Catharina, has also survived and informs us that Cornelis had married his bride three years earlier in the same city. They were married on January 18, 1572, in the Church of St. Andrew's. The manuscript reads the names of the wedding's attendees: "Cornelis van Dort, Catharina Beijs, Antonius Beijs, Maria van Halle"[37] (fig. 9). Anthonis Beys, who came from Breda, and Maria van Halle, the daughter of an Antwerp secretary, probably were Catharina's parents. The Beys family originally came from Brabant and were trained as silversmiths. This is not a coincidence, since both witnesses to Abraham's baptism, Abraham and Jeronimus, were registered as goldsmiths.[38] Since it was not uncommon for artists to marry into families that shared the same profession, this indicates that Cornelis van Dort originally took up the profession of a metalsmith. A consultation of Antwerp's goldsmith registers[39] confirms this assumption and allows us to draw up an elaborate background of Abraham and Jacob's father.

Cornelis van Dort descended from a wealthy family of goldsmiths and jewelers. The life of his father, who was also called Cornelis, can be traced back to 1523. Cornelis I van Dort (1523–1581) was married to Catlijne Verbeke, the daughter of the Antwerp jeweler Adriaen Verbeke and Catharina Boudaens.[40] The surname "Van Dort" suggests that the medieval ancestors of Cornelis I might have adopted the name after they had come from elsewhere.[41]

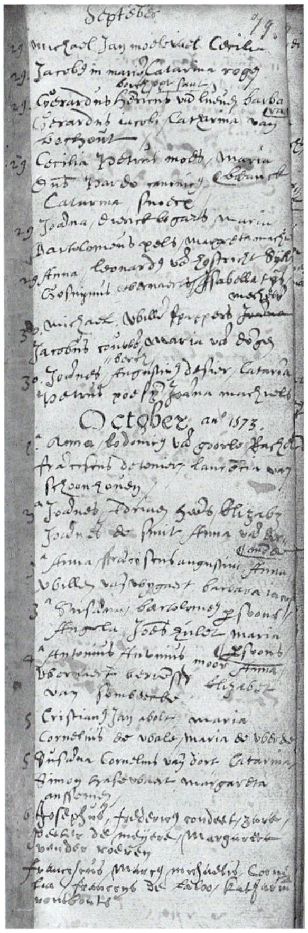

Cornelis I van Dort, the father of Cornelis van Dort and the grandfather of Abraham and Jacob, experienced Antwerp during its most prosperous years. In 1555, at the age of 32, he joined the Guild of Saint Luke.[42] By this age, Cornelis had become an experienced tradesman and jeweler. On March 26, 1560, he and two goldsmiths were asked to estimate the prizes for a batch of jewels which were to be distributed in an upcoming lottery. Among the precious objects presented to him and the two goldsmiths were a "gouden cruys met vijff desammeraulden van peru" (golden cross with five emeralds from Peru), a "paer goude bracelleten gemallieert met vier diamanten, twee robynen ende achtentveertich peerlen" (pair of golden bracelets enameled with four diamonds, two rubies and fourty-eight pearls), a "gouden sabelscop" (golden saber's hilt) and a "fluweelen riem oyck gegarenceert met sevenendertich robynen, twee dyamanten ende drij desammeraulden" (velvet belt decorated with thirty-seven rubies, two diamonds and three emeralds).[43]

Cornelis himself also purchased a few objects which were later redistributed during lotteries. An extremely precious piece with "diamanten, smaragden, excellente robijnen en in het midden staende een godinne Pallas tusschen twee leeue" (diamonds, emeralds, excellent rubies and a goddess Pallas standing in between two lions) with a worth of 400 Carolingian guilders, for example, was previously owned by him.[44]

As of May 7, 1561, Cornelis I had established his own jewelry shop in the Lange Nieuwstraat in the heart of the city. The building of the shop, called the *White Angel*, was located at the current number 55, right next to the St. Jacob's Church. From the beginning of the fifteenth century, many houses in this street were owned by goldsmiths. At the end of the street stood the Cathedral of Our Lady, which is still visible when standing in front of the building. Cornelis I bought the property on October 12, 1561, from the goldsmith Gheeraert Boudaens, a member of his family-in-law, more than five months after he had established his business.[45] From the moment that Cornelis I opened his shop, he experienced some prosperous years. His students Jacob van Daelhuysen and Bastiaen Wuyts lived with him in the same house.[46] This indicates that he was able to train students and fulfilled a dual role as artisan and tradesman.

In 1546, Cornelis I van Dort, at the age of 23, became father of a son named Cornelis.[47] Cornelis II van Dort (1546–after 1603?[48]), was 15 years of age when his father opened the jewelry store in the Lange Nieuwstraat. The store was regularly visited by customers who came to place new orders for gems, pay off debts or offered their own items for sale. During these years, Cornelis II probably gained experience in goldsmithing and knowledge about jewels while being at his father's workshop. From the age of 25, he performed his profession independently. In 1571, he was first mentioned as a freemaster, a status which he would retain for the next three years. He probably achieved this by becoming a member of the Nation of Our Lady, Antwerp's guild for gold- and silversmiths. Entering the Nation would increase Cornelis' chances of becoming a successful craftsman. In 1575, a student to him with the name of Carle Moens was mentioned, but little is known

**Fig. 10** (left) Baptismal record of Susanna van Dort, October 5, 1573, from the Church of St. Andrew's, SA Antwerpen, PR#98, baptismal records 1567–1589

**Fig. 11** (right) Baptismal record of Isaac van Dort, July 22, 1576, from the Cathedral of Our Lady, SA Antwerpen, PR#244, baptismal records 1570–1603

about him.[49] Not long after he had become a freemaster, Cornelis' products were already sold internationally. On June 29, 1574, he prepared a number of jewels for a certain Hendrick Bertels, a jeweler whose company was located in the city of Odense on the Danish island of Funen.[50]

A year after his elevation as a freemaster, Cornelis II was ready to expand his business and to create a family that could help him in this process. Choosing a spouse was an important process which could safeguard the future of a goldsmith's business. On April 15, 1532, Emperor Charles V (1500–1558) had issued an edict that allowed the goldsmith's widow to continue the business after her husband's passing. She was also allowed to teach her children in the profession.[51] At the age of 25, Cornelis II married Catharina, who, like Cornelis, came from a well-off family with a background in metalsmithing. The Beys family sold interests on various properties in the city, one of which was located in the Lange Nieuwstraat.[52]

Soon after her marriage, Catharina gave birth to her first child. Susanna van Dort was baptized on October 5, 1573, in the same church where her parents' marriage had taken place. The goldsmith Simon Hasuaert was present during her baptism[53] (fig. 10). A year later, a baptismal record from the Church of Our Lady describes how Cornelis and Catharina[54] baptized a son named Isaac, who is possibly the third Van Dort brother who later worked in Rostock[55] (fig. 11). This would mean that in addition to a brother, Abraham van Dort also had a two-year older sister when he grew up in Antwerp.[56]

Unfortunately, neither the church records of the Antwerp City Archives nor the Hamburg State Archives mention the name of Jacob van Dort anywhere. Less than ten years after Susanna, Abraham and Isaac were born, the family's future in Antwerp became increasingly uncertain. By the end of October 1584, the troops of the Duke of Parma, Alexander Farnese (1545–1592), had surrounded the city, which would lead to the Fall of Antwerp.[57]

In this year, the Antwerp city administrators initiated a census to secure their food supplies. This resulted in a list of more than twenty thousand names of citizens who were still residing within the city walls of Antwerp shortly before its fall.[58] A number of quartermasters walked from door to door and noted down how many occupants and tenants were present in each house. When one of the quartermasters approached the *White Angel*, it was now occupied by a Portuguese merchant named Matheo Fernandez. At that time he paid a rent of 132 Carolingian guilders, an amount that fell within the average rental value of the middle price class.[59] This was the building where Cornelis I had formerly established his jewelry store.

Amongst the twenty thousand names written down by the quartermasters, Cornelis II van Dort and Catharina Beys were not mentioned. This means that before the 1584 census was held and after the couple's last child was baptized in 1576, they had probably decided to leave Antwerp. The largest number of goldsmiths, silversmiths and diamond workers, however, only left the city after 1585.[60] Cornelis I stayed behind and died after 58 years, in 1581, in Antwerp. Since 1567, he had moved his business two houses down after a lawsuit which forced him to sell the *White Angel*.[61]

### Conclusion

The attribution of the portrait of Count Ernst von Schaumburg raised new questions about the whereabouts of Jacob van Dort in the first two decades of the seventeenth century. For the artist's activities in Northern Germany in the early 1600s, however, few sources other than the Gottorf payment accounts have thus far been used.

This article has presented a new number of manuscripts which should be taken into consideration in future accounts about Jacob van Dort. The archives of the Netherlandish community of Hamburg, which have not been consulted before in relation to the artist, have revealed that he was of Netherlandish descent and that the Protestant community of Altona was important in providing him support during his residency in Hamburg for many years. His membership with the church could have also introduced him to Count Ernst von Schaumburg as a patron, who competed over the large source of artistic skill and talent from Altona with Christian IV.[62] Even though the manuscripts from Altona do not prove a direct relationship between Ernst von Schaumburg and the artist, they do demonstrate that Jacob van Dort was an important witness to the Count's political activities as a sponsor of the Netherlandish community of refugees in Northern Germany.

The same archives have allowed us to discover the name of new family members and expand his family tree to the Netherlands. Cornelis van Dort, Jacob's father, can be traced back in the archives of Antwerp as the father of Abraham. His career has allowed us to redefine Jacob van Dort as a second-generation artist of an Antwerp family who stayed connected during the Netherlandish community. He was most likely born shortly after 1576, when his family had left their homeland, in Northern Germany.

Cornelis' background as a goldsmith and jeweler is important in explaining the techniques which were later used by Jacob and Abraham van Dort. Abraham, in his position as the Surveyor of King Charles I's cabinet and collections of pictures, jewels and rarities, became well-known for his knowledge of medals and coins. The combination of skills practiced and materials used by the Van Dort brothers was not uncommon within the circles of late sixteenth-century goldsmiths. Painted miniature portraits that were set into richly ornamented pieces of jewelry might have developed from the translucent enamels from goldsmiths.[63] In the early 1600s, Jacob van Dort was one of the few known painters who practiced this art in Northern Germany and Scandinavia. His works were also used as designs by other metalworkers, such as the coin master Nicolaus Schwabe (c. 1570–1629), who produced three cameos in the portrait style of the artist.[64]

It is not unlikely that Cornelis contributed to his sons' knowledge on coins, wax, gold and different colour pigments. As a trained wax sculptor and oil painter, Jacob van Dort managed to expand the profession of his father into the field of miniatures. For this artform a new market emerged in the early 1600s.

It is unknown what happened to Cornelis after 1603, when he had reached the age of 57. His decision to leave Antwerp could involve the risk of losing networks, clientele and economic capital. From these archives, however, we have learned that his son Jacob was still with him at this time and that the Van Dort family had probably managed to overcome such risks. They continued to practice their profession as artists for more than a century after Jacob and Abraham's grandfather was born.

### Archival transcriptions (in chronological order)

Hamburg[65]
**1603. Register of members of the *Freyheit* church in Altona:**
Register der lidtmaeten deser kercken die met getuijchniisen angekommen, ofte door bekentniiss haeres geloofs angenomen sijn vant iahr 1603 af. | met geniychnisse | Iacob van Dordt

**November 25, 1603. Register of members of the *Freyheit* church in Altona:**
Jacob van dort sone van Cornelis van Dort | woont by den vader op monkendam

**November 1st, 1621. Baptismal record of Jacob van Dort's daughter Elizabeth:**
Jacob van Dort heeft sijn kindt laten doopen getuygen sijn Jan Martijn, Elisabeth van Langhe, Elisabeth, gedoopt Elisabeth

Antwerp[66]
**January 18, 1572. Marriage record of Cornelis van Dort and Catharina Beys from the Church of St. Andrew's:**
18. Januarij | Cornelis van dort | Catharina beijs | Antonius beijs | maria van Halle

**October 5, 1573. Baptismal record of Susanna van Dort from the Church of St. Andrew's:**
October an° 1573 | 5 Susana Cornelus van dort Catarina, | Simon Hasuaart Margareta [?]

**January 1st, 1575. Baptismal record of Abraham van Dort from the Cathedral of Our Lady:**
Januarij 1a A.° 1575 | 1a Cornelis van Dort Catharina | Abraham Leewaerts Jeronimus van Halle

**July 22, 1576. Baptismal record of Isaac van Dort from the Cathedral of Our Lady:**
22 Julij | Isaack | Cornelis vande dor[t] Catalij | Maria vanBeke

## Notes

1. Borggrefe 2008, pp. 11, 49.
2. Adriaen de Vries (c. 1566–1626), for example, delivered sculptures for Ernst's mausoleum in Stadthagen. H. Wieden 2010, pp. 35–43.
3. The surname "Van Dort" is spelled in different ways, including "Van Dordt", "Van Doort" and "Van Doordt". The latter spelling is mainly found in the Danish and Swedish archives. This article will go by the spelling of "Van Dort" as it is found in the Netherlandish manuscripts it uses.
4. Beckett 1932, p. 26.
5. Borggrefe/Fusenig 2008, p. 302.
6. Borggrefe/Fusenig 2008, p. 302.
7. For Abraham van Dort's biography, see Millar 1960, pp. xiii–xiv.
8. Ha. Schmidt 1917b, p. 82.
9. Beckett 1932, p. 26; Steneberg 1934, p. 248.
10. Ha. Schmidt 1916, pp. 269–271.
11. Ha. Schmidt 1916, pp. 269–271.
12. Colding 1953, p. 111.
13. Ha. Schmidt 1917b, pp. 83–84.
14. Steneberg 1934, p. 250.
15. Ha. Schmidt 1917b, p. 83.
16. Only one payment account to the artist from Wolfenbüttel has survived, see Thöne 1963, p. 251. For Van Dort's activities in Scandinavia, see Steneberg 1934, p. 258.
17. Noldus/Roding 2007, p. 240.
18. Millar 1960, pp. XIII–XIV.
19. Count Otto IV had already modified the castle's fortress walls for a better military defense. Under the rule of his son, however, a unity between the castle, fortress and the town was realized. H. Wieden 2010, pp. 29–30.
20. One of his greatest gifts to Bückeburg was a church, which the town had lacked since the beginning of the seventeenth century. H. Wieden 2010, p. 60.
21. In Schaumburg, this remained more difficult due to the dominance of the Lutheran clergy. H. Wieden 2010, pp. 90–91.
22. The Protestant community in Stade mainly included Walloon inhabitants, but also some Flemish and Dutch Calvinists. Asaert 2004, pp. 88–89.
23. Sillem 1893, pp. 30–31.
24. Sillem 1893, pp. 30–31. The privileges granted by Ernst to his subjects in Pinneberg were not limited to the Reformed community. Catholics, Jews and Mennonites were offered similar rights with the privilege of burying the dead in consecrated grounds and building a Synagogue. When the German theologian Johannes Gisenius (1577–1658) visited Holstein in 1639, seventeen years after Ernst von Schaumburg's death, he noted that people of the Reformed, Catholic, Jewish and Mennonite religion were still living in Altona. H. Wieden 2010, p. 108.
25. SA Hamburg, no. 521-4_I G 2a.
26. Unlike the other payment accounts from Gottorf, the employment contract between Duke Johann Adolf von Schleswig-Holstein-Gottorf and Jacob van Dort of 1596 does not mention that the artist is from Hamburg.
27. Unfortunately, only one payment account from Wolfenbüttel to Jacob van Dort from 1611 has survived. See Thöne 1963, p. 251. He probably arrived in Copenhagen during or shortly before 1611, when he was paid for the first time for a portrait showing the King in armour. Noldus/Roding 2007, p. 240.
28. SA Hamburg, no. 521-4_I G Ia.
29. Beneke 1875, p. 331.
30. The existence of this letter is mentioned by Marsden 2004, last accessed February 13, 2019. Abraham was originally summoned from Prague to the English court to serve James' son Prince Henry Frederick (1594–1612) as an artist. After the Prince's unexpected death in 1612, however, he returned to the Continent but reappeared in England with a letter from Moritz in 1616.
31. Borggrefe/Fusenig 2008 dated the portrait to 1619. They particularly used the depiction of Ernst von Schaumburg's hat, a *Fürstenhut* or princely hat which was worn by the German princes, for dating it between 1619 and 1622. They connected the portrait to the Count's elevation as a *Fürst und Graf* (Prince and Count) of the Holy Roman Empire in 1619, two years before his death. Borggrefe/Fusenig 2008, p. 302.
32. Ha. Schmidt 1917b, p. 83.
33. SA Hamburg, no. 521-4_VBb1a.
34. King Christian did not mention her name in his payment. The original account reads: "Becom Jacob v. Dortijs Qvinde 100 Daler, jom jeg var scoldig for nogle Conterfeier" (the wife of Jacob van Dortijs I have given 100 Thalers, which I owed the man for some paintings). Molbech 1852, p. 243.
35. Lloyd 2014, p. 147, confuses him with Peter van Dort, whom is called a jeweler by Hemeldonck 2005. See also Luckhardt 2016, p. 130.
36. SA Antwerpen, inv. no. PR#7, baptismal records Cathedral of Our Lady, 1570–1576.

37 SA Antwerpen, inv. no. PR#244, marriage records St. Andrew's Church, 1570–1603.
38 Jeronimus van Halle was a brother of Maria van Halle, Hemeldonck 2005, vol. 3, nos. 16-180, 16-1133.
39 These have been compiled by Hemeldonck in 2005 as *Het Grootwerk*.
40 Catharina Boudaens later moved to Portugal, where she sold cloths. Hemeldonck 2005, vol. 3, nos. 16-606, 16-1842.
41 The surname "Van Dort" does not appear in the goldsmith registers of Hemeldonck 2005 before the sixteenth century.
42 Rombouts/Lerius 1961, vol. 1, p. 192.
43 Hemeldonck 2007, no. J-33.
44 Hemeldonck 2005, vol. 3, no. 16-606.
45 Hemeldonck 2005.
46 Hemeldonck 2005, vol. 3, nos. 16-542, 16-606.
47 Hemeldonck 2005, vol. 3, no. 16-607.
48 This date is based on the Altona church manuscript.
49 Hemeldonck 2005, vol. 3, nos. 16-607, 16-1311.
50 Hemeldonck 2005, vol. 3, nos. 16-607, 16-1873.
51 Mertens/Torfs 1845–33, vol. 4, pp. 199–200.
52 Hemeldonck 2005, vol. 3, no. 16-180.
53 Two goldsmiths with the name of Simon Hasuaert have been documented in Antwerp. The first one was involved in providing silver plates for King Frederik II of Denmark (1534–1588). His son later moved to Hamburg. Hemeldonck 2005, vol. 3, 16-871.
54 In the original manuscript, her name is spelled as Catlijne. The same name was frequently used for Catharina in the goldsmith registers of Hemeldonck 2005. However, it is also possible that this woman is not Catharina, but Catlijne Verbeke, the wife of Cornelis I van Dort. Hemeldonck 2005, no. 16-606.
55 The manuscript reads: "22 Julij / Isaack / Cornelis vande dor[t] Catalij / Maria vanBeke". SA Antwerpen, inv. no. PR#8, baptismal records Cathedral of Our Lady, 1576–1580.
56 The manuscript reads: "October an° 1573 / 5 Susana Cornelus van dort Catarina, / Simon Hasuaart Margareta". SA Antwerpen, inv. no. PR#98, baptismal records St. Andrew's Church, 1567–1589.
57 Asaert 2004, p. 40.
58 Transcribed by Degueldre 2011 as *Kadastrale Ligger van Antwerpen*.
59 Degueldre 2011, vol. 11, pp. 3 (corpus), pp. 7–9, 13 (introduction to the eleventh neighborhood).
60 Kat. Antwerpen 1988, p. 43.
61 The property was bought back on January 30, 1565 by the former owner Gheeraert Boudaens, who, on his turn, sold it to Catlijne Verbeke, the wife of Cornelis I. Hemeldonck 2005, vol. 3, no. 16-606.
62 Borggrefe/Fusenig 2008, pp. 307–308.
63 Leonhard 2015, p. 439.
64 Kat. Kopenhagen u. a. 1988, p. 137.
65 SA Hamburg, no. 521-4_I G 2a, 521-4_I G Ia, 521-4_VBb1a.
66 SA Antwerpen, Cathedral of Our Lady, baptismal records 1570–1576 (PR#7), Cathedral of Our Lady, baptismal records 1576–1580 (PR#8), Church of St. Andrew's, baptismal records 1567–1589 (PR#98), Church of St. Andrew's, marriage records 1570–1603 (PR#244).

*Nils Büttner*

# „EINE UNGEMEINE KUNST-SCHULE" – AUSBREITUNG UND NACHWIRKUNG DER FLÄMISCHEN MALEREI DES 17. JAHRHUNDERTS

Kaum ein anderer Künstler hat so viel Nachfolge gefunden wie Peter Paul Rubens (1577–1640). Der bemerkenswerten Nachwirkung und den Spuren, die seine Werke in der bildenden Kunst späterer Jahrhunderte hinterlassen haben, wurde 2014 eine vielbeachtete Ausstellung gewidmet.[1] Sie hat das Phänomen in beeindruckenden Beispielen vor Augen geführt. Dabei standen Maler im Fokus, die durch ihre eigenen Bilderfindungen und ihr ganz eigenes malerisches Idiom berühmt geworden sind. Es wurde gezeigt, wie sich etwa Antoine Watteau, Pablo Picasso oder Vincent van Gogh für längere oder kürzere Zeit mehr oder weniger intensiv mit Rubens beschäftigt haben. Diesem „Rubenismus" haben sich auch andere Forscher gewidmet.[2] Es war dabei erklärtermaßen nicht das Ziel dieser Ausstellung, die langanhaltende und breite Nachwirkung von Rubens auch in jenen unzähligen Werken aufzuzeigen, deren kulturhistorischer Wert den künstlerischen Anspruch bei Weitem übertrifft. In den flämisch inspirierten Bildwerken beispielsweise, mit denen zahlreiche deutsche Kirchen geschmückt sind, oder jenen schier unzählbaren Rubens-Kopien, die bis heute den Kunstmarkt überschwemmen.

Im Unterschied zur Ausbreitung und Nachwirkung der holländischen Malerei, der Horst Gerson bereits 1942 eine zu Recht vielgelobte Preisschrift widmete, ist dieses Phänomen für die flämische Malerei bis heute nur in Ansätzen untersucht.[3] Gerson widmete Rubens kein eigenes Kapitel, da er entsprechend der seit dem 19. Jahrhundert üblichen Trennung der niederländischen Malerei in eine flämische und eine holländische Schule allein diese in den Blick genommen hatte. Es ist dabei bezeichnend, dass Gersons Buch nicht ohne Rubens auskommt, der – obwohl nicht Gegenstand der Betrachtung – fast häufiger erwähnt wird als jeder andere Künstler. Die Bilder des katholischen Rubens waren schon zu dessen Lebzeiten auch im protestantischen Norden gefragt. Und nach dem Tod des Künstlers wurde im Verlauf des 17. Jahrhunderts Amsterdam zum Zentrum des europäischen Kunsthandels und zu einem bedeutenden Umschlagplatz seiner Werke.[4] Vor allem aber wurde Amsterdam zur Drehscheibe des Handels mit Bildern, die zwar als „Rubens" gehandelt wurden, aber wohl kaum alle von ihm gemalt waren. Die sich in unzähligen Kopien bezeigende Rubens-Rezeption des 17. Jahrhunderts, die durchaus nicht auf Antwerpen oder die katholischen Länder Europas beschränkt blieb, ist bis heute nur in Ansätzen untersucht. Das hat seinen Grund nicht nur in der schieren Masse der weltweit verbreiteten Bilder und Dokumente, sondern vor allem in der zumeist geringen malerischen Qualität, die keine Möglichkeit der Zuordnung zu Malern oder Schulen eröffnet. Auch die moderne Kunsttechnologie vermag hier kaum zu helfen, weil die Malträger sich zwar gegebenenfalls datieren, aber eben nicht sicher lokal einordnen lassen. Und selbst wenn sich zum Beispiel ein in zahlreichen Versionen überliefertes Bild von Rubens durch die Signatur eines Tafelmachers oder den Beschaustempel der Antwerpener Gilde als in Antwerpen entstanden ausweist, sagt das nichts über den Maler oder den Bestimmungsort des Bildes. Diese Kopien fluten bis heute den Kunstmarkt

**Abb. 1** Peter Paul Rubens und Werkstatt: Prometheus, ca. 1615–1618, Öl auf Leinwand, 242,6 × 209,6 cm, Philadelphia Museum of Art, W1950-3-1

und finden in der Regel verdientermaßen wenig Aufmerksamkeit. Als Zeugnisse eines kulturellen Massenphänomens und der Rezeptionsgeschichte sind sie aber durchaus ein in-

**Abb. 2** Peter Paul Rubens und Werkstatt: Prometheus, ca. 1615–1618, Öl auf Leinwand, 198 × 233,5 cm, Privatbesitz

teressanter Untersuchungsgegenstand, zumal sie für die Überlieferungsgeschichte auch der Originale und für die Bestimmung von deren Provenienz eine bedeutende Quelle sind. Auch die Kopien werden deshalb mit einer in den letzten Jahrzehnten zunehmend gewachsenen Gründlichkeit in dem in Arbeit befindlichen Œuvrekatalog von Rubens, dem *Corpus Rubenianum Ludwig Burchard,* dokumentiert und verzeichnet.[5]

Es gibt wohl keine Bilderfindung von Rubens, die nicht auch in zeitgenössischen Kopien und Wiederholungen überliefert wäre. Einige der Kopien entstanden in Rubens' Antwerpener Werkstatt, in der, nach allem was sich heute sagen lässt, die Mitarbeiter die malerische Handschrift des Werkstattleiters erlernten. Ein wichtiges Instrument der Vermittlung war dabei das systematische Kopieren und Vervielfältigen seiner Bilder.[6] Dass auch die so entstandenen Werke unter den Augen des Meisters und mit seinem Wissen als „Rubens" verkauft wurden, wird durch die erhaltenen Werke und durch schriftliche Quellen bezeugt. Ein gutes Beispiel dafür ist Rubens' in zahlreichen Versionen überlieferter *Prometheus* (Abb. 1, 2).[7] Dieses Gemälde wurde früh berühmt, denn der Leidener Gelehrte Dominicus Baudius (1561–1613) hatte ihm am 11. April 1612 ein Gedicht gewidmet, das, 1616 erstmals publiziert, zahlreiche Neudrucke erlebte.[8] Baudius war von 1587 bis 1591 als Advokat am Hof von Holland tätig. Nach einigen Jahren in Frankreich wurde er 1603 als außerordentlicher Professor für Rhetorik an die Universität Leiden berufen, wo er zugleich Rechtswissenschaften lehrte. 1611 wurde er dort zum ordentlichen Professor für Geschichte ernannt, ein Amt, das er nicht lange innehaben sollte. Weil er mit einer Prostituierten ein uneheliches Kind gezeugt hatte, wurde er im März 1612 durch den Senat der Universität vom Dienst suspendiert. Sein Leben endete kaum anderthalb Jahre später im Alter von 52 Jahren nach einem mehrtägigen Alkoholexzess.[9] Das in seinem Gedicht beschriebene Bild zeigt einen Prometheus, der von den Klauen und dem Schnabel eines Geiers mit feurigen Augen verletzt wird.[10] Der Vogel wirke dabei so lebendig, dass er sich auf den Betrachter stürzen würde, wäre er nicht an den Füßen gefesselt.[11] Es ist kein Bild von Rubens erhalten, das einen Prometheus zeigt, der von einem gefesselten Geier gequält wird. Die Beschreibung von Baudius darf man vermutlich nicht zu wörtlich nehmen.[12] Die beiden hier abgebildeten und bis heute erhaltenen Gemälde dieses Themas gingen nach allgemeiner Auffassung aus Rubens' Werkstatt hervor. Sie zeigen aber keinen gefes-

**Abb. 3** Peter Paul Rubens und Werkstatt: Allegorie auf Wasser und Erde, ca. 1618–1620, Öl auf Leinwand, 222,5 × 180,5 cm, Eremitage St. Petersburg, ГЭ-464

selten Geier. Zudem sind sie stilistisch schlecht mit einer Entstehung vor dem Jahr 1613 in Einklang zu bringen. Man behalf sich deshalb mit der Vermutung, dass das heute in Philadelphia bewahrte Gemälde 1611/12 begonnen und erst 1618 vollendet wurde.[13] Das letztere Datum wird dabei nicht nur stilistisch nahegelegt, sondern auch durch die Tatsache, dass Rubens in diesem Jahr eine Version des Prometheus verkaufte. In diesem Bild hatte er nach eigenem Bekunden selbst den gefesselten Heros gemalt, während Frans Snijders den Adler geschaffen habe.[14] Es ist dabei sicher, dass keine der beiden hier gezeigten Prometheus-Darstellungen mit jenem Bild identisch ist, das Rubens am 11. September 1618 dem englischen Diplomaten und Politiker Dudley Carleton zum Kauf anbot.[15] Dieses Gemälde war nämlich 9 Fuß hoch und 8 Fuß breit und hatte damit ein Seitenverhältnis, das zu keiner der erhaltenen Versionen passt.[16] Zudem lassen die beiden erhaltenen Bilder nicht erkennen, dass hier zwei Maler am Werk gewesen wären. Es gab also schon zu Rubens' Lebzeiten mindestens drei, vermutlich sogar vier Fassungen dieses Bildes.

**Abb. 4** Peter Paul Rubens und Werkstatt: Allegorie auf Wasser und Erde, ca. 1618–1620, Öl auf Leinwand, 204 x 162 cm, Privatbesitz

Auch von der heute in St. Petersburg befindlichen *Allegorie auf Wasser und Erde* gab es mindestens zwei Versionen (Abb. 3, 4), die früh auch außerhalb der Rubenswerkstatt kopiert und nachgeahmt wurden (Abb. 5).[17] Die 1622 erstmals erwähnte Erstfassung des Bildes gelangte in die Sammlung des römischen Kardinals Gianfrancesco Guidi di Bagno. Eine etwa zeitgleich entstandene Fassung verblieb noch einige Zeit in der Rubens-Werkstatt. Es war wohl dieses Bild, das der Amsterdamer Maler Isaac Isaacsz sah. Er kopierte die Figuren von Rubens' Gemälde für seine auf den 8. Juni 1622 datierte Allegorie des Gehörs, die der dänische König Christian IV. für sein Schloss Rosenborg bestellt hatte. Das Beispiel vermag dabei zugleich zu illustrieren, dass vor allem das adelige Kunstpublikum an den europäischen Höfen die von Rubens entwickelte Bildsprache für ein besonders geeignetes Mittel der visuellen Kommunikation hielt und als der gehobenen Raumausstattung besonders angemessen empfand. Die beiden in Rubens' Werkstatt etwa zeitgleich entstandenen Werke sind dabei nur eines von vielen Beispielen für sein Verfahren, eigene Entwürfe durch Mitarbeiter seiner Werkstatt vervielfältigen zu lassen. Diese Kopien, die dann wiederum auch von anderen Malern aufgegriffen und kopiert wurden, leisteten zur Verbreitung von Rubens' Bilderfindungen einen erheblichen Beitrag. Die unzähligen Kopien und Wiederholungen seiner Werke trugen dazu bei, den Ruhm des Malers zu mehren und seinen Namen unsterblich zu machen. Allerdings waren und sind nicht alle mit seinem Namen verbundenen Bilder geeignet, dem Erfinder der Komposition auch Ehre zu machen. Schon einer seiner ersten Biographen, Roger de Piles, hatte das daraus resultierende Problem erkannt, dass ein Teil dieser Hervorbringungen „seinen Ruf schädigten", „fit du tort à sa réputation."[18] Andererseits sah Joachim von Sandrart, ein Biograph, der Rubens auch persönlich begegnet war,[19] den Nutzen, den das Kopieren von Rubens' Stil für die Antwerpener Kunstproduktion gehabt habe, da die Stadt Antwerpen „durch seinen Fleiß eine ungemeine Kunst-Schule wurde/ worinnen die Lernenden zu merklicher Perfection gestiegen."[20]

Als Lehrmittel und lehrreiches Vorbild dienten auch die von Rubens beauftragten druckgraphischen Reproduktionen seiner Werke. Die von ihm in der Herstellung genau überwachten Kupferstiche und Holzschnitte nach seinen Gemälden oder nach eigens für die Vervielfältigung angefertigten Vorlagen wurden in aller Welt gehandelt und gesammelt. Rubens hat vermutlich nie selbst eine Druckgraphik ange-

"Eine ungemeine Kunst-Schule" – Ausbreitung und Nachwirkung der flämischen Malerei des 17. Jahrhunderts

**Abb. 5**  Isaac Isaacsz: Allegorie des Gehörs, 1622, Öl auf Leinwand, 259 x 307 cm, Statens Museum for Kunst Kopenhagen, KMSsp801

fertigt. Er gab den reproduzierenden Künstlern aber sehr genaue Anweisungen. In Probeabzügen trug er mit eigener Hand in Deckweiß und Tusche ein, wie er sich die Verteilung von Licht und Schatten vorstellte. In den so entstandenen Blättern trat die Handschrift der ausführenden Graphiker hinter einem graphischen Ideal zurück, dass die Bezeichnung „Rubens-Graphik" durchaus angemessen erscheinen lässt.[21] Durch die so entstandenen Kupferstiche und Holzschnitte fühlten sich dann wieder zahlreiche Künstler zur Auseinandersetzung mit dem Vorbild Rubens eingeladen. Sie kopierten einzelne Figuren und Motive oder machten aus den schwarzweißen Kupferstichen wieder großformatige und farbenfrohe Gemälde. Was auf diese Weise entstand, ist mit dem modernen Begriff der Kopie nur unzutreffend beschrieben. Darauf ist zu Recht immer wieder hingewiesen worden, wenn es darum ging, den Formen der malerischen Aneignung nachzuspüren, für die es viele prominente Beispiele gibt. Gerne wird in diesem Zusammenhang beispielsweise auf Rembrandts Kreuzabnahme verwiesen, die im Kontext einer Folge von Passionsbildern für den Hof des Statthalters in Den Haag entstand (Abb. 6).[22] Dieses Gemälde konnte sich mit seinem Format von etwa 90 mal 65 Zentimetern kaum mit Altarwerken messen, doch bot es Rembrandt die Gelegenheit, mit der zeitgenössischen Kunst des katholischen

**Abb. 6** Rembrandt: Kreuzabnahme, 1632/33, Öl auf Holz, 89,4 × 65,2 cm, Alte Pinakothek München, 395

Südens der Niederlande in Wettstreit zu treten. Rubens hatte die Mitteltafel seines für die Antwerpener Kathedrale entstandenen Retabels mit der Kreuzabnahme bereits 1620 von Lucas Vorsterman in Kupfer stechen lassen (Abb. 7).[23] Dieser Stich dürfte in Amsterdam genauso bekannt gewesen sein wie am Hof in Den Haag, wo Rubens sich um das Privileg für den Vertrieb in den nördlichen Provinzen bemüht hatte. Die Bezüge zwischen Rembrandts Gemälde und dem Rubens-Stich sind deutlich zu sehen und bezeugen eindringlich die Vorbildhaftigkeit von dessen Bildsprache. Es muss aber auch betont werden, dass bei Rembrandt durch die andersartige räumliche Disposition, durch Lichtführung und Farbstimmung das ganz Eigene und Neue überwiegt. Anders bei den zahlreichen getreulichen Kopien der Rubens-Kompositionen, die für unterschiedlichste Kontexte entstanden sind. So finden sich beispielsweise in zahllosen katholischen Kirchen Altarwerke, die Rubens' Vorbildern folgen. Manche dieser Werke wurden explizit als Kopien in Auftrag gegeben. So hatte beispielsweise Prinz Karl Eusebius von Liechtenstein 1671 die einst von Rubens für die Kartäuser-Kirche in Brüssel gemalte Himmelfahrt Mariens erworben. Sie fand in Wien ihre Aufstellung und wurde dort als Kunstwerk in der Galerie präsentiert. 1780 ließ dann Prinz Franz I. von Liechtenstein eine Kopie dieses Bildes anfertigen, die über dem Hochaltar der Klosterkirche des östlich von Prag gelegenen Klosters Lstiboř ihren Platz fand.[24] Als weiteres beinahe beliebiges Beispiel sei hier auf den Hochaltar der katholischen Pfarrkirche St. Johannes im niedersächsischen Bad Bentheim verwiesen. Den aufwendig gestalteten Hochaltar schmückt ein Gemälde, dem wiederum ein Kupferstich von Schelte Adamsz. Bolswert als Vorlage diente.[25] Vorbild dieses Stiches war die Mitteltafel eines von Rubens im Auftrag von Jan Moretus gemalten Epitaphs in der Antwerpener Kathedrale.[26] Der Stich gibt die Mitteltafel des Moretus-Triptychons seitenverkehrt wieder. Das Gemälde in Bad Bentheim folgt in der Seitenausrichtung der Stichvorlage und ist deshalb wohl nicht nach dem von Rubens gemalten Original gestaltet, sondern nach dem leichter verfügbaren Stich. Diese Stiche fanden dabei nicht nur in Europa eine reiche Nachfolge, sondern im wahrsten Sinne des Wortes weltweit. So ist in neuerer Zeit von amerikanischen Kunsthistorikern und Kunsthistorikerinnen darauf aufmerksam gemacht worden, dass Rubens das als absolut vorbildlich begriffene künstlerische Ideal von Malern und Auftraggebern im Südamerika der Vormoderne repräsentierte.[27] Es mag an dieser Stelle der Hinweis

auf die unzähligen Rubens-Kopien genügen, die der mexikanische Maler Cristóbal de Villalpando bis zu seinem Tode im Jahr 1715 anfertigte. Sie schmücken bis heute zahlreiche Kirchen Mittel- und Südamerikas, haben aber inzwischen auch schon ihren Weg in Museen und Sammlungen gefunden.

Die von nicht mehr namhaft zu machenden Malern nach Rubens-Graphiken geschaffenen Altarwerke sind kaum zu zählen. Die Aufzählung von Rubens-Kopien in katholischen Kirchen in aller Welt ließe sich hier beliebig fortsetzen, wobei wie gesagt eine systematische Erfassung all dieser Werke bislang nicht versucht wurde und hier nicht zu leisten ist. Hier mag der allgemeine Hinweis genügen, dass die Bilderfindungen von Rubens auf den Altären katholischer Kirchen überall in Europa höchst beliebt waren. Diese Tatsache dürfte dabei kaum zu Verwunderung Anlass geben. Rubens wird gemeinhin als herausragender Vertreter der sogenannten Gegenreformation gewürdigt. So richtig die Beobachtung ist, dass sich Rubens mit malerischen Mitteln an der katholischen Reform beteiligte, so wichtig ist der Hinweis, dass Rubens' Vorbild eben nicht nur von katholischen Malern in katholischen Kontexten aufgegriffen wurde.

Luther selbst hatte dazu geraten, den Altar als den Tisch des Herrn mit einem Abendmahlsbild zu schmücken.[28] Das hatte zur Folge, dass im 16. und 17. Jahrhundert die Darstellung eines gemalten oder als Relief gestalteten Abendmahls zum Kennzeichen des protestantischen Altars wurde.[29] Der Kunsthistoriker Hermann Oertel untersuchte dieses Phänomen für den „Verwaltungsbezirk Braunschweig und acht hannoversche Landkreise östlich der Weser" und stellte dabei fest, dass alleine in diesem sehr überschaubaren „ostfälischen, überwiegend welfischen Raum nach bisheriger Feststellung 114 protestantische Abendmahlsdarstellungen des 16. bis 18. Jahrhunderts erhalten geblieben"[30] sind. Luther hatte mit seiner Autorität dafür gesorgt, dass den historischen Darstellungen der Ankündigung des Verrats und der Einsetzung des Gedächtnismahls innerhalb der protestantischen Bildpublizistik der höchste Rang eingeräumt wurde. Die Einsetzung des Abendmahls war dabei auch innerhalb der katholischen Bildpublizistik bedeutsam, die seit dem Tridentinum die Verherrlichung der Eucharistie zu einem zentralen theologischen Anliegen gemacht hatte. Entsprechend gab es in der bildenden Kunst unzählige für katholische Kontexte entstandene Darstellungen des Gedächtnismahles oder der Apostelkommunion. Rubens setzte dieses Thema für die Illustrationen des

**Abb. 7** Lucas Vorsterman nach Peter Paul Rubens: Kreuzabnahme, 1620, Kupferstich, 582 × 435 mm, Rijksmuseum Amsterdam, RP-P-OB-4591

**Abb. 8** Boëtius Adamsz. Bolswert nach Peter Paul Rubens: Abendmahl, 1632/33, Kupferstich, 658 x 495 mm, Rijksmuseum Amsterdam, RP-P-OB-67.486

*Breviarium* und des *Missale Romanum* ins Bild.[31] Diese Bücher waren europaweit verbreitet, lagen in unzähligen Kirchen auf dem Altar und waren, weil sie in diversen Formaten und Preisklassen kursierten, auch in protestantischen Regionen leicht verfügbar. Rubens malte das Abendmahl auch verschiedentlich. Auch diese Gemälde waren, wie alle seine Bilder, in diversen Kopien verbreitet. Sie wurden aber ebenso in Kupferstiche umgesetzt und auch diese erlebten ein reiches Nachleben. Exemplarisch sei hier nur auf jene Gruppe von Kopien verwiesen, die nach Rubens' 1632 entstandenem *Abendmahl* folgen, das von dem 1633 verstorbenen Boetius à Bolswert in einem großformatigen Kupferstich reproduziert wurde (Abb. 8).[32] Dieser Stich gibt das Original weitgehend seitenverkehrt wieder und lässt den Hintergrund klarer hervortreten als das insgesamt sehr dunkle Gemälde. Dieses im Stich verbreitete Rubens-Bild hat alleine in dem kleinen von Oertel untersuchten Raum zwölfmal als Vorlage für eine protestantische Abendmahlsdarstellung gedient.[33] Um dieses Phänomen der Rezeption intentional katholischer Bilderfindungen in protestantischen Kontexten in seiner ganzen Tragweite zu verstehen, bedarf es an dieser Stelle des Hinweises, dass sich die Rezeption weder lokal noch thematisch in so engen Grenzen bewegte, wie es die in ihrer Vollständigkeit beeindruckende Studie von Oertel nahelegt. Er hatte sich ausdrücklich auf den von seinen Studierenden mit dem Fahrrad zu erkundenden Braunschweiger Raum beschränkt und ausschließlich Abendmahlsdarstellungen verzeichnet. Exemplarisch seien hier einige andere Bilder angeführt, die geeignet sind, das motivische und regionale Spektrum anzudeuten. Eine Kopie nach dem bereits angeführten Moretus-Triptychon, diesmal nicht nach dem Stich, sondern direkt nach der gemalten Vorlage oder einer seitenrichtigen Nachzeichnung entstanden, fand nämlich beispielsweise ihren Weg in die Pfarrkirche des schwedischen Örtchens Lyrestad.[34] Dort hatte ein nicht mehr bekannter Künstler diese Kopie für ein Altarwerk geschaffen, das man in der zweiten Hälfte des 17. Jahr-

**Abb. 9**  Lucas Vorsterman nach Peter Paul Rubens: Anbetung der Hirten, 1620, Kupferstich, 286 x 450 mm, Rijksmuseum Amsterdam, RP-P-OB-33.006

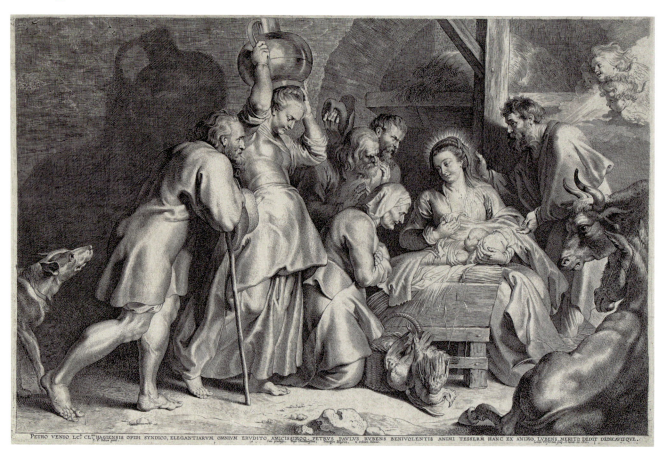

hunderts als für eine protestantische Kirche angemessene Ausstattung empfand. Rubens war lange über seinen Tod hinaus auch im protestantischen Norden ein hoch geschätzter Künstler. So fand zum Beispiel eine 1620 für die Verlegerfamilie Moretus entstandene *Anbetung der Könige* von Rubens im 18. Jahrhundert ihren Weg in die Kunstsammlung des preußischen Königs. Friedrich der Große sah in diesem Bild vor allem ein Werk der Kunst, das seit 1768 im sogenannten Neuen Palais in Potsdam ausgestellt wurde.[35] Eine großformatige Kopie dieses Bildes schmückte damals aber schon seit mehr als hundert Jahren den Chorraum der evangelischen Michaelskirche von Heidenheim an der Brenz im protestantischen Herzogtum Württemberg.[36]

Gerade die Anbetung des Christkindes durch Hirten oder Könige war ein in Kirchen aller Konfessionen besonders geschätztes Bildmotiv. So fand zum Beispiel ein nach einem Rubens-Stich (Abb. 9) kopiertes Gemälde seinen Weg in die evangelische Kirche im Brandenburgischen Kladow (Abb. 10).[37] Wie so viele Rubens-Kopien in deutschen Kirchen ist dieses Bild von einem geschickten Maler ausgeführt, kann allerdings höheren Ansprüchen an eine künstlerische Ausführung kaum genügen. Zudem ist das Bild ein gutes Beispiel für all jene Kopien, denen zwar die Übernahme des Figurenideals und der Komposition gelingt, die aber gar keinen Versuch unternehmen, sich dem Kolorit und der malerischen Ausdruckskraft von Rubens anzunähern. Gerade dieser Stil war es aber, den die „Rubenisten" kopierten und den auch die kunstsinnigen Sammler schätzten.

Schon zu Rubens' Lebzeiten verlangte das internationale Kunstpublikum offensichtlich nach Bildern, in denen sein erhabener Stil seine volle Wirkung entfaltete. Anders ist die schier unüberschaubare Zahl an überlieferten Kopien nicht erklärbar, die weniger seine Motive als vor allem seinen Stil imitieren. Rubens muss seine Werkstattmitarbeiter dazu angeleitet haben, solche Kopien herzustellen, die auf den ersten Blick kaum von seinen eigenen Werken zu unterscheiden waren. Diese gezielte Ausbildung in seiner Malweise und der Wunsch des Publikums nach eben solchen Werken brachte es dann mit sich, dass auch Maler, die durchaus über ein inventives Talent verfügten und zu beeindruckenden eigenen Bilderfindungen in der Lage waren, sich in der malerischen Sprache von Rubens äußerten. So fanden nicht nur Rubens' Bilderfindungen zu einem reichen Nachleben, sondern auch sein malerisches Idiom, welches sich schon zu seinen Lebzeiten internationaler Verbreitung erfreute. Auch diese Bilder

**Abb. 10** Unbekannter Maler nach Peter Paul Rubens: Anbetung der Hirten, Öl auf Leinwand, 112 x 133 cm, Kirche Kladow

waren dabei nicht nur im katholischen Europa gesucht, sondern genauso auch in protestantischen Regionen. Den zumeist fürstlichen Auftraggebern schien die so prägnante malerische Ausdrucksweise von Rubens als für die Ausstattung von Schlössern oder Kirchen ausgesprochen geeignet zu sein.

Ein besonders beeindruckendes Beispiel dafür ist die zwischen 1665 und 1677 unter Graf Johann von Nassau-Idstein neu ausgestattete protestantische Predigt- und Hofkirche in Idstein. Dabei wurde die Decke des Hauptschiffes mit 38 großformatigen Leinwandgemälden verkleidet (Abb. 11). Die meisten dieser Bilder schuf ein Antwerpener Maler namens Michelangelo Immenraet.[38] Sein Schicksal ist kaum schlechter dokumentiert als das anderer Maler seiner Zeit. Bemerkenswert ist nur die Tatsache, dass sich ihm keine Werke zuschreiben lassen, abgesehen von den qualitativ hochwertigen Bildern in Idstein. Vermutlich verbergen sich seine sonstigen Werke hinter dem im Kunsthandel beliebten Begriff der Werkstatt, Schule oder Nachfolge von Rubens. Oder sie hängen gar unter dessen Namen unerkannt in Galerien und Sammlungen. Auch die Ausstattung der Idsteiner Kirche wird in Reiseführern wie in der kunsthistorischen Literatur gerne als Werk der „Rubens-Schule" bezeichnet. Tatsächlich könnte Immenraet, der am 18. Oktober 1621 in Antwerpen getauft wurde, bei Rubens in die Lehre gegangen sein. Dokumentiert ist das allerdings nicht. Die Bilder in Idstein erweisen Immenraet als talentierten Maler, das ihm gezahlte

**Abb. 11** Innenansicht der Unionskirche Idstein

Jahresgehalt von 300 Reichsthalern war Ausdruck dieser Wertschätzung. Es brachte ihm aber keinen dauerhaften Reichtum. Kurz vor Ende seines Lebens verpfändete er seinem Bruder Jan Baptist für 50 Gulden seine gesamte Habe: „Ein Köfferchen mit etwas Leinwand, einige Gemälde, Drucke und Zeichnungen, sein Bett mit Bettzeug und anderes Gerümpel", „ende andere rommelinge"[39], bevor er im Sommer des Jahres 1683 arm und verlassen starb. Beeindruckendes Zeugnis seines Lebens und Wirkens sind und bleiben die Bilder in der Kirche zu Idstein, mit deren Neuausstattung der Graf seiner Residenz zu Glanz und öffentlichem Ansehen verhelfen wollte. Dass die Bildsprache Rubens' den Idealen einer gehobenen Raumausstattung entsprach, vermögen zahlreiche Schlösser und deren Galerien überall in Europa zu erweisen. Die wenigsten sind dabei so gut erhalten wie das 1739 von dem dänischen Hofmarschall Graf Johan Ludvig von Holstein erbaute Schloss Ledreborg, das mit mehr als 600 Gemälden ausgestattet wurde. Der hohe Bilderbedarf und der repräsentative Anspruch sorgten dafür, dass man für die Ausstattung nicht auf teure Werke berühmter Maler zurückgriff, sondern sich mit Kopien und Werken der „Rubens-Schule" behalf.[40] Dieses hier an den Schluss gesetzte Beispiel mag dabei zugleich eine Schwierigkeit bei der Recherche des Phänomens „Rubens-Nachfolge" illustrieren. Das Schloss ist nämlich bis heute in Privatbesitz. Seine Besitzer stellen einen Teil ihrer Räumlichkeiten für Events zur Verfügung. Der größere Teil der Räume bleibt aber verschlossen und die Publikation von Fotos der Innenräume ist nicht gestattet. Allen Schwierigkeiten zum Trotz verdient aber die Ausbreitung und Nachwirkung der flämischen Malerei des 17. Jahrhunderts eine weitergehende Untersuchung. Sie bleibt ein Desiderat. Der vorliegende Beitrag ist nicht mehr und nicht weniger als die Aufforderung, sich dieses Themas in gemeinschaftlicher Arbeit anzunehmen. Für Mitteilungen über Rubens-Kopien in deutschen Schlössern oder Kirchen bin ich dankbar.

## Anmerkungen

1. Kat. Brüssel/London 2014.
2. Heck 2015; Kat. Providence 1975.
3. Gerson 1942.
4. Sluijter 2015; Tummers/Jonckheere 2008; Montias 2002.
5. URL: www.rubenianum.be/nl/pagina/corpus-rubenianum-ludwig-burchard-online (13.06.2019).
6. Büttner 2017, S. 41–53; Balis 2007, S. 30–51; Balis 1994, S. 97–127.
7. Vgl. zuletzt Weppelmann 2017 mit weiterer Literatur.
8. Rooses/Ruelens 1887–1909, Bd. 2, S. 55–59. Eine englische Übersetzung bei Dempsey 1967, S. 420–425.
9. Haitsma Mulier/Lem, 1990, S. 30, mit weiterer Literatur.
10. Rooses/Ruelens 1887–1909, Bd. 2, S. 56: „Heic rostro adunco vultur immanis fodit/Jecur Promethei …"
11. Rooses/Ruelens 1887–1909, Bd. 2, S. 56: „Ipse involaret in necem spectantium/Ni vincla tardent."
12. Dass diese Fesselung des Vogels ein rhetorisches Motiv sei betont zuletzt Georgievska-Shine 2009, S. 55f.
13. Kat. Philadelphia 2015, S. 11.
14. Rooses/Ruelens 1887–1909, Bd. 2, S. 181–188.
15. Rooses/Ruelens 1887–1909, Bd. 2, S. 185.
16. Diese Einsicht war das Ergebnis eines am 1. und 2. Februar 2019 in Stuttgart durchgeführten Kolloquiums. Ich danke allen Teilnehmern, namentlich Eveliina Juntunen, Bamberg, und meinen Stuttgarter Kollegen Volker Schaible und Peter Vogel, dass sie ihre Einsichten zu diesen Bildern mit mir geteilt haben.
17. Büttner 2018, S. 93–101, Nr. 4; zu dem Bild von Isaacs: ebd., S. 95f., Kopie 15, mit weiterer Literatur.
18. Piles 1699, S. 396f.: „La réputation de Rubens s'étenduë par toute l'Europe, il n'y eût pas un Peintre qui ne voulût avoir un morceau de sa main; & comme il étoit éxtrémement sollicité de toutes parts, il fit faire sur ses Desseins coloriéz, & par d'habiles Disciples un grand nombre de Tableaux, qu'il retouchoit ensuite avec des yeux frais, avec un intelligence vive, & avec une promptitude de main qui y répandoit entiérement son Esprit, ce qui luy aquit beaucoup de biens en peu de tems: mais la différence de ces fortes de Tableaux, qui passoient pour être de luy, d'avec ceux qui étoient véritablement de sa main, fit du tort à sa réputation; car ils étoient la plûpart mal dessinez, & légérement peints."
19. Büttner 2015, S. 221–233.
20. Sandrart 1675–80, Bd. 2, S. 292; vgl. URL: http://ta.sandrart.net/515 (13.06.2019).
21. Büttner 2011, S. 118–136.
22. Bruyn/Wetering 1982–2015, Bd. 2, S. 276–288, Nr. A65.
23. Judson 2000, S. 164, Nr. 43, Kopie 43; Schneevoogt 1873, S. 49, Nr. 342.
24. Freedberg 1984, S. 181, Nr. 44, Kopie 5.
25. Freedberg 1984, S. 31, Kopie 6; Schneevoogt 1873, S. 55, Nr. 398.
26. Freedberg 1984, S. 31–35, Nr. 1.
27. Mundy/Hyman 2015, S. 283–317, mit weiterer Literatur.
28. Luther 1529/32, S. 415: „Wer hier Lust hätte, Tafeln auf den Altar malen zu lassen, der soll lassen das Abendmahl malen."
29. Oertel 1978, S. 222f.
30. Oertel 1978, S. 223.
31. Kat. Stuttgart 2018, S. 40–45, 51–57, Nrn. 3, 5; Judson/Velde 1977, Bd. 1, S. 139–141, Nr. 26, Bd. 2, Abb. 89.
32. Judson 2000, S. 53, Nr. 6a, Kopie 7; Schneevoogt 1873, S. 37, Nr. 220.
33. Oertel 1978, S. 257.
34. Freedberg 1984, S. 31, Nr. 1, Kopie 3.
35. Devisscher/Vlieghe 2014, Bd. 1, S. 208–211, Nr. 41.
36. Devisscher/Vlieghe 2014, Bd. 1, S. 208, Nr. 41, Kopie 2; Akermann/Lindel 1985, S. 15.
37. Devisscher/Vlieghe 2014, Bd. 1, S. 154–165, Nr. 29; ebd., S. 162f., Nr. 29g; Schneevoogt 1873, S. 16, Nr. 28.
38. Lauenstein 2014, S. 43–51.
39. Branden 1883, S. 1066.
40. Für den Hinweis auf diese bedeutende Sammlung danke ich Angela Jager, Amsterdam, die zu den Gemälden in Ledreborg gegenwärtig forscht.

*Constanze Köster*

# MINERVA, URANIA UND KAMEL – GOTTORFER INSZENIERUNG NACH NIEDERLÄNDISCHEM VORBILD

## Anlässlich der Erwerbung einer Zeichnung Jürgen Ovens'

Herzog Friedrich III. von Schleswig-Holstein-Gottorf (*1597) starb 1659 während dänischer Belagerung in der Festung Tönning. Sein Sohn und Nachfolger Christian Albrecht (1641–1695) konnte erst im folgenden Jahr, nach dem Ende des Zweiten Nordischen Kriegs, in die Residenz Gottorf zurückkehren. Offenbar ließ der junge Herzog nicht viel Zeit verstreichen, um sich einer standesgemäßen Inszenierung seines Regierungsantritts zu widmen, denn bereits 1661 entstand seine bildgewordene *Verherrlichung* (Abb. 1), gemalt von Jürgen Ovens (1623–1678). Der Maler, der 1657 Schleswig-Holstein verlassen hatte, lebte bis 1663 noch in Amsterdam.[1] Erst dann zog er dauerhaft zurück nach Friedrichstadt, wo er in den folgenden Jahren weitere umfangreiche Aufträge Christian Albrechts verwirklichte. Ovens hatte sich 1651 oder 1652 in Friedrichstadt niedergelassen, als er nach Ausbildung und mehrjähriger Tätigkeit in Amsterdam die ersten Aufträge Friedrichs III. erhielt. Er wählte weder seine Geburtsstadt Tönning noch die Residenz Gottorf oder das nahe Schleswig als Wohn- und Wirkstätte, sondern das junge Friedrichstadt mit seinen niederländischen Bewohnern, das eine enge Anbindung an Holland ermöglichte.[2]

Ovens' erhaltenes Hauptwerk ist der *Gottorf-Zyklus*, der um 1665 entstand.[3] Dieser große Auftrag wird einer der Gründe für seine Rückkehr nach Schleswig-Holstein gewesen sein. Die elf Bilder zeigen Episoden aus der Geschichte der Gottorfer Herzöge, von Christian I. von Dänemark im 15. Jahr-

**Abb. 1** Jürgen Ovens: Verherrlichung Christian Albrechts von Schleswig-Holstein-Gottorf, 1661, Öl auf Leinwand, 350 x 338 cm, Privatbesitz Schloss Erholm

hundert bis hin zu Christian Albrecht. Bei der allegorischen Inszenierung von Fürsten griff Ovens unmittelbar auf niederländische Vorbilder zurück; außerdem arbeitete er bei den aufwendigen vielschichtigen Szenen eng mit dem Hofgelehrten Adam Olearius (1599–1671) zusammen, der als

Spiritus Rector der Gottorfer Historiengemälde genannt werden muss.[4]

In den Kontext dieser Großformate gehört die 2018 aufgetauchte Zeichnung Ovens' mit der *Verherrlichung Friedrichs III.* (Abb. 2), die im Februar 2019 vom Freundeskreis Schloss Gottorf für die Sammlung des Landesmuseums erworben wurde.[5] Sie stammt womöglich aus Gottorf selbst, sehr wahrscheinlich hat sie Christian Albrecht vorgelegen. Die Herzogsfamilie sammelte auch Skizzen und Entwürfe, gut nachzuvollziehen an den Entwürfen für die Amalienburg im Neuwerkgarten, und es ist gut vorstellbar, dass auch dieses Blatt aus einem entsprechenden Zusammenhang stammt.[6] Der bisher unveröffentlichte Entwurf wird neben einem Überblick über die Gottorfer Gemälde von der Hand Ovens' als Beispiel für die niederländisch geprägte Bildwelt Gottorfs im Folgenden ausführlich betrachtet.

Im Jahr 1646 entstand das früheste fassbare Gemälde Ovens' für die Gottorfer, das wohl keinen Auftrag, sondern vielmehr ein Geschenk im Sinne einer Bewerbung darstellt:[7] Im symbolisch aufgeladenen Gruppenporträt Maria Elisabeths (1610–1684) mit ihren – lebenden und verstorbenen – Söhnen (Abb. 3) führte Ovens das damals populäre Porträtkostüm all antica am Hof ein, das von Zeitgenossen als römisch bezeichnet wurde.[8] Maria Elisabeth ist in fließende Stoffe gehüllt, ihre Söhne teilweise als Hirten gekleidet, teilweise nur knapp von Stoffbahnen verhüllt. In diesem Bild vereinte der Maler verschiedene Mittel moderner, niederländisch – genauer holländisch und englisch-flämisch[9] – geprägter Porträtmalerei und demonstrierte dem Herzog damit sowohl sein handwerkliches als auch sein schöpferisch-kompositorisches Können auf der Höhe der Zeit: Das Bild vereint zeitloses Porträtkostüm, symbolische Auflandung der Wirklichkeit, in gewissem Grade die Fähigkeit, lebendige Porträts zu malen (auch wenn Ovens Herzogin und Prinzen wohl nicht vis-à-vis porträtiert hatte[10]), und die Fertigkeit, Materialien wie verschiedene Stoffe, Perlen, das Füllhorn, Früchte darzustel-

**Abb. 2** Jürgen Ovens: Verherrlichung Friedrichs III., um 1661, Feder auf Papier, 194 x 298 mm, SHLM Schloss Gottorf, 2019/1, Provenienz: Monroe Warshaw New York, 2007 Belgien (Flandern)

**Abb. 3** Jürgen Ovens: Maria Elisabeth von Sachsen mit ihren Söhnen, 1646, Öl auf Eichenholz, 82 x 67,4 cm, SHLM Schloss Gottorf, 1986/2067

len. Von Ovens gibt es mehrere (bürgerliche) Mutter-Kind-Gruppen im Stil einer Caritas, die letztlich auf (höfische) Werke wie die von Paulus Moreelse oder Gerard van Honthorst aus den 1620er-Jahren zurückgehen.[11] Vor allem bei diesem frühen Beispiel ist deutlich der Einfluss Jan van Noordts abzulesen.[12] Van Noordt wiederum ist dem Umkreis Govert Flincks (1615–60) zuzurechnen, dem Ovens eng verbunden war.[13] Mit der verhältnismäßig kleinen Tafel scheint Ovens dem Hof erstmals sein Können demonstriert zu haben, allerdings dauerte es noch rund fünf Jahre, bis erste Auftragsarbeiten fassbar sind. Zu Beginn der 1650er-Jahre etablierte sich Ovens, und damit die lebendige niederländische Por-

trätmalerei, mit Einzelporträts der Herzogsfamilie und weiterer Hofangehöriger schließlich als Porträtist am Hof.[14] Oliver Auge bemerkt dazu treffend, „dass allein schon das konkrete Bild, das wir uns von diesen Fürsten aufgrund vorhandener Porträts machen, durch eine sozusagen niederländische Brille gesehen wird"[15].

Den eigentlichen Auftakt Gottorfer Inszenierung nach niederländischem Vorbild gab schließlich 1654 das große *Gottorfer Friedensfest* (Abb. 4).[16] Das Gemälde stellte in seinen Dimensionen – hinsichtlich Größe, Preis, Figurenreichtum, allegorischer Aufladung – das bis dahin aufwendigste in Schloss Gottorf dar. Es markiert einen Wendepunkt im Anspruch des Herzogs und in der Ausstattung der Residenz.[17] Die Aufträge an Ovens sind Teil von Friedrichs III. Kulturprogramm wie beispielsweise auch Riesenglobus, Garten, Kunstkammer et cetera.[18]

Das *große Stammstück von Herzog Friedrich und dessen Familie*[19] vereint in einem Aufgebot von Symbolen Anspielungen auf den Westfälischen Frieden, die Gottorfer Dynastie und die Hochzeiten zweier Töchter. In diesem ersten großen Auftrag verknüpfte Ovens die beiden entscheidenden Moden niederländischer Malerei in der Mitte des Jahrhunderts: Das Clair-obscur (Helldunkel) Rembrandts wird hier mit der fantastisch-allegorischen Vielfalt flämischer Maler wie Rubens oder Anthonis van Dyck vereint[20] – und Ovens bewies zugleich die Fähigkeit, zahlreiche Figuren ansprechend im Bildraum unterzubringen und in einem Narrativ zu verbinden. Die Komposition verweist in der allgemeinen Gestaltung sowie in Einzeldetails auf Vorbilder wie Rembrandt, Jacob Jordaens, Jan Lievens und Adriaen Pietersz. van de Venne.[21]

Auf das *Friedensfest* folgten Mitte der 1650er-Jahre vier Gemälde zur Hochzeit von Friedrichs III. Tochter Hedwig Eleonora mit dem schwedischen König Karl X. Gustav. Eine kleine Allegorie anlässlich der Verlobung präsentiert die zukünftige Königin in Begleitung Minervas und Abundantias (Abb. 5), drei große Historienbilder zeigen Hochzeit, Krönung und Auszug aus der Kirche (Abb. 6).[22] In dieser Reihe bildet Ovens große Menschengruppen ab, das fantastische Beiwerk wird sparsamer eingesetzt. Komposition und Einsatz von Clairobscur verraten noch deutlich das Vorbild Rembrandts, wie etwa ein Vergleich mit dessen *Nachtwache* zeigt.[23]

Die Aufträge Christian Albrechts sind schließlich, entsprechend der internationalen Entwicklung, ganz im hellen Stil gehalten. Für den *Gottorf-Zyklus* lässt sich nachvollziehen, dass diese raumfüllenden Großformate gemeinsam mit ihren Rahmen und weiterem Zierrat für einen leuchtend bunten Eindruck sorgten.[24] Der vor allem mit van Dyck assoziierte farbkräftige Malstil wurde bereits von Zeitgenossen als Kon-

**Abb. 4** Jürgen Ovens: Gottorfer Friedensfest. Die Gottorfer Herzogsfamilie in einer Allegorie auf den Frieden, 1652, Öl auf Leinwand, 314 × 477 cm, Nationalmuseum Stockholm, Statens Porträttsamling Gripsholms Slott, NMGrh 452

**Abb. 5** Jürgen Ovens: Allegorie auf die Krönung Hedwig Eleonoras von Schleswig-Holstein-Gottorf zur Königin von Schweden, August 1654, Öl auf Leinwand, 105 × 78 cm, Nationalmuseum Stockholm, Statens Porträttsamling Gripsholms Slott, NMGrh 1222

trapunkt zu Rembrandts monochromer Malerei verstanden und verdrängte diese schließlich weitgehend, auch im Œuvre Ovens'.[25] So zeigt die *Verherrlichung Christian Albrechts* (Abb. 1) den jungen Herzog umgeben von vielköpfigem allegorischem Personal in leuchtenden Farbtönen. Abgesehen vom selbstbewusst platzierten Selbstbildnis des Malers vorne rechts ist allein das Porträt Christian Albrechts vertreten, die übrigen mehr als 20 Figuren sind fantastisches Beiwerk. Das Bild inszeniert – begleitet und erläutert von den Versen Adam Olearius' in der Kartusche im Vordergrund – den Antritt des jungen Herzogs. Auf seinen Vorgänger Friedrich III. wird nur verklausuliert hingewiesen: als Phoenix in den Wolken, mit der Inschrift auf der Stufe „MAGNI REVIVISCENS GLORIA PATRIS", mit den Versen „Die Sonne geht unter, entzieht uns den schein | Ein ander Licht gehet gewünschet herein,"[26]. Das Bild illustriert den Neuanfang, der Krieg ist überwunden, Künste und Wissenschaften werden aus der dunklen Starre der Kriegszeit erweckt, indem Minerva „das schwarze ge-

Constanze Köster

**Abb. 6** Jürgen Ovens: Prozession der schwedischen Königin Hedwig Eleonora von Schleswig-Holstein-Gottorf von der Storkyrkan zum Brautbett im Reichssaal des Stockholmer Schlosses am 26. Oktober 1654, zwischen 1655 und 1657, Öl auf Leinwand, 192 × 298 cm, Nationalmuseum Stockholm/Dauerleihgabe Schloss Vadstena, NMDrh532

wandt" von den Musen reißt. Damit reaktiviert Christian Albrecht das Werk seines Vaters, ohne diesem in Person tatsächlich Platz im Bild einzuräumen. Dass es andere Vorstellungen zu diesem ersten großen Auftrag Christian Albrechts gab, zeigen die vorbereitenden Skizzen.[27] Sie spiegeln die Ideen mehrerer Personen wider; neben Ovens und Olearius nahmen sehr wahrscheinlich die verwitwete Herzogin, Christian Albrechts Mutter Maria Elisabeth, und womöglich auch Hofkanzler Johann Adolph Kielmann von Kielmannseck (1612–1676) Einfluss. Diese Entwürfe entsprachen zunächst aber wohl am wenigsten der Vorstellung des jungen Herzogs. Im Entwurfsprozess entwickelte er sich von der Nebenfigur zu Seiten seines Vaters zum Hauptprotagonisten in Begleitung seiner Mutter und im ausgeführten Gemälde schließlich zum alleinigen Darsteller, umgeben von den Prinzipien seiner Herrschaft.

Der um 1665 entstandene *Gottorf-Zyklus* knüpft an das *Friedensfest*, die Gemälde zu Hochzeit und Krönung Hedwig Eleonoras und die *Verherrlichung Christian Albrechts* an, sodass sich schließlich Historie und Errungenschaften der Gottorfer Herzöge in vielfältigen Bezügen vor dem Betrachter auffächerten. Im Zyklus werden ausgewählte große Ereignisse aus der Geschichte der Dynastie thematisiert, etwa die Letzte Fehde 1559 (die endgültige Unterwerfung Dithmarschens) oder die Reise Adolfs I. an den Hof Elizabeths I. von England.[28] Im großen Schlussbild wird die Hochzeit Friedrichs III. und Maria Elisabeths in einer üppigen vielfigurigen Allegorie zelebriert.[29] In diesem Bild tritt auch Christian Albrecht auf, nun aber sehr zurückgenommen, begleitet von seinen Geschwistern und deren Ehepartnern sowie den Eltern Maria Elisabeths.[30] In dieser einen von Christian Albrecht in Auftrag gegebenen allegorischen Historie erscheinen seine Eltern, allerdings nur als dynastisches Bindeglied. Das Bild ist zwar übervoll an Sinnbildern, Bezüge zu den eigentlichen Taten der Brautleute ergeben sich aber nicht. Dass es durchaus andere Ideen besonders zur Inszenierung Friedrichs III. gab, verraten mehrere Entwurfszeichnungen. So etwa die Szene, die auf den Regierungsantritt des jungen Friedrich anspielt (Abb. 7) und im Hintergrund ganz konkret den Riesenglobus zeigt.[31]

Auch der *Verherrlichung Christian Albrechts* ging eine längere Planung voraus, während der unterschiedliche Vorschläge verworfen wurden (Abb. 2, 8). Sie sind den Entwürfen für den *Gottorf-Zyklus* verwandt, was nochmals zeigt, dass die *Verherrlichung* nur der Auftakt für eine umfassende Inszenierung war, die die wichtigen Ereignisse der Gottorfer Geschichte im Bild festhält und allegorisch überhöht. Möglicherweise ist es einer gewissen Beharrlichkeit Olearius' geschuldet, dass Motive rund um das Schaffen Friedrichs III. und damit seiner selbst, die nicht bereits in die *Verherrlichung* aufgenommen wurden, nochmals in den Entwürfen zum Zyklus auftauchen – letztlich wurden sie aber nie in Malerei umgesetzt.[32]

Die 2018 bekannt gewordene Zeichnung (Abb. 2), die als *Verherrlichung Friedrichs III.* betitelt werden kann, bestätigt noch einmal, dass bei der Vorbereitung der *Verherrlichung Christian Albrechts* zunächst Friedrich III. und seine Taten als Bildgegenstand erwogen wurden. Sie macht zudem nochmals die niederländischen Einflüsse auf die Ikonografie Gottorfer Inszenierung deutlich. Die Darstellung verknüpft mehrere bisher bekannte Szenen aus Gemälden und Zeichnungen Ovens' und gibt damit einen neuen Einblick in die Konzeption der ausgeführten Allegorien.

Das Blatt zeigt in der Mitte ein Wasserzeichen, im Verhältnis zur Zeichnung um 90 Grad nach links gekippt, ein Wappenschild mit einer Schere oder einer Zange, von Rollwerk gerahmt.[33] Die rasch auf das Papier geworfene Federzeichnung ist wie mehrere der vielfigurigen Entwürfe, die Ovens Christian Albrecht vorlegte, mit zahlreichen Buchstaben versehen.[34] Leider fehlt hier wie auch bei der *Allegorie auf den Tod Friedrichs III.* (Abb. 8) die aufschlüsselnde Legende. Dennoch lässt sich die Szenerie fast vollständig auflösen: Oben links deuten sich Wolken mit einer Schar Putti an, wie sie ähnlich beispielsweise auch im *Gottorfer Friedensfest* oder in der *Hochzeit Friedrichs III. und Maria Elisabeths* aus dem *Gottorf-Zyklus* erscheinen; in der *Verherrlichung Christian Albrechts* ist hier eine Göttergesellschaft auf Wolken versammelt. Die mit *a* gekennzeichnete herabschwebende Figur mit Schwert ist als Personifikation des Herzogtums zu verstehen, denn sie trägt

**Abb. 7** Jürgen Ovens: Friedrich III. von Schleswig-Holstein-Gottorf tritt 1616 die Regierung an, um 1663–65, Feder über Bleistift auf Papier, 198 x 200 mm, Staatliche Kunstsammlungen Dresden, Kupferstichkabinett, 1967/60

ein Wappenschild an ihrer Seite. In der *Verherrlichung Christian Albrechts* treten Schleswig und Holstein in Gestalt zweier Frauen mit Wappen auf, sonst erscheinen wiederholt wappentragende Putti in den Gottorfer Gemälden (Abb. 4, 5).[35] Links unten versammelt sich unter dem Buchstaben *G* eine Gruppe turbantragender Männer, sie sind als die persische Gesandtschaft zu identifizieren, die 1639 in Folge der Gottorfer Persienexpedition von 1635–39 Gottorf besuchte.[36]

**Abb. 8** Jürgen Ovens: Allegorie auf den Tod Friedrichs III. von Schleswig-Holstein-Gottorf 1659, um 1661, Lavierte Feder auf Papier, 243 x 361 mm, Hamburger Kunsthalle, Kupferstichkabinett, 22337

Die Details werden im Vergleich mit der Darstellung vom Empfang der persischen Gesandtschaft (Abb. 9) deutlich, die in Vorbereitung des *Gottorf-Zyklus* entstand und ihre Legende noch besitzt:[37] Demnach handelt es sich bei den beiden schwungvoll skizzierten Kamelen um einen Teil der persischen Geschenke („F. Di Persische geschencke."), der Mann davor hält das Kreditiv („G. Di Creditiv."), also die Bestätigung der Beziehungen zwischen Herzog und persischem Schah.[38] Mit *H* ist eine Art Heerlager aus Zelten gekennzeichnet, hinter dem Schiffsmasten aufragen. Sie sind wohl als Verweis auf den Handel zu verstehen, auch wenn dieser nie den gewünschten Erfolg hatte. Hier könnte auch eine Anspielung auf den Zweiten Nordischen Krieg gemeint sein, aus dem das Gottorfer Herzogtum souverän hervorging.[39] Davor ist die Figur der Justitia mit *B* markiert, sie scheint unter der verrutschten Augenbinde hervorzublinzeln und trägt Schwert und Waagschale. Die Gerechtigkeit als wichtigste Herrschertugend erscheint als Säulenfigur im *Friedensfest* und war eine der Hauptfiguren in einem Gottorfer Deckengemälde (Abb. 12).[40] Links hinter ihr erscheint Prudentia (Sapientia) mit der Schlange.[41] Den Bildrand schließen hier zwei Männerhäupter ab, ein vergleichbarer Kahlkopf ist in der *Verherrlichung Christian Albrechts* unten links zu sehen, auch in zwei Szenen aus dem *Gottorf-Zyklus* dienen zwei miteinander sprechende Männer als Bildabschluss.[42] Im Zentrum thront Friedrich III., gekennzeichnet mit *F*. Die wenigen raschen Federstriche umreißen deutlich die prägnante Erscheinung, wie sie einem auch in anderen Darstellungen gegenübertritt. Undeutlich bleibt, wofür *E* und *D* am Thron stehen. *E* scheint eine Schlange zu bezeichnen, die sich um das Thronbein windet, wohl als Symbol überwundenen Übels. In den Versen Adam Olearius' in der *Verherrlichung* heißt es „Der Schlangen Kopff weichet wen Hercules kompt", hier zu beziehen auf das Kriegsende und die Einrichtung des Friedens, denn weiter heißt es „Und seinen sitz auff dem Oliven stuhl nimb", der von Pax mit Lorbeerblättern geschmückt wird. Etwas im Sinne dieses „Oliven stuhl" muss sich hinter *D* verbergen. Zur Rechten Friedrichs III. steht ein Mann mit langem Haar, der eine Spangenkrone (Herzogskrone) und eine Urkunde mit zwei Siegeln in den Händen hält, markiert mit *C*. Hierin ist der Nachfolger Christian Albrecht zu erkennen, dem von der schwebenden Figur das Schwert überbracht wird, so wie auch in der *Allegorie auf den Tod Friedrichs III.* eine von Minerva geleitete Figur ihm das erhobene Schwert entgegenträgt. Die Urkunde erinnert an die Darstellung der Titulatur als regierender Herzog beziehungsweise die Großjährigkeitser-

**Abb. 9** Jürgen Ovens: Friedrich III. empfängt am 11. August 1639 eine persische Gesandtschaft, um 1663–65, Feder auf Papier, 179 x 238 mm, Statens Museum for Kunst Kopenhagen, Königliche Kupferstichsammlung, KKSgb5089

klärung in der Darstellung von Friedrichs III. Regierungsantritt 1616 (Abb. 7),⁴³ was darauf hinwiese, dass Christian Albrecht ebenso wie sein Vater lange vor seinem 25. Geburtstag zum amtierenden Herzog wurde.

Minerva – in diesem Zusammenhang eine der wichtigsten und damit häufigsten allegorischen Figuren – steht in der Zeichnung auf der anderen Seite Friedrichs, ihr ist das *P* zuzuordnen, das auf der Brust einer heranstürmenden Figur erscheint, denn das *K* auf dem Medusenschild bezeichnet die sitzende Figur zu ihren Knien. Gemeinsam mit einer Assistenzfigur hinter sich hält sie einen Gegenstand über das Haupt des Herzogs, passend wäre ein Lorbeerkranz, möglich ist aber auch der Ouroboros, Symbol für Unendlichkeit und damit Erneuerung, wie er in der *Allegorie auf den Tod Friedrichs III.* erscheint.⁴⁴ In ihrer Linken hält Minerva die Lanze mit Hut der Libertas.⁴⁵ Die lebhaft heraneilende Figur unter Minervas Arm ist nicht als Libertas zu deuten, zu unspezifisch tritt sie im Hintergrund auf. Hierbei handelt es sich um eine der zahlreichen angedeuteten Assistenzfiguren. Über dieser Hauptgruppe erscheint in einer Wolke Fama, *R*, mit den beiden Posaunen für den guten und den schlechten Ruf. Fama erscheint auch in der *Verherrlichung Christian Albrechts*, hier direkt hinter dem Herzog, zusätzlich mit einer Fackel, und in der *Apotheose Christians I. von Dänemark* aus dem *Gottorf-Zyklus*.⁴⁶ *K* ist als Personifikation der Malerei, rechts davon *L* als Bildhauerei aufzuschlüsseln, sie halten Palette und Pinsel beziehungsweise Beitel. Die folgende Figur mit dem Buchstaben *N* könnte entsprechend Musik und Literatur verkörpern, so wie auch in der *Verherrlichung Christian Albrechts* eine Allegorie auf beide Künste in einer Figur zusammengefasst ist.⁴⁷ Hinter dieser weiblichen Gestalt erscheint eine Säule beziehungsweise Fortitudo mit Säule, gekennzeichnet mit *O*. Die Säule ist ebenfalls ein wiederkehrendes Symbol in der Gottorfer Inszenierung, sowohl im Bild als auch in zugehörigen Versen: Im *Friedensfest* steht Justitia auf der Säule; in der *Hochzeit Friedrichs III. und Maria Elisabeths* das goldene Reiterstandbild Christians I., hier heißt es „Dieses Hauses Seule stehe | Fest, und niemahls untergehe."⁴⁸ Das Symbol der Stärke und Beständigkeit wird hier also ganz konkret auf die Fortdauer der Gottorfer Dynastie bezogen, gleichzeitig dient es als Ehrensäule und erhöht den berühmten Ahnen.

Über den Künsten erhebt sich unter *N* Urania, die Astronomie. Sie hält einen Globus, im Gemälde mit Christian Albrecht einen Himmelsglobus, und in der anderen Hand möglicherweise entsprechend der Malerei und einer weiteren Zeichnung einen Jakobsstab, ein astronomisches Instrument zur Winkelmessung.⁴⁹ Details wie dieses, das die Kenntnis wissenschaftlichen Geräts voraussetzt, sind ein eindrückliches Beispiel für die Beteiligung Olearius' und dessen Absicht, seine eigene Arbeit in den Bildern zu verewigen.⁵⁰ Zwischen Minerva und den Künsten erscheint eine Menschenmenge, darunter ein Soldat mit Helm und Fahne. Im Hintergrund, bezeichnet mit *J*, schließlich Schloss Gottorf, wie es an entsprechender Stelle auch im *Gottorfer Friedensfest* und in der *Verherrlichung* zu sehen ist. Weiterhin ist im Hintergrund eine hügelige Landschaft mit Gewässer skizziert, die das Geschehen hinterfängt. Am rechten Rand deutet sich Architektur an.

Die Zeichnung, die offenbar rasch auf das Papier geworfen wurde und weder eine Vorzeichnung noch weitere Ausarbeitung zeigt, vereint also eine Vielzahl von Motiven und Symbolen. Ein danach ausgeführtes Gemälde hätte stark verdichtet die Errungenschaften und Interessen Friedrichs III. vor Augen geführt, ihn als Patron der Künste und Wissenschaften gefeiert. Christian Albrecht tritt hier als Nachfolger auf, kompositorisch ist er eine Assistenzfigur Friedrichs III. Etwas emanzipierter tritt er in der *Allegorie auf den Tod Friedrichs III.* auf, als Gegenüber seines Vaters. Diese Zeichnung führte Ovens gründlicher aus als die Skizze in Schleswig, mit den Lavierungen und den ausgearbeiteten Details geht das Blatt über einen groben Entwurf hinaus. Ovens muss sich dabei schon näher an der Komposition des Gemäldes geglaubt haben, womöglich ist die *Allegorie auf den Tod Friedrichs III.* Ergebnis der Änderungswünsche zur *Verherrlichung Friedrichs III.* Anstelle der Leistungen Friedrichs III. rückten zunehmend dessen Tod und der Wechsel der Zeiten, die Überwindung der dunklen Jahre und der Neubeginn in den Fokus der Darstellung. Im ausgeführten Gemälde ist schließlich Christian Albrecht die alleinige Hauptperson, Friedrich III. erscheint nur noch im übertragenen Sinne, gewissermaßen verborgen hinter Symbolik und Versen; und auch Maria Elisabeth von Sachsen, die Mutter Christian Albrechts, wurde im Prozess der Bildfindung aus der Komposition getilgt.⁵¹ Bemerkenswert ist, dass in diesem Entwurf dem Gegenbesuch der persischen Gesandtschaft viel Platz eingeräumt wurde; ein herausragendes Ereignis in der Gottorfer Geschichte, das gleichzeitig für die ganze Expedition steht. Auch hierin wird deutlich, dass Adam Olearius an der Konzeption der Gemälde beteiligt war, das Thema der *Persischen Reyse*⁵² lag ihm offensichtlich besonders am Herzen. So zeigt der angesprochene Entwurf für den *Gottorf-Zyklus* ausschließlich den Empfang

Constanze Köster

der persischen Gesandtschaft auf Schloss Gottorf, auch er wurde aber nicht in Malerei umgesetzt.[53]

Es ist auffällig, dass der junge Herzog sich schließlich für ziemlich vage, allgemeingültige Allegorien entschied. Möglicherweise ist hier ein Generationenkonflikt abzulesen, auf jeden Fall aber die Absicht des jungen Nachfolgers, sich selbst zu präsentieren. Auch wenn Christian Albrecht so früh kaum eigene Errungenschaften vorweisen kann, so ist doch die Malerei selbst als üppige Ausstattung Schloss Gottorfs Ausdruck seiner Ambitionen und Schwerpunkte.

Die Gottorfer Bildwelt ist häufig komplex, begleitende Inschriften dienen im *Gottorf-Zyklus* wie in der *Verherrlichung Christian Albrechts* auch als Erläuterung des Geschehens. Bereits die vielfach mit Buchstaben versehenen Zeichnungen Ovens' zeigen, dass sich hinter jedem Entwurf spezielle Ideen und die Absicht verbergen, vielschichtige Historien und Allegorien zu kreieren. In diesen detaillierten Entwürfen mit allem Beiwerk und den vielfältigen Bezügen spiegeln sich ohne Zweifel die Vorstellungen Adam Olearius' wider, der mit dem *Gottorf-Zyklus* gewissermaßen sein eigenes Buch, die *Holsteinische Chronic*,[54] in Malerei übersetzen ließ. Diese Szenen wirken oft überfrachtet und es erfordert stellenweise etwas Knobelei, um alle Bezüge aufzulösen. Zwar ist diese geradezu akademische Überladung der Kompositionen keine Erfindung Ovens' und auch nicht allein dem Einfluss Olearius' geschuldet, sondern bezieht sich direkt auf niederländische Vorbilder. Aber erst mit diesen beiden Experten waren die Möglichkeiten am Gottorfer Hof zu derartiger Inszenierung gegeben. Der drastische Wandel zeigt sich eindrücklich im Vergleich mit Julius Strachens Gruppenbildnis der Got-

**Abb. 10** Adriaen Pietersz. van de Venne: Allegorie auf Christian IV. als Friedensvermittler, um 1643, Öl auf Holz, 120,6 x 165 cm, De Danske Kongers Kronologiske Samling på Rosenborg Kopenhagen, 7–12

Minerva, Urania und Kamel – Gottorfer Inszenierung nach niederländischem Vorbild

**Abb. 11** Jacob Jordaens: Triumph des Frederik Hendrik von Oranien, 1652, Öl auf Leinwand, 728 x 755 cm, Huis ten Bosch Den Haag, Oranjezaal

torfer Herzogsfamilie von circa 1639.[55] Strachen war als Porträtist des Herzogs gewissermaßen Vorgänger Ovens', war diesem in der Gestaltung mit seinem „nüchternen Konterfeicharakter"[56] aber weit unterlegen beziehungsweise noch alten Mustern verpflichtet, die in den Niederlanden oder auch in England längst überholt waren.

Jürgen Ovens hatte in Holland alle Gelegenheiten, sowohl bürgerliche als auch adelige Inszenierung zu studieren. Wie ein vielfiguriges Gruppenporträt zu gestalten ist und wie man mit den Kompositionen Geschichten erzählt, konnte er unmittelbar bei Rembrandt und in dessen Umkreis lernen. Weiterhin gewann der flämische Einfluss auf seine Arbeit zunehmend an Bedeutung. Eng verwandte Beispiele machen deutlich, wie niederländische Werke Ovens' Bildfindung inspirierten. So beeinflusste Adriaen Pietersz. van de Vennes Gemälde *Christian IV. als Friedensvermittler* (Abb. 10) von 1643, das Ovens mög-

241

licherweise in Glückstadt gesehen hatte, das *Gottorfer Friedensfest* sowohl kompositorisch als auch inhaltlich.[57] Auch in der *Verherrlichung Friedrichs III.* finden sich einige Motive aus van de Vennes Gemälde wieder. Diese müssen natürlich nicht immer direkt und allein von diesem einen Werk übernommen worden sein, aber die Parallelen zeigen anschaulich die Herkunft der verwendeten Motive. So erscheinen in der Zeichnung von Ovens wie bei van de Venne nahezu mittig prägnant der Hut der Libertas auf der Lanze und Fama in den Wolken.[58] Auch die Vielzahl allegorischen Personals, das mehrfach in den Gottorfer Gemälden auftritt, kann gut mit van de Vennes Aufgebot an Personifikationen verglichen werden.[59] Diese und weitere Details wiederholen sich und Ovens hatte vielfältige Gelegenheit, sie zu studieren. Ein ähnliches Beispiel, das all die von Ovens häufig eingesetzten Figuren enthält, ist Adriaen van Nieulandts *Allegorie auf die Friedenszeit unter Willem II. von 1650*.[60] Hier finden sich unter anderem wappentragende Putti, Fama am Himmel, Pax, Minerva und Abundantia, Libertas und viele mehr zur Verherrlichung der Statthalter Frederik Hendrik und Willem II. van Oranje.

Ein anderes anschauliches Beispiel für die Übernahme von Motiven ergibt sich aus einem Vergleich mit Jan Lievens' *Allegorie auf den Frieden*.[61] Einzelne Motive des Bilds, oder eines gemeinsamen Vorbilds, griff Ovens für das *Friedensfest* ebenso wie für die *Allegorie auf die Krönung Hedwig Eleonoras* auf.[62] Eine entscheidende Neuerung am Gottorfer Hof war die Gemeinschaft realer Persönlichkeiten und symbolischer Figuren im Bild. Im *Friedensfest* ist sie noch zurückhaltend, zwei Prinzessinnen übernehmen hier die Rollen von Pax und Minerva, in Anlehnung an die Ballette anlässlich ihrer Hochzeiten;[63] Justitia wird als lebloses Standbild gezeigt und neben einer Schar Putti erscheinen nur die Rückenfigur Abundantias und der niedergerungene Mars zurückgenommen als „lebendige" allegorische Figuren. In den folgenden Gemälden treten Göttinnen und Allegorien gewissermaßen emanzipiert auf, als interagierende Figuren zur Unterstützung der porträtierten Fürstinnen und Fürsten. So ist beispielsweise Pax als einzige allegorische Figur in einer Menschenmenge Begleiterin der frisch gekrönten Hedwig Eleonora in deren Prozession von der Storkyrkan zum Brautbett im Stockholmer Schloss.[64] Eine wahre Flut an Personifikationen und fantastischen Assistenzfiguren in Form einer feiernden Menge zeigt die *Hochzeit Friedrichs III. und Maria Elisabeths*.

Nahezu unbegrenzte Inspiration für Ovens muss der Oranjezaal in Huis ten Bosch bei Den Haag geboten haben.[65] Der Kuppelsaal des zum Mausoleum für den Statthalter Frederik Hendrik von Oranien umgewandelten Lusthauses wurde in den Jahren 1648–52 ausgemalt.[66] Werke wie Cesare Ripas *Iconologia* oder Piero Valerianos *Hieroglyphica* lieferten die Vorbilder für das komplexe Figurenprogramm.[67] Diese und andere Ikonografielexika müssen auch Olearius und Ovens verwendet haben. Höhepunkt des Programms ist der über sieben Meter hohe *Triumph des Frederik Hendrik von Oranien* (Abb. 11) von Jacob Jordaens. Jordaens hatte zuvor mit Rubens zusammengearbeitet, dessen Werke wie der *Medici-Zyklus* Vorläufer und Vorbild des Oranjezaal sind. Möglicherweise bewarb Ovens sich selbst um einen Auftrag für den Oranjezaal.[68] Von ihm gab es eine nur in der Beschreibung überlieferte Skizze mit „des Princen Von Oranien Triumpf"[69], also entweder ein Entwurf für den Oranjezaal oder – wahrscheinlicher – eine Zeichnung nach Jordaens.[70] In jedem Fall setzte sich Ovens mit den Werken der beteiligten Maler auseinander. Sowohl das Thema des Hauptbilds, der Triumph über den Krieg, als auch Einzelmotive daraus übernahm Ovens bereits für das *Gottorfer Friedensfest*.[71] Auch hier gilt zwar, dass nicht jede motivische Übereinstimmung unmittelbar von Jordaens übernommen sein muss, ein Vergleich macht jedoch deutlich, welcher Art die neue Bildwelt war, die Ovens nach Schleswig-Holstein brachte.

Eine Vielzahl an Putti, Pax, Fama, Minerva und mehr versammeln sich hier. Im Zentrum, neben der goldenen Viktoria, halten Putti Waage und Winkelmaß als Attribute Justitias[72] – und bemerkenswerterweise eine Armillarsphäre.[73] Die Furie mit Schlangenhaar und Schlangen als Sinnbild des Kriegs wird am Boden zertreten. Diese Schlangen, Hass und Zwietracht als Kriegsfolgen,[74] könnten Vorbild für die Schlange am Thron Friedrichs III. gewesen sein, zumindest haben sie dieselbe Bedeutung. Der Hermesstab, Caduceus, entstand dem Mythos nach, als Hermes mit seinem Stab zwei kämpfende Schlangen trennte. Daher ist der Caduceus Attribut der Pax, als solcher erscheint er in mehreren Gottorfer Szenen (Abb. 5, 7, 13).

Auch die wiederkehrenden Säulenfiguren könnte Ovens von Jordaens übernommen haben, bei ihm erscheinen die Bronzestandbilder Willems I. und Maurits', Vater und Bruder sowie Vorgänger Frederik Hendriks, auf Postamenten vor der Säulenarchitektur.[75] Außerdem zeigt Jordaens Viktoria in Form einer goldenen Figur, als Teil des Thronwagens, im Kontrast zu den wohldurchbluteten übrigen Figuren. Diese herausgenommene Erscheinung mag Ovens zur Justitia im *Friedensfest* oder zum goldenen Reiterstandbild Christians I. in der *Hochzeit Friedrichs III. und Maria Elisabeths* inspiriert haben.

Minerva, Urania und Kamel – Gottorfer Inszenierung nach niederländischem Vorbild

**Abb. 12** Jürgen Ovens: Justitia, um 1665, Öl auf Leinwand, 167 x 127 cm, Museumsberg Flensburg, 18113

Die Idee, neben Fama und Putti mit der Personifikation des Herzogtums eine weitere große Figur am Himmel auftreten zu lassen, könnte ebenfalls von Jordaens entlehnt sein, der die – aus perspektivischen Gründen übergroße – Pax über dem Geschehen schweben lässt. Sonst übernehmen bei Ovens Putti die Rolle des Schildträgers am Bildhimmel.

Auch andere Gemälde des Oranjezaals dienten als Vorbilder für Szenen des *Gottorf-Zyklus*. Deutlich wird dies besonders am Beispiel der *Hochzeit Friedrichs III. und Maria Elisabeths*: Das all antica gewandete Hochzeitspaar in fantastischer Szenerie wird von einer Fülle allegorischen Personals umgeben, ähnlich wie auch Frederik Hendrik von Oranien und Amalie zu Solms-Braunfels in der allegorischen Darstellung ihrer Hochzeit.[76]

Die Skizze der *Verherrlichung Friedrichs III.* sollte als Vorlage für monumentale Malerei dienen: die *Verherrlichung Christian Albrechts* ist mit 350 cm das höchste erhaltene Gemälde Ovens',[77] die Gemälde des *Gottorf-Zyklus* sowie das große *Friedensfest* haben alle eine Höhe von rund drei Metern.[78] Wie bei Jordaens ist bei Ovens der Bildraum zu einem wahren „Wimmelbild" angefüllt. Das vielköpfige Bildpersonal ist in mehreren Ebenen gestaffelt, losgelöste Architekturelemente – in der Zeichnung rechts nur angedeutet – dienen als Rahmen. Selbst der Himmel ist bevölkert, mit Göttern, Allegorien und Scharen von Putti. Die Szene ist ein typisches Beispiel für die Verknüpfung niederländischer Vorbilder hinsichtlich

**Abb. 13** Jürgen Ovens: General Teutsch richtet den Frieden, um 1665, Lavierte Feder über Bleistift auf Papier, 210 x 420 mm, Eremitage St. Petersburg, OR-14950

**Abb. 14** Govert Flinck: Salomos Gebet um Weisheit, 1658, Öl auf Leinwand, 465 x 450 cm, Koninklijk Paleis Amsterdam

Komposition und Einzelfiguren mit durchaus komplex angelegten Gottorfer Themen. Wie speziell und einzigartig diese Bildthemen sind, die häufig auf Olearius zurückgehen müssen,[79] zeigt besonders ein ehemaliges dreiteiliges Deckengemälde aus dem Schloss, das in einem Fragment (Abb. 12) und einem Entwurf (Abb. 13) überliefert ist.[80] Im Mobilieninventar von 1666 wird es beschrieben als Gemälde auf dem „General Teutsch Frieden Gerichtet".[81] Tatsächlich zeigt die Federzeichnung eine militärische Person, „General Teutsch", die die am Boden liegende Pax, erkennbar am Caduceus, richtet. Das bisher einzigartig erscheinende Motiv wirft einige Fragen auf und lässt die so bedeutende Personifikation des Friedens eine völlig unübliche Rolle einnehmen. Gleichzeitig ist diese Sicht auf Krieg und Frieden ein eindrückliches Beispiel für das Verständnis von Frieden in der frühen Neuzeit, das Frieden nicht bloß als Abwesenheit von Krieg, sondern als Ergebnis militärischer Stärke begreift. Für die Komposition der Deckengemälde im Schlafgemach neben dem Roten Saal[82] nahm Ovens sich Flincks *Gebet Salomos* (Abb. 14) aus dem Stadhuis Amsterdam zum Vorbild.[83] Das große auf Untersicht angelegte Gemälde von 1658 zeigt eine ganz ähnliche asymmetrisch gestaffelte Architektur mit Ausblick in den (bevölkerten) Himmel. Auch die metallenen Gefäße und weitere

Gegenstände auf der untersten Stufe bei der *Justitia* können gut mit Flincks Gemälde verglichen werden, in Ovens' Zeichnung erscheint hier ein Hund.

Die fortdauernde Beschäftigung Ovens' mit allegorischen Darstellungen der Gottorfer Herzogsfamilie und deren Historie macht den Anspruch an eine umfassende Inszenierung deutlich, die alle wichtigen Ereignisse im Bild festhält und überhöht. Dabei wurde naturgemäß ausgewählt und fortgelassen, sodass im ausgeführten Programm die subjektive Sicht und das Interesse des jeweiligen Auftraggebers – oder der Auftraggeberin – zum Ausdruck kommen. So lässt sich an den Gottorfer Gemälden Ovens' und deren Entstehungsprozess deutlich die Zäsur ablesen, die der Wechsel von Friedrich III. zu Christian Albrecht bedeutete. Die Höhepunkte Gottorfer Geschichte finden sich, zum großen Teil als eine Agglomeration von Symbolen, in einer als Reihe zu verstehenden, über zwei Jahrzehnte entstandenen Bilderfolge. Der Anspruch an diese aufwendige Inszenierung im Dienst fürstlicher Repräsentation entstand aus dem Wettstreit mit anderen Höfen und orientierte sich an der führenden Mode, der Malerei des niederländischen Goldenen Zeitalters auf ihrem Höhepunkt. Dass mit Jürgen Ovens ein niederländisch geschulter Maler, der sich mit anderen Künstlern ersten Ranges wie etwa Govert Flinck oder Jan Lievens messen konnte, bereit war, dauerhaft in Schleswig-Holstein zu wirken, muss für Friedrich III. und später Christian Albrecht ein Glücksfall gewesen sein. Mehr noch, da Ovens sich auch als Agent und Kunsthändler im Dienst der Gottorfer betätigte und dem abgelegenen Herzogtum so zu Meisterwerken wie etwa der von Artus Quellinus gestalteten Fürstengruft im Schleswiger Dom verhalf (Abb. 15).[84]

Die fruchtbare Verbindung zwischen den Niederlanden und Schleswig-Holstein spiegelt sich auch in der Skizze mit Fried-

**Abb. 15** Artus Quellinus der Ältere: Maria Elisabeth von Sachsen, Herzogin von Schleswig-Holstein-Gottorf, 1661–63, Marmor, Höhe 110 cm, Dom zu Schleswig, Obere Fürstengruft

rich III. wider: wohl in wenigen Minuten auf das Papier geworfen, vereint sie doch eine Vielzahl von Anekdoten und ikonografischen Zitaten. Dieses Blatt gibt so einen Einblick in den niederländischen Einfluss auf die höfische Kultur Gottorfs und ist ein anschauliches Beispiel für den Kunsttransfer durch Jürgen Ovens.

### Anmerkungen

1. Zum vom Krieg motivierten Bewegungsmuster Ovens' siehe den Aufsatz „bey eingefallenen Kriegs-Troublen zog er nach Amsterdam'. Künstlerweg und Kunsttransfer zwischen Holland und Schleswig-Holstein" im Band Erfolgreiche Einwanderer. Künstlerimmigration im Ostseeraum während der Nordischen Kriege (1554–1721), Agnieszka Gasior/Julia Trinkert (Hg.), in Vorbereitung.
2. Köster 2017a, S. 53; zu Friedrichstadt siehe den Beitrag Christiane Thomsens im vorliegenden Band.
3. Köster 2017a, S. 179–211; Köster 2017b, S. 205–214. Verloren ist die umfangreiche Ausmalung der Amalienburg im Gottorfer Neuwerkgarten, Köster 2017a, S. 211–224.
4. Köster 2017a, S. 73, 105f., 174–211, 228, 296; Köster 2017b, S. 205–214. Zu Olearius und weiterführender Literatur siehe zuletzt Baumann/Köster/Kuhl 2017.
5. Mein Dank an Monroe Warshaw, New York, der mich auf die Zeichnung aufmerksam machte.
6. Köster 2017a, S. 217–222.
7. Köster 2017a, S. 44–48.
8. Zur römischen Porträtmode siehe Marly 1975, S. 443–451.

9  Zu Anthonis van Dycks in England herausgebildeter fantastischer Porträtmode siehe Gordenker 2001, passim.
10  Köster 2017a, S. 46f.
11  Köster 2017a, S. 146–152.
12  D. Witt 2007, S. 20; Köster 2017a, S. 49.
13  D. Witt 2007, S. 21; Köster 2017a, S. 27f. und passim.
14  Die frühesten erhaltenen Gemälde, die eindeutig einen Auftrag des Herzogs darstellen, sind die zehn Porträts der Gottorfer Prinzessinnen und Prinzen. Köster 2017a, S. 58–61. 1648 starb der Porträtist Julius Strachen und war damit keine Konkurrenz mehr für Ovens. Ebd., S. 55f. Siehe auch den Beitrag Oliver Auges im vorliegenden Band.
15  Oliver Auge im vorliegenden Band, S. 98.
16  Ausführlich siehe Köster 2017a, S. 62–74.
17  Larsson 1989, 166.
18  Siehe fortführend Schleswig 1997; Schleswig 2014; Lühning 1997; Baumann/Köster/Kuhl 2017; die Beiträge Juliette Rodings, Karen Asmussen-Stratmanns, Marika Kebluskeks in diesem Band.
19  „Noch ein Großes Stamstück von Hertzog Friederich und deßen Familie." Köster 2017a, S. 335, Quelle II.C.3. Hier und im Folgenden wird auf die wortgetreue Wiedergabe im Quellenanhang verwiesen.
20  Zur Ausbreitung und Wirkung flämischer Malerei des 17. Jahrhunderts siehe fortführend den Beitrag Nils Büttners im vorliegenden Band.
21  Larsson 1989, S. 166; Drees 1997b, S. 248f.; Köster 2017a, S. 68–71.
22  Jürgen Ovens: *Die Hochzeit Hedwig Eleonoras von Schleswig-Holstein-Gottorf mit Karl X. Gustav von Schweden am 24. Oktober im Stockholmer Schloss*, zwischen 1655 und 1657/*Die Krönung Hedwig Eleonoras von Schleswig-Holstein-Gottorf zur Königin von Schweden am 26. Oktober 1654 in der Storkyrkan Stockholm*, zwischen 1655 und 1657, Nationalmuseum Stockholm, NM 908, NMDrh 514.
23  Rembrandt: *Schützen aus Quartier II unter Leitung von Kapitän Frans Banninck Cocq*, bekannt als *die Nachtwache*, Rijksmuseum Amsterdam, SK-C-5. Köster 2017a, 90f.
24  Zum üppigen Gesamteindruck trugen aufwendige Rahmen, schmückendes Beiwerk und die übrige Ausstattung der Räume bei. Wiesinger 2015, 374f.; Köster 2017a, S. 181.
25  Köster 2017a, S. 112 und passim.
26  Siehe ausführlich Köster 2017a, S. 173–179.
27  Köster 2017a, S. 176f., 178f.
28  Köster 2017a, S. 191–196.
29  Jürgen Ovens: *Die Hochzeit Friedrichs III. von Schleswig-Holstein-Gottorf und Maria Elisabeths von Sachsen am 21. Februar 1630 in Dresden*, um 1665, Det Nationalhistoriske Museum Frederiksborg Slot Hillerød, G8 (als Dauerleihgabe in Christiansborg Kopenhagen).
30  Köster 2017a, S. 197–200; Köster 2017b, S. 211.
31  Köster 2017a, S. 200f., 204f.
32  Köster 2017a, S. 204f.; Köster 2017b, S. 210.
33  Eine ähnliche Schere oder Zange findet sich in Ovens' Wappen, ohne dass ein Zusammenhang abgelesen werden kann. Köster 2017a, S. 273f. Mehrere Blätter mit Zeichnungen Ovens' tragen Wasserzeichen, die auf verschiedene Hersteller, etwa in Amsterdam, verweisen. Siehe dazu beispielsweise die Inventarkarten der Bremer Kunsthalle, die teilweise Umzeichnungen enthalten (Inventarnummer 1614, 1616, 1617, 1621, 1686, 1696, 1709, 1904, 1914, 2003, 2060, 2077, vgl. Köster 2017a, S. 395–397, Z3, Z6, Z14, S. 400, Z27, S. 404–406, Z46, Z48, Z49, Z53, Z56, Z57, S. 413f., Z90, Z93). Eine konsequente Untersuchung aller Blätter auf ihre Wasserzeichen ist unter anderem wegen der häufig unflexiblen Montierung bisher nicht erfolgt.
34  Köster 2017a, S. 409–413, Z72, Z76–Z79, Z82–Z84, Z89, Z90.
35  Weiterhin in *der Hochzeit Hedwig Eleonoras von Schleswig-Holstein-Gottorf mit Karl X. Gustav von Schweden am 24. Oktober im Stockholmer Schloss* und *der Hochzeit Friedrichs III. von Schleswig-Holstein-Gottorf und Maria Elisabeths von Sachsen am 21. Februar 1630 in Dresden* (siehe oben).
36  Olearius 1663, S. 250f.; zur Persienexpedition siehe Olearius 1656 und zuletzt die Beiträge in Baumann/Köster/Kuhl 2017.
37  Siehe ausführlich Köster 2017a, S. 204f., 412, Z83.
38  Köster 2017a, S. 205; Olearius 1663, S. 250.
39  L. Henningsen 2008, S. 162.
40  Köster 2017a, S. 226–230.
41  Der Schlangenstab Prudentias erscheint als fürstliches Tugendattribut auch in einem Porträt Friederike Amalies von Dänemark, das die Herzogin als Minerva zeigt. Köster 2017a, S. 242.
42  Jürgen Ovens: *Christian I. von Dänemark empfängt 1474 von Papst Sixtus IV. die Goldene Rose/Johann Adolf von Schleswig-Holstein-Gottorf und Christian IV. von Dänemark empfangen die Annehmung Hamburgs 1603*, 1665, Det Nationalhistoriske Museum Frederiksborg Slot Hillerød, G4, A4060 (als Dauerleihgaben in Christiansborg Kopenhagen).
43  Ha. Schmidt 1922, S. 244f., Kat. 56; Köster 2017a, S. 204.

44 In der *Allegorie auf die Krönung Hedwig Eleonoras von Schleswig-Holstein-Gottorf* (Abb. 5) erscheint der Ouroboros im Kontext ewiger Liebe. Köster 2017a, S. 76.

45 Die Darstellung der Libertas geht letztlich auf römische Vorbilder zurück, wo sie auf Münzen ein Zepter und einen Pileus hält. Freigelassene Sklaven erhielten im Römischen Reich das Recht, einen *Pileus libertatis*, die Freiheitsmütze, zu tragen. So beschreibt beispielsweise Ripa die Liberta als Frau mit Zepter und Hut in den Händen („nella destra mano tiene vn scettro, nella sinistra vn cappello"). Ripa 1603, S. 292.

46 Jürgen Ovens: *Apotheose Christians I. von Dänemark*, um 1665, Museet på Koldinghus Kolding, 9173.

47 Köster 2017a, S. 175.

48 Siehe ausführlich Köster 2017a, S. 197–200; S. 394, G161. Vergleichbare Säulenfiguren erscheinen in zwei weiteren Gemälden des *Gottorf-Zyklus*: In der im Petersdom angesiedelten Begegnung Christians I. und Papst Sixtus' IV. thront Petrus auf einer Säule, in der Darstellung Adolfs I. mit einem Löwen am englischen Hof erscheint eine weibliche Säulenfigur, möglicherweise Königin Elizabeth I. *Christian I. empfängt 1474 von Papst Sixtus IV. die Goldene Rose/Adolf I. von Schleswig-Holstein-Gottorf begegnet am englischen Hof einem Löwen*, um 1665, Det Nationalhistoriske Museum Frederiksborg Slot Hillerød, G4, G9 (als Dauerleihgaben in Christiansborg Kopenhagen). Köster 2017a, S. 186, 195f.

49 Köster 2017a, S. 175f.

50 Vgl. Köster 2017a, S. 176; Köster 2017b, S. 210, 212.

51 Köster 2017a, S. 177.

52 Olearius 1656.

53 Köster 2017a, S. 204f.; Köster 2015, S. 210.

54 Olearius 1663; Köster 2017a, S. 179–211; Köster 2017b, S. 205–214.

55 Larsson 1989, S. 166; Köster 2017a, S. 47, 55, 72.

56 Larsson 1989, S. 166.

57 Larsson 1989, S. 166; Drees 1997b, S. 249; Köster 2017a, S. 68f.

58 Bencard 1998, S. 588.

59 Eine ausführliche Beschreibung des Gemäldes gibt Bencard 1998, S. 587–592.

60 Adriaen van Nieulandt: *Allegorie auf die Friedenszeit unter Statthalter Willem II.*, 1650, Rijksmuseum Amsterdam, SK-A-1995. Köster 2015, S. 15.

61 Jan Lievens: *Allegorie auf den Frieden*, 1652, Rijksmuseum Amsterdam, SK-A-612.

62 Drees 1997b, S. 248f.; Köster 2017a, S. 69, 76.

63 Sophie Auguste, die älteste Tochter Friedrichs III. und Maria Elisabeths, heiratete 1649 Johann VI. von Anhalt-Zerbst, die drittälteste Marie Elisabeth 1650 Ludwig VI. von Hessen-Darmstadt. Wade 1995, S. 45–54 und passim; Drees 1997b, S. 248; Höpel 2017a, S. 216–224; Köster 2017a, S. 66f.

64 Köster 2017a, S. 88.

65 Vgl. Köster 2017a, S. 70, S. 206–208, S. 210.

66 Eikema Hommes/Kolfin 2013, S. 45–48.

67 Valeriano 1575; Ripa 1603; Peter-Raupp 1980, S. 201f.

68 Ha. Schmidt 1922, S. 15; Drees 1997b, S. 248.

69 Ha. Schmidt 1913, S. 57f.

70 Ha. Schmidt 1922, S. 15; Drees 1997b, S. 248; Köster 2017a, S. 70, S. 206f.

71 Köster 2017a, S. 70.

72 Peter-Raupp 1980, S. 152.

73 Jordaens selbst beschreibt diese Partie als „beaucoup de cupidons ou enfans, ayant pour la plus part quelques outils ou instruments de science tant de mathématique que de la musique et autres profitables." Zitat nach Peter-Raupp 1980, S. 152.

74 Peter-Raupp 1980, S. 149.

75 Peter-Raupp 1980, S. 150f.

76 Eikema Hommes/Kolfin 2013, S. 148f.; Peter-Raupp 1980, S. 112–115; Köster 2017a, S. 207f.

77 Abgesehen von Govert Flincks *Die nächtliche Verschwörung der Bataver unter Iulius Civilis* im Koninklijk Paleis Amsterdam, die Ovens in Öl ausarbeitete. Siehe fortführend Eikema Hommes/Froment 2001, S. 143–155; Köster 2017a, S. 161–168.

78 Der ursprüngliche Bestimmungsort des *Gottorf-Zyklus*, das Gemach Herzogin Maria Elisabeths, das Herzogin Friederike Amalie übernahm, wurde im Zuge des Neubaus des Südflügels abgebrochen, sodass nur schwer ein Eindruck von der ursprünglichen Wirkung gewonnen werden kann. Wiesinger 2015, S. 377f.; Köster 2017a, S. 181.

79 Allerdings haben auch andere Hofmitglieder ungewöhnliche Bildthemen ersonnen, beispielsweise das des *Kielmannseckschen Altars* im Dom zu Schleswig, das wohl auf den Stifter selbst, Hofkanzler Kielmannseck, zurückgeht. Köster 2017a, S. 248–255.

80 Möglicherweise diente auch die Zeichnung einer *Götterversammlung auf Wolken* im Landesmuseum als Studie für das Deckengemälde. Stiftung Schleswig-Holsteinisches Landesmuseen Schloss Gottorf, 1988/955. Köster 2017a, S. 227.

81 Köster 2017a, S. 335, Quelle II.C.1.

82 Vgl. Wiesinger 2015, 114.

83 Köster 2017a, S. 227f.

84 Ha. Schmidt 1914, S. 226–228; Köster 2017a, S. 25f., S. 169f.

*Justus Lange*

# SIMON PETER TILMANN UND WOLFGANG HEIMBACH – ZWEI NORDDEUTSCHE MALER UND DIE NIEDERLANDE

Horst Gerson behandelte in seinem wegweisenden Band über die *Ausbreitung und Nachwirkung der holländischen Malerei des 17. Jahrhunderts* auch die beiden aus Norddeutschland stammenden Künstler Simon Peter Tilmann und Wolfgang Heimbach. Während er zu Tilmann lapidar feststellt: „Seine Gemälde sehen ganz holländisch aus"[1], widmet er Heimbach etwas mehr Aufmerksamkeit. Er findet ihn zwar wichtig, aber dennoch ist er

> „der Typus des gemütlichen, aufnahmefähigen, aber unselbständigen deutschen Provinzmalers, der stetig dem holländischen Vorbild nacheifert, dem es aber an technischem Geschick und malerischem Gefühl mangelt, wodurch seine Bilder ein etwas trockenes und schwerfälliges Aussehen bekommen."[2]

Gerson schrieb dies bekanntlich 1942 und es liegt mir fern, den großen Gelehrten mit solchen Worten zu diskreditieren. Vielmehr wird hier deutlich, wie unzureichend die norddeutsche Malerei zu diesem Zeitpunkt erforscht war. In der großen Berliner Ausstellung *Deutsche Maler und Zeichner des 17. Jahrhunderts* im Jahr 1966 war es allerdings nicht wesentlich anders. Rüdiger Klessmann bezeichnete dort Tilmann als „bescheidenes Talent" und vermutete zu Heimbach: „Die Kraft […], sein Gebrechen zu meistern, hat ihm wahrscheinlich an den Höfen Europas mehr Achtung und Sympathie erworben als seine bescheidenen Werke es vermochten."[3] Andreas Tacke sprach noch 30 Jahre später in einem wichtigen Aufsatz über den Forschungsstand zur deutschen Barockmalerei vom „toten Jahrhundert" und zeigte verschiedene Forschungsfragen auf. Heimbach nannte er immerhin den „interessantesten Vertreter" unter den deutschen Nachfolgern Caravaggios.[4]

In den letzten beiden Jahrzehnten lenkte die Forschung zunehmend den Blick auf die Malerei des 17. Jahrhunderts in Deutschland. Wie steht es also heute um beide Maler? Welche Stellung nehmen Tilmann und Heimbach ein? Was kann ein Vergleich beider Künstler bringen? Und, im Kontext dieses Tagungsbandes, was kann der Blick auf beide Künstler zum Thema Wissens- und Kulturtransfer beitragen?

Glücklicherweise sind wir heute etwas besser über beide Künstler informiert, wobei insbesondere Heimbach immer wieder Gegenstand kunsthistorischer Forschung war. Vor allem die Arbeiten von Christiane Morsbach stellen unsere Kenntnis auf eine gesicherte Basis.[5] Im Falle von Tilmann gab es nach dem schmalen monographischen Heft von Ludwig Beutin von 1950 nur noch vereinzelt Aufsätze, die sich mit seinem Werk auseinandersetzen.[6] Eine moderne, auf neuen Quellen aufbauende Monographie zu ihm muss noch als Desiderat bezeichnet werden. Dies spiegelt sich auch in der Zahl der heute bekannten Werke beider Künstler. Während es im Falle von Heimbach mehr als 120 Gemälde sind, umfasst das Œuvre Tilmanns bislang knapp 60 Werke. Dies ist umso bemerkenswerter, als beide Künstler etwa gleich lange lebten.

Vergleicht man die 1636 beziehungsweise 1647 in Bremen entstandenen Bildnispaare Bernhard und Christine Gravaeus von Heimbach sowie Heinrich Maertens und Margarethe

Eelking von Tilmann, mag man Gerson für beide Porträtpaare zustimmen: die Gemälde sehen ganz holländisch aus und sind nicht sonderlich originell.[7] Jedoch täuscht diese Sicht darüber hinweg, dass Tilmann vor allem Porträtmaler war und nur ausnahmsweise Genregemälde schuf. Heimbach dagegen war vor allem Genremaler und seltener Porträtist. Weiterhin darf man das begrenzte Innovationspotential des Bremer Patriziats im Hinblick auf Porträtkonventionen nicht außer Acht lassen.

Ein Vergleich von Genrebildern beider Künstler zeigt dagegen deutlichere Unterschiede auf. Zwei bedeutende Werke der Künstler befinden sich in der Gemäldegalerie Alte Meister in Kassel: *Die Wahrsagerin* von Tilmann und das *Mahlzeitstillleben mit Magd* von Heimbach (Abb. 1 und 2).[8] Unmittelbar wird die Orientierung beider Künstler an niederländischen Vorbildern auch hier augenfällig. Tilmanns *Wahrsagerin* lässt sich gut mit Werken der Utrechter Caravaggisten wie Honthorst, Bylert oder ter Brugghen vergleichen, während Heimbachs *Mahlzeitstillleben mit Magd* von der niederländischen Malerei ausgehend eine Mischung aus Stillleben und Genremalerei zeigt, was auf ein gewisses Innovationspotential des Künstlers verweist.

Es zeigen sich hier also bereits gewisse Übereinstimmungen beider Künstler. Sie hatten zudem ganz ähnliche Lebensstationen: Norddeutschland, Niederlande, Böhmen, Österreich, Italien, und beide arbeiteten zudem für den dänischen Königshof. Während Tilmann allerdings von Utrecht aus den dänischen Hof belieferte, weilte Heimbach fast zehn Jahre

**Abb. 1** Simon Peter Tilmann: Die Wahrsagerin, signiert und 1633 datiert, Öl auf Leinwand, 81 x 106 cm, Gemäldegalerie Alte Meister, Museumslandschaft Hessen Kassel, GK 937

**Abb. 2** Wolfgang Heimbach: Mahlzeitstillleben mit Magd, signiert und 1670 datiert, Öl auf Leinwand, 69,5 x 84,5 cm, Gemäldegalerie Alte Meister, Museumslandschaft Hessen Kassel, GK 613a

als Hofmaler in Kopenhagen. Somit stehen sie gleichermaßen für die große Wirkung niederländischer Malerei. Hier beginnen jedoch die Unterschiede. Während Tilmann zeit seines Lebens sehr direkt von niederländischen Modellen ausgeht, trifft dies für Heimbach nur für den Anfang zu. In seinem späten Arbeiten wird er zunehmend eigenständiger. Leider wissen wir so gut wie gar nichts über seinen Aufenthalt in den Niederlanden. Weder Zeitraum noch Orte sind überliefert. Allein aus seinen erhaltenen Werken lässt sich ein Aufenthalt im Nachbarland rekonstruieren.[9] Bei Tilmann ist es anders. Durch Dokumente wissen wir recht zuverlässig über Dauer und Ort seines Aufenthaltes in den Niederlanden: Von 1633 bis 1646 lebte er in Utrecht, was nicht ausschließt, dass er auch andere Orte aufsuchte.[10]

## Biographien im Vergleich

Aber gehen wir noch einmal einen Schritt zurück. Was wissen wir über die Anfänge beider Künstler? Simon Peter Tilmann wurde 1601 in Lemgo geboren. Sein Vater Johann diente dort als Amtmann und Hofmaler von Graf Simon VI. zur Lippe. Nachdem der kunstinteressierte Graf 1613 gestorben war, zog Tilmanns Familie im darauf folgenden Jahr nach Bremen, wo der Vater bereits seit 1596 das Bürgerrecht besaß. Mehrfach war Johann Tilmann in die Niederlande gereist, um den

Graf in Bilderkäufen zu beraten.¹¹ Damit erklärt sich sicher auch, dass Simon Peter später ebenfalls den Weg in die Niederlande suchte. Vielleicht begleitete er seinen Vater sogar bei einer dieser Reisen und konnte entsprechende Kontakte knüpfen oder auf solche des Vaters zurückgreifen. Zunächst wird Simon Peter sicherlich bei ihm die Grundlagen der Malerei gelernt haben. Nach dem Tod Johann Tilmanns 1618 setzte er vielleicht bei einem lokalen Meister seine Ausbildung fort. Wie die ersten Gemälde Tilmanns ausgesehen haben, ist leider nicht bekannt. Ebenso wenig sind weitere biographische Details bislang aufgetaucht, sodass man annimmt, dass sich eine Zeit der Wanderschaft anschloss, die bislang nur dürftig durch stichhaltige Quellen belegt ist. Einzig durch ein Hochzeitscarmen, das anlässlich Tilmanns zweiter Hochzeit im Februar 1647 in Bremen verfasst wurde, sind wir über mögliche Reisen informiert, ohne dass nähere Einzelheiten oder der genaue Zeitpunkt bekannt wären. Dort heißt es unter anderem, dass der Künstler folgende Flüsse befahren habe: Weser, Ems und Rhein, Ijssel und Maas, Moldau und Main, Donau, Waag und Save sowie Po und Tiber.¹² Deshalb hat die Forschung angenommen, dass den Künstler im Zeitraum von etwa 1625 bis 1630 Reisen in die Niederlande, ins Rheinland, nach Böhmen, Österreich und Italien führten. Werke aus dieser Zeit sind bislang allerdings nicht aufgetaucht. Ein Aufenthalt in Italien ist jedoch sehr wahrscheinlich und wird auch schon 1719 von Arnold Houbraken erwähnt.¹³ Erste signierte und datierte Werke Tilmanns stammen aus dem Jahr 1632. Es handelt sich um eine Zeichnung mit der Darstellung einer *Caritas Romana* und ein Damenporträt.¹⁴

Wolfgang Heimbachs Geburtsjahr ist dagegen bislang nicht exakt bekannt. Er dürfte aber um 1613 geboren sein, war also auf jeden Fall einige Jahre jünger als Tilmann. Sein Vater Wolff stammte aus Thüringen und wirkte als Amtmann für das Vorwerk Ovelgönne Graf Anton Günthers von Oldenburg-Delmenhorst. Tilmann und Heimbach entstammen also einer vergleichbaren gesellschaftlichen Schicht. Über die Lehrjahre von Wolfgang Heimbach ist nichts bekannt, sodass die 1671 verfasste Chronik auf das Jahr 1663 von Johan Just Winkelmann die bislang einzige Quelle ist. Dort heißt es:

> „[…] Wolfgang Heimbach, geboren zu Ovelgönne, der von Natur stumm und taub und durch des H[errn] Grafen Recommandation, wegen verspürter Neigung in der Jugend bei einem Kunstmaler getan, in Niederlande und Italien gereiset, woselbst er 12 Jahre lang verblieben, bei Papst, Kardinälen und vornehmen Herren, seiner lobwürdigen Kunstmalerei halber, sehr beliebt, nach Ausweis seiner Bullen und Briefe, gehalten werden: hat sich endlich wieder anhero zu seinem gnädigen Landesherren an [den] Hof begeben. Ist gegenwärtig ein Mann von 50 Jahren, gar nachdenklich und aufmerksam, also daß er an des anderen Auge und Mund, auch durch andere Zeichen seine Meinung abnehmen und wieder von sich geben kann, das, was der höchste Gott diesem Kunstmaler weder ersetzet, wessen er ansonsten von Natur beraubt ist."¹⁵

Der Chronist interessiert sich leider mehr dafür, dass Heimbach gehörlos war und wie der Künstler damit umging als für andere biographische Details. Erste signierte und datierte Werke von Heimbach stammen aus den Jahren 1633–35. Es handelt sich vor allem um kleinformatige Genrestücke. Die ersten erhaltenen Werke von Tilmann und Heimbach stammen also ungefähr aus derselben Zeit, den frühen 1630er-Jahren.

Vergleicht man die frühen Werke beider Künstler, so ergeben sich einerseits Parallelen im Lebenslauf – Reise in die Niederlande, Orientierung an niederländischen Werken –, andererseits werden aber bereits Unterschiede in der Rezeption erkennbar, die in der Folge deutlicher zutage treten.

Zunächst folgten sowohl Tilmann wie Heimbach recht genau niederländischen Vorbildern. Im Falle von Heimbach sind die ersten erhaltenen Werke regelrechte Kopien nach Gemälden von Willem Duyster beziehungsweise Pieter Codde.¹⁶ Ob daraus ein direktes Lehrverhältnis abgeleitet werden kann, ist bislang nicht durch Quellen erhärtet. Schon bald aber entstehen etwas eigenständigere Kompositionen, die sich aber dennoch klar an niederländischen Vorbildern orientieren. Wie lange Heimbach in den Niederlanden weilte, ist nicht bekannt. Allein aus der Abhängigkeit von Werken von Duyster, Codde, Hals oder Honthorst werden Aufenthalte in Amsterdam, Haarlem oder Utrecht vermutet, ohne dass dies bislang dokumentarisch belegt wäre. Glaubt man den Angaben Winkelmanns, hielt sich Heimbach zudem wesentlich länger in Italien auf. Auswirkungen auf Heimbachs Malerei hatte dieser lange Aufenthalt allerdings nur begrenzt. Auch in Italien entstehen Werke, die sich jedoch vorrangig an niederländischen Vorbildern orientieren. So fügt sich die Darstellung eines *Mädchens im Kerzenschein* in der *Galleria Doria Pamphilj* gut in die Tradition der niederländischen Nachtstücke ein.¹⁷

Bei Tilmann sieht es etwas anders aus, hier ist Utrecht der klare Bezugspunkt. Aus dem Jahr 1632 hat sich wie erwähnt ein Damenbildnis erhalten, das die Wirkung der Porträts von Michiel van Mierevelt oder Paulus Moreelse verdeutlicht (Abb. 3). Eine ebenfalls im Dezember 1632 datierte Zeichnung in Dessau mit der *Caritas Romana* zeigt Tilmanns Auseinandersetzung mit Utrechter Künstlern, etwa Abraham Bloemaert oder Dirk van Baburen.[18] Eine 1633 signierte und datierte *Caritas Romana* von Paulus Moreelse steht Tilmann sogar noch näher.[19] Daraus lässt sich ableiten, dass Tilmann bereits vor seiner Übersiedlung nach Utrecht 1633 Kontakte zu der Stadt unterhalten haben muss. Wahrscheinlich war er um 1630 das erste Mal in Utrecht, um das Terrain zu sondieren. Vielleicht war er dort auch Mitarbeiter in einer Werkstatt. 1632 heiratete Tilmann in Bremen Clara Glandorp, die Tochter eines Arztes aus Köln. Im Jahr darauf lieh sich der Künstler in Bremen von einem nicht näher bezeichneten D. Hatzfeldt 100 Reichstaler, die vielleicht eine Art Startkapital für die Übersiedlung nach Utrecht bildeten.[20] Seit Juni 1633 wohnte Tilmann mit seiner Frau in Utrecht in der Nieuwestraat.[21] Aus demselben Jahr stammt das Gemälde *Die Wahrsagerin*, das deutlich die Nähe zu den Utrechter Caravaggisten offenbart, insbesondere in der Lichtregie. Tilmann zeigt sich hier als ein talentierter Vertreter der Caravaggio-Nachfolge. Das Kasseler Gemälde verdeutlicht insbesondere Tilmanns Fähigkeiten, die unterschiedlichen Stofflichkeiten wirkungsvoll zum Ausdruck zu bringen. Allerdings darf man nicht übersehen, dass sich zu diesem Zeitpunkt die caravaggeske Malerei in der Gunst des Publikums schon im Abstieg befand. Ausgangspunkt für die Komposition ist zudem nicht ein Gemälde eines Utrechter Malers, sondern eine Graphik aus dem Umkreis Caravaggios.[22] Da die Darstellung jedoch bei Tilmann gespiegelt ist, könnte es auch ein verlorenes Gemälde gegeben haben, das dem Künstler als Ausgangspunkt gedient hat. Tilmann kombinierte also eine italienische Komposition mit malerischen Mitteln der Utrechter Caravaggisten. Dasselbe Thema variierte Tilmann zwei Jahre später in einem etwas kleineren Gemälde.[23]

Ein weiteres Beispiel für die in der Art der Utrechter Caravaggisten entstandenen Werke ist *Die Berufung des Matthäus*, die sich in unbekanntem Privatbesitz befindet.[24] Das Gemälde repräsentiert ebenfalls ein beliebtes Thema Caravaggios und seiner Nachfolger (zum Beispiel Jan van Bijlert und Hendrick ter Brugghen).[25] Insofern fügte sich Tilmann sehr schnell in die Utrechter Kunst ein. Anders als bei der *Wahrsagerin* fallen jedoch deutliche Schwächen in der Figurenbildung auf. Ja, in gewisser Weise wirkt die Komposition altertümlicher und

**Abb. 3** Simon Peter Tilmann: Damenbildnis, signiert und 1632 datiert, Öl auf Leinwand, 99 x 76,2 cm, Privatbesitz (zuletzt Christie's, London, 9. Juli 1976, Lot 137)

steht damit Werken des 16. Jahrhunderts näher als den zeitgenössischen Künstlern.[26] Es zeigen sich hier bereits Schwächen bei vielfigurigen Szenen, die später noch deutlicher zutage treten.

Am 18. Februar 1638 erwarb Tilmann ein Haus in der Boterstraat.[27] Crispijn de Passe d. J. lebte ebenfalls in der Straße, im Nachbarhaus von Paulus Moreelse, der jedoch im selben Jahr verstarb. Da Tilmann 1637/38 wiederholt in Moreelses Haus als Zeuge notarieller Akten auftaucht, ist denkbar, dass er Mitarbeiter Moreelses gewesen sein könnte.[28] Stilistisch ergeben sich durchaus Bezüge zwischen beiden Künstlern. In derselben Straße lebte auch Roelant Savery, der im folgenden Jahr verstarb. Schnell konnte der Künstler sich also in ein künstlerisches Netzwerk integrieren. Dieses sollte ihm auch den bedeutendsten Auftrag seiner Karriere bescheren. 1637 wurde Tilmann von Crispijns Bruder, dem Kupferstecher Simon de Passe, der seit 1624 in Diensten des dänischen Königs Christian IV. stand, für ein prominentes Projekt gewonnen. De Passe hatte am 4. Februar 1637 vom König den Auftrag bekommen, 84 Szenen aus der dänischen Geschichte darzustellen.²⁹ Die Blätter sollten zunächst als Vorlage für Kupferstiche dienen und schließlich als Buch, versehen mit Titelkupfer, einer Karte Dänemarks, einem Reiterbildnis des Königs sowie seinem Wappen publiziert werden. Simon de Passe engagierte daraufhin einige in Utrecht tätige Künstler: Abraham Bloemaert, Gerrit van Honthorst, Adam Willaerts und Jan van Bijlert sowie die beiden aus Deutschland stammenden, aber in Utrecht arbeitenden Künstler Nicolaus Knupfer und Simon Peter Tilmann. Hinzu kam der vornehmlich in Delft arbeitende Palamedes Palamedesz. Den Großteil der Zeichnungen schuf Simons Bruder Crispijn de Passe d. J. Aus dem Wortlaut des Auftrages an Simon de Passe 1637 geht klar hervor, dass bereits von Anfang an Gemälde mit in die Planungen einbezogen wurden. Dies erklärt auch die zum Teil großen Unterschiede in der Technik der Blätter. Das Graphikprojekt scheint aber recht bald aufgegeben worden zu sein. Zumindest lassen sich keine Druckplatten oder Kupferstiche von de Passe nachweisen. Dafür wurden bislang insgesamt 47 dazugehörige Zeichnungen identifiziert.³⁰ Sie entstanden im Zeitraum 1637–43. Der Bestimmungsort der Gemälde war der Bankettsaal in Schloss Kronborg, das bei einem Feuer 1629 stark zerstört worden war und als wichtiges nationales Denkmal wiederaufgebaut werden sollte. Das Schloss liegt am Sund in unmittelbarer Nähe zu Schweden und diente der Sicherung für den dort erhobenen Sundzoll, einer der Haupteinnahmequellen des dänischen Königs. Das prachtvoll auszustattende Kronborg sollte demonstrativ den Herrschaftsanspruch der Dänen untermauern. Die Gemälde waren wahrscheinlich für die Decke des Bankettsaals gedacht. Die Wände schmückten flämische Teppiche aus dem späten 16. Jahrhundert, die im Auftrag von Christians Vater Frederik II. nach Entwürfen von Hans Knieper hergestellt wurden. Sie dienten ebenfalls der Verherrlichung der nationalen Geschichte, zeigten ganzfigurige Porträts der Könige mit den jeweiligen Wappen. Im Sommer 1639 reiste Simon de Passe mit einem entsprechenden Auftrag von Christian IV. nach Utrecht, um dort geeignete Künstler mit der Ausführung zu beauftragen. 35 Gemälde sollte Gerrit van Honthorst liefern. Am 3. August 1639 wurde ein entsprechender Kontrakt zwischen Simon de Passe und ihm geschlossen. Zweieinhalb Jahre Zeit wurden dem Künstler hierfür eingeräumt. Der Lohn für den gesamten Auftrag betrug 37.500 Gulden (30 Gemälde à 1.100 und 5 à 900 Gulden). Bereits drei Tage nach dem Vertrag mit Honthorst schloss de Passe mit Simon Peter Tilmann einen weiteren Vertrag. Er sah die Lieferung von 10 Gemälden vor, wobei Tilmann ebenfalls bis 1641 Zeit hatte. Im Vertrag werden Zeichnungen erwähnt, die Tilmann zur Vorlage übergeben wurden. 5.000 Gulden wurden als Honorar vereinbart und damit deutlich weniger (etwa die Hälfte) als für Honthorst.

Zwei Gemälde Tilmanns aus dem Zyklus haben sich im Nationalmuseum Stockholm erhalten.³¹ Sie sind signiert und 1641 datiert und entstanden demnach innerhalb des im Vertrag festgelegten Zeitraumes. Grundlage des Vertrages zwischen Tilmann und Simon de Passe waren die Zeichnungen von Crispin de Passe d. J. Das verdeutlicht die enge Zusammenarbeit bei dem großen Projekt. Hierin liegt aber vielleicht auch der Knackpunkt. In Form von Zeichnungen gab es klare Vorgaben – auch bei Honthorst oder anderen Künstlern liegen bisweilen Zeichnungen Crispijns zugrunde. Während jedoch diese Maler die Kompositionen durchweg verbessern, gelingt dies Tilmann nur zum Teil. Das erste Bild, zugleich vielleicht sogar Anfangsbild der Serie, reicht in die Vorzeit des dänischen Volkes zurück (Abb. 4). Dargestellt ist eine heidnische Prozession, in der Idole getragen und Menschenopfer aus einer Stadt geführt werden. Vergleicht man Zeichnung und Gemälde, so lassen sich einerseits große Übereinstimmungen feststellen.³² Andererseits veränderte Tilmann die nicht unbedingt glückliche räumliche Anordnung der anbetenden Menschen oberhalb im Hintergrund zugunsten einer harmonischeren Komposition. Insgesamt lässt sich feststellen, dass Tilmann den wenig überzeugenden Entwurf de Passes verbesserte. Das zweite Bild zeigt den Sieg der Cimber gegen die Römer (Abb. 5). De Passes Zeichnung und Tilmanns Gemälde unterscheiden sich in mehreren Punkten.³³ Tilmanns Änderungen sind nicht immer als glücklich zu bezeichnen: Die Reiter und vor allem die Pferde wirken hölzern, in ihren Verkürzungen nicht völlig überzeugend. Auch ist das Größenverhältnis der einzelnen Personen zueinander nicht immer stimmig. Der am Boden liegende Soldat rechts etwa würde zum Riesen, wenn er sich neben dem Reiter in der Bildmitte aufstellte. Deutlich werden hier der Anspruch der Gattung, aber auch die Grenzen Tilmanns erkennbar.

Das gesamte Projekt geriet jedoch bald ins Stocken und spätestens mit dem Tod Christians IV. 1648 war es definitiv beendet. Aus Tilmanns Rechnungsbuch wissen wir, dass er vergeblich versuchte, noch ausstehende Geldzahlungen zu erhalten.³⁴ Die unbezahlten Werke verblieben offenbar bei Til-

**Abb. 4** Simon Peter Tilmann: Heidnische Prozession, signiert und 1641 datiert, Öl auf Leinwand, 252 × 370 cm, Nationalmuseum Stockholm, NM 4573

**Abb. 5** Simon Peter Tilmann: Sieg der Cimber über die Römer, signiert und 1641 datiert, Öl auf Leinwand, 240 × 320 cm, Nationalmuseum Stockholm, NM 4576

mann und zwei wurden später in einer Lotterie verlost. Denkbar ist aber auch, dass er bereits vorhandene oder angefangene Werke umarbeitete, um sie anderen Auftraggebern anzubieten. Ein Kandidat für eine solche Weiterverwendung könnte das heute im Sint Eloyen Gasthuis in Utrecht aufbewahrte *Dankopfer Noahs* sein, das sich kompositorisch mit einer Zeichnung einer heidnischen Tieropferung aus dem dänischen Großprojekt in Verbindung bringen lässt.[35]

Tilmanns Gemälde sind darüber hinaus ein guter Beleg für den transnationalen Kulturtransfer: ein deutscher Künstler schafft in den Niederlanden Werke für Dänemark. Deutlich gibt sich hier der Nord- und Ostseeraum als ein zusammengehöriger Kulturraum zu erkennen, der sich nicht nur in regem Handelsaustausch befand, sondern auch künstlerisch eng miteinander verbunden war. Anhand des künstlerischen Großunternehmens wird zudem deutlich, dass es hierfür speziell ausgebildete Werkstätten gab, die über das entsprechende Knowhow und Personal verfügten, Bilderserien in großem Format herzustellen.

Am 16. Juni 1645 starb Tilmanns Frau Clara. Bald danach verkaufte der Maler sein Haus in Utrecht und zog nach Bremen, wo er am 31. Dezember 1646 wieder das Bürgerrecht erhielt. Aus dieser Zeit stammt eine Darstellung der *Vanitas*, die einerseits erneut an Vorbilder von Moreelse denken lässt, andererseits vielleicht aber auch unmittelbar die Trauer über den Tod seiner Frau zum Ausdruck bringt.[36] 1647 heiratete Tilmann in Bremen erneut. Seine Frau Barbara Herlin entstammte einer wohlhabenden calvinistischen, aus Flandern geflüchteten Kaufmannsfamilie. Das Paar erwarb verschiedene Häuser und konnte so ein ansehnliches Vermögen zusammentragen. In der Hansestadt entfaltete Tilmann ein umfangreiches Wirken, wenngleich nun vor allem das Porträt seine nahezu ausschließliche Betätigung war. Das Bildnis der Frau des Ratsapothekers Heinrich d'Erberfeld aus dem Jahr 1646 verdeutlicht, dass der Künstler nahtlos an Werke der frühen 1630er-Jahre anschloss (Abb. 6).[37]

Durch seine Werke, insbesondere durch die Porträts, lieferte Tilmann in Bremen einen wesentlichen Beitrag zur Etablierung und Verbreitung niederländischer Vorbilder. Die Hansestadt erhielt durch ihn, wenngleich mit zeitlicher Verzögerung, Anschluss an aktuelle Tendenzen. Das bis dahin sehr statuarisch wirkende Porträt erfuhr nun eine gewisse Auflockerung durch verhaltene Bewegungsmotive oder Ausblicke auf Landschaften. Aber Simon Peter Tilmann lieferte auch noch auf andere Art einen Beitrag zum Kulturtransfer. In seinem Rechnungsbuch findet sich eine Auflistung von niederländischen Gemälden, die er aus Utrecht mitbrachte und in der Folgezeit verkaufte. In der ansehnlichen Gemäldesammlung Tilmanns befanden sich unter anderem Werke von Abraham Bloemaert, Herman Saftleven, Geldorp Gortzius und Willem van Bemmel. Da letzterer erst 1630 in Utrecht geboren wurde, wird deutlich, dass Tilmann einige Werke erst später aus den Niederlanden erwarb, also offensichtlich auch nach seiner Übersiedlung nach Bremen über gute Kontakte in die Niederlande verfügte. Somit wird Tilmann durch seine Tätigkeit als Kunsthändler ebenfalls zum Mittler zwischen den beiden Nachbarländern. Auf bemerkenswerte Weise schließt sich damit auch der Kreis, der mit den Bilderkäufen von Tilmanns Vater Johann für Graf Simon VI. zur Lippe begann.[38]

Was wissen wir über Wolfgang Heimbachs Lebensweg? Er war spätestens 1636 wieder zurück in Ovelgönne, wo er nach-

**Abb. 6** Simon Peter Tilmann: Porträt von Gertrud Hack, Ehefrau des Ratsapothekers Heinrich d'Erberfeld, signiert und 1646 datiert, Öl auf Leinwand, 127,5 × 90 cm, Szépmuvészeti Múzeum Budapest, 224

**Abb. 7** Wolfgang Heimbach: Hochzeitsgesellschaft, signiert und 1636/1637 datiert, Öl auf Kupfer, 29,5 x 39,8 cm, Kunsthalle Bremen, 39-1908/19

weislich auch für bremische Auftraggeber arbeitete. Aus dieser Zeit stammt neben den bereits erwähnten Porträts Bremer Bürger auch das Gemälde *Hochzeitsgesellschaft*, das mit der Ortsangabe Ovelgönne und Bremen bezeichnet ist (Abb. 7).[39] Werke von Dirk van Delen dürften hier die Inspirationsquelle gewesen sein.

Um 1640 bis 1651 sind Aufenthalte in Wien, Italien, Nürnberg, Böhmen und Brüssel nachweisbar. In Wien entstand neben Porträts das *Nächtliche Bankett*, das einerseits an frühere kleine Genreinterieurs anschließt, andererseits in Form und Größe an Arbeiten der Antwerpener Francken-Werkstatt erinnert.[40] Charakteristisch für Heimbach sind die sich deutlich abzeichnenden Schlagschatten, die fast ein Eigenleben zu führen scheinen. Auf die Kenntnis flämischer Vorbilder weist darüber hinaus das Interieur in Kiel, das eine Rubens-Komposition im Hintergrund als Bild im Bild integriert (Abb. 8).[41] Dies deutet auf eine breitere Kenntnis niederländischer Malerei hin.

1652 ist Heimbach für den Oldenburger Hof tätig und nimmt im folgenden Jahr das Angebot an, als Hofmaler König Frederiks III. von Dänemark nach Kopenhagen zu gehen, wo er etwa zehn Jahre bleibt. Dort entstehen Porträts, Genrestücke aber auch Darstellungen zeitgenössischer Ereignisse.[42]

1662/63 kehrte Heimbach zurück in das Oldenburger Land und bemühte sich vergeblich um eine Anstellung beim Oldenburger Hof, sodass er sich auf der Suche nach einer Anstellung ein zweites Mal nach Kopenhagen begab. Spätestens 1669 war er aber wieder in Ovelgönne, wo die kleine Tafel *Der Kranke* entstand, eines der anrührenden Werke des Künstlers (Abb. 9).[43] Wenngleich sicher kein malerisches

**Abb. 8** Wolfgang Heimbach: Interieurszene, signiert und 1647 datiert, Öl auf Holz, 45,5 x 55,5 cm, Kunsthalle zu Kiel, CG 5

Meisterwerk, zeigt es doch einen Aspekt in Heimbachs Œuvre, der noch weitere Untersuchung lohnt: der empathische Blick des Außenseiters auf andere marginalisierte Menschen.

**Abb. 9** Wolfgang Heimbach: Der Kranke, signiert und 1669 datiert, Öl auf Kupfer, 24 x 19 cm, Hamburger Kunsthalle, 438

Dies wird deutlich im Vergleich mit anderen Darstellungen kranker Menschen in der niederländischen Malerei. Heimbach mangelt es sowohl an dem satirischen Blick auf das Sujet, wie beispielsweise Brouwers *Operation* in Frankfurt, das mit der Schadenfreude und dem kalten Schauer oder auch der Erleichterung des Betrachters rechnet, von einer solchen Operation verschont zu sein (Abb. 10).[44] Ebenso wenig gibt es einen moralisierenden Unterton wie etwa in Frans van Mieris *Arztbesuch* in Los Angeles, bei dem die Unkeuschheit der auf dem Stuhl Dahingesunkenen angeprangert wird (Abb. 11).[45] Heimbach will anscheinend allein das Mitgefühl beim Betrachter wecken beziehungsweise der Hoffnung Ausdruck verleihen, dass sich Menschen um Kranke kümmern.

1670 tritt Heimbach in den Dienst des Fürstbischofs von Münster Christoph Bernhard von Galen. Aus dieser Zeit stammt auch das eingangs erwähnte *Mahlzeitstillleben mit Magd*, das ebenfalls zu Heimbachs originellsten Werken gehört.[46] Dabei geht es nicht um die Erfindung einzelner Details, sondern um die Zusammenstellung und den damit verbundenen Unterton. Das auf dem Tisch präsentierte Stillleben lässt sich gut mit niederländischen Werken, etwa von Floris van Schooten, in Verbindung bringen. Die durch ein vergittertes Fenster blickende Magd erinnert an Darstellungen von Samuel van Hoogstraten und seinem Umkreis. Die Kombination beider Motive, vorne ein üppiges, ganz offensichtlich bereits begonnenes Mahl, hinten eine durch das Gitterfenster davon getrennte Magd, die auf eben dieses Mahl zu blicken scheint (oder vielleicht auch auf uns?), wirkt wie ein Kommentar zur Exklusion einzelner innerhalb der Gesellschaft. Die Magd blickt auf die ihr nicht zugänglichen Speisen. Indem die Scheiben des Gitterfensters jedoch zum Teil gebrochen sind, wird die Brüchigkeit dieser Situation subtil zur Anschauung gebracht.[47]

In solchen Werke offenbart sich Heimbachs innovatives Potential, bei aller Nüchternheit der malerischen Darstellung. Wie lange er sich in Münster und Coesfeld aufhielt, lässt sich nicht klären, aber das Reiterbildnis von 1674, das den Fürstbischof Christoph Bernhard von Galen als Belagerer der Stadt Groningen zeigt, belegt, dass Heimbach auch Mitte der Siebzigerjahre noch dort tätig war. Die letzten erhaltenen zwei Gemälde stammen aus dem Jahr 1678, so dass der Künstler in diesem Jahr oder kurz danach gestorben sein dürfte.[48]

Als Fazit lässt sich also sagen, dass zwar weder Tilmann noch Heimbach zu den großen Malern gehören, insofern dem eingangs zitierten Gerson in gewisser Weise zuzustimmen ist.

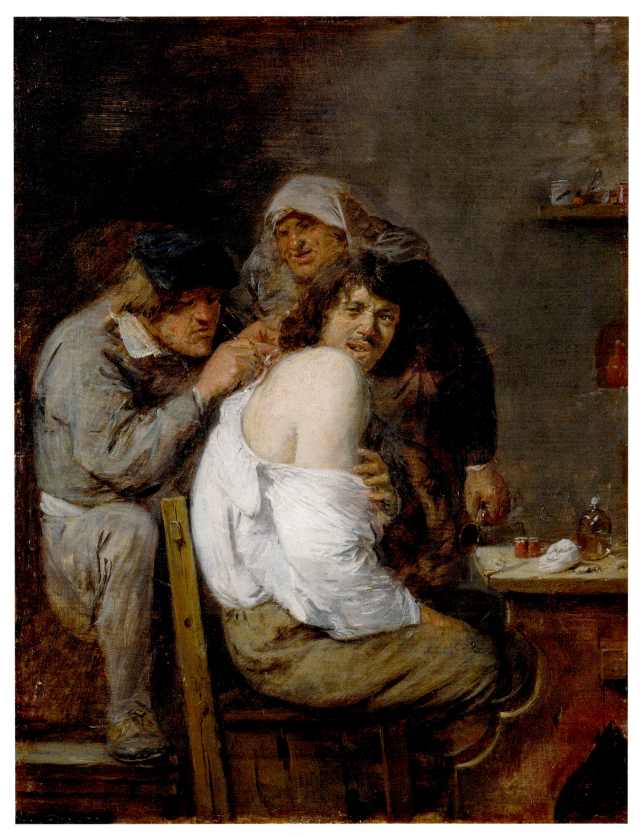

**Abb. 10** Adriaen Brouwer: Die Operation, signiert, um 1636, Öl auf Holz, 34,5 x 27 cm, Städelmuseum Frankfurt, 1050

Justus Lange

**Abb. 11** Frans van Mieris: Der Arztbesuch, signiert und 1667 datiert, Öl auf Holz, 44,5 × 31,1 cm, The J. Paul Getty Museum Los Angeles, 86.PB.634

Dennoch greift die Kategorie „bescheidenes Talent" oder „Provinzmaler" zu kurz. Im Gegenteil erweisen sich beide Künstler als hervorragende Vertreter einer großen Mobilität im 17. Jahrhundert und der damit verbundenen Anpassungsfähigkeit an vorhandene lokale Marktsituationen. Tilmann etwa schafft es in relativ kurzer Zeit sich in Utrecht als Maler zu etablieren und an den in der Stadt vorhandenen Großaufträgen zu partizipieren. Zurückgekehrt nach Bremen fügt er sich erneut in die veränderte lokale Maltradition ein und bedient nun vorrangig das Porträt in der Hansestadt aber auch in den angrenzenden Territorien. Belegt sind etwa Aufträge für den Oldenburger Hof, so dass sich damit der Kreis zu Heimbach wieder schließt.[49]

Heimbach kennzeichnet eine noch größere Mobilität. Mit eher kleinformatigen Genrestücken bedient er ein Marktsegment, dass ihm sowohl in Italien als auch in Dänemark Aufträge sichert. Ob also allein sein Handicap beziehungsweise die Überwindung desselben ihm Anerkennung und Aufträge an den Höfen zuteil werden ließen, darf bezweifelt werden. Weiterhin scheinen seine oftmals als steif und trocken empfundenen Gemälde weniger einem Manko an malerischem Können geschuldet zu sein als vielmehr einer bewusst nüchternen Schilderung menschlicher Handlungen.

Sowohl Tilmann als auch Heimbach sind zudem bedeutende Beispiele für den intensiven Kulturtransfer zwischen Norddeutschland, den Niederlanden und Dänemark.

**Anmerkungen**

1 Gerson 1942, S. 222.
2 Gerson 1942, S. 212.
3 Kat. Berlin 1966, S. 39 und 90.
4 Tacke 1997, S. 64.
5 Morsbach 1999; Morsbach 2008, S. 72–89 und 160–166.
6 Beutin 1950; J. Lange 2002; Morsbach 2005; Morsbach 2008, S. 113–116; J. Lange 2011.
7 Signiert und 1636 datiert, Öl auf Leinwand, je 94 x 80 cm (Heimbach); signiert und 1647 datiert, Öl auf Leinwand, 100 x 78 cm und 102 x 79 cm (Tilman), Focke Museum, Bremer Landesmuseum für Kunst und Kulturgeschichte, Inv.-Nr. 28.157 a–b (Heimbach), 1971.005–006 (Tilmann). Zu den Bildnispaaren siehe: Löhr 2000, S. 30–54, hier S. 34–38.
8 Schnackenburg 1996, S. 142f. und 295.
9 Morsbach 1999, S. 9–10; Morsbach 2008, S. 79–89.
10 Beutin 1950, S. 16–23.
11 Fusenig 2002.
12 Beutin 1950, S. 12–13.
13 Houbraken 1719, S. 88.
14 Beutin 1950, Nr. 2; J. Lange 2011, S. 104–105.
15 Winkelmann 1671, S. 513. Vgl. Morsbach 1999, S. 8.
16 Morsbach 2008, S. 79–84.
17 Signiert und 1646 datiert, Öl auf Leinwand, 46 x 35 cm, Rom, Galleria Doria Pamphilj, Inv.-Nr. 422. Morsbach 1999, Kat. AI 10 und 11; Morsbach 2008, Kat. Ia 4.11 und 12.
18 J. Lange 2011, S. 105.
19 C. Jonge 1938, Kat. 286.
20 J. Lange 2011, S. 105.
21 Huys Janssen 2012, S. 29.
22 J. Lange 2002; Morsbach 2005.
23 Huys Janssen 1998, S. 85; J. Lange 2011, S. 105–106.
24 Öl auf Leinwand, 60 x 80,5 cm, Privatbesitz. Kat. Berlin 1966, Nr. 105.
25 Kat. Utrecht/München 2018, S. 178–181.
26 Vgl. etwa die Darstellung von Cornelisz. Engelbrecht in der Berliner Gemäldegalerie. Kat. Berlin 1966, S. 91.
27 Huys Janssen 2012, S. 29. Marten Jan Bok, Amsterdam, sei sehr herzlich für die Zusendung seines Archivmaterials zu Tilmann gedankt.
28 Nieuwenhuis 2000, S. 48.
29 Siehe zu dem Projekt Kat. Kopenhagen 1988.
30 Kat. Kopenhagen 1988, Kat. 1–47.
31 J. Lange 2011, S. 110–112.
32 Kat. Kopenhagen 1988, Kat. 1.
33 Kat. Kopenhagen 1988, Kat. 5.
34 Beutin 1950, 19–20.
35 Signiert und 1641 datiert, Öl auf Leinwand, 146 x 227,5 cm. Zum Gemälde: Huys Janssen 2012, S. 28–31. Zur Zeichnung Kat. Kopenhagen 1988, Kat. 4.
36 Signiert, um 1645, Öl auf Leinwand, 123 x 104 cm, Focke Museum, Bremer Landesmuseum für Kunst und Kulturgeschichte, Inv.-Nr. 56.339. Beutin 1950, Nr. 22.
37 Löhr 2000, S. 39.
38 Beutin 1950, S. 12; Fusenig 2002, S. 120–121.
39 Morsbach 1999, Kat. AI 6; Morsbach 2008, Kat. Ia 4.6.
40 Signiert und 1640 datiert, Öl auf Kupfer, 66 x 144 cm, Wien, Kunsthistorisches Museum, Inv.-Nr. 1619. Morsbach 1999, Kat. AI 8; Morsbach 2008, Kat. Ia 4.9.
41 Morsbach 1999, Kat. AI 16; Kat. Kiel 2007, S. 46–47; Morsbach 2008, Kat. Ia 4.14.
42 Morsbach 2008, S. 160–166.
43 Morsbach 1999, Kat. AI 37; Morsbach 2008, Kat. Ia 4.36.
44 Kat. Frankfurt 2009, Bd. 1, S. 91–100.
45 Kat. Den Haag/Washington 2005, Kat. 40.
46 Morsbach 1999, Kat. D 1; Morsbach 2008, Kat. Ia M 4.1; Kat. Kassel 2016, Kat. 31.
47 M. Wagner 2010, S. 40–41.
48 Morsbach 2008, S. 165–166.
49 Beutin 1950, S. 26–27.

*Gero Seelig*

# „SO IST ANIEZO OCCASION" – WIE EIN NORDDEUTSCHER FÜRST SEINE GEMÄLDESAMMLUNG AUFBAUT

Die Forschung ist stets bemüht, mehr über reisende Künstler oder die Handelswege von Kunstwerken zu erfahren. Doch zuweilen ging es um mehr als die Erwerbung einzelner Kunstwerke, nämlich um die Anlage einer ganzen Sammlung, und das an einem Ort, der von den Kunstzentren abgelegen war. Der Beitrag demonstriert am Beispiel des mecklenburgischen Herzogs Christian Ludwig II. (1683–1756), wie ein norddeutscher Fürst vorging, um sein Ziel zu erreichen. Aufgrund der hervorragenden Quellenlage zu den Schweriner Sammlungen lassen sich nicht nur die Motivation sehr konkret benennen und der kulturelle Kontext der Sammeltätigkeit umreißen, sondern es lassen sich auch die vielfältigen Hürden in den Blick nehmen, die in der frühen Neuzeit beim Import von Kunstwerken nach Norddeutschland zu überwinden waren. Das Zeitalter kannte keine zu diesem Zweck nutzbaren Abbildungen und Kurzreisen waren nicht möglich. Wie erfuhr der Sammler von wichtigen Gelegenheiten, wie verschaffte er sich Kenntnis von den einzelnen Werken? Auf welche Personen stützte er sich und wie setzte er seine Interessen durch? Die Quellen geben einen Blick darauf, wie geschickt, zielgerichtet und intensiv die kommunikativen Möglichkeiten genutzt wurden. Doch auch die praktischen Probleme werden deutlich, vom Geldtransfer über Verpackung und Transport der Werke und ihrer Ankunft in einer bürgerkriegsähnlichen Konfliktsituation bis zur endgültigen Installation.

## Voraussetzungen

Das Herzogtum Mecklenburg-Schwerin war am Ende des 17. Jahrhunderts ein rückständiges Land mit dynastischen und politischen Problemen; von eigentlichen Kunstsammlungen war keine Rede. Christian Ludwig wurde als jüngster von drei Brüdern der herrschenden Familie geboren (Abb. 1). Sein späterer Ruhm, der Gründer der Schweriner Kunstsammlungen zu sein, ist daher alles andere als folgerichtig, denn die Wahrscheinlichkeit, dass er jemals an die Regierung kommen sollte, war äußerst gering.

Wie auch die größeren Brüder wurde der Knabe Christian Ludwig zur Erziehung in die Fürstenakademie zu Wolfenbüttel gegeben. Dort kam er vermutlich zum ersten Mal in größerem Umfang mit bildender Kunst in Berührung. Es waren die Jahre, in denen Herzog Anton Ulrich seine großen Ankäufe von Werken der Malerei in den Niederlanden tätigte. Die berühmte Galerie in Schloss Salzdahlum lag in der Nähe, und in der benachbarten Universität Helmstedt war die riesige Bibliothek der Braunschweiger Herzöge eingerichtet. Diese Eindrücke müssen für Christian Ludwig prägend gewesen sein. Die anschließende Grand Tour, die ihn um 1705 zunächst nach London und Amsterdam und nach kurzem Aufenthalt daheim weiter nach Augsburg, Venedig, Florenz, Livorno, Genua, Rom, Wien und Breslau führte, dürfte ebenfalls eine Rolle gespielt haben.[1]

Die beiden Brüder, die ihm in der Regierung des Landes vorangingen, haben die Kunstsammlungen Mecklenburgs in keiner erkennbaren Weise gemehrt. Dagegen hatte Christian

Gero Seelig

Ludwig schon vor 1725 die Innenräume des kleinen Schlosses zu Grabow, das er als Apanage bewohnte, mit einer relativ großen Anzahl von Gemälden und anderen Kunstwerken geschmückt, deren Wert aber gering war. Sie gingen mit Schloss und Stadt beim großen Brand 1725 unter.[2] So fordert die Entschiedenheit, mit der er zu einem ganz bestimmten Zeitpunkt die Sammlung begann – und bis in die letzten Monate seines Lebens weiter ausbaute[3] – nach einer Begründung, die über die vielzitierte „Kunstleidenschaft" hinausgreifen muss. Diese Begründung soll hier kurz umrissen werden. Der seit dem Tod des ältesten Bruders im Jahr 1713 regierende Carl Leopold war von schwieriger, selbstherrlicher Natur. In den Auseinandersetzungen mit der Ritterschaft bewies er so wenig Wirklichkeitssinn, dass er die Unterstützung des Kaisers verlor. Dieser erachtete es für nötig, 1718 die Reichsexekution gegen das Herzogtum zu verhängen. Um dieser ungewöhnlichen, eingreifenden Maßnahme eine höhere Legitimität zu verleihen, wurde der jüngere Bruder des Mecklenburgers zum Administrator des Herzogtums eingesetzt. Die Rolle des kaiserlichen Administrators Christian Ludwig war zwiespältig. Seine Beteiligung gab der Exekution nicht unerhebliche Rechtfertigung, doch lag die Macht keineswegs in seinen Händen, sondern in denen der kaiserlichen Exekution, die von den interessierten Nachbarn Braunschweig-Wolfenbüttel und Hannover getragen wurde, letzteres bereits in Personalunion mit dem britischen Königreich. Der entmachtete Herzog Carl Leopold einerseits und die Exekution andererseits bedrohten die Untertanen ständig mit einander widersprechenden Verboten, der Gegenseite Folge zu leisten. Das Land war gelähmt.

Sicher war es nicht zuletzt die vorsichtige, beharrliche Diplomatie Christian Ludwigs, die im Herbst 1732 zu dem Entschluss führte, ihn zum kaiserlichen Kommissar über Mecklenburg zu ernennen.[4] Von diesem Zeitpunkt an war er es, der über die domanialen Einkünfte verfügen konnte, soweit sie nicht an die die Exekution tragenden Mächte verpfändet waren.[5] Christian Ludwig gewann damit erhebliche Bewegungsfreiheit, obwohl der Konflikt mit seinem Bruder, dem regierenden Herzog, bestehen blieb und an Intensität kaum abnahm. Carl Leopold ließ keine Gelegenheit aus, seinem Bruder Knüppel zwischen die Beine zu werfen, sowohl was das Verhältnis zu Ritterschaft, Städten und Untertanen anging, als auch das zu äußeren Mächten. Die zum Teil gewaltsamen Auseinandersetzungen führten dazu, dass sich Christian Ludwig 1735 in den Besitz des Schweriner Schlosses bringen konnte, während der Bruder sich ins schwedische Wismar und später in die Festung Dömitz zurückzog, ohne noch viel Schaden anrichten zu können. Das Zerwürfnis belastete allerdings die herzogliche Familie und, durch die ständigen Eingaben Carl Leopolds nach Wien, auch die diplomatischen Beziehungen bis zu dessen Tod im Jahr 1747. Erst ab diesem Zeitpunkt war Christian Ludwig schließlich regierender Herzog, nachdem er die Geschicke des Landes bereits seit über anderthalb Jahrzehnten geleitet hatte.

## Motivation

1732 wurde Christian Ludwig zum Kaiserlichen Kommissar eingesetzt, obwohl der entmachtete Bruder Carl Leopold noch bis zu seinem Tod 1747 nominell Regierender Herzog blieb. Wie sich zeigen lässt, entschloss Christian Ludwig sich im selben – und erst in diesem – Augenblick, seinen Anspruch auf Führung des Landes auch durch Kunstsammlungen zu untermauern, wie sie einem Reichsfürsten anstanden. Erst vom Beginn des Kommissariats im November 1732 an ist Christian

**Abb. 1** Georg Weissmann: Bildnis Herzog Christian Ludwig II., 1731, Öl auf Leinwand, 77,8 x 64,4 cm, Staatliches Museum Schwerin, Sammlung Christoph Müller, G 3757

Ludwigs Bemühen erkennbar, die Kunstsammlungen in wesentlichem Ausmaß zu erweitern. Die erhaltene Korrespondenz lässt erst seit diesem Jahr einen intensiveren Kontakt zu Jean-Baptiste Oudry in Paris erkennen.[6] Spätestens seit Frühjahr 1733 ließ sich der Herzog außerdem aus den Niederlanden systematisch über Kunst berichten. Er konnte dabei einerseits auf die auf eigenen früheren Reisen geknüpften Kontakte zu Künstlern wie Jan van Huysum[7] und Balthasar Denner in Amsterdam zurückgreifen, andererseits auf Korrespondenten wie seinen diplomatischen Agenten in Den Haag, der bei mindestens einer Erwerbung eine Rolle spielte.[8]

Der zeitliche Verlauf macht deutlich, dass Christian Ludwig die umfangreichen Kunstankäufe nicht vordergründig deshalb unternahm, um einer Liebhaberei zu folgen, sondern dass diese Erwerbungen vielmehr dem Hauptzweck seiner Tätigkeiten zuzuordnen sind, nämlich dem Herzogtum Mecklenburg-Schwerin wieder Achtung unter den europäischen Mächten zu verschaffen und die inneren Angelegenheiten, vor allem den Konflikt mit der Ritterschaft, zu befrieden. Die wichtigste Voraussetzung zur Erreichung dieser Ziele war es, die Zentralgewalt, also das Herzogshaus selbst zu stärken, Souveränität zu erlangen und die Autorität als Herrscher des Landes zurückzugewinnen. Es liegt auf der Hand, dass der Aufbau bemerkenswerter Kunstsammlungen in diesem Zusammenhang eine bedeutende Rolle zu spielen hatte. Jeder Reichsfürst verfügte über Bestände ererbter Kunstwerke und der planmäßige Ausbau dieser Bestände gehörte zu den gesellschaftlichen Verpflichtungen der großen fürstlichen Häuser. Die immer wieder als Ursprung der Sammlungen zitierte Kunstleidenschaft des Fürsten dürfte in erster Linie unter diesem Blickwinkel zu sehen sein. Das heißt, es gab für einen Fürsten gewissermaßen das Rollenmodell des Sammlers, das Christian Ludwig sich als eines von mehreren Instrumenten zu eigen machte, um seine Herrschaft zu festigen. Er trat dabei, wenn auch in bescheidenem Ausmaß, in Konkurrenz mit den größten Sammlern seiner Zeit, unter denen der Landgraf von Hessen-Kassel, der Kurfürst von der Pfalz und der König von Preußen waren.[9]

## Informationen

Der erwähnte Kontakt Christian Ludwigs mit Jean-Baptiste Oudry in Paris knüpfte an den Besuch an, den der Herzog dem Künstler im Jahr 1726 gemacht hatte. Die nun als Briefwechsel weiter geführte Bekanntschaft resultierte neben einem Auftrag nach und nach in zahlreichen Ankäufen von

**Abb. 2** Paulus Potter: Kühe auf der Weide, Öl auf Holz, 27,5 × 36,9 cm, Staatliches Museum Schwerin, G 2364

Werken Oudrys für Mecklenburg. Und noch vor der Einnahme Schwerins im Jahr 1735 tätigte Christian Ludwig seinen größten Ankauf: die Erwerbungen auf der Nachlassauktion der Sammlung Aelbert Bout in Den Haag.[10] Der zweitgrößte Ankauf folgte bald darauf, 1735 auf der Nachlassauktion Schuylenburg. Beide gehörten zu den berühmtesten holländischen Sammlungen. 31 Gemälde erwarb Mecklenburg bei diesen beiden Gelegenheiten. Darunter sind einige der wichtigsten Stücke, die das Schweriner Museum heute aufzuweisen hat, Werke von Frans van Mieris dem Älteren, Paulus Potter (Abb. 2), Jan van Huysum (Abb. 3), Gerard ter Borch, Jan Steen und Caspar Netscher.

Wie erfuhr nun ein in Mecklenburg in politische Händel mit dem Adel verstrickter Fürst von solchen Auktionen, wie verschaffte er sich Kenntnis von den einzelnen Werken, wer bot für ihn und wie konnte der Fürst dafür sorgen, dass seine Interessen gewahrt wurden? Dies ist offensichtlich eine Frage nach dem praktischen Ablauf des Informationsaustauschs. Am Anfang schickte ein Kunsthändler namens Balthasar Pahmann, der seit 1726 als Agent des Fürstbischofs von Würzburg in Den Haag residierte,[11] am 13. Juni 1733 den bereits gedruckt vorliegenden Katalog der zwei Monate darauf stattfindenden Versteigerung der Sammlung des verstorbenen Aelbert Bout an den Sekretär des Schweriner Herzogs. Er schrieb: „so Dieselben [also der Herzog] Gnädigl. Belieben zu einige extra gute Stücke tragen, so ist aniezo occasion, die vielleicht in vielen Jahren nicht wiederkommt."[12] Dies ist zugleich das erste in Schwerin erhaltene Dokument zu der Auktion, doch scheint Pahmanns Begleitschreiben darauf hin-

**Abb. 3** Jan van Huysum: Stillleben mit Blumen, Öl auf Kupfer, 80 x 61 cm, Staatliches Museum Schwerin, G 72

zudeuten, dass er um die Zusendung gebeten worden war. Im 18. Jahrhundert gab es bereits regelmäßige Postlinien, auf die man sich in der Regel verlassen konnte. Die Wege waren meist dieselben wie die Reisewege. Ein Brief von Hamburg nach Amsterdam lief drei Tage, sodass man innerhalb von etwa einer Woche zwischen Schwerin und Holland geschrieben, Antwort bekommen und wieder geantwortet haben konnte. So sollte später, am 29. Juli, keine zwei Wochen vor der Auktion, der Sekretär in Hamburg den besorgten Herzog in Mecklenburg beruhigen,

> „daß an Versäumniß des Schreibens zur Stunde nichts versehen wäre weilen 1) künfftige Freytags-Briefe nur 3 Tage bis Amsterdam unterwegens wären, folglich 2) vom 3ten Aug. an bis den 10ten, da die Auction erst anginge, noch Zeit genug übrig sey, der alhier zunehmenden Abrede dorten nach zuleben."[13]

Solche Planungen der Korrespondenz waren essentiell für erfolgreiches Einwirken auf seinen Bieter.

Neben Pahmann war der in Amsterdam wohnende Maler Balthasar Denner um seine Einschätzung der Sammlung gebeten worden. Denner war Mecklenburg verbunden und erhielt später bedeutende Aufträge des Herzogs. Vor Ort in Den Haag bekam er Hilfe von Jan van Gool, einem wichtigen Maler-Händler. Zur selben Zeit war die Reise des Kammerdieners Johann Nicolaus van Hafften (Abb. 4) von Mecklenburg nach Den Haag geplant worden. Er sollte sich in Amsterdam mit Denner treffen, doch war dieser bei van Hafftens Ankunft bereits nach Hamburg abgereist. Denner lieferte die gewünschte Einschätzung der Sammlung Bout schriftlich, ebenso wie der Händler Pahmann. Auch van Hafften schrieb nach seiner Ankunft in Den Haag ausführlich nach Hause. So lagen dem Herzog drei Beurteilungen der Sammlung mit zahlreichen Hinweisen auf die Qualität der einzelnen Werke vor – eine der wichtigsten Voraussetzungen für erfolgreiche Kaufentscheidungen.

Große Teile der Berichte des Kammerdieners betreffen den voraussichtlichen Ablauf der Auktion, was über den Einzelfall hinaus wertvolle Hinweise auf solche Veranstaltungen gibt. Es wird deutlich, dass die Höhe der Zuschläge keineswegs so unvorhersehbar war, wie es heute bei einer Auktion vielleicht erwartet wird. Vielmehr gab der Auktionator den wichtigen Bietern Einblick in das Erwerbungsbuch des verstorbenen Sammlers, sodass die Ankaufspreise allgemein bekannt waren. Entsprechend waren die meisten Zuschläge in der Höhe des jeweiligen Ankaufspreises, und es ist erkennbar, dass van

**Abb. 4** Unbekannter Künstler: Bildnis Johann Nicolaus van Hafften, Öl auf Leinwand, 82 × 65 cm, Aufbewahrungsort unbekannt

Hafften sein Bieterverhalten darauf ausrichtete. Andererseits musste er fürchten, dass ein Bieter, der zu erkennen gab, dass er in fürstlichem Auftrag handelte, Preistreiberei erleben würde. Unterstützt von Pahmann trieb er erheblichen Aufwand, seinen Auftraggeber nicht allgemein bekannt werden zu lassen. Balthasar Denner hatte beispielsweise seinen Kontaktmann Jan van Gool nicht wissen lassen, für wen er arbeitete. Aufschlussreich ist auch, dass van Hafften sich bei ähnlicher Gelegenheit ein Jahr später in Celle als Kaufmann ausgab: „unter den Nahm eines Holländischen Kauffman habe ich alles besehen; Es erwehnte der Advocat das der Hertzog von Mecklenburg; auff dieße gemählder auch handelen ließ," berichtete er augenzwinkernd nach Hause.[14] Sein Inkognito blieb also gewahrt, obwohl man bereits vom Interesse des Herzogs Wind bekommen hatte.

Wie angedeutet, war der Erfolg der Auktion Bout erheblich und kann als Grundlage der Schweriner Gemäldesammlung

**Abb. 5** Frans van Mieris d. Ä.: Dame am Cembalo, Öl auf Holz, 31,6 x 24,9 cm, Staatliches Museum Schwerin, G 82

**Abb. 6** Gerard ter Borch: Der Besuch, Öl auf Leinwand, 79 x 74,5 cm, Staatliches Museum Schwerin, G 78

angesehen werden. 18 Werke wurden für etwa 9000 Gulden erworben, davon allein 3000 Gulden für die Tafel von Frans van Mieris (Abb. 5). Weitere Stücke, die noch heute zu den wichtigsten Werken der Sammlung gerechnet werden, sind ein Gerard Dou, die beiden Gemälde von Caspar Netscher, ein Jan Brueghel d. Ä., ein Paulus Potter, ein David Teniers d. J. und ein Johann Rottenhammer.[15] Die Auktion Schuylenburg ergänzte zwei Jahre darauf die große Leinwand von Gerard ter Borch (Abb. 6), das Werk von Jan Steen, zwei von Gottfried Schalcken, darunter das erste der gefragten Nachtstücke des Künstlers für die Sammlung sowie das erste von fünf Werken Jan van Huysums (Abb. 3).[16]

### Praktische Umstände

Das Besondere an der Schweriner Quellenlage ist jedoch über die Identifizierung einzelner Werke hinaus die Information, die wir über die äußeren Umstände erhalten. Die Erwerbungen der Bout-Auktion summierten sich auf 8478 Gulden. Hinzu kamen circa 6 Prozent Gebühren, immerhin fast 530 Gulden, die der Auktionator bekam. Eine weitere Gebühr von zwei Prozent, 180 Gulden, wurde zugunsten des Waisenhauses erhoben. Mit diesem zweiten Aufschlag hatte van Hafften nicht gerechnet und seine wortreiche Entschuldigung signalisiert, wie unangenehm ihm dies gegenüber seinem Herrn war: „Es muß aber der Käuffer Von jeden gulden 2

**Abb. 7** Antoine Watteau: Das Ladenschild des Kunsthändlers Gersaint (Ausschnitt), 1720, Leinwand, 166,5 × 305,5 cm, Berlin, Schloss Charlottenburg, GK I 1200/1201

stuiber an den vendu Meister erlegen, Wovon auch die Waysen Kinder mit participiren, Welches nicht gewust und mir sehr erschrocken hat wie ich solches hörete und macht Eine Summe 847 gulden auß."¹⁷ Weiterhin erfahren wir, dass van Hafften selbst sich konkret um die Überweisung von Geldbeträgen kümmern musste. Er schreibt am 31. August 1733 nach Schwerin, dass er 2000 Gulden über einen Bankier in Amsterdam erhalten habe, doch hatte er mit mehr gerechnet, weshalb er sich an den Bankier des Herzogs in Hamburg wenden werde:

> „Dero sehr angenähmes schreiben benebst 2000 fl: habe sehr wohl erhalten; und auch darüber bereits d: Hrn gril in Amsterdam, die quitung zugestellet; woran Es aber acrochiret hat; das nicht die völlig benamte Summe von 2625 fl: Holl: habe erhalten; solches wirdt wohl am besten bey d: Hrn Stengelien in Hambourg zu erfahren sein"¹⁸

Die detaillierte Abrechnung van Hafftens lässt uns auch den Weg der kostbaren Fracht von der Auktion bis nach Mecklenburg in ganz praktischer Weise miterleben. Die Werke wurden in van Hafftens Quartier getragen und 13 der erworbenen Stücke für die Reise in vier Kästen verpackt. Drei Tafeln, Mieris, Brueghel und einer der beiden Netschers, kamen aber in seinen eigenen Koffer, zusammen mit den fünf Mi-

"So ist aniezo occasion" – Wie ein norddeutscher Fürst seine Gemäldesammlung aufbaut

**Abb. 8** Johann Alexander Thiele: Blick auf Neustadt mit Burg und Schloss, Bleistift und Aquarell auf Papier, 340 x 480 mm, Staatliches Museum Schwerin, 2142 Hz

niaturen.¹⁹ Diese Aufteilung notierte er sich auf der Rückseite des Auktionskataloges. Vermutlich waren die Werke ohne Rahmen in Wachstuch eingeschlagen und in den Kisten in Stroh eingebettet, was an dieser Stelle nicht eigens aufgeführt wird. Doch zu einem Stück von Gottfried Schalcken, das van Hafften außerhalb der Auktion für 655 Gulden erworben hatte, heißt es, dass das Wachstuch für dessen Verpackung 2 Gulden gekostet hatte. Das *Stroh den Rahmen einzupacken* belief sich dabei auf 8 *stuivers*.²⁰ Das berühmte Gemälde von Antoine Watteau gibt uns eine Anschauung von der zeitgenössischen Verpackung eines Gemäldes, hier allerdings ohne Wachstuch (Abb. 7).

Während die Fahrt von Den Haag nach Amsterdam am 20. August zum Zweck eines Besuchs bei Jan van Huysum wie auch die Rückkehr nach Den Haag ihn ohne Fracht jeweils vier Gulden gekostet hatte, musste van Hafften nach der Abreise aus Den Haag für dieselbe Strecke 7 Gulden ausgeben, offensichtlich wegen des zusätzlichen Gepäcks.²¹ Hinzu kamen bei diesen Bewegungen, abgesehen von einem Trinkgeld für die Hausbediensteten, jeweils einige *stuivers* für die Gepäckträger. Man reiste per *schuit*, also mit dem Kanalboot, und hatte deshalb immer einen Weg von der Herberge zum Schiff. Auch die Schiffsknechte erhielten Trinkgelder. Von Amsterdam nach Deventer kostete die Reise 15 Gulden. Von dort ging es mit der Postkutsche weiter. Zu diesem Zweck wurden Stricke nötig, um „die sachen auff der Post fäste zu binden." Sie mussten bereits in Osnabrück ersetzt werden. Von Deventer nach Osnabrück kostete die Fahrt 28 Gulden, von dort bis Hannover 25 Gulden und von Hannover bis Celle 2 Gulden, 10 *stuivers*. Von Celle bis Neustadt, dem Wohnort der Familie Christian Ludwigs – in Schloss Schwerin residierte noch stets der ältere Bruder, Herzog Carl Leopold – waren es noch einmal 16 Gulden. Zwischendurch waren immer wieder „pro Postillons und Wagemeisters" zusätzlich kleinere Beträge fällig, meist für vier Stationen 2 Gulden. 8 *stuivers* kostete die Fähre bei Dömitz über die Elbe, und „Für

**Abb. 9** Georg Weissmann: Bildnis Herzogin Gustave Caroline, Öl auf Leinwand, 81 × 64 cm, Staatliches Museum Schwerin, G 2247

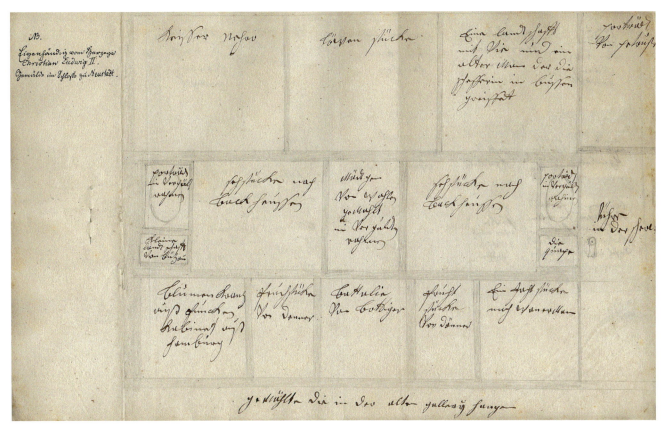

**Abb. 10** Herzog Christian Ludwig: Hängeskizze Schloss Neustadt, Bleistift und Feder auf Papier, Landeshauptarchiv Schwerin, 2.12–1/26–9 Kunstsammlungen, Sign.: 300a, Stück 4b

quartir die gansch Reiße" waren insgesamt 30 Gulden ausgegeben worden. Die Gesamtabrechnung der Reisekosten machte 258 Gulden und 14 stuivers aus.[22]

Bei seiner Ankunft in Neustadt (Abb. 8) kam van Hafften in eine dramatische Situation hinein, denn Herzog Carl Leopold inszenierte dort einen Bauernaufstand, vermutlich wohl wissend, dass Christian Ludwig sich zusammen mit dem ältesten Sohn fast ausschließlich im befestigten Bützow bei Herzogin Sophie Charlotte, der Witwe des ältesten Bruders, aufhielt. Entsprechend erschrocken und empört war Christian Ludwigs Gemahlin, Herzogin Gustave Caroline (Abb. 9), über den Schwager, wie aus ihren Briefen hervorgeht: „Hirdurch berichte doch nur mitt Kurtzen daß noch lebe […] ich habe aber Eine graußamme angst heüte früh auß gestanden weill von Suerin 100 Requierte soldatten mir daß Hauß nebst villen Baueren so zu sagen gestürmet […]"[23] Gustave Caroline war überzeugt, dass Carl Leopolds „order so geweßen mir nebst die Kinder lebendig oder Todt in Suerin zu livern."[24] Die Herzogin floh nach Ratzeburg, van Hafften dagegen, „Weilen gegleich nach meiner ankomt die action zu Neustadt vorging so habe mir geleich nach Ellenbourg retirirt," von wo er am 7. Oktober über Neuendorf,[25] Rühn und Rostock nach dem pommerschen Barth reiste,[26] wohin Christian Ludwig sich zurückgezogen hatte.

### Schluss

Als Ergebnis dieser Blütenlese aus den Schweriner Dokumenten kann festgehalten werden, dass Herzog Christian Ludwig noch vor Etablierung seiner Macht gezielt und umsichtig an den Aufbau seiner Kunstsammlung ging. Erst 1735 gelang es ihm, den Bruder aus dem Residenzschloss in Schwerin zu vertreiben, wo er in der Folge Räumlichkeiten für seine wachsenden Sammlungen schuf. Hier ist nicht der Ort, dies näher zu beschreiben, doch stellt sich die Frage, wo die seit 1733 so präzise gewählten und teuer erworbenen Stücke aufgestellt werden sollten und welche Funktion sie erfüllten. Der Herzog verfügte noch gar nicht über Räumlichkeiten, in denen die Sammlung sich als solche präsentieren ließ, sondern musste sie auf mehrere Orte verteilen. Eine besondere Rarität sind drei Zeichnungen, die der Herzog im Jahr 1735 eigenhändig von der Hängung in seinem kleinen Schloss in Neustadt anfertigte (Abb. 10).[27]

Es zeigt sich, dass das Konzept der „conspicuous consumption" (zu deutsch Geltungs- oder besser Prestigekonsum, auch demonstrativer Konsum) in diesem Fall tatsächlich im Sinne eines Vorgangs zu verstehen ist, dem Akt des Sammelns, und nicht im Ausstellen des Ergebnisses etwa in Form einer Bildergalerie. Diese entstand erst nach 1735 in Schwerin.[28] Vielmehr profitierte der Herzog im politischen Sinn von den aufsehenerregenden Erwerbungen in Den Haag, bei denen er sich den übrigen Bietern als gleichrangig, ja sogar als überlegen gezeigt hatte. Es war eine von mehreren Möglichkeiten die Legitimität der Herrschaft durch ostentative Entschiedenheit und Handlungsfähigkeit unter Beweis zu stellen.

Auf der Bout-Auktion war van Hafften mit weitem Abstand der größte Bieter. Nicht nur erwarb er mit Frans van Mieris' Werk das teuerste Einzelstück der Auktion für 3000 Gulden, während das zweitteuerste mit 2065 nur zwei Drittel so viel kostete, sondern er kaufte mit 16 Nummern eine größere Anzahl von Werken als alle übrigen Bieter – abgesehen von dem Maler-Händler Philip van Dijk, der dieselbe Anzahl erwarb – und er trug mit fast 8500 Gulden knapp 3000 Gulden mehr zum Auktionsergebnis bei als der folgende Teilnehmer, bei dem es sich ebenfalls um van Dijk handelte. Dabei ist bemerkenswert, dass die übrigen Bieter zu den international agierenden Händlern zählten, der Elite des Kunsthandels, die an Fürsten weiterverkauften und üblicherweise die wichtigen Auktionen dominierten.[29] Philip van Dijk war für Willem Carel Hendrik Friso (1711–1751), den späteren Statthalter Willem IV., sowie den Landgrafen von Hessen-Kassel tätig. Die Sammlungen der teilnehmenden Bieter Hendrik van Heteren, Benjamin da Costa, Valerius Röver und Jacques de Roore waren international bekannt.[30] Auch darin erweist sich die Zielrichtung von Christian Ludwigs Kunstsammeln. Es richtete sich an kein geringeres Publikum als die größten Sammler seiner Zeit, darunter die anderen Reichsfürsten. Tatsächlich rangierte der Mecklenburger auch in den Augen der Kunstmakler einige Jahre unter diesen ersten Namen. Philip van Dijk vermittelte nicht nur 1738 den Kauf zweier kleiner Porträts von Frans van Mieris, sondern bot dem Herzog 1739 seine Dienste bei den in Aussicht stehenden Versteigerungen einiger der wichtigsten holländischen Sammlungen, Valerius Röver und Allard de la Court, an.[31] Dieser Rang im internationalen Prestigewettbewerb – und nicht die bis heute oft noch beschworene Kunstleidenschaft als persönlicher Charakterzug des Herzogs – bildet den Grundimpuls der Schweriner und auch anderer fürstlicher Kunstsammlungen des 18. Jahrhunderts.

### Anmerkungen

1  Die im Landeshauptarchiv Schwerin bewahrten Tagebücher dieser Reisen sind bisher noch nicht systematisch ausgewertet worden; siehe aber Koolman 2007, S. 90-98.
2  Seelig 2013a.
3  Seelig 2012.
4  Wick 1964, S. 207 f.: „Zwischen den Höfen [Reich, England, Preußen, G. S.] war vereinbart worden, statt der Administrationsregierung eine neue Kommission zu bilden, die Christian Ludwig übertragen werden sollte. Das Gutachten des Reichshofrates wurde am 1. September 1732 vorgelegt und am 30. Oktober 1732 als kaiserliche Resolution veröffentlicht."
5  Vgl. Schultz 1894.
6  Zum Kontakt mit Oudry siehe einstweilen, trotz einiger Unklarheiten, Schönfeld 2011.
7  Zu van Huysum siehe Seelig 2013b.

8 Siehe Seelig 2013b, S. 149-152. Charakteristisch für die ungeklärte Herrschaftssituation ist, dass der diplomatische Vertreter Mecklenburgs in Den Haag, Augustin Antoine Bruzen de la Martinière, sowohl dem nominell regierenden Herzog Carl Leopold, als auch dem faktisch die Macht innehabenden Kommissar Christian Ludwig berichtete; siehe: LHA Schwerin, 2.11-2/1 Auswärtige Beziehungen, Nr. 4217. Siehe zu Martinière auch: Schutte 1983, S. 330-331, Nr. 363.

9 Noch immer gibt es keine moderne, umfassende Biographie dieses für Mecklenburg so wichtigen Fürsten, weshalb ein Überblick etwa über seine Wirtschaftsführung, die politischen Ziele und Umstände seiner Herrschaft etc. bis heute fehlt. Allein zu seiner Ausbildung liegt der Aufsatz von Koolman 2007 vor.

10 Der Verfasser plant zu diesem Wendepunkt in der Sammlungsgeschichte Mecklenburgs eine eigene Publikation. Vgl. einstweilen die Hinweise in einzelnen Aufsätzen: Seelig 2013b; Seelig 2016.

11 Schutte 1983, S. 207, Nr. 186.

12 LHA Schwerin, 2.12-1/26 Acta aulica, VI. Angebote und Erwerbungen, Nr. 110, Pahmann, fol. 1–2: Den Haag, 13. Juni 1733, Pahmann an Sekretär Albert Ranfft.

13 LHA Schwerin, 2.12-1/26 Acta aulica, VI. Angebote und Erwerbungen, Nr. 65, van Hafften, fol.9: Hamburg, 29. Juli 1733, Ranfft an den Herzog.

14 LHA Schwerin, 2.12-1/26 Acta aulica, VI. Angebote und Erwerbungen, Nr. 65, van Hafften, fol.71/72: Celle, 9. Juli 1734, van Hafften an den Herzog.

15 Staatliches Museum Schwerin, G. Dou, G 137; C. Netscher, G 2347, G 2348; J. Brueghel d. Ä., G 2378; P. Potter, G 131; D. Teniers d. J., G 173; J. Rottenhammer, G 2485.

16 Staatliches Museum Schwerin, G. ter Borch, G 78; J. Steen, G 2478; G. Schalcken, G 2337, G 2340; J. van Huysum, G 72.

17 LHA Schwerin, 2.12-1/26 Acta aulica, VI. Angebote und Erwerbungen, Nr. 65, van Hafften, fol. 37/53.

18 LHA Schwerin, 2.12-1/26 Acta aulica, VI. Angebote und Erwerbungen, Nr. 65, van Hafften, fol. 48–49, 31. August 1733, Den Haag, van Hafften an Sekretär Albert Ranfft. Mit Herrn Stenglin ist der Händler und Reeder Philipp Heinrich Stenglin (1688–1759) gemeint, der oft Transaktionen für den Herzog betreute. Auf ihn dürfte die Sammlung seines Sohnes Daniel Stenglin (1735–1808), zurückgehen, die Matthias Oesterreich 1763 katalogisierte. Herr Gril dürfte ein Mitglied des großen schwedisch-niederländischen Handelshauses Grill gewesen sein; siehe L. Müller 1998. Ich danke Anne-Sophie Pellé für Unterstützung bei der Recherche zu diesem Namen.

19 LHA Schwerin, 2.12-1/26 Acta aulica, VI. Angebote und Erwerbungen, Nr. 65, van Hafften, fol. 50 verso und fol. 59 verso.

20 „Wachstuch umb den Packen Worin das Stück von Schalcken." Hafften-Akten, fol. 64. Zur zeitgenössischen Verpackung von Gemälden siehe auch: Jonckheere 2008, S. 159.

21 LHA Schwerin, 2.12-1/26 Acta aulica, VI. Angebote und Erwerbungen, Nr. 65, van Hafften, fol. 63 und fol. 64.

22 LHA Schwerin, 2.12-1/26 Acta aulica, VI. Angebote und Erwerbungen, Nr. 65, van Hafften, fol. 65.

23 LHA Schwerin, 2.12-1/22 Korrespondenz der herzglichen Familie untereinander, Nr. 193, Gustave Caroline, Brief vom 17. September 1733 aus Neustadt an Christian Ludwig.

24 LHA Schwerin, 2.12-1/22 Korrespondenz der herzglichen Familie untereinander, Nr. 193, Gustave Caroline, Brief vom 30. September 1733 aus Ratzeburg an Christian Ludwig. Zu den Ereignissen in Neustadt siehe: Jesse 1913, Bd. 1, S. 285–288; Franck 1757, S. 130–133; sowie Dieckow 1997, S. 20–25.

25 Mit Ellenbourg ist zweifelsohne Eldenburg an der Elde gemeint. Neuendorf konnte ich nicht feststellen; da die Fracht von dort bis Rühn 4 Taler kostete, kann es sich kaum um das Dorf dieses Namens direkt bei Bützow handeln. Es könnte aber Niendorf an der Rögnitz bei Lübtheen gemeint sein. Lübtheen war eine Station auf dem brandenburgisch-preußischen Postweg von Berlin nach Hamburg. Solange für van Hafften der Weg zwischen Neustadt und Schwerin versperrt war, gab es nur die westliche Umgehung über Wittenburg, Schwerin und Güstrow oder die wesentlich weitere, östlich über Plau und Güstrow, um nach Rostock und Barth zu gelangen. Van Hafften wählte die kürzere westliche Route. Die Herzogin muss auf dem Weg nach Ratzeburg teilweise dieselbe Route genommen haben, doch verweilte van Hafften noch bis zum 7. Oktober in Eldenburg, während die Herzogin schon am 30. September aus Ratzeburg schrieb, sodass sie unabhängig voneinander gereist sein müssen.

26 LHA Schwerin, 2.12-1/26 Acta aulica, VI. Angebote und Erwerbungen, Nr. 65, van Hafften, fol. 65.

27 LHA Schwerin, 2.12-1/26-9 Kunstsammlungen, Sign.: 300a, Stück 4b.

28 Seelig 2007.

29 Jonckheere 2008, S. 217–218.

30 Siehe Korthals Altes 2003, passim.

31 Hafften-Akten, fol. 133 und fol. 139.

*Juliette Roding*

# PERSIA IN GOTTORF – TOWARDS A NEW INTERPRETATION OF FRIEDRICH III'S PLEASURE HOUSE AND GARDENS

In this paper I would like to concentrate on the question of whether we can consider the pleasure house in the gardens of Gottorf Castle as "Persian".[1] It was not until the early 18th century that the building was referred to in this way.[2] I would also like to investigate whether the gardens themselves include "Persian" motifs and if one could speak of an overall iconographic programme of the castle, the garden and the pleasure house, reflecting the socio-economic, cultural and political ambitions of Friedrich III of Schleswig-Holstein-Gottorf.

In 1633 Duke Friedrich III of Schleswig-Holstein-Gottorf (1597–1659) started to make plans to turn his duchy, especially the recently founded new town Friedrichstadt an der Eider, into a European centre of the silk trade with Persia.[3] Together with a rich merchant, Otto Brüggemann, the duke hoped to persuade Shah Safi I to grant him the monopoly on silk. The costly textiles would be transported to the duchy via the Volga River, Russia and the Baltic. The first mission in 1633 was a failure, but the second, larger one, that started in 1635, was a success, although there were many hindrances along the way. Adam Olearius (1599–1671)[4], secretary to the duke and later his court librarian and surveyor of the *Kunstkammer*, returned in 1639 with a Persian delegation, amongst them the scholar Hakwirdi, and a cargo of silk.[5] But ultimately, the silk trade between Persia and Schleswig proved to be impossible: the journey was too dangerous, and the Russian tsar was not very cooperative and levied heavy taxes. The most important reason, however, was that the Swedes, Dutch and Armenians already had full control of the silk trade with Persia.[6]

While Olearius was on his way to Persia, Friedrich III started to make plans to enlarge the gardens of Gottorf Castle with the so-called *Newe Werck*, the first terraced gardens north of the Alps. The surveyor of the work was the famous garden architect Johannes Clodius (1584–1600), born in Wolmirstedt, the third generation in a Lutheran refugee family from Antwerp. He had travelled extensively through the Netherlands, France, England and Spain, before working as an apprentice in Rome – in the Orti Farnesiani with their terraced gardens, and later on in Florence for the Capponi family – before he took over his father's position as chief gardener at Bückeburg Castle, in 1620. In 1625 Friedrich III appointed him chief gardener at Gottorf Castle.[7]

In 1639, the year that Olearius returned to Gottorf with the Persian delegation, a rectangular basin was constructed, the so-called *Herculesteich*, as well as a semi-circular parterre, divided into four parts, with an octagonal pavilion in the middle. It was for the *Herculesteich* that the sculptor Cornelis van Mander, grandson of Karel van Mander and the younger brother of court painter to the Danish King Karel van Mander III, created his best-known work, a huge statue in sandstone of Hercules slaying the Lernaean Hydra. Jets of water were designed to reach up to five metres in height (fig. 1). Four smaller fountains were constructed at the four corners. The statue is already shown on the map of Schleswig that Johannes Mejer made in 1641 and it is important to note that Hercules

**Fig. 1** Cornelis van Mander: Remnants of the Hercules slaying the Lernaean Hydra, c. 1640, sandstone, originally c. 590 cm high, SHLM Schloss Gottorf, 1959/1327, 1328, 1337, 1338, 1343, 1357, 1371, 1378; 1986/1666; 1997/440, 441

is facing the castle and can thus be regarded as an *exemplum* to the duke.[8]

The Thirty Years' War interrupted the activities in Schleswig, but Friedrich III was able to continue his project after the Peace of Westphalia in 1648. From 1650 onward, the famous *Globus House* was built in the *Newe Werck*, probably in line with a design by Adam Olearius, who in 1647 had published his travel accounts *Offt Begehrte Rejsebeschreibung*, that were elaborated nine years later in his *Vermehrte Newe Beschreibung der Muscowitischen und Persianischen Reise*.[9] Next to the *Globus House* a *Pommeranzhaus* (orangery) was built, probably with an aviary for exotic birds as counterpart. The semicircular wall that separated the upper and lower garden was topped with a wooden footbridge, from which one could overlook the *Herculesteich* and the parterre. The wall also featured niches with six gilded busts of the ancestors of Friedrich III (west) and six of his wife Maria Elisabeth of Saxony (east), an *Ahnengalerie*, reflecting the importance of the ducal family.[10]

Four smaller fountain basins were constructed in the four sections of the Globus garden, in c. 1653–54. Sandstone statues were placed here that, according to the inventory of 1708, represented the Four Ages of Man. What is interesting is that the fourth age was represented not by an old man, but by a philosopher in a wide cloak. The man had a book in his hand with a skull resting on top of it (fig. 2).[11]

The *Globus House* derives its name from the giant globe that was erected in the great hall of the pleasure house. The outside represented the earth, the inside the universe. Water was used to drive the bar that made the globe rotate every 24 hours.[12] It is not known if this ever functioned. There was room for eight to ten persons in the globe, that was given at his request to Tsar Peter the Great in 1713 and transferred to St. Petersburg. It should be noted that in the cellar, besides the machinery that had to rotate the globe, there was also a grotto, of which remnants of the decoration survive.

The great hall itself was decorated with small metal plates, on which baluster and flower decorations were painted in the Dutch style. In combination with the windows, these must have created a shimmering, exotic effect in the room. Next to the entrance, there were portraits of both Tycho Brahe and Isaac Newton. In the great hall there was a large portrait of Duke Frederik III, and some 40 paintings depicting landscapes, gardens, rare plants and animals, still lifes, and allegorical, mythological and Biblical scenes. The Hercules motif recurred in two of the paintings. In the stucco ceiling there were square and oval fields with paintings, with indigenous and exotic birds, and putti surrounding the monograms of Friedrich III and his son Christian Albrecht.

From the great hall one could reach the balustrades running left and right along the building. The side wings with balustrades do not belong to the original building design, but were added halfway through the project when it became apparent that the great hall was too small to house the giant globe in a way that allowed it to be admired and studied from a suitable distance (fig. 3).[13]

The garden of Gottorf Castle was the first terraced garden north of the Alps and because of Clodius's background – he

**Fig. 2** Cornelis van Mander or Zacharias Hübner: Remnants of The Fourth Age of Man/Philosopher, c. 1653–54, sandstone, 154 cm high, SHLM Schloss Gottorf, 1997/441

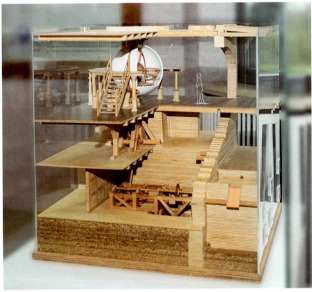

**Fig. 3** Felix Lühning: Model of the Globus House (3a) and Reconstruction of the Globus House (section) (3b), SHLM Schloss Gottorf

had worked in the Farnesian Gardens – comparisons are readily made with Italian renaissance gardens. But Olearius himself had seen Persian gardens and it is interesting therefore to compare the garden of Gottorf Castle with Persian examples of the period. The best-known types of Persian gardens are the *cha-*

*harbagh* and the *bagtakht*. The *chaharbagh* is derived from the four elements as known in Zoroastrism: sky, earth, water, plants. This type of garden is therefore divided into four parts. The *bagtakht* is the Persian terraced garden, situated against a hill, in which water (ponds of various sizes, fountains, cascades) is an important feature, also because of the different sounds the water makes. Apart from the main entrance, one can also enter these gardens from the sides, allowing for a variety of impressions. This element can be seen in Gottorf as well.[14]

The pleasure houses in these Persian gardens often had a pond in front of them, with a fountain to break the sunlight through the water. Many of the pleasure houses also had a deep cellar with a brook running through it, the *sardab* (*sar* means cool, and *ab* water) to keep the food and drinks cool. Adam Olearius's publication *Vermehrte Newe Beschreibung der Muscowitischen und Persianischen Reise* includes a map of the most important towns that the Holstein delegation visited. In Persia these were Ardebil, Soltanie, Saba, Quazwin, Kom, Kaschan and Isfahan. Two important buildings were the *Bagh-e-Fin* in Kashan, which had the oldest garden in Iran, finished in 1590, and the *Ali Quapu* in Isfahan. They were famous at the time of the Savafid rulers and they still are today.[15] One of the illustrations in Olearius's travel account shows members of his envoy walking the gardens of the *Bagh-e-Fin* in Kaschan (fig. 4).

The flat roof of the *Globus House* was a normal feature in Persia. One could go outside, during daytime to admire and discuss the gardens and at night to watch the stars and make astronomical observations. Kashan and Isfahan were the important places for astronomers in Persia, thanks to the very favourable atmospheric circumstances here. The terraced roof of the *Globus House* is reminiscent of that of the Ali Quapu, of which Olearius was the first person ever to give a detailed description.[16] The grotto under the *Globus House* is similar to the grotto under the pleasure house in Kaschan. In the garden itself the wooden footbridge is immediately noticeable, an element that was a common feature in Persian gardens.

What is completely absent in other Persian architecture and in Schleswig-Holstein architecture as well, however, is the onion-like spire on the tower, but Olearius and his men had seen these in Russia. For the craftsmen involved it turned out to be a new and challenging commission.[17]

The interior of the great hall was – as we noted before – decorated with metal plates, embellished with a flower motif, similar to Dutch tiles. Maybe this unusual decoration could be seen as the Gottorf counterpart of the banquet hall of Grand Vizier Sarü Tagge that Olearius describes, where the visitors could see themselves reflected in hundreds of large and small mirrors set into the walls and where the floral decorations must have been overwhelming.[18]

An even more interesting feature is the ceiling decoration in Gottorf Castle itself, discovered in the 1990s in one of the rooms that face the garden. The ceiling dates from the middle of the 17th century and features half figures, men and women, in European and "Persian" costumes. Two of them were identified by Heiko Schulze as Friedrich III and his wife.[19] The Persians are not lavish copies of oriental figures as these were

**Fig. 4** Representation of the Bagh-e-Fin in Kashan, c. 1639, from Olearius 1656, p. 494, SHLM Schloss Gottorf, 1949/171

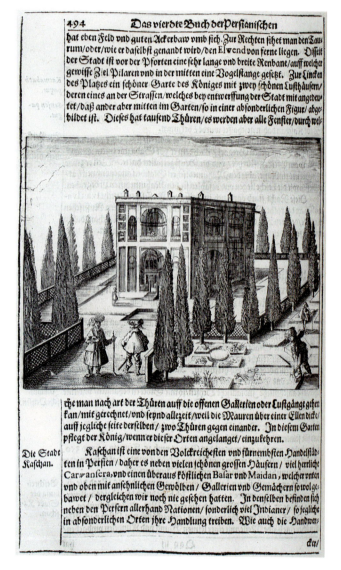

known at the time, but seem to have at least some individual traits. The most interesting figure is that of an old man with a beard and a turban (fig. 5).[20] The coat and turban differ from the illustrations in Olearius's publication. In Persia, in the 17th century, one could recognise poets and philosophers by this kind of clothing. This would mean that this Persian philosopher can be interpreted as the eastern counterpart of the statue of the fourth age of man in the garden, who, as we saw, was also represented by a philosopher. The motif of a meeting between an eastern wise man and an old western philosopher can be found on a perspective painting by Gabriel Engels (active 1607–1654), who is known to have been active for the Gottorf court (fig. 6).[21]

Friedrich III of Schleswig-Holstein-Gottorf had ambitions that do not differ very much from other Protestant rulers in northern Europe. He can be compared particularly with his uncle, Christian IV of Denmark (1568–1648), who saw himself – as I demonstrated some years ago in an article – as the new,

**Fig. 5** Johannes Müller (?): Persian wise man/poet with beard and turban, ceiling decoration Gottorf Castle, c. 1650, SHLM Schloss Gottorf

**Fig. 6** Gabriel Engels: Old man received by a gentleman in an oriental costume, before 1654, oil on canvas, 52,2 x 65,5 cm, signed (G?) E. FE(CIT?), Statens Museum for Kunst Copenhagen, KMSst487

Lutheran Solomon.[22] Friedrich III started the construction of the *Globus House* only eight years after the *Round Tower*, the famous observatory of Christian IV, was completed.

We might therefore interpret the *Globus House* as an *aemulatio* of the *Round Tower* in Copenhagen, which Christian IV erected as part of the Trinitatiskirke (Trinity church), the university church of Copenhagen, which was built between 1637 and 1642 and was regarded by contemporaries as the "eighth wonder of the world". While the church itself housed the university library, the platform on the tower was used as an observatory. The *Round Tower* was (and is) famous for its broad ramp, by which the king could ascend by horsecar, circling the huge middle pillar seven times before descending from his carriage and climbing a few steps by himself before to arrive at the platform.[23] The tower features the famous rebus that is explained in the *Phospirus Inscriptionis Hierosymbolicae* treatise by Thomas Bang: "Doctrinam et justitiam dirige Jehovah in corde coronati regis Christiani Quart 1642" – Please God, send the right learning and justice into the heart of the crowned King Christian IV 1642.[24] The most important object that was kept in the *Round Tower* was the celestial globe of Tycho Brahe that after the death of Emperor Rudolph II had ended up in Neisse in Silesia. The brother of Christian IV, Prince Ulrik, had captured this valuable item in 1632 while on a military campaign in the region.[25]

Just like Christian IV, Friedrich III made his court the centre of wisdom, concentrating on alchemy, astronomy, botany, book collecting, and establishing a rich *Kunst- und Wunderkammer*, in which there were many objects from Russia and Persia.²⁶ The *Globus* was unique in Europe and the rest of the world. In the Kunst- und Wunderkammer of Gottorf Castle another miracle was on display: the *Sphaera Copernicana*, now at Frederiksborg in Denmark. As Lühning points out, the old Ptolemaean, geocentric, view of the universe with the earth at its centre that was the leading idea behind the *Globus*, had its counterpart in this Copernican celestial globe, which represented the newest ideas, with the planets rotating around the sun.²⁷ In the decoration of the great hall of the Globus House, the portrait of Tycho Brahe represented a point of view in between the old and the new. The *Globus House* therefore incorporated all contemporary views on the universe, in a period when there was much debate on the subject.²⁸

On the chimney piece in the library, an inscription in Latin, designed by Olearius, compared the duke's book collection, that was arranged in line with the signs of the zodiac (still visible today), with the famous library in Alexandria. Sitting in his giant *Globus*, Friedrich was intended to be *the* wise Protestant ruler, the new Solomon, of the universe, surpassing his uncle Christian IV. Unfortunately, Friedrich died in 1659, five years before the globe was finished. Christian IV's grandson, Christian V, had his own giant globe made, which was erected in the gardens of Rosenborg Castle. It was even more spectacular than the one in Gottorf, with moving clouds, thunder and lightning that could be simulated and volcanoes that could erupt.²⁹

But there also seems to be a resonance of the *Gottorf Globus* in a civic setting, the famous Town Hall of Amsterdam built in line with designs Jacob van Campen (1596–1657) in Amsterdam between 1648 and 1665, and inaugurated in 1655. Van Campen must have heard about this marvel, as the contacts between the Dutch Republic and Schleswig-Holstein were intense at the time, in mercantile, artistic and scientific respects.³⁰ For the *Burgerzaal* (Citizen's Hall), van Campen designed a detailed series of decorations. On the floor he projected three giant circles, the middle one showing part of the universe, and the two to the left and right representing the

**Fig. 7** Dancker Danckerts (possible publisher), after Jacob Vennekool, after a design by Jacob van Campen: Groundplan of the citizen's hall in the Amsterdam Town Hall, 1661, etching, 437 x 759 mm, Rijksmuseum Amsterdam, RP-P-AO-21-13-13

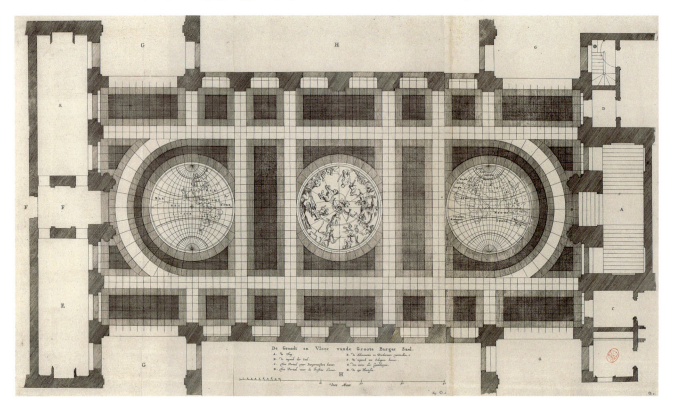

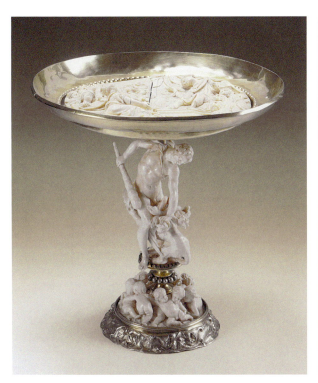

**Fig. 8a–b** Hamburg Master: Hercules carrying King Solomon meeting with the Queen of Saba, table piece, ivory and silver, gild, 26 cm high, from Kiel Castle, The Royal Danish Collection, Rosenborg Castle Copenhagen, 21-117

two parts of the world as known at the time (fig. 7). The circle with part of the universe also had – according to van Campen's designs – its counterpart in the ceiling. These painted decorations of the ceiling were never executed though, and a decoration in white stucco was applied instead, maybe to make the *Burgerzaal* look brighter. In the upper, semicircular endings of the side walls, in his first draft design, van Campen projected rings with the signs of the zodiac.[31]

Although more research into these relations is needed, it is tempting to think that van Campen transplanted the idea of the giant *Globus* in Gottorf, only accessible to the duke and seven guests, to the civil environment of the Town Hall in Amsterdam. Here the hall itself acted as a giant model of earth and universe, that every citizen of the town could enter freely and study.

I am convinced that in the *Globus House* and the gardens of Gottorf "eastern" and "western" features were combined consciously, as was eastern and western knowledge, symbolised by the two philosophers and reflected by the architecture, the

**Fig. 9** Recruitment flyer of Friedrichstadt an der Eider, LASH Schleswig, Abt. 7 Nr. 5499

Fig. 10 Title page of Adam Olearius' HochFürstliche ansehnliche Leichbegängniß, Olearius 1662b, ULB Halle, 78 M 405

garden and the collections. This combination of east and west accounts for the hybridity of architectural forms. The complex was not only meant as a lasting memory of Duke Friedrich III's and Olerarius's expeditions to Russia and Persia, but also of the ambitions of Friedrich III to become a new Protestant Solomon, the wisest king on earth who ministered both eastern and western wisdom in all its aspects, and including old and new visions on the world and the universe.[32] A most interesting object in this context is a bowl that is kept today in the Danish royal collections in Rosenborg in Copenhagen. This artefact, originally from the Gottorf court, combines the Hercules motif with that of Solomon: Hercules carries King Solomon meeting with the Queen of Saba (fig. 8).[33] Moreover, on the recruitment flyer of the ideal town of Friedrichstadt an der Eider (fig. 9) as well as on the title page of Olearius' *Hochfürstliches ansehnliche Leichbegängniß* from 1662, that illustrates the immense funeral procession of Friedrich III, one can notice – in a complex iconographic context – the twisted columns of Solomon (fig. 10).[34]

"Persia in Gottorf" fully reflects the aspirations of Friedrich III and his adviser, Adam Olearius, in the 1640s and 1650s.

**Notes**

1. I would like to thank my colleague Laura Plezier and my students Shirin Rezaee and Lizette van den Berg for their most valuable advice and input.
2. In 1729 jurist Ulrich Petersen states that the pleasure house was built in "Orientalische facon", Lühning 1997, p. 33. In 1769 the pleasure house was demolished, after many years of neglect.
3. On Friedrichstadt an der Eider as an answer to Christian IV's Glückstadt: Riis 2003.
4. On Adam Olearius: Baumann/Köster/Kuhl 2017.
5. Brancaforte 2003, 8–21. Hakwirdi, secretary to the Persian delegation, remained in Gottorf and helped Olearius with the translation of Sa'di's work Gulistan from 1258, under the title *Persianischer Rosenthal* (1654). See J. T. Bruijn 1997.
6. Brancaforte 2003, 8–11.
7. Paarmann 1996a; see also Karen Asmussen-Stratmann's essay in this volume.
8. Schulze 1995a and Schulze 1997a, esp. p. 214. On Cornelis van Mander: Roding (in Vorbereitung; forthcoming).
9. Olearius 1656. For the several editions of Olearius's travel accounts and their illustrations, see Brancaforte 2001.
10. Asmussen-Stratmann 2009, pp. 21–22, refers to examples that Clodius must have seen during his stay in Italy: Villa d'Este, Tivoli and Villa Aldobrandini, Frascati; see also Asmussen-Stratmann in this volume.
11. LASH Schleswig, Abt. 66 Nr. 2682, Inventar Schloss Gottorf, 1708, fol. 582ff. Paarmann 1988, p. 24–26.
12. The *Hartlib Papers* (Special Collections, University of Sheffield, www.dhi.ac.uk/projects/hartlib/) contain a very early, anonymous, description of the *Globus: Beschreibung des grossen Globus, so Ihr Hoch-fürstliche Durchlaucht in Holstein, lassen möchen* (68/3/17A). Elsewhere one can read that Olearius and the Duke of Holstein are said to have now found the *Perpetuus Notus* that is driven by water and that is suitable for the Celestial Globus but also many other uses (29/6/6A). About Andreas Bösch from Limburg, who executed the Globus: Lühning 1997, pp. 67–75, about the construction and functioning idem, pp. 77–93.
13. Lühning 1997, pp. 21–27 describes into detail the exterior and interior of the Globus House, and idem, pp. 28–29 the furnishing.
14. Asmussen-Stratmann 1997, p. 222; Asmussen-Stratmann 2009, p. 18, ill. 3, and p. 32, ill. 10; Paarmann 1988, p. 21.
15. Blake 1999; Babaie 2008.
16. Floor 2002, pp. 152, 154; Safi I used the banquet hall as his main audience hall for visitors. On one of the walls there were three large European paintings with historical scenes.
17. Lühning 1997, p. 18.
18. Brancaforte 2003, p. 16.
19. Schulze 1996b, p. 61. In between the figures there were still lifes with fruits and birds.
20. I thank Shirin Rezaee for this information, that needs further research. The figure could be compared with representations of the wise poet Abu 'l-Qasim Firdowski. There was a scholar in the Persian delegation who stayed in Gottorf for some time and who helped Olearius to translate Saadi's *Rose Garden*. See J. T. Bruijn 1997; Schnyder 2017.
21. I am indebted to Barbara Uppenkamp, Hamburg, who informed me about this painting. On Gabriel Engels: Fusenig 2012, esp. pp. 708 and 713. The painting, oil on canvas, 52,2 x 65,5 cm, with fragment of signature, is in the Statens Museum for Kunst Copenhagen, inv. KMSst487.
22. Roding 2011.
23. Roding 1991, chapter 9, pp. 101–112,
24. Idem, p. 102; Bang published his *Phosphorus Inscriptionis Hierosymbolicae* for the first time in 1646. The second edition of 1648 was dedicated to the new King Frederik III.
25. For the history of the Globus Magnus Orichalicicus: Jern 1976, pp. 65–66 and fig. 51. The globe got lost in the Copenhagen fire of 1728.
26. Interesting in this respect are the activities of Johannes Clodius's son Frederick in England. Keller/Penman 2015. See also the appendix A, with the "Botanical Instruction" of the Duke to Frederick Clodius of 4 May 1653.
27. Lühning 1997, pp. 101–106.
28. Lühning 1997, pp. 107–124.
29. Lühning 1997, p. 122 and note 53.
30. Mörke 2003.
31. Balbian Verster 1930; Schaick 1954. Jacob van Campen included the designs in his *Afbeelding van 't Stadt Huys van Amsterdam*, Amsterdam 1661, prints O, P, R. See Vlaardingerbroek 2011, pp. 50–51.
32. Roding 2011.
33. Kat. Kiel 1965, p. 123, no. 292; Kat. Schleswig 1997a, p. 515–516, cat. 17.–18. There is another, similar object in the Danish Royal Collections at Rosenborg.
34. Menke 2003, p. 29, ill. 1. The founding charter of "Frederickstat" is in the Landesarchiv Schleswig, LAS Abt. 7 Nr. 5499; Olearius 1662b; see Kat. Kiel 1965, p. 65; Campbell 2020 (forthcoming). I am indebted to Ian Campbell, Edinburgh, for sending me his article before publication.

*Karen Asmussen-Stratmann*

# RELATIONEN ZU DEN NIEDERLANDEN IN DER GOTTORFER GARTENKUNST

Die Gartenkunst zeichnete sich schon seit der Renaissance besonders durch ihre Internationalität aus. Das zeigte sich ganz praktisch darin, dass Gärtner und Gartenkünstler häufig jahrelange Auslandsaufenthalte absolvierten, um die Gärten anderer europäischer Länder wie vor allem Italiens, Frankreichs, aber auch der Niederlande und später Englands kennenzulernen und die neuesten Modeströmungen in den Anlagen ihrer Auftraggeber umsetzen zu können. Daneben bestand die Notwendigkeit, sich in dem komplizierten und hochbewerteten Gebiet der Kultivierung nicht einheimischer Gewächse ausbilden zu lassen, um als Spezialist in die Heimat zurückzukehren. Auch die Bildungs- oder sogenannten Kavaliersreisen des Adels und der regierenden Fürsten unter anderem durch die Niederlande trugen zum internationalen Wissenstransfer auf diesem Gebiet und zur Rezeption neuer, in anderen Ländern entwickelter Stile und Techniken bei. Dazu kam – häufig aus Ermangelung einheimischer Künstler – die Beschäftigung vor allem ausländischer Bildhauer bei der Ausstattung der Gärten mit Lusthäusern und Skulpturen. Weitere wichtige Aspekte des kulturellen Transfers sind in dem Austausch von Pflanzen und den dazugehörigen Kultivierungserfahrungen sowie im Handel mit Gewächsen und Samen zu beobachten, worin sich die Holländer schon früh auszeichneten und bis heute allen anderen Europäern voraus sind. Und nicht zuletzt zeigt sich eine Einflussnahme auf die Gartenkunst in den Herzogtümern wie anderswo auch auf theoretischer Ebene durch druckgraphische Werke oder Gartentraktate.

Gärten in Schleswig-Holstein werden historisch erst nach der Reformation greifbar, als durch die Säkularisierung im 16. Jahrhundert die Klöster und mit ihnen die Klostergärten in weltlichen Besitz übergingen.[1] Die meisten der größeren Renaissanceanlagen ließ Herzog Adolf von Schleswig-Holstein-Gottorf (1526–1586) im Zuge seiner Schlossneu- und Ausbauten in Kiel, Husum, Reinbek bei Hamburg und vor allem auf Gottorf als Hauptresidenz in der zweiten Hälfte des 16. Jahrhunderts einrichten.[2] Daneben standen etwa gleichwertig die Gärten des königlich-dänischen Statthalters Heinrich Rantzau (1526–1599), allen voran der Garten der Breitenburg bei Itzehoe.[3]

So wie einige der Schlossbauten Herzog Adolfs, zum Beispiel Husum und Reinbek, in ihren architektonischen Formen dem holländischen Stil verbunden waren, standen die Gärten anscheinend ebenfalls unter niederländischem Einfluss. Dieser ist allerdings ungleich schwerer fassbar aufgrund der wenigen Bildquellen mit lediglich schematischer Darstellung, die kaum realistische Schlüsse auf die eigentliche Binnengestaltung der Gärten zulassen. In den meist von hohen Plankenzäunen umgebenen Gärten, die außerhalb der wehrhaft von Wassergräben umschlossenen Schlossinseln lagen, herrschte vermutlich überall eine rasterartige Grundeinteilung des Geländes vor, die in der Literatur vage holländischem Einfluss zugeschrieben wird.[4]

Es handelte sich hier aber nicht nur um Nutzgärten zur Versorgung der Hofküche mit Gemüse und Obst, sondern um repräsentative Anlagen zum Aufenthalt der Herrschaft. Deshalb wird allgemein davon ausgegangen, dass die großen Gartenanlagen des 16. Jahrhunderts in Schleswig-Holstein, allen voran der an der Südseite der Schlossinsel gelegene Gottorfer *Westergarten* und der Garten Heinrich Rantzaus auf der Breitenburg bei Itzehoe, aufwendig mit Laubengängen, Blumenquartieren und Lusthäusern nach dem Vorbild Hans Vredeman de Vries' (1527–1606) ausgestattet waren,[5] was den überlieferten Quellen und bildlichen Darstellungen wie den Stichen aus dem Städtebuch von Georg Braun und Frans Hogenberg (um 1590) aber nur ansatzweise zu entnehmen ist.[6] Da die allermeisten Renaissancegärten wie beispielsweise die berühmten Gärten der Habsburger von Schloss Ambras oder die Hofgärten in Innsbruck und Prag nicht erhalten sind oder später umgeformt wurden, bleibt der tatsächliche Einfluss von Hans Vredeman de Vries oft sehr vage. Dem gegenüber steht ein durch sein weit verbreitetes Werk verursachter legendärer Ruf. Um mit den Worten des niederländischen Gartenforschers Erik de Jong zu sprechen: „Unsere Einsicht in Bedeutung, Rezeption und Ausführung dieser Gartenentwürfe ist de facto sehr mangelhaft."[7] Tatsächlich aber lässt sich für die Gottorfer Bibliothek de Vries' Stichwerk mit dem Titel *Hortorvm Viridariorvmqve elegantes et multiplicis formae* in der Erstausgabe von 1583 nachweisen.[8] Er hatte darin auf der Basis der damals hochentwickelten und von den Habsburgern bewunderten Gartenkunst der südlichen Niederlande Idealentwürfe geschaffen, die die im 16. Jahrhundert in Italien, Frankreich und den Niederlanden entwickelte Formensprache der Renaissance zeigen und als Inspirationsquelle für Künstler und Auftraggeber gleichermaßen dienen sollten.[9] Mit dem Nachweis in der Gottorfer Bibliothek ist nun eine theoretische Grundlage der Beeinflussung der zeitgenössischen Gärten in den Herzogtümern Schleswig und Holstein greifbar, die auch noch auf den zweiten Gottorfer Garten ausstrahlte, den ab 1623 angelegten sogenannten *Alten Garten* südöstlich vor dem Schloss auf einer Halbinsel in der Schlei, was zumindest an der Quartiereinteilung und den langen, seitlichen Bogengängen nachvollziehbar ist (Abb. 1).

Hierfür hatte Herzog Friedrich III. von Schleswig-Holstein-Gottorf (1597–1659) 1624 den niederländischen Gärtner Peter Mulier bestallt, der vermutlich den ersten, nicht erhaltenen künstlerischen Entwurf dieser Gartenanlage anfertigte.[10] Über Herkunft, Ausbildung und Lebensdaten dieses Gärtners ist nichts überliefert. Da sein Jahresgehalt von 150 Reichstalern aber gegenüber dem seines Vorgängers Tobias Ingwersen fünfmal so hoch war, kann man vermuten, dass er die Fähigkeiten eines Kunstgärtners und Erfahrung aus seiner Heimat besaß, die der Herzog bei der Anlage eines damals modernen Lustgartens auf ebenem Gelände benötigte. Muliers tatsächliche Leistung für den neuen Garten lässt sich nicht mehr genau rekonstruieren, weil er nur ein Jahr auf Gottorf arbeitete und 1625 von dem ungleich berühmteren und weitgereisten Gartenkünstler Johannes Clodius (1584–1660) abgelöst wurde. Michael Paarmann geht davon aus, dass Mulier für die Grundrissstruktur mit dem Wegesystem und die ersten Parterrebepflanzungen verantwortlich zeichnete, denn schon im Herbst 1624 waren für diesen Garten Blumen für die immense Summe von 333 Reichstalern aus Friedrichstadt geliefert worden.[11]

Diese Lieferung war nur der Beginn einer bis 1656 nachweisbaren Handelsbeziehung des Gottorfer Hofes mit Marten von Bocholdt, einem ab 1623 in Friedrichstadt angesiedelten niederländischen Kaufmann und Gärtner mennonitischen Glaubens. 1625 hatte er einen Garten im Nordosten der Stadt aus herzoglichem Besitz erworben, der den Namen *Großer Garten* erhielt.[12] Bildlich dokumentiert ist dieses Gelände

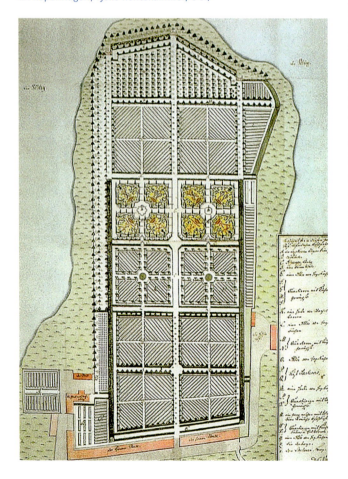

**Abb. 1** David Christopher Voss: Der Alte Garten von Gottorf nach der Instandsetzung von 1744, lavierte Federzeichnung, 590 × 445 mm, RA Kopenhagen, Tyske Rentekammer, C 84

durch einen Kupferstich von Johannes Mejer mit dem Grundriss von Friedrichstadt (Abb. 2), der mit einem Kommentartext von Caspar Danckwerth in dessen *Newen Landesbeschreibung* 1652 veröffentlicht wurde. Daraus geht hervor, dass Marten von Bocholdt keinen Lust-, sondern einen Nutzgarten mit Baumschule betrieb, „aus welchem seminario, schier die gantze Gegend hieherumb mit jungen Bäumen, Blumen und Früchten versehen wird".[13] Auch auf den Gartentheoretiker Heinrich Hesse, der durch seine Tätigkeit als Gärtnergeselle um 1660/70 die Gottorfer Gärten persönlich kannte, hatte dieser florierende Pflanzenhandel offenbar Eindruck gemacht, denn er erwähnt ihn in seinem 1706 publizierten Traktat *Neue Gartenlust*.[14] Von Bocholdt, der ab 1627 eine jährliche Besoldung des Herzogs von 300 Reichstalern bezog, avancierte zum Hauptlieferanten von Pflanzmaterial für den *Alten Garten* und den ab 1637 begonnenen *Neuwerkgarten* nördlich der Schlossinsel (Abb. 3).[15] Nach Gottorf verkaufte er große Mengen Heckenpflanzen wie Buchs und Ligustern, aber auch Bäume wie Ipern (Ulmen), Obstgehölze wie Apfel, Birne, Mandel, Pfirsich und Aprikose sowie „Praunitzrosensträucher".[16] Nur einen Teil davon hatte er selbst gezogen, das Meiste kam wohl direkt aus Holland über den Friedrichstädter Hafen. Von exotischen Pflanzen ist nicht explizit die Rede, aber im Kontext der teuersten Lieferung über 1460 Reichstaler

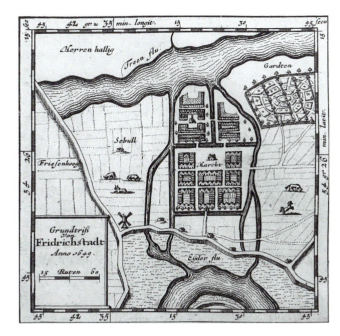

**Abb. 2** Johannes Mejer: Stadtplan von Friedrichstadt mit dem Garten des Marten von Bocholdt (oben rechts), Kupferstich, Danckwerth 1652, Tafel 22, Universitätsbibliothek Kiel, Arch1 71

im Jahr 1626 in den *Alten Garten* wurden bei einem Böttcher auch 30 hölzerne Gewächskübel bestellt, die ein Indiz für die Haltung fremdländischer, nicht winterharter Pflanzen in Ge-

**Abb. 3** Hans Christoph Lönborg: Plan von Gottorf und Schleswig. Detail Schloss Gottorf und Neuwerkgarten, 1732, Aquarell auf Papier, 555 x 1580 mm, LASH Schleswig, Abt. 402 B II Nr. 247

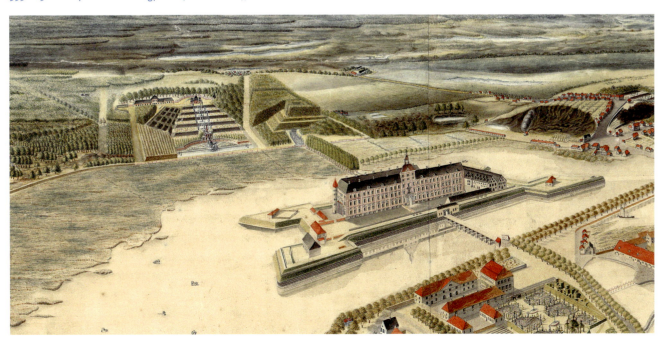

wächshäusern sind.[17] Andere Importe aus den Niederlanden gelangten über den Hamburger Hafen, aber auch über italienische Händler nach Gottorf, wie die besonders beliebten Zitrusbäume und andere wertvolle botanische Raritäten.[18] Die großen Mengen an Zwiebelblumen, die für die Frühjahrsbepflanzung der Parterres unverzichtbar waren, vor allem Tulpen, müssen für die Gottorfer Gärten über Holland gekauft worden sein, dem im 17. Jahrhundert führenden Land bezüglich Handel und Züchtung der Gartentulpen, die aus türkischen Gärten in der Mitte des 16. Jahrhunderts nach Mittel- und Westeuropa eingeführt worden waren.[19] Von diesen Ankäufen sind allerdings nur wenige in den Quellen dokumentiert, vielleicht, weil diese Pflanzen zum absoluten Standard hochentwickelter Gärten gehörten.[20] Ein Rechnungsbeleg berichtet von einer Direktbestellung bei dem Händler Wilhelm von Dieke aus Utrecht, der 1622 dreizehn Tulpen und eine „Bluhme sonderbarer arth" für vier Reichstaler nach Gottorf lieferte.[21] Ein anderes Mal erfahren wir nur pauschal, dass der Garteninspektor Michael Gabriel Tatter 1675 im Zuge der Erweiterung der großen Terrassenanlage im *Neuen Werk* für 100 Reichstaler Zwiebeln und andere Pflanzen, vermutlich aus Holland, allerdings über den italienischen Händler Jean Baptista Licony besorgte.[22] Von dem Vorhandensein und der großen Vielfalt dieser Frühlingsblumen in den Parterres zeugen vor allem spätere Berichte[23] und das großartige, von dem Hamburger Blumenmaler Hans Simon Holtzbecker in den 1650er-Jahren im Auftrag Herzog Friedrichs III. geschaffene Florilegium mit der heutigen Bezeichnung *Gottorfer Codex* (Abb. 4).[24] Dafür spricht auch die schon ab 1616 erfolgte Bepflanzung der Parterres im Reinbeker Schlossgarten mit Zwiebelpflanzen aus Holland, die zum Teil von Herzogin Augusta persönlich bei Jobst Gilting in Amsterdam bestellt worden waren.[25] Neben Marten von Bocholdt lieferten auch andere in Friedrichstadt ansässige Niederländer Gewächse für die Gottorfer Gärten, wie zum Beispiel 1623 Johann von Arndahl, 1635 François von der Schagen, 1637 die Gärtner Adrian Janßen und Adrian von Meerwyck sowie 1670/71 dessen Witwe Susanna.[26] Der Handel mit Friedrichstadt umfasste nicht nur Pflanzen. Es wurden vor allem Gartengerätschaften, aber auch Material für die Gartengebäude über niederländische Händler bezogen. Dazu gehörten 1636 zwei eiserne Kachelöfen für das Gewächshaus im *Alten Garten*, 1651 französisches Glas für das Globushaus, 1627 und 1654 holländische Fliesen und 1675 kleine Alstracken (Fliesen) für den Marstall im *Neuwerkgarten*.[27] 1691 empfing der Garteninspektor Johannes Kempe eine Lieferung von über 200 Gartentöpfen aus den Niederlanden für die neue große Orangerie.[28] Auch sehr ausgefallene Wünsche der Gottorfer Hofhaltung konnten über die Beziehungen der Friedrichstädter Händler in die Niederlande erfüllt werden. So lieferte Friedrich von der Schagen 1634 sogar einen großen Vogelkäfig nach Gottorf, und 1655 wurden dem Friedrichstädter Bürgermeister Hermann Ruthenbeik 18 Reichstaler 33 Schilling erstattet wegen „Uberbringung deß großen Vogells Casuary aus Hollanndt", der in einer Voliere in der Nähe des Globushauses im *Neuwerkgarten* zur Schau gestellt wurde.[29] Ein Höhepunkt der Gewächslieferungen aus Holland ist archivalisch nachweisbar mit dem Ankauf zweier Ananaspflanzen für den gigantischen Einzelpreis von 44 Reichstalern aus Amsterdam via Friedrichstadt, den der Garteninspektor des *Neuen Werkes*, Bernhard Kempe (gestorben 1734), 1705 auf spezielle Order des Gottorfischen Administrators Herzog

**Abb. 4** Hans Simon Holtzbecker: Tulpen aus dem *Gottorfer Codex*, Bd. 1, Blatt 45, Gouache auf Pergament, 505 × 385 mm, Statens Museum for Kunst, KKSgb2947/45

Christian August (1673–1726) tätigte.[30] Es ist der erste Nachweis der Kultivierung von Ananas in Deutschland und zeugt von dem hohen Stand der Gottorfer Gartenkultur um 1700.[31] Helga de Cuveland berichtet von einem Agenten, den der Gottorfer Hof in Den Haag unterhielt[32] und über den wohl unter anderem Kontakte zwischen den Gottorfer Gärtnern und den niederländischen Pflanzenspezialisten hergestellt werden konnten. Die von der Niederländischen Westindien- und der Ostindien-Kompanie importierten außereuropäischen Pflanzen waren begehrt und prestigeträchtig. Häufig gelangten sie zuerst in die berühmten botanischen Gärten in Leiden und Amsterdam, wie auch die Ananas, und fanden von dort ihren Weg in andere europäische Gärten.[33]

Im Rahmen des Pflanzenaustausches ist für den Gottorfer Hof auch eine Verbindung zu dem niederländischen Arzt und Botaniker Abraham Munting (1626–1683) nachgewiesen, der für seinen bekannten botanischen Garten in Groningen 1646 eine noch junge Agave americana von Herzog Friedrich III. zum Geschenk erhalten hatte, die 1674 zur Blüte gelangte. Dieses seltene und aufsehenerregende Ereignis würdigte Munting 1680 – wie damals üblich – in einer eigenen Publikation mit beigefügtem Kupferstich (Abb. 5).[34] Im *Neuwerkgarten* von Schloss Gottorf hatte schon 1668 eine sogenannte Hundertjährige Aloe geblüht, und auch für die Jahre 1705 und 1713 trat dieser außergewöhnliche gärtnerische Erfolg im *Neuen Werk* ein.[35]

Das vom 16. Jahrhundert bis zum Anfang des 18. Jahrhunderts durchgängig große Interesse der Gottorfer Herzöge an Gartenfragen von wissenschaftlicher Botanik über die Gestaltung repräsentativer Gärten bis hin zu den neuesten Erkenntnissen in der Pflanzenkultivierung spiegelt sich in der fortlaufend modernisierten Ausstattung der herzoglichen Bibliothek mit den wichtigsten zeitgenössischen Werken wider. Es befanden sich hier unter anderem Pflanzenbücher berühmter flämischer Botaniker wie Rembert Dodoneus (1517–1585), Carolus Clusius (1526–1609), Matthias Lobelius (1538–1616) und Johann Baptist van Helmont (1580–1644), außerdem der in zwölf Foliobänden von 1687 bis 1703 erschienene *Hortus Indicus Malabaricus* von Hendrik Adriaan van Rheede tot Drakestein (1636–1691), der als Kommissar der Niederländischen Ostindischen Kompanie in Ostindien weilte, wo er diese wichtige Publikation der damals seltenen Pflanzen verfasste.[36]

Auch das Gartenhandbuch *Den Nederlandtsen Hovenier* von 1669 des Jan van der Groen (1624–1671), das durch seine sofortige Übersetzung ins Französische und Deutsche weite

**Abb. 5** Blühende Aloe im Botanischen Garten von Groningen, Kupferstich, Munting 1680, Tafel 3, enthalten in Munting 1681, Getty Research Institute Los Angeles, 2886-083

Verbreitung erfuhr, war in der Gottorfer Bibliothek gleich zweimal vertreten, ein Exemplar in der niederländischen Originalausgabe und ein weiteres in der zweisprachigen, französisch-deutschen Fassung.[37]

Van der Groens praktische Erfahrung aus der Zeit als Gärtner in den großen Anlagen des Prinzen von Oranien in Den Haag und zwischen 1665 und 1670 im Schlossgarten von Honselaarsdijk, welche er auch in Kupferstichen vorführt, steht in dem theoretischen Werk deutlich im Vordergrund. Das zeigt sich darin, dass er besonderen Wert auf Kenntnisse der gärtnerischen Techniken in der Pflanzenkultivierung legt, was er zum Beispiel mit dem Okulieren von Bäumen auch bildlich darstellt. Daneben gibt er seinem Traktat auch einige Entwurfsvorlagen unter anderem für Parterres bei. Die große Rezeption seines Buches in Deutschland belegt ebenfalls die Erwähnung in anderen bedeutenden deutschsprachigen Gartenwerken des 17. Jahrhunderts wie Johann Sigismund Els-

**Abb. 6** Zwei Hermenpfeiler, grauer Sandstein, um 1600, 170 cm Höhe, 1959 im Neuwerkgarten gefunden, SHLM Schloss Gottorf, 1959/1328 und 1959/1327

holtz' (1623–1688) *Vom Garten-Baw* (1684) und Wolf Helmhardt von Hohbergs (1612–1688) *Georgica Curiosa* (1687).[38] Ein weiterer Aspekt des Kulturimports aus den Niederlanden zeigte sich auf dem Gebiet der Ausstattung der Gottorfer Gärten mit Skulpturen. Für den *Alten Garten* gab Herzog Friedrich III. mehrere Werke bei dem aus Brabant stammenden Bildhauer Maximilian Steffens (geboren um 1586/87) in Auftrag, der 1628 das Hamburger Bürgerrecht erhielt und dort eine Werkstatt betrieb. Zuerst arbeitete Steffens 1632 an den plastisch gestalteten Eingängen zu den Blumenquartieren, die aus Hermenpfeilern mit darüber liegenden Bögen aus Sandstein bestanden. Elf solcher skultural-figürlich ausgearbeiteter Stützen fertigte er neu an und drei, wohl noch aus dem *Westergarten* stammende, arbeitete er in Angleichung an die neuen um.[39] Michael Paarmann, der sich im Rahmen seiner Dissertation grundlegend mit dem *Alten Garten* beschäftigt hat, vermutet, dass die bei archäologischen Grabungen im *Neuwerkgarten* zutage geförderten zwei Hermen (Abb. 6) zu den von Steffens umgestalteten gehören.[40] Nach dem Verkauf des *Alten Gartens* 1748 hatten Reste seiner Skulpturenausstattung im *Neuen Werk* einen neuen Aufstellungsort bekommen. Der größte Teil war aber anscheinend schon vorher zerstört worden, wozu wohl sechs große steinerne Einzelbildwerke zu zählen sind, die Maximilian Steffens 1633 für den *Alten Garten* geschaffen hatte. Aufgrund fehlender Bildquellen ist es nicht möglich, über Aussehen, Ikonographie und Stil dieser Statuen Aussagen zu machen.[41]

Ähnlich verhält es sich mit den Arbeiten, die der vermutlich in Delft geborene Steinmetz und Bildhauer Cornelis van Mander (1610–1657) für den *Neuwerkgarten* anfertigte.[42] Sein Bruder, Karel van Mander III. (1609–1670), war als Hofmaler bei den dänischen Königen Christian IV. und Friedrich III. tätig.[43] Cornelis ist seit 1638 in Schleswig archivalisch nachweisbar und pachtete von 1647 bis 1649 als Nachfolger des Niederländers Johann van Niendahl den Gottorfer Ziegelhof.[44] 1651 fertigte er neben Tür- und Fensterzargen die Portale für das Globushaus im *Neuen Werk* an, das in seinen Bauformen mit den horizontalen Sandsteinbändern in niederländischem Stil errichtet wurde, aber dessen Flachdach möglicherweise an die Gottorfer Persien-Expedition erinnern sollte. Außerdem stammten von seiner Hand ein Portal und Fensterzargen des ersten abschlagbaren Pomeranzenhauses im südlich davor gelegenen halbrunden sogenannten *Kleinen* oder *Globusgarten*.[45] Da die Gebäude später abgerissen wurden, hat sich von diesen in Sandstein ausgeführten Werken nichts erhalten.

**Abb. 7** Südportal aus Sandstein an der Friedrichsberger Kirche in Schleswig, Mitte 17. Jahrhundert

Nur der Taufstein in der Dreifaltigkeitskirche im Schleswiger Stadtteil Friedrichsberg ist als eigenhändiges Werk des Bildhauers überliefert, während ihm sonst der Kamin im *Blauen Saal* des Gottorfer Schlosses und drei erhaltene Portale (Abb. 7) zugeschrieben werden.[46]

Auch für Sandsteinskulpturen, die um 1650 für das *Neue Werk* geschaffen wurden, kommt neben dem Hamburger Bildhauer Zacharias Hübener als Urheber Cornelis van Mander in Frage. Dazu zählt die monumentale, über fünf Meter hohe Gruppe des kämpfenden Herkules im gleichnamigen Spiegelteich ebenso wie die plastische Ausstattung des vierteiligen Blumenparterres im *Globusgarten* mit Lebensalterfiguren und

Brunnen. 1997 konnte die als Wasserkunst inszenierte und nach Ausgrabungen rekonstruierte Herkulesstatue als Abguss wieder im Garten aufgestellt werden (Abb. 8). Schon vorher waren bei archäologischen Untersuchungen des Geländes Fragmente zweier, offenbar zu den Darstellungen der Lebensalter gehörenden Statuen eines Herkules und eines Philosophen (Abb. 9) geborgen worden.[47] Während von den Skulpturen wenigstens Teile noch erhalten sind, ist die Urheberschaft nicht nachweisbar. In Ermangelung von Vergleichswerken gestaltet sich eine Zuschreibung als zu vage, sodass nur versucht werden kann, sie aus den Quellen zu rekonstruieren.[48] Für van Mander spricht, dass er hohe Summen für seine Arbeit erhielt, die zum Teil ausdrücklich in einem 1652 geschlossenen Vertrag mit dem Bibliothekar Adam Olearius festgelegt worden waren.[49] Nach dem Tod Cornelis van Manders 1657 taucht sein Sohn Johann, der 1641 in Schleswig getauft wurde und ebenfalls Steinmetz beziehungsweise Bildhauer war, mit kleineren nicht identifizierbaren Arbeiten in den Jahren 1664 und 1665 für den *Neuwerkgarten* auf.[50]

Der *Globusgarten* erhielt neben den Lebensalterbrunnen noch weitere plastische Werke. 1656 erhielt der Bildhauer und später in Mecklenburg-Güstrow, Berlin und Bayreuth als Architekt tätige Charles Philippe Dieussart (um 1625–1696) eine Bezahlung von 800 Reichstalern für zwölf Bleibüsten inklusive Reise- und Zehrungskosten.[51] Die lebensgroßen Bildwerke wurden an der halbrunden Globusmauer aufgestellt und noch in demselben Jahr von dem auf seiner Kavalierstour über Gottorf reisenden Prinzen Johann Ernst von Sachsen-Gotha bewundert und im Reisetagebuch beschrieben als Vorfahren des Herzogspaares, Friedrich III. aus dem Haus Oldenburg und Maria Elisabeth aus kursächsischer Abstammung.[52] Es scheint sich um ein Auftragswerk gehandelt zu haben. Seine Ausbildung erhielt der aus den Niederlanden stammende Hugenotte Charles Philippe Dieussart wohl zunächst in Den Haag bei seinem Vater François Dieussart (1600–1661), einem berühmten, für verschiedene Herrscherhäuser in Nordeuropa tätigen Bildhauer und Spezialisten für Porträtbüsten, bevor er in Paris seine Studien beendete. In den Jahren 1653 bis 1657 war er als

**Abb. 8** Cornelis van Mander (?): Herkules im Kampf mit dem Drachen, circa 1650, circa 590 cm Höhe, Replik von 1997 im Gottorfer Neuwerkgarten

Hofkünstler des Herzogs Gustav Adolf von Mecklenburg-Güstrow (1633–1695) tätig, durch dessen Eheschließung 1654 mit der Tochter Herzog Friedrichs III., Magdalena Sibylla (1631–1719), sich eine Verbindung zum Gottorfer Hof auch für Dieussart ergab. Aber schon vor dieser Zeit hielt sich der Bildhauer in Hamburg auf, wo er heiratete.[53] Vielleicht ist der Kontakt zum Gottorfer Herzogshaus schon zu diesem Zeitpunkt geknüpft worden, möglicherweise über Johann Danckwerth, der in Hamburg für den Herzog Geschäfte abwickelte, denn über ihn wurde auch die Bezahlung organisiert.[54] Leider sind weder die Büsten noch vergleichbare Werke des Künstlers erhalten. In den Jahren 1669 und 1670 kaufte Herzog Christian Albrecht für die Erweiterung des *Neuen Werkes* insgesamt 150 Kaiserbüsten aus Blei an. Es geht aus den Rechnungsbelegen nicht hervor, woher diese Bildnisse stammten und wer sie genau angefertigt hat. Dieussart ist mit ihnen nicht in Verbindung zu bringen, obwohl er sich 1668 noch einmal nachweislich in Hamburg aufgehalten hat,[55] aber vielleicht hat er Kontakte in die Niederlande vermittelt. Der Kauf wurde wieder über einen in Hamburg für den Herzog tätigen Faktor namens Egidius Hennings getätigt, der zumindest die erste Teillieferung von etwa 30 Stück bei dem Händler Caspar Hase mit 257 Reichstalern bezahlte.[56] Bei der zweiten Lieferung ein Jahr später scheint Herzog Christian Albrecht persönlich involviert gewesen zu sein, denn er steuerte 260 Reichstaler aus seiner privaten Kasse zu der Gesamtsumme von 1200 Reichstalern bei, während sein Amtsinspektor Joachim Schmieden die restlichen 940 Reichstaler finanzierte. Dafür erhielt der Herzog 120 Brustbilder „alß der Romanischen undt Osterischen Keyßer" aus Bleiguss.[57] Ausgehend von dem sehr niedrigen Einzelpreis von 10 Reichstalern gegenüber 66 Reichstalern für jede von Dieussarts Porträtbüsten im *Globusgarten*, steht zu vermuten, dass diese Kaiserbilder in serieller Form hergestellt worden sind. Leider sind den wenigen Quellen keine weiteren Informationen zu entnehmen über Herkunft, Herstellung und Künstler dieser großen Menge Bleibüsten. Wie Frits Scholten in seinem Aufsatz über die in Den Haag und London als Gießer von Blei- und Gipsstatuen tätige Familie Larson interessanterweise mitteilt,[58] waren deren Erzeugnisse im Ausland als bezahlbare Gartenskulpturen sehr gefragt. Dies zeigt ein großer Auftrag für den Berliner Lustgarten des Kurfürsten über 48 Statuen, deren Aussehen der Botaniker und kurfürstliche Leibarzt Johann Sigismund Elsholtz in seinem 1657 verfassten Manuskript mit dem Titel *Hortus Berolinensis* in Illustrationen überlieferte.[59] Auch für die Büsten des *Neuwerkgartens* ist eine serielle Herstellung

**Abb. 9** Zacharias Hübner oder Cornelis van Mander (?): Philosoph/ Darstellung des Greisenalters als letzte der vier Lebensalterfiguren im Globusgarten, um 1650, Sandstein, 154 cm Höhe, SHLM Schloss Gottorf, 1997/ 441

in den Niederlanden vorstellbar, allerdings dann nicht mehr von Johan Larson, der 1664 starb, sondern von einem anderen Gießer, der seine Gussformen übernommen oder auch neue hergestellt hat. Infrage kommen hier Arent de Rijp aus Delft, der Haus und Werkstatt von Johann Larson kaufte, und Jonas Gutsche, der nach Larsons Tod in Den Haag eine Gusswerkstatt betrieb.[60] In Larsons Nachlassinventar von 1664 sind 275 Bildwerke gelistet, die meisten aus Gips und viele nicht weiter spezifiziert als „Köpfe" bezeichnet. Neben lebensgroßen Statuen werden auch römische Kaiser erwähnt.[61] Über Aufträge zur Lieferung von Kaiserbüsten ist bisher nichts bekannt. Der Kontakt zu einer Gießerwerkstatt scheint in Hamburg geknüpft worden zu sein. Hier hatte das große, weltweit agierende Handelsunternehmen Marselis & Berns seinen Hauptsitz.[62] Gabriel Marselis (gestorben 1643) besaß selbst einen Garten in Hamburg, den sogenannten *Hoppenhof*, der mit Bleistatuen unbekannter Provenienz ausgestattet war.[63] Sein Kompagnon, Albert Baltzer Berns (1581–1652), der sich mit dem Ausbau des Wandsbeker Schlossgartens ebenfalls als Gartenliebhaber präsentierte, pflegte Kontakt zu Herzog Friedrich III.[64] Der Amsterdamer Kaufmann Gabriel Marselis junior (1609–1674), ein Sohn des Hamburger Gabriel Marselis, dessen Familie wie auch die von Berns ursprünglich aus den Niederlanden stammte, hatte im Garten seines Sommersitzes Elswout bei Haarlem nachweislich Bleistatuen von Johan Larson.[65] So kann die Nachricht von preisgünstigen, zu dieser Zeit nicht als minderwertig angesehenen, seriell hergestellten Gartenplastiken aus Bleiguss auch bis nach Schleswig gedrungen sein.

Herzog Christian Albrecht hatte die in seiner Regierungszeit ab 1659 erweiterte Terrassenanlage des *Neuwerkgartens* neben den Kaiserbüsten mit insgesamt 30 Skulpturen ausgestattet. Es handelte sich um eine heterogene Zusammenstellung wohl aus älteren und neu angekauften Werken verschiedenen Materials. Darunter befanden sich auch drei lebensgroße Bleistatuen unbekannter Herkunft, von denen eine als Kleopatra identifiziert werden kann.[66] Der spätere Gottorfer Fontänenmeister Hans Christoph Hamburger (gestorben 1690) fertigte 1664 drei Bleifiguren an, zwei davon als Ersatz für gestohlene.[67] Er beherrschte also zu dieser Zeit die Technik des Bleigusses, aber es bleibt fraglich, woher die Gussformen kamen. Außerdem sind in der Mittelachse der Terrassen zehn Kinderfiguren aus Blei ohne weitere ikonographische Angaben und Provenienz nachweisbar. Auch sie sind weder erhalten noch bildlich fassbar. Daneben gab es noch je fünf aus Blei gegossene Meerestiere und Blumenkübel, die oberhalb der von Treppen eingefassten Kaskaden in der Mittelachse der Terrassenanlage aufgestellt waren. Leider ist die Provenienz der bleiernen Bildwerke im *Neuwerkgarten* durch den Mangel sowohl an schriftlichen als auch bildlichen Quellen nicht verifizierbar. Gleichwohl ist über die Hamburger Verbindungen in die Niederlande eine Beschaffung aus dem Umkreis der Nachfolger des Johan Larson durchaus denkbar.

Weiterhin zeigt sich deutlich niederländischer Einfluss in den unter Herzog Christian Albrecht im *Neuen Werk* errichteten Gartengebäuden, der Amalienburg[68] von 1670 und der ab 1690 gebauten Orangerie. Die Untersuchung dieser Aspekte, die hier zu weit führt, findet sich in der gerade fertiggestellten Dissertation der Autorin über den Gottorfer *Neuwerkgarten*.

Resümierend kann festgestellt werden, dass von den Anfängen der Gottorfer Gartenkunst im 16. Jahrhundert bis ins 18. Jahrhundert hinein vielfältige Relationen zu den Niederlanden dokumentiert sind, die sich zunächst in der gärtnerischen Gestaltung und später in der skulpturalen Ausstattung oder der Bauweise von Gebäuden niederschlagen. Durchgängig ist der holländische Einfluss vor allem auf dem Gebiet der Pflanzenbeschaffung und der Kultivierungskenntnisse zu finden.

### Anmerkungen

1 Vgl. Buttlar 1996, S. 11–15. Beispiele dafür sind Husum, Eutin, Breitenburg, Ahrensbök und Glücksburg.

2 Auch bei Schloss Tönning hat ein Garten existiert, von dem allerdings nur wenig bekannt ist, vgl. Priewe 2014.

3 Sowohl zu den landesherrlichen als auch zu den Rantzauschen Gärten vgl. die entsprechenden Beiträge in Buttlar/Meyer 1996.

4 Buttlar 1996, S. 15; Alberts 1996, S. 346.

5 Jahnecke 1996, S. 183; Jahnecke 1999, S. 55f.; Cuveland 1996b (Husum), S. 321; Cuveland 1996c (Reinbek), S. 497.

6 Zur Einordnung des Breitenburger Garten Heinrich Rantzaus zuletzt grundlegend Jahnecke 1999, S. 55ff. mit Abbildungen.

7 Jong 2000, S. 38.

8 Eutiner Landesbibliothek, Katalog der Gottorfer Bibliothek von Johann Pechlin, 1709; Vredeman de Vries 1583.

9   Jong 2000, S. 40.
10  Zum Alten Garten grundlegend Paarmann 1986; darin zu Mulier S. 19f., 132f. und 340, Anm. 11.
11  Paarmann 1986, S. 19 und 132.
12  Zum Garten in Friedrichstadt vgl. Claussen 1996, S. 255f.; zu den Pflanzenlieferungen nach Gottorf mit Quellenangaben vgl. Paarmann 1986, S. 19–23.
13  Danckwerth 1652, S. 137.
14  Hesse 1706, S. 8.
15  Paarmann 1986, Quelle Nr. 63 und S. 19.
16  Paarmann 1986, Quellen Nr. 57, 222, 269, 286, 371, 382 (Zitat), 397, 441, 712 und 837.
17  Paarmann 1986, Quellen Nr. 44 und 51.
18  Paarmann 1986, Quelle Nr. 383.
19  Krausch 2007, S. 472.
20  Cuveland 1989, S. 41.
21  Paarmann 1986, Quelle Nr. 7.
22  Paarmann 1986, Quelle Nr. 1327.
23  LASH Schleswig Abt. 7, Nr. 187, fol. 214–216.
24  Zum Codex grundlegend Cuveland 1989 und zuletzt Kat. Schleswig 2014.
25  Cuveland 1996c, S. 498 und Cuveland 1996a, S. 28f.
26  Paarmann 1986, Quellen Nr. 9, 251, 302, 1229, 1275 und 1534.
27  Paarmann 1986, Quellen Nr. 57, 70, 209, 286, 358, 567, 777 und 1332.
28  Paarmann 1986, Quelle Nr. 1441.
29  Paarmann 1986, Quellen Nr. 242 und 789.
30  Paarmann 1986, Quelle Nr. 1602.
31  Vgl. Palm/Rettich 2011, S. 58–61.
32  Cuveland 1989, S. 103, Anm. 198. Sie nennt aber leider weder Quelle noch Zeitraum.
33  Vgl. Cuveland 1989, S. 65; Palm/Rettich 2011, S. 60.
34  Munting 1680; vgl. auch Siricius 1705, S. 34; Ullrich 1993, S. 20 (Fig. 15) und 60.
35  Siricius 1705 und Ullrich 1993, S. 28, 34, 58 und 63f.; Cuveland 1996d, S. 561f. und Cuveland 1997, S. 231f. und 234.
36  Landesbibliothek Oldenburg, Katalog der Gottorfer Bibliothek von Johann Pechlin von 1709: Dodoneus (S. 90), Clusius (S. 90 und 92), Lobelius (S. 91), Rheede tot Drakenstein (S. 123); Rheede tot Drakestein 1687–1703.
37  Landesbibliothek Oldenburg, Katalog der Gottorfer Bibliothek von Johann Pechlin von 1709, S. 23 und 122; Groen 1669.
38  Vgl. Schweizer 2013, S. 171–177; Elsholtz 1684; Hohberg 1687.
39  Paarmann 1986, Quelle Nr. 145.
40  Paarmann 1986, S. 28.
41  Paarmann 1986, S. 29, 102 und Quelle Nr. 216.
42  Vgl. Heiberg 1995, S. 300.
43  Kellenbenz 1985, S. 159 und 193, Anm. 72.
44  Paarmann 1986, Quelle Nr. 305; Biernatzki 1889, S. 46; Kellenbenz 1985, S. 163.
45  Paarmann 1986, Quelle Nr. 568; zum Globushaus vgl. Lühning 1997, S. 18f.
46  Lafrenz 1985, S. 26f. (Taufe und Südportal der Friedrichsberger Kirche, Abb. 5) und 331ff. (Portal des Präsidentenklosters, Abb. 232); Ellger 1966, S. 560ff. mit Abb. 493 (Gruftportal von Kielmannseck 1654); Kuhl 1997, S. 192 (Kamin des *Blauen Saals*).
47  Vgl. zum Herkules zuletzt Schulze 1997a, Schulze 1998, zu den Lebensalterfiguren ausführlich Paarmann 1988.
48  Diese Diskussion wird in der Dissertation der Autorin geführt, Asmussen-Stratmann 2019.
49  Paarmann 1986, Quellen Nr. 613, 673, 732 und 735.
50  Ha. Schmidt 1916, S. 276, Anm. 2; Paarmann 1986, Quellen Nr. 1062 und 1103; Biernatzki 1889, S. 13 erwähnt auch einen Bildhauer Johann van Mander, den er aber als Sohn des dänischen Hofmalers Karel van Mander bezeichnet, der 1674 heiratete und 1680 auch für den dänischen Hof tätig war. Biernatzki teilt außerdem aus einer Quelle von Robert Schmidt mit, dass sich der Nachlass des Johann van Mander von 1689 im Schleswiger Archiv befinden soll.
51  Paarmann 1986, Quelle Nr. 844.
52  Landesbibliothek Coburg, Ms. 33, Reisebeschreibung 1656, fol. 106r.
53  Heckmann 2000, S. 23.
54  Paarmann 1986, Quelle Nr. 844.
55  Heckmann 2000, S. 24.
56  Paarmann 1986, Quelle Nr. 1195.
57  Paarmann 1986, Quelle Nr. 1232.
58  Scholten 2004/05, S. 86f.
59  Elsholtz 2010.
60  Scholten 2004/05, S. 70.
61  Scholten 2004/05, S. 57.
62  Zur Familie Marselis vgl. Schubert, 2006, S. 66, Anm. 166 mit weiterführender Literatur; Stilling 2018, S. 402 und 443.
63  Schubert, 2003, S. 66.
64  Schubert 2003, S. 67.
65  Scholten 2004/05, S. 67.
66  LASH Schleswig Abt. 7, Nr. 6826, Inventar von 1709, S. 620.
67  Paarmann 1986, Quelle Nr. 1043.
68  Zur Rekonstruktion der Amalienburg vgl. Lühning 2011, der aber keine Verbindung zu den Niederlanden sieht.

*Marika Keblusek*

# FOUR PARTS OF THE WORLD – THE GOTTORF *KUNSTKAMMER* AND THE PALUDANUS COLLECTION

In 1666, the print office of Friedrich III, Duke of Schleswig-Holstein-Gottorf (1597–1659), published the *Gottorfische Kunst-Cammer*, an oblong quarto volume (fig. 1). It contained court librarian Adam Olearius's (1603–1671) lengthy preface to the "art-loving (*künstig*) dear readers"; a dedicatory poem by the "informator", or tutor, of the duke's son; and 88 pages of text describing the 36 *Tabula*, or full-page illustrations, accompanying the volume. As we can already assume from its typographical title page, this book is not just a description – let alone a catalogue – of the treasures in the Gottorf Kunstkammer. Indeed, it must be interpreted as an independent paper counterpart to the "real" collection in Gottorf Castle. Like many other, similar publications, whose titles or frontispieces allude to museums and collections, the text proper was considered to be a museum in its own right.[1] The *Museum Wormianum* (1655) for example (fig. 2), was a multi-volume work on natural history by the Danish professor Ole Worm (1588–1654), whose collections of natural and exotic things functioned as the material base underpinning his treatise (these collections were later purchased for the Danish Kunstkammer in Copenhagen).[2] Similarly, the *Historia Naturale* (1599) by Ferdinando Imperato (1525?–1615?), an apothecary from Naples, was explicitly *not* a Kunstkammer-catalogue but a treatise on natural history – even though its only (!) illustration, a foldout double page, alluded to the objects that Imperato had collected, studied, and discussed before writing his treatise on the natural world.[3]

**Fig. 1** Frontispiece of Adam Olearius, Gottorfische Kunst-Cammer, Olearius 1666, HAB Wolfenbüttel, A: 24.1.1 Phys.

Undoubtedly, Adam Olearius was familiar with the pictorial and textual tradition that these well-known books and their frontispieces had established in the world of apothecaries, doctors of medicine, professors of natural history, and, of course, princely collectors. Such engraved title pages depicting early modern museums of natural history, ethnographic and other objects, literally invited its readers into the text. Stepping into the paper rooms (that is, opening the book), one could imagine that reading and thinking about these texts was something similar to discussing objects with other scholars and collectors. Thus, the conceptual set-up of these books solicited *active involvement* with objects, images and texts – whether in the social context of the Kunstkammer itself, or in the privacy of one's library.[4]

Indeed, the second and slightly enlarged edition of the *Gottorfische Kunst-Kammer*, published posthumously in 1674 (three years after its author, Olearius, had died), even more plainly embraced this iconographic tradition (fig. 3). Here, the readers are invited to enter the "temple" of the Gottorf collection that bears the ducal coat of arms. The "guards" on either side of the entrance are, in fact, objects themselves, wearing ethnographic costume items from the Kunstkammer. Behind the open doors, the lay out of this "virtual" museum as a series of rooms is clearly made visible, just like the diversity of the many objects on the walls and ceilings, arranged on tables and even on the floor: crocodiles, fish, snakes, statues, shells and portraits.

The engraved title page of the 1666, first edition of the *Gottorfische Kunst-Cammer* in that sense is less literal than the examples mentioned before. For this engraving, Olearius chose an allegorical image to illustrate the *programmatic* character of both his book and the Gottorf Kunstkammer. What we see is an eagle with a giant leaf in its beak, on which the book's title is written, much like the title page of the *Museum Wormianum*. An intriguing deviation from the iconographical tradition, however, its title is not written on paper or a "museum" label (as in the Worm or Imperato publications) but rather on a natural object. This leaf, carried by the imperial bird, seems to refer to the prominent trees in the picture, all significantly

**Fig. 2** Frontispiece of Ole Worm, Museum Wormianum, Worm 1655, Getty Research Institute Los Angeles, *6 A–3C4

**Fig. 3** Frontispiece of Adam Olearius, Gottorfische Kunst-Cammer, Olearius 1674, SHLM Schloss Gottorf, 1951/68

ducal collection contains "Allerhand ungemeine Sachen, So theils die Natur, theils künstliche Hände hervor gebracht und bereitet. Vor diesem aus allen vier theilen der Welt zusammen getragen"[6]. In a nutshell, this sentence neatly expresses the (by 1666-standards) long established tradition of European, and notably German, princely, *Kunst- und Wunderkammern* which by the end of the sixteenth century had become a staple at German princely courts. Whether in Dresden, Munich or Kassel, these *Kunst- und Wunderkammern* typically contained large quantities of beautiful objects made by craftsmen (*artificialia*: Kunst) and precious and strange things found in nature (*naturalia*: Wunder). Other "labels", such as *exotica* (exotic objects from Asia, Africa and the Americas) and *sci-*

**Fig. 4** Frontispiece of Adam Olearius, Vermehrte Newe Beschreibung der Muscowitischen und Persischen Reise, Olearius 1656, SHLM Schloss Gottorf, 1949/171

diverse: they originate from various parts of the world. Next to the trees are four figures directly looking at the reader – that is, inviting him into the book – with a much smaller person further in the background, whose gaze is not immediately clear. These figures (one of whom a woman) are dressed in different ethnographic costumes. What we see here, is a symbolic depiction of the Gottorf Kunstkammer's meaning and ambition as described in the book, which is that the collection portrays the whole world through its objects. The diversification of the figures suggests they were meant to represent the well-known parts of the world – the West (Europe) and East (Asia), and possibly, through the sheer exoticness of their dress, also including Africa and the Americas (perhaps the smaller figure in the background stands for the more mysterious Australia, only discovered sixty years before this publication). Clearly some figures were borrowed from Olearius's previous publications on his travels to Persia (fig. 4).[5]
Indeed, the ambition to bring together the whole world in Gottorf is stated explicitly on its typographic title page; the

*entifica* (scientific instruments) immediately reveal the hybrid and overlapping character of these *Kunst- und Wunderkammer* categories: an exotic rare thing from nature (say, a piece of coral, ivory or a coconut) was often transformed by craftsmen like engravers or goldsmiths to become a new, stunning piece of decorative art, thus combining in one object characteristics of *exotia*, *naturalia* and *artificialia*. These were collections of extraordinary things either made by nature or by man, which in their totality represented the entire world in one room: the proverbial *orbis in domo*; the *macrocosm* reflected in a *microcosm*.[7] Indeed, in his 1666 preface to the art-loving reader, Olearius reiterates this conceptual intention of collecting:

> "Wenn ein kluger Vater [...] seinen Kindern [...] etwas in Wissenschafft beybringen und sie lehren wil, thut er es nicht nur mit dem Munde, sondern auch mit der Feder, schreibet und mahlet ihnen vor allerhand Figuren und Abbildunge, und wil durch das kleine was grosses andeuten und zu verstehen geben [...] Eben auff solche art handelt unser allgemeine Vater im Himmel und klugester Lehrmeister Gott [...]. Dann er uns neben seinem geoffenbarten Worte das grosse Wunderbuch der Welt mit den zwey grossen Blettern nemlich Himmel und Erden".[8]

Olearius's phrase "Wunderbuch der Welt" is highly significant. It connotes the early modern idea of a collection as the material reflection of God's creation. Striving to bring together "the world in a room" implies the encyclopedic ambition of these undertakings. The sight of strange and unfamiliar objects ("Ungemeine Sachen"), whether made by man or found in nature, enticed the beholders to, literally, *wonder*: to ask themselves, and each other, questions about an object's provenance, meaning, material, function, and possible relation to other exhibits in the room. All these peculiar, odd and unique objects apparently fit somewhere into God's creation; or, in Olearius's words, in "Himmel und Erden [...], daß wir darinne studieren und dadurch etwas grössers erkennen lernen sollen, nemlich, ihn den Schöpffer selbst, seine Majestät und Allmacht".[9] God, in other words, had revealed himself to man simultaneously in his Book of Words (the Bible) and his Book of Nature (the world). Learning about natural objects and marvelling at their sheer existence, reading the Book of Nature, was as much a way to worship God as reading the Bible.[10] This intention to encompass the whole of God's wonderful creation in one's museum is expressed by Olearius not only on his title page but also in the book's engravings, notably tables 5 and 8, and in the accompanying explanatory texts. Table 5 shows two sets of images, both representing the four seasons. Numbers 1–4 (fig. 5) are clearly copies of, or after, Giuseppe Arcimboldo's (1526–1593) famous paintings for the *Kunstkammer* of the Habsburg Emperors, while 5–8 are portraits consisting of "natural [dried] fruits and seeds, growing and ripening in the four seasons, depicting the four seasons".[11] The text that goes with Table 8 (fig. 6) explains that "the four animals in this illustration are meant to represent the four elements". The Egyptian sandfish (*scincus*) is associated with the earth because "it can only live in desert sand",

**Fig. 5** Tabula 5 in Adam Olearius, Gottorfische Kunst-Cammer, Olearius 1666, HAB Wolfenbüttel, A: 24.1.2 Phys.

**Fig. 6** Tabula 8 in Adam Olearius, Gottorfische Kunst-Cammer, Olearius 1666, HAB Wolfenbüttel, A: 24.1.2 Phys.

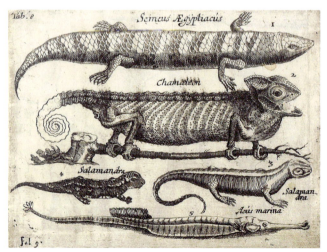

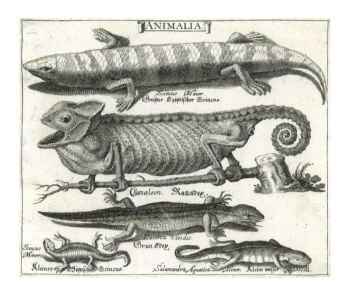

Fig. 7 Animalia in Basilius Besler, Continuatio, Besler 1622, The Wellcome Library London, 826/D – compare this with Tabula 8 in Olearius 1666 (fig. 6)

*et aspectu dignorum varii generis* (1616) and *Continuatio rariorum et aspectu varii generis* (1622) (fig. 7).

This process of image borrowing – often practiced for illustrations in studies on natural history – again indicates that Olearius's *Gottorfische Kunst-Cammer* was emphatically not meant as a catalogue, a factual description of the ducal collections.[13] Instead, he meant for it to be a "*Compendium* oder *Prodomus* der gäntzlichen KunstCammer"; a short overview of the Kunstkammer, as if peering into the rooms from its paper doorstep ("prodomus").[14] However, in his text, Olearius also frequently referred to observations on particular items in the collection, and made remarks on their provenance, in particular to exotic items from the East.

On Table 12 (fig. 8) a tarantula is depicted, as well as some scorpions (brought over by Olearius himself from Persia), the skeleton of a remora (a fish said to have the ability to sink ships), a lemming from Norway and a "locust, which Dr Paludanus himself has brought from Egypt"[15]. This is one of only three instances where Olearius links the provenance of specific Gottorf objects explicitly to the famous collection upon which the Gottorf Kunstkammer was built. In his preface, Olearius had already testified:

> "Die KunstCammer betreffend, hat dieselbige ihren Anfang von der weitberühmten Enckhusischen Kunst-Cammer, welche Paludanus der weyland fürtreffliche Medicus in AEgypten und andern Australischen, wie auch Oriental. und Occidentalischen Ortern, die er meist selbst besuchet, zusammen gesamlet, und in ein ansehentlich Corpus gebracht"[16].

Fig. 8 Tabula 12 in Adam Olearius, Gottorfische Kunst-Cammer, Olearius 1666, HAB Wolfenbüttel, A: 24.1.2 Phys.

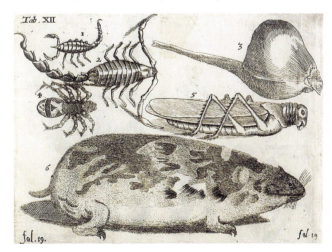

while the sea needle (*syngnathus*) symbolises water, dying as soon as it is out of its element. The chameleon represents air, because it was long believed by classical, medieval and contemporary authors to exist by just breathing (although Olearius stated that the stomach of the Gottorf chameleon, having died after 40 years, on autopsy contained a fly).[12] Lastly, the salamander symbolises fire ("if fire is indeed an element", as Olearius explicitly questioned) because as a cold-blooded animal it could withstand extreme heat, like Pliny, Gesner, Scaliger and Agricola had stated.

Even in this last short passage, Olearius's scholarly approach becomes apparent: he describes an object or category of objects, recounting its history, context, possible medicinal purposes and habitat; he refers frequently, and critically, to other writers and texts; and, when applicable, inserts his own "empirical" observations, his ideas ("if fire is indeed an element") or personal remarks on the provenance of certain objects present in the Gottorf collection. This methodology is similar to that in other natural histories of the early 1600s, written by collectors. It must be emphasized, however, that the accompanying tables with illustrations are *not* based – at least not the majority of them – on Gottorf exhibits. The engraver – probably Christian Rothgiesser (1630?–1659), who had also illustrated Olearius's other books – worked after images from other books of natural history, his main sources of inspiration Basilius Besler's (1561–1629) *Fasciculus rariorum*

Born as Berent ten Broecke in Steenwijk, Friesland, in 1550, Paludanus (his scholarly, Latinised name) had studied medicine in Heidelberg and received his doctorate in Padua in 1580.[17] Like many of his fellow students of the German Nation – the student group he was a prominent member of – Paludanus visited Siena, Venice, Rome, Naples and Bologna, travelled to the islands of Malta and Sicily, and also spent four months in the Holy Land and Egypt (leaving from Venice on 21 June and returning there on 11 October 1578). Between 1580 and 1581, on his way home, he toured extensively in German territories, from Strasbourg, Augsburg and Innsbruck, to Jena, Leipzig, Braunschweig and Bremen. After his return to his home country, initially to Zwolle and in 1586 to Enkhuizen where he was appointed as the town's physician, he only twice travelled abroad, visiting London in 1591–92, and Braunschweig and Hessen in 1597. In 1633, at the age of 83, Paludanus died in Enkhuizen and two years later his heirs had an epitaph installed in the Zuiderkerk, commemorating the way his collection had comprised objects from "four parts of the world": Asia, Europe, Africa, and the kingdom of Nature.

From the moment he settled in the Dutch Republic, word of Paludanus's wonderful museum spread rapidly through Europe (fig. 9). In September 1592, travelling from England back home to Stuttgart, Friedrich, Duke of Württemberg and Teck (1557–1608), had stayed overnight in Enkhuizen. The next day, after climbing the town's tower to enjoy a view of the Zuiderzee and the harbour with the largest ships he had ever seen, the duke was given a tour through the Paludanus collections. In his *Warhaffte Beschreibung Zweyer Reise*, published in 1604, Jakob Rathgeb (1592?–1604), the duke's secretary, included a report on this:

> "Wunderkammer welche mit Warheit ein Wunder Kammer genennt werden kan, dann er dergleichen und solche wunderbarliche sachen, die [Paludanus] selbst aus Indien unnd Egypten, unnd andern weit gelegnen frembden Landen zur handt gebracht, dass nicht bald müglich solche anderwerts also beysamen zufinden. Wie dann umb wunders willen derselbigen Beschreibung von stuck zu stuck hernach folgt"[18].

Thus, "for the sake of wonder", 23 unpaginated pages were inserted in the *Warhaffte Beschreibung* of duke Friedrich's visit. They contain what is now thought of as the first catalogue of the Paludanus collection, specifically (but not exclusively) of the *res omnia naturalia*: that is, "all things from nature". In a sense, this is a sort of *visual* catalogue, for the objects, arranged according to material – stones, minerals, shells etc. – are depicted in the drawers that contain them. The "catalogue" counts 87 so-called large drawers, possibly stored in cabinets (these are not mentioned). These drawers are then divided in "boxes", "little drawers", or "little cabinets", holding a single object (such as a shell or a piece of wood), or groups of objects and materials (several stones or "sand from India"). There are three groups: the first forty drawers (divided in 2.096 boxes) are filled with objects and material "from the earth and made by fossils"; drawers 41 to 66 (divided in 1.665 boxes) contain "things belonging to the garden, in and on the earth", while the third group of "things from the water and the sea" has twenty large drawers made up from 1845 boxes. All in all, this makes for a minimum of 5600 objects. Paludanus's interest in ethnographic *exotica* is evident

**Fig. 9** Hendrick Gerritsz Pot: Portrait of Bernardus Paludanus, ca. 1620–30, oil on panel, 26,5 x 19 cm, Frans Hals Museum Haarlem, OS I-288

from the last item in the catalogue: a huge drawer "containing diverse costumes (Kleydung) and foreign things from Syria, Persia, Armenia, the East and West Indies, Turkey, Arabia and Moscow, several hundreds of them"[19].

The inventory had been drawn up by Paludanus himself, providing an idea of the collection's vast size and scope. Indeed, his "cabinet" constituted the most extensive and influential collection of *naturalia* and *exotica* in the Dutch Republic around 1600, and is generally considered to be the starting point of Dutch collecting history. From 1592 onwards, Paludanus acted as patron to the traveller and explorer Jan Huygen van Linschoten (1563–1611), who also lived in Enkhuizen. Their long-lasting acquaintance was firmly rooted in their mutual fascination for the "exotic", in particular the East Indies. Van Linschoten gave a number of exotic *naturalia* to Paludanus and in his 1596 famous travel account, the *Itinerario or Voyage to the East*, he referred to objects in Paludanus's cabinet as a way of illustrating his own observations, while his friend contributed valuable facts.[20] Paludanus was also instrumental in providing Van Linschoten's publishers with additional information for their series of travel books.[21] And of course, Paludanus (as well as other collectors) profited from the continuous stream of collectable items brought over by merchants, arriving from foreign regions, particularly after the establishment in 1603 of the Dutch East India Company Office in Enkhuizen. The Admirality for example, donated, a rare

> "schone schwartze [schub]laden von den Jesuiten zugestellt; die die onsere auff das mheer gevonden haben [by which he meant: looted by the Dutch], darmijt die patres gedachten zu segelen in Teru, om die dorten auff ain altar zu setzen; in disse sein 63 beinlijn von apostelen undt Martelaren undt in midden ain agnus Dei mijt des Biltnis von onser frauwen"[22].

Paludanus's fame as a collector is evident from the number of gifts from European (mostly German) princes; possibly a gesture of gratitude for a guided tour through his museum. In November 1593, for example, Philipp Ludwig II, the young count of Hanau-Münzenberg (1576–1612), paid his respects, referring to Paludanus as "famous in the whole of Europe, in the whole world". In his travel diary, Philipp Ludwig listed the many diverse objects he had seen: "all what the earth gives us and what the sea gives us", as well as exotic plants, animals and utensils from "China, India, America, Africa, Asia, Peru, Egypt, Malacca, Spain, the Canary Islands, Turkey and

**Fig. 10** Tabula 36 in Adam Olearius, Gottorfische Kunst-Cammer, Olearius 1666, HAB Wolfenbüttel, A: 24.1.2 Phys.

Greece"[23]. Indeed, more than a thousand visitors – princes, noblemen, scholars and students – came to Enkhuizen between 1578 and 1632, to see Paludanus's "Treasury and Compendium of the Globe, Ark of the Universe, Sacred Storehouse of Nature", as Hugo Grotius (1583–1645) excitedly praised the collection in a poem.[24] They left proof of their admiration in Paludanus's visitors book, which had also functioned as an *album amicorum* on his extensive travels through Europe and the Near East between 1578 and 1581. The album with over a hundred illustrations, most of them of foreign dress and local customs, is another testimony to Paludanus's interest in the East.[25]

The Paludanus collection quickly developed into some sort of international laboratory of knowledge for both natural history and ethnography. Observations based on Paludanus's objects made their way into printed publications on the East. It is evident that there is a direct link between Paludanus's travels and the objects in his collection. In a handwritten catalogue from the late 1610s or early 1620s, Paludanus refers, for example, to "Steinlyn von den berg Sion bij Jerusalem, dar Christus syn letzte abentmal gehalten hat" or to "Ein steinlijn oben von den Olijffberg om die gegent dar Christus der heere nach dem Hemel isz auffgefahren al war das noch aine von synen fuszstapffen is zu sehen" oder zu einem "Steinlijn von Marien grab ausz dasz thal Josaphat"[26]. To Paludanus and his visitors, these objects directly demonstrated the Bible's historical veracity, and it is their provenance and context which made them so valuable to the collection.

The last illustration in Olearius's *Gottorfische Kunst-Cammer* is thematically linked to the subject of death (fig. 10). This illustration may have been made *ad vivum*, showing objects that all once had been part of the Enkhuizen collection. This provenance is only explicitly mentioned, however, about the "dried Indian" (number 4),

> "welcher den Leib noch gantz und seine Gedärme in sich hat, Selbigen haben wir auch mit auss des Paludani KunstKammer bekommen, und wird auch seiner vom Camerario [Philipp Camerarius (1537–1634), brother of Joachim Camerarius the Younger (1534–1598), one of Paludanus's correspondents] gedacht. [...] D. Paludanus der fürtreffliche Medicus in Holland rerum exoticarum utriiusq: Indiae perscrutator & Collector studiosissimus berichtet, dass er zwey solche aussgetrucknete Menschen in seinem Hause hätte, die ganz kein Geruch von sich geben, und doch von ferne anzusehen wären, als wenn sie lebeten. Von diesen beyden, ist der eine so wir haben, aben nunmehr gantz gehl und eingeschrumpfen, klinget als eine Paucke, so nicht steiff angezogen ist, wenn man auff den Leib schlaget"[27].

Like Egyptian idols, mummies were highly sought after and expensive items for early modern collectors. Hieroglyphs were perceived as an arcane, emblematic language, a secret code to ancient and biblical knowledge. Mummy flesh was thought by doctors and apothecaries to be highly restorative – and indeed, Paludanus himself, in his handwritten catalogue, remarked on the medicinal powers of pulvarised mummies.[28] Cornelis Haga (1578–1654), the Dutch ambassador in Constantinople, sent Paludanus a mummy which had to be partly sown in parts, for fear the shipper would find out he was transporting a corpse.[29] In 1617, according to Paludanus himself, there were

> "drey dodte corper von menschen, das aine getrocket dorch wonderbare kunst ons onbekant vor 1600 Jahren in Teneriffe isz ain Gwantsche, darin das noch sein die augen ins haupt, die tzaen im mondt, Longe, Leber, Miltz, Brein, Magen, Darmen etc., alles noch darein mijt den nagelen an den handen undt fuessen. Die andere tzwey sijn Mumien odder gebalsamte Lichamen, das aine von ain kindt ausz Egipten gebracht undt al vor 2000 Jaren dodt gewest"[30].

Because of the inscription of Adam Olearius in the visitor book to the Paludanus collection, dated 14 August 1651, it is generally assumed that all the Enkhuizen objects were acquired around that time, some eighteen years after their collector had died. Unfortunately, the Gottorf Court *Kammerrechnungen* do not mention any payment to the Paludanus heirs, although a considerable sum was paid in 1651 to cover Olearius's expenses during his "travels to Holland"[31]. On 26 June 1651, Friedrich III implored the Dutch States General to allow Adam Olearius a tax free convoy of the "Paludani Kunstkammer" from Enkhuizen to Gottorf, to which the government reacted positively on 2 August. According to Friedrich's letter, the Paludanus heirs had "given and dedicated" the collection to him – but whether this implies he received the objects for free remains unclear.[32] Thus, we do not know for sure at whose initiative, when, at what cost and which parts of the Enkhuizen Kunstkammer were brought over. The objects must, however have been displayed at the latest in 1651–1652, for Caspar Danckwerth (1607-1672) does mention the Paludanus Kunstkammer in his *Newe Beschreibung der zwey Hartzogthümer Schleswich und Holstein*.[33] Curators have already identified multiple former Paludanus objects from Gottorf in Danish museums; further identification elsewhere is still an ongoing process.[34]

However, the acquisition of the Paludanus Kunstkammer around 1650/1651 was not just a successful competitive strategy to elevate the Gottorf Kunstkammer in quality and quantity to the level of other German and Danish princely collections. Composed of objects encompassing both the natural and ethnographic world in its entirety – the Four Elements as much as the Four Parts of the Globe –, its purchase reflects the cultural politics of the Gottorf court. The appointment of Adam Olearius, so well familiar with the East himself, as curator of this collection, clearly illustrates the Gottorf ambition to become the northern German node from which to reach out and connect both the East and the West.

## Notes

1. Findlen 1989.
2. Schepelern 1971, p. 302.
3. Imperato 1599.
4. Felfe 2005, p. 231–234 and 237–238.
5. Olearius 1656: for example from the engraved title page or the illustrations of fol. 27.
6. Olearius 1656: typographical title page.
7. Literature on *Kunst- und Wunderkammern* has grown explosively in the past two decades. Recently: Collet 2007; Diemer/Sauerländer 2008; Syndram 2012; Pilaski Kaliardos 2013; Marx/Plaßmeyer 2014; Spenlé 2016; Fey u. a. 2017.
8. Olearius 1666, p. a3r.
9. Olearius 1666, p. a3v.
10. Jorink 2010.
11. Olearius 1666, p. 6. On Arcimboldo: T. Kaufmann 2010.
12. Olearius 1666, p. 9.
13. On early modern practices of illustrating natural history books, see most recently Egmond 2017.
14. Olearius 1666, p. b3v.
15. Olearius 1666, p. 21.
16. Olearius 1666, p. b2r–v.
17. On Bernardus Paludanus, see Hunger 1934; Schepelern 1981; Gelder 1998; Swan 2008 and Jorink 2010, p. 266–278. I am currently writing a book length study of his *album amicorum* and collections.
18. Rathgeb 1604, p. 42v.
19. Rathgeb 1604, unpaginated, between p. 43r and 55r.
20. Hunger 1934, p. 264–265.
21. Groesen 2008, p. 119–120 and 127–128.
22. Paludanus, Bernardus: Cathalogus siue descriptio rerum naturalium et artificalium vtrusque Indiae et aliarum regionum Americae, Asiae et Aphricae collectarum […] 1617, Rigsarkivet Kopenhagen, Ms K. S. 3467,8°, p. 64r.
23. Quoted in Gelder 1998, p. 36–37.
24. Paludanus 1617, p. 3v.
25. This album-visitor book is kept in the National Library, The Hague, 133 M 63.
26. Paludanus 1617, p. 70r–70v.
27. Olearius 1666, p. 78.
28. Paludanus 1617, p. 51r. See also Jorink 2010, p. 270.
29. Paludanus 1617, p. 64r.
30. The first one is the "dried Indian" Olearius refers to. Others may have been part of the Paludanus collection as well: Paludanus 1617, p. 63r.
31. My research in the *Kammerechnungen* in the Landesarchiv Schleswig, Abt. 7. Herzöge von Schleswig-Holstein-Gottorf 1544–1713, Nr. 2303-2326 (1648–1660), did not yield any result on the sale itself. Payment to Olearius of 540 *Thaler* for his expenses in Holland: LASH Schleswig, Abt. 7 Nr. 2308 (1651), p. 79r. See also Schlee 1965b, p. 282–299 and Drees 1997a, p. 13.
32. National Archives, The Hague, 1.01.02 inv. 7248 (letter, 26 June 1651) and 111 (resolution on free export, 2 August 1651).
33. Danckwerth 1652, p. 101; Drees 1997a, p. 14.
34. A substantial number of objects have been identified in Gundestrup 1997 and Gundestrup 2017. See also Dam-Mikkelsen/Lundbæk 1980 and Schepelern 1981.

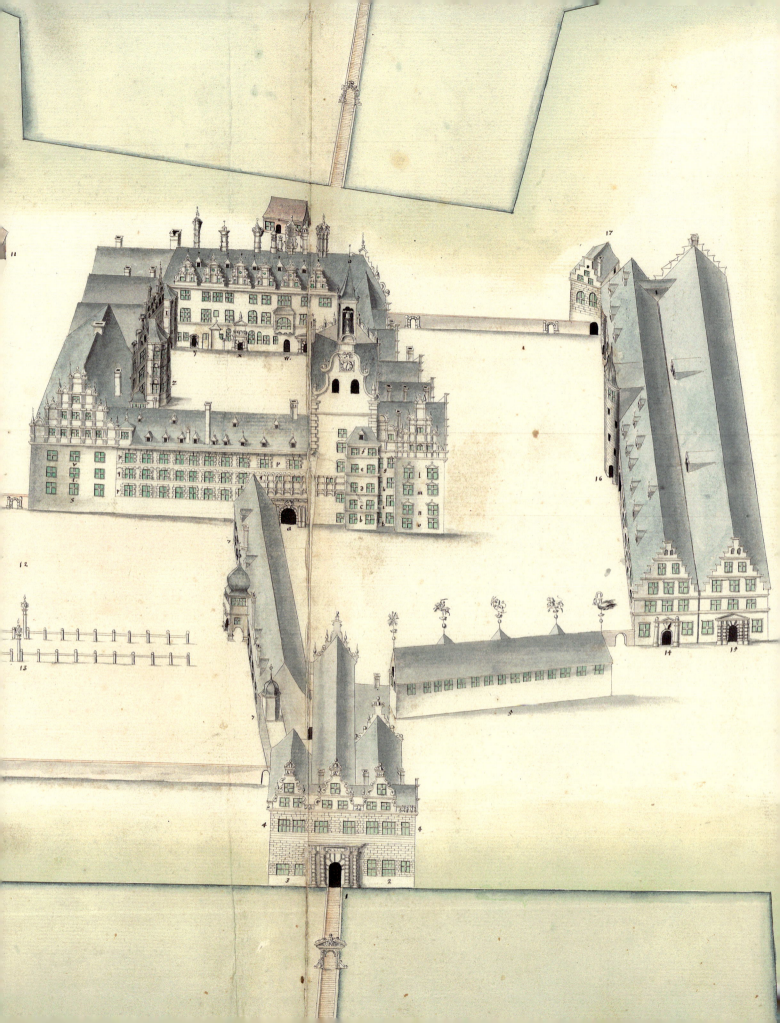

*Dorothea Schröder*

# DIE KOMÖDIANTEN KOMMEN! – NIEDERLÄNDISCHE SCHAUSPIELKUNST IN GOTTORF UND IM NORDEN

Bereits in einem Beitrag zum Katalog der Ausstellung *Gottorf im Glanz des Barock* (1997) und in einem öffentlichen Vortrag über die herzoglichen Hochzeitsfeiern von 1649 und 1650 (2002) kam die Autorin jeweils kurz auf die reisende Theatertruppe des Jan Baptist van Fornenbergh zu sprechen, die bei den Festlichkeiten im September 1649 im Reithaus des Schlosses auftrat.[1] Dieses Datum gilt als ein Meilenstein der deutschen Theatergeschichte, denn es markiert den ersten dokumentierten Auftritt einer niederländischen Schauspieltruppe in Deutschland. Mit dem vorliegenden Aufsatz sollen nun Persönlichkeit und internationales Wirken eines der bedeutendsten Prinzipale der Barockzeit eingehender dargestellt werden.

Im Gegensatz zu vielen anderen Truppen, die anonym durchs Land wanderten und kaum erkennbare Spuren hinterließen, sind wir über die sehr angesehene Fornenbergh-Gesellschaft gut informiert. Dass Fornenberghs Leben, seine Reisen, seine Familie und die Arbeit mit seinen Freunden und Kollegen hier im Detail geschildert werden können, ist grundsätzlich drei Veröffentlichungen zu verdanken: zunächst den Forschungen von Eike Pies zum Schleswiger Theaterleben,[2] weiterhin der umfangreichen, auf niederländischen Archivquellen beruhenden Studie *Langs kermissen en hoven* von Ben Albach[3] und schließlich Gunilla Dahlbergs exzellenter schwedischer Arbeit über das Theater der Komödiantentruppen im Stockholm der Barockzeit[4].

Um die Bedeutung der Fornenbergh-Truppe zu verdeutlichen, sei ein kurzer Überblick zur Geschichte der reisenden Komödianten in Norddeutschland und zur niederländischen Theatergeschichte der ersten Hälfte des 17. Jahrhunderts vorangestellt.

Seit etwa 1590 waren bereits englische Akteure in Deutschland unterwegs, darunter die Truppe von Aaron Asken, die in der Neujahrszeit 1636 und im Januar 1643 auch Gottorf besucht hatte.[5] Diese Truppen spielten auf Englisch, das von Kaufleuten und Angehörigen der gebildeten Oberschicht verstanden wurde, aber von den übrigen Einheimischen wohl kaum. Deshalb war ein sehr plakativer Spielstil für das Verständnis nötig: Der Clown war die beliebteste Gestalt; Slapstick-Szenen, artistische Einlagen, Schaukämpfe und Tänze begeisterten das Publikum auch ohne Worte. Gegenüber den Engländern hatten die niederländischen Truppen den Vorteil, dass ihre Bühnensprache wegen der Nähe zum Niederdeutschen (der Universalsprache an Nord- und Ostsee) in Norddeutschland, Dänemark, Schweden und dem Baltikum besser verständlich war.

In vielen Fällen scheint auch ihre Ausbildung umfassender gewesen zu sein als die der englischen Kollegen. Sie standen in der Tradition der *Rederijkers* (Rhetoriker), das heißt gildeartiger Zusammenschlüsse von Freunden der Dicht- und Redekunst aus dem niederländischen Bürgertum, die in vielen Städten regelmäßige Treffen mit Vorträgen zu allegorischen Themen abhielten, auch prachtvolle lebende Bilder inszenierten und mit bedeutenden Literaten zusammenarbeiteten. Kurz gesagt entwickelte sich aus den Veranstaltungen der Rederijkers eine deklamatorische Art des Theaters, das im frühen 17. Jahrhundert teilweise zum Berufstheater wurde. Die ersten niederländischen Berufsschauspieler kamen überwiegend aus der jüngeren Generation der Rederijkers. Ihre Bühnenpraxis orientierte sich zunächst an den englischen Schauspielern, die in den Niederlanden unterwegs waren. Sie kannten aber auch französische Truppen, die zu Beginn des 17. Jahrhunderts in Den Haag, Utrecht, Leiden, Amsterdam und anderen Städten auftraten.[6]

Insgesamt betrachtet hatte das Theater in den reformierten Niederlanden trotz der höchst angesehenen bürgerlichen Institution der Rederijkers einen schweren Stand. Um dem Bühnenspektakel den Beigeschmack der Unmoral zu nehmen, war es Brauch, die Einnahmen zu einem großen Teil wohltätigen Institutionen wie etwa den städtischen Waisenhäusern oder Hospitälern zuzuführen (was nebenbei bedeutete, dass die Honorare für die einzelnen Schauspieler gering waren). Ungeachtet dieser Förderung der aktiven Sozialfürsorge stand die streng calvinistische Richtung innerhalb der Reformierten Kirche dem Theater absolut feindlich gegenüber. Man sah es als Betrug am Nächsten an, ihm etwas vorzuspielen, was in der Wirklichkeit nicht existierte, und auch die seit Jahrhunderten geläufigen Vorurteile gegen die angeblich sexuell zügellosen Spaßmacher und Possenreißer hatte man niemals abgelegt. Daher war es nur logisch, dass niederländische Schauspieler sich nach englischem Vorbild zusammenschlossen und ihr Glück im Ausland suchten. 1617 machten sich die *Batavierschen Comedianten* auf den Weg, die erste einer ganzen Serie von professionellen Reisetruppen. Sie arbeiteten zum Teil auch mit englischen Kollegen zusammen.[7]

Eine dieser Truppen wurde um 1645 von drei jungen Schauspielern in Amsterdam gegründet: von Jan Baptist van Fornenbergh, der damals Anfang 20 war,[8] dem ein paar Jahre älteren Triael Parkar (1619–1673) und dem etwa 18-jährigen Jillis Nozeman (auch: Noseman, Nooseman; 1627–1682). Fornenbergh – oder Jan Baptist, wie er bald überall genannt wurde – war der Sohn eines Blumenmalers aus Flandern. 1638 erlebte er in Den Haag eine Hochzeitsfeier des Hochadels mit, bei der französische Schauspieler Corneilles Tragödie *Le Cid* und spanische Dramen auf Französisch aufführten.[9] Dabei scheint sich sein Berufswunsch geformt zu haben. Man weiß, dass Jan Baptists Vater wenig später für seinen Sohn einen zweijährigen Ausbildungsvertrag bei Isaak van Boekhoeven abschloss, einem der besten damaligen Berufsschauspieler der Zeit. Wie Jan Baptist waren seine lebenslangen Freunde Parkar und Nozeman hervorragend geschulte Akteure, deren Schauspielkunst auch von Erfahrungen mit englischen Kollegen profitierte.[10]

Ihre Truppe spielte zunächst in Den Haag und reiste ab Frühjahr 1647 durch Flandern. In diesem Jahr zog mit dem österreichischen Erzherzog Leopold Wilhelm[11] ein großer Kunst- und Theaterfreund als Statthalter der südlichen Niederlande in Brüssel ein. Jan Baptist und seine Leute spielten an seinem Hof und wären sicherlich noch länger in Brüssel geblieben, wenn nicht 1649 ein Fall von Hoftrauer und damit ein Verbot jeglicher Aufführungen eingetreten wäre. Da die politischen Verhältnisse in den Niederlanden zu dieser Zeit recht prekär waren, baten die arbeitslosen Schauspieler ihren Mäzen Leopold Wilhelm um Reisepässe für Deutschland. Er erlaubte ihnen, den Titel „Erzherzogliche Comödianten" zu führen, was nicht nur einen exzellenten Werbeeffekt versprach, sondern auch eine Art Gütesiegel für zukünftige aristokratische Mäzene darstellte. Über See reiste die Truppe nach Hamburg, durfte dort allerdings nicht auftreten. Kurze Zeit später finden wir sie in Gottorf, wo sie bei den umfangreichen Feierlichkeiten zur Hochzeit von Prinzessin Sophie Auguste von Schleswig-Holstein-Gottorf mit Fürst Johann von Anhalt-Zerbst fast täglich im Reithaus spielten (Abb. 1).[12]

In der vorhandenen Literatur wird es als glücklicher Zufall angesehen, dass die Erzherzoglichen Comödianten dank der Abweisung in Hamburg frei waren, um nach Gottorf zu kommen. Genauer betrachtet, kann es jedoch kaum so gewesen sein, denn ein prestigeträchtiges Hoffest wie die sogenannte „Anhaltische Hochzeit" wurde mit langem Zeitvorlauf bis in kleinste Einzelheiten organisiert. Jeder Programmpunkt des Zeremoniells und der Vergnügungen musste so perfekt wie möglich ausgestaltet werden, Ausfälle oder Blamagen durfte es angesichts der ranghohen Gäste (darunter König Frederik III. von Dänemark mit seiner Gemahlin[13]) nicht geben. Es scheint kaum denkbar, dass eine unerwartet vor dem Tor stehende, ungefähr 20 Personen umfassende Schauspielertruppe samt Kostümen und Requisiten sozusagen blind engagiert und *ad hoc* in den minutiös geregelten Festablauf eingefädelt worden wäre. Ganz zu schweigen von den technischen Vorbereitungen, die für die Nutzung des Reithauses als Theater notwendig waren: Es musste gründlich gereinigt werden; außerdem brauchte man ein hölzernes Bühnenpodest, Beleuchtung und Gestühl für die hochrangigen Gäste.

Auch von Seiten Jan Baptists wäre es unternehmerisch riskant gewesen, auf bloßen Verdacht hin von Hamburg nach Schleswig zu reisen. Seine Truppe war nämlich mit sechs Fuhrwerken unterwegs[14] und diese Wagen samt Leihpferden und Fuhrleuten mussten selbstverständlich bezahlt werden. Eine

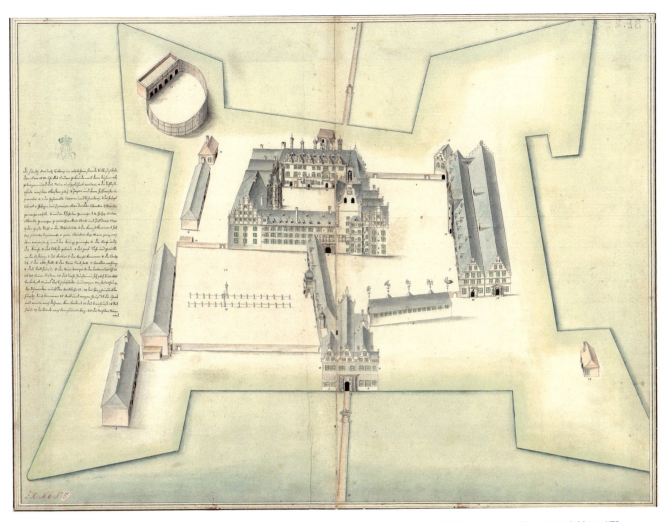

**Abb. 1** Schloss Gottorf aus der Vogelperspektive. Rechts das Reithaus mit Doppelgiebel, 1697, RA Kopenhagen, Forsvarets Arkiver, KTS, 1090.001, Geografiske Kort, G-VI-65

Fahrt von Hamburg nach Schleswig mag fünf, eher wohl sechs Tage beansprucht haben. Die erste eigene Tournee gleich mit einem finanziellen Verlust und in Abhängigkeit von Zufällen zu beginnen, wäre gefährlicher Leichtsinn gewesen, denn Jan Baptist van Fornenbergh war für die Mitglieder seiner Truppe und auch deren teilweise mitreisenden Familien verantwortlich. Unter diesen Umständen kann man sich die Reise der Schauspieler nach Gottorf nur als eine im Voraus geplante Unternehmung vorstellen, wobei der nicht zustande gekommene Auftritt in Hamburg vielleicht eine Art öffentliche Generalprobe dargestellt hätte.

Dass Gottorf ein guter Ort für Komödianten war, hatte bereits die englische Truppe des Prinzipals Aaron Asken bei ihren Gastspielen in den Jahren 1635/36 und 1643 erfahren. Einer der Engländer, Robert Reynolds, arbeitete auch mit niederländischen Kollegen zusammen. Durch ihn hätte Fornenbergh hören können, dass eine Anfrage in Gottorf sich lohnen würde. Wie die Daten der weiteren Aktivitäten von Fornenberghs Truppe im Norden (siehe unten) zeigt, kam sie mehrfach zurück und war, wie noch zu zeigen sein wird, mehreren Mitgliedern der herzoglichen Familie verbunden.

Was die Lebensweise der Schauspieler betrifft, ist zu betonen, dass die Fornenbergh-Gesellschaft keineswegs aus Landfahrern bestand. Gerade Jan Baptist besaß offenbar sehr weltläufige Umgangsformen. Verhandlungen um die Spielerlaubnis, Kontakt mit Hofbeamten oder Stadträten erforderten ein gepflegtes Äußeres, Sprachgewandtheit und diplomatisches Geschick. Seine Schauspieler und Schauspielerinnen gehörten zu den Besten ihres Berufsstandes und zu einem vollkommen professionellen, gut organisierten Unternehmen.[15] Leider gibt es keine identifizierbaren Porträts von Jan Baptist und seinen Freunden Triael und Jillis. Etliche zeitgenössische Bilder von niederländischen Schauspielern und Schauspielszenen können jedoch einen gewissen Eindruck von ihrer Spielweise und der vielfach bezeugten prachtvollen Kostümierung bieten.[16] Besonders eindrucksvoll sind einige Zeichnungen von Rembrandt, der in Amsterdam guten Kontakt mit der Theaterwelt pflegte und äußerst lebendige Darstellungen hinterlassen hat.[17]

Während es in Amsterdam noch bis 1655 üblich war, Frauenrollen von Männern spielen zu lassen, nahm an Jan Baptists Gottorfer Gastspiel 1649 schon eine Schauspielerin teil: Ariana (oder Adriana) van den Bergh, damals 21 oder 22 Jahre alt, war der erste bekannte weibliche Star der niederländischen Theatergeschichte. Als Tochter des Schauspielers und Bühnendichters Adriaan van den Bergh im Theatermilieu aufgewachsen, begann sie ihre Karriere in der Fornenbergh-Truppe. Mit Jan Baptists Co-Prinzipal Jillis Nozeman, den sie im November 1649 in Altona heiratete, bildete sie das erste Berufsschauspieler-Ehepaar der Niederlande. Auch Auftritte als Tänzerin gehörten zu ihrem Repertoire. Von 1655 an spielte sie an der *Schouwburg* von Amsterdam, wo sie bereits 1661 verstarb.[18] Ihre würdevolle Schönheit wurde von Dichtern gepriesen; Rembrandt soll sie 1655 als Modell für die Frau des Potiphar gewählt haben, die in einer sehr theaterhaften Darstellung den jungen Joseph fälschlich beschuldigt, mit ihr die Ehe gebrochen zu haben (Abb. 2).

Arianas Porträt ist auch auf einem Kupferstich aus der Druckausgabe des Schauspiels *Casimier, of Gedempte Hoogmoet* von Catharina Questiers zu erkennen (Abb. 3). Beispielhaft zeigt diese Illustration, wie in der Schlüsselszene einer Tragödie ein sehr körperbetontes, gestenreiches Spiel eingesetzt wurde. Standardgesten hatten dabei eine feste, europaweit bekannte Bedeutung,[19] was bei Auslandstourneen zu einer besseren Verständlichkeit fremdsprachiger Texte führte. Abgesehen von den dramatischen Höhepunkten sollte die Bewegung jedoch mäßig und natürlich sein, wobei der Körper möglichst frontal zum Auditorium gerichtet war.[20] Als ideal für das Schauspiel galt eine vollklingende Stimme, die zwischen alltäglicher Sprache und einem fast singenden Tonfall changierte. Dass gerade Jan Baptists Truppe in dieser Hinsicht auf höchstem Niveau spielte, bezeugt der Wedeler Pastor und Dichter Johann Rist, der bei dem Gastspiel in Altona 1665 unter den Zuschauern war und einen (fiktiven) Beteiligten seiner *Monats-Gespräche* großes Lob aussprechen lässt: Man habe gehört,

> „das in der [...] Stadt Altonah etliche Niederländische Komedianten wären ankommen, derer Haupt oder Führer Jan Baptista gennenet würde, und, das diese Gesellschaft ihre Komedien und Tragedien so wol fürstelleten, das sie deßwegen von allen Kunstverständigen hoch gepriesen wurden. [...] Wir fuhren mit einander hinauß, die Wahrheit hievon zu erfahren, da wir den[n] befunden, das der Ruhm so dieser Gesellschaft von hohen und niedern Standes Personen ward gegeben nicht erdichtet wäre, sondern in der That sich also verhielte, dahero wir diesen fürtreflichen Komedianten mehr denn einmahl zugesehen."

Jan Baptista habe „so wol von Mann als Weibes Personen bey sich", von denen „die meisten ihre Person [das heißt ihre Rolle] so beweglich [das heißt bewegend] haben gespielet, das man ihne beydes mit Lust und Verwunderung hat müssen zu sehen."[21]

Über die Bauweise und Gestaltung der Bühne der Fornenbergh-Truppe liegen keine Dokumente vor. Da Kulissen und

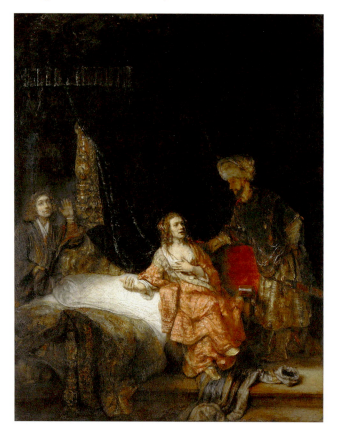

**Abb. 2** Rembrandt: Joseph und Potiphars Frau, 1655, Öl auf Leinwand, 113,5 x 90 cm, Gemäldegalerie, Staatliche Museen zu Berlin, Stiftung Preußischer Kulturbesitz, 828H

Die Komödianten kommen! – Niederländische Schauspielkunst in Gottorf und im Norden

**Abb. 3** Szene aus Catharina Questiers' Schauspiel Casimier, of Gedempte Hoogmoet, 1656. Ariana Nozeman (links) spielte darin die weibliche Heldin Clorinde. Aus Questiers 1656, Frontispiz, Universiteit Leiden, 1098 B 100

Dekorationselemente transportabel und an verschiedenartige Innenräume mit provisorischen, aus Holz gezimmerten Bühnenplattformen schnell anzupassen sein mussten, ist nur die Verwendung sogenannter Telari (Periakten, Winkelrahmen) vorstellbar: Sie bestanden aus dreiseitigen, hohen Gerüsten, an denen man drei Streifen bemalter Leinwand mit Teilen von unterschiedlichen Bühnenbildern befestigen konnte. Stellte man diese Gerüste wie Paravents zusammenklappbar her, waren sie problemlos zu transportieren. Auf der Bühne konnten sie von Hand gedreht werden, sodass keine komplizierte Maschinerie erforderlich war.[22] Hintergrundbilder (Prospekte) und Vorhänge, die die Bühne zum Auditorium hin und nach oben abschlossen, ließen sich an quer gespannten Seilen aufhängen. Dass dabei die Größenverhältnisse beispielsweise zwischen gemalten Gebäuden und Schauspielern nicht korrekt waren, scheint die Zuschauer nicht gestört zu haben (Abb. 4).

Die Titel der in Gottorf gezeigten Schauspiele sind nicht überliefert. Man darf wohl davon ausgehen, dass die Truppe jeden Tag ein anderes Stück spielte, um ihre Vielseitigkeit zu demonstrieren, und dass bei einer Hochzeitsfeier die heiteren Stücke oder zumindest gut endenden Dramen überwogen. Zum Gesamtrepertoire der Fornenbergh-Truppe sei hier nur kurz gesagt, dass Jan Baptist in der Zeit um 1650 Originaldramen von bedeutenden niederländischen Dichtern wie Joost van den Vondel und Gerbrand Adriaensz. Bredero spielte, die teilweise auf biblische, oft auch historische Stoffe zurückgehen. Weiterhin gab es Bearbeitungen von englischen und spanischen Werken, sowohl Komödien wie Tragödien, zum Beispiel nach Shakespeares *The Taming of the Shrew* oder nach Stücken von Lope de Vega und Calderon – von bluttriefenden Schauerdramen bis zu heiteren Possenspielen im bürgerlichen Milieu war alles vertreten, auch Musik, Gesang und Tanz wurden gerne einbezogen.[23] Wichtig war die von dem Wedeler Pastor und Schriftsteller Johann Rist bezeugte Tatsache, dass diese Werke überwiegend in Versdichtung auf die Bühne kamen.[24] Und noch ein weiteres Charakteristikum des niederländischen Theaters ist zu nennen, nämlich der Abschluss eines jeden Theaterabends mit einer sogenannten „Klucht", das heißt einer kurzen Farce oder Satire, mit der die Zuschauer auch nach der grausigsten Tragödie wieder zum Lachen gebracht wurden. Damit 1649 auch die Bürger von Schleswig in den Genuss der Aufführungen kommen konnten, durften die Komödianten eine zusätzliche Vorstellung im Rathaus der Stadt geben.[25] Am Ende der Festtage zeigte sich Herzog Friedrich III. äußerst zufrieden mit der Leistung der niederländischen Schauspieler. Er zahlte ihnen ein hohes Honorar (500 Reichstaler), übernahm die Kosten für sechs Fuhrwerke, auf denen Jan Baptist und seine Leute zu den nächsten Auftritten nach Flensburg, Rendsburg und Neumünster reisten, und stellte ihnen ein höchst positives Empfehlungsschreiben für weitere Spielorte aus. Darin heißt es, die Akteure hätten „dergestalt ihre Exercitia gehalten, daß die anwesende Könige Fürsten Adeliche und andere Personen sehr wohl damit contentiret" gewesen seien.[26]

Ein Blick auf die Liste der Auftritte Fornenberghs im Norden zeigt, dass bis zu seinem nächsten Gastspiel in Gottorf viele Jahre vergingen. Er war in der Zwischenzeit nicht ständig mit seiner Truppe auf Reisen, sondern spielte auch saisonweise in festen Theatern in den Niederlanden und wurde mit der Zeit so wohlhabend, dass er 1658 in Den Haag ein großes Grundstück mit mehreren Gebäuden kaufen konnte und dort ein eigenes Theater erbaute.[27] In der Haager Gesellschaft war er ein angesehener Mann. Noch 1720 erinnerte sich der Literat Jacob Campo Weyerman im *Rotterdamsche Hermes* an „den freundlichen Jan Baptist, wohlrenommiert für schlagfertige Antworten und engelhafte Töchter" – damit waren seine vier Töchter Cornelia, Dorothea, Johanna Maria und Susanna gemeint, die auch Schauspielerinnen wurden.[28]

Die Liste zeigt weiterhin, dass mit Kopenhagen (ab 1651) und Stockholm (ab 1653) zwei Königsresidenzen eine wichtige Rolle in der Fornenbergh-Chronologie spielen. In Dänemark regierte seit 1648 Frederik III., ein großer Theaterfreund, der zusammen mit seiner Gemahlin 1649 bei der Anhaltischen Hochzeit in Gottorf zu Gast gewesen war und dort die Truppe kennengelernt hatte. Möglicherweise war schon bei dieser Gelegenheit das erste Gastspiel am dänischen Hof vereinbart worden.

Als Jan Baptist 1653 zum ersten Mal in Stockholm auftrat, herrschte dort noch Königin Christina; 1654 dankte sie ab und zog nach Rom. Da ihr Geschmack damals auf die französische Kultur ausgerichtet war, gefielen ihr die Fornenbergh-Komödianten nicht. Große Begeisterung löste die Truppe dagegen bei Christinas Mutter aus, der Königinwitwe Maria Eleonora.[29] Als geborene Prinzessin von Brandenburg war sie deutschsprachig aufgewachsen, konnte also vermutlich die Niederländer recht gut verstehen. Sie ließ die Truppe im Sommer 1653 auf ihre Schlösser in Nyköping und Ulvsunda bei Stockholm kommen und dort auftreten[30].

1666, als die Komödianten wieder nach Stockholm kamen, war Maria Eleonora schon verstorben. An ihre Stelle als Theater-Mäzenin war inzwischen die Königinwitwe und Regentin Hedwig Eleonora getreten, eine der Töchter von Herzog Friedrich III. von Schleswig-Holstein-Gottorf. Mit 13 Jahren, bei der Hochzeit ihrer älteren Schwester Sophie Auguste 1649, hatte sie Jan Baptist und seine Truppe zum ersten Mal auf der Bühne gesehen. Im Jahr 1654 mit König Karl X. Gustav von Schweden vermählt, war sie schon 1660 Witwe geworden und führte seitdem zusammen mit dem Reichsrat die Regierung für ihren noch unmündigen Sohn, den späteren König Karl XI. Wir kennen sie als Bauherrin von Schloss Drottningholm und große Unterstützerin der Künste.[31]

Hedwig Eleonora sah das Theater als eine Art Lebensschule für ihren Sohn an, engagierte die Fornenbergh-Truppe langfristig zu sehr guten Bedingungen und ließ 1667 für die Aufführungen die alte Tierhetzarena „Lejonkulan" (Löwengrube) am Schloss Tre Kronor zu einem Theater umbauen.[32] Zwischenzeitlich besuchte die Truppe im Frühjahr 1666 wieder Kopenhagen, erhielt von Königin Sophia Amalia ein Honorar von 800 Reichstalern und durfte die Rückreise nach Schweden auf der königlichen dänischen Lustyacht antreten.[33] Ein zweiter langer Aufenthalt der Truppe in Stockholm in den Jahren 1672/73 fand anlässlich des aufwendig gefeierten Regierungsantritts Karls XI. statt[34].

Auf dem Reiseplan tauchen 1673 und 1674 nun auch wieder Gottorf und Schleswig auf, wo mittlerweile Herzog Christian Albrecht regierte, ebenfalls ein großer Liebhaber des Theaters und bekanntermaßen Mitbegründer der Hamburger Oper am Gänsemarkt. Er war 1674 auch in Stockholm zu Gast, als die Fornenbergh-Truppe dort ihr letztes Gastspiel gab.[35] Bereits um 1672 (wenn nicht schon eher) plante er offensichtlich den Bau eines modernen Theaters beziehungsweise Schlossopernhauses in Gottorf.[36] Wir dürfen wohl vermuten, dass das technische Wissen für solch ein Unternehmen mindestens zu einem Teil von dem erfahrenen Theatermann und Theatereigentümer Jan Baptist van Fornenbergh gekommen ist.

So stand also Jan Baptist van Fornenbergh ein Vierteljahrhundert lang mit verschiedenen Mitgliedern des Hauses Schles-

**Abb. 4** Blick auf eine Telari-Bühne aus Joseph Furttenbachs *Architectura recreationis*. Auf jeder Seite sind drei bildtragende Rahmen zu erkennen. Den Bühnenabschluss bildet ein perspektivisch bemalter Vorhang hinter der mittleren Figur. Aus Furttenbach 1640, S. 158, Zentralbibliothek Zürich, T 73 | F

wig-Holstein-Gottorf in Verbindung. Er war nicht der einzige Prinzipal, der mit seiner Truppe in Gottorf gastierte: In den 1660er-Jahren kam zum Beispiel Carl Andreas Paulsen, der „Stammvater der deutschen Wanderprinzipale", fast jährlich nach Schleswig beziehungsweise Gottorf.[37] Fornenberghs Auftritte waren jedoch stets von besonderer Qualität, das Ansehen seiner Schauspielerinnen und Schauspieler war hoch. Da sein eigenes Theater in Den Haag guten Gewinn einbrachte, hätte er eigentlich noch viele Jahre erfolgreich auftreten können. Doch der letzte Akt seines Lebens nahm eine unerwartete Wendung: Seine Töchter Cornelia, Dorothea und Johanna Maria waren um 1680 noch auf der Bühne tätig, die vierte der „engelhaften Töchter", Susanna, hatte einen Hamburger Kaufmann geheiratet. 1681 beantragten Cornelia und Dorothea bei der Reformierten Gemeinde in Den Haag die Zulassung zum Abendmahl. Die Teilnahme daran war Schauspielern und anderen unehrenhaften Personen verboten. Man erlaubte sie ihnen jedoch unter der Bedingung, dass sie mit erkennbarer Reue ihrem vorherigen sündhaften Theaterleben abschwuren und sich verpflichteten, niemals wieder aufzutreten. Diesen Schritt vollzogen Cornelia, Dorothea und auch ihr Vater Jan Baptist und 1683 entsagte auch Johanna Maria der Schauspielerei.[38] Damit war eine berühmte Theaterfamilie von der Bühne abgetreten – ob aus religiöser Überzeugung oder vor allem mit dem Wunsch, endlich „richtig" zur guten Gesellschaft von Den Haag zu gehören, lässt sich nicht sagen. Jan Baptist hatte mit 57 Jahren wohl auch ein Alter erreicht, in dem er eine ruhigere Lebensweise bevorzugte. Im Gegensatz zu vielen seiner Kollegen hatte er es zu Wohlstand gebracht. Sein Theater blieb sein Eigentum, das er nun an andere Schauspieler vermietete. Ziemlich überraschend heiratete er 1682 die fast 30 Jahre jüngere Maria Nozeman, eine Tochter seines alten Freundes Jillis. Dieses neue Leben genoss er noch 14 Jahre lang.[39] Er starb am Silvestertag 1696 oder Neujahrstag 1697.

### Jan Baptist van Fornenberghs Truppe im Norden. Chronologie[40]

**1649**
| | |
|---|---|
| (August) | (Hamburg – Truppe erhält keine Spielerlaubnis) |
| September | Gottorf, Schleswig |
| Oktober | Flensburg, Rendsburg, Neumünster |
| Oktober bis November | Hamburg |

**1651**
| | |
|---|---|
| Sommer | Kopenhagen |
| November | Hamburg |

**1653**
| | |
|---|---|
| Januar | Hamburg |
| Mai bis Ende September | Stockholm, Nyköping, Ulvsunda |

**1654**
| | |
|---|---|
| ? | Hamburg |

**1665**
| | |
|---|---|
| ? | Altona, Hamburg |
| September | Gottorf |
| November | Hamburg |

**1666**
| | |
|---|---|
| Januar/Februar | Stockholm |
| Februar bis April | Kopenhagen |
| Mai | Stockholm (bis Juni 1667) |

**1667**
| | |
|---|---|
| Juni | Abreise von Stockholm |

**1669**
| | |
|---|---|
| ? | Hamburg |

**1672**
| | |
|---|---|
| Juni | Hamburg |
| Sommer/Herbst | Stockholm (bis Spätwinter 1673) |

**1673**
| | |
|---|---|
| März | Hamburg |
| April | Schleswig |
| August | Hamburg |
| Herbst | Friedrichstadt |
| November | Hamburg |
| Dezember/Januar 1674 | Gottorf |

**1674**
| | |
|---|---|
| Januar | Kiel |
| Februar/März | Schleswig |
| April | Hamburg |
| Juni/Juli | Lübeck |
| August | Stockholm (bis mindestens Januar 1675) |

**1675**
| | |
|---|---|
| März | Hamburg (unklar, ob Spielerlaubnis erteilt wurde) |

**Anmerkungen**

1 Schröder 1997, hier: S. 295. Der Vortrag fand am 31.5.2002 im Rahmen der 1. Gottorfer Barockmusiktage statt und wurde anschließend publiziert: Schröder 2003, hier: S. 78f.
2 Pies 1970.
3 Albach 1977.
4 Dahlberg 1992 (mit zahlreichen, anhand von neu erschlossenen schwedischen Quellen gewonnenen Ergänzungen und Korrekturen zu Albachs Ergebnissen).
5 Pies 1970, S. 9 und 172 (dort auch die Daten 1632, 1647 und 1648 für mögliche, aber namentlich nicht dokumentierte weitere Auftritte der Asken-Truppe in Gottorf und Schleswig).
6 Kindermann 1967, S. 244–250.
7 Albach 1977, S. 20.
8 Nach seiner eigenen Angabe wurde Jan Baptist 1624 in Vianen geboren und schloss 1638 (!) seine erste Ehe. Obwohl eine Heirat mit 14 Jahren möglich gewesen wäre, scheint es sich eher um eine falsche Auskunft anlässlich seiner zweiten Heirat zu handeln; vgl. Albach 1977, S. 24.
9 Albach 1977, S. 24.
10 In der Gründungsphase von Fornenberghs Truppe 1645–46 waren mindestens zwei Engländer (John Payne und William Roe) Mitglieder des Ensembles, das zunächst als *Engelse Komedianten* auftrat. Nachdem die Engländer im Sommer 1646 die Truppe verlassen hatten, nannte sich die Truppe *Nederlandse Komedianten*, 1647 dann *Oprechte Nederduytsche Comedianten*. Vgl. Albach 1977, S. 59ff.
11 Leopold Wilhelm (1614–1662) war der jüngste Sohn von Kaiser Ferdinand II.
12 Pies 1970, S. 12. Das Reithaus war Teil eines lang gestreckten Doppelgebäudes (Zeug-, Reit- und Kornhaus) auf dem östlichen Teil der Schlossinsel. Vgl. Abb. 1.
13 Pies 1970, S. 11.
14 Albach 1977, S. 65.
15 Neben der Bühnentätigkeit hatten die meisten niederländischen Schauspieler zur Sicherung ihres Lebensunterhalts in Theater-Krisenzeiten einen „Zweitberuf": Jan Baptist besaß ein Gasthaus, andere handelten zum Beispiel mit Wein oder waren zeitweilig als Buchhändler, Kunsthändler, Barbiere und so weiter aktiv. Vgl. Albach 1996, S. 239.
16 Ein besonders lebensnahes Beispiel ist das Gemälde *Schlussszene aus Gerbrand Adriaensz. Brederos Schauspiel Lucelle* von Jan Miense Molenaer (1636), Rijksmuseum Muiderslot Muiden, M1956-1. Abb. in: Kat. Hamburg/Luxemburg 2010, S. 45. Ariana Nozeman besaß abgelegte Hofkleider, die sie auf ihren Reisen von fürstlichen Mäzeninnen geschenkt bekam. Vgl. Albach 1996, S. 236.
17 Zum Beispiel *Der Schauspieler Willem Ruyters als St. Augustin*, um 1638, Chatsworth House, Devonshire Collection, vgl. Jaffé 2002, Nr. 1463.
18 Zu Ariana van den Bergh-Nozemans Biographie vgl. Albach 1996 sowie Nozeman 2014a.
19 Das Ringen der Hände stand für Verzweiflung, das Erheben der Hände nach vorn für Erschrecken und so weiter; wo nur zwei Personen auf der Bühne einen Dialog führten, konnten andere gestisch „mitreden". Diese Art von manchmal übertrieben pathetisch erscheinender Aktion wurde jahrhundertelang praktiziert und prägte noch den Stummfilm. Bulwer 1644, *Chirologia, or the Natvrall Langvage of the Hand*, enthält detaillierte Abbildungen der Hand-Gesten; siehe dazu Stevens 1984 (besonders S. 99, Abb. 16).
20 Albach 1977, S. 83.
21 Rist 1666, S. 75f. Vgl. auch Niefanger 2009, S. 158–160.
22 Der Ulmer Stadtbaumeister Joseph Furttenbach d. Ä. (1591–1667) beschreibt das Telari-System bereits in seiner *Architectura civilis*, Furttenbach 1628, wobei er die Schnelligkeit der Verwandlung hervorhebt; vgl. Kindermann 1967, S. 432–437. In der *Architectura recreationis*, Furttenbach 1640, S. V. geht er noch detaillierter auf die Konstruktion einer Bühne ein.
23 Das Repertoire Jan Baptists und anderer wandernder Gesellschaften betreffend, herrscht in der Theaterforschung wegen der Seltenheit eindeutiger Quellen Uneinigkeit. Gunilla Dahlberg hat die ältere Literatur kritisch bearbeitet und kommt der historischen Realität wohl am nächsten. Vgl. Dahlberg 1992, S. 372–391.
24 Niefanger 2009, S. 162.
25 Als Rathaus wurde zu dieser Zeit die Kirche des ehemaligen Grauklosters beziehungsweise Franziskanerklosters genutzt, die nach der Reformation in den Besitz der Stadt Schleswig übergegangen war. Im 17. Jahrhundert spielten dort auch andere Theatertruppen; üblicherweise mussten sie die Hälfte ihrer Einnahmen an die Stadt abführen (Pies 1970, S. 13). Das klassizistische Rathaus von 1794 steht am Platz der Franziskanerkirche; in den Bau wurden Reste des Kirchenmauerwerks einbezogen. Ich danke Dr. Uta Kuhl für ihre Auskunft zum alten Rathaus.
26 Pies 1970, S. 12.
27 Albach 1977, S. 85f.; Dahlberg 1992, S. 167f.

28 „[...] de vriendelijke Jan Baptist, genoemmeert door vaerdige antwoorden en engelachtige dochters", zitiert nach Smits-Veldt 1996, S. 243f.; Weyerman 1720. Jan Baptist war drei Mal verheiratet: 1. mit Marya Boscoop (Tochter eines Malers, gestorben 1642), 2. mit Helena Heussen (Schauspielerin, gestorben 1680), 3. mit Maria Nozeman (Schauspielerin, gestorben 1729). Früh verstorbene Kinder nicht mitgerechnet hatte er neben den vier Töchtern auch vier Söhne, die keine Theaterberufe ergriffen. Vgl. Albach 1977, S. 24 und den Eintrag zu Jan Baptist van Fornenbergh Jr. in der Datenbank ECARTICO (University of Amsterdam/Amsterdam Centre for the Study of the Golden Age) unter www.vondel.humanities.uva.nl/ecartico/persons/9459 (eingesehen 1.8.2018).

29 Die Truppe bestand zu dieser Zeit aus elf Schauspielerinnen und Schauspielern sowie zwei Musikern. Vgl. Nozeman 2014a.

30 Dahlberg 1992, S. 137–140.

31 Dahlberg 1992, S. 148 verweist darauf, dass zwischen circa 1660 und 1700 auch zahlreiche andere Theatertruppen (unter den Prinzipalen Carl Andreas Paulsen, Michael Daniel Treu, Johann August Ulich, Johann Baptist Hilverding und andere) zwischen den dynastisch vernetzten Höfen Gottorf, Kopenhagen und Stockholm unterwegs waren. Zu Hedwig Eleonora als Mäzenin siehe Skogh 2013.

32 1666 stand eine temporäre Bühne im „Lilla Bollhuset" (Kleines Ballhaus) zur Verfügung. Das Lejonkulan-Theater, dessen Maße etwa 50 x 12 Meter betrugen, wurde 1697 beim Brand des Schlosses Tre Kronor vernichtet. Vgl. Dahlberg 1992, S. 170ff.

33 Albach 1977 S. 103. Sophia Amalia (1628–1685), die Gemahlin von König Frederik III., war eine gebürtige Prinzessin von Braunschweig-Lüneburg-Calenberg. Ihre Theaterliebe ging weit über das übliche mäzenatische Niveau hinaus; sie hatte in den 1650er-Jahren selbst als Schauspielerin und Tänzerin an höfischen Ballett-Maskeraden teilgenommen. Für diese Veranstaltungen, die auch im Rahmen der kulturellen Konkurrenz zwischen Schweden und Dänemark große Bedeutung besaßen, war im Ballsaal des Kopenhagener Königsschlosses Christiansborg jeweils eine temporäre Bühne errichtet worden. Vgl. F. Marker/L. Marker 1975, S. 38–42. Dagegen spielte die Fornenbergh-Truppe im Rathaus und in einem Ballhaus, das mit einem Bühneneinbau ausgestattet wurde; dazu Dahlberg 1992, S. 161.

34 Dahlberg 1992, S. 192–194. Die Theater in den Niederlanden waren von 1672 bis 1678 wegen des Krieges gegen Frankreich und England geschlossen, auch die üblichen Jahrmärkte durften nicht stattfinden. Vgl. Albach 1977, S. 114, und Smits-Veldt 1996, S. 246.

35 Von Christian Albrechts Anwesenheit berichtet der italienische Graf Lorenzo Magalotti (sic) in einem Brief nach Florenz (4. August 1674); vgl. Pies 1970, S. 23; Dahlberg 1992, S. 194f.

36 Der Tischler Jean Rense in Friedrichstadt erhielt für „ein Modell vom Italiänischen Theatro" 14 Reichstaler, vgl. Richter 1986, S. 421 (Gottorf, Kammerrechnungen 1672, Ausgaben an Handwerker) und Pies 1970, S. 21. Eine Opernaufführung in Gottorf ist bereits für Februar 1668 bezeugt: Die Bau- und Nagelrechnung verzeichnet Ausgaben „zum Theatro nachm Dantzsahl" (im Südflügel; 2. Januar 1668) sowie „zu dem oper kegen Ihr Hoch Fürstl. Durchl. Der princeßinnen Geburtstage" (26. Februar 1668); siehe Pies 1970, S. 20. Der Titel der Oper ist nicht überliefert; es dürfte sich um ein Werk des damaligen Hofkapellmeisters Augustin Pfleger gehandelt haben.

37 Pies vermutet, Carl Andreas Paulsen (aktiv von circa 1650 bis 1679) habe sein Handwerk bei der Fornenbergh-Truppe gelernt; vgl. Pies 1973, S. 273f. Zu Paulsens Laufbahn und Repertoire siehe auch Kindermann 1967, S. 394f., sowie Pies 1970, S. 19–21.

38 Vgl. Nozeman 2014b.

39 Ein neuer Lebensmittelpunkt für Jan Baptist war das reformierte Kassel, wo er in persönlichem Kontakt mit der Familie des Landgrafen Carl von Hessen-Kassel stand. Einer seiner Söhne wurde landgräflicher Münzmeister, und zwei seiner Töchter zogen nach Kassel. Vgl. Albach 1977, S. 132.

40 Nach Pies 1970, Albach 1977, Dahlberg 1992.

Daniel Georg Morhofen
# Unterricht
Von
Der Teutschen Spra-
che und Poesie / deren Uhr-
sprung / Fortgang und
Lehrsätzen.

Wobey auch von der reimenden Poeterey der Außländer mit mehren gehandelt wird.

---

KIEL /
Gedruckt und verlegt durch Joachim Reumann /
Acad. Buchdr. im Jahr 1682.
Zu finden bey Johann Sebastian Riecheln.

*Kai Bremer*

# NIEDERLÄNDISCHE SPRACHE UND LITERATUR IN DANIEL GEORG MORHOFS *UNTERRICHT VON DER TEUTSCHEN SPRACHE UND POESIE*

Der vorliegende Aufsatz skizziert, welchen Status das Niederländische und zumal die niederländische Literatur in Daniel Georg Morhofs *Unterricht Von Der Teutschen Sprache und Poesie* (Abb. 1) haben.[1] Dafür ist es jedoch erforderlich, Morhofs umfangreiches Buch historisch zu kontextualisieren und wissenschaftsgeschichtlich zu verorten. Das soll in einem ersten Schritt geschehen. In einem zweiten werden dann Morhofs wichtigste Äußerungen zum Niederländischen und zur niederländischen Literatur vorgestellt und vor dem historischen Hintergrund beurteilt.

## 1. Morhofs Unterricht Von Der Teutschen Sprache und Poesie im literaturgeschichtlichen Kontext

Daniel Georg Morhof (Abb. 2) war 26 Jahre alt, als er 1665 in das Gründungskollegium der Philosophischen Fakultät der Christian-Albrechts-Universität zu Kiel berufen wurde. Er wurde dort Professor für Beredsamkeit, war also primär für die Rhetorik zuständig.[2] Morhof wurde 1639 in Wismar geboren, mitten im Dreißigjährigen Krieg. Seine Geburt fällt damit in das Jahr, in dem die literaturtheoretische Zentralinstanz der deutschen Barock-Dichtung, Martin Opitz, stirbt. Opitz hatte 1624, also zu Beginn des Dreißigjährigen Krieges, das epochale *Buch von der deutschen Poeterey* publiziert,[3] mit dem er insbesondere die Metrik des Deutschen normierte

**Abb. 1** (linke Seite)  Titelblatt *Unterricht Von Der Teutschen Sprache und Poesie*, Morhof 1682, Staatsbibliothek zu Berlin, Preußischer Kulturbesitz, Yc 4556

und der deutschen Lyrik ein gänzlich neues, späthumanistisches Fundament gab.[4] 1639 ist auch das Jahr, in dem Adam Olearius nach der Rückkehr von der persischen Reise zum Hofmathematiker von Schloss Gottorf ernannt wurde.[5] Morhof ist also knapp vierzig Jahre jünger als Opitz und Olearius und gehört damit der ersten Generation von Rhetorik- und Dichtungstheoretikern an, die nicht mehr direkt biographisch mit Opitz in Kontakt standen. Das muss deswegen betont werden, weil Opitz für seine Zeitgenossen und ebenso für die „Schüler"-Generation in der Regel auch nach seinem Tod maßgeblich war. An Morhofs *Unterricht Von Der Teutschen Sprache und Poesie* lässt sich also konkret beobachten, wie es um Opitz' Erbe nun in der Enkelgeneration stand.[6]

Morhofs umfangreiches, mehr als 800 Seiten umfassendes Lehrbuch erschien erstmals 1682 in Kiel.[7] Zwar darf davon ausgegangen werden, dass es konkret aus seinen Exzerpten zur deutschen Sprache und Literatur resultiert, die auch in seine Vorlesungen in Kiel eingegangen sind. Doch hielt er die Vorlesungen selbstverständlich auf Latein, sodass sich die Zielgruppe für sein Buch nicht einfach benennen lässt.[8] In der Einleitung erklärt Morhof, dass er beabsichtige, in dem Buch als „Lehrer" zu sprechen.[9] Er nennt im Verlauf sodann immer wieder Forschungspositionen und Einschätzungen, die er zudem direkt kommentiert und kritisiert. Sein Lehrbuch wirkt also dezidiert akademisch, allein seine Sprache steht dem entgegen.

Morhofs Lehrbuch erweckt über weite Strecken den Eindruck, dass es direkte Folge seiner Lektüren ist. Für den Zusammenhang des vorliegenden Aufsatzes ist besonders wichtig, dass es bereits auf dem Titel ankündigt, insbesondere die „reimende Poeterey" der „Außländer" zu behandeln. Insgesamt ist das Buch dreigeteilt. Der erste Teil ist zuvörderst eine Sprachgeschichte und -theorie des Deutschen, die in einen Vergleich mit antiken Sprachen mündet.[10] Darauf wird an dieser Stelle nicht ausführlicher eingegangen. Im zweiten Teil wird eine Literaturgeschichte der wesentlichen europäischen Literatursprachen entwickelt.[11] Dieser Teil ist einschlägig, weil sich hier ein Kapitel über das Niederländische findet. Es wird den Kern der Ausführungen im zweiten Teil des vorliegenden Aufsatzes bilden. Der dritte Teil des Buches schließlich ist eine Poetik, wie seit Opitz' *Buch von der deutschen Poeterey* zahlreiche erschienen sind.[12] Morhof gibt hier in erster Linie stilistische Hinweise und normative poetologische Hinweise zum Verfassen von Lyrik – worauf im Folgenden noch eingegangen wird, zuvor jedoch noch ein anderer Hinweis. Kulturhistorisch ist Morhofs *Unterricht Von Der Teutschen Sprache und Poesie* bedeutend, weil es einen umfassenden Überblick über die westlichen Literaturen gibt. Morhof kann also als ein Vorläufer der Komparatistik betrachtet werden, was wissenschaftsgeschichtlich bisher kaum beachtet wurde. Diese innovative Anmutung ist keine Einzelbeobachtung, sondern lässt sich für den mittleren Teil immer wieder treffen. Nachdem Morhof im ersten Teil auf die deutsche Sprache eingegangen ist und im zweiten Teil vergleichend – wie nachfolgend noch zu sehen ist – zunächst die europäischen Literaturen vorgestellt hat, wendet er sich der deutschen Literatur in drei Schritten zu. Im zentralen und letzten Kapitel IX vom zweiten Teil geht er auf die gegenwärtige deutsche Literaturgeschichte ein, indem er zunächst die Leistungen von Martin Opitz betont. Hier lässt sich sehr gut beobachten, wie sich im 17. Jahrhundert ein Literaturkanon herausgebildet hat. Im Zentrum von Morhofs Aufmerksamkeit stehen diejenigen Autoren, die sich konsequent in die Opitz'sche Traditionslinie gestellt und sie verteidigt haben. Das zeigt sich etwa, da Morhof Paul Flemings Lyrik lobt. Der Leipziger Lyriker darf als besonders talentierter Schüler von Opitz gelten.[13] Dass Morhof ihm besonders viel Raum in seinen literaturgeschichtlichen Überlegungen bietet, dürfte zudem daran liegen, dass Fleming von Adam Olearius unterstützt wurde. Implizit lobt Morhof hier auch die Kulturförderung seines Landesherrn.[14]

Morhof betont also die poetischen Leistungen der jüngeren Vergangenheit und schreibt eine komparatistische Literaturgeschichte. Außerdem ist er der erste Literaturhistoriker, der Schriftstellerinnen umfassend würdigt – auch jene seiner Gegenwart. Schließlich denkt Morhof Dramengeschichte weit performativer, als das die Literaturgeschichte bis in die Gegenwart getan hat. Morhof wäre also als Vordenker postmoderner Literaturwissenschaft neu zu entdecken. Doch da das nicht im Zentrum unserer Frage steht, begnügt sich der Verfasser des Vorliegenden mit diesen Hinweisen.

Der dritte Teil von Morhofs *Unterricht Von Der Teutschen Sprache und Poesie* nun ist, wie bereits erwähnt, der Darstellung dessen vorbehalten, was Morhof „Kunstrichtigkeit"

**Abb. 2** Johann Wilhelm Michaelis: Daniel Georg Morhof, 1707–37, Kupferstich auf Papier, 162 x 92 mm (Platte), Herzog August Bibliothek Wolfenbüttel, I 9215.1a

nennt und was letztlich Stilkritik meint. In diesem Teil liefert er zudem eine umfassende Anleitung über das poetologisch richtige Dichten. Hintergrund dieses Teils ist, dass zentraler Lerninhalt des Rhetorik-Unterrichts nicht nur das war, was heute unter Sprecherziehung und Argumentationsvermögen subsumiert wird, sondern immer auch die regelkonforme Herstellung von Dichtung, insbesondere von Gedichten, die zu bestimmten Anlässen wie Feierlichkeiten oder öffentlichen Veranstaltungen erwartet wurden.[15] Dieses rhetorische Fundament lässt sich in der gesamten Poetik des Späthumanismus finden. Es liegt Martin Opitz' *Buch von der Deutschen Poeterey* zugrunde und bildet den Kern des dritten und letzten Teils von Morhofs Lehrbuch. In der germanistischen Frühneuzeit-Forschung ist das hinlänglich bekannt. In der epochalen Studie zur Barockrhetorik von Wilfried Barner aus dem Jahr 1970 ist Morhof dementsprechend einschlägig präsent.[16]

## 2. Morhofs Beurteilung des Niederländischen und der niederländischen Literatur

Die Rezeption der niederländischen frühneuzeitlichen Literatur in der deutschen wurde in den letzten Jahrzehnten nur sehr punktuell untersucht, obwohl es ein Topos der germanistischen Barockforschung seit dem 19. Jahrhundert ist, dass die deutsche Barockliteratur der niederländischen zahlreiche und wesentliche Impulse verdankt. In den letzten Jahrzehnten waren es in erster Linie die bis heute substantiellen Arbeiten einiger weniger Forscher wie Ferdinand van Ingen oder Guillaume van Gemert, die diese Rezeption untersucht haben.[17] Doch sind sie innerhalb der Germanistik nur sporadisch wahrgenommen worden, sodass letztlich weiterhin gilt, dass für jeden einzelnen Barock-Dichter exakt nachgefragt werden muss, wie gut er mit welchen niederländischen Schriftstellern und Dichtungstheoretikern vertraut war. Diese generelle Bedeutung lässt sich insbesondere für die Dramatik und die Lyrik zeigen. Wer etwa nach der Bedeutung Joost van den Vondels für das barocke deutsche Trauerspiel fragt, findet Antworten wie die Gerhart Hoffmeisters, der in einem Metzler-Lehrbuch erklärt: „Wie Opitz sich an Heinsius schulte, so Gryphius an Vondel."[18] Hintergrund von Hoffmeisters Feststellung sind die zahlreichen Reisen deutscher Schriftsteller in die Niederlande im 17. Jahrhundert. Die Niederlande beeinflussten nicht nur politisch und philosophisch die Haltung zahlreicher deutscher Poeten, sondern auch konkret durch philologische und poetologische Studien sowie vor allem auch durch Literaturreformen, von denen viele zumindest ins protestantische Deutschland gewissermaßen importiert wurden. Bevor Opitz etwa das *Buch von der Deutschen Poeterey* verfasste, reiste er in die Niederlande, setzte sich dort mit der niederländischen Lyrik und Lyriktheorie auseinander und übertrug wesentliche ihrer Strukturen und Formkonzepte ins Deutsche.[19] Auf diese Abhängigkeit weist der erste Teilsatz von Hoffmeisters Sentenz hin. Am Rande sei bemerkt, dass diese zugleich zeigt, wie oberflächlich sich die Germanistik bis heute mit der niederländischen Literatur befasst. Denn sie bedenkt nicht, dass Opitz' Entscheidung vor dem Hintergrund der literaturhistorischen Situation in den Niederlanden alles andere als selbstverständlich war. Innerhalb der niederländischen Lyrik des frühen 17. Jahrhunderts hatte Daniel Heinsius längst nicht den Status, den Opitz ihm beimaß und den dieser dann seinerseits in der deutschen Literatur anstrebte und bis heute wohl auch hat. So ist Heinsius zum Beispiel selbst Schüler, nämlich von Roemer Visscher, einem der großen Mitglieder der zunftartig organisierten Dichterversammlung der sogenannten Rederijker, und wurde wegen seines recht starren Gebrauchs der alternierenden Verse nicht sonderlich geschätzt. Ähnlich oberflächlich verhält es sich mit dem zweiten Teilsatz von Hoffmeisters Sentenz. Vondel war insbesondere Andreas Gryphius gut bekannt. Dieser übersetzte Vondels *De Gebroeders* aus dem Jahr 1640. Gerade in Überblickswerken wird also sehr betont, wie einflussreich die niederländische Barockliteratur für die deutsche war. Wenn aber genauer hingeschaut wird, zeigt sich rasch, dass dieser Eindruck auszudifferenzieren ist: Zwar kannten zahlreiche Schriftsteller die niederländische Literatur. Konkrete Kenntnisse wurden aber nur sehr selten vermittelt. Das gilt für Dramatiker wie Vondel ebenso wie für Lyriker wie Heinsius oder Cats.[20]

Im Fall Morhofs nun sind die Kenntnisse verhältnismäßig umfangreich. Es hilft zunächst vielleicht ein nüchterner Blick auf die Zahlen: Das Kapitel zum Niederländischen und seiner Literatur ist 23 Seiten lang.[21] Damit ist es zwar kürzer als die beiden einleitenden Kapitel zum Französischen und Italienischen[22] und auch als das vorausgehende zum Englischen.[23] Diese drei Kapitel sind jeweils etwa 30 Seiten lang. Aber das Kapitel zum Niederländischen ist doch deutlich länger als das zum Spanischen.[24]

Auf die Poesie geht Morhof im zweiten, längeren Teil des Kapitels näher ein: Zunächst nennt er einige literaturgeschichtliche Überlegungen Vondels über niederländische Dichtungen des Mittelalters, dann die spätmittelalterliche Dramatik der Rederijkers: „Sie haben auch ihre Reymers und Redenryckers gehabt / welche allerhand Schauspiel dem Volck vorgestellet / wie noch heutigen Tages unter den Bauren auff ihren Kirchmessen öffentlich gehalten werden."[25] Morhof entwickelt fast schon romantisch anmutende Szenen von Volksdichtung, die der realiter zünftig organisierten Dichterinstitutionen, ihrer Panegyrik und damit ihrer Fürstennähe wie auch ihrer stark normierten Dichtung kaum gerecht wird. Er kennt also Texte, weiß aber wenig über kulturelle Kontexte. Zur Veranschaulichung liefert Morhof ein erstes Originalbeispiel, dem er anschließend attestiert, dass es wenig „kunstfertig" sei. Maßstab dieses Urteils ist hier wie auch sonst in seinem Lehrbuch die zeitgenössische deutsche Poetik. Zugleich stellt er fest, dass das Niederländisch der Renaissance bereits weitgehend den Ausdruck erreicht hatte, den es noch zu seiner Zeit habe. Es spricht also einiges dafür, dass Morhof zumindest einige Lesekompetenz des Niederländischen besaß, was aber für einen norddeutschen Gelehrten mehr oder minder selbstverständlich war.

Letztlich interessiert Morhof die Vorgeschichte der niederländischen Literatur kaum, sondern nur die jüngste Vergangenheit und Gegenwart. Zentrale Figur ist für ihn Daniel Heinsius, der erst 1655 gestorben war und der Generation Opitz, wie erwähnt, als zentrale literarische Instanz der Niederlande galt. Heinsius habe das Niederländische als Dichtungssprache etabliert, so Morhof.[26] Sodann stützt er die Bedeutung von Heinsius, was in der Frühen Neuzeit recht selbstverständlich war, durch Argumentation qua Autorität, indem er ein Lobgedicht des niederländischen Dichters und Philologen Petrus Scriverius über Heinsius zitiert.[27] Es folgen Ausführungen zu Jacob Cats, in denen Morhof deutlich mehr wertet, als er das bei Heinsius getan hat. Cats' Dichtung sei zwar „von der niedrigen Art" aber immerhin „süß / lieblich und sauber"[28]. Der dritte genannte Dichter ist Constantin Huygens.

Im Anschluss stellt Morhof die dramatische Dichtkunst in Gestalt der üblichen großen Namen – Vondel, Jan de Voss und Pieter Corneliszoon Hooft – vor.[29] Es folgen weitere Autoren und Hinweise auf konkrete Gedichte anderer niederländischer Dichter. Stichprobenartige Überprüfungen zeigen, dass einige der Werke bis heute zum Bestand der Universitätsbibliothek der Christian-Albrechts-Universität zu Kiel zählen, sodass davon ausgegangen werden darf, dass Morhof nicht nur durch sekundäre Quellen mit der niederländischen Literatur vertraut war, sondern auch durch eigene Lektüren.[30] Ergänzt wird diese kursorische Übersicht durch Hinweise auf die Rezeption ausländischer, insbesondere französischer Literatur. Auf diese Weise zeigt Morhof zugleich die gute Vertrautheit der Niederländer mit internationaler Literatur. Stellung bezieht er, wenn niederländische Autoren ihre eigene Dichtkunst als hervorragender als die antiken Literaturen oder auch als die Werke der faktisch bereits kanonischen Autoren Frankreichs und Italiens begreifen. Derartige Überbietungsgesten lehnt Morhof entschieden ab, so dass zugleich deutlich wird, welchen Stellenwert er der niederländischen Literatur beimisst: Sie gilt ihm zwar als bedeutend, ist aber keinesfalls uneingeschränkte Orientierungsgröße, wie nach der ausschließlichen Lektüre allein der Abschnitte zu Heinsius und Vondel angenommen werden könnte.

Dieser Befund erlaubt eine erste Zwischenbilanz. Van Gemert hat erklärt, dass sich Mitte des 17. Jahrhunderts die von Opitz ausgelöste „Heinsius-Begeisterung" allmählich lege.[31] Morhofs *Unterricht* bestätigt das. Andererseits aber scheint van Gemerts Behauptung, der niederländischen Literatur sei „Breitenwirkung im deutschen Sprachraum weitgehend versagt"[32] geblieben, dann doch zu entschieden. Zwar ist es heute kaum mehr möglich, überzeugend zu klären, wie wirksam Publikationen des 17. Jahrhunderts waren. Sowohl der Umfang des Kapitels als auch Morhofs Bereitschaft, sich einen Überblick über die niederländische Literatur zu verschaffen, der immerhin erste literaturkritische Urteile erlaubt, sprechen jedoch entschieden dafür, dass van Gemerts Urteil zu hart ausgefallen ist. Er selbst hat darauf hingewiesen, dass noch zwischen 1710 und 1717 in Hamburg eine achtbändige Gesamtausgabe von Jacob Cats' Werken erschien. Van Gemert nimmt an, dass Cats wegen seiner frühbürgerlichen Position eine Ausnahme bildet.[33] Morhofs *Unterricht* von 1682 deutet eher darauf hin, dass das Interesse an niederländischer Literatur im niederdeutschen Sprachraum eine andere war als in Mitteldeutschland. Eine substanzielle Studie dazu ist freilich Forschungsdesiderat.

Diese Hinweise auf Morhofs Buch erlauben eine weitere kulturhistorisch wichtige Beobachtung: Der *Unterricht Von Der Teutschen Sprache und Poesie* kann zwar, wie dargelegt, als Ausdruck der Wertschätzung der niederländischen Literatur gedeutet werden. Zugleich ist dieser Befund aber dahingehend zu kontextualisieren, dass in Morhofs Lehrbuch ein ganz frühes Zeugnis für die akademische Beschäftigung mit dem Englischen zu finden ist. In der Generation von Opitz und seinen direkten Schülern genoss das Niederländische gegenüber dem Englischen deutlichen Vorzug. Das Niederländische war Vorbild, weil es versprach, dass insbesondere formal eine überzeugende Nachahmung der Antike und der französischen und italienischen Literatur möglich sei. Die englische Literatur hingegen war jenseits der kaum öffentlich wertgeschätzten Roman-Literatur – allen voran Philip Sidneys *Arcadia*[34] – kaum präsent. Bei Morhof ändert sich das erkennbar. Damit relativiert sich der Status des Niederländischen als Literatursprache entschieden – freilich ohne dass dies zu einer geringeren Wertschätzung führt. Vielmehr zeigt sich an diesem Beispiel deutlich das implizit komparative Verfahren vom *Unterricht Von Der Teutschen Sprache und Poesie*.

Nun bietet dieses Lehrbuch aber nicht nur einen Überblick über die Literaturgeschichte. Sein Buch ist zugleich eine Sprachgeschichte und -theorie. Das zeigt sich im ersten Teil des Kapitels zum Niederländischen – und zwar auf eine Weise, die weit bemerkenswerter ist, als Morhofs graduelle Umwertungen der Literaturgeschichte. Das wird bereits mit den ersten Worten des Kapitels deutlich:

> „Die Poeterey der Niederländer / von welcher wir itzo reden wollen / ist von der Teutschen nicht unterschieden / ja sie ist selbst Teutsch / und die Wörter dieser Sprache / haben mehr von demalten [sic!] Teutschen / als irgend eine andere. Die Hochteutsche ist gegen sie ein gar neuer Dialectus. Das Uhralte Teutsche hat mit dem Niederländischen in vielen Stücken eine zimliche Gleichheit."[35]

Erster Gewährsmann für diese Überlegungen ist der niederländische Arzt und Humanist Johannes Goropius Becanus. Seine Wertschätzung des Niederländischen ging so weit, dass er sogar Adam und Eva für ursprünglich niederländische Namen hielt und das Paradies in Flandern lokalisierte.[36] Umberto Eco hat Becanus in seiner beeindruckenden Studie *Die Suche nach der vollkommenen Sprache* als einen Vertreter des „nationalistischen" Flügels innerhalb des monogenetischen Sprachkonzepts vorgestellt.[37]

Morhof nennt Becanus und nimmt damit Überlegungen vom ersten Teil seines Buches wieder auf, wo er ausgeführt hatte, dass das Deutsche an sich älter und dementsprechend *vortrefflicher* als das Hebräische sei. Das Deutsche sei damit dem Griechischen und Lateinischen *vorzuziehen*.[38] Als Bestätigung für die Stichhaltigkeit von Becanus' Überlegungen führt Morhof Ausführungen aus italienischen Studien an, die dessen These ebenfalls stützen. Dass bereits Justus Lipsius (und übrigens auch Joseph Scaliger und Hugo Grotius) Becanus widersprochen hatten, ist Morhof zwar bekannt, ficht ihn jedoch nicht an.[39] Ziel seines Bemühens ist es, das Niederländische mit dem Deutschen zusammen als besonders schöne Literatursprachen auszuweisen: „Itzo ist sie [die niederländische Sprache, K. B.] zu der grösten Zierlichkeit gebracht / und je mehr und mehr in der Kunstmässigen Richtigkeit außgeübet / wie imgleichen auch die Hochteutsche."[40] Wie können diese Überlegungen zu Morhofs Ausführungen zur Literatur ins Verhältnis gesetzt werden?

Zunächst: Morhof konstruiert einen Sprach- und Kulturraum, dem nach van Gemert ein „pan-germanische[s] Denkmodell"[41] zugrunde liegt. In der Generation von Opitz und in den Jahren nach dem Erscheinen vom *Buch von der Deutschen Poeterey* galt das Niederländische als Vorbild. Das war es freilich in erster Linie, weil in der niederländischen Literatur verschiedene poetologische Reformen vorgenommen wurden, die von Opitz und anderen Späthumanisten als exemplarisch auch für die deutsche Literatur erkannt wurden. Nicola Kaminski hat ergänzend gezeigt, dass dieser Reform eine kulturpatriotische Dimension eigen war.[42] Der Grundgestus aber blieb ein imitativer, indem antike und französische literarische Muster weiterhin die Norm bildeten.

Im *Unterricht Von Der Teutschen Sprache und Poesie* begegnet uns eine andere Denkfigur – nämlich eine, die im Hinblick auf konkrete literarische Ausdrucksformen weiterhin imitierend orientiert ist. Das zeigt sich *in actu* in den poetologischen Hinweisen im dritten Teil des Buches. Ergänzend dazu wird aber eine zweite Kategorie eingeführt, indem das Argument der Anciennität aufgewertet wird, um einen besonderen Status des Deutschen behaupten zu können. Innerhalb dieses Konstrukts kommt dem Niederländischen eine herausragende Stellung zu, da es als die Variante des Deutschen gilt, die besonders ursprünglich sei.

Wie erwähnt, stießen Becanus' Überlegungen über das Alter des Niederländischen noch auf Widerspruch, bevor Morhof sie rezipierte und in sein Modell der altersbedingt überlegenen deutschen Literatursprache überführte. Damit waren Morhofs Überlegungen nur begrenzt zukunftsfähig. Gleichwohl aber sollte dieses Konzept nicht einfach als eine heute vielleicht etwas putzig anmutende Sackgasse der Sprachgeschichtsschreibung abgetan werden.

Auf das Kapitel zur niederländischen Literatur folgen, wie eingangs erwähnt, die literaturgeschichtlichen Rückblicke auf die deutsche Literatur der Zeit, die erst nach Morhof als Mittelalter bezeichnet wurde. Bevor sich Morhof dann dem Höhepunkt Opitz' und seiner Schule zuwendet, folgt ein kleines Zwischenkapitel, das ergänzend auf die „Nordische Poeterey" eingeht.[43]

Diese sei zwar mutmaßlich nicht so alt wie das Niederländische und das Deutsche. Morhof lässt aber keinen Zweifel an der grundlegenden Wertschätzung, die er auch diesen Literaturen entgegenbringt (namentlich dem Schwedischen, Finnischen und Isländischen). Wenn man sich diesen Umstand vergegenwärtigt, wird deutlich, dass wir heute vielleicht zusammen mit Scaliger, Grotius und Lipsius das sprachhistorische Modell von Becanus und damit von Morhof belächeln mögen. Zugleich aber ist Morhofs pan-germanisches Modell nicht nur eins, das der Überbietung der alten und südeuropäischen Sprachen dient. Es ermöglicht zugleich erst den Blick auf Literaturen, die bis Morhofs *Unterricht Von Der Teutschen Sprache und Poesie* noch gar nicht in den Fokus der Aufmerksamkeit gerückt waren. Das Lehrbuch holt damit literaturhistoriographisch nach, was politisch wie kulturell längst bekannt war: die umfassende Bedeutung sowohl der Niederlande als auch Skandinaviens für die nördlichen Kulturlandschaften des Alten Reichs.

## Anmerkungen

1. Als Textgrundlage wurde der Erstdruck Morhof 1682 gewählt. Der der wissenschaftlichen Edition Morhof 1969 zugrunde liegende Nachdruck von 1700 erschien postum. Er baut auf Annotationen von Morhof auf, von denen nicht endgültig gesagt werden kann, dass sie den Autorwillen letztgültig markieren. Die Erforschung von Morhofs *Unterricht* steht erkennbar im Schatten der Forschungen zu seinem *Polyhistor*. Das dürfte unter anderem dem Umstand geschuldet sein, dass dieser Morhof tendenziell eher als frühaufklärerischen Autor ausweist (vgl. Seifert 1991, S. 222f.), während der *Unterricht* – wie zu zeigen sein wird – in erster Linie auf die Barockzeit zurückverweist. Morhof ist also insgesamt eine Figur des Übergangs zwischen den beiden Epochen.
2. Vgl. Barner 1970, S. 387–447. Konkret zu Morhof auch Kapp 2011, passim.
3. Vgl. Opitz 2002.
4. Dazu weiterhin grundlegend Trunz 1995b.
5. Grundlegend zu Olearius: Baumann/Köster/Kuhl 2017.
6. Dieser Umstand ist bemerkenswert schlecht erforscht. So wird Morhof beispielsweise selbst in der jüngsten Opitz-Biographie nur im bibliographischen Teil erwähnt; vgl. Garber 2018, S. 816f. Das muss deswegen kritisiert werden, da schon Henning Boetius die direkte Abhängigkeit Morhofs von Opitz aufgezeigt hat; vgl. Morhof 1969, S. 406–411.
7. Eine grundlegende Übersicht über den Aufbau des Werks in Morhof 1969, S. 420–446.
8. Schon dem Herausgeber des Reprints, Henning Boetius, blieb nicht mehr, als Morhofs Zwischenposition zwischen Opitz und Thomasius zu markieren; vgl. Morhof 1969, S. 401–403.
9. Morhof 1682, Vorrede unpaginiert.
10. Vgl. Morhof 1682, S. 1–150.
11. Vgl. Morhof 1682, S. 151–446.
12. Vgl. Morhof 1682, S. 447–817.
13. Vgl. Meid 2009, S. 149–154.
14. Dass die landesherrliche Kulturförderung im 17. Jahrhundert bis heute nicht vergessen ist, zeigt Daniel Kehlmanns großartiger Roman *Tyll* von 2017 (Kehlmann 2017, S. 354–362). In einer wunderbaren Szene in Schloss Gottorf erklärt Olearius Fleming, dass von seiner deutschen Lyrik im Vergleich zu den lateinischen Schriften des Jesuiten Athanasius Kircher leider keine Erinnerung bleiben werde. Das darf als ironisches Augenzwinkern des Autors über die Volten der Literaturgeschichte gewertet werden.
15. Vgl. Barner 1970, S. 220–238.
16. Vgl. Barner 1970, S. 44 und öfter (insgesamt 20 Einträge!).
17. Vgl. etwa Gemert 1995; Gemert 1999, S. 298f.; Ingen 1981; vgl. auch Konst/Leemans/Noak 2009.
18. Hoffmeister 1987, S. 102.
19. Die dazu wichtigste Interpretation der letzten Jahrzehnte von Kaminski 2004, S. 24–39.
20. Gemert 1995, S. 67.
21. Vgl. Morhof 1682, S. 253–276.
22. Vgl. Morhof 1682, zu Italien S. 180–211, zu Frankreich S. 151–180.
23. Vgl. Morhof 1682, S. 225–253.
24. Vgl. Morhof 1682, S. 211–225.
25. Morhof 1682, S. 260.
26. Vgl. Morhof 1682, S. 261f.
27. Vgl. Morhof 1682, S. 262.
28. Vgl. Morhof 1682, S. 263.
29. Vgl. Morhof 1682, S. 265 [falsch paginiert als S. 259].
30. Dass sich längst nicht alle Titel aus Morhofs *Unterricht* in der Universitätsbibliothek finden, dürfte nicht zuletzt den Kriegsschäden geschuldet sein.
31. Gemert 1999, S. 298.
32. Gemert 1999, S. 298.
33. Gemert 1999, S. 298.
34. Vgl. Meid 2009, S. 540f.
35. Morhof 1682, S. 255.
36. Vermeulen 2015, S. 72f.
37. Vgl. Eco 1997, S. 106f.; vgl. auch Breuer 1994, S. 37f.
38. Morhof 1682, 256; vgl. dazu Kapp 2011, S. 122f.
39. Vgl. Morhof 1682, S. 257.
40. Morhof 1682, S. 258.
41. Gemert 1999, S. 289.
42. Vgl. Kaminski 2004.
43. Vgl. Morhof 1682, S. 395–420.

# Vt emergant.

*Ingrid Höpel*

# ZUR REZEPTION NIEDERLÄNDISCHER EMBLEMBÜCHER IN KIRCHEN, HERRENHÄUSERN UND AUF SCHRÄNKEN IN SCHLESWIG-HOLSTEIN

In der Architektur von Kirchen, Schlössern, Herren- und Bürgerhäusern des 16. bis 18. Jahrhunderts befinden sich in ganz Europa neben Bibeldarstellungen und mythologischen Motiven häufig hybride Formen, die sich aus einem Bild und einem meist kurzen Text zusammensetzen. Diese Formen – Embleme – vermitteln Inhalte, die auf gedruckte Quellen zurückgehen können, sich aber oft unmittelbar auf den Anbringungsort beziehen. Ihr Verhältnis zum Betrachter reicht von anregender Rätselhaftigkeit bis zu eingängiger, leicht verständlicher Erbauung und Belehrung. Solche Embleme gibt es auch auf dem Gebiet des heutigen Schleswig-Holstein. Zunehmend beanspruchen diese Embleme die Aufmerksamkeit der kunsthistorischen Emblemforschung, und sie stellen eindrücklich die europaweite Mobilität, den Variationsreichtum und die Anpassungsfähigkeit der emblematischen Form an lokale Gegebenheiten unter Beweis. In der ersten Hälfte des 16. Jahrhunderts entstanden Embleme zunächst als Bestandteile von Büchern. Das erste Emblembuch wurde 1531 in Augsburg gedruckt, sein Verfasser war der italienische Jurist Andreas Alciatus (1492–1550), der in Mailand geboren wurde, aber als Europäer lebte: Er studierte Jura in Mailand, Pavia und Bologna, lehrte Recht in Avignon und Bourges, Pavia und Ferrara. Aufgrund seiner Kontakte und Freundschaften als bedeutender Humanist erschien sein Emblembuch *Emblematum liber* 1531 zuerst in Augsburg in lateinischer Sprache.[1] Es folgten in schneller Abfolge mehr als 200 Überarbeitungen, Erweiterungen und Übersetzungen in verschiedene Sprachen. Alciatus' Buch wurde ins Französische, Deutsche, Italienische, Niederländische und Englische übersetzt, bearbeitet und erweitert. Druckorte waren Paris, Lyon, Venedig, Padua, Basel, Antwerpen, Frankfurt, Genf und andere Orte.[2] Von Beginn an war die Emblematik eine gesamteuropäische Erscheinung, wie die europaweiten Kontakte und Freundschaften in der akademischen humanistischen Welt besonders gut veranschaulichen.

Als Quellen nutzten die Autoren alles, was sich in der damaligen Welt an überliefertem Wissen, aber auch an beobachteter Umgebung finden ließ – Geschichte, Literatur, Mythologie und Religion, Naturkunde, Medizin und Arzneikunde, Alchemie, Liebe und Tod.

Die Bücher mit ihren eingängigen Bildern und Lebensweisheiten entwickelten sich sehr bald zu Bestsellern auf dem Buchmarkt. Sie deckten ganz unterschiedliche Interessen ab, indem sich Autoren, Künstler und Verleger bald nach Erscheinen Alciatus' erstes Emblembuch zum Vorbild nahmen und variierten. Schon Ende des 16. Jahrhunderts lässt sich die Entwicklung von Emblembüchern zu Spezialthemen beobachten – es erschienen politische, ethisch-moralische, naturkundliche und alchemistische Emblembücher, Liebesembleme sowie religiöse Embleme beider Konfessionen. Die Bücher dienten der Unterhaltung, Erbauung und Erziehung. Die Verfasser, Künstler, Verleger und Druckorte finden sich in ganz Europa, vom Norden in Kopenhagen und Stockholm bis in den Süden in Rom, Madrid, Valencia; vom Osten in St. Petersburg, Danzig, Breslau, Prag und Wien, über München und Frankfurt bis in den Westen in Antwerpen, Utrecht und

London. Mit den Missionaren wanderten Embleme sogar nach Südamerika und China. Diese Erfolgsgeschichte zeigt, wie sehr die neue Form ins Zentrum eines gesamteuropäischen Bedarfs nach anregend herausfordernder, aber auch bildend-belehrender Unterhaltung traf, die von dem noch jungen Medium des illustrierten gedruckten Buchs befriedigt werden konnte.

Die mit *pictura*, *inscriptio* und *subscriptio* dreiteilige Form des Emblems expandierte in den folgenden Jahrzehnten in verschiedene Richtungen: Übersetzungen, lange Prosakommentare und ein Anmerkungsapparat wurden hinzugefügt, sodass zuerst die sprachlichen Bestandteile anschwollen. Die Bücher erschlossen sich neue Inhalte und spezialisierten sich. Die Form des „mehrständigen" Emblems entstand, das heißt, Embleme mit mehreren *picturae* bildeten zusammen übergeordnete Formen, die durch die Gestaltung der *picturae*, durch fortlaufende, zusammenhängende, manchmal gereimte *inscriptiones* und durch eine einzige gemeinsame Aussage zu einer formalen und inhaltlichen Einheit zusammengefasst wurden. Mit gedruckten Noten und Anweisungen zum Gebrauch in den Vorreden und Widmungen trat ein performatives Element hinzu, das über das Buch hinaus wies.

Parallel dazu verließen die Motive, Texte und Bedeutungen das Buch und wanderten in die Architektur, auf Gebrauchsgegenstände im Wohnbereich und in die Festkultur. Titelblätter von Sachbüchern oder fiktionaler Literatur orientierten sich an Emblemen, und beschreibende Dokumentationen des Emblemgebrauchs in Festen erschienen. Dabei veränderten, reduzierten oder erweiterten die Embleme ihre Form und passten sich den jeweils neuen Rezeptionsumständen und -situationen an. Mit der Entwicklung und Verbreitung des Vorrats an gedruckten Bildern und den sie begleitenden Anleitungen zur Auslegung intensivierte sich der Prozess eines europäischen Kulturtransfers, der mit der Erfindung des Buchdrucks begonnen hatte. Die hohen Auflagen, die leichtere volkssprachliche Zugänglichkeit und die einfache Transportabilität der Bücher führten dazu, dass sich Bilder und Inhalte schneller verbreiteten und ein größeres Publikum erreichten als jemals zuvor. Über das Studium und die Bildungsreisen, die sogenannten *peregrinationes*, wurden Emblembücher durch Angehörige gebildeter Schichten – vor allem Adlige, Geistliche und Kaufleute – auch in Regionen transportiert, in denen es weniger Buchdrucker und Verleger als in den großen europäischen Druckzentren gab.

Für die Architektur- und Festemblematik kommt diesen Büchern eine entscheidende Bedeutung zu – sowohl als Quellen oder Vorlagen als auch als Anregung und Maßstab für die Zusammenstellung und Erfindung eigener Programme mit häufig lokalem Bezug. Embleme wurden zur beliebten bedeutungshaltigen Begleitung in der Inszenierung von Taufen, Hochzeiten und Begräbnissen. Auf Bannern oder Fahnen, als Zeichnung oder Malerei auf Kartuschen wurden Embleme anlässlich von Festen an die Wände oder in die Fenster der Festsäle gehängt, sie dienten als Tischschmuck bei Festessen, wurden bei Umzügen mitgeführt oder hingen an Bäumen und Kübelpflanzen. Kriterien für die Auswahl und Gestaltung waren dabei häufig Selbstinterpretation und -darstellung der Auftraggeberinnen und Auftraggeber im sozialen Kontext. Diese Festemblematik ist ephemer, das heißt, die Ausstattungen dienten einem zeitlich begrenzten Zweck und haben sich mit wenigen Ausnahmen gar nicht oder nur in Beschreibungen oder in Kupfer gestochenen Dokumentationen erhalten.[3]

Für den speziellen Bedarf der Architektur wurden Embleme neu erfunden, manchmal auch zitiert oder abgewandelt. Fast immer wird bei der Anbringung in Kirchen und Schlössern auf den erklärenden Text einer *subscriptio* verzichtet, sodass wir darauf angewiesen sind, die Bedeutung allein über *pictura* und *inscriptio* sowie über den räumlichen und sozialen Kontext zu entschlüsseln. Die Embleme in Kirchen dienten in der Regel der religiösen Unterweisung und Erbauung. In Schlössern, Rathäusern und Bürgerhäusern waren sie Mittel der politischen und ethischen Erziehung oder dienten der Selbstdarstellung der Hausherren. Es gibt Zeugnisse dafür, dass sie als Anlass für geistreiche Gespräche bei Gesellschaften oder auch einfach zur privaten Unterhaltung dienten.[4]

Im Gebiet des heutigen Schleswig-Holsteins gibt es zahlreiche Orte mit Architekturemblematik; vermutlich hat es Embleme in vielen weiteren Gebäuden gegeben, die seit ihrer Anbringung im 17. und 18. Jahrhundert übermalt wurden oder Umbauten und Zerstörungen zum Opfer gefallen sind. Besonders groß sind die Verluste in den Bürgerhäusern der Städte, wo sich Moden und Geschmackswandel stärker auswirkten als in Kirchen oder Adelssitzen.[5] Im Folgenden werden Emblemvorkommen in den Blick genommen, die auf Anregungen niederländischer Emblembücher in sakraler und profaner Architektur zurückgehen. Grundsätzlich hat die niederländische Graphik in der Ausstattung von Kirchen, Herrenhäusern und Schlössern in Schleswig-Holstein und Dänemark zwischen 1500 und 1800 zahlreiche Spuren hinterlassen. So befindet sich an der Empore der Kapelle von Schloss Gottorf in Schleswig ein Zyklus zum Leben Christi, der 1590/91 von Marten van Achten gemalt wurde. Graphiken von Hendrick Goltzius, Philipp Galle, Cornelis Cort und Johann Sadeler dienten als Vorbilder.[6] Deshalb ist es nicht verwunderlich, dass der enge Bezug zu den Niederlanden auch für die Emblematik gilt.

## Sakrale Embleme: Katharinenkirche in Katharinenheerd auf Eiderstedt

Zeitlich am Beginn und im Mittelpunkt steht dabei die Katharinenkirche in Katharinenheerd auf Eiderstedt im Westen des Landes. An der Westempore der Kirche wurde zwischen 1635 und 1650 ein Emblemzyklus nach Vorlagen des jesuitischen Meditationsbuchs *Pia Desideria* (Frommes Verlangen) des Antwerpener Jesuiten Herman Hugo (1588–1629) an-gebracht[7] (Abb. 1). Andere – auch protestantische – Emblembücher wie die *Emblemata Sacra* des Stettiner Pastors Daniel Cramer (1568–1637) hätten zur Verfügung gestanden.[8] Cramers Embleme wurden in Nordjütland im heutigen Dänemark, in Polen und auch in einem Herrenhaus auf Gut Roest bei Kappeln rezipiert.[9] Trotzdem entschied man sich auf Eiderstedt für die jesuitische Vorlage aus Antwerpen. Von den insgesamt 46 Kupferstichen des Emblembuchs, die von Boetius von Bolswert (um 1580–1633) gestochen wurden, wählten die Verantwortlichen auf Eiderstedt 14 aus. Das Emblembuch war 1624 zum ersten Mal erschienen, wurde sofort in weiteren Auflagen gedruckt und entwickelte sich zu einem Bestseller auf dem damaligen Buchmarkt, sodass man von einem hohen Bekanntheitsgrad ausgehen darf.[10] Hugo und Bolswert orientierten sich an den kurz zuvor erschienenen Liebesemblembüchern, an den *Amorum Emblemata* von Daniel Heinsius (1580–1655) und den *Amorum Emblemata*

**Abb. 1** Katharinenkirche in Katharinenheerd auf Eiderstedt, Westempore

(Antwerpen 1608) von Otto van Veen (auch Otho Vaenius, 1556–1629) mit Kupferstichen von Cornelius Boel (1576/80 – nach 1621).[11] Die Niederländer hatten mit ihrer Erfindung der beiden interagierenden Amorfiguren die weltliche Liebesemblematik begründet, die in vielen polyglotten Neuauflagen verbreitet wurde und ihren Einzug in Malerei und Innenarchitektur hielt. Beide Emblembücher wurden 1673 im Herrenhaus Ludwigsburg bei Eckernförde und auch in Hamburger Bürgerhäusern des 18. Jahrhunderts rezipiert.[12]

Otto van Veen selbst übertrug den Figurentypus der Amorette in den *Amorum Divini Emblemata* in die religiöse Emblematik.[13] Die weltlichen Amorfiguren wurden im Bild des männlich imaginierten *Amor divinus*, der göttlichen Liebe, und der weiblich vorgestellten *Anima*, der menschlichen Seele, auf das Verhältnis des Menschen zu Gott übertragen. Das Bild greift Vorstellungen mittelalterlicher Brautmystik auf. Bolswarts und Hugos Embleme zeigen kindlich wirkende Amorfiguren, die im Dialog und Handlungsbezug miteinander stehen. *Anima* unterscheidet sich von *Amor divinus* durch ihr langes, bis zum Boden reichendes Gewand und die zum Knoten zusammengebundenen langen Haare, *Amor divinus* trägt ein in der Taille gegürtetes Gewand und meist einen Heiligenschein. Beide veranschaulichen die Meditationen und Gebete des jesuitischen Andachtsbuchs in variationsreichen Situationen, die häufig aus dem Alltag der Menschen gegriffen wurden. Die Darstellungen der naiv-attraktiven kindlichen Figuren wurden im Buch von Bibelzitaten begleitet, die die Menschen kannten und die sich über die *picturae* mit ihren szenischen Darstellungen ins Gedächtnis einprägen konnten. Sie fanden Nachfolger in der Buchemblematik – etwa die *Schola Cordis* des Benedikt van Haeften (1588–1648), die von Carolus Stengelius (1581 1663) unter dem Titel *Hertzens-Schul* ins Deutsche übertragen wurde (Antwerpen 1635; deutsch Augsburg 1664).[14] Die Figuren konnten über ihre mystischen Wurzeln besonders gut auch für eine verinnerlichte Beziehung zu Gott stehen und waren so verbreitet und beliebt, dass sie in ganz Europa bis nach Südamerika für die innenarchitektonische Gestaltung von Kirchen aller Konfessionen aufgegriffen wurden, beispielsweise in der katholischen Schlosskapelle Dürnkrut in Niederösterreich, in der Kirche Unserer Lieben Frau vom Sieg in Lublin in Polen, auf portugiesischen Azulejos des 18. Jahrhunderts, im Konvent de la Merced in Cusco in Peru, in der protestantischen Kreuzkirche in Hamburg-Wilhelmsburg[15] und eben auch schon zu einem sehr frühen Zeitpunkt auf der Halbinsel Eiderstedt.

Der anomyme Eiderstedter Maler aus der Mitte des 17. Jahrhunderts wandelte die Figuren so ab, dass ihnen die Kindlichkeit und der Charme der Bolswert'schen Amoretten weitgehend verloren ging. Sie werden als erwachsene Menschen in manchmal bäuerlicher Kleidung dargestellt. Mit Szenen wie einer Krankenstube, einem Göpel mit Mahlwerk, einer Tonwerkstatt, der Rettung eines Schiffbrüchigen wirken einige der *picturae* wie aus dem Leben einfacher Menschen beziehungsweise sogar der Eiderstedter Bauern selbst gegriffen, sodass sich über Figurentypus und Situation Identifikationsmöglichkeiten für die Kirchenbesucher ergaben. Das lässt sich besonders gut im Vergleich der zweiten *pictura* der Empore mit ihrer Vorlage, Emblem 1.1 bei Hermann Hugo (Abb. 2 und 3), zeigen. Die *Anima*-Figur wird in Katharinenheerd durch eine eher männlich wirkende Figur ersetzt, die sich nicht wie bei Hugo flehentlich der Amorfigur zuwendet, sondern vielmehr tastend und wegsuchend wirkt. Durch eine veränderte Beleuchtungsregie wird die Szene auf eine Lichtung in einer dunklen Waldlandschaft versetzt und dramatisiert.

Während der Emblemzyklus beim Gottesdienst im Rücken der Gemeinde und nur im Blick des Pastors war, mussten nach Ende des Gottesdienstes alle Besucher den Kirchenraum durch den Mittelgang nach Westen hin verlassen. Eine Untersuchung der Anordnung des Zyklus hat ergeben, dass die sieben Embleme links vom Mittelgang einen prüfenden und strafenden Gott zeigen, während rechts die Betonung auf dem gütigen und verzeihenden Gott liegt. In der Mitte unmittelbar über dem Gang ist der Umschwung gezeigt – *Anima* ohne den Beistand von *Amor divinus* in Ketten und Netzen des Teufels gefangen, sowie *Anima* mit *Amor divinus* vor ihrem Richter.[16] Der Zyklus beginnt wie das Meditationsbuch mit der Darstellung der zu Gott seufzenden menschlichen Seele und endet mit dem Abscheiden der menschlichen Seele von der Erdkugel und ihrem Aufschwingen in den Himmel. Dazwischen liegen die Stationen und Prüfungen des irdischen Lebens. Mit dieser Auswahl und Anordnung finden die Eiderstedter Verantwortlichen eine ganz eigene lutherische Adaption des jesuitischen Emblembuchs. Die *picturae* werden wie in der Buchvorlage von Bibelstellen begleitet, weitere Schriftelemente wie Motti und *subscriptiones* fehlen an der Empore. Möglicherweise konnte eine Auslegung in der Predigt mit dem Emblem als Redeanlass die Rolle einer gehörten *subscriptio* einnehmen und zum Verständnis der Darstellungen beitragen.[17] Die Stationen des Lebenswegs mit der Beto-

Zur Rezeption niederländischer Emblembücher in Kirchen, Herrenhäusern und auf Schränken in Schleswig-Holstein

**Abb. 2** Katharinenkirche in Katharinenheerd auf Eiderstedt, Westempore, Bildfeld 2

**Abb. 3** Hermann Hugo: Pia Desideria, Antwerpen 1629, Emblem 1.1, aus Hugo 1971

nung auf der Zuverlässigkeit der Hilfe Gottes in Notsituationen bot sich dafür an. Wie der Maler so bleiben auch die für die Anbringung und Auswahl der Embleme in Katharinenheerd Verantwortlichen unbekannt.

### Sakrale Embleme: Sekundärzitate und Fragmente

In weiteren Kirchen in Schleswig-Holstein gibt es Bezüge zu niederländischen Emblembüchern, die sich aber auf einzelne Embleme in zum Teil nur fragmentarisch überlieferten Emblemvorkommen beschränken. In einigen Fällen handelt es sich bei den späteren Vorkommen um Sekundärüberlieferung – das heißt, Hugos Embleme wurden in enzyklopädischen Sammelwerken wie den *Emblematischen Gemüthsvergnügungen* oder Johann Christoph Weigels (1661–1726) *Sinnbild-Kunst* (Nürnberg 1730) aufgenommen.[18] In diesen Werken wurden gezielt Embleme aus den unterschiedlichsten Büchern gesammelt und für den weiteren Gebrauch in Architektur-, Fest- und Gelegenheitsemblematik zur Verfügung gestellt. Besonders in der zweiten Hälfte des 17. und im 18. Jahrhundert werden Embleme häufig als solche Sekundärzitate verwendet.[19] Außerdem zitieren Emblembücher gern frühere Autoren, indem sie zum Beispiel einzelne Motive von Hermann Hugo oder anderen Autoren übernehmen und sie als Motivzitate in eigene komplexe Bildzusammenhänge einfügen. Damit nutzen sie die Bekanntheit und Beliebtheit ihrer Vorgänger für eigene Zwecke. In dieser Form werden sie dann in die Architektur übernommen und dort weiter verändert. Auf diese Weise sind in vielen Fällen genaue Quellen und Rezeptionsverläufe nicht mehr auszumachen, und man sollte besser von Bildparallelen sprechen.

Ein Beispiel für eine solche indirekte Rezeption Hermann Hugos, vermittelt über ein Emblembuch des Rostocker Pfarrers und Superintendenten Johann Heinrich Traugott Müller (1631–1675), bietet das Johanniskloster vor Schleswig.[20] Um 1690 entschieden die Stiftsdamen des Damenstifts der schleswig-holsteinischen Ritterschaft, im Westen der Klosterkirche an der Nonnenempore einen Zyklus aus zwölf Emblemen anzubringen. Sie wählten dabei Vorlagen aus Heinrich Müllers *Himmlischer Liebes-Kuß, oder göttliche Liebes-Flamme* (zuerst Frankfurt, Leipzig und Rostock 1659) und Johann Arndts *Vier Bücher vom wahren Christentum* in einer Ausgabe des Verlags Johann Stern in Lüneburg.[21] Schon der Titel des Müller'schen Emblembuchs verweist auf seine Rezeption sakraler Liebesemblematik in der Tradition der Brautmystik, und im

Ingrid Höpel

**Abb. 4** Johanniskloster Schleswig, Nonnenempore, Bildfeld 1

**Abb. 5** Heinrich Müller: Himmlischer Liebes-Kuß, 1659, Emblem 36, HAB Wolfenbüttel, Th 1849

**Abb. 6** Hermann Hugo: Pia Desideria, Antwerpen 1629, Emblem 1.14, aus Hugo 1971

**Abb. 7** Hermann Hugo: Pia Desideria, Antwerpen 1629, Emblem 3.9, aus Hugo 1971

Zusammenhang mit dem Bezug auf Johann Arndt zeigt sich eine pietistische Frömmigkeitsauffassung, die der Emporengestaltung des Johannesklosters zugrunde lag. Ein Beispiel: Bildfeld 1 der Nonnenempore zitiert Müllers Emblem 36 der Ausgabe von 1659, das Hermann Hugos Embleme 1.14 und 3.9 miteinander kombiniert (Abb. 4, 5, 6 und 7). In Katharinenheerd bildet Emblem 1.14 die Vorlage für das 11. und Emblem 3.9 die Vorlage für das 14. und letzte Emblem des Emporenzyklus (Abb. 8). Auf diese Weise werden die niederländischen Embleme des Jesuitenpaters aus Antwerpen in mehreren Stufen in Buch und Architektur in pietistischem Sinn assimiliert.

Während sich der Emblemzyklus im Schleswiger Johanniskloster vollständig erhalten hat, bietet die Nordempore der Kirche St. Willehad in Leck ein anderes Bild. Elf Embleme aus der Zeit um etwa 1700 befinden sich bis heute an der Empore, die ursprünglich Platz für mindestens 35 Embleme bot. Mit der Füllung der Leerstellen wurde in den 1990er-Jahren ein Dresdner Künstler beauftragt, er entwarf Dar-

Zur Rezeption niederländischer Emblembücher in Kirchen, Herrenhäusern und auf Schränken in Schleswig-Holstein

**Abb. 8** Katharinenkirche in Katharinenheerd auf Eiderstedt, Westempore, Bildfeld 14

cke. Und auch hier wurden verschiedene Emblembücher konsultiert, eine davon ist eine späte Auflage der *Pia Desideria* von 1679.[22]

### Profane Embleme: Schrank aus der ländlichen Umgebung Husums

Embleme in Herrenhäusern und Schlössern aus adligem Besitz haben sich in ganz Europa zahlreich erhalten. Das Bürgertum in den Städten hat sich Embleme in die eigene Wohnumgebung geholt, und auch in Rathäusern spielten Emblemprogramme eine Rolle als Bekenntnis zu Regierungsprinzipien. Angehörige niedrigerer sozialer Schichten kamen mit Emblemen eher als Betrachter in Berührung, nicht als Buchbesitzer und auch nicht als Auftraggeber – sie begegneten Emblemen als Kirchgänger in der Kirchenarchitektur oder als Bedienstete, vielleicht auch als Besucher in Herrenhäusern, Schlössern oder Rathäusern. Ganz außergewöhnlich ist, dass in der Umgebung Husums in niedrigen, reetgedeckten Bauernhäusern drei Schränke gefunden wurden, die aus der zweiten Hälfte des 18. Jahrhunderts stammen und Embleme auf den Türen zeigen. Die Bewohner dieser Häuser waren wohlhabend und gebildet, sie haben sich Embleme

**Abb. 9** Emblemschrank, 1794, Fichtenholz, 215 x 206 x 70 cm, Nordfriesland Museum. Nissenhaus Husum, K 4223

stellungen zu den Seligpreisungen und bemühte sich darum, sich an Gestaltungselementen emblematischer *picturae* zu orientieren. Die Darstellungen, die sich aus der Zeit um 1700 erhalten haben, haben ihre Motti verloren, und sie gehen auf ganz unterschiedliche Quellen zurück. Eins davon zeigt *Amor divinus* und *Anima* in der Nachfolge von Hermann Hugo, aber so abgewandelt, dass sich eine unmittelbare Quelle dafür bisher nicht finden ließ. Auch in der Maria-Magdalenenkirche in Bad Bramstedt gibt es fragmentierte Reste emblematischer Malereien an Empore und De-

Ingrid Höpel

in den eigenen Alltag geholt und mit ihnen gelebt, und sie haben in gezielter, offensichtlich kenntnisreicher Auswahl aussagekräftige kleine Programme zusammengestellt. Diese verwenden Embleme von Daniel Cramer, Gabriel Rollenhagen, Philotheus (Karl Ludwig II. von der Pfalz) und aus emblematischen Sammelwerken.[23] Einer der Schränke orientiert sich an Roemer Visschers *Sinnepoppen*, einem Emblembuch aus Amsterdam.[24]

Der viertürige schlichte Schrank aus Fichtenholz im Nordfriesland Museum. Nissenhaus Husum kommt vermutlich aus der engeren Umgebung Husums und ist mit 1794 datiert (Abb. 9).[25] Er zeigt auf den Türen vier Embleme, drei davon nach einem Emblembuch, das 1614 in Amsterdam gedruckt wurde und von dem erfolgreichen Kaufmann und Schriftsteller Roemer Pieterszoon Visscher (1547–1620) stammt. Roemer Visscher war Mitglied der Dichtergilde Rederijkers und mit anderen Autoren von Emblembüchern wie P. C. Hooft oder Jost van der Vondel gut bekannt. Kupferstecher der *picturae* war Claes Jansz. Visscher, (1578– ca. 1660, nicht verwandt mit dem Autor). Die *Sinnepoppen* mit 183 Emblemen sind das vielleicht bekannteste und beliebteste Emblembuch der nördlichen Niederlande, seine Texte sind mit wenigen Ausnahmen in niederländischer Sprache verfasst, und es wurde 1620, 1669 und 1678 von Visschers Tochter Anna überarbeitet und erweitert neu aufgelegt. Viele *picturae* zeigen Objekte aus dem täglichen Leben von Bürgern und Bauern. Die Lebensweisheiten sind von überkonfessioneller Toleranz geprägt.

Auf den beiden hochrechteckigen Türen des Schrankes sind je zwei *picturae* in achteckigen Rahmen angebracht, dazwischen und darüber weitere schmale Bildfelder mit Landschaften ohne Motto. Bei Auffindung des Schrankes waren die in deutscher Sprache geschriebenen Motti nur bruchstückhaft erhalten, bis auf eine konnten sie aber wiederhergestellt werden. Das Emblem auf der linken Tür oben zeigt Hände aus Wolken, die ein Lot über ein offenes Herz halten, mit dem Motto: „Kont es geschehen". Die *pictura* geht auf Emblem 45 des dritten Teils der Sinnepoppen von 1614 zurück, dort mit dem Motto „Mocht dat schien" (Mag es scheinen) (Abb. 10), ein Bild für die Unergründlichkeit des menschlichen Herzens, dessen Gedanken und Gefühle ein Lot nicht erforschen kann. Die *pictura* darunter zeigt, wie ein Mensch eine Weltkugel mittels einer Winde zu bewegen versucht (Abb. 11). Bei Roemer Visscher trägt sie das lateinische Motto „In magnis et voluisse sat est" (In großen Dingen genügt der Wille). Gegenüber auf der rechten Schranktür sind zwei Hunde zu sehen, die einen Igel angreifen, das Motto hat sich nicht erhalten. Die *pictura* geht auf Emblem 25, Teil 2 der Sinnepoppen, zurück und wird dort von dem Motto begleitet: „Laet legghen dat hachjen" (Lass dies Büschel

**Abb. 10** Roemer Visscher: Sinnepoppen, Emblem 3.45, aus Visscher 1949

**Abb. 11** Roemer Visscher: Sinnepoppen, Emblem 3.59, aus Visscher 1949

**Abb. 12** Roemer Visscher: Sinnepoppen, Emblem 2.25, aus Visscher 1949

liegen) (Abb. 12). Die *subscriptio* führt aus, dass ein rechter Mann still bleiben und seinen Feinden die Stacheln zeigen soll wie ein Igel, dann werden sie ihn unbehelligt lassen. Die obere *pictura* der rechten Tür geht als einzige nicht auf Roemer Visscher zurück und konnte bisher nicht gedeutet werden. Trotz dieser Leerstelle ergibt sich auf den Schranktüren ein schlüssiges Programm mit einer Anweisung zum rechten Leben: Der Feststellung der Unergründlichkeit des menschlichen Herzens folgt eine Warnung davor, sich mit zu großen Vorhaben zu übernehmen, eine Mahnung zur Selbstbeschränkung. Mit dem Verhalten des Igels als Beispiel für vorbildhafte Standhaftigkeit schließt das Programm ab. Mit einer solchen überlegten Auswahl und Anordnung ist der Husumer Schrank den beiden anderen Bauernschränken aus Nordfriesland – einer aus Struckum bei Breklum, einer aus Bombüll in Südtondern – vergleichbar. Auswahl und Anordnung der Embleme folgt in allen drei Fällen einer übergeordneten einfachen Aussageabsicht, die sich im Leseprozess erschließen lässt.

## Profane Embleme: Herrenhäuser Ludwigsburg bei Eckernförde, Gaarz in Ostholstein und verlorene Ausstattungen

Das bekannteste und ein qualitativ herausragendes Emblemvorkommen in Schleswig-Holstein ist die Bunte Kammer des Herrenhauses Ludwigsburg bei Eckernförde (Abb. 13). Dort wurden 1673 175 Embleme aus mindestens 23 verschiedenen Emblembüchern mit Motti in sieben Sprachen – davon elf niederländische – in einem holzvertäfelten Raum zusammengestellt. Darunter befinden sich viele in den nördlichen oder südlichen Niederlanden gedruckte Werke wie die Liebesembleme *Amorum Emblemata* von Otto van Veen (Antwerpen, zuerst 1608) und Daniel Heinsius' *Emblemata Amatoria* (Amsterdam 1604).[26] Weitere Emblembücher mit Druckorten in den Niederlanden sind: *Emblemata of Zinne-*

**Abb. 13** Herrenhaus Ludwigsburg bei Eckernförde, Bunte Kammer, Nordostecke

*werck* von Johann de Brune (Amsterdam 1624), *Proteus ofte Minne-beelden*, *Houwelick* und *Spiegel van den Ouden ende Nieuwen Tijdt* von Jacob Cats (Amsterdam 1655), Hadrianus Junius' *Emblemata* (Antwerpen 1565), Silvester Pietrasantas *De symbolis heroicis* (Antwerpen 1634) und Florentius Schoonhovius' *Emblemata* (Gouda 1618).[27] Die meistzitierten

**Abb. 14** Herrenhaus Ludwigsburg bei Eckernförde, Bunte Kammer, Embleme nach Otto van Veen am oberen Abschluss der Nordwand

Ingrid Höpel

darunter sind Otto van Veen mit 34 und die drei Werke von Jacob Cats mit insgesamt 35 Nachweisen. Besitzer und Auftraggeber der Bunten Kammer war Friedrich Christian Kielmann von Kielmannseck (1639–1714), der wie sein Vater in Diensten des Gottorfer Herzogshauses stand. Er besaß eine umfangreiche Bibliothek, in der viele der in der Bunten Kammer verwendeten Emblembücher nachweisbar waren.[28] Kielmannseck wählte die Embleme für seine Zwecke aus und versah sie mit zahlreichen Anspielungen auf den Gottorfer Hof. Die Liebesembleme nach Otto van Veen wurden an besonders hervorgehobenem Ort angebracht.[29] Die querovalen *picturae* nach den *Amorum Emblemata* ziehen sich als Fries am oberen Abschluss der Wände entlang und bilden eine Hommage an die Liebe (Abb. 14) – Kielmannseck und seine Frau Maria Elisabeth von Ahlefeldt feierten ihre Liebe und Ehe. Ein Emblem von Daniel Heinsius spielt hier eine besondere Rolle: Es ist zentrales Element eines fünfteiligen Emblemsegments, in dem der Bauherr und Eigentümer sein Selbstverständnis in der Gegenwart und für die Zukunft seiner Familie formulierte (Abb. 15).[30] Heinsius' Emblem befindet sich in der Mitte und bildet das Zentrum, seine Aussage könnte als Motto über der gesamten Bunten Kammer stehen: Amor wird als Löwenbändiger dargestellt mit dem Motto: „Amor vincit omnia" [Liebe besiegt alles]. Darüber und darunter verweisen Darstellungen des Herrenhauses Ludwigsburg, damals Kohöved, mit der Hausdevise: „Semper prima, nunquam ultima." [Immer die erste, niemals die letzte] auf den Rang der Familie von Kielmannseck; mit der Pflanzung eines Baums wird auf die Sorge für die Zukunft verwiesen; und in zwei weiteren Emblemen auf die Bedeutung der Treue in der Ehe. Dasselbe Emblem von Daniel Heinsius' erscheint schon 1634 als Eintrag im Stammbuch von Adam Olearius (1599–1671), des Gottorfer Hofbibliothekars.[31] Zusammen mit van Veens Emblembuch gehörte es auf europäischer Ebene zu den meistzitierten und kopierten Büchern weltlicher Liebesemblematik.[32]

**Abb. 15** Herrenhaus Ludwigsburg bei Eckernförde, Bunte Kammer, Embleme von der Ostwand

Olearius selbst kannte und verwendete Embleme. Neben der Umsetzung emblematischer Gelegenheitsballette anlässlich der Hochzeiten zweier Töchter Herzog Friedrichs III. von Schleswig-Holstein-Gottorf und seiner Gemahlin Herzogin Maria Elisabeths von Sachsen 1648 gab Olearius 1662 eine deutsche Übersetzung von Hermann Hugos *Pia Desideria* heraus, unter dem Titel: *Geistliche Sinnen-Bilder mit Gottseligen Gedancken Eines rechtschaffenen Christen* (Schleswig bei Elias Holwein 1662).[33] Die Übersetzung dieses niederländischen Emblembuchs ist der einzige bisher bekannte Druck eines Emblembuchs im damaligen Herzogtum Schleswig-Holstein-Gottorf. Die Embleme in Ludwigsburg entstanden 1673, zwei Jahre nach Olearius' Tod.

Embleme gab es auch in den Eckkabinetten der Amalienburg im Barockgarten von Schloss Gottorf,[34] sie wurden 1671 beim Bau des Lusthauses angebracht, zwei Jahre vor der Bunten Kammer in Ludwigsburg und im Todesjahr von Adam Olearius. Ihr Auftraggeber war Herzog Christian Albrecht von Schleswig-Holstein-Gottorf. Ein enger Berater von ihm war der Verantwortliche für die Bunte Kammer in Ludwigsburg, Kielmann von Kielmannseck.[35] Er könnte unter Umständen auch die Konzeption der Embleme der Amalienburg beeinflusst haben. Auf jeden Fall wird es zwischen beiden Orten mit Emblemen eine enge Verbindung gegeben haben, die sich auch darin ausdrückt, dass die Amalienburg auf einer *pictura* der Bunten Kammer in Ludwigsburg dargestellt ist. Die Eckkabinette der Amalienburg waren vermutlich wie die Bunte Kammer vollständig mit Emblemen getäfelt, die Motti waren in französischer Sprache verfasst. Der Name des Malers ist in diesem Fall überliefert, Jürgen Fuhrmann. Berücksichtigt man die Funktion und alles, was über die übrige Ausmalung bekannt ist,[36] dann wird es sich hier um Liebesembleme gehandelt haben, für die Vorbilder von van Veen und Heinsius zur Verfügung standen. Wie in den meisten Fällen nicht erhaltener Emblemausstattungen muss es jedoch bei Vermutungen und Annahmen bleiben. Das gilt auch für die Embleme, die Maria Elisabeth, Witwe Herzog Friedrichs III. von Schleswig-Holstein-Gottorf, auf ihrem Witwensitz im Schloss vor Husum in einem „Bethstübchen" anbringen ließ. Sie müssen zwischen 1659 und 1684 entstanden sein; wie sie ausgesehen haben und ob auch sie niederländische Emblembücher verarbeitet haben, lässt sich nicht mehr rekonstruieren.

Ein Herrenhaus in Ostholstein, Gut Gaarz, besitzt wie Ludwigsburg einen holzvertäfelten Raum, der mit insgesamt 54 Emblemen ausgestattet ist und aus der Mitte des 18. Jahrhunderts stammt.[37] Neben Daniel Cramers *Emblemata Sacra* werden einzelne Embleme aus Otto van Veens und Daniel Heinsius' *Amorum Emblemata* und aus Schoonhovius' *Emblemata* verwendet. Wichtig für den Gesamteindruck sind vor allem zehn Embleme nach Roemer Visschers *Sinnepoppen* (Abb. 16 und 17), die auch Vorlagen für den nordfriesischen Schrank lieferten, und dreizehn Embleme nach den *Devises et Emblemes Anciennes et Modernes,* die zum ersten Mal 1691 in Amsterdam erschienen.[38] Diese besonders erfolgreiche enzyklopädische Emblemsammlung wird von Daniel de la Feuille (Bilder) und Henri Offelen (Texte) verantwortet und ist in sieben Amsterdamer Ausgaben nachweisbar. Sie wurde ab 1693 in mehreren Auflagen in Augsburg anonym mit neuen Kupferstichen und Texten verlegt.[39] Auftraggeber der Gaarzer Bunten Kammer waren vermutlich Mitglieder der Familie von Brockdorff. Da sich aber nach mehreren Umbauten der ursprüngliche Anbringungsort, die Anzahl und Anordnung nicht mehr rekonstruieren lassen, bleiben die Motive für die Auswahl gerade der niederländischen Emblembücher im Dunkel.

## Fazit

Diese Zusammenstellung von Emblemen nach niederländischen Büchern im Gebiet des heutigen Schleswig-Holstein erfasst die wichtigsten Vorkommen, ist aber keinesfalls vollständig: nicht alle Bezüge der Embleme zu ihren primären oder sekundären Quellen sind entschlüsselt. Mit Sicherheit hat es viel mehr Emblemorte gegeben als die heute erhaltenen; einige der verlorenen Embleme sind dokumentarisch oder archivalisch erwähnt, von ihrem Aussehen und von den Quellen weiß man aber nichts; und es werden immer noch bisher nicht bekannte Emblemorte entdeckt. Wie eingangs ausgeführt, haben Emblembücher grundsätzlich einen weiten Verbreitungsradius in ganz Europa, was auch für die in den Niederlanden gedruckten Bücher zutrifft. So gibt es Embleme nach dem Jesuiten Hermann Hugo in Kirchen verschiedener Konfessionen in ganz Europa. Dass er auch auf Eiderstedt Spuren hinterlassen hat, ist also zunächst einmal nicht ungewöhnlich. Allerdings greift die Eiderstedter Empore Hugos Embleme im Vergleich zu anderen Vorkommen schon sehr früh auf, nämlich in der ersten Hälfte des 17. Jahrhunderts zwischen 1635 und 1650. Möglicherweise spielt hierfür die geographische Nähe und der Bezug über die Ansiedlung niederländischer Mennoniten im 16.

Ingrid Höpel

**Abb. 16** Herrenhaus Gaarz, Bunte Kammer, Emblem 18

**Abb. 17** Roemer Visscher: Sinnepoppen, Emblem 1.40, Rijksmuseum Amsterdam, BI-1893-3539-46

Jahrhundert eine Rolle, die wirtschaftlich und kulturell Einfluss ausübten. Roemer Visscher aus den nördlichen protestantischen Niederlanden auf Schränken in Nordfriesland und auf Gut Gaarz, Otto van Veen, Jacob Cats und weitere niederländische Emblembücher auf Gut Ludwigsburg zeugen über die generelle Verbreitung hinaus von engen kulturellen Kontakten, die sich im sakralen und profanen Bereich zeigen und die Vorlagen sowohl der katholischen südlichen als auch der protestantischen nördlichen Niederlande betreffen.

**Anmerkungen**

1. Alciato 1531.
2. Vgl. die Bibliographie der Ausgaben bei Green 1872; vgl. auch die Alciatus-Bibliographie der Glasgow University Emblem Website: https://www.emblems.arts.gla.ac.uk/alciato/.
3. So wurden zum Beispiel die Fenster des Kieler Rathauses 1754 anlässlich der Taufe von Paul Petrowitsch, Sohn Zar Peters III., emblematisch illuminiert. Vgl. Höpel 2004a, S. 459–466.
4. Freytag/Harms/M. Schilling 2004.
5. In Lübeck haben sich Reste emblematischer Ausstattung erhalten, in Kiel gab es in einem Gebäude am Kleinen Kiel Embleme, die sich nicht erhalten haben. Für das Gottorfer Umfeld sind Embleme auf dem Witwensitz Maria Elisabeths von Schleswig-Holstein-Gottorf im Schloss vor Husum und in der Amalienburg im Barockgarten von Schloss Gottorf dokumentiert.
6. Vgl. Moraht-Fromm 1991.
7. Hugo 1632. Vgl. Müller 1971; Höpel 2004b; Höpel 2007.
8. Cramer 1624.
9. Embleme nach Daniel Cramers *Emblemata Sacra*, Cramer 1624, befinden sich zum Beispiel in Viborg, Søndre Sogn, und Horsens, Klosterkirke, vgl. die Übersicht über Embleme in Nordjütland bei Bach-Nielsen 2014. Zu Daniel Cramer auf Gut Roest vgl. Voß 2014.
10. Hermann Hugo, *Pia Desideria libri III*, zuerst Antwerpen 1624, wurde in zahlreichen Ausgaben und Nachdrucken mit lateinischen, französischen, englischen, deutschen, spanischen und polnischen Texten verlegt. Die zu den *picturae* gehörigen Bibelzitate zitiere ich im Folgenden nach dem Reprint von 1971, Hugo 1632.
11. Heinsius 1608; Veen 1608.
12. Zu Ludwigsburg vgl. Freytag/Harms/M. Schilling 2004, zu Hamburger Bürgerhäusern vgl. Wolkenhauer 2009 und Schlumbohm 2015.
13. Veen 1615.
14. Haeften 1635; Haeften/Stengel 1664.
15. Zu Dürnkrut vgl. Weiss 2016; für den Hinweis auf Lublin danke ich Lukasz Konopa; über verschiedene Vorkommen auf portugiesischen Azulejos vgl. José Julio Garcia Arranz anlässlich der 11. Tagung der Society for Emblem Studies in Nancy/Frankreich 2017 (im Druck); zu Cusco vgl. Calderón 2017; zu Hamburg-Wilhelmsburg Höpel 2017b.
16. Höpel 2004b.
17. Für Nürnberg gibt es Belege dafür, dass die Prediger Embleme in ihren Predigttexten aufgegriffen und als Redeanlass verwendet haben. Vgl. Jöns 1972.
18. Offelen 1693; Weigel 1730.
19. Peil 2005; in deutscher Sprache Peil 2014b.
20. Vgl. Höpel 2010.
21. J. Müller 1659; Arndt 1666.
22. Vgl. zu den Befunden die Masterarbeit von Marion Telgen 2018.
23. Cramer 1624; G. Rollenhagen 1611; Philotheus 1677; Roemer Visscher 1949; vgl. Höpel 1999; Höpel 2004c.
24. Visscher 1614; Visscher 1949.
25. Nach Aussage des damaligen Museumsdirektors Klaus Lengsfeld wurde der Schrank in den 1980er-Jahren zerlegt und restaurierungsbedürftig auf dem Dachboden des Museums gefunden. Er wurde inzwischen restauriert.
26. Veen 1608; Heinsius 1604.
27. Brune 1624; Cats 1655; Junius 1565; Pietrasanta 1634; Schoonhoven 1618.
28. Der Auktionskatalog der Bibliotheca Kielmans-Eggiana verzeichnet viele der verwendeten Emblembücher (Hamburg 1718). Vgl. dazu Freytag/Harms/M. Schilling 2004, S. 15 und S. 17.
29. Dazu Freytag/Harms/M. Schilling 2004.
30. Vgl. Freytag/Harms/M. Schilling 2004.
31. Stammbuch Adam Olearius, SHLM Schloss Gottorf, 2006/128, S. 280, Eintrag von Lars Winfrid (?) 1634; Abbildung in Höpel 2017a, S. 223.
32. Vgl. McKeown 2012; Embleme nach van Veen in Hamburg untersucht Schlumbohm 2015.
33. Olearius 1662a.
34. Vgl. Lühning 2011.
35. Zum Folgenden vgl. ausführlich Asmussen-Stratmann 2019, S. 163, 183, 258.
36. Zur Ausmalung der Amalienburg siehe Lühning 2011, Köster 2017a, S. 211–224, Asmussen-Stratmann 2019, S. 163, 183, 258.
37. Zum Folgenden vgl. zuerst Harms/Freytag 1975, zuletzt Busch 2006.
38. Feuille 1691.
39. Eine ausführliche Editionsgeschichte bei Peil 2014b.

# Quellen- und Literaturverzeichnis

## Gedruckte Quellen

**Alciato 1531**
Alciato, Andrea: […] Emblematum liber, Augsburg 1531.

**Arndt 1666**
Arndt, Johann: Vier Bücher Vom wahren Christenthumb, Lüneburg 1666.

**Baerle 1647**
Baerle, Caspar van: Rervm Per Octennivm In Brasilia Et alibi nuper gestarum, Sub Præfectura Illustrissimi Comitis I. Mavritii, Nassoviæ, &c. Comitis, Nunc Vesaliæ Gubernatoris & Equitatus Fœderatorum Belgii Ordd. sub Avarico Ductoris, Historia. Amsterdam 1647.

**Baerle 1659**
Baerle, Caspar van: Brasilianische Geschichte, Bey Achtjähriger in selbigen Landes geführter Regierung Seiner Fürstlichen Gnaden Herrn Johann Moritz, Fürstens zu Nassau […], Kleve 1659.

**Besler 1622**
Besler, Basilius: Continuatio Rariorvm Et Aspectv Dignorvm Varii Generis Qvæ Collegit Et Svis Impensis Æri Ad Vivvm Incidi Cvravit atqve Evvlgavit, Nürnberg 1622.

**Brahms 1754–57**
Brahms, Albert: Anfangsgründe der Deich- und Wasser-Baukunst, oder Gründliche Anweisung, wie man tüchtige haltbare Dämme wider die Gewalt der grössesten See-Fluthen bauen, auch dieselbe jederzeit im unveringerten Zustande erhalten könne, […] 2 Bde., Aurich 1754–1757.

**Braun/Hogenberg 1572–1618**
Braun, Georg; Hogenberg, Frans: Civitates Orbis Terrarvm, 6 Bde., Köln 1572–1618 [Faksimile Kassel 1965].

**Brune 1624**
Brune, Johan de: […] Emblemata of Zinne-werck. Voorghestelt in Beelden, ghedichten en breeder uyt-legginghen. […] Amsterdam 1624.

**Bulwer 1644**
Bulwer, John: Chirologia, or the Natvrall Langvage of the Hand. Composed of the Speaking Motions, and Discoursing Gestures thereof. […] London 1644.

**Cats 1655**
Cats, Jacob: Alle de wercken, so oude als nieuwe, Amsterdam 1655.

**Cramer 1624**
Cramer, Daniel: Emblemata Sacra, Teil 1: Emblemata Sacra. Hoc est Emblematum Ex Sacra Scriptura, De dulcissimo Nomine & Cruce Jesu Christi, figuris æneis incisorum. […], Teil 2: Emblematum Sacrorum […] Das ist: Fünffzig Geistlicher in Kupffer gestochener Emblematum auß der H. Schrift, von dem süssen Namen vnd Creutz Jesu Christi, […], Frankfurt am Main 1624.

**Danckwerth 1652**
Danckwerth, Caspar: Newe Landesbeschreibung Der Zwey Hertzogthümer Schleswich und Holstein. Zusambt Vielen dabey gehörigen Newen LandCarten. […], Husum 1652.

**Elsholtz 1684**
Elsholtz, Johann Sigismund: Vom Garten-Baw. Oder Unterricht von der Gärtnerey […] Berlin/Leipzig/Cölln 1684.

**Elsholtz 2010**
Elsholtz, Johann Sigismund: Hortus Berolinensis. Der Berliner Lustgarten. Lateinisch/Deutsch. Liber Primus. Erstes Buch, Thomas Fischbacher; Thomas Fink (Hg./Übersetzer), Weimar 2010.

**Eschels 1835**
Eschels, Jens Jacob: Lebensbeschreibung eines Alten Seemannes, von ihm selbst und zunächst für seine Familie geschrieben. Altona 1835.

**Eschels 1995**
Eschels, Jens Jacob (Autor); Sauer, Albrecht (Hg.): Lebensbeschreibung eines alten Seemannes. Von ihm selbst und zunächst für seine Familie geschrieben, Hamburg 1995 [Originalausgabe 1835].

**Feuille 1691**
Feuille, Daniel de la: Devises Et Emblemes Anciennes et Modernes, […] Amsterdam 1691.

**Floris 1557**
Floris, Cornelis: Veelderley niewe inventien van antycksche sepulturen diemen nou zeere ghebruykende is met noch zeer fraeye grotissen en compertimenten zeer beqwame voer beeltsniders antycksniders scholders en alle constenaers […], Antwerpen 1557.

**Franck 1757**
Franck, David: Des Alt- und Neuen Mecklenburgs Achtzehntes Buch. Von Mecklenburgs Herstellung in etlichen Stücken: darin zu finden wie eine neue Kayserliche Commission verordnet, die Justitz-Cantzley zu Güstrow und das Hoff-Gericht wieder eingeführet […], Güstrow/Leipzig 1757.

**Furttenbach 1628**
Furttenbach, Joseph: Architectura Civilis. Das ist: Eigentliche Beschreibung wie man nach bester form, vnd gerechter Regul, […] erbawen soll. […] Ulm 1628.

**Furttenbach 1640**
Furttenbach, Joseph: Architectura Recreationis. Das ist: Von Allerhand Nutzlich- vnd Erfrewlichen Civilischen Gebäwen: […] Augsburg 1640 [Faksimile Detlef Karg (Hg.), Berlin 1988].

**Giettermaker 1660**
Giettermaker, Claes Heijndricksz.: De vier Boecken van't Vergulde Licht Der Zee-Vaert, Ofte Konst der Stuerlieden: […] Amsterdam 1660.

**Groen 1669**
Groen, Jan van der: Den Nederlandtsen Hovenier, Zijnde het I. Deel van het Vermakelijck Landt-leven. Beschrijvende allerhande Princelijcke en Heerlijcke Lusthoven en Hofsteden; […] Amsterdam 1669.

**Haeften 1635**
Haeften, Benedictus van: Schola Cordis siuc Aversi A Deo Cordis ad eumdem reductio, et instructio. […] Antwerpen 1635.

**Haeften/Stengel 1664**
Haeften, Benedictus van (Autor); Stengel, Carl (Übersetzer/Hg.): Hertzen Schuel. Oder Des von Gott abgefürten Herzens widerbringung Zu Gott, vnd vnderweisung […], Augsburg 1664.

**Hansen Hajstrup 1995**
Hansen Hajstrup, Peter: Das Memorial und Jurenal des Peter Hansen Hajstrup, Frank Ibold; Jens Jäger; Detlev Kraack (Hg./Kommentar) (Quellen und Forschungen zur Geschichte Schleswig-Holsteins 103), Neumünster 1995.

**Heinsius 1604**
Heinsius, Daniel: Emblemata Amatoria, Amsterdam 1604.

**Heinsius 1608**
Heinsius, Daniel: Amorvm Emblemata, Figvris Æneis Incisa Stvdio Othonis Væni Batavo-Lvgdvnensis, Antwerpen 1608.

**Henninges 1590**
Henninges, Hieronymus: Genealogiæ Aliqvot Familiarvm Nobilivm in Saxonia: Qvae Vel A Comitibvs Vel Baronibvs Ortæ, quosdam Pontificiam, quosdam Episcopalem dignitatem adeptos produxerunt. […] 1590.

**Hesse 1706**
Hesse, Heinrich: Neue Garten-Lust: Das ist: Gründliche Vorstellung, Wie ein Lust- Küchen- und Baum-Garten unter unserm Teutschen Climate füglich anzurichten; […] Leipzig 1706.

**Hogenberg/Novellanus 1589**
Hogenberg, Frans; Novellanus, Simon: Res Gestae Serenissimi Potentissimiq Principis Ac Domini, Dni Friderici II. Daniae, Norwegiae, Gottorum […], ex monumento Pyramidali Segebergae ab Henrico Ranzovio […] erecto […], Heide/Meldorf 1589.

**Hohberg 1687**
Hohberg, Wolf Helmhardt von: Georgica Curiosa. Oder: Des auf alle in Teutschland übliche Land- und Haus-Wirthschafften gerichteten, […] Adelichen Land- und Feld-Lebens […], Bd. 2, Nürnberg 1687.

## Quellen- und Literaturverzeichnis

**Houbraken 1719**
Houbraken, Arnold: De Groote Schouburgh der Nederlandsche Konstschilders en Schilderessen, Bd. 2, Amsterdam 1719.

**Hugo 1632**
Hugo, Hermann: Pia desideria. Libri III, Antwerpen 1632 [Nachdruck Hildesheim 1971 (Emblematisches Cabinet 1)].

**Imperato 1599**
Imperato, Ferrante: Dell'Historia Natvrale [...] Libri XXVIII. Nella Qvale Ordinatamente Si Tratta della diuersa condition di miniere, e pietre. Con alcune historie die Piante, & Animali, sin'hora a non date in luce. Neapel 1599.

**Junius 1565**
Junius, Hadrianus [Adriaen de Jonghe]: [...] Emblemata, ad D. Arnoldvm Cobelivm. Eivsdem Aenigmatvm Libellvs, Ad D. Arnoldvm Rosenbergvm. Antwerpen 1565.

**Lappenberg 1859**
Lappenberg, Johann Martin (Hg.): Annales Ryenses, in: Pertz 1859, S. 386–410.

**Laursen 1905–49**
Laursen, Laurs Rasmus (Hg.): Danmark-Norges Traktater. 1523–1750. Med dertil hørende aktstykker, 11 Bde., Kopenhagen 1905–1949.

**Lauterbach 1592**
Lauterbach, Johannes: De Rebvs Gestis Serenissimi Principis Ac D. D. Friderici Secvndi, Regis Daniæ, &c. Piæ ac felicis memoriæ, [...] Frankfurt am Main 1592.

**Leeghwater 1649**
Leeghwater, Jan Adriaansz: Een Kleyne Chronyke ende Voorbereydinghe van de Afkomste ende 't Vergrooten van de Dorpen van Graft en Ryp: [...], Amsterdam 1649.

**Lindeberg 1591**
Lindeberg, Peter: Hypotyposis Arcivm, Palatiorum, Librorum, Pyramidum, Obeliscorum, Cipporum, Molarum, Fontium, Monumentorum & Epitaphiorum, ab Illustri & strenuo Viro Henrico Ranzovio, Prorege & Equite Holsato, conditorum [...], Hamburg 1591 [Erstausgabe Rostock 1590].

**Linschoten 1934**
Linschoten, Jan Huyghen: Itinerario. Voyage ofte schipvaert naer Oost ofte Portugaels Indien 1579–1592, Bd. 3, Combertus Pieter Burger; Friedrich Wilhelm Tobias Hunger (Hg.), Den Haag 1934.

**Luther 1529/32**
Luther, Martin: Psalmenauslegungen, 1529/32 (Weimarer Ausgabe 31,1).

**Magnus 2006**
Magnus, Olaus: Die Wunder des Nordens, Elena Balzamo; Rainhard Kaiser (Hg.) (Die andere Bibliothek 261), Frankfurt am Main 2006.

**Mattheson 1910**
Mattheson, Johann (Autor); Schneider, Max (Hg.): Grundlage einer Ehren-Pforte, woran der Tüchtigsten Capellmeister, Componisten, Musikgelehrten, Tonkünstler [et]c. Leben, Wercke, Verdienste [et]c. erscheinen sollen. Hamburg 1740, Berlin 1910.

**Mollet 1651**
Mollet, André: Le Jardin De Plaisir, Contenant plusieurs desseins de Jardinage tant Parterres en Broderie, Compartiments de gazon, que Bosquets, & autres. [...] Stockholm 1651.

**Montenay 1619**
Montenay, Georgette de: StammBuch, Darinnen Christlicher Tugenden Beyspiel, Einhundert außerlesener Emblemata mit schönen Kupfferstücken gezieret. [...] Frankfurt am Main 1619.

**Moreau 1651**
Moreau, Pierre: Histoire Des Derniers Trovbles Dv Brésil Entre Les Hollandois Et Les Portvgais, Paris 1651.

**Morhof 1682**
Morhof, Daniel Georg: Unterricht Von der Teutschen Sprache und Poesie, deren Uhrsprung, Fortgang und Lehrsätzen. Wobey auch von der reimenden Poeterey der Außländer mit mehren gehandelt wird. Kiel 1682.

**Morhof 1969**
Morhof, Daniel Georg: Unterricht von der Teutschen Sprache und Poesie (1700), Henning Boetius (Hg.), Bad Homburg vor der Höhe/Berlin/Zürich 1969.

**C. Müller 1786**
Müller, Christian Gottlieb Daniel: Vorschlag zu einem vollständigen Unterricht in der Schiffahrt, darinn auch die nähere Anwendung der neuern Erfindungen aus der Sternkunde den Ort des Schiffes zu bestimmen, begriffen wäre. [...] Hamburg 1786.

**J. Müller 1659**
Müller, Johann Heinrich Traugott: Himmlischer Liebes-Kuß, Oder Ubung des wahren Christenthumbs, fliessend auß der Erfahrung Göttlicher Liebe: Vorgestellet [...], Frankfurt am Main/Rostock 1659.

**Munting 1680**
Munting, Abraham: Aloidarium, Sive Aloës Mucronato Folio Americanæ Majoris, Aliarumque ejusdem speciei Historia. [...] [Amsterdam] 1680.

**Munting 1681**
Munting, Abraham: De Vera Antiquorum Herba Britannica, [...] Amsterdam 1681.

**Offelen 1693**
Offelen, Heinrich: Emblematische Gemüths-Vergnügung bey betrachtung 715 der curieusten und ergötzlichsten Sinnbildern [...], Augsburg 1693.

**Olearius 1656**
Olearius, Adam: Vermehrte Newe Beschreibung Der Muscowitischen vnd Persischen Reyse So durch gelegenheit einer Holsteinischen Gesandschafft an den Russischen Zaar vnd König in Persien geschehen. Worinnen die gelegenheit derer Orter vnd Länder, durch welche die Reyse gegangen, als Liffland, Rußland, Tartarien, Meden vnd Persien, sampt dero Einwohner Natur, Leben, Sitten, Hauß-Welt-und Geistlichen Stand mit fleiß auffgezeichnet, vnd mit vielen meist nach dem Leben gestelleten Figuren gezieret, zu befinden. Welche Zum andern mahl heraus gibt Adam Olearius Ascanius, der Fürstlichen Regierenden Herrschafft zu Schleßwig Holstein Bibliothecarius vnd Hoff Mathematicus. Mit Röm: Käyserl. Mayest. Privilegio nicht nachzudrucken. Schleswig 1656.

**Olearius 1662a**
Olearius, Adam: Geistliche Sinnen-Bilder, mit Gottseligen Gedancken eines rechtschaffenen Christen, Durch welche die Frommen getröstet, und die Gottlosen von ihrem bösen Leben abgeschrecket und zu GOTT bekehret werden können. Schleswig 1662.

**Olearius 1662b**
Olearius, Adam: HochFürstliche ansehnliche Leichbegängniß Des Durchläuchtigsten Fürsten und Herrn, Herrn Friederichs, Erben zu Norwegen, Hertzogen zu Schleßwig Holstein, Stormarn und der Dithmarschen, Graffen zu Oldenburg und Delmenhorst, etc. Welchen GOTT der HERR den 10. Augusti 1659. aus diesem müheseligen Jammerthal durch einen sanfft und seligen Todt abgefodert, und der Seelen nach zu sich in sein Frewden-Reich genommen. Der entseelte Leib aber den 31. Januarij 1661. in sein Ruhekämmerlein im Thum zu Schleßwig versetzet worden. Schleswig 1662.

**Olearius 1663**
Olearius, Adam: Kurtzer Begriff Einer Holsteinischen CHRONIC Oder Summarische Beschreibung der denckwürdigsten Geschichten, so innerhalb 200. Und mehr Jahren, nemblich von Anno 1448. biß 1663. in den NordLanden, sonderlich in Holstein sich begeben. Alles auß bekanten Geschicht-Schreibern, so auff der andern Seiten Nahmhafftig gemachet. Auffs kürzest zusammen getragen durch A. O. Schleswig 1663.

**Olearius 1666**
Olearius, Adam: Gottorffische Kunst-Cammer, Worinnen Allerhand ungemeine Sachen, So theils die Natur, theils künstliche Hände hervor gebracht und bereitet. Vor diesem Aus allen vier Theilen der Welt zusammen getragen. Jetzo beschrieben Durch Adam Olearium, Bibliothecarium und Antiquarium auff der Fürstl. Residentz Gottorff. Schleswig 1666.

**Olearius 1669**
Olearius, Adam (Hg.): Orientalische Reise-Beschreibung Jürgen Andersen aus Schleswig der An. Christi 1664. außgezogen und 1650. Wieder kommen. Und Volquard Iversen aus Holstein so An. 1665. außgezogen und

1688. wieder angelanget. […] Schleswig 1669.

**Olearius 1674**
Olearius, Adam: Gottorffische Kunst-Kammer, Worinnen Allerhand ungemeine Sachen, So theils die Natur, theils künstliche Hände hervorgebracht und bereitet. Vor diesem Aus allen vier Theilen der Welt zusammen getragen, Und Vor einigen Jahren beschrieben, Auch mit behörigen Kupffern gezieret Durch Adam Olearium, […] Schleswig 1674.

**Olearius 1980**
Olearius, Adam: Orientalische Reise-Beschreibungen. Jürgen Andersen und Volquard Iversen. In der Bearbeitung von Adam Olearius (Deutsche Neudrucke. Reihe Barock 27), Dieter Lohmeier (Hg.), Tübingen 1980.

**Opitz 2002**
Opitz, Martin: Buch von der deutschen Poeterey (1624). Mit dem Aristarch (1617) und den Opitzschen Vorreden zu seinen Teutschen Poemata (1624 und 1625) sowie der Vorrede zu seiner Übersetzung der Trojanerinnen (1625), Herbert Jaumann (Hg.), Stuttgart 2002.

**Perret 1569**
Perret, Clément: Exercitatio Alphabetica Nova Et Vtilissima, Variis Expressa Lingvis Et Characteribvs: raris ornamentis, vmbris, & recessibus, picture, Architecturæque, speciose. Antwerpen 1569.

**Pertz 1859**
Pertz, Georg Heinrich (Hg.): Monvmenta Germaniae Historica […], Bd. 16, Hannover 1859.

**Philotheus 1677**
Philotheus [Karl II. von der Pfalz]: […] Symbola Christiana Quibus Idea Hominis Christiani Exprimitur. Frankfurt am Main 1677.

**Pierer 1863**
Pierer, Heinrich August: Pierer's Universal-Lexikon der Vergangenheit und Gegenwart oder Neuestes encyclopädisches Wörterbuch der Wissenschaften, Künste und Gewerbe, Bd. 16: Sicilien–Stückgesell, Altenburg ⁴1863.

**Pietrasanta 1634**
Pietrasanta, Silvestro: De Symbolis Heroicis Libri IX. Antwerpen 1634.

**Piles 1699**
Piles, Roger de: Abrégé de la vie des peintres, Avec des reflexions sur leurs Ouvrages, Et un Traité du Peintre parfait, de la connoissance des Desseins, et de l'utilité des Estampes, Paris 1699.

**Ptolemaios 1932**
Ptolemaios, Claudius: The Geography. Claudius Ptolemy, Edward Luther Stevenson (Übersetzer/Hg.), New York 1932.

**Ptolemaios 2006**
Ptolemaios, Claudius: Handbuch der Geographie. Griechisch – Deutsch, Alfred Stückelberger; Gerd Graßhoff (Übersetzer/Hg.), 2 Bde., Basel 2006.

**Questiers 1656**
Questiers, Catharina: Casimier, Of Gedempte Hoogmoet. Bly-spel. Amsterdam 1656.

**C. Rantzau 1866**
Rantzau, Carl von: Das Haus Rantzau. Eine Familien-Chronik, Hamburg 1866.

**H. Rantzau 1580a**
Rantzau, Heinrich: Catalogus Imperatorvm, Regvm Ac Principvm, Qvi Artem Astrologicam amarunt, ornarunt & exercuerunt, quibus adittæ sunt […], Leipzig 1580.

**H. Rantzau 1580b**
Rantzau, Heinrich: De conservanda valetudine liber, Antwerpen 1580.

**H. Rantzau 1593**
Rantzau, Heinrich: Epistolæ Consolatoriæ, Regvm, Principvm, Comitvm, Baronvm, Nobilivm, Aliorvmqve clarissimorum & doctissimorum virorum, […] Frankfurt am Main 1593.

**H. Rantzau 1739**
Rantzau, Heinrich: Cimbricæ Chersonesi Ejusdemque Partium, Urbium, Insularum Et Fluminum, Neg Non Cimbrorum […] Descriptio Nova. […] in: Westphalen 1739, Sp. 67–166.

**H. Rantzau 1999**
Rantzau, Heinrich: Cimbricæ chersonesi ejusdemque partium, urbium, insularum et fluminum nec non Cimbrorum originis, nominis, fortitudinis, fidelitatis rerumque gestarum quatuor libris comprehensa, descriptio nova […], 1597, in: Kat. Schleswig 1999, S. 95–161 [deutsche Übersetzung S. 197–301].

**H. Rantzau/Conradinus 1581**
Rantzau, Heinrich; Conradinus, Henning: Epigrammatvm Historicvs Liber; Continens Encomia Herium, Imperatiorum, & Ducum, superioribus, & nostro seculo, virtute bellica maxime illustrum, quos in arce sua Bredenberga depingi, & versibus partim à seipso compositis, partim hinc inde collectis ornari crauit Henricvs Ranzovivs. […] Antwerpen 1581.

**H. Rantzau/Lindeberg 1590**
Rantzau, Heinrich; Lindeberg, Peter: Nobili & litterato iuueni, Danieli Ranzovio strenui & nobilissimi Herois Petri Ranzovii, R. M. Daniæ Consiliarij & Præfecti Flensburgensis, Domini in Arensborch siue VVoldehorn &c. filio vnico, Patauii in Italia defuncto. […] Rostock 1590.

**Rathgeb 1604**
Rathgeb, Jakob: Warhaffte Beschreibung zweyer Raisen, welcher erste (die Badenfahrt genannt) der Durchleuchtig Hochgeborne Fürst vnnd Herr, Herr Friderich Hertzog zu Württemberg vnnd Teckh [...] im Jahr 1592 von Mümppelgart auß, in das weitberühmte Königreich Engelllandt. hernach im zuruck ziehen durch die Niderlandt biß widerumb gen Mümppelgart, wol verrichtet. die ander, so Hochgemelter Fürst auß […] Studtgarten, im Jahr 1599 in Italiam gethan, und von Rom auß, durch vil andere Ort, widerumb gen Studtgart, anno 1600 im Mayen, glücklich heimgelangt, Tübingen 1604.

**Reineccius 1587**
Reineccius, Reiner: Genealogia Ranzoviana Aedita Anno Domini 1587. Cui nunc denuò additæ sunt aliquot Ranzoviorvm effigies ac imagines non-nullæ, partim à Goltzio & Hogenbergio, partim ab alijs artificibus cupro express. […] Helmstedt 1587.

**Rheede tot Drakestein 1687–1703**
Rheede tot Drakestein, Hendrik Adriaan van: Hortus Indicus Malabaricus […], 12 Bde., Amsterdam 1687–1703.

**Ripa 1603**
Ripa, Cesare: Iconologia overo Descrittione Dell'imagini Universali cavate dall'Antichità et da altri luoghi, Rom 1603.

**Rist 1666**
Rist, Johann: Die AllerEdelste Belustigung Kunst- und Tugendliebender Gemühter, Vermittelst eines anmuhtigen und erbaulichen Gespräches Welches ist dieser Ahrt, Die Vierte und zwahr Eine Aprilens-Unterredung, Hamburg 1666.

**G. Rollenhagen 1611**
Rollenhagen, Gabriel: Nvcleus Emblematvm Selectissimorvm, […] Arnheim 1611.

**Sandrart 1675–80**
Sandrart, Joachim von: Teutsche Academie der Bau-, Bild- und Mahlerey-Künste, 3 Bde., Nürnberg 1675–1680 (Wissenschaftlich kommentierte Online-Edition, Thomas Kirchner (Hg.) u. a., 2008–2012, http://ta.sandrart.net).

**Schoonhoven 1618**
Schoonhoven, Florens: Emblemata […], Gouda 1618.

**Siricius 1705**
Siricius, Johannes: Historische, Physische und Medicinische Beschreibung Derer im Hoch-Fürstlichen Gottorpischen Prächtigen Garten, Das Neue-Werck genant, Dreyen sehr Rar Blühenden ALOEN, […] [Schleswig 1705].

**Thurah 1746–49**
Thurah, Laurids de: Den Danske Vitruvius […]. Le Vitruve Danois […]. Der Dänische Vitruvius Enthält die Grundrisse, Aufrisse und Durchschnitte derer merkwürdigsten Gebäude Des Königreichs Dännemark, und der Königlichen Teutschen Provintzen, Nebst einer kurzen Beschreibung eines jedweden Gebäudes insbesondere, 3 Bde., Kopenhagen 1746–1749.

**Valeriano 1575**
Valeriano, Piero: Hieroglyphica. Sive de Sacris Aegyptiorvm aliarvmqve gentivm literus commentarij, Basel 1575.

## Quellen- und Literaturverzeichnis

**Veen 1608**
Veen, Otto van: Amorvm Emblemata, […] Antwerpen 1608.

**Veen 1615**
Veen, Otto van: Amoris Divini Emblemata […], Antwerpen 1615.

**Veer 1598**
Veer, Gerrit de: Warhafftige Relation. Der dreyen newen vnerhörten, seltzamen Schiffart, so die Holländischen vnd Seeländischen Schiff gegen Mitternacht, drey Jar nach einander, als Anno 1594. 1959. vnd 1596. verricht. Wie sie Nortvvegen, Lappiam, Biarmiam, vnd Russiam, oder Moscoviam (vorhabens ins Königreich Cathay vnd China zukommen) vmbsegelt haben. […] Nürnberg 1598.

**Visscher 1614**
Visscher, Roemer: Sinnepoppen, Amsterdam 1614.

**Visscher 1949**
Visscher, Roemer: Sinnepoppen […]. Naar de uitgave van 1614 […], Leendert Brummel (Hg.), Den Haag 1949.

**Vredeman de Vries 1555**
Vries, Hans Vredeman de: Variarum pro-Tractionvm (vulgò Compartimenta vocant') cùm pictoribus omnibus propter venustatem, tum & studiosis propter Autorum sententias vbique insertas, libellus apprimè vtilis atque copiosus. Antwerpen 1555.

**Vredeman de Vries 1563**
Vries, Hans Vredeman de: […] varias Coenotaphiorum, tumulorum & mortuorum monumentorum formas typis elegantißimis in ære exaratas comprehendentem inspicite, emite, ulimini & ingeniosæ […], Antwerpen 1563.

**Vredeman de Vries 1583**
Vries, Hans Vredeman de: Hortorvm Viridariorvmqve elegantes et multiplicis formae, ad architectonicae artis normam […], Antwerpen 1583.

**Vries 1702**
Vries, Klaas de: Schat-Kamer Ofte Konst Der Stier-Lieden, Zynde een klaar Onderwysing der Navigatie van al het geen een Stierman, aangaande de Konst, behoorde te weeten. […] Amsterdam 1702.

**Waghenaer 1584**
Waghenaer, Lucas Janszoon: Spieghel der Zeevaerdt, vande navigatie der Westersche Zee, […] in diverse Zee Caerten begrepen, met gebruijcke van dien, […] Leiden 1584.

**Weigel 1730**
Weigel, Johann Christoph: Viel nützende und erfindungen reichende Sinnbild-Kunst, oder Hieroglyphische Bilder vorstellung der Tugenden, Laster. Gemüts-bewegungen, Künste und Wissenschafften […], Nürnberg [ca. 1730].

**Westphalen 1739**
Westphalen, Ernst Joachim von: Monumenta Inedita Rerum Germanicarum Præcipue Cimbricarum, et Megapolensium, […] Bd. 1, Leipzig 1739.

**Weyerman 1720**
Weyerman, Jacob Campo: De Rotterdamsche Hermes, Behelzende een' schat van zeer geestige en kortswylige Aanmerkingen over het gedrag der hedendaagsche Waerelt. Rotterdam 1720.

**Winkelmann 1671**
Winkelmann, Johann Just: Oldenburgische Friedens- und der benachbarten Oerter Kriegs-Handlungen. […], Oldenburg 1671.

**Worm 1655**
Worm, Ole: Museum Wormianum, Seu Historia Rerum Rariorum, Tam Naturalium, quam Artificialium, tam Domesticarum, quam Exoticarum, quae Hafniae Danorum in aedibus Authoris servantur. […] Variis & accuratis Iconibus illustrata, Amsterdam 1655.

**Zincgref 1664**
Zincgref, Julius Wilhelm: Emblematum Ethico-Politicorum Centuria Iulii Guilielmi Zincgrefii IC. Heidelberg 1664.

**Zincgref 1986**
Zincgref, Julius Wilhelm: Emblematum Ethico-Politicorum Centuria, Arthur Henkel; Wolfgang Wiemann (Hg.), Heidelberg 1986.

## Literatur

**Adelung 1793**
Adelung, Johann Christoph: Grammatisch-kritisches Wörterbuch der Hochdeutschen Mundart. Mit beständiger Vergleichung der übrigen Mundarten, besonders aber der Oberdeutschen, Bd. 1, Leipzig 1793.

**A. Ahmels 1924**
Ahmels, Adolf: Das Grabmal Ennos II. und die Abschlußwand in der Großen Kirche zu Emden. Beiträge zur Entstehung nach Zeit und Meister, Hannover 1924.

**C. Ahmels 1917**
Ahmels, Carl: Über die Renaissance-Kunstdenkmäler unter Maria von Jever und ihre Entstehung, in: Oldenburger Jahrbuch für Altertumskunde und Landesgeschichte. Kunst und Kunstgewerbe 24 (1917), S. 249–307.

**Akermann/Lindel 1985**
Akermann, Manfred; Lindel, Rolf: Heidenheim (Thorbecke-Bilderbücher 68), Sigmaringen 1985.

**Albach 1977**
Albach, Ben: Langs Kermissen en hoven. Ontstaan en kroniek van een Nederlands toneelgezelschap in de 17$^{de}$ eeuw, Zutphen 1977.

**Albach 1996**
Albach, Ben: Ariana Nooseman ontvangt f 76,50 voor zeventien optredens in de Schouwburg. De eerste vrouw op het toneel van de Schouwburg, in: Erenstein 1996, S. 234–241.

**Alberts 1996**
Alberts, Birgit: Kiel. Schlossgarten, in: Buttlar/Meyer 1996, S. 345–355.

**Albrecht 1991**
Albrecht, Uwe: Die Herzogsschlösser Gottorf und Tönning. Neue Aspekte zur Architektur der Renaissance in Schleswig-Holstein, in: Materialien zur Kunst- und Kulturgeschichte in Nord- und Westdeutschland, Bd. 2: Beiträge zur Renaissance zwischen 1520 und 1570, Marburg 1991, S. 9–35.

**Albrecht 1997**
Albrecht, Uwe: Die Gottorfer und der Schleswiger Dom, in: Kat. Schleswig 1997a, S. 383–391.

**Albrecht 2011**
Albrecht, Uwe: Deutsche, französische und niederländische Einflüsse als Wegbereiter und Katalysatoren der dänischen Renaissance-Architektur in der zweiten Hälfte des 16. Jahrhunderts, in: Andersen/Bøggild Johannsen/Johannsen 2011, S. 197–217.

**Albrecht 2019**
Albrecht, Uwe: Fürstliche Mausoleen und Grabmäler der Renaissance in Norddeutschland und Dänemark, in: Albrecht u. a. 2019, S. 79–96 [= Lutz Unbehaun (Hg.): Die Künste und das Schloß der frühen Neuzeit, München/Berlin 1998, S. 111–130].

**Albrecht u. a. 2019**
Albrecht, Uwe u. a.: Norddeutschland – Ostseeraum – Europa. Kunsthistorische Studien von Uwe Albrecht aus vier Jahrzehnten, Kiel 2019.

**Allemeyer 2006**
Allemeyer, Marie Luisa: „Kein Land ohne Deich…!" Lebenswelten einer Küstengesellschaft in der Frühen Neuzeit (Veröffentlichungen des Max-Planck-Instituts für Geschichte 222), Göttingen 2006.

**Andersen/Bøggild Johannsen/Johannsen 2011**
Andersen, Michael; Bøggild Johannsen, Birgitte; Johannsen, Hugo (Hg.): Reframing the Danish Renaissance Problems and Prospects in a European Perspective (Publications from the National Museum. Studies in Archaeology & History 16), Kopenhagen 2011.

**Andersen/Nyborg/Vedsø 2010**
Andersen, Michael; Nyborg, Ebbe; Vedsø, Mogens (Hg.): Studies in the Art and Architecture of the Renaissance in Denmark. Essays published in Honour of Hugo Johannsen, Kopenhagen 2010.

**L. Andresen/Stephan 1928**
Andresen, Ludwig; Stephan, Walter: Beiträge zur Geschichte der Gottorfer Hof- und Staatsverwaltung von 1544–1658, 2 Bde. (Quellen und Forschungen zur Geschichte Schleswig-Holsteins 14 und 15), Neumünster 1928.

**G. Andresen/Schütt 1971**
Andresen, Gerd; Schütt, Hans-Friedrich: Schiffahrt und Häfen von Tondern bis Brunsbüttel, von Hadersleben bis Schleswig. Ein geschichtlicher Überblick von den Anfängen bis heute, Flensburg 1971.

**Armitage/Bashford/Sujit 2018**
Armitage, David; Bashford, Alison; Sujit, Sivasundaram (Hg.): Oceanic Histories (Cambridge Oceanic Histories), Cambridge u. a. 2018.

**Arnold/B. Wieden/Gleixner 2016**
Arnold, Werner; Wieden, Brage bei der; Gleixner, Ulrike (Hg.): Herzog Heinrich Julius zu Braunschweig und Lüneburg (1564–1613). Politiker und Gelehrter mit europäischem Profil (Quellen und Forschungen zur braunschweigischen Landesgeschichte 49), Braunschweig 2016.

**Arntz 1947**
Arntz, W. J. A.: Export van Nederlandsche baksteen in vroeger eeuwen, in: Economisch-Historisch Jaarboek. Bijdragen tot de Economische Geschiedenis van Nederland 23 (1947), S. 57–133.

**Asaert 2004**
Asaert, Gustaaf: 1585. De val van Antwerpen en de uittocht van Vlamingen en Brabanders, Tielt 2004.

**Asmussen-Stratmann 1997**
Asmussen-Stratmann, Karen: Die Gottorfer Gärten, in: Kat. Schleswig 1997a, S. 223–228.

**Asmussen-Stratmann 2009**
Asmussen-Stratmann, Karen: Barocke Gartenkunst auf Gottorf. Geschichte und Bedeutung des Neuwerkgartens, in: Hering 2009, S. 13–35.

**Asmussen-Stratmann 2019**
Asmussen-Stratmann, Karen: Das Neue Werk von Gottorf. Rekonstruktion, Geschichte und Bedeutung eines norddeutschen Terrassengartens des 17. Jahrhunderts, Kiel 2019 [unpublizierte Dissertation].

**Åstrom 1988**
Åstrom, Sven-Erik: From Tar to Timber. Studies in Northeast European Forest Exploitation and Foreign Trade 1660–1860 (Commentationes humanarum litterarum 85), Helsinki 1988.

**Auge 2015a**
Auge, Oliver: Das Konnubium der fürstbischöflichen oder jüngeren Gottorfer Linie bis zur Eheschließung Peter Friedrich Ludwigs (1781), in: Auge/Scharrenberg 2015, S. 15–37.

**Auge 2015b**
Auge, Oliver: The Duchy of Schleswig-Holstein-Gottorp between Denmark, Sweden and Russia. Dynastic Relations, in: Bleile/J. Krüger 2015, S. 66–77.

**Auge 2015c**
Auge, Oliver: Die Familien- und Heiratspolitik der Schauenburger Dynastie (bis ca. 1500), in: Auge/D. Kraack 2015, S. 211–234.

**Auge 2016**
Auge, Oliver: Christian Albrecht. Herzog – Stifter – Mensch (Wissen im Norden), Kiel/Hamburg 2016.

**Auge 2017**
Auge, Oliver: Die Herzöge von Sonderburg-Plön in der schleswig-holsteinischen und dänischen Geschichte, in: Auge/Hunzinger/D. Kraack 2017, S. 9–30.

**Auge 2019a**
Auge, Oliver (Hg.): Glücksburg in der Geschichte, Husum 2019.

**Auge 2019b**
Auge, Oliver: Eine Frage von Rang und Geld. Die Ehen und Ehepolitik der älteren Glücksburger Herzöge, in: Auge 2019a, S. 53–84.

**Auge/Büsing 2012**
Auge, Oliver; Büsing, Burkhard (Hg.): Der Vertrag von Ripen 1460 und die Anfänge der politischen Partizipation in Schleswig-Holstein, im Reich und in Nordeuropa (Zeit + Geschichte 24/Kieler historische Studien 43), Ostfildern 2012.

**Auge/Hunzinger/D. Kraack 2017**
Auge, Oliver; Hunzinger, Silke; Kraack, Detlev (Hg.): Die Herzöge von Plön (Quellen und Forschungen zur Geschichte Schleswig-Holsteins 124/Sonderveröffentlichung der Arbeitsgemeinschaft für Heimatkunde im Kreis Plön e. V.), Eutin 2017.

**Auge/D. Kraack 2015**
Auge, Oliver; Kraack, Detlev (Hg.): 900 Jahre Schauenburger im Norden. Eine Bestandsaufnahme (Quellen und Forschungen zur Geschichte Schleswig-Holsteins 121/Zeit + Geschichte 30), Kiel 2015.

**Auge/Scharrenberg 2015**
Auge, Oliver; Scharrenberg, Anke: Die Fürsten des Bistums. Die Fürstbischöfliche oder jüngere Linie des Hauses Gottorf in Eutin bis zum Ende des Alten Reiches (Eutiner Forschungen 13), Eutin 2015.

**Babaie 2008**
Babaie, Sussan: Isfahan and its Places. Statecraft, Shi'ism and the Architecture of Conviviality in early modern Iran, Edinburgh 2008.

**Bach-Nielsen 2014**
Bach-Nielsen, Carsten: Emblems in Danish Architecture. A Survey, in: Höpel 2014, S. 16–27.

**Bagge 1934**
Bagge, Povl (Heise, A.): Christan II., in: Dansk Biografisk Leksikon, Bd. 5, Kopenhagen 1934, S. 94–102.

**Bai 1968**
Bai, Emil G.: Fall! Fall! Fall! öwerall. Berichte über den schleswig-holsteinischen Walfang am Beispiel der Stadt Elmshorn. 1817–1872 (Chronik der Seefahrt), Hamburg/Garstedt 1968.

**Baker u. a. 2015**
Baker, Tawrin (Hg.) u. a.: Early Modern Color Worlds, Leiden 2015.

**Balbian Verster 1930**
Balbian Verster, Jan François Leopold de: Het inlegwerk in den vloer van de groote Burgerzaal op het raadhuis, in: Amstelodamum. Maandblad voor de kennis van Amsterdam 17 (1930), S. 5–10.

**Balis 2007**
Balis, Arnout: Rubens en zijn atelier. Een probleemstelling, in: Kat. Brüssel 2007, S. 30–51.

**Balis 1994**
Balis, Arnout: „Fatto da un mio discepolo". Rubens's Studio Practices Reviewed, in: Kat. Tokyo 1994, S. 97–127.

**Balis/Huvenne 2005**
Balis, Arnout; Huvenne, Paul (Hg.): Florissant. Bijdragen tot de kunstgeschiedenis van de Nederlanden (15de–17de eeuw). Liber amicorum Carl Van de Velde, Brüssel 2005.

**Balsam 2011**
Balsam, Simone (Red.): Nürnbergische Hesperiden und Orangeriekultur in Franken (Orangeriekultur. Schriftenreihe des Arbeitskreises Orangerien in Deutschland e. V. 7), Petersberg 2011.

**Baresel-Brand 2007**
Baresel-Brand, Andrea: Grabdenkmäler nordeuropäischer Fürstenhäuser im Zeitalter der Renaissance 1550–1650 (Bau + Kunst. Schleswig-Holsteinische Schriften zur Kunstgeschichte 9), Kiel 2007.

**Barfod 2002**
Barfod, Jørgen H.: Glückstadt. Ein Vorposten und ein missglücktes Projekt, in: Vorträge der Detlefsen-Gesellschaft 5 (2002), S. 35–44.

**Barner 1970**
Barner, Wilfried: Barockrhetorik. Untersuchungen zu ihren geschichtlichen Grundlagen, Tübingen 1970.

**Bartetzky 2000**
Bartetzky, Arnold: Das Große Zeughaus in Danzig. Baugeschichte, architekturgeschichtliche Stellung, repräsentative Funktion (Forschungen zur Geschichte und Kultur des östlichen Mitteleuropa 9), Stuttgart 2000.

**Bass 2017**
Bass, Marissa Anne: The Transi Tomb and the Genius of Sixteenth-Century Netherlandish Funerary Sculpture, in: Kavaler/Scholten/Woodall 2017, S. 160–187.

**Baumann/Köster/Kuhl 2017**
Baumann, Kirsten; Köster, Constanze; Kuhl, Uta (Hg.): Adam Olearius. Neugier als Methode, Petersberg 2017.

**Beck/Steuer/Timpe 1998**
Beck, Heinrich; Steuer, Heiko; Timpe, Dieter (Hg.): Germanen, Germania, germanische Altertumskunde (Reallexikon der Germanischen Altertumskunde), Berlin/New York 1998.

**Beckett 1932**
Beckett, Francis: Renæssancens portrætmaleri, Kopenhagen 1932.

**Behling 1990**
Behling, Holger: Hans Gudewerdt der Jüngere (um 1600–1671). Bildschnitzer zu Eckernförde (Studien zur Schleswig-Holsteinischen Kunstgeschichte 16), Neumünster 1990.

**Bencard 1998**
Bencard, Mogens: Christian IV. als Friedensvermittler, in: Kat. Münster/Osnabrück 1998, Bd. 2, S. 587–592.

**Benecke 1974**
Benecke, Gerhard: Society and Politics in Germany 1500–1750 (Studies in Social History), London/Toronto 1974.

**Beneke 1875**
Beneke, Otto: Zur Geschichte der nichtlutherischen Christen in Hamburg 1575–1589. Schriftstücke des Superintendenten Penshorn, in: Zeitschrift des Vereins für Hamburgische Geschichte 6 (1875), S. 317–344.

**Bergmann/Rupieper 1986**
Bergmann, Jürgen; Rupieper, Hermann-Josef: Arbeit, Mobilität, Partizipation, Protest. Gesellschaftlicher Wandel in Deutschland im 19. und 20. Jahrhundert (Schriften des Zentralinstituts für Sozialwissenschaftliche Forschung der Freien Universität Berlin 47), Opladen 1986.

**Bergmann-Gaadt/Bringmann 2005**
Bergmann-Gaadt, Martina; Bringmann, Michael (Hg.): „Es ist ein weites Feld". Festschrift für Michael Bringmann zum 65. Geburtstag, Aachen 2005.

**Berking 2011**
Berking, Christina: A Monument for the Deceased? What Functions did the Tomb of Daniel Rantzau, c. 1569, fulfil on Behalf of his Family? Hamburg/Milton Keynes 2011 [unpublizierte Masterarbeit].

**Beseler 1974**
Beseler, Hartwig (Hg.): Kunsttopographie Schleswig-Holstein (Die Kunstdenkmäler des Landes Schleswig-Holstein), Kiel 1974.

**Beutin 1950**
Beutin, Ludwig: Simon Peter Tilmann. 1601–1668. Ein bremisch-niederländischer Maler (Schriften der Wittheit zu Bremen. Bremische Weihnachtsblätter 11), Bremen 1950.

**Białostocki 1976**
Białostocki, Jan: The Baltic Area as an Artistic Region in the Sixteenth Century, in: Hafnia. Copenhagen Papers in the History of Art 4 (1976), S. 11–23.

**Bieber 1997**
Bieber, Dietrich: Die Kapelle von Schloss Gottorf. Ein Sakralraum des Frühabsolutismus, in: Kat. Schleswig 1997a, S. 157–177.

**Bieber 1981/83**
Bieber, Dietrich: Marten van Achtens Emporenbilder zum Leben Jesu in der Kapelle von Schloß Gottorf, in: Beiträge zur Schleswiger Stadtgeschichte 26 (1981), S. 98–143, und 28 (1983), S. 37–67.

**Biernatzki 1889**
Biernatzki, Johannes: Übersicht der Meister, in: Haupt 1887–89, Bd. 3, S. 1–50.

**Bjerg/Frantzen 2005**
Bjerg, Hans Christian; Frantzen, Ole L.: Danmark i krig, Kopenhagen 2005.

**Blake 1999**
Blake, Stephen P.: Half the World. The Social Architecture of Safavid Isfahan. 1590–1722 (Islamic and Architecture 9), Costa Mesa 1999.

**Bleile/J. Krüger 2015**
Bleile, Ralf; Krüger, Joachim (Hg.): „Princess Hedvig Sofia" and the Great Northern War, Dresden 2015.

**Blickle 2008**
Blickle, Peter: Das Alte Europa. Vom Hochmittelalter bis zur Moderne, München 2008.

**Boeck 1938**
Boeck, Wilhelm: Oranienburg. Geschichte eines Preußischen Königsschlosses (Forschungen zur Deutschen Kunstgeschichte 30), Berlin 1938.

**Boehn 1952**
Boehn, Otto von: Adam Liquier Beaumont und Hans Winter. Zwei Bildhauer des ausgehenden 16. Jahrhunderts (Schriften der Wittheit zu Bremen. Bremische Weihnachtsblätter 12), Bremen 1952.

**Bogucka 1956**
Bogucka, Maria: Gdańskie rzemiosło tekstylne od XVI do połowy XVII wieku (Badania z dziejów rzemiosła i handlu w epoce feudalizmu 4), Wrocław 1956.

**Bogucka 1983**
Bogucka, Maria: The Baltic and Amsterdam in the First Half of the 17th Century, in: Wieringa 1983, S. 51–57.

**Bogucka 1990**
Bogucka, Maria: Dutch Merchants' Activities in Gdansk in the First Half of the 17th Century, in: Lemmink/Koningsbrugge 1990, S. 19–32.

**Bogucka 2003**
Bogucka, Maria: Baltic Commerce and Urban Society. 1500–1700. Gdansk/Danzig and its Polish Context (Variorum Collected Studies Series 760), Aldershot 2003.

**Böhm 1994**
Böhm, Günter: Antijüdische Ressentiments gegenüber den Hamburger Sephardim im 17. Jahrhundert, in: Studemund-Halévy 1994, S. 89–102.

**Bohn 1999**
Bohn, Robert (Hg.): Nordfriesische Seefahrer in der frühen Neuzeit (Nordfriesische Quellen und Studien 1), Amsterdam 1999.

**Bohn 2003**
Bohn, Robert: Schleswig-Holsteiner in der niederländischen Seefahrt der Frühen Neuzeit, in: Fürsen/R. Witt 2003, S. 109–117.

**Bohn 2011**
Bohn, Robert: Geschichte der Seefahrt, München 2011.

**Bohn/S. Lehmann 2004**
Bohn, Robert; Lehmann, Sebastian (Hg.): Strandungen, Havarien, Kaperungen. Beiträge zur Seefahrtsgeschichte Nordfrieslands (Nordfriesische Quellen und Studien 4), Amsterdam 2004.

**Boldt 2017**
Boldt, Christian (Hg.): 400 Jahre Glückstadt. Festschrift der Detlefsen-Gesellschaft zum Stadtjubiläum, Norderstedt 2017.

**Borggrefe 2002**
Borggrefe, Heiner: Hans Vredeman de Vries (1526–1609), in: Kat. Lemgo/Antwerpen 2002, S. 15–38.

**Borggrefe 2008**
Borggrefe, Heiner: Schloss Bückeburg. Höfischer Glanz. Fürstliche Repräsentation (Kulturlandschaft Schaumburg 13), Hannover 2008.

**Borggrefe/Fusenig 2011**
Borggrefe, Heiner; Fusenig, Thomas: Pieter Isaacsz., Jacob van der Doordt, Hans Rottenhammer and their Artistic Networks, in: Andersen/Bøggild Johannsen/Johannsen 2011, S. 301–312.

**Borggrefe/Lüpkes 2005**
Borggrefe, Heiner; Lüpkes, Vera (Hg.): Hans Vredeman de Vries und die Folgen (Studien zur Kultur der Renaissance 3), Marburg 2005.

**Borggrefe/Uppenkamp 2002**
Borggrefe, Heiner; Uppenkamp, Barbara (Hg.): Kunst und Repräsentation. Beiträge zur europäischen Hofkultur im 16. Jahrhundert (Materialien zur Kunst- und Kulturgeschichte in Nord- und Westdeutschland 29), Lemgo 2002.

**Boxer 1990**
Boxer, Charles R.: The Dutch Seaborne Empire. 1600–1800, London 1990.

**Braden 2001**
Braden, Jutta: Hamburger Judenpolitik im Zeitalter lutherischer Orthodoxie. 1590–1710 (Hamburger Beiträge zur Geschichte der deutschen Juden 23), Hamburg 2001.

**Brancaforte 2001**
Brancaforte, Elio Christoph: Reading the Word and Image. Representations of Safavid Persia in the Maps and Frontispieces of Adam Olearius (ca. 1650), Cambridge (Massachusetts) 2001.

**Brancaforte 2003**
Brancaforte, Elio Christoph: Visions of Persia. Mapping the Travels of Adam Olearius (Harvard Studies in

Comparative Literature), Cambridge (Massachusetts) 2003.

**Brand 1997**
Brand, Andrea: Das Grabdenkmal König Friedrichs I. von Dänemark und Norwegen, in: Kat. Schleswig 1997a, S. 392–395.

**Branden 1883**
Branden, Frans Jozef Peter van den: Geschiedenis der Antwerpsche Schilderschool, Antwerpen 1883.

**Brandt 1981**
Brandt, Otto (Klüver, Wilhelm; Jankuhn, Herbert): Geschichte Schleswig-Holsteins. Ein Grundriß, Kiel ⁸1981.

**Breuer 1994**
Breuer, Dieter: Sprache und Literatur der deutschen Regionen in Daniel Georg Morhofs „Unterricht von der Teutschen Sprache und Poesie" (1682/1700), in: Kühlmann/Langer 1994, S. 35–43.

**Brockstedt 1986**
Brockstedt, Jürgen: Wirtschaftlicher Aufstieg und soziale Mobilität in deutschen Seefahrerregionen vom 17. bis 19. Jahrhundert. Probleme einer partiellen und abgebrochenen Modernisierung, in: Bergmann/Rupieper 1986, S. 99–158.

**Bruck 1917**
Bruck, Robert: Ernst zu Schaumburg. Ein kunstfördernder Fürst des siebzehnten Jahrhunderts. Eine Studie, Berlin 1917.

**J. T. Bruijn 1997**
Bruijn, J. T. P. de: Saadi. De rozentuin, Amsterdam/Löwen 1997.

**J. R. Bruijn/Gaastra/Schöffer 1979–87**
Bruijn, Jacobus R.; Gaastra, Femme S.; Schöffer, Ivo (Hg.): Dutch-Asiatic Shipping in the 17th and 18th Centuries, 3 Bde. (Rijks geschiedkundige Publicatien. Grote Serie 165–167), Den Haag 1979–1987.

**Bruyn/Wetering 1982–2015**
Bruyn, Josua; Wetering, Ernst van de u. a.: A Corpus of Rembrandt Paintings, 6 Bde., Den Haag/Dordrecht 1982–2015.

**Busch 2006**
Busch, Bodil Maria: Die Embleme der Bunten Kammer auf Gut Gaarz, in: Nordelbingen. Beiträge zur Kunst- und Kulturgeschichte Schleswig-Holsteins 75 (2006), S. 15–48.

**Bushart/Haug/Lipińska 2014**
Bushart, Magdalena; Haug, Henrike; Lipińska, Aleksandra (Hg.): Gemeine Artefakte. Zur gemeinschaftlichen Funktion von Kunstwerken in den vormodernen Kulturräumen Ostmitteleuropas (Kunsttexte.de. Kritische Texte und Bilder zur Geschichte der Kunst 2), Berlin 2014.

**Buttgereit 1997**
Buttgereit, Franz-Dietrich: Kindheit und Jugend Herzog Friedrichs III. Dargestellt nach zeitgenössischen Quellen und Dokumenten, in: Kat. Schleswig 1997a, S. 69–82.

**Buttgereit 1999**
Buttgereit, Franz Dietrich: „So thun wir unnss deszwegen gegen Euch gantz gnedig bedancken" – die Beziehungen Herzog Friedrichs III. zu dem Augsburger Kunsthändler Philipp Hainhofer, in: Jahrbuch des Schleswig-Holsteinischen Landesmuseums. Neue Folge 6 (1999), S. 65–74.

**Buttlar 1996**
Buttlar, Adrian von: Historische Gärten in Schleswig-Holstein. Funktion – Gestalt – Entwicklung, in: Buttlar/Meyer 1996, S. 11–59.

**Buttlar/Meyer 1996**
Buttlar, Adrian von; Meyer, Margita Marion (Hg.): Historische Gärten in Schleswig-Holstein, Heide 1996.

**Büttner 2011**
Büttner, Nils: Unbezahlbare in Kupfer gebrachte Werke. Rubens-Grafik in Europa, in: Probst 2011, S. 118–136.

**Büttner 2015**
Büttner, Nils: „Peter Paul Rubens/Mahler von Antorf". Joachim von Sandrarts Entwurf eines idealen Lebensbildes, in: Meurer/Schreurs-Morét/Simonato 2015, S. 221–233.

**Büttner 2017**
Büttner, Nils: The Hands of Rubens. On Copies and their Reception, in: Nakamura 2017, S. 41–53.

**Büttner 2018**
Büttner, Nils: Allegories and Subjects from Literature (Corpus Rubenianum Ludwig Burchard 12), London/Turnhout 2018.

**Büttner/E. Meier 2011**
Büttner, Nils; Meier, Esther (Hg.): Grenzüberschreitung. Deutsch-Niederländischer Kunst- und Künstleraustausch im 17. Jahrhundert, Marburg 2011.

**Calderón 2017**
Calderón, Carme López: The Wide and Narrow Path. The Cell of Father Salamanca (Cuzco) in the Light of Drexel's Gymnasium Patientiae, in: Leal 2017, S. 253–296.

**Campbell 2020**
Campbell, Ian: The Paired Columned Entrance of Holyroodhouse as a Solomonic Signifier, in: Humm/Lowrey/Mackechnie 2020 (in Vorbereitung).

**A. Cassuto 1930**
Cassuto, Alfonso: Die portugiesischen Juden in Glückstadt, in: Jahrbuch der Jüdisch-Literarischen Gesellschaft 21 (1930), S. 287–317.

**I. Cassuto 1909–20**
Cassuto, Isaac: Aus dem ältesten Protokollbuch der Portugiesisch-Jüdischen Gemeinde in Hamburg, 7 Bde. (Jahrbuch der Jüdisch-Literarischen Gesellschaft 6–13), Frankfurt am Main 1909–1920.

**Cavaciocchi 2002**
Cavaciocchi, Simonetta (Hg.): Economia e arte. Secc. XIII.–XVIII. (Istituto Internazionale di Storia Economica F. Datini. Serie 2: Atti delle „Settimane di Studi" e altri Convegni 33), Prato 2002.

**Chipps Smith 1994**
Chipps Smith, Jeffrey: German Sculpture of the Later Renaissance. C. 1520–1580. Art in an Age of Uncertainty, Princeton (New Jersey) 1994.

**C. Christensen 1950**
Christensen, Charles: Kronborg. Frederik II's Rænæsseslot og dets senere skæbne, Kopenhagen 1950.

**S. Christensen/Noldus 2003**
Christensen, Stephen T.; Noldus, Badeloch (Hg.): Cultural Traffic and Cultural Transformation around the Baltic Sea. 1450–1720 (Scandinavian Journal of History 28, 3–4), Oslo 2003.

**Ciesielska 1958**
Ciesielska, Karola: Osadnictwo „olęderskie" w Prusach Królewskich i na Kujawach w świetle kontraktów osadniczych, in: Studia i materiały do dziejów Wielkopolski i Pomorza 4,2 (1958), S. 220–256.

**Claussen 1996**
Claussen, Nils: Friedrichstadt, in: Buttlar/Meyer 1996, S. 255–256.

**Colding 1953**
Colding, Torben Holck: Aspects of Miniature Painting. Its Origins and Development, Kopenhagen 1953.

**Colding 1991**
Colding, Torben Holck: Miniature- og emaillemaleri i Danmark 1606–1850, 2 Bde., Kopenhagen 1991.

**Collet 2007**
Collet, Dominik: Die Welt in der Stube. Begegnungen mit Außereuropa in Kunstkammern der Frühen Neuzeit (Veröffentlichungen des Max-Planck-Instituts für Geschichte 232), Göttingen 2007.

**Coolhaas 1979–85**
Coolhaas, Willem Philippus (Hg.): Generale Missiven van gouverneurs-generaal en raden aan heren XVII der Verenigde Oostindische Compagnie, Bd. 7: 1713–1725; Bd. 8: 1725–1729 (Rijks geschiedkundige publicatiën 164, 193), Den Haag 1979–1985.

**Cuveland 1989**
Cuveland, Helga de: Der Gottorfer Codex von Hans Simon Holtzbecker (Grüne Reihe. Quellen und Forschungen zur Gartenkunst 14), Worms 1989.

**Cuveland 1996a**
Cuveland, Helga de: Der Reinbeker Schloßgarten. Geschichte und Entwicklung von 1578 bis zur Gegenwart, Neumünster 1996.

**Cuveland 1996b**
Cuveland, Helga de: Husum, in: Buttlar/Meyer 1996, S. 320–327.

**Cuveland 1996c**
Cuveland, Helga de: Reinbek, in: Buttlar/Meyer 1996, S. 497–505.

**Cuveland 1996d**
Cuveland, Helga de: Schleswig. Der Gottorfer Codex und die Pflanzen der Gottorfer Gärten, in: Buttlar/Meyer 1996, S. 559–562.

**Cuveland 1997**
Cuveland, Helga de: Die Gottorfer Hundertjährige Aloe. Oder die Kunst, eine Agave Americana zur Blüte zu bringen, in: Kat. Schleswig 1997a, S. 229–234.

**Dahlberg 1992**
Dahlberg, Gunilla: Komediantteatern i 1600-talets Stockholm (Stockholmsmonografier 106), Stockholm 1992.

**Daly 2005**
Daly, Peter M.: Emblem Scholarship. Directions and Developments. A Tribute to Gabriel Hornstein (Imago Figurata. Studies 5), Turnhout 2005.

**Dam-Mikkelsen/Lundbæk 1980**
Dam-Mikkelsen, Bente; Lundbæk, Torben: Etnografiske genstande i Det Kongelige Danske Kunstkammer. 1650–1800/Ethnographic Objects in The Royal Danish Kunstkammer. 1650–1800 (Publications of the National Museum. Ethnographical Series 17), Kopenhagen 1980.

**C. Davids 1975**
Davids, Curt: Das Schloß in Reinbek, Neumünster 1975.

**C. A. Davids 1995**
Davids, Carolus A. (Hg.): De republiek tussen zee en vasteland. Buitenlandse invloeden op cultuur, economie en politiek in Nederland. 1580–1800, Löwen/Apeldoorn 1995.

**K. Davids 1990**
Davids, Karel: The Transfer of Windmill Technology from the Netherlands to North-Eastern Europe from the 16th to the Early 19th Century, in: Lemmink/Koningsbrugge 1990, S. 33–52.

**K. Davids 1995**
Davids, Karel: Shifts of Technological Leadership in Early Modern Europe, in: K. Davids/Lucassen 1995, S. 338–366.

**K. Davids/Lucassen 1995**
Davids, Karel; Lucassen, Jan (Hg.): A Miracle Mirrored. The Dutch Republic in European Perspective, Cambridge 1995.

**Degn 2010a**
Degn, Ole (Hg.): Tolden i Sundet. Toldopkrævning, politik og skibsfart i Øresund 1429–1857, Kopenhagen 2010.

**Degn 2010b**
Degn, Ole: Europæiske handelsflåder passerende Sundet i 1640, in: Degn 2010a, S. 125–174.

**Degueldre 2011**
Degueldre, Gilberte: Kadastrale ligger van Antwerpen (1584–1585) proeve van reconstructie op de vooravond van de scheiding Nederlanden, 14 Bde., Antwerpen 2011.

**Dekker 1978**
Dekker, Pieter: Föhrer Seeleute bei der niederländischen Walfangfahrt. Besonders im 18. Jahrhundert, in: Nordfriesisches Jahrbuch 14 (1978), S. 113–160.

**Dempsey 1967**
Dempsey, Charles: Euanthes Redivivus. Rubens's Prometheus Bound, in: Journal of the Warburg and Courtauld Institutes 30 (1967), S. 420–425.

**Detlefsen 1976**
Detlefsen, Detlef Friedrich: Geschichte der holsteinischen Elbmarschen, Bd. 2: Von dem Übergange der Marschen an die Könige von Dänemark. 1460 bis zur Gegenwart, Glückstadt 1892, Neudruck Kiel 1976.

**Deutsch-Niederländische Gesellschaft 1999**
Deutsch-Niederländische Gesellschaft (Hg.): Deutsch-Niederländische Beziehungen in Vergangenheit, Gegenwart und Zukunft, Berlin 1999.

**Devisscher/Vlieghe 2014**
Devisscher, Hans; Vlieghe, Hans: Rubens. The Life of Christ before the Passion (Corpus Rubenianum Ludwig Burchard 5,1), London/Turnhout 2014.

**Dieckow 1997**
Dieckow, Doris: Herzog Carl Leopold und der mecklenburgische Bauernkrieg, in: Güstrow 1997, S. 20–25.

**Diemer/Sauerländer 2008**
Diemer, Dorothea; Sauerländer, Willibald: Die Münchner Kunstkammer, 3 Bde. (Bayerische Akademie der Wissenschaften. Philosophisch-Historische Klasse. Abhandlungen 129), München 2008.

**Dijkstra 1986**
Dijkstra, A. Jacob: „Ausgewanderte" Schiffsdokumente zum friesischen Wal- und Robbenfang. Eine Untersuchung bisher unveröffentlichter Schiffpapiere aus deutschem und niederländischem Besitz, in: Deutsches Schiffahrtsarchiv. Wissenschaftliches Jahrbuch des Deutschen Schiffahrtsmuseums 9 (1986), S. 199–216.

**Doe/Moree/Tang 2008**
Doe, Erik van der; Moree, Perry; Tang, Dirk J. (Hg.): De dominee met het stenen hart. En andere overzeese briefgeheimen (Sailing Letters Journaal 1), Zutphen 2008.

**Drees 1992**
Drees, Jan: Gillis Peeters (1612–1653), in: Jahrbuch des Schleswig-Holsteinischen Landesmuseums Schloss Gottorf. Neue Folge 3 (1992), S. 112–113.

**Drees 1994**
Drees, Jan: Salomon Koninck (1609–1656) zugeschrieben, in: Jahrbuch des Schleswig-Holsteinischen Landesmuseums Schloss Gottorf. Neue Folge 4 (1994), S. 74–75.

**Drees 1997a**
Drees, Jan: Die „Gottorfische Kunst-Kammer". Anmerkungen zu ihrer Geschichte nach historischen Textzeugnissen, in: Kat. Schleswig 1997b, S. 11–48.

**Drees 1997b**
Drees, Jan: Jürgen Ovens (1623–1678) als höfischer Maler. Beobachtungen zur Portrait- und Historienmalerei am Gottorfer Hof, in: Kat. Schleswig 1997a, S. 245–258.

**Drees 2003**
Drees, Jan: Exkurs. Höfische Kultur in Gottorfs Glanzzeit (1544–1713). Selbstverständnis und Anspruch im Zeichen von Repräsentation und Zeremoniell, in: U. Lange 2003a, S. 267–280.

**Dudszus/Köpcke 1995**
Dudszus, Alfred; Köpcke, Alfred: Das große Buch der Schiffstypen. Schiffe, Boote, Flöße unter Riemen und Segel, Dampfschiffe, Motorschiffe, Meerestechnik, Augsburg 1995.

**Due-Nielsen/Feldbæk/N. Petersen 2002**
Due-Nielsen, Carsten; Feldbæk, Ole; Petersen, Nikolaj (Hg.): Dansk udenrigspolitiks historie, Bd. 2: Revanche og neutralitet. 1648–1814, Kopenhagen 2002.

**Eco 1997**
Eco, Umberto: Die Suche nach der vollkommenen Sprache, Burkhart Kroeber (Übersetzer), München 1997.

**Egmond 2017**
Egmond, Florike van: Eye for Detail. Images of Plants and Animals in Art and Sciences. 1500–1630, London 2017.

**Ehrhardt 2015**
Ehrhardt, Michael: „Des Landes Ufer zu schützen". Zur Geschichte der Deiche an der Unterweser (Schriftenreihe des Landschaftsverbandes der Ehemaligen Herzogtümer Bremen und Verden 43/Geschichte der Deiche an Elbe und Weser 6), Stade 2015.

**Eichberger/Lorentz/Tacke 2017**
Eichberger, Dagmar; Lorentz, Philippe; Tacke, Andreas (Hg.): The Artist between Court and City (1300–1600). L'artiste entre la Cour et la Ville. Der Künstler zwischen Hof und Stadt (artifex. Quellen und Studien zur Künstlersozialgeschichte), Petersberg 2017.

**Eikema Hommes/Froment 2001**
Eikema Hommes, Margriet van; Froment, Emilie: „Een doek van geene betekenis". De nachtelijke samenzwering van Claudius Civilis in het Schakerbos van Govert Flinck en Jürgen Ovens technisch onderzocht, in: Oud Holland 124 (2011), S. 141–170.

**Eikema Hommes/Kolfin 2013**
Eikema Hommes, Margriet van; Kolfin, Elmer: De Oranjezaal in Huis ten Bosch. Een zaal uit loutere liefde, Zwolle 2013.

**Eimer 1961**
Eimer, Gerhard: Die Stadtplanung im schwedischen Ostseereich. 1600–1715

(Scandinavian University Books), Stockholm 1961.

**Ellehøj 1964**
Ellehøj, Svend: Christian 4.s Tidsalder (Danmarks Historie 7), Kopenhagen 1964.

**Ellger 1966**
Ellger, Dietrich: Dom zu Schleswig. Der Dom und der ehemalige Dombezirk (Die Kunstdenkmäler des Landes Schleswig-Holstein 10/Die Kunstdenkmäler der Stadt Schleswig 2), München/Berlin 1966.

**Ellger/Teuchert 1957**
Ellger, Dietrich; Teuchert, Wolfgang: Die Kunstdenkmäler des Kreises Schleswig ohne die Stadt Schleswig (Die Kunstdenkmäler des Landes Schleswig-Holstein 8), München/Berlin 1957.

**Enklaar/Ester 1995**
Enklaar, Jattie; Ester, Hans (Hg.): Wechseltausch. Übersetzen als Kulturvermittlung. Deutschland und die Niederlande, Amsterdam/Atlanta (Georgia) 1995.

**Erenstein 1996**
Erenstein, Robert L. (Hg.): Een theatergeschiedenis der Nederlanden. Tien eeuwen drama en theater in Nederland en Vlaanderen, Amsterdam 1996.

**Feddersen 2001**
Feddersen, Berend Harke: Wie fanden sie ihren Weg? Die Sicherung der nordfriesischen Küstenfahrt. Seezeichen, Segelanweisungen und Seekarten bis zur Mitte des 19. Jahrhunderts. Von der Küstenfahrt zur Hochsee-Navigation. Private Navigationsschulen in Nordfriesland und ihre Lehrer (Schriftenreihe des Nordfriesischen Schiffahrtsmuseums Husum 4), Husum 2001.

**Felfe 2005**
Felfe, Robert: Collections and the Surface of the Image. Pictoral Strategies in Early-Modern Wunderkammern, in: Schramm/Schwarte/Lazardzig 2005, S. 228–266.

**Félicité 2017**
Félicité, Indravati: Das Königreich Frankreich und die norddeutschen Hansestädte und Herzogtümer (1650–1730). Diplomatie zwischen ungleichen Partnern (Quellen und Darstellungen zur Hansischen Geschichte. Neue Folge 75), Köln/Weimar/Wien 2017.

**Fevre/Harding 2000**
Fevre, Peter Le; Harding, Richard (Hg.): Precursors of Nelson. British Admirals of the Eighteenth Century, London 2000.

**Fey u. a. 2017**
Fey, Carola u. a.: Die Kunstkammer der Herzöge von Württemberg. Bestand, Geschichte, Kontext, 3 Bde., Ostfildern 2017.

**Fiedler 1987**
Fiedler, Beate-Christine: Die Verwaltung der Herzogtümer Bremen und Verden in der Schwedenzeit 1652–1712. Organisation und Wesen der Verwaltung (Einzelschriften des Stader Geschichts- und Heimatvereins 29/Veröffentlichungen aus dem Stadtarchiv Stade 7), Stade 1987.

**Findlen 1989**
Findlen, Paula: Museum. Its Classical Etymology and Renaissance Genealogy, in: Journal for the History of Collections 1 (1989), S. 59–78.

**Fleck 1954**
Fleck, Walter-Gerd: Das Schloß Weikersheim. Seine Baugeschichte und seine Stellung innerhalb der Schlossbaukunst des 16. und frühen 17. Jahrhunderts, Tübingen 1954.

**Floor 2002**
Floor, Willem: The Talar-i Tavila or Hall of Stables. A Forgotten Safavid Palace, in: Muqarnas. An Annual on the Visual Culture of the Islamic World 19 (2002), S. 149–163.

**Forssman 1956**
Forssman, Erik: Säule und Ornament. Studien zum Problem des Manierismus in den nordischen Säulenbüchern und Vorlageblättern des 16. und 17. Jahrhunderts (Stockholm Studies in History of Art 1. Acta Universitatis Stockholmiensis), Stockholm/Köln 1956.

**Forssman 1959**
Forssman, Erik: Dorisk stil I svensk arkitektur, in: Konsthistorisk tidskrift 28,1 (1959), S. 13–33.

**Frantzen/K. Jespersen 2010**
Frantzen, Ole L.; Jespersen, Knud J. V.: Danmarks krigshistorie. 700–2010, Kopenhagen 2010.

**Freedberg 1984**
Freedberg, David: Rubens. The Life of Christ after the Passion (Corpus Rubenianum Ludwig Burchard 7), London/Oxford 1984.

**Freeden 1944**
Freeden, Max H. von: Zum Leben und Werk des Baumeisters Georg Robin, in: Zeitschrift für Kunstgeschichte 11 (1944), S. 28–43.

**Freiesleben 1976**
Freiesleben, Hans Christian: Geschichte der Navigation, Wiesbaden 1976.

**Freytag/Harms/M. Schilling 2004**
Freytag, Hartmut; Harms, Wolfgang; Schilling, Michael (Hg.): Gesprächskultur des Barock. Die Embleme der Bunten Kammer im Herrenhaus Ludwigsburg bei Eckernförde, Kiel 2004.

**F. Friis 1890–1901**
Friis, Frederik Reinholdt: Bidrag til dansk kunsthistorie, Kopenhagen 1890–1901.

**Frijhoff 1977**
Frijhoff, Willem: The Princely Court at The Hague. A National and European Perspective, in: Keblusek/Zijlmans 1997, S. 10–17.

**Froese 2008**
Froese, Wolfgang: Wikinger, Germanen, nordische Königreiche. Die Geschichte der Ostseestaaten […], Hamburg 2008.

**Frost 2000**
Frost, Robert I.: The Northern Wars. War, State and Society in Northeastern Europe. 1558–1721 (Modern Wars in Perspective), Harlow 2000.

**Fuhring/Luijten 1997**
Fuhring, Peter (Kompilation); Luijten, Ger (Hg.): Vredeman de Vries, 2 Bde. (Hollstein's Dutch & Flemish Etchings, Engravings and Woodcuts 1450–1700 47/48), Rotterdam 1997.

**Fuhrmann 1990**
Fuhrmann, Kai: Die Auseinandersetzungen zwischen königlicher und gottorfischer Linie in den Herzogtümern Schleswig und Holstein in der zweiten Hälfte des 17. Jahrhunderts (Kieler Werkstücke A1), Frankfurt am Main u. a. 1990.

**Fuhrmann 1997**
Fuhrmann, Kai: Herzog Friedrich IV. im Ringen um das Ansehen als „armierter Stand", in: Kat. Schleswig 1997a, S. 49–53.

**Fürsen 2009**
Fürsen, Ernst Joachim (Hg.): Das Konsulat der Niederlande in Rendsburg. 1809–2009 (Rendsburger Studien 5), Rendsburg 2009.

**Fürsen/R. Witt 2003**
Fürsen, Ernst Joachim; Witt, Reimer (Hg.): Schleswig-Holstein und die Niederlande. Aspekte einer historischen Verbundenheit (Veröffentlichungen des Landesarchivs Schleswig-Holstein 80), Schleswig 2003.

**Fusenig 2002**
Fusenig, Thomas: „… wollen mit vleis euch erkundigen, ob ir nicht derselbige kunststueck zu wege zu bringen vermöchte". Graf Simon VI. zur Lippe kauft niederländische Gemälde für Kaiser Rudolf II., in: Borggrefe/Uppenkamp 2002, S. 109–150.

**Fusenig 2012**
Fusenig, Thomas: Hamburg als Umschlagort künstlerischer Ideen im 17. Jahrhundert. Der Perspektivmaler Gabriel Engels (1592–1654), in: Steiger/Richter 2012, S. 703–725.

**Füssel/Knape 1989**
Füssel, Stephan; Knape, Joachim: Poesis Et Pictura. Studien zum Verhältnis von Text und Bild in Handschriften und alten Drucken, Baden-Baden 1989.

**Futter 1960**
Futter, Kurt: Wolfgang II., Graf von Hohenlohe (1546–1610), in: Miller/Uhland/Taddey 1960, S. 62–69.

**Garber 2018**
Garber, Klaus: Der Reformator und Aufklärer Martin Opitz (1597–1639). Ein Humanist im Zeitalter der Krisis, Berlin/Boston 2018.

## Quellen- und Literaturverzeichnis

**Garber u. a. 1991**
Garber, Klaus (Hg.) u. a.: Europäische Barock-Rezeption, Bd. 1 (Wolfenbütteler Arbeiten zur Barockforschung 20,1), Wiesbaden 1991.

**Gąsiorowski 1976**
Gąsiorowski, Eugeniusz: Antonis van Obberghen, in: Hafnia. Copenhagen Papers in the History of Art 4 (1976), S. 71–90.

**Gause 1965**
Gause, Fritz: Geschichte der Stadt Königsberg, Bd. 1: Von der Gründung der Stadt bis zum letzten Kurfürsten (Ostmitteleuropa in Vergangenheit und Gegenwart 10,1), Köln/Graz 1965.

**Gelder 1998**
Gelder, Roelof van: Paradijsvogels in Enkhuizen. De relatie tussen Van Linschoten en Bernardus Paludanus, in: Gelder/Parmentier/Roeper 1998, S. 30–50.

**Gelder 2004**
Gelder, Roelof van: Das ostindische Abenteuer. Deutsche in Diensten der Vereinigten Ostindischen Kompanie der Niederlande (VOC). 1600–1800 (Schriften des Deutschen Schiffahrtsmuseums 61), Hamburg 2004.

**Gelder/Parmentier/Roeper 1998**
Gelder, Roelof van; Parmentier, Jan; Roeper, Vibeke (Hg.): Souffrir pour parvenir. De wereld van Jan Huygen van Linschoten (Custode. Episoden uit de Nederlandse cultuurgeschiedenis 1), Haarlem 1998.

**Gemert 1995**
Gemert, Guillaume van: „Germanje groet U als haar grooten Zoon". Zu Vondels Renommee im deutschen Sprachraum, in: Enklaar/Ester 1995, S. 65–92.

**Gemert 1999**
Gemert, Guillaume van: Fremdsprachige Literatur („Latinität" und Übersetzungen), in: A. Meier 1999, S. 286–299.

**Génard 1879**
Génard, Pierre: Le tombeau de Christian III, Roi de Danemark, dans la cathédrale de Roeskilde. La dernière oeuvre du sculpteur-architecte Corneille Floris, le vieux in: Bulletin et annales de l'Académie d'Archéologie de Belgique 1 (1879), S. 137–145.

**George 1923**
George, Ernst: Die wirtschaftlichen und kulturellen Beziehungen der Westküste Schleswig-Holsteins zu den Niederlanden, in: Nordelbingen 1 (1923), S. 220–289.

**Georgievska-Shine 2009**
Georgievska-Shine, Aneta: Rubens and the Archaeology of Myth. 1610–1620. Visual and Poetic Memory, London/New York 2009.

**Gerson 1942**
Gerson, Horst: Ausbreitung und Nachwirkung der holländischen Malerei des 17. Jahrhunderts, Haarlem 1942 [Nachdruck Amsterdam 1983].

**Gihl 1913**
Gihl, Torsten: Sverige och västmakterna under Karl X Gustafs andra krig med Danmark, Uppsala 1913.

**Goldberg 2011**
Goldberg, Bettina: Abseits der Metropolen. Die jüdische Minderheit in Schleswig-Holstein (Quellen und Studien zur Geschichte der Juden in Schleswig-Holstein 5), Neumünster 2011.

**Goor 1988–2004**
Goor, Jurrien (Hg.): Generale Missiven van gouverneurs-generaal en raden aan heren XVII der Verenigde Oostindische Compagnie, Bd. 9: 1729–1737; Bd. 10: 1737–1743 (Rijks geschiedkundige publicatiën 205, 250), Den Haag 1988–2004.

**Gordenker 2001**
Gordenker, Emilie E. S.: Anthony van Dyck (1599–1641) and the Representation of Dress in Seventeenth-Century Portraiture (Pictura Nova 8), Turnhout 2001.

**Green 1872**
Green, Henri: Andrea Alciati and His Books of Emblems. A biographical and bibliographical Study, London 1872.

**Grinder-Hansen 2018**
Grinder-Hansen, Poul: Kronborg. Fortællingen om et slot, Kopenhagen 2018.

**Groesen 2008**
Groesen, Michiel van: The Representations of the Overseas World in the De Bry Collection of Voyages. 1590–1634 (Library of the Written Word 2), Leiden 2008.

**Gronowicz 2002**
Gronowicz, Krzysztof: Der Danziger Gemäldezyklus von Hans Vredeman de Vries, in: Kat. Lemgo/Antwerpen 2002, S. 153–158.

**Grootens 1941**
Grootens, Petrus Leonardus Marie: Dominicus Baudius. Een levensschets uit het Leidse humanistenmilieu. 1561–1613, Nijmegen/Utrecht 1942.

**Großmann 1994**
Großmann, Dieter: Emporenkirchen und Kirchenemporen in Deutschland im 16. Jahrhundert, in: Raschzok/Sörries 1994, S. 27–35.

**Grunsky 1990**
Grunsky, Konrad (Hg.): Schloß vor Husum, Husum 1990.

**Gullberg 2008**
Gullberg, Tom: Lejonet vaknar 1611–1660 (Krigen kring Östersjön 3), Helsinki 2008.

**Gundestrup 1997**
Gundestrup, Bente: Das Schicksal der Gottorfischen Kunst- und Naturalien-Kammer in Kopenhagen, in: Kat. Schleswig 1997b, S. 58–65.

**Gundestrup 2017**
Gundestrup, Bente: Adam Olearius and the Kunstkammer, in: Baumann/Köster/Kuhl 2017, S. 185–192.

**Güstrow 1997**
Landkreis Güstrow/Güstrower Kunst- und Altertumsverein: Die Zeit des Barock in Mecklenburg. Anläßlich der Ersterwähnung Mecklenburg 995 in Verbindung mit dem Tag des offenen Denkmals 1995, Güstrow 1997.

**Habich 1997**
Habich, Johannes: Schloss Gottorf. Ein Palast der Frührenaissance, in: Kat. Schleswig 1997a, S. 149–151.

**Haitsma Mulier/Lem 1990**
Haitsma Mulier, Eco O. G.; Lem, Anton van der: Repertorium van geschiedschrijvers in Nederland 1500–1800 (Bibliografische reeks van het Nederlands Historisch Genootschap 7), Den Haag 1990.

**Hamann 1988**
Hamann, Brigitte (Hg.): Die Habsburger. Ein biographisches Lexikon, München 1988.

**Hamann-MacLean 1978**
Hamann-MacLean, Richard: Das Freigrab, in: Zeitschrift des Deutschen Vereins für Kunstwissenschaft 32 (1978), S. 95–136.

**Hammel-Kiesow/Pelc 2003**
Hammel-Kiesow, Rolf; Pelc, Ortwin: Landesausbau, Territorialherrschaft, Produktion und Handel im hohen und späten Mittelalter, in: U. Lange 2003a, S. 59–134.

**Hansen 1989**
Hansen, Peter: Biographie des Schiffscapitains Peter Hansen von Amalienburg bei Arnis im Herzogthum Schleswig. Mit Beiträgen von Jochen Bracker, Annelies Hübsch und Dietrich Sürenhagen (Lebensbilder aus Schleswig-Holstein 3), Flensburg 1989 [Originalausgabe 1859].

**Harms 1989**
Harms, Wolfgang: Verbindungen von Fama, Memoria, Vanitas und Tod um Heinrich Rantzau, in: Füssel/Knape 1989, S. 337–348.

**Harms/Freytag 1975**
Harms, Wolfgang; Freytag, Hartmut (Hg.): Außerliterarische Wirkungen barocker Emblembücher. Emblematik in Ludwigsburg, Gaarz und Pommersfelden, München 1975.

**Hattendorf 2000**
Hattendorf, John B.: Sir George Rooke and Sir Cloudesley Shovell. C 1650–1709 and 1650–1707, in: Fevre/Harding 2000, S. 43–77.

**Haupt 1887–89**
Haupt, Richard: Die Bau- und Kunstdenkmäler der Provinz Schleswig-Holstein. Mit Ausnahme des Kreises Herzogtum Lauenburg, 3 Bde., Kiel 1887–1889.

**Haupt 1918a**
Haupt, Richard: Daniel Ranzau und sein Denkmal zu Westensee, in: Quellen und Forschungen zur Geschichte Schleswig-Holsteins 6,3 (1918), S. 257–263.

**Haupt 1918b**
Haupt, Richard: Denkmalfund zu Westensee in Holstein, in: Kunstchronik. Wochenschrift für Kunst und Kunstgewerbe. Neue Folge 29 (1918), S. 299–303.

**Haupt 1927**
Haupt, Richard: Heinrich Rantzau und die Künste, in: Zeitschrift der Gesellschaft für Holsteinische Geschichte 56 (1927), S. 1–66.

**Heck 2005**
Heck, Michèle-Caroline (Hg.): Le rubénisme en Europe aux XVIIe et XVIIIe siècles, Turnhout 2005.

**Hecker-Stampehl/B. Henningsen 2012**
Hecker-Stampehl, Jan; Henningsen, Bernd (Hg.): Geschichte, Politik und Kultur im Ostseeraum (Die Ostseeregion. Nördliche Dimensionen – Europäische Perspektiven 12), Berlin 2012.

**Heckmann 2000**
Heckmann, Hermann: Baumeister des Barock und Rokoko in Mecklenburg, Schleswig-Holstein, Lübeck, Hamburg, Berlin 2000.

**Hedicke 1913**
Hedicke, Robert: Cornelis Floris und die Florisdekoration. Studien zur niederländischen und deutsch Kunst im XVI. Jahrhundert, 2 Bde., Berlin 1913.

**Heeres 1988**
Heeres, W. G. (Hg.): From Dunkirk to Danzig. Shipping and Trade in the North Sea and the Baltic. 1350–1850 (Amsterdamse historische reeks 5), Hilversum 1988.

**Heerma van Voss 1995**
Heerma van Voss, Lex: Nordzeecultuur. 1500–1800, in: C. A. Davids 1995, S. 25–55.

**Hegeler/Wiltschko 2007**
Hegeler, Hartmut; Wiltschko, Stefan: Anton Praetorius und das 1. Große Fass von Heidelberg. Schriften des Kämpfers gegen Folter und Hexenverfolgung betreffend Heidelberg, Heppenheim, Weinheim, Dittelsheim, Ilvesheim und den Rhein-Neckar-Raum, Nordhausen ²2007.

**Heiberg 1995**
Heiberg, Steffen: Mander, Cornelis van, in: Weilbachs Dansk Kunstnerleksikon, Bd. 5, Kopenhagen 1995, S. 300.

**Heinemann 1998**
Heinemann, W. A.: Die Renovierung des Hauses Prinzeßstraße 26 in Friedrichstadt, in: Der Maueranker. Baupflege in Nordfriesland, Dithmarschen und Angeln 2 (1998), S. 9–11.

**Hemeldonck 2005**
Hemeldonck, Godelieve van: Het Grootwerk. Goudsmeden, zilversmeden en juweliers vermeld te Antwerpen. 13$^{de}$–19$^{de}$ eeuw. Biografische nota's en geschiedenis van het ambacht, 6 Bde., Antwerpen 2005.

**Hemeldonck 2007**
Hemeldonck, Godelieve van: Typologie. Tilver, juweel en edelstenen te Antwerpen. 15$^{de}$–19$^{de}$ eeuw, Antwerpen 2007.

**L. Henningsen 2008**
Henningsen, Lars N.: Die Herzöge von Gottorf, in: Rasmussen 2008a, S. 143–183.

**Hering 2009**
Rainer Hering (Hg.): Die Ordnung der Natur. Vorträge zu historischen Gärten und Parks in Schleswig-Holstein (Veröffentlichungen des Landesarchivs Schleswig-Holstein 96), Hamburg 2009.

**Herzog/Sens 2017**
Herzog, Jürgen; Sens, Hans Christoph (Hg.): Schloss Hartenfels und die Schlosskirche in Torgau. Denkmal der Reformation (Schriften des Torgauer Geschichtsvereins 11), Beucha/Markkleeberg 2017.

**Hill 1997**
Hill, Thomas: Herzog Adolf, der Gründer des Gottorfischen Herzogshauses, in: Kat. Schleswig 1997a, S. 21–29.

**Hille 1876**
Hille, Georg: Christian Albrecht, in: Allgemeine Deutsche Biographie, Bd. 4, Leipzig 1876, S. 188–191.

**Hinrichs/Panten/Riecken 1991**
Hinrichs, Boy; Panten, Albert; Riecken, Guntram: Flutkatastrophe 1634. Natur, Geschichte, Dichtung, Neumünster ²1991.

**Hirschfeld 1959**
Hirschfeld, Peter: Herrenhäuser und Schlösser in Schleswig-Holstein, München/Berlin ²1959.

**Hirschfeld 1980**
Hirschfeld, Peter: Herrenhäuser und Schlösser in Schleswig-Holstein, München/Berlin ⁵1980.

**Hoffmeister 1987**
Hoffmeister, Gerhart: Deutsche und europäische Barockliteratur, Stuttgart 1987.

**Honnens de Lichtenberg 1981**
Honnens de Lichtenberg, Hanne: Some Netherlandish Artists employed by Frederick II., in: Hafnia. Copenhagen Papers in the History of Art 8 (1981), S. 51–71.

**Höpel 1999**
Höpel, Ingrid: Emblemprogramme auf nordfriesischen Bauernschränken des 18. Jahrhunderts, in: Manning/Porteman 1999, S. 389–421.

**Höpel 2004a**
Höpel, Ingrid: An Emblematic Illumination of the Town Hall in Kiel, in: López Poza 2004, S. 459–466.

**Höpel 2004b**
Höpel, Ingrid: Antwerpen auf Eiderstedt. Ein Emblemzyklus nach Hermann Hugos „Pia Desideria" in St. Katharina, Katharinenheerd auf Eiderstedt, zwischen 1635 und 1650, in: De zeventiende eeuw. Cultuur in de Nederlanden in interdisciplinair perspectief 20 (2004), S. 323–342.

**Höpel 2004c**
Höpel, Ingrid: Embleme auf Möbeln des 18. Jahrhunderts im Umkreis Husums, in: Strasser/Wade 2004, S. 173–209.

**Höpel 2007**
Höpel, Ingrid: Change of Medium. From Book Graphics to Art in Sacred Space. With the Example of an Emblem-Cycle on a Church Gallery at Katharinenheerd, in: Köhler/W. Schneider 2007, S. 189–225.

**Höpel 2010**
Höpel, Ingrid: Ein Emblemzyklus von 1690 an der Nonnenempore der Klosterkirche St. Johannis vor Schleswig, in: Beiträge zur Schleswiger Stadtgeschichte 55 (2010), S. 27–48.

**Höpel 2014**
Höpel, Ingrid (Hg.): Architektur als Ort für Embleme (Mundus Symbolicus 2), Kiel 2014.

**Höpel 2017a**
Höpel, Ingrid: Adam Olearius und die Gottorfer Feste und Festballette. In: Baumann/Köster/Kuhl 2017, S. 216–225.

**Höpel 2017b**
Höpel, Ingrid: Die Embleme in der Wilhelmsburger Kreuzkirche im lokalen und europäischen Kontext, in: Die Insel. Zeitschrift des Vereins Museum Elbinsel Wilhelmsburg e. V. 2016/17 (2017), S. 13–20.

**Humm/Lowrey/Mackechnie 2020**
Humm, Louise; Lowrey, John; Mackechnie, Aonghus (Hg.): The Architecture of Scotland. 1660–1750, Edinburgh, 2020 (in Vorbereitung).

**Hundt/Lokers 2014**
Hundt, Michael; Lokers, Jan (Hg.): Hanse und Stadt. Akteure, Strukturen und Entwicklungen im regionalen und europäischen Raum, Lübeck 2014.

**Hunger 1934**
Hunger, Friedrich Wilhelm Tobias: Bernardus Paludanus (Berent ten Broeke). 1550–1633. Zijn verzamelingen en zijn werk, in: Linschoten 1934, S. 249–268.

**Husmeier 2002**
Husmeier, Gudrun: Graf Otto IV. von Holstein-Schaumburg (1517–1576). Landesherrschaft, Reichspolitik und Niederländischer Aufstand (Schaumburger Studien 60), Bielefeld 2002.

**Huys Janssen 1998**
Huys Janssen, Paul: Jan van Bijlert. 1597/98–1671. Catalogue raisonné (Oculi. Studies in the Arts of the Low Countries 7), Amsterdam 1998.

**Huys Janssen 2012**
Huys Janssen, Paul: Zeven zeventiende-eeuwse schilderijen in het Sint

Eloyen Gasthuis te Utrecht, Utrecht 2012.

**Huysmans 1987**
Huysmans, Antoinette: De grafmonumenten van Cornelis Floris, in: Revue belge d'archéologie et d'histoire de l'art 56 (1987), S. 91–122.

**Huysmans u. a. 1996**
Huysmans, Antoinette u. a.: Cornelis Floris. 1514–1575. Beeldhouwer, architect, ontwerper, Brüssel 1996.

**Impey/MacGregor 2001**
Impey, Oliver; MacGregor, Arthur: The Origins of Museums. The Cabinet of Curiosities in Sixteenth- and Seventeenth-Century Europe, London ²2001.

**Ingen 1981**
Ingen, Ferdinand van: Holländisch-deutsche Wechselbeziehungen in der Literatur des 17. Jahrhunderts (Nachbarn 26), Bonn 1981.

**Isacson 2004**
Isacson, Claes-Göran: Karl X Gustavs krig. Fälttågen i Polen, Tyskland, Baltikum, Danmark och Sverige 1655–1660, Lund 2004.

**Israel 1989**
Israel, Jonathan I.: Dutch Primacy in World Trade. 1585–1740, Oxford 1989.

**Israel 1990**
Israel, Jonathan I.: Empires and Entrepots. The Dutch, the Spanish Monarchy and the Jews. 1585–1713, London/Ronceverte 1990.

**Israel 1995**
Israel, Jonathan I.: The Commercial and Political Relations of the Dutch with the Baltic Region in Early Modern Times, in: Tijdschrift voor Skandinavistiek 16,2 (1995), S. 31–44.

**Jacobs 2017**
Jacobs, Joachim G.: Der Jüdische Friedhof von Glückstadt, in: Boldt 2017, S. 89–105.

**Jacobsen 1926**
Jacobsen, Johann P.: Glückstadt als religiöse Freistatt, in: Heimatbuch des Kreises Steinburg 3 (1926), S. 220–249.

**Jaffé 2002**
Jaffé, Michael: The Devonshire Collection of Northern European Drawings, Turin/London/Venedig 2002.

**Jahnecke 1996**
Jahnecke, Hjördis: Breitenburg, in: Buttlar/Meyer 1996, S. 181–190.

**Jahnecke 1999**
Jahncke, Hjördis: Die Breitenburg und ihre Gärten im Wandel der Jahrhunderte (Bau + Kunst. Schleswig-Holsteinische Schriften zur Kunstgeschichte 2), Kiel 1999.

**Jahnke 2017**
Jahnke, Carsten: Geschichte Dänemarks, Ditzingen 2017.

**Jensen 1951**
Jensen, Christian Axel: Christian 3.s og Frederik 2.s Gravmonumenter, in: Moltke/Møller 1951, S. 1836–1852 [570–586].

**Jensen 1953**
Jensen, Christian Axel: Danske adelige Gravste. Fra Sengotikens og Renaissancens Tod. Studier over Værksteder og Kunstnere, Bd. 2, Kopenhagen 1953.

**Jern 1976**
Jern, Henrik: Uraniborg. Herresäte och himlaborg, Lund 1976.

**K. Jespersen 2002**
Jespersen, Knud J. V.: 1648–1720, in: Due-Nielsen/Feldbæk/N. Petersen 2002, S. 11–199.

**L. Jespersen 2010**
Jespersen, Leon: „Hvorfor den blev betalt siden, da vi ikke mere herskede i Sundet, må Vorherre vide". Øresundstolden og Roskildefreden 1658, in: Degn 2010a, S. 295–328.

**Jesse 1913**
Jesse, Wilhelm: Geschichte der Stadt Schwerin, 2 Bde., Schwerin 1913.

**H. Jessen 1933**
Jessen, Hans J.: Auszug aus der Geschichte der oktroyierten Köge neben Erwähnungen des Deichwesens und der Verwaltung in der Landschaft Eiderstedt, Garding 1933.

**J. Jessen 1922**
Jessen, Jens: Die Entstehung und Entwicklung der Gutswirtschaft in Schleswig-Holstein bis zu dem Beginn der Agrarreformen, in: Zeitschrift der Gesellschaft für Schleswig-Holsteinische Geschichte 51 (1922), S. 1–206.

**Jockenhövel 1989**
Jockenhövel, Klaus: Rom – Brüssel – Gottorf. Ein Beitrag zur Geschichte der gegenreformatorischen Versuche in Nordeuropa. 1622–1637 (Quellen und Forschungen zur Geschichte Schleswig-Holsteins 93), Neumünster 1989.

**Johannsen 2010**
Johannsen, Hugo: Dignity and Dynasty. On the History and Meaning of the Royal Funeral Monuments for Christian III, Frederik II and Christian IV in the Cathedral of Roskilde, in: Andersen/Nyborg/Vedsø 2010, S. 117–149.

**Jolly 1999a**
Jolly, Anna: Netherlandish Sculptors in Sixteenth-Century Northern Germany and their Patrons, in: Simiolus Netherlands Quarterly for the History of Art 27 (1999), S. 119–144.

**Jolly 1999b**
Jolly, Anna: Philip Brandin, ein niederländischer Bildhauer des 16. Jahrhunderts im Dienst der Herzöge von Mecklenburg, in: Oud Holland 113, 1–2 (1999), S. 13–44.

**Jonckheere 2008**
Jonckheere, Koenraad: The Auction of King William's Paintings (1713). Elite international art trade at the End of the Dutch Golden Age, Amsterdam 2008.

**Jong 2000**
Jong, Erika A. de: Gärten auf Papier. Hans Vredeman de Vries und sein „Hortorvm viridariorvmqve elegantes & multiplicis formae" von 1583, in: Kat. Hamm/Mainz 2000, S. 37–47.

**C. Jonge 1938**
Jonge, Caroline Henriette de: Paulus Moreelse. Portret- en genreschilder te Utrecht 1571 – 1638, Assen 1938.

**K. Jonge 2011**
Jonge, Krista de: A Netherlandish Model? Reframing the Danish Royal Residences in a European Perspective, in: Andersen/Bøggild Johannsen/Johannsen 2011, S. 219–233.

**Jöns 1972**
Jöns, Dietrich Walter: Die emblematische Predigtweise Johann Sauberts, in: Rasch/Geulen/Haberkamm 1972, S. 137–158.

**Jorink 2010**
Jorink, Eric: Reading the Book of Nature in the Dutch Golden Age. 1575—1715, Leiden 2010.

**Judson 2000**
Judson, Jay Richard: Rubens. The Passion of Christ (Corpus Rubenianum Ludwig Burchard 6), London/Turnhout 2000.

**Judson/Velde 1977**
Judson, Jay Richard; Velde, Carl van de: Book Illustrations and Title-Pages (Corpus Rubenianum Ludwig Burchard 21), Brüssel/London/Philadelphia 1977.

**Jürgens/Weller 2010**
Jürgens, Henning P.; Weller, Thomas (Hg.): Religion und Mobilität. Zum Verhältnis von raumbezogener Mobilität und religiöser Identitätsbildung im frühneuzeitlichen Europa (Veröffentlichungen des Instituts für Europäische Geschichte 81), Göttingen 2010.

**Kägler 2014**
Kägler, Britta, Dynastische Ehen in der Frühen Neuzeit. Partnerwahl zwischen Sozialprestige und Außenpolitik, in: Geschichte in Wissenschaft und Unterricht. Zeitschrift des Verbandes der Geschichtslehrer Deutschlands 65 (2014), S. 5–20.

**Kaminski 2004**
Kaminski, Nicola: EX BELLO ARS oder Ursprung der „Deutschen Poeterey" (Beiträge zur neueren Literaturgeschichte 205), Heidelberg 2004.

**Kamphausen 1960**
Kamphausen, Alfred: Grabsteine des holsteinischen Adels im 15. und 16. Jahrhundert, in: Rumohr 1960, S. 191–198.

**Kapp 2011**
Kapp, Volker: Rhetorik und Poesie an der Universität Kiel um 1680. Daniel

Georg Morhof. Mit Blick auf seine Schüler Breithaupt und Franck, in: Lindauer-Huber/Lindner 2011, S. 113–128.

**Kat. Amsterdam 2018**
Kat. Kwab. Ornament as Art in the Age of Rembrandt, Rijksmuseum Amsterdam, Reinier Baarsen, Rotterdam 2018.

**Kat. Antwerpen 1988**
Kat. Zilver uit de gouden eeuw van Antwerpen, Rockoxhuis Antwerpen, Piet Baudouin u. a., Antwerpen 1988.

**Kat. Berlin 1966**
Kat. Deutsche Maler und Zeichner des 17. Jahrhunderts, Orangerie des Schlosses Charlottenburg (Staatliche Museen zu Berlin der Stiftung Preußischer Kulturbesitz), Rüdiger Klessmann (Hg.), Berlin 1966.

**Kat. Berlin 2018**
Kat. Europa und das Meer, Deutsches Historisches Museum Berlin, Dorlis Blume (Hg.) u. a., München 2018.

**Kat. Braunschweig 2000**
Kat. Der Krieg als Person. Herzog Christian d. J. von Braunschweig-Lüneburg im Bildnis von Paulus Moreelse, Herzog Anton Ulrich Museum Braunschweig, Jochen Luckhardt; Nils Büttner (Hg.), Braunschweig 2000, S. 46–57.

**Kat. Bremen 2000**
Kat. Kunst und Bürgerglanz in Bremen. Vier Ausstellungen zu 400 Jahren Kunstgeschichte, Focke-Museum Bremen u. a., Jörn Christiansen (Hg.) (Veröffentlichungen des Bremer Landesmuseums für Kunst und Kulturgeschichte. Focke-Museum 102), Bremen 2000.

**Kat. Brüssel 2007**
Kat. Rubens. Een genie an het werk, Koninklijke Musea voor Schone Kunsten van België Brüssel, Joost vander Auwera; Arnout Balis u. a., Tielt 2007.

**Kat. Brüssel/London 2014**
Kat. Rubens and His Legacy. From van Dyck to Cézanne, Bozar Centre of Fine Arts Brüssel/Royal Academy of Arts London, Nico van Hout, London 2014.

**Kat. Den Haag/Washington 2005**
Kat. Frans van Mieris. 1635–1681, Mauritshuis Den Haag/National Gallery of Art Washington, Quentin Buvelot (Hg.), Zwolle 2005.

**Kat. Frankfurt 2009**
Kat. Flämische Gemälde im Städel Museum. 1550–1800, Agnes Tieze, 2 Bde. (Kataloge der Gemälde im Städel Museum Frankfurt am Main 10), Petersberg 2009.

**Kat. Frankfurt 2017**
Kat. Rubens. Kraft der Verwandlung, Kunsthistorisches Museum Wien/Städel Museum Frankfurt am Main, Gerlinde Gruber (Hg.) u. a., München 2017.

**Kat. Fürstenberg/Hannover 2010**
Kat. Die heißen 3. 300 Jahre Kaffee, Tee und Schokolade in Norddeutschland (Schriften des Historischen Museums Hannover 37), Ehemalige Herzoglich Braunschweigische Porzellanmanufaktur Museum im Schloss Fürstenberg/Historisches Museum am Hohen Ufer Hannover, Thomas Krueger; Andreas Urban (Hg.), Holzminden 2010.

**Kat. Hamburg 1987**
Kat. Der historische Walfang in Bildern (Sammlungen des Altonaer Museums in Hamburg 13), Altonaer Museum in Hamburg – Norddeutsches Landesmuseum, Joachim Münzing (Autor); Gerhard Kaufmann (Hg.), Herford 1987.

**Kat. Hamburg 2003**
Kat. Die Blumenbücher des Hans Simon Holtzbecker und Hamburgs Lustgärten. Hans Simon Holtzbecker, Hamburger Blumenmaler des 17. Jahrhunderts. Botanische, garten- und kunsthistorische Aspekte (Abhandlungen des Naturwissenschaftlichen Vereins in Hamburg. Neue Folge 36), Staats- und Universitätsbibliothek Hamburg, Dietrich Roth (Hg.), Keltern-Weiler 2003.

**Kat. Hamburg 2006**
Kat. Gartenlust und Blumenliebe. Hamburgs Gartenkultur vom Barock bis ins 20. Jahrhundert, Museum für Hamburgische Geschichte, Claudia Horbas (Hg.), Ostfildern-Ruit 2006.

**Kat. Hamburg 2009**
Kat. Emblemata Hamburgiensa. Emblembücher und angewandte Emblematik im frühneuzeitlichen Hamburg, Staats- und Universitätsbibliothek Hamburg Carl von Ossietzky, Antje Theise; Anja Wolkenhauer (Hg.), Kiel 2009.

**Kat. Hamburg 2010**
Kat. Täuschend echt. Illusion und Wirklichkeit in der Kunst, Bucerius Kunst Forum Hamburg, Bärbel Hedinger (Hg.) (Publikationen des Bucerius Kunst Forum), München 2010.

**Kat. Hamburg/Luxemburg 2010**
Kat. Segeln, was das Zeug hält. Niederländische Gemälde des Goldenen Zeitalters, Hamburger Kunsthalle/Villa Vauban Luxemburg, Martina Sitt; Hubertus Gaßner (Hg.), München 2010.

**Kat. Hamm/Mainz 2000**
Kat. Gärten und Höfe der Rubenszeit im Spiegel der Malerfamilie Brueghel und der Künstler um Peter Paul Rubens, Gustav-Lübcke-Museum Hamm/Landesmuseum Mainz, Ursula Härting (Hg.), München 2000.

**Kat. Kassel 2016**
Kat. Kunst und Illusion. Das Spiel mit dem Betrachter, Gemäldegalerie Alte Meister Kassel, Justus Lange; Julia Carrasco, Petersberg 2016.

**Kat. Kiel 1965**
Kat. Gottorfer Kultur im Jahrhundert der Universitätsgründung. Kulturgeschichtliche Denkmäler und Zeugnisse des 17. Jahrhunderts aus der Sphäre der Herzöge von Schleswig-Holstein-Gottorf, Neues Schloss zu Kiel, Ernst Schlee (Hg.), Flensburg 1965.

**Kat. Kiel 2007**
Kat. Kunsthalle zu Kiel. Die Sammlung, Dirk Luckow (Hg.), Köln 2007.

**Kat. Kopenhagen 1988**
Kat. The Kronborg Series. King Christian IV and his Pictures of Early Danish History, Statens Museum for Kunst. Den Kongelige Kobberstiksamling, Henrik Ditlev Schepelern; Ulla Houkjær (Kobberstiksamlingens Billedhefter 6), Kopenhagen 1988.

**Kat. Kopenhagen u. a. 1988**
Kat. Christian IV and Europe. The 19th Art Exhibition of the Council of Europe. Denmark 1988, Nationalmuseet Kopenhagen u. a., Steffen Heiberg (Hg.), o. O. 1988.

**Kat. Lemgo/Antwerpen 2002**
Kat. Hans Vredeman de Vries und die Renaissance im Norden, Weserrenaissance-Museum Schloss Brake/Koninklijk Museum voor Schone Kunsten Antwerpen, Heiner Borggrefe; Vera Lüpkes (Hg.), München 2002.

**Kat. München 2005**
Kat. In Europa zu Hause. Niederländer in München um 1600, Staatliche Graphische Sammlung München. Neue Pinakothek, Thea Vignau Wilberg (Hg.), München 2005.

**Kat. Münster 1994**
Kat. Im Lichte Rembrandts. Das Alte Testament im Goldenen Zeitalter der niederländischen Kunst, Westfälisches Landesmuseum Münster, Christian Tümpel (Hg.), München u. a. 1994.

**Kat. Münster/Osnabrück 1998**
Kat. 1648. Krieg und Frieden in Europa, Westfälisches Landesmuseum für Kunst und Kulturgeschichte Münster/Kulturgeschichtliches Museum und Kunsthalle Dominikanerkirche Osnabrück, Klaus Bußmann; Heinz Schilling (Hg.), 3 Bde., Münster 1998.

**Kat. Nürnberg 1983**
Kat. Martin Luther und die Reformation in Deutschland, Germanisches Nationalmuseum Nürnberg, Gerhard Bott (Hg.), Frankfurt am Main 1983.

**Kat. Oldenburg 2006**
Kat. Große, fette Wale. Die Geschichte des Walfangs in Drucken des 15.–21. Jahrhunderts (Schriften der Landesbibliothek Oldenburg 43), Landesbibliothek Oldenburg, Hans Beelen, Oldenburg 2006.

**Kat. Philadelphia 2015**
Kat. The Wrath of the Gods. Masterpieces by Rubens, Michelangelo, and Titian, Philadelphia Museum of Art, Christopher Atkins, New Haven u. a. 2015.

**Kat. Providence 1975**
Kat. Rubenism, Bell Gallery, List Art Building, Brown University Providence, Roxane Landers (Hg.), Providence 1975.

## Quellen- und Literaturverzeichnis

**Kat. Schleswig 1997**
Kat. Gottorf im Glanz des Barock. Kunst und Kultur am Gottorfer Hof 1544–1713, Schleswig-Holsteinische Landesmuseen Schloss Gottorf, Heinz Spielmann; Jan Drees (Hg.), 4 Bde., Schleswig 1997.

**Kat. Schleswig 1997a**
Kat. Die Herzöge und ihre Sammlungen, Schleswig-Holsteinische Landesmuseen Schloss Gottorf, Heinz Spielmann; Jan Drees (Hg.) (Gottorf im Glanz des Barock 1), Schleswig 1997.

**Kat. Schleswig 1997b**
Kat. Die Gottorfer Kunstkammer, Mogens Bencard; Jørgen Hein; Bente Gundestrup; Jan Drees (Gottorf im Glanz des Barock 2), Schleswig 1997.

**Kat. Schleswig 1997c**
Kat. Schleswig-Holsteinisches Landesmuseum. Renaissance und Barock, Heinz Spielmann; Jan Drees; Birgit Doering; Uta Kuhl (Gottorf im Glanz des Barock 3), Schleswig 1997.

**Kat. Schleswig 1999**
Kat. Heinrich Rantzau (1526–1598). Königlicher Statthalter in Schleswig und Holstein. Ein Humanist beschreibt sein Land, Landesarchiv Schleswig-Holstein Schleswig, Marion Bejschowetz-Iserhoht u. a. (Hg.) (Veröffentlichungen des Schleswig-Holsteinischen Landesarchivs 64), Schleswig 1999.

**Kat. Schleswig 2008**
Kat. 99 Silbermünzen. Der Haselauer Münzfund aus der Zeit des Dreißigjährigen Krieges, Landesarchiv Schleswig-Holstein Schleswig, Marion Bejschowetz-Iserhoht; Rainer Hering (Hg.), Schleswig 2008.

**Kat. Schleswig 2014**
Kat. Der Gottorfer Codex. Blütenpracht und Weltanschauung, Schleswig-Holsteinische Landesmuseen Schloss Gottorf, Kirsten Baumann (Hg.), München 2014.

**Kat. Schleswig 2015**
Kat. Von Degen, Segeln und Kanonen. Der Untergang der Prinzessin Hedvig Sofia, Schleswig-Holsteinische Landesmuseen Schloss Gottorf, Kirsten Baumann; Ralf Bleile (Hg.), Dresden 2015.

**Kat. Schwerin 1990**
Kat. Kunst der Renaissance, Staatliches Museum Schwerin, Kristina Hegner, Schwerin 1990.

**Kat. Stuttgart 2018**
Kat. Sinnbild/Bildsinn. Rubens als Buchkünstler, Staatliche Akademie der Bildenden Künste Stuttgart, Gitta Bertram; Nils Büttner, Stuttgart 2018.

**Kat. Tokyo 1994**
Kat. Rubens and His Workshop. The Flight of Lot and His Family from Sodom, The National Museum of Western Art Tokyo, Toshiharu Nakamura (Hg.), Tokyo 1994.

**Kat. Utrecht/München 2018**
Kat. Utrecht, Caravaggio und Europa, Centraal Museum Utrecht/Alte Pinakothek München, Bernd Ebert; Liesbeth M. Helmus (Hg.), München 2018.

**T. Kaufmann 2010**
Kaufmann, Thomas DaCosta: Arcimboldo. Visual Jokes, Natural History, and Still-Life Painting, Chicago 2010.

**Kavaler 2013**
Kavaler, Ethan Matt: The Diaspora of Netherlandish Sculptors in the Second Half of the Sixteenth Century, in: Ottenheym/K. Jonge 2013, S. 89–101.

**Kavaler/Scholten/Woodall 2017**
Kavaler, Ethan Matt; Scholten, Frits; Woodall, Joanna (Hg.): Netherlandish Sculpture of the 16th Century. Zestiende-eeuwse beeldhouwkunst uit de Nederlanden (Netherlands Yearbook for History of Art/Nederlands Kunsthistorisch Jaarboek 67), Leiden/Boston 2017.

**Keblusek/Zijlmans 1997**
Keblusek, Marika; Zijlmans, Jori (Hg.): Princely Display. The Court of Frederik Hendrik of Orange and Amalia van Solms, Zwolle 1997.

**Kehlmann 2017**
Kehlmann, Daniel: Tyll, Reinbek 2017.

**Kellenbenz 1953**
Kellenbenz, Hermann: Adolf I., in: Neue Deutsche Biographie, Bd. 1, Berlin 1953, S. 86.

**Kellenbenz 1954**
Kellenbenz, Hermann: Spanien, die nördlichen Niederlande und der skandinavisch-baltische Raum in der Weltwirtschaft und Politik um 1600, in: Vierteljahrschrift für Sozial- und Wirtschaftsgeschichte 41,4 (1954), S. 289–332.

**Kellenbenz 1958**
Kellenbenz, Hermann: Sephardim an der Unteren Elbe. Ihre wirtschaftliche und politische Bedeutung vom Ende des 16. bis zum Beginn des 18. Jahrhunderts (Vierteljahrschrift für Sozial- und Wirtschaftsgeschichte 40), Wiesbaden 1958.

**Kellenbenz 1982**
Kellenbenz, Hermann: Adolf I., in: Biographisches Lexikon für Schleswig-Holstein und Lübeck, Bd. 6, Neumünster 1982, S. 20–23.

**Kellenbenz 1985**
Kellenbenz, Hermann: Schleswig in der Gottorfer Zeit. 1544–1711, Schleswig 1985.

**Keller/Penman 2015**
Keller, Vera; Penman, Leigh T. I.: From the Archives of Scientific Diplomacy. Science and the shared Interests of Samuel Hartlib's London and Frederick Clodius's Gottorf, in: Isis. An International Review Devoted to the History of Science and Its Cultural Influences 106,1 (2015), S. 17–42.

**Ketelsen 1984**
Ketelsen (= Ketelsen-Volkhardt), Anne-Dore: Das Rantzau-Epitaph aus Neustadt im Landesmuseum Schloß Gottorf, in: W. Müller 1984, S. 80–87.

**Ketelsen-Volkhardt 1989**
Ketelsen-Volkhardt, Anne-Dore: Schleswig-holsteinische Epitaphien des 16. und 17. Jahrhunderts (Studien zur schleswig-holsteinischen Kunstgeschichte 15), Neumünster 1989.

**Kiecksee 1952**
Kiecksee, Ernst Markus: Die Handelspolitik der Gottorfer Herzöge im 17. Jahrhundert. Ein Beitrag zur schleswig-holsteinischen Handelsgeschichte, Kiel 1952 [unpublizierte Dissertation].

**Kiesewetter 2017**
Kiesewetter, Arndt: Der aus dem Dresdner Residenzschloss stammende Alabasteraltar in der Torgauer Schlosskapelle, in: Herzog/Sens 2017, S. 189–206.

**Kin/Janssens 1988**
Kin, Marleen; Janssens, Luc (Hg.): Handelingen van het eerste congres van de Federatie van Nederlandstalige Verenigingen voor Oudheidkunde en Geschiedenis van België te Hasselt, Mechelen 1988.

**Kindermann 1967**
Kindermann, Heinz: Theatergeschichte Europas, Bd. 3: Das Theater der Barockzeit, Salzburg ²1967.

**Kirch/Münch/Stewart 2019**
Kirch, Miriam Hall; Münch, Birgit Ulrike; Stewart, Alison G. (Hg.): Crossroads. Frankfurt am Main as Market for Northern Art 1500–1850, Petersberg 2019.

**Kizik 1994**
Kizik, Edmund: Mennonici w Gdańsku, Elblągu i na Żuławach wiślanych w drugiej połowie XVII i w XVIII wieku. Studium z dziejów małej społeczności wyznaniowej (Seria monografi 95), Danzig 1994.

**Kizik 2004**
Kizik, Edmund: Niederländische Einflüsse in Danzig, Polen und Litauen vom 16. bis zum 18. Jahrhundert, in: Krieger/North 2004, S. 51–76.

**Kleineberg u. a. 2010**
Kleineberg, Andreas u. a.: Germania und die Insel Thule. Die Entschlüsselung von Ptolemaios' „Atlas der Oikumene", Darmstadt 2010.

**Knöfel 2009**
Knöfel, Anne-Simone: Dynastie und Prestige. Die Heiratspolitik der Wettiner (Dresdner historische Studien 9), Köln 2009.

**Knüppel 1972**
Knüppel, Günter: Das Heerwesen des Fürstentums Schleswig-Holstein-Gottorf 1600–1715 (Quellen und Forschungen zur Geschichte Schleswig-Holsteins 63), Neumünster 1972.

**Kodres/Mänd 2013**
Kodres, Krista; Mänd, Anu (Hg.): Images and Objects in Ritual Practices in Medieval and Early Modern Northern and Central Europe, Newcastle Upon Tyne 2013.

**Köhler/W. Schneider 2007**
Köhler, Johannes; Schneider, Wolfgang Christian: Das Emblem im Widerpsiel von Intermedialität und Synmedialität (Philosophische Texte und Studien 89), Hildesheim/Zürich 2007.

**Köhn 1974**
Köhn, Gerhard: Die Bevölkerung der Residenz, Festung und Exulantenstadt Glückstadt von der Gründung 1616 bis zum Endausbau 1652. Methoden einer historisch-demographischen Untersuchung mit Hilfe der elektronischen Datenverarbeitung (Quellen und Forschungen zur Geschichte Schleswig-Holsteins 65), Neumünster 1974.

**Köhn 1992**
Köhn, Gerhard: Die Niederländische Nation in Glückstadt, in: Menke 1992a, S. 299–316.

**Komlosy 2008**
Komlosy, Andrea (Hg.): Ostsee 700–2000. Gesellschaft, Wirtschaft, Kultur, Wien 2008.

**Koninckx 1990**
Koninckx, Christian: Recruitment of Dutch Shipwrights for the Benefit of the Royal Shipyard of the Admiralty at Karlskrona in 1718, in: Lemmink/Koningsbrugge 1990, S. 127–140.

**Konst/Leemans/Noak 2009**
Konst, Jan; Leemans, Inger; Noak, Bettina (Hg.): Niederländisch-deutsche Kulturbeziehungen 1600–1830 (Berliner Mittelalter- und Frühneuzeitforschung 7), Göttingen 2009.

**Koolman 2007**
Koolman, Antje: Die Erziehung eines Prinzen. Die Ausbildung Herzog Christian Ludwigs II. in Grabow, Wolfenbüttel, London und Rom, in: Mecklenburgische Jahrbücher 122 (2007), S. 81–98.

**Korthals Altes 2003**
Korthart Altes, Everhard: De veroveering van de internationale kunstmarkt door de zeventiende-eeuwse schilderkunst. Enkele studies over de verspreiding van Hollandse schilderijen in de eerste helft van de achttiende eeuw, Leiden 2003.

**Köster 2015**
Köster, Constanze: Jürgen Ovens (1623–1678) und die Inszenierung des Friedens in der Malerei der Mitte des 17. Jahrhunderts. Beispiele für Bildfindung und Motivübernahme, in: Nordelbingen. Beiträge zur Kunst- und Kulturgeschichte Schleswig-Holsteins 84 (2015), S. 7–31.

**Köster 2017a**
Köster, Constanze: Jürgen Ovens (1623–1678). Maler in Schleswig-Holstein und Amsterdam (Studien zur internationalen Architektur- und Kunstgeschichte 147), Petersberg 2017.

**Köster 2017b**
Köster, Constanze: Adam Olearius und Jürgen Ovens. Der Gottorf-Zyklus als Illustration der Holsteinischen Chronic, in: Baumann/Köster/Kuhl 2017, S. 205–215.

**D. Kraack 2010**
Kraack, Detlev: Selbstzeugnisse als Quellen für die Familienkunde. Das „Memorial und Jurenal" des Peter Hansen Hajstrup (1624–1672), in: Familienkundliches Jahrbuch Schleswig-Holstein 49 (2010), S. 111–126.

**D. Kraack 2012**
Kraack, Detlev: Von „kleinen Krautern" und großen Herren. Der nordelbische Adel vor 1460, in: Auge/Büsing 2012, S. 101–140.

**D. Kraack 2018a**
Kraack, Detlev: Seneca Ingersen, Baron von Geltingen (1715–1786). Die märchenhafte Karriere eines Waisen aus Langenhorn in den Diensten der Niederländischen Ostindien-Kompanie in Südostasien, in: M. Petersen 2018, S. 113–120.

**D. Kraack 2018b**
Kraack, Detlev: Zacapu – Isfahan – Pernambuco – Batavia. Koloniale Erfahrungshorizonte des 16. und 17. Jahrhunderts, in: M. Petersen 2018, S. 87–104.

**G. Kraack 1977**
Kraack, Gerhard: Die Flensburger Geburtsbriefe. Auswanderung aus Flensburg 1550–1750 (Schriftenreihe der Gesellschaft für Flensburger Stadtgeschichte 26), Flensburg 1977.

**G. Kraack 1999**
Kraack, Gerhard: Bürgerbuch der Stadt Flensburg. Verzeichnis der Neubürger von 1558 bis 1869, 3 Bde. (Schriften der Gesellschaft für Flensburger Stadtgeschichte 53), Flensburg 1999.

**G. Kraack 2013**
Kraack, Gerhard: Historisches Kataster der Stadt Flensburg. Die Häuser und ihre Besitzer von 1436 bis 1795, 3 Bde. (Große Schriftenreihe der Gesellschaft für Flensburger Stadtgeschichte 76), Flensburg 2013.

**Kramer 1987**
Kramer, Karl-Sigismund: Volksleben in Holstein (1550–1800). Eine Volkskunde aufgrund archivalischer Quellen, Kiel 1987.

**Kramer/Wilkens 1979**
Kramer, Karl-Sigismund; Wilkens, Ulrich: Volksleben in einem holsteinischen Gutsbezirk. Eine Untersuchung aufgrund archivalischer Quellen (Studien zur Volkskunde und Kulturgeschichte Schleswig-Holsteins 4), Neumünster 1979.

**Kramm 1936**
Kramm, Walter: Die beiden ersten Kasseler Hofbildhauerwerkstätten im 16. und 17. Jahrhundert, in: Marburger Jahrbuch für Kunstwissenschaft 8/9 (1936), S. 329–390.

**Kraschewski 1978**
Kraschewski, Hans-Joachim: Wirtschaftspolitik im deutschen Territorialstaat des 16. Jahrhunderts. Herzog Julius von Braunschweig-Wolfenbüttel (1528–1589) (Neue Wirtschaftsgeschichte 15), Köln/Wien 1978.

**Krausch 2007**
Krausch, Heinz Dieter: „Kaiserkron und Päonien rot …". Von der Entdeckung und Einführung unserer Gartenblumen, München 2007.

**Kreslins/Mansbach/Schweitzer 2003**
Kreslins, Janis; Mansbach, Steven A.; Schweitzer, Robert (Hg.): Gränsländer. Östersjön i ny gestalt (Meddelande. Armémuseum 61–62), Stockholm 2003.

**Krieger 1998**
Krieger, Martin: Kaufleute, Seeräuber und Diplomaten. Der dänische Handel auf dem Indischen Ozean (1620–1868) (Wirtschafts- und sozialhistorische Studien 8), Köln/Weimar/Wien 1998.

**Krieger/North 2004**
Krieger, Martin; North, Michael (Hg.): Land und Meer. Kultureller Austausch zwischen Westeuropa und dem Ostseeraum in der Frühen Neuzeit, Köln/Weimar/Wien 2004.

**Kruft 1985**
Kruft, Hanno-Walter: Geschichte der Architekturtheorie. Von der Antike bis zur Gegenwart, München 1985.

**J. Krüger 2015a**
Krüger, Joachim: Das Herzogtum Schleswig-Holstein-Gottorf im 17. Jahrhundert, in: Oldach/T. Friis 2015, S. 93–116.

**J. Krüger 2015b**
Krüger, Joachim: Der Große Nordische Krieg. Eine Zeit des Umbruchs, in: Kat. Schleswig 2015, S. 76–99.

**J. Krüger 2019**
Krüger, Joachim: Der letzte Versuch einer Hegemonialpolitik am Öresund. Dänemark-Norwegen und der Große Nordische Krieg (1700–1721) (Nordische Geschichte 13), Berlin 2019.

**K. Krüger 1999**
Krüger, Klaus: Corpus der mittelalterlichen Grabdenkmäler in Lübeck, Schleswig, Holstein und Lauenburg (1100–1600) (Kieler historische Studien 40), Stuttgart 1999.

**Kruse 1992**
Kruse, Sabine: Alvaro Dinis (um 1575? – 1644) alias (u. a.) Alberto Dionis, Albert de Nies, Samuel Hyac, Samuel Jachia, in: Kruse/Engelmann 1992, S. 105–106.

**Kruse/Engelmann 1992**
Kruse, Sabine; Engelmann, Bernt: „Mein Vater war portugiesischer Jude…". Die sefardische Einwanderung nach Norddeutschland um 1600 und ihre Auswirkungen auf unsere Kultur, Göttingen 1992.

**Kuhl 1997**
Kuhl, Uta: Bildhauer und Bildschnitzer im Dienst der Gottorfer Herzöge, in: Kat. Schleswig 1997a, S. 192–209.

**Kuhl 2016**
Kuhl, Uta: Schleswig-Holsteinisches Landesmuseum Schloß Gottorf. Hofkapelle (1590), in: Steiger 2016, Bd. 2, S. 716–719.

**Kuhl 2017**
Kuhl, Uta: Adam Olearius. Weltwissen und Empirie, in: Baumann/Köster/Kuhl 2017, S. 11–23.

**Kühlmann/Langer 1994**
Kühlmann, Wilhelm; Langer, Horst (Hg.): Pommern in der frühen Neuzeit. Literatur und Kultur in Stadt und Region (Frühe Neuzeit. Studien und Dokumente zur deutschen Literatur und Kultur im europäischen Kontext 19), Tübingen 1994.

**Kühn 1992**
Kühn, Hans Joachim: Die Anfänge des Deichbaus in Schleswig-Holstein (Kleine Schleswig-Holstein-Bücher 42), Heide 1992.

**Kuijpers 2005**
Kuijpers, Erika: Migrantenstad. Immigratie en sociale verhoudingen in de 17e-eeuws Amsterdam (Amsterdamse historische reeks 32), Hilversum 2005.

**H. Kunz/Panten 1997**
Kunz, Harry; Panten, Albert: Die Köge Nordfrieslands (Nordfriisk Instituut 144), Bredstedt 1997.

**H. Kunz/Pingel 2003**
Kunz, Harry; Pingel, Fiete: Deichbau und Landgewinnung an der schleswig-holsteinischen Westküste unter niederländischem Einfluss, in: Fürsen/R. Witt 2003, S. 137–139.

**I. Kunz 2001**
Kunz, Ilse u. a.: Spuren der Niederländer in Norddeutschland. Ein Wegweiser. Niedersachsen, Schleswig-Holstein, Mecklenburg-Vorpommern, Sachsen-Anhalt, Hamburg und Bremen, Berlin 2001.

**Kuschert 1990**
Kuschert, Rolf: Der rote Hauberg. Baudenkmal und Museum in Witzwort in der Landschaft Eiderstedt (Schriften des Kreisarchivs Nordfriesland 13), Husum 1990.

**Kuyper 1994**
Kuyper, Wouter: The Triumphant Entry of Renaissance Architecture into the Netherlands. The Joyeuse Entrée of Philip of Spain into Antwerp in 1549. Renaissance and Mannerist Architecture in the Low Countries from 1530 to 1630, 2 Bde., Alphen aan den Rijn 1994.

**Lafrenz 1985**
Lafrenz, Deert: Die Kunstdenkmäler der Stadt Schleswig, Bd. 3: Kirchen, Klöster und Hospitäler (Die Kunstdenkmäler des Landes Schleswig-Holstein 11), München/Berlin 1985.

**Lafrenz 1987**
Lafrenz, Deert: Das Kieler Schloß. Der Fürstensitz Herzog Adolfs von Gottorf in Kiel, Hamburg 1987.

**Lafrenz 2011**
Lafrenz, Deert. Der Schlossbau Herzog Adolfs in Tönning, in: Nordelbingen. Beiträge zur Kunst- und Kulturgeschichte Schleswig-Holsteins 80 (2011), S. 7–34.

**Lafrenz 2015**
Lafrenz, Deert: Gutshöfe und Herrenhäuser in Schleswig-Holstein, Petersberg ²2015.

**Lamendin 2007**
Lamendin, Jean-Claude: Douai (Nord). Contrats de mariage aux Archives Municipales de Douai. XVIe siècle, Douai 2007.

**Lammert 1952**
Lammert, Friedrich: Franz von Halle (1490–1553), der Schwiegervater Heinrich Rantzaus, in: Thurau 1952, S. 94–97.

**Landberg 1952**
Landberg, Georg: Den svenska utrikespolitikens historia, Bd. 1,3: 1648–1697, Stockholm 1952.

**Landt 1986**
Landt, Matthias: Die Schlossbauten des Gottorfer Herzogs Adolf im 16. Jahrhundert, Kiel 1986.

**B. Lange 1996**
Lange, Barbara: Artemisia als Leitbild. Zum herrschaftlichen Witwensitz beim Übergang zum Absolutismus, in: Kritische Berichte, Zeitschrift für Kunst- und Kulturwissenschaften 24,4 (1996), S. 61–72.

**J. Lange 2002**
Lange, Justus: „… das er unter die Besten seiner Zeit zu zählen ist…". Der Maler Simon Peter Tilmann (1601–1668), in: Weltkunst 72,4 (2002), S. 524–526.

**J. Lange 2011**
Lange, Justus: Simon Peter Tilmann (1601-1668). Erfolg und Misserfolg eines deutschen Künstlers in den Niederlanden, in: Büttner/E. Meier 2011, S. 103–122.

**U. Lange 2003a**
Lange, Ulrich (Hg.): Geschichte Schleswig-Holsteins. Von den Anfängen bis zur Gegenwart, Neumünster ²2003.

**U. Lange 2003b**
Lange, Ulrich: Stände, Landesherr und Große Politik. Vom Konsens des 16. zu den Konflikten des 17. Jahrhunderts, in: U. Lange 2003a, S. 153–266.

**Larsson 1989**
Larsson, Lars Olof: Jürgen Ovens und die Malerei an den nordeuropäischen Höfen um die Mitte des 17. Jahrhunderts, in: Sven Olof Lindqvist (Hg.): Economy and Culture in the Baltic. 1650-1700, Visby 1989, S. 161–176 [= Larsson 1998a, S. 170–184].

**Larsson 1998a**
Larsson, Lars Olof: Wege nach Süden – Wege nach Norden. Aufsätze zur Kunst und Architektur, Kiel 1998.

**Larsson 1998b**
Larsson, Lars Olof: Bemerkungen zur Bildhauerkunst am dänischen Hofe im 16. und 17. Jahrhundert, in: Larsson 1998a, S. 117–135.

**Larsson 1998c**
Larsson, Lars Olof: Die Brunnen auf Schloss Frederiksborg, in: Larsson 1998a, S. 146–159.

**Larsson 1989d**
Larsson, Lars Olof: Palladios Erben in Schweden. Probleme der Legitimität, in: Larsson 1998a, S. 36–57.

**Laue 2016**
Laue, Georg (Hg.): The Kunstkammer. Wonders are Collectable, München 2016.

**Lauenstein 2014**
Lauenstein, Sandra: Michel Angelo Immenraedt. Leben, künstlerische Ausbildung und der Auftrag in Idstein, in: E. Meier 2014, S. 43–51.

**Lauring 1999**
Lauring, Palle: Danske konger og dronninger. Danmarks konger, dronninger og andre kvinder i Danmarkshistorien, Kopenhagen 1999.

**Leal 2017**
Leal, Pedro Germano (Hg.): Emblems in Colonial Ibero-America. To the New World on the Ship of Theseus (Glasgow Emblem Studies 18), Glasgow 2017.

**Leeuwen/Roding (in Vorbereitung)**
Leeuwen, Rieke van; Roding, Juliette (Hg.): Masters of Mobility. Cultural Exchange between the Netherlands and Germany in the long 17th Century (Gerson Digital 5), in Vorbereitung.

**A. Lehmann/Scholten/Chapman 2012**
Lehmann, Ann-Sophie; Scholten, Frits; Chapman, H. Perry (Hg.): Meaning in Materials. Netherlandish Art. 1400–1800 (Netherlands Yearbook for History of Art/Nederlands Kunsthistorisch Jaarboek 62), Leiden/Boston 2012.

**S. Lehmann 2000**
Lehmann, Sebastian: Föhrer Walfang. Zur Wirtschafts- und Sozialgeschichte einer nordfriesischen Insel in der Frühen Neuzeit, Teil 1, in: Deutsches Schiffahrtsarchiv. Wissenschaftliches Jahrbuch des Deutschen Schiffahrtsmuseums 23 (2000), S. 163–202.

**S. Lehmann 2001**
Lehmann, Sebastian: Föhrer Walfang. Zur Wirtschafts- und Sozialgeschichte einer nordfriesischen Insel in der Frühen Neuzeit, Teil 2, in: Deutsches Schiffahrtsarchiv. Wissenschaftliches Jahrbuch des Deutschen Schiffahrtsmuseums 24 (2001), S. 157–186.

**S. Lehmann 2004**
Lehmann, Sebastian: Havarien und Schiffsunfälle auf Walfangschiffen und ihre Bewältigung, in: Bohn/S. Lehmann 2004, S. 9–17.

**Lemmink/Koningsbrugge 1990**
Lemmink, Jaques P. S.; Koningsbrugge, J. S. A. M. van (Hg.): Baltic Affairs. Relations between the Netherlands ans North-Eastern Europe. 1500–1800 (Baltic Studies 1), Nijmegen 1990.

**Lengeler 1998**
Lengeler, Jörg Philipp: Das Ringen um die Ruhe des Nordes. Großbritanniens Nordeuropa-Politik und Dänemark zu Beginn des 18. Jahrhunderts (Kieler Werkstücke A18), Frankfurt am Main 1998.

**Leonhard 2015**
Leonhard, Karin: Painted Gems. The Color Worlds of Portrait Miniature Painting in Sixteenth- and Seventeenth-Century Britain, in: Baker u. a. 2015, S. 428–457.

**Leroy 1991**
Leroy, Béatrice: Die Sephardim. Geschichte des iberischen Judentums, Frankfurt am Main 1991.

**Lindauer-Huber/Lindner 2011**
Lindauer-Huber, Reimar; Lindner, Andreas: Joachim Justus Breithaupt (1658–1732). Aspekte von Leben, Wirken und Werk im Kontext (Friedenstein-Forschungen 8), Stuttgart 2011.

**Lipińska 2012**
Lipińska, Aleksandra: „Alabastrum, id est, corpus hominis". Alabaster in the Low Countries Sculpture. A Cultural History, in: A. Lehmann/Scholten/Chapman 2012, S. 84–115.

**Lipińska 2014a**
Lipińska, Aleksandra: Alabasterdiplomatie. Material als Medium herrschaftlicher Repräsentation und als Vernetzungsinstrument in Mittel- und Osteuropa des 16. Jahrhunderts, in: Bushart/Haug/Lipińska 2014.

**Lipińska 2014b**
Lipińska, Aleksandra: Eastern Outpost. The Sculptors Herman van Hutte and Hendrik Horst in Lviv c. 1560–1610, in: Scholten/Woodall/Meyers 2014, S. 136–169.

**Lipińska 2015**
Lipińska, Aleksandra: Moving Sculptures. Southern Netherlandish Alabasters from the 16th to 17th Centuries in Central and Northern Europe (Studies in Netherlandish Art and Cultural History 11), Leiden/Boston 2015.

**Lipińska 2017a**
Lipińska, Aleksandra: Between Contestation and Re-Invention. The Netherlandish Altarpiece in turbulent Times (c. 1530–1600), in: Kavaler/Scholten/Woodall 2017, S. 78–117.

**Lipińska 2017b**
Lipińska, Aleksandra: Netherlandish Artists and Craftmen at the Court of Julius Duke of Brunswick-Lüneburg, in: Eichberger/Lorentz/Tacke 2017, S. 268–279.

**Lloyd 2014**
Lloyd, Stephen: A Group of Portrait Miniatures attributed to Jacob van Doordt in the Collection of the Duke of Buccleuch and Queensberry, in: Pappe/Schmieglitz-Otten/Walczak, S. 146–156.

**Löding 1991**
Löding, Frithjof: Die Gründung von Friedrichstadt und Glückstadt, in: Mączak/Smout 1991, S. 175–180.

**Lohmeier 1978a**
Lohmeier, Dieter (Hg.): Arte Et Marte. Studien zur Adelskultur des Barockzeitalters in Schweden, Dänemark und Schleswig-Holstein, Neumünster 1978.

**Lohmeier 1978b**
Lohmeier, Dieter: Heinrich Rantzau und die Adelskultur der frühen Neuzeit, in: Lohmeier 1978a, S. 67–84.

**Lohmeier 1978c**
Lohmeier, Dieter: Markus Gualtherus. Der erste Stadtsekretär von Friedrichstadt, in: Nordfriesisches Jahrbuch. Neue Folge 14 (1978), S. 161–177.

**Lohmeier 1997a**
Lohmeier, Dieter: Adam Olearius, in: Kat. Schleswig 1997a, S. 349–353.

**Lohmeier 1997b**
Lohmeier, Dieter: Kleiner Staat ganz groß. Schleswig-Holstein-Gottorf (Kleine Schleswig-Holstein-Bücher 47), Heide 1997.

**Lohmeier 2000a**
Lohmeier, Dieter: Das „Rantzausche Zeitalter" der schleswig-holsteinschen Geschichte, in: Demokratische Geschichte. Jahrbuch für Schleswig-Holstein 13 (2000), S. 9–24.

**Lohmeier 2000b**
Lohmeier, Dieter: Heinrich Rantzau. Humanismus und Renaissance in Schleswig-Holstein (Kleine Schleswig-Holstein-Bücher 50), Heide 2000.

**Löhr 2000**
Löhr, Alfred: Im Lichte Hollands, in: Kat. Bremen 2000, S. 30–54.

**Loose 1963**
Loose, Hans-Dieter: Hamburg und Christian IV. von Dänemark während des Dreißigjährigen Krieges. Ein Beitrag zur Geschichte der hamburgischen Reichsunmittelbarkeit, Hamburg 1963.

**López Poza 2004**
López Poza, Sagrario (Hg.): Florilegio de estudios de emblematica (Colección SIELAE), Ferrol 2004.

**Lorenzen 1937**
Lorenzen, Vilhelm: Christian IV's byanlaeg og andre bybygningsarbejder, Kopenhagen 1937.

**Lorenzen-Schmidt 2000**
Lorenzen-Schmidt, Klaus-Joachim: Die Gründung Glückstadts im Spannungsfeld der nordeuropäischen Mächte, in: Vorträge der Detlefsen-Gesellschaft 3 (2000), S. 58–71.

**Lornsen 1830**
Lornsen, Uwe Jens: Ueber das Verfassungswerk in Schleswigholstein, Kiel 1830.

**Lübke/Haupt 1914**
Lübke, Wilhelm (Autor); Haupt, Albrecht (Bearbeiter): Geschichte der Renaissance in Deutschland, Bd. 2 (Geschichte der neueren Baukunst 3), Esslingen am Neckar ³1914.

**Luckhardt 2016**
Luckhardt, Jochen: Herzog Heinrich Julius und seine Familie im Porträt von Jacob van Doordt. Miniaturen und Bildnisse ganzer Figur in der europäischen Malerei zu Beginn des 17. Jahrhunderts, in: Arnold/B. Wieden/Gleixner 2016, S. 129–142.

**Lühning 1997**
Lühning, Felix: Der Gottorfer Globus und das Globushaus im „Newen Werck". Dokumentation und Rekonstruktion eines frühbarocken Welttheaters (Gottorf im Glanz des Barock 4), Schleswig 1997.

**Lühning 2011**
Lühning, Felix: Architektur im barocken Niemandsland. Die Gottorfer Amalienburg, in: Nordelbingen. Beiträge zur Kunst- und Kulturgeschichte Schleswig-Holsteins 80 (2011), S. 81–120.

**Mączak/Smout 1991**
Mączak, Antoni; Smout, Christopher (Hg.): Gründung und Bedeutung kleinerer Städte im nördlichen Europa der frühen Neuzeit (Wolfenbütteler Forschungen 47), Wiesbaden 1991.

**Manning/Porteman 1999**
Manning, John; Porteman, Karel (Hg.): The Emblem Tradition and the Low Countries (Imago Figurata. Studies 1b), Turnhout 1999.

**F. Marker/L. Marker 1975**
Marker, Frederick J.; Marker, Lise-Lone: The Scandinavian Theatre. A short History (Drama and Theatre Studies), Oxford 1975.

**Marly 1975**
Marly, Diana de: The Establishment of Roman Dress in Seventeenth-Century Portraiture, in: The Burlington Magazine 117 (1975), S. 443–451.

**Marsden 2004**
Marsden, Christopher: Doort, Abraham van der (1575/85–1640). Artist and Curator, in: Oxford Dictionary of National Biography (https://doi.org/10.1093/ref:odnb/28069), 2004.

**Marx/Plaßmeyer 2014**
Marx, Barbara; Plaßmeyer, Peter (Hg.): Sehen und Staunen. Die Dresdner Kunstkammer von 1640, Berlin/München 2014.

**McKeown 2012**
McKeown, Simon (Hg.): Otto Vaenius and His Emblem Books (Glasgow Emblem Studies 15), Glasgow 2012.

## Quellen- und Literaturverzeichnis

**Meganck 2005**
Meganck, Tine L.: Cornelis Floris and the Floris-School in the Baltic, in: Balis/Huvenne 2005, S. 171—184.

**Mehl 1968**
Mehl, Lothar: Die Anfänge des Navigationsunterrichts unter besonderer Berücksichtigung der deutschen Verhältnisse, in: Paedagogica Historica 8,2 (1968), S. 372–441.

**Meid 2009**
Meid, Volker: Die deutsche Literatur im Zeitalter des Barock. Vom Späthumanismus zur Frühaufklärung. 1570–1740 (Geschichte der deutschen Literatur von den Anfängen bis zur Gegenwart 5), München 2009.

**A. Meier 1999**
Meier, Albert (Hg.): Die Literatur des 17. Jahrhunderts (Hansers Sozialgeschichte der deutschen Literatur vom 16. Jahrhundert bis zur Gegenwart 2), München 1999.

**E. Meier 2014**
Meier, Esther (Hg.): „Dergleichen man in Teutschland noch nicht gesehen". Die Deckengestaltung der Idsteiner Unionskirche, Marburg 2014.

**Menke 1992a**
Menke, Hubertus (Hg.): Die Niederlande und der europäische Nordosten. Ein Jahrtausend weiträumiger Beziehungen (700–1700) (Landesforschung. Sprache, Vor- und Frühgeschichte, Geschichte, Literatur 1), Neumünster 1992.

**Menke 1992b**
Menke, Hubertus: „Het beloofde land". Zur Sprache und Geschichte der Niederländer im nordelbischen Küstenraum (16./17. Jh.), in: Menke 1992a, S. 261–298.

**Menke 2003**
Menke, Hubertus: Niederländisch als fremde Kultursprache im nordelbischen Küstenraum, in: Fürsen/R. Witt 2003, S. 25–36.

**Menke 2009**
Menke, Hubertus: „Un et gifft ok noch en Holland". Niederländische Sprachzeugnisse im nordelbischen Küstenraum, in: Fürsen 2009, S. 177–200.

**Merten 2000**
Merten, Klaus: Schloß Weikersheim, Heidelberg o. J. [2000].

**Mertens/Torfs 1845–53**
Mertens, Frans H.; Torfs, Carel Lodewijk: Geschiedenis van Antwerpen. Sedert de stichting der stad tot onze tyden, 8 Bde., Antwerpen 1845–1853.

**Meurer/Schreurs-Morét/Simonato 2015**
Meurer, Susanne; Schreurs-Morét, Anna; Simonato, Lucia (Hg.): Aus aller Herren Länder. Die Künstler der „Teutschen Academie" von Joachim von Sandrart, Turnhout 2015.

**Meyere 2010**
Meyere, Jos A. L.: Het grafmonument van Reinoud III van Brederode in de Grote Kerk te Vianen. Een meesterwerk van de Utrechtse beeldhouwer Colyn de Nole, Utrecht 2010.

**Meys 2009**
Meys, Oliver: Memoria und Bekenntnis. Die Grabdenkmäler evangelischer Landesherren im Heiligen Römischen Reich Deutscher Nation im Zeitalter der Konfessionalisierung, Regensburg 2009.

**Michelson 2010**
Michelson, Karl: 100 Jahre Remonstrantenhaus, in: Mitteilungsblatt der Gesellschaft für Friedrichstädter Stadtgeschichte 79 (2010), S. 13–37.

**Michelson 2011**
Michelson, Karl: Friedrichstädter Einwohner in den Jahren der Stadtgründung, in: Mitteilungsblatt der Gesellschaft für Friedrichstädter Stadtgeschichte 81 (2011), S. 19–258.

**Millar 1960**
Millar, Oliver (Hg.): Abraham van der Doort's Catalogue of the Collections of Charles 1 (The Walpole Society 37), London 1960.

**Millar 1962**
Millar, Oliver: Some Painters and Charles I, in: Burlington Magazine 104 (1962), S. 323–330.

**Miller/Uhland/Taddey 1960**
Miller, Max; Uhland, Robert; Taddey, Gerhard (Hg.): Lebensbilder aus Schwaben, Bd. 7, Stuttgart 1960.

**Molbech 1852**
Molbech, Christian: Uddrag af K. Christian den Fierdes Skrivcalendere in: Historisk Tidsskrift 2,4 (1852), 213–368.

**Moltke/Møller 1951**
Moltke, Erik; Møller, Elna: Københavns Amt, Bd. 4 (Danmarks kirker 3,4), Kopenhagen 1951.

**Montias 2002**
Montias, John Michael: Art at Auction in 17$^{th}$ Century Amsterdam, Amsterdam 2002.

**Moraht-Fromm 1991**
Moraht-Fromm, Anna: Theologie und Frömmigkeit in religiöser Bildkunst um 1600. Eine niederländische Malerwerkstatt in Schleswig-Holstein (Schriften des Vereins für Schleswig-Holsteinische Kirchengeschichte. Reihe 1 37), Neumünster 1991.

**Mörke 1997**
Mörke, Olaf: The Orange Court as Centre of Political and Social Life during the Republic, in: Keblusek/Zijlmans 1997, S. 58–71.

**Mörke 2003**
Mörke, Olaf: Politik – Wirtschaft – Handel. Die Beziehungen zwischen der Republik der Vereinigten Niederlande und der schleswig-holsteinischen Küstenregion, in: Fürsen/R. Witt 2003, S. 13–24.

**Mörke 2009a**
Mörke, Olaf: Magnus, Olaus. Historia de gentibvs septentrionalibvs [...], in: Kindlers Literaturlexikon, Bd. 10, Stuttgart/Weimar ³2009, S. 485–486.

**Mörke 2009b**
Mörke, Olaf: Politik – Wirtschaft – Handel. Beziehungen zwischen der Republik der Vereinigten Niederlande und der schleswig-holsteinischen Küstenregion, in: Fürsen 2009, S. 331–349.

**Mörke 2015**
Mörke, Olaf: Die Geschwistermeere. Eine Geschichte des Nord- und Ostseeraumes, Stuttgart 2015.

**Morsbach 1999**
Morsbach, Christiane: Die Genrebilder von Wolfgang Heimbach (um 1613 – nach 1678) (Oldenburger Forschungen. Neue Folge 9), Oldenburg 1999.

**Morsbach 2005**
Morsbach, Christiane: Simon Peter Tilmann (1601–1668) aus Bremen als Genremaler, in: Bergmann-Gaadt/Bringmann 2005, S. 87–124.

**Morsbach 2008**
Morsbach, Christiane: Die deutsche Genremalerei im 17. Jahrhundert (Kunst- und kulturwissenschaftliche Forschungen 6), Weimar 2008.

**F. Müller/Fischer 1958**
Müller, Friedrich (Autor); Fischer, Otto (Bearbeiter): Das Wasserwesen an der schleswig-holsteinischen Nordseeküste, Teil 3: Das Festland, Bd. 4: Stapelholm und Eiderniederung, Berlin 1958.

**L. Müller 1998**
Müller, Leos: The Merchant Houses of Stockholm. C. 1640–1800. A Comparative Study of Early-Modern Entrepreneurial Behaviour (Acta Universitatis Upsaliensis. Studia Historica Upsaliensia 188), Uppsala 1998.

**M. Müller/Spieß/Friedrich 2013**
Müller, Matthias; Spieß, Karl-Heinz; Friedrich, Udo (Hg.): Kulturtransfer am Fürstenhof. Höfische Austauschprozesse und ihre Medien im Zeitalter Kaiser Maximilians I. (Schriften zur Residenzkultur 9), Berlin 2013.

**W. Müller 1971**
Müller, Wolfgang John: Die Emporenbilder von Katharinenheerd, in: Nordelbingen. Beiträge zur Kunst- und Kulturgeschichte Schleswig-Holsteins 40 (1971), S. 92–109.

**W. Müller 1984**
Müller, Wolfgang John (Gefeierter): Kunstsplitter. Beiträge zur nordeuropäischen Kunstgeschichte. Festschrift für Wolfgang J. Müller zum 70. Geburtstag überreicht von Kollegen und Schülern, Husum 1984.

**Mundy/Hyman 2015**
Mundy, Barbara E.; Hyman, Aaron M.: Out of the Shadow of Vasari. Towards a new Model of the „Artist" in Colonial Latin America, in: Colonial Latin American Reviws 24,3 (2015), S. 283–317.

**Münzing 1978**
Münzing, Joachim: Die Jagd auf den Wal. Schleswig-Holsteins und Hamburgs Grönlandfahrt (Kleine Schleswig-Holstein-Bücher 28), Heide 1978.

**Nagel 2007**
Nagel, Jürgen G.: Abenteuer Fernhandel. Die Ostindienkompanien, Darmstadt 2007.

**Nakamura 2017**
Nakamura, Toshiharu (Hg.): Appreciating the Traces of an Artist's Hand (Kyoto Studies in Art History 2), Kyoto 2017.

**Neumann 2011**
Neumann, Jens Martin: „… gewinnt der Stil seine Eigenart". Schloss Frederiksborg. Überlegungen zu Autonomie und Originalität nordischer Renaissance, in: Nordelbingen. Beiträge zur Kunst- und Kulturgeschichte Schleswig-Holsteins 80 (2011), S. 57–80.

**Neville 2009**
Neville, Kristoffer: Nicodemus Tessin the Elder. Architecture in Sweden in the Age of Greatness (Architectura moderna. Architectural Exchanges in Europe. 16$^{th}$–17$^{th}$ Centuries 7), Turnhout 2009.

**Neville 2017**
Neville, Kristoffer: Cornelis Floris and the „Floris School". Authorship and Reception around the Baltic. 1550–1600, in: Kavaler/Scholten/Woodall 2017, S. 310–337.

**Neville 2018**
Neville, Kristoffer: Virtuosity, Mutability, and the Sculptor's Career in and out of the Low Countries. 1550–1650, in: Artibus et historiae 39,77 (2018), S. 291–318.

**Neville 2019**
Neville, Kristoffer: The Art and Culture of Scandinavian Central Europe. 1550–1720, University Park (Pennsylvania) 2019.

**Niefanger 2009**
Niefanger, Dirk: „Von allen Kunstverständigen hoch gepriesen". Thesen zur Wirkung des niederländischen Theaters auf die deutsche Schauspielkunst des 17. Jahrhundert, in: Konst/Leemans/Noak 2009, S. 153–166.

**Nieuwenhuis 2000**
Nieuwenhuis, Eric Domela: Paulus Moreelse. Porträt- und Historienmaler in Utrecht, in: Kat. Braunschweig 2000.

**Noldus 2004**
Noldus, Badeloch: Trade in Good Taste. Relations in Architecture and Culture between the Dutch Republic and the Baltic World in the Seventeenth Century (Architectura moderna. Architectural Exchanges in Europe. 16$^{th}$–17$^{th}$ Centuries 2), Turnhout 2004.

**Noldus/Roding 2007**
Noldus, Badeloch; Roding, Juliette (Hg.): Pieter Isaacsz (1568—1625). Court Painter, Art Dealer and Spy, Turnhout 2007.

**Nordberg 1931**
Nordberg, Tord O:son: Gustav II Adolf som byggherre. Studier rörande Stockholms slotts byggnadshistoria under 1600-talets början, in: Fornvännen. Journal of Swedish Antiquarian Research 26 (1931), S. 94–131.

**Nordberg 1970**
Nordberg, Tord O:son: De La Vallée. En arkitektfamilj i Frankrike, Holland och Sverige […] (Kungl. Vitterhets Historie och Antikvitets Akademiens Handlingar. Antikvariska serien 23), Stockholm 1970.

**Norden 2007**
Norden, Jörn: Ein Sonderfall in der Schulgeschichte Schleswig-Holsteins. Die Schulen Friedrichstadts seit 1624 (Mitteilungsblatt der Gesellschaft für Friedrichstädter Stadtgeschichte 74), Friedrichstadt 2007.

**Norden 2008**
Norden, Jörn: Legenden und Wirklichkeit. Eine überfällige Revision der gängigen Geschichtserzählungen über Friedrichstadt, in: Mitteilungsblatt der Gesellschaft für Friedrichstädter Stadtgeschichte 76 (2008), S. 5–97.

**North 1990**
North, Michael: Die frühneuzeitliche Gutswirtschaft in Schleswig-Holstein. Forschungsüberblick und Entwicklungsfaktoren, in: Blätter für deutsche Landesgeschichte. Neue Folge 126 (1990), S. 223–242.

**North 1992**
North, Michael: Kunst und Kommerz im Goldenen Zeitalter. Zur Sozialgeschichte der niederländischen Malerei des 17. Jahrhunderts, Köln 1992.

**North 1996a**
North, Michael: From the North Sea to the Baltic. Essays in Commercial, Monetary and Agrarian History. 1500–1800, Aldershot 1996.

**North 1996b**
North, Michael: The Export of Timber and Timber By-Products from the Baltic Region to Western Europe. 1575–1775, in: North 1996a, S. 1–14.

**North 1999**
North, Michael: Modell Niederlande. Wissenstransfer und Strukturanpassung in Zeiten der Globalisierung, in: Deutsch-Niederländische Gesellschaft 1999, S. 165–176.

**North 2001**
North, Michael: Das Goldene Zeitalter. Kunst und Kommerz in der niederländischen Malerei des 17. Jahrhunderts, Köln/Weimar/Wien 2001.

**North 2002**
North, Michael: The Long Way of Professionalisation in the Early Modern German Art Trade, in: Cavaciocchi 2002, S. 459–471.

**North 2003**
North, Michael: The Hamburg Art Market and Influences on Northern and Central Europe, in: Scandinavian Journal of History 28 (2003), S. 253–261.

**North 2008**
North, Michael: Geschichte der Niederlande (C. H. Beck Wissen 2078), München ³2008.

**North 2011**
North, Michael: Geschichte der Ostsee. Handel und Kulturen, München 2011.

**North 2012**
North, Michael: „… eine Sammlung, die mit Wahl und Kentniß gemacht, und mit Ordnung, Übereinstimmung und Geschmack eingerichtet ist …". Gerhard Morell und die Entstehung einer Sammlungskultur im Ostseeraum des 18. Jahrhunderts (Publikationen des Lehrstuhls für Nordische Geschichte 15), Greifswald 2012.

**North 2013**
North, Michael: Geschichte der Niederlande, München ⁴2013.

**North 2018**
North, Michael: The Baltic Sea, in: Armitage/Bashford/Sujit 2018, S. 209–233.

**Nozeman 2014a**
Nozeman, Malou: Bergh, Ariana van den, […] Ariana Nozeman, in: Digitaal Vrouwenlexicon van Nederland (http://resources.huygens.knaw.nl/vrouwenlexicon/lemmata/data/Ariana-Nozeman), 2014.

**Nozemann 2014b**
Nozeman, Malou: Fornenbergh, Johanna Maria van, in: Digitaal Vrouwenlexicon van Nederland (http://resources.huygens.knaw.nl/vrouwenlexicon/lemmata/data/FornenberghJohanna), 2014.

**Oertel 1978**
Oertel, Hermann: Die protestantischen Bilderzyklen im niedersächsischen Raum und ihre Vorbilder, in: Niederdeutsche Beiträge zur Kunstgeschichte 17 (1978), S. 102–132.

**Oesau 1937**
Oesau, Wanda: Schleswig-Holsteins Grönlandfahrt auf Walfischfang und Robbenschlag vom 17.–19. Jahrhundert, Glückstadt/Hamburg/New York 1937.

**Oestmann 2004**
Oestmann, Günther: Heinrich Rantzau und die Astrologie. Ein Beitrag zur Kulturgeschichte des 16. Jahrhunderts (Disquisitiones Historiae Scientiarum. Braunschweiger Beiträge zur Wissenschaftsgeschichte 2), Braunschweig 2004.

**Oldach/T. Friis 2015**
Oldach, Robert; Friis, Thomas Wegener (Hg.): Staat – Militär – Gesellschaft. Festschrift für Jens E. Olesen zum 65. Geburtstag (Publikationen des Lehrstuhls für Nordische Geschichte 20), Greifswald 2015.

**Olesen 2010**
Olesen, Jens E.: „Den rette, sædvanlige Strøm". Øresundtolden i 1400-tallet, in: Degn 2010a, S. 27–40.

## Olesen 2015
Olesen, Jens E.: The Struggle for dominium maris baltici between Denmark-Norway and Sweden. 1563–1720/21, in: Bleile/J. Krüger 2015, S. 16–29.

## Olsen 1903
Olsen, Bernhard: Die Arbeiten der Hamburger Goldschmiede Jacob Mores Vater und Sohn für die dänischen Könige Frederik II. und Christian IV., Hamburg 1903.

## Olsson 1961
Olsson, Martin: Kalmar slots historia, Bd. 2: Tiden från 1300-talets mitt til 1611 (Kungl. Vitterhets Historie och Antikvitets Akademien 31), Uppsala 1961.

## Olsson/Nordberg 1940
Olsson, Martin; Nordberg, Tord O:son (Hg.): Stockholms slotts historia, Bd. 1: Det gamla slottet, Stockholm 1940.

## Ornan Pinkus 1994
Ornan Pinkus, Ben-Zion: Die Portugiesische Gemeinde in Hamburg und ihre Führung im 17. Jahrhundert, in: Studemund-Halévy 1994, S. 3–36.

## Osiecki 2013a
Osiecki, Cynthia: Forgotten Netherlandish Artists in the Baltic Region. The Migration of Dutch and Flemish Sculptors to the Baltic Region in the Second Half of the Sixteenth Century, in: Codart EZine 2 (2013), http://ezine.codart.nl/17/issue/45/artikel/forgotten-netherlandish-artists-in-the-baltic-region-the-migration-of-dutch-and-flemish-sculptors-to-the-baltic-region-in-the-second-half-of-the-sixteenth-century/?id=115.

## Osiecki 2013b
Osiecki, Cynthia: Rediscovered Cornelis Floris Bust in The Pushkin Museum Moscow, 2013, https://www.codart.nl/research-study/rediscovered-cornelis-floris-bust-in-the-pushkin-museum-moscow/.

## Osiecki 2017
Osiecki, Cynthia: Rethinking the „Floris-Style". The Sixteenth-Century Print Album of Ulrich, Duke of Mecklenburg, and his Inspirational Source for Sculptural Commissions, in: Kavaler/Scholten/Woodall 2017, S. 338–364.

## Osterhammel 2009
Osterhammel, Jürgen: Die Verwandlung der Welt. Eine Geschichte des 19. Jahrhunderts, München 2009.

## Ottenheym 1989
Ottenheym, Konrad (= Koen) A.: Philips Vingboons (1607–1678). Architect, Amsterdam 1989.

## Ottenheym 2011
Ottenheym, Konrad (= Koen) A.: Hendrick de Keyser and Denmark, in: Andersen/Bøggild Johannsen/Johannsen 2011, S. 313–324.

## Ottenheym 2013a
Ottenheym, Konrad (= Koen) A.: Sculptors' Architecture. The International Scope of Cornelis Floris and Hendrick de Keyser, in: Ottenheym/K. Jonge 2013, S. 103–127.

## Ottenheym 2013b
Ottenheym, Konrad: Travelling Architects from the Low Countries and their Patrons, in: Ottenheym/K. Jonge 2013, S. 55–88.

## Ottenheym/K. Jonge 2013
Ottenheym, Konrad (= Koen); Jonge, Krista de (Hg.): The Low Countries at the Crossroads. Netherlandish Architecture as an Export Product in Early Modern Europe. 1480–1680 (Architectura moderna. Architectural Exchanges in Europe. 16th–17th Centuries 8), Turnhout 2013.

## Paarmann 1986
Paarmann, Michael: Gottorfer Gartenkunst. Der Alte Garten, Kiel 1986.

## Paarmann 1988
Paarmann, Michael: Denkmalpflege im Gottorfer Neuwerk-Garten. Ein Zwischenbericht, in: Jahrbuch des Schleswig-Holsteinischen Landesmuseums Schloß Gottorf. Neue Folge 1 (1988), S. 19–28.

## Paarmann 1996a
Paarmann, Michael: Johannes Clodius (1584–1660), in: Buttlar/Meyer 1996, S. 6.

## Paarmann 1996b
Paarmann, Michael: Schleswig. Die Skulpturenausstattung des Neuwerk-Gartens, in: Buttlar/Meyer 1996, S. 552–555.

## Palm/Rettich 2011
Palm, Heike; Rettich, Hubert: Georg Ernst Tatters Exemplar von Volkamers „Nürnbergische Hesperides", in: Balsam 2011, S. 46–85.

## Panofsky/Janson 1992
Panofsky, Erwin (Autor); Janson, Horst W. (Hg.): Tomb Sculpture. Four Lectures on its Changing Aspects from Ancient Egypt to Bernini, New York 1992.

## Panten/Porada/Steensen 2013
Panten, Albert; Porada, Haik Thomas; Steensen, Thomas (Hg.): Eiderstedt. Eine landeskundliche Bestandsaufnahme im Raum St. Peter-Ording, Garding, Tönning und Friedrichstadt (Landschaften in Deutschland. Werte der deutschen Heimat 72), Köln/Weimar/Wien 2013.

## Pappe/Schmieglitz-Otten/Walczak 2014
Pappe, Bernd; Schmieglitz-Otten, Juliane; Walczak, Gerrit (Hg.): Portrait Miniatures. Artists, Functions and Collections, Petersberg 2014.

## Parak 2010
Parak, Dorothea: Juden in Friedrichstadt an der Eider. Kleinstädtisches Leben im 19. Jahrhundert (Zeit + Geschichte 12/Quellen und Studien zur Geschichte der Juden in Schleswig-Holstein 4), Neumünster 2010.

## Paulsen 1973
Paulsen, Friedrich; Dekker Pieter (Kommentar): Aus den Lebenserinnerungen des Grönlandfahrers und Schiffers Paul Frercksen, in: Jahrbuch der Gesellschaft für Bildende Kunst und Vaterländische Altertümer zu Emden 53 (1973), S. 95–132.

## Pause 1979
Pause, Jochen: Zur Ausstattungsgeschichte der Gottorfer Schloßkapelle, in: Beiträge zur Schleswiger Stadtgeschichte 24 (1979), S. 84–107.

## Peil 2005
Peil, Dietmar: Tradition and Error. On Mistakes and Variants in the Reception of Emblems, in: Daly 2005, S. 177–210.

## Peil 2014a
Peil, Dietmar: Ausgewählte Beiträge zur Emblematik (Schriften zur Kunstgeschichte 45), Hamburg 2014.

## Peil 2014b
Peil, Dietmar: Tradition und Irrtum. Über Fehler und Varianten bei der Emblemrezeption, in: Peil 2014a, S. 143–171.

## Penner 1963
Penner, Horst: Ansiedlung mennonitischer Niederländer im Weichselmündungsgebiet von der Mitte des 16. Jahrhunderts bis zum Beginn der preußischen Zeit (Schriftenreihe des Mennonitischen Geschichtsvereins 3), Weiherhof 1963.

## Peter-Raupp 1980
Peter-Raupp, Hanna: Die Ikonographie des Oranjezaal (Studien zur Kunstgeschichte 2), Hildesheim/New York 1980.

## M. Petersen 2018
Petersen, Marco L. (Hg.): Sønderjylland-Schleswig Kolonial. Kolonialismens kulturelle arv i regionen mellem Kongeåen og Ejderen/Das kulturelle Erbe des Kolonialismus in der Region zwischen Eider und Königsau, Odense 2018.

## U. Petersen 2003
Petersen, Uwe: Zum Einfluss niederländischer Rechtsvorbilder auf die Gestaltung des Friedrichstädter Stadtrechtes von 1633, in: Fürsen/R. Witt 2003, S. 49–53.

## Pettegree 1992
Pettegree, Andrew: Emden and the Dutch Revolt. Exile and the Development of Reformed Protestantism, Oxford 1992.

## Pies 1970
Pies, Eike: Das Theater in Schleswig. 1618–1839 (Veröffentlichungen der Schleswig-Holsteinischen Universitätsgesellschaft zu Kiel. Neue Folge 53), Köln 1970.

## Pies 1973
Pies, Eike: Prinzipale. Zur Genealogie des deutschsprachigen Breufstheaters vom 17. bis 19. Jahrhundert, Ratingen/Kastellaun/Düsseldorf 1973.

## Pilaski Kaliardos 2013
Pilaski Kaliardos, Katharina: The Munich Kunstkammer. Art, Nature, and the Representation of Knowledge in Courtly Contexts (Spätmittelalter, Hu-

manismus, Reformation 73), Tübingen 2013.

**Posselt 1917**
Posselt, Friedrich: Silberne Bildnisse Heinrich Rantzaus und der hamburgische Goldschmied Jakob Mores. Ein Beitrag zur Kunstgeschichte Schleswig-Holsteins, in: Zeitschrift der Gesellschaft für Schleswig-Holsteinische Geschichte 47 (1917), S. 267–295.

**Prange 1971**
Prange, Wolfgang: Die Anfänge der großen Agrarreformen in Schleswig-Holstein bis um 1771 (Quellen und Forschungen zur Geschichte Schleswig-Holsteins 60), Neumünster 1971.

**Priewe 2014**
Priewe, Katharina: Der Tönninger Schlossgarten. Geschichtliches Zeugnis einstiger Gottorfer Schloss- und Gartenkunst, in: DenkMal! Zeitschrift für Denkmalpflege in Schleswig-Holstein 21 (2014), S. 124–132.

**Probst 2011**
Probst, Jörg (Hg.): Reproduktion. Techniken und Ideen von der Antike bis heute. Eine Einführung, Berlin 2011.

**Quedenbaum 2000**
Quedenbaum, Gerd: Vorflut. Der Eiderverband. Ein Beitrag zur Geschichte des Deich- und Entwässerungswesens in der mittleren Eiderregion, Düsseldorf 2000.

**Råberg 1987**
Råberg, Marianne, Visioner och verklighet, Bd. 1: En studie kring Stockholms 1600-talsstadsplan (Stockholmsmonografier 54), Stockholm 1987.

**Raptschinsky 1925/26**
Raptschinsky, Boris: Peter de Groote in Holland in 1697–1698. Een historische schets, Amsterdam/Zutphen 1925/1926.

**Rasch/Geulen/Haberkamm 1972**
Rasch, Wolfdietrich; Geulen, Hans; Haberkamm, Klaus (Hg.): Rezeption und Produktion zwischen 1570 und 1730. Festschrift für Günther Weydt zum 65. Geburtstag, Bern/München 1972.

**Raschzok/Sörries 1994**
Raschzok, Klaus; Sörries, Reiner: Geschichte des protestantischen Kirchenbaues. Festschrift für Peter Poscharsky zum 60. Geburtstag, Erlangen 1994.

**Rasmussen 2008a**
Rasmussen, Carsten Porskrog (Hg.): Die Fürsten des Landes. Herzöge und Grafen von Schleswig, Holstein und Lauenburg, Neumünster 2008.

**Rasmussen 2008b**
Rasmussen, Carsten Porskrog: Die dänischen Könige als Herzöge von Schleswig und Holstein, in: Rasmussen 2008a, S. 72–107

**Rathjen 2010**
Rathjen, Jörg: Die geteilte Einheit. Schleswig-Holstein zwischen König und Herzog. 1490–1721, in: J. Witt/ Vosgerau 2010, S. 139–176.

**Rehder 1923**
Rehder, Werner: Altholländische Bauweise in Friedrichstadt an der Eider, Hannover 1923 [unpublizierte Dissertation] = Nordelbingen 1 (1923), S. 166–219.

**Ren 1982**
Ren, Leo de: De familie Robijn-Osten Ieperse Renaissance-Kunstenaars in Duitsland (Verhandelingen van de Koninklijke Academie voor Wetenschappen, Letteren en Schone Kunsten van België, Klasse der Schone Kunsten 34), Brüssel 1982.

**Ren 1988**
Ren, Leo de: De Odyssee van de 16[de]-eeuwse kunstenaar en emigrant Gilles Cardon, in: Kin/Janssens 1988, S. 279–292.

**Rheinheimer 2016**
Rheinheimer, Martin: Die Insel und das Meer. Seefahrt und Gesellschaft auf Amrum 1700–1860 (Studien zur Wirtschafts- und Sozialgeschichte Schleswig-Holsteins 53), Stuttgart 2016.

**Richter 1986**
Richter, Winfried: Die Gottorfer Hofmusik. Studie zur Musikkultur eines absolutistischen Hofstaates im 17. Jahrhundert, Kiel 1986.

**Riecken 1991**
Riecken, Guntram: Die Flutkatastrophe am 11. Oktober 1634. Ursachen, Schäden und Auswirkungen auf die Küstengestalt Nordfrieslands, in: Hinrichs/Panten/Riecken 1991, S. 11–63.

**B. Riewerts 1971**
Riewerts, Brar Volkert: Husum: in: G. Andresen/Schütt 1971, S. 251–268.

**T. Riewerts 1932**
Riewerts, Theodor: Marten und Govert van Achten. Zwei schleswigsche Maler um 1600, in: Nordelbingen 9 (1932), S. 1–94.

**Riis 2003**
Riis, Thomas: Glückstadt und Friedrichstadt, in: Fürsen/R. Witt 2003, S. 37–48.

**Riis 2009**
Riis, Thomas: Wirtschafts- und Sozialgeschichte Schleswig-Holsteins. Leben und Arbeiten in Schleswig-Holstein vor 1800 (Geist & Wissen 2), Kiel 2009.

**Rinn 1997**
Rinn, Barbara: Gottorfer Stukkaturen. Zeugen barocker Prachtentfaltung, in: Kat. Schleswig 1997a, S. 152–156.

**Roding 1982**
Roding, Juliette: De invloed van de Nederlandse vestingbouw in Scandinavië. 1600–1650, in: Sneep/Treu/Tydeman 1982, S. 31–35.

**Roding 1990**
Roding, Juliette: The Myth of the Dutch Renaissance in Denmark. Dutch Influence on Danish Architecture in the 17th Century, in: Lemmink/Koningsbrugge 1990, S. 343–353.

**Roding 1991**
Roding, Juliette: Christiaan IV van Denemarken (1588–1648). Architectuur en stedebouw van een Luthers vorst, Alkmaar 1991.

**Roding 1995**
Roding, Juliette: Dutch Architects and Engineers in Danzig and the Southern Baltic in the 16th and 17th Centuries, in: Tijdschrift voor Skandinavistiek 16,2 (1995), S. 223–234.

**Roding 1996**
Roding, Juliette: The North Sea Coasts. An Architectural Unity? In: Roding/Heerma van Voss 1996, S. 96–106.

**Roding 2011**
Roding, Juliette: King Solomon and the Imperial Paradigm of Christian IV (1588–1648), in: Andersen/Bøggild Johannsen/Johannsen 2011, S. 234–242.

**Roding (in Vorbereitung)**
Roding, Juliette: Cornelis van Mander. Sculptor and Stone Mason at the Court of Friedrich III von Schleswig-Holstein-Gottorf. The Success of an Immigrant Artist, in: Leeuwen/Roding (in Vorbereitung).

**Roding/Heerma van Voss 1996**
Roding, Juliette; Heerma van Voss, Lex (Hg.): The North Sea and Culture (1550–1800), Hilversum 1996.

**Roding/Hijman 2013**
Roding, Juliette; Hijman, Nico: In Between the Secular and the Religious. Art, Ritual and Science in the Funeral Chapel of Reinoud III of Brederode, Lord of Vianen (1491–1556), and His Wife, Philipotte de la Marck (d. 1537), in the Reformed Church of Vianen, in: Kodres/Mänd 2013, S. 143–163.

**Roeloffs 1985**
Roeloffs, Brar Cornelius: Von der Seefahrt zur Landwirtschaft. Ein Beitrag zur Geschichte der Insel Föhr, Neumünster ²1985.

**Roever 1944**
Roever, J. G. de: Jan Adrianszoon Leeghwater. Het Leven en werk van een zeventiende-eeuws waterbouwkundige, Amsterdam 1944.

**Roggen/Withof 1942**
Roggen, Domien; Withof, Jan: Cornelis Floris, in: Gentsche Bijdragen tot de kunstgeschiedenis 8 (1942), S. 79–171.

**O. Rollenhagen/Barylewska-Szymánska 2008**
Rollenhagen, Otto (Autor); Barylewska-Szymánska, Ewa (Hg.): Untersuchung und Beschreibung der Danziger Bürgerhäuser mit besonderer Darstellung der Bauten aus der Zeit der Gotik bis zur Spätrenaissance/ Analiza i opis gdańskich kamienic

mieszczańskich ze szczególnym uwzględnieniem budowli z czasów od gotyku do późnego renesansu, Marburg/Danzig 2008.

**Rombouts/Lerius 1961**
Rombouts, Philipp; Lerius, Théodore van: De Liggeren en andere historische archieven der Antwerpsche Sint Lucasgilde. Les Liggeren et autres archives historiques de la Gilde anversoise de Saint Luc, 2 Bde., Amsterdam 1961.

**Römer 1938**
Römer, Helmuth: Die Rechtsgeschichte der Koog- und Deichverbände sowie der oktroyierten Köge in Schleswig. Insbesondere in Nordfriesland (Archiv für Beiträge zum deutschen, schweizerischen und skandinavischen Privatrecht 29), Leipzig 1938.

**Rooses/Ruelens 1887–1909**
Rooses, Max; Ruelens, Charles: Correspondance de Rubens et documents épistolaires concernant sa vie et ses œuvres, 6 Bde., 1887–1909.

**Rumohr 1960**
Rumohr, Henning von: Dat se bliven ewich tosamende ungedelt. Festschrift der Schleswig-Holsteinischen Ritterschaft zur 500. Wiederkehr des Tages von Ripen am 5. März 1960, Neumünster 1960.

**Ruyven-Zeman 1992**
Ruyven-Zeman, Zsuzsanna van: Drawings for Architecture and Tomb Sculpture by Cornelis Floris, in: Master Drawings 30,2 (1992), S. 185–200.

**Rystad 1994**
Rystad, Göran (Hg.): In Quest of Trade and Security. The Baltic in Power Politics, Bd. 1: 1500–1890, Lund 1994.

**Rystad 2003**
Rystad, Göran: Karl XI. En biografi, Lund 2003.

**Schaick 1954**
Schaick, V. F. H. E. van: Het inlegwerk in de vloer van de Burgerzaal, in: Jaarboek van het Genootschap Amstelodamum 46 (1954), S. 47–59.

**Schepelern 1971**
Schepelern, Henrik Ditlev: Museum Wormianum. Dets Forudsaetninger og Tilblivelse, Kopenhagen 1971.

**Schepelern 1981**
Schepelern, Henrik Ditlev: Naturalienkabinett oder Kunstkammer. Der Sammler Bernhard Paludanus und sein Katalogmanuskript in der Königlichen Bibliothek in Kopenhagen, in: Nordelbingen. Beiträge zur Kunst- und Kulturgeschichte Schleswig-Holsteins 50 (1981), S. 157–182.

**Schepelern 2001**
Schepelern, Henrik Ditlev: Natural Philosophers and Princely Collectors. Worm, Paludanus, and the Gottorp and Copenhagen Collections, in: Impey/MacGregor 2001, S. 167–176.

**H. Schilling 1972**
Schilling, Heinz: Niederländische Exulanten im 16. Jahrhundert. Ihre Stellung im Sozialgefüge und im religiösen Leben deutscher und englischer Städte (Schriften des Vereins für Reformationsgeschichte 78/79, 187), Gütersloh 1972.

**Schlee 1965a**
Schlee, Ernst: Die Bildersammlung, in: Kat. Kiel 1965, S. 260–279.

**Schlee 1965b**
Schlee, Ernst: Die Kunstkammer, in: Kat. Kiel 1965, S. 280–299.

**Schlee 1965c**
Schlee, Ernst: Malerei, in: Kat. Kiel 1965, S. 350–377.

**Schlee 1965d**
Schlee, Ernst: Olearius und die Kunstkammer, in: Kat. Kiel 1965, S. 300–312.

**Schlee 1991**
Schlee, Ernst: Der Gottorfer Globus Herzog Friedrichs III. (Kleine Schleswig-Holstein-Bücher 41), Heide 1991.

**Schlepps 1954**
Schlepps, Irmgard: Der Hirschsaal und die Stuckaturen in Schloß Gottorp, in: Nordelbingen. Beiträge zur Kunst- und Kulturgeschichte Schleswig Holsteins 22 (1954), S. 60-75.

**Schliemann 1985**
Schliemann, Erich (Hg.): Die Goldschmiede Hamburgs, 3 Bde., Hamburg 1985.

**Schlögel 2003**
Schlögel, Karl: Im Raume lesen wir die Zeit. Über Zivilisationsgeschichte und Geopolitik, München 2003.

**Schlumbohm 2015**
Schlumbohm, Christa: Amor-Emblematik und liebestheoretischer Diskurs. Funktion und Gestaltungsweise sinnbildlichen Raumdekors im Hamburg des 17. Jahrhunderts, in: Literaturwissenschaftliches Jahrbuch 56 (2015), S. 217–252.

**Schmid-Engbrodt 2010**
Schmid-Engbrodt, Anja: Das Emder Rathaus. Vom niederländischen Renaissancebau zum Wiederaufbau nach 1945, in: Jahrbuch für Hausforschung 60 (2010), S. 141–157.

**Ha. Schmidt 1913**
Schmidt, Harry: Das Nachlaß-Inventar des Malers Jürgen Ovens (Quellensammlung der Gesellschaft für Schleswig-Holsteinische Geschichte 7), Leipzig 1913.

**Ha. Schmidt 1914**
Schmidt, Harry: Das Portal der Herzoglichen Gruft im Dom zu Schleswig. Ein Werk des Artus Quellinus, in: Oud Holland 32 (1914), S. 224–232 [= Die Heimat. Monatsschrift des Vereins zur Pflege der Natur- und Landeskunde in Schleswig-Holstein, Hamburg, Lübeck und dem Fürstentum Lübeck 26 (1916), S. 209–215].

**Ha. Schmidt 1916**
Schmidt, Harry: Gottorfer Künstler. Aus urkundlichen Quellen im Reichsarchiv zu Kopenhagen. I. Teil, in: Quellen und Forschungen zur Geschichte Schleswig-Holsteins 4 (1916), S. 179–321.

**Ha. Schmidt 1917a**
Schmidt, Harry: Gottorfer Künstler. Aus urkundlichen Quellen. II. Teil, in: Quellen und Forschungen zur Geschichte Schleswig-Holsteins 5 (1917), S. 233–392.

**Ha. Schmidt 1917b**
Schmidt, Harry: Niederländer in den Gottorfer Rentekammerbüchern, in: Oud Holland 35 (1917), S. 79–92.

**Ha. Schmidt 1922**
Schmidt, Harry: Jürgen Ovens. Sein Leben und seine Werke. Ein Beitrag zur Geschichte der niederländischen Malerei im XVII. Jahrhundert (Kunstgeschichtliche Forschungen 1), Kiel o. J. [1922].

**Ha. Schmidt 1993**
Schmidt, Harry (Autor); Lühning, Frauke (Bearbeiterin): Drei Schlösser am Westensee, Hamburg ³1993.

**He. Schmidt 1994**
Schmidt, Heinrich: Geschichte der Stadt Emden von 1500 bis 1575, in: Ostfriesland im Schutze des Deiches, Bd. 10: Geschichte der Stadt Emden, Bd. 1, Leer 1994, S. 162–269.

**R. Schmidt 1887**
Schmidt, Robert: Marmor-Grabmal König Friedrich I im oberen Chor des Domes zu Schleswig, Leipzig 1887.

**Schnackenburg 1996**
Schnackenburg, Bernhard: Gemäldegalerie Alte Meister Kassel. Gesamtkatalog, 2 Bde., Mainz 1996.

**Schneevoogt 1873**
Schneevoogt, Carl Gotfried Voorhelm: Catalogue des estampes gravées d'après P. P. Rubens. Avec l'indication des collections où de trouvent les tableaux et les gravures, Haarlem 1863.

**K. Schneider 1981**
Schneider, Konrad: Hamburg während der Kipper- und Wipperzeit, in: Zeitschrift des Vereins für Hamburgische Geschichte 67 (1981), S. 47–74.

**M. Schneider 2012**
Schneider, Matthias: Kulturtransfer im Ostseeraum. Tastenmusik und Tastenspieler am „Baltischen Seestrande", in: Hecker-Stampehl/B. Henningsen 2012, S. 227–247.

**Schnettger 2014**
Schnettger, Matthias: Der Spanische Erbfolgekrieg. 1701–1713/14 (C. H. Beck Wissen 2826), München 2014.

**Schnittger 1901**
Schnittger, Doris: Die Umsetzung des Königsdenkmals im Schleswiger Dom, in: Repertorium für Kunstwissenschaft 24 (1901), S. 381–386.

**Schnoor 1980**
Schnoor, Willi F.: Das Stadtrecht von Friedrichstadt. Verfasser, Entstehung

und Einblick in den ersten Teil, in: Mitteilungsblatt der Gesellschaft für Friedrichstädter Stadtgeschichte 17 (1980), S. 117–126.

**Schnyder 2017**
Schnyder, Mireille: Übersetzung als Gespräch. Der Persianische Rosenthal, in: Baumann/Köster/Kuhl 2017, S. 152–158.

**Scholten 2004/05**
Scholten, Frits: The Larson Family of Statuary Founders. Seventeenth-Century reproductive Sculpture for Gardens and Painters' Studios, in: Simiolus. Netherlands Quarterly for the History of Art 31,1–2 (2004–2005), S. 54–89.

**Scholten 2010**
Scholten, Frits: Artus Quellinus. Sculptor of Amsterdam, Amsterdam 2010.

**Scholten/Woodall/Meyers 2014**
Scholten, Frits; Woodall, Joanna; Meyers, Dulcia (Hg.): Art and Migration. Netherlandish Artists on the Move. 1400–1750. Nederlandse kunstenaars op drift. 1400–1750 (Nederlands Kunsthistorisch Jaarboek 63), Leiden/Boston 2014.

**Schönfeld 2011**
Schönfeld, Claudia: Friedrich der Fromme und die Künste, in: Mecklenburgische Jahrbücher 126 (2011), S. 153–189.

**Schönpflug 2013**
Schönpflug, Daniel: Die Heiraten der Hohenzollern. Verwandtschaft, Politik und Ritual in Europa. 1640–1918 (Kritische Studien zur Geschichtswissenschaft 207), Göttingen 2013.

**Schooneveld-Oosterling 1997**
Schooneveld-Oosterling, Judith Ellen (Hg.): Generale Missiven van gouverneurs-generaal en raden aan heren XVII der Verenigde Oostindische Compagnie, Bd. 11: 1743–1750, Den Haag 1997.

**Schramm/Schwarte/Lazardzig 2005**
Schramm, Helmar; Schwarte, Ludger; Lazardzig, Jan: Collection, Laboratory, Theater. Scenes of Knowledge in the 17th Century, Berlin/New York 2005.

**Schröder 1997**
Schröder, Dorothea: „Sehr angenehm und ergötzlich". Das Musikleben am Gottorfer Hof, in: Kat. Schleswig 1997a, S. 293–297.

**Schröder 2003**
Schröder, Dorothea: Die Gottorfer Hochzeitsfeiern von 1649 und 1650, in: Jahrbuch der Stiftung Schleswig-Holsteinische Landesmuseen Schloss Gottorf. Neue Folge 8 (2003), S. 69–83.

**Schubert 2003**
Schubert, Ingrid A.: Von Bürgern und Botanikern, Geistlichen und Gärtnern. Die Entwicklung früher Hamburger Lustgartenkultur zwischen Späthumanismus und Frühbarock, in: Kat. Hamburg 2003, S. 15–73.

**Schubert 2006**
Schubert, Ingrid A.: „Was pflanzet die Stadt für wunderschöne Gärten!" Von früher Hamburger Lustgartenkultur, in: Kat. Hamburg 2006, S. 40–67.

**Schultz 1894**
Schultz, Wilhelm von: Die Verpfändung meklenburgischer Aemter unter Herzog Karl Leopold und deren Reluition, in: Mecklenburgische Jahrbücher 59 (1894), S. 1–85.

**Schultz Hansen 2003**
Schultz Hansen, Hans: Demokratie oder Nationalismus. Politische Geschichte Schleswig-Holsteins 1830–1918, in: U. Lange 2003a, S. 427–486.

**Schulze 1991**
Schulze, Heiko K. L.: Schloß Eutin, Eutin 1991.

**Schulze 1995a**
Schulze, Heiko K. L.: Der Gottorfer Herkules, in: DenkMal! Zeitschrift für Denkmalpflege in Schleswig-Holstein 2 (1995), S. 12–20.

**Schulze 1995b**
Schulze, Heiko K. L.: Herkules im Kampf mit der Lernäischen Hydra. Die Wiederentdeckung der barocken Figurengruppe im Gottorfer Fürstengarten, in: Beiträge zur Schleswiger Stadtgeschichte 40 (1995), S. 42–58.

**Schulze 1996a**
Schulze, Heiko K. L.: Der Gottorfer Herkules im Neuwerk-Garten, in: Buttlar/Meyer 1996, S. 556–558.

**Schulze 1996b**
Schulze, Heiko K. L.: Die „Persianische Decke" in Schloß Gottorf. Zur Wiederentdeckung bemalter Holzdecken des 16. und 17. Jahrhunderts, in: DenkMal! Zeitschrift für Denkmalpflege in Schleswig-Holstein 3 (1996), S. 60–72.

**Schulze 1997a**
Schulze, Heiko K. L.: Der Gottorfer Herkules im Kampf mit der Lernäischen Hydra. Entstehung, Geschichte und Deutung, in: Kat. Schleswig 1997a, S. 211–221.

**Schulze 1997b**
Schulze, Heiko K. L.: Schloss Gottorf. Zur Baugeschichte der herzoglichen Residenz in Schleswig, in: Kat. Schleswig 1997a, S. 139–147.

**Schulze 1998**
Schulze, Heiko K. L.: Gottorfer Herkules in Schleswig wiederaufgestellt, in: DenkMal! Zeitschrift für Denkmalpflege in Schleswig-Holstein 5 (1998), S. 78–79.

**Schütt 1971a**
Schütt, Hans-Friedrich: Tondern, in: G. Andresen/Schütt 1971, S. 239–250.

**Schütt 1971b**
Schütt, Hans-Friedrich: Überblick über die wirtschaftlichen und politischen Bedingungen der schleswig-holsteinischen Schiffahrt, in: G. Andresen/Schütt 1971, S. 11–48.

**Schutte 1983**
Schutte, Otto: Repertorium der buitenlandse vertegenwoordigers, residerende in Nederland. 1584–1810 (Rijks geschiedkundige publicatien), Den Haag 1983.

**Schweizer 2013**
Schweizer, Stefan: Die Erfindung der Gartenkunst. Gattungsautonomie – Diskursgeschichte – Kunstwerkanspruch (Kunstwissenschaftliche Studien 172), Berlin/München 2013.

**Schwennicke 1980**
Schwennicke, Detlev (Hg.): Europäische Stammtafeln. Stammtafeln zur Geschichte der europäischen Staaten. Neue Folge, Band 1: Die deutschen Staaten. Die Stammesherzöge, die weltlichen Kurfürsten, die kaiserlichen, königlichen und grossherzoglichen Familien, Marburg 1980.

**Seebach 1965a**
Seebach, Carl-Heinrich: Das Kieler Schloss. Nach Grabungsbefunden, Schriftquellen und Bildern (Studien zur schleswig-holsteinischen Kunstgeschichte 9), Neumünster 1965.

**Seebach 1965b**
Seebach, Carl-Heinrich: Das Schloß zu Kiel, in: Kat. Kiel 1965, S. 232–239.

**Seelig 2007**
Seelig, Gero: Zur Baugeschichte der Bildergalerie am alten Schloss in Schwerin, in: Mecklenburgische Jahrbücher 122 (2007), S. 141–158.

**Seelig 2012**
Seelig, Gero: Archival Note. Gerhard Morell and the Last Acquisitions of Christian Ludwig of Mecklenburg-Schwerin, in: Journal of Historians of Netherlandish Art (www.jhna.org) 4,1 (2012).

**Seelig 2013a**
Seelig, Gero: Ein Raub der Flammen. Zur ersten Gemäldesammlung Herzog Christian Ludwigs in Grabow, in: Mecklenburgische Jahrbücher 128 (2013), S. 95–110.

**Seelig 2013b**
Seelig, Gero: Jan van Huysum und der Hof von Mecklenburg-Schwerin, in: Oud Holland 126 (2013), S. 136–161.

**Seelig 2016**
Seelig, Gero: Because the Night. Paintings by Schalcken for Schwerin, in: Wallraf-Richartz-Jahrbuch 77 (2016), S. 187–204.

**Seggern 2014**
Seggern, Harm von: Ein kleiner Junge vom Land in der großen Stadt. Peter Hansen aus Hajstrup bei Tondern über sein Bordellerlebnis in Amsterdam (1644), in: Hundt/Lokers 2014, S. 533–544.

# Quellen- und Literaturverzeichnis

**Seifert 1991**
Seifert, Siegfried: „Historia literaria" an der Wende zur Aufklärung. Barocktradition und Neuansatz in Morhofs „Polyhistor", in: Garber u. a. 1991, S. 215–228.

**Siebern 1927**
Siebern, Heinrich: Die Kunstdenkmäler der Provinz Hannover, Bd. 6: Regierungsbezirk Aurich, Heft 1–2: Stadt Emden, Hannover 1927.

**Silberhorn 2004**
Silberhorn, Gertrud: Die Lebensgeschichte des Nordfriesen Seneca Ingersen Freiherr von Geltingen, in: Demokratische Geschichte 16 (2004), S. 23–60.

**Silberhorn 2006**
Silberhorn, Gertrud: Ingersen, Seneca, in: Biographisches Lexikon für Schleswig-Holstein und Lübeck, Bd. 12, Neumünster 2006, S. 220–225.

**Sillem 1883**
Sillem, Karl Hieronymus Wilhelm: Zur Geschichte der Niederländer in Hamburg von ihrer Ankunft bis zum Abschluß des Niederländischen Contracts 1605, in: Zeitschrift des Vereins für Hamburgische Geschichte 7 (1883), S. 481–598.

**Sillem 1893**
Sillem, Karl Hieronymus Wilhelm: Die wallonische Gemeinde in Stade (Geschichtsblätter des Deutschen Hugenotten-Vereins 2,6), Magdeburg 1893.

**Skibiński 2014**
Skibiński, Franciszek. Early-Modern Netherlandish Sculptors in Danzig and East-Central Europe. A Study in Dissemination through Interrelation and Workshop Practice, in: Scholten/Woodall/Meyers 2014, S. 110–135.

**Skogh 2013**
Skogh, Lisa: Material Worlds. Queen Hedwig Eleonora as Collector and Patron of the Arts, Stockholm 2013.

**Sluijter 2015**
Sluijter, Eric Jan: Rembrandt's Rivals. History Painting in Amsterdam. 1630–1650 (Oculi. Studies in the Arts of the Low Countries 14), Amsterdam 2015.

**Smith/B. Schmidt 2007**
Smith, Pamela H.; Schmidt, Benjamin (Hg.): Making Knowledge in Early Modern Europe. Practices, Objects, and Texts. 1400–1800, Chicago/London 2007.

**Smits-Veldt 1996**
Smits-Veldt, Mieke B.: 21. Mei 1658. Jan Bapist van Fornenbergh koopt een huis en een erf aan de Denneweg in Den Haag om in de tuin een theater te bouwen, in: Erenstein 1996, S. 244–249.

**Sneep/Treu/Tydeman 1982**
Sneep, Jaap; Treu, Herman A.; Tydeman, M. (Hg.): Vesting. Vier eeuwen vestingbouw in Nederland, Den Haag 1982.

**Sönksen 2005**
Sönksen, Christian: 1980–2005. 25 Jahre Orgelbauverein Langenhorn e. V. 1985–2005. 20 Jahre Orgelkonzerte und Kirchenmusik in St. Laurentius zu Langenhorn. Eine Dokumentation über die Entstehung des Orgelbauvereins, Langenhorn 2005.

**Spenlé 2016**
Spenlé, Virginie: The Kunst- und Wunderkammer. Origin and development in the Renaissance and Barock, in: Laue 2016, S. 12–104.

**Spielmann 1997**
Spielmann, Heinz: Bildersammlungen auf Schloss Gottorf, in: Kat. Schleswig 1997c, S. 26–37.

**Spieß 2015**
Spieß, Karl-Heinz: Familie und Verwandtschaft im deutschen Hochadel des Spätmittelalters. 13. bis Anfang des 16. Jahrhunderts, Stuttgart ²2015.

**Steenberg 1950**
Steenberg, Jan: Christian IVs Frederiksborg. Arkitektur, interiører, situationer, Hillerød 1950.

**Steensen 2008**
Steensen, Thomas: Das „dänische Holland". Nordfriesland und die Niederlande, in: Nordfriesland 162 (2008), S. 17–26.

**Steensen o. J.**
Steensen, Thomas: Holländer. Die Niederlande und die Westküste Schleswig-Holsteins, http://www.geschichte-s-h.de/hollaender/.

**Steiger 2016**
Steiger, Johann Anselm: Gedächtnisorte der Reformation. Sakrale Kunst im Norden (16.–18. Jahrhundert), 2 Bde., Regensburg 2016.

**Steiger/Richter 2012**
Steiger, Johann Anselm; Richter, Sandra (Hg.): Hamburg. Eine Metropolregion zwischen Früher Neuzeit und Aufklärung, Berlin 2012.

**Steinmetz 1991**
Steinmetz, Wiebke: Heinrich Rantzau (1526–1598). Ein Vertreter des Humanismus in Nordeuropa und seine Wirkungen als Förderer der Künste (Europäische Hochschulschriften. Reihe 28, Kunstgeschichte 125), Frankfurt am Main u. a. 1991.

**Steinwascher 2011**
Steinwascher, Gerd: Die Oldenburger. Die Geschichte einer europäischen Dynastie, Stuttgart 2011.

**Steneberg 1934**
Steneberg, Karl Erik: Jacob van Doordt. En nordisk furstemålare, in: Scandia. Tidskrift för historisk forskning 7,2 (1934), S. 247–266.

**Stettiner 1916**
Stettiner, Richard: Das Kleinodienbuch des Jakob Mores in der Hamburgischen Stadtbibliothek. Eine Untersuchung zur Geschichte des Hamburgischen Kunstgewerbes um die Wende des 16. Jahrhunderts (Jahrbuch der Hamburgischen Wissenschaftlichen Anstalten 33,1/Veröffentlichungen des Hamburgischen Museums für Kunst und Gewerbe 2), Hamburg 1916.

**Stevens 1984**
Stevens, Jane R.: Hands, Music and Meaning in Some Seventeenth-Century Dutch Paintings, in: Imago Musicae. International Yearbook of Musical Iconography 1 (1984), S. 75–102.

**Stilling 2018**
Stilling, Niels Peter: Danmarks herregårde, Bd. 4: Jylland, [Kopenhagen] 2018.

**Stolz 2000**
Stolz, Gerd (Hg.): Der Kampf um Friedrichstadt im Jahre 1850, Husum 2000.

**Strasser/Wade 2004**
Strasser, Gerhard F.; Wade, Mara R. (Hg.): Die Domänen des Emblems. Außerliterarische Anwendungen der Emblematik (Wolfenbütteler Arbeiten zur Barockforschung 39), Wiesbaden 2004.

**Studemund-Halévy 1994**
Studemund-Halévy, Michael (Hg.): Die Sefarden in Hamburg. Zur Geschichte einer Minderheit, Bd. 1, Hamburg 1994.

**Studemund-Halévy 1997a**
Studemund-Halévy, Michael: Die ersten Afrikaner in Glückstadt, in: Glückstädter Monatsspiegel, Dezember 1997, S. 12–13.

**Studemund-Halévy 1997b**
Studemund-Halévy, Michael: Die portugiesisch-spanischen Grabinschriften in Norddeutschland. Glückstadt und Emden, in: Aschkenas. Zeitschrift für Geschichte und Kultur der Juden 7,2 (1997), S. 389–439.

**Studemund-Halévy 2010**
Studemund-Halévy, Michael: Drei portugiesische Kaufleute erwerben einen Friedhof, in: Studemund-Halévy/Zürn 2010, S. 15–19.

**Studemund-Halévy o. J.**
Studemund-Halévy, Michael: Dinis, Álvaro, http://www.dasjuedischehamburg.de/inhalt/dinis-álvaro.

**Studemund-Halévy/Zürn 2010**
Studemund-Halévy, Michael; Zürn, Gaby: Zerstört die Erinnerung nicht. Der jüdische Friedhof Königstrasse in Hamburg, ³2010.

**Sutter 2012**
Sutter, Sem Christian: Friedrichstadt an der Eider. Ort einer frühen Erfahrung religiöser Toleranz. 1621–1727 (Mitteilungsblatt der Gesellschaft für Friedrichstädter Stadtgeschichte 84), Friedrichstadt 2012.

**Swan 2008**
Swan, Claudia: Making Sense of Medical Collections in Early Modern Hol-

land. The Uses of Wonder, in: Smith/B. Schmidt 2007, S. 199–213.

**Syndram 2012**
Syndram, Dirk (Hg.): Die kurfürstlich-sächsische Kunstkammer in Dresden. Geschichte einer Sammlung, Dresden 2012.

**Szymanski 1972**
Szymanski, Hans: Deutsche Segelschiffe. Die Geschichte der hölzernen Frachtsegler an den deutschen Ost- und Nordseeküsten vom Ende des 18. Jahrhunderts bis auf die Gegenwart, Berlin 1934, Neudruck Norderstedt 1972.

**Tacke 1997**
Tacke, Andreas: Das tote Jahrhundert. Anmerkungen zur Forschung über die deutsche Malerei des 17. Jahrhunderts, in: Zeitschrift des Deutschen Vereins für Kunstwissenschaft 51 (1997), S. 43–70.

**Tebel 2008**
Tebel, René: Zur Darstellung des nordischen Raumes. Abraham Ortelius' Weltkarte (1570) und ihre Vorläufer, in: Komlosy 2008, S. 21–31.

**Telgen 2018**
Telgen, Marion: Die Maria-Magdalenen-Kirche in Bad Bramstedt. Zur Geschichte der Emporen- und Deckengestaltung, Kiel 2018 [unpublizierte Masterarbeit].

**Teuchert 1965**
Teuchert, Wolfgang: Friedrichstadt als holländische Siedlung, in: Kat. Kiel 1965, S. 240-250.

**Thomas 1988**
Thomas, Christiane: Isabella, Königin von Dänemark, in: Hamann 1988, S. 166–167.

**Thöne 1963**
Thöne, Friedrich: Wolfenbüttel. Geist und Glanz einer alten Residenz, München 1963.

**Thorlacius-Ussing 1926**
Thorlacius-Ussing, Viggo: Billedhuggeren Thomas Quellinus, Kopenhagen 1926.

**Thurau 1952**
Thurau, Harald (Hg.): Festschrift für Otto Scheel. Beiträge zur deutschen und nordischen Geschichte, Schleswig 1952.

**Tjaden 1994**
Tjaden, Anja: The Dutch in the Baltic. 1544–1721, in: Rystad 1994, S. 61–136.

**Troebst 1997**
Troebst, Stefan: Handelskontrolle, „Derivation", Eindämmung. Schwedische Moskaupolitik 1617–1661, Wiesbaden 1997.

**Trunz 1995a**
Trunz, Erich: Deutsche Literatur zwischen Späthumanismus und Barock. Acht Studien, München 1995.

**Trunz 1995b**
Trunz, Erich: Der deutsche Späthumanismus um 1600 als Standeskultur, in: Trunz 1995a, S. 7–82.

**Tummers/Jonckheere 2008**
Tummers, Anna; Jonckheere, Koenraad (Hg.): Art Market and Connoisseurship. A Closer Look at Paintings by Rembrandt, Rubens and their Contemporaries (Amsterdam Studies in the Dutch Golden Age), Amsterdam 2008.

**Ullrich 1993**
Ullrich, Bernd: Agaven. Illustration blühender Exemplare bis 1800 (Der Palmengarten 21), Frankfurt am Main 1993.

**Unnerbäck 1996**
Unnerbäck, Eyvind: Vadstena slott. Från befästning till renässanspalast. 1563–1620 (Kungl. Vitterhets, historie och antikvitetsakademiens handlingar. Antikvariska serien 39), Stockholm 1996.

**Unverfehrt 1987**
Unverfehrt, Gerd: Kunstsammlungen der Universität Göttingen. Die niederländischen Gemälde. Mit einem Verzeichnis der Bilder anderer Schulen, Göttingen 1987.

**Uppenkamp/Klemm 2005**
Uppenkamp, Barbara; Klemm, David: Die Aedicula-Bekrönung des Kanzelaufgangs aus der Hamburger St. Petrikirche, in: Borggrefe/Lüpkes 2005, S. 208–216.

**Vahrenberg 1878**
Vahrenberg, Émile: Elisabeth ou Isabelle d'Autriche, in: Biographie nationale de Belgique, Bd. 6, Brüssel 1878, Sp. 544–548.

**Veldman 2002**
Veldman, Ilja: Hans Vredeman de Vries und die Herausbildung des Antwerpener Graphikgewerbes, in: Kat. Lemgo/Antwerpen 2002, S. 51–58.

**Venge 1985**
Venge, Mikael: Melchior Rantzau, in: Biographisches Lexikon für Schleswig-Holstein und Lübeck, Bd. 7, Neumünster 1985, S. 177–178.

**Vermeulen 2015**
Vermeulen, Han F.: Before Boas. The Genesis of Ethnography and Ethnology in the German Elightenment (Critical Studies in the History of Anthropology), Lincoln/London 2015.

**Vesely 2013**
Vesely, Ivalu: Toleranz und Städtebau. Die Bedeutung des Fremden in frühneuzeitlichen Stadtgründungen am Beispiel der Exulantenstädte Glückstadt und Friedrichstadt, Braunschweig 2013.

**Vijver/K. Jonge 2013**
Vijver, Dirk van de; Jonge, Krista de: „Ces fleurons lointains à notre splendide diadème artistique". The Historiography of the Influence of Netherlandish Architecture in Europe, in: Ottenheym/K. Jonge 2013, S. 31–49.

**Vlaardingerbroek 2011**
Vlaardingerbroek, Pieter: Het paleis van de Republiek. Geschiedenis van het stadhuis van Amsterdam, Zwolle 2011.

**Vollkommer 1987**
Vollkommer, Rainer: Herakles. Die Geburt eines Vorbildes und sein Fortbestehen bis in die Neuzeit, in: Idea. Jahrbuch der Hamburger Kunsthalle 6 (1987), S. 7–29.

**Voolen 1994**
Voolen, Edward van: Juden im Amsterdam Rembrandts, in: Kat. Münster 1994, S. 207–218.

**Voß 2014**
Voß, Renate: Daniel Cramer auf Gut Roest bei Kappeln, in: Höpel 2014, S. 67–76.

**J. Vries/Woude 1997**
Vries, Jan de; Woude, Ad van der: The First Modern Economy. Success, Failure, and Perseverance of the Dutch Economy. 1500–1815, Cambridge 1997.

**Wade 1995**
Wade, Mara R.: Emblems and German Protestant Court Culture. Duchess Marie Elisabeth's Ballet in Gottorf (1650). In: Emblematica. An interdisciplinary Journal for Emblem Studies 9 (1995), S. 45–109.

**Wade 2004**
Wade, Mara R. (Hg.): Pomp, Power, and Politics. Essays on German and Scandinavian Court Culture and their Contexts (Daphnis. Zeitschrift für Mittlere Deutsche Literatur und Kultur der Frühen Neuzeit (1400–1750) 32, 1–2 [2003]), Amsterdam/New York 2004.

**B. Wagner 2014**
Wagner, Berit: Bilder ohne Auftraggeber. Der deutsche Kunsthandel im 15. und frühen 16. Jahrhunder. Mit Überlegungen zum Kulturtransfer (Studien zur internationalen Architektur- und Kunstgeschichte 122), Petersberg 2014.

**M. Wagner 2010**
Wagner, Monika: Das zerbrochene Glas. Opake Kommentare in einem transparenten Medium, in: Kat. Hamburg 2010, S. 40–47.

**Walczak 2011**
Walczak, Gerrit: Exulanten, Wandergesellen und Bönhasen. Zur Migration von Künstlern zwischen Hamburg und den Niederlanden, in: Büttner/E. Meier 2011, S. 71–90.

**Wallenborn 2003**
Wallenborn, Hiltrud: Bekehrungseifer, Judenangst und Handelsinteresse. Amsterdam, Hamburg und London als Ziele sefardischer Migration im 17. Jahrhundert (Haskala. Wissenschaftliche Abhandlungen 27), Hildesheim/Zürich/New York 2003.

**Wandrey 2018**
Wandrey, Petra: Ehre über Gold. Die Meisterstiche von Hendrick Goltzius. Bildtheorie und Ikonografie um 1600, Berlin 2018.

**Weber 2010**
Weber, Klaus: Zwischen Religion und Ökonomie. Sepharden und Hugenotten in Hamburg, 1580–1800, in: Jürgens/Weller 2010, S. 137–167.

**Weiss 2016**
Weiss, Michelle: Die Gemälde der Schlosskapelle Dürnkrut. Marienkrönung, Altar und Embleme, Wien 2016.

**Wendt 1994**
Wendt, Antje: Das Schloß zu Reinbek. Untersuchungen und Ausstattung, Anlage und Architektur eines landesherrlichen Schlosses, Neumünster 1994.

**Wendt 1997**
Wendt, Antje: Die Schlossbauten Herzog Adolfs von Schleswig-Holstein-Gottorf, in: Kat. Schleswig 1997a, S. 132–137.

**Weppelmann 2017**
Weppelmann, Stefan: Körper sehen und Körper malen, in: Kat. Frankfurt 2017, S. 227–247.

**Wick 1964**
Wick, Peter: Versuche zur Errichtung des Absolutismus in Mecklenburg in der ersten Hälfte des 18. Jahrhunderts. Ein Beitrag zur Geschichte des deutschen Territorialabsolutismus (Schriften des Instituts für Geschichte 2), Berlin 1964.

**H. Wieden 1966**
Wieden, Helge bei der: Schaumburgische Genealogie. Stammtafeln der Grafen von Holstein und Schaumburg – auch Herzöge von Schleswig – bis zu ihrem Aussterben 1640 (Schaumburger Studien 14), Bückeburg 1966.

**H. Wieden 2008**
Wieden, Helge bei der: Die Grafen von Holstein(-Pinneberg) und Schaumburg, in: Rasmussen 2008a, S. 391–403.

**H. Wieden 2010**
Wieden, Helge bei der: Ein norddeutscher Renaissancefürst. Ernst zu Holstein-Schaumburg. 1569–1622 (Kulturlandschaft Schaumburg 1), Bielefeld ²2010.

**Wieringa 1983**
Wieringa, Wiert Jan (Hg.): The Interactions of Amsterdam and Antwerp with the Baltic Region. De Nederlanden en het Oostzeegebied. 1400–1800, 1400–1800, Dordrecht 1983.

**Wiesinger 2015**
Wiesinger, Anja Silke: Schloss Gottorf in Schleswig. Der Südflügel. Studien zur barocken Neugestaltung einer norddeutschen Residenz um 1700 (Bau + Kunst. Schleswig-Holsteinische Schriften zur Kunstgeschichte 23), Kiel 2015.

**Winkler 1890**
Winkler, August: Die Handzeichnungen des Hamburger Goldschmiedes Jakob Moers in der Ornamentstichsammlung des Königlichen Kunstgewerbe-Museums zu Berlin, in: Jahrbuch der Preußischen Kunstsammlungen 11 (1890), S. 108–116.

**D. Witt 2007**
Witt, David A. de: Jan van Noordt. Painter of History and Portraits in Amsterdam, Montreal u. a. 2007.

**J. Witt 2001**
Witt, Jann Markus: Master next God? Der nordeuropäische Handelsschiffskapitän vom 17. bis zum 19. Jahrhundert (Schriften des Deutschen Schiffahrtsmuseums 57), Hamburg 2001.

**J. Witt 2003**
Witt, Jann Markus: Der Ochsenweg. Schleswig-Holsteins Landverbindung nach Europa, in: Fürsen/R. Witt 2003, S. 131–137.

**J. Witt 2007**
Witt, Jann Markus: Education and Training. Nautical Certification, in: John Brewster Hattendorf (Hg.): The Oxford Encyclopedia of Maritime History, Bd. 1, Oxford/New York 2007, S. 632–648.

**J. Witt 2008**
Witt, Jann Markus: Handel und Schiffahrt in den Herzogtümern Schleswig und Holstein im 16. und 17. Jahrhundert, in: Kat. Schleswig 2008, S. 67–80.

**J. Witt 2012**
Witt, Jann Markus: Seefahrtsgeschichte Schleswig-Holsteins in der Neuzeit (Schriftenreihe der Deutschen Maritimen Akademie 2), Heide 2012.

**J. Witt/Vosgerau 2010**
Witt, Jann Markus; Vosgerau, Heiko (Hg.): Geschichte Schleswig-Holsteins. Anschaulich, spannend, verständlich, Heide 2010.

**R. Witt 1982**
Witt, Reimer: Die Anfänge von Kartographie und Topographie Schleswig-Holsteins. 1475–1652, Heide 1982.

**Wolkenhauer 2009**
Wolkenhauer, Anja: Embleme als Raumschmuck in Hamburger Bauten des 17. und 18. Jahrhunderts, in: Kat. Hamburg 2009, S. 76–86.

**Wurzbach 1860**
Wurzbach, Constant von: Elisabeth, eigentlich Isabella von Oesterreich, in: Biographisches Lexikon des Kaiserthums Oesterreich, Bd. 6, Wien 1860, S. 167–169.

**Zilch/Thomsen 2009**
Zilch, Heinz; Thomsen, Christiane: Die Friedrichstädter Hausmarken (Mitteilungsblatt der Gesellschaft für Friedrichstädter Stadtgeschichte 78), Friedrichstadt 2009.

**Zimmermann 2002**
Zimmermann, Petra Sophia: Die Architectura von Hans Vredeman de Vries. Entwicklung der Renaissancearchitektur in Mitteleuropa, München/Berlin 2002.

# Bildnachweis

**Umschlagabbildung:**
Ludolf Backhuysen: Seestück vor Amsterdam, um 1670, Öl auf Leinwand, 90 x 134,3 cm, SHLM Schloss Gottorf, x-00057 (Dauerleihgabe aus Privatbesitz)

**Details:**
S. 7: Jürgen Ovens: Bildnis einer Familie mit zwei Kindern, 1660, Öl auf Leinwand, 152 x 191 cm, SHLM Schloss Gottorf, 1984/507 – S. 10 = S. 12, Abb. 1 – S. 24 = S. 28, Abb. 3 – S. 36 = S. 38, Abb. 2 – S. 46 = S. 50, Abb. 1 – S. 56 = S. 61, Abb. 3 – S. 68 = S. 74, Abb. 4 – S. 82 = S. 92, Abb. 8 – S. 96 = S. 101, Abb. 2 – S. 104 = S. 115, Abb. 9 – S. 120 = S. 127, Abb. 6 – S. 130 = S. 137, Abb. 7 – S. 140 = S. 143, Abb. 2 – S. 154 = S. 158, Abb. 3 – S. 180 = S. 185, Abb. 5 – S. 202 = S. 207, Abb. 4 – S. 216 = S. 226, Abb. 9 – S. 230 = S. 235, Abb. 5 – S. 248 = S. 251, Abb. 2 – S. 262 = S. 270, Abb. 7 – S. 276 = S. 279, Abb. 3a – S. 286 = S. 294, Abb. 8 – S. 298 = S. 301, Abb. 3 – S. 308 = S. 311, Abb. 1 – S. 326 = S. 338, Abb. 17 – S. 340: Allaert van Everdingen: Nordische Gebirgslandschaft mit Mühlen an einem Wasserfall, 1644–1675, Öl auf Leinwand, 106 x 114 cm, SHLM Schloss Gottorf, 1991/1008.

**Die Abbildungsrechte liegen bei den genannten Besitzern. Zusätzlich gelten folgende Nachweise:**
S. 18, Abb. 6: Linn Ahlgren – S. 25, Abb. 1: https://commons.wikimedia.org/wiki/File:Jutland_Peninsula_map.PNG, Nutzer Roke~commonswiki, Valentinian, PhJ – S. 27, Abb. 2: https://commons.wikimedia.org/wiki/File:Ptolemaeus_Magna_Germania.jpg, Nutzer Mediatus – S. 31, Abb. 5: https://commons.wikimedia.org/wiki/File:Map_SLH-1650.png, Nutzer Begw unter Beteiligung von PodracerHH, CC BY-SA 3.0, https://creativecommons.org/licenses/by/3.0/deed.en – S. 33, Abb. 6: Heerma van Voss 1995, S. 36 – S. 52, Abb. 2: https://commons.wikimedia.org/wiki/File:Nieblum_Karkstieg_(Kirchhof)_021_2016_05_29.jpg, Friedrich Haag, CC BY-SA 4.0, https://creativecommons.org/licenses/by-sa/4.0/deed.en – S. 59, Abb. 1: © ALSH (Archäologisches Landesamt Schleswig-Holstein) – S. 65, Abb. 4: © Bildarchiv Foto Marburg/Alexander Voss – S. 70, Abb. 1: Marco L. Petersen 2018 – S. 71, Abb. 2, S. 76, Abb. 7, S. 77, Abb. 8: Marco L. Petersen 2018, mit freundlicher Genehmigung Herrn Baron von Hobes – S. 75, Abb. 5: https://archive.org/details/brasilianischege00baer/page/n37 – S. 75, Abb. 6: http://www.deutschefotothek.de/documents/obj/70402163, CC BY-SA 4.0, https://creativecommons.org/licenses/by-sa/4.0/ – S. 101, Abb. 2: Hans Thorwid – S. 102, Abb. 3: Constanze Köster – S. 109, Abb. 3: André Kuhl – S. 125, Abb. 3: Detlefsen-Museum Glückstadt 2017 – S. 127, Abb. 6: Christian Boldt 2016 – S. 131, Abb. 1, S. 132, Abb. 2, S. 137, Abb. 8, Abb. 9, S. 138, Abb. 10: Stadt Friedrichstadt – S. 156, Abb. 1: Kristoffer Neville – S. 157, Abb. 2, S. 161, Abb. 6: Aleksandra Lipińska – S. 160, Abb. 5: © KIK-IRPA, Brüssel – S. 160, Abb. 7: Achim Bötefür – S. 163, Abb. 9: Matthias Süßen – S. 167, Abb. 11: https://commons.wikimedia.org/w/index.php?curid=11984514, Nutzer PodracerHH, CC BY 3.0, https://creativecommons.org/licenses/by/3.0/deed.en – S. 168, Abb. 12: https://hdl.handle.net/2027/gri.ark:/13960/t9m384s8r?urlappend=%3Bseq=585 – S. 182, Abb. 1, S. 188, Abb. 9, S. 192, Abb. 12, S. 194, Abb. 14: Ralf Weißleder – S. 182, Abb. 3: Barbara Uppenkamp – S. 209, Abb. 6: https://digitalisate.sub.uni-hamburg.de/de/nc/detail.html?tx_dlf%5Bid%5D=12476&tx_dlf%5Bpage%5D=1&tx_dlf%5Bpointer%5D=0, CC BY-SA 4.0, https://creativecommons.org/licenses/by-sa/4.0/deed.de – S. 218, Abb. 1, S. 219, Abb. 3, S. 220, Abb. 4, S. 221, Abb. 5: Centrum Rubenianum vzw Antwerpen – S. 227, Abb. 10: Deutsche Stiftung Denkmalschutz – S. 231, Abb. 1: Kat. Schleswig 1997a, S. 451, Abb. 171 – S. 237, Abb. 7: Herbert Boswank – S. 237, Abb. 8: Hamburger Kunsthalle/bpk, Christoph Irrgang – S. 238, Abb. 9: Jakob Skou-Hansen – S. 240, Abb. 10: Berit Møller – S. 244, Abb. 13: © The State Hermitage Museum, photo by Svetlana Suetova – S. 245, Abb. 15: Wolfgang Pittkowski – S. 250, Abb. 1, S. 251, Abb. 2: Ute Brunzel – S. 257, Abb. 7: Karen Blindow – ARTOTHEK – S. 270, Abb. 7: bpk/Stiftung Preußische Schlösser und Gärten Berlin-Brandenburg, Jörg P. Anders – S. 288, Abb. 1, S. 293, Abb. 7: Karen Asmussen-Stratmann – S. 290, Abb. 4: Jakob Skou-Hansen – S. 294, Abb. 8: Hendrik Jung – S. 299, Abb. 1: © HAB Wolfenbüttel, http://diglib.hab.de/drucke/24-1-1-phys/start.htm – S. 300, Abb. 2: https://archive.org/details/gri_museumwormia00worm/page/n27 – S. 302, Abb. 5, S. 303, Abb. 8, S. 305, Abb. 10: © HAB Wolfenbüttel, http://diglib.hab.de/drucke/24-1-2-phys/start.htm – S. 303, Abb. 7: https://archive.org/details/hin-wel-all-00001865-001/page/n15 – S. 312, Abb. 2: Christoph Schmidt, http://www.smb-digital.de/eMuseumPlus?service=ExternalInterface&module=collection&objectId=868316&viewType=detailView, CC BY-NC-SA 3.0 DE, https://creativecommons.org/licenses/by-nc-sa/3.0/de/ – S. 318, Abb. 1: Staatsbibliothek zu Berlin – PK, http://resolver.staatsbibliothek-berlin.de/SBB0000525500000005 – S. 320, Abb. 2: © HAB Wolfenbüttel, http://diglib.hab.de/?portrait=a-14423 – S. 329, Abb. 1, S. 331, Abb. 2, S. 333, Abb. 8: Ursula Lins – S. 332, Abb. 4: Landesdenkmalamt Schleswig-Holstein, Wenner – S. 332, Abb. 5: © HAB Wolfenbüttel, http://diglib.hab.de/drucke/th-1849/start.htm – S. 333, Abb. 9: Ingrid Höpel, Abdruck mit freundlicher Genehmigung des Nordfriesland Museum. Nissenhaus Husum – S. 334, Abb. 10: https://archive.org/details/ned-kbn-all-00004180-001/page/n182 – S. 334, Abb. 11: https://archive.org/details/ned-kbn-all-00004180-001/page/n196 – S. 334, Abb. 12: https://archive.org/details/ned-kbn-all-00004180-001/page/n102 – S. 335, Abb. 13, Abb. 14, S. 336, Abb. 15a–e: Friedhelm Schneider, Landesamt für Denkmalpflege Schleswig-Holstein – S. 338, Abb. 16: Matthias Jahr.